Lernfeld 1 Auseinandersetzung mit der zukünftigen Be

Lernfeld 2 Beziehungen wahrnehmen – Beziehungen aufbauen

Einführung in Lernfeld 1:

Auseinandersetzung mit der zukünftigen Berufsrolle – Selbstwahrnehmung und berufliche Identität

Inhaltlicher Überblick:

Ziel des ersten Lernfeldes ist es, dass sich die Gruppe näher kennen lernt, Vertrauen untereinander aufbaut und sich jeder mit seiner Biografie und der Frage auseinander setzt, warum gerade er/sie Erzieherin oder Erzieher werden will und nicht etwas anderes.

Es ist zu Beginn der Ausbildung wichtig, Einblicke in mögliche Arbeitsfelder des Erziehers zu erhalten und dort notwendige Fähigkeiten kennen zu lernen. Dabei wird deutlich, dass der Erzieherberuf einem stetigen Wandel unterworfen ist, sodass lebenslanges Lernen erforderlich ist. Um ein realistisches Bild vom Erzieherberuf zu zeichnen, werden die möglichen Verdienst- und Aufstiegschancen vorgestellt.

Die Ausbildung findet aber nicht nur in der Schule statt, sondern auch direkt in den möglichen Arbeitsfeldern: Die Studierenden leisten in unterschiedlichen pädagogischen Einrichtungen der Kinder- und Jugendhilfe Praktika ab. Für die Auswahl dieser Einrichtungen werden Kriterien aufgestellt, die einen reibungslosen Ablauf des Praktikums unterstützen sollen. In den Einrichtungen werden die Studierenden von Erzieherinnen und Erziehern betreut, den so genannten Praxisanleitern. Die Vorbereitung eines ersten Treffens liegt in der Verantwortung der angehenden Erzieher, um sich mit den eigenen Erfahrungen, Fähigkeiten und Erwartungen auseinander setzen zu können.

Kapitelgliederung:

Der Handlungsrahmen

Die Studierenden beginnen ihre Erzieherausbildung. Bisher kennen sie sich nicht. Die folgenden Jahre werden sie sich untereinander gut kennen lernen und gemeinsam die Höhen und Tiefen ihrer Ausbildung durchleben.

Die Schule

liegt in einer Kleinstadt irgendwo in Nordrhein-Westfalen.

Die Studierenden:

Susanne Gehbauer, 19, Sozialassistentin, eloquent, Mutter Grundschullehrerin, Vater Techniker, lebt noch bei den Eltern, hat einen 16-jährigen Bruder, evangelisch. Sie unterrichtet im Sportverein Jazztanz für die Kleinsten.

Nadine Knop, 19, Sozialassistentin, im Unterricht eher still, eingeschränkte sprachliche Fähigkeiten, liest im Fach Kinder- und Jugendliteratur ihr erstes Buch, engagiert im Fanfarenzug und bei der Freiwilligen Feuerwehr und als Gruppenleiterin bei der Jugendfeuerwehr ihres Heimatortes, katholisch.

Olga Sankov, 24, hat in ihrem Heimatland Russland Abitur gemacht und ein Lehrerstudium begonnen, kam vor vier Jahren nach Deutschland, spricht gut deutsch, ist zurückhaltend, jung verheiratet mit einem Tankstellenpächter und im dritten Monat schwanger. Sie liebt klassische Musik und amerikanische Fernsehserien.

Renate Rat, 34, allein erziehende Mutter eines 6-jährigen Sohnes, kam vor acht Jahren gemeinsam mit ihrem Mann aus den neuen Bundesländern. Macht die Ausbildung auf Vermittlung der Arbeitsagentur, um einen Berufsabschluss zu haben. Bekommt die Ausbildung finanziert, in der DDR aufgewachsen, somit Atheistin und gelegentlich von den behandelten Fragestellungen irritiert.

Zirafeta Begic, 19, Sozialassistentin, kam mit drei Jahren aus Bosnien nach Deutschland, spricht sehr gut deutsch, hat einen sehr guten Realschulabschluss, Vater Maurer (arbeitslos), Mutter geht gelegentlich putzen, Muslima, hat noch eine ältere und eine jüngere Schwester, die Familie leidet unter den Folgen des Krieges. Wie viele Bosnier gehören sie einer liberalen Richtung des Islam an, tragen kein Kopftuch, halten aber alle Regeln des Islams ein, wenngleich sie Weihnachten schön finden und sich deshalb auch einen Lichterbaum ins Zimmer stellen.

Oliver Szwerinski, Sozialassistent, 19, spielt in einer Band Gitarre, hatte bereits sechs Monate eine Optikerlehre begonnen, wechselte in die Sozialpädagogik, Mutter Erzieherin, Vater Sozialpädagoge, katholisch, genießt seine Rolle als Mann sowohl im Kurs als auch in den Einrichtungen. Die Gitarre und der nächste Bandauftritt sind gelegentlich wichtiger als die Ausbildung.

Ercan Özel, 20, Sozialassistent, lebt seit seinem zehnten Lebensjahr in Deutschland, regelmäßiger Kontakt in die Türkei, tief verwurzelt in einer türkisch-islamischen Lebenswelt, Fußballfan, sozialisiert als künftiges Familienoberhaupt.

Laura Kosker, 21, aus einem anderen Bundesland zugereist, intelligent, engagiert, phasenweise chaotisch, Lebemensch. Mittlere Reife. Lebt mit ihrer zehn Jahre älteren Schwester und deren Tochter mit drei weiteren Leuten in einer WG. Den Beruf hat sie bewusst gewählt. Sie will nur wenige Jahre in einem Kindergarten arbeiten, bevor sie sich weiterqualifiziert.

1 Wo bin ich denn hier gelandet? – Eine neue Gruppe findet sich

Heute ist für Nadine (19) der erste Tag an der neuen Fachschule. Aber kaum ist sie an der Schule angekommen, weiß sie nicht mehr weiter. Zwar steht in der Eingangshalle eine Stellwand mit einem Raumplan, auf dem Nummern eingetragen sind, aber hinter jeder Nummer/jedem Raum stehen nur Abkürzungen, mit denen sie nichts anfangen kann: FSP, BFS, FSH, … „Wo sind denn die Erzieherinnen?", fragt sie sich. Sie spricht einen Mann an, der gerade vorbeigeht und wie ein Lehrer aussieht. Er nennt ihr netterweise die Raumnummer: „Einmal ums Gebäude, Treppe hoch, dann rechts."

Aber irgendwie hat sie sich wohl verlaufen, der Raum ist leer. Da kommt Oliver (19) die Treppe hochgestürmt: „Weißt du, wo ich die Erzieher finde?" Nadine lacht: „Nein, ich suche auch schon verzweifelt." – „Na prima, dann sind wir ja schon zwei!"

Ein paar Minuten später finden die beiden dann doch den richtigen Raum, in dem schon ca. 20 weitere Mitstudierende warten. Nadine und Oliver sind völlig verschwitzt. „Hoffentlich wird das noch besser. Ich habe keine Lust, hier ständig durch die Gänge zu flitzen und meine Kurse zu suchen", flüstert Oliver Nadine zu. „Hmmh, geht mir genauso."

Nadine schaut sich um: So viele neue Gesichter. Fast alles Frauen. „Einige sehen ja ganz nett aus", denkt sie bei sich. „Hoffentlich komme ich mit allen gut klar. Bei miesem Klassenklima lässt sich nicht gut lernen." Diese Erfahrung hat sie schon in der vorherigen Schule gemacht. „Vielleicht hilft mir hier jemand, wenn ich das Gefühl habe, ich schaff das alles nicht. Wir wollen doch alle Erzieher werden. Hm, hoffentlich wirds nicht zu schwer. Aber eigentlich freue ich mich darauf, mehr über Kinder und Jugendliche zu lernen."

Fragen

- *Wie finde ich mich in der Schule zurecht?*
- *Wer sind meine Mitstudierenden?*
- *Welche Erwartungen habe ich/haben die anderen?*
- *Wie schaffen wir ein angenehmes Arbeitsklima?*

Die erste Gruppenphase

Info 1

Die Ausbildung zur Erzieherin/zum Erzieher findet zu einem Großteil in der Schule statt, das heißt also im Klassenverband und somit in Gruppen. Die Mitglieder sind sich meist fremd, die Schule ist auch für viele neu. Deshalb ist der Beginn gekennzeichnet durch viele eigene Fragen, Unsicherheiten, aber auch Erwartungen und Wünsche. Und jeder hat seine eigenen Vorstellungen und Vorerfahrungen. Die erste Gruppenphase ist daher geprägt durch das gegenseitige „Abtasten" von Gemeinsamkeiten und Unterschieden.

Zunächst weiß niemand, wer mit welchen Gedanken da sitzt. Wer sind die anderen? Was tun sie? Wer ist mir sympathisch – wem bin ich sympathisch? Wird man mich akzeptieren? Wie soll ich mich verhalten? Darf ich meine Unsicherheit offen zeigen? Was wollen wir? Was wird von uns erwartet? Wer kann helfen?

Typische Verhaltensweisen sind deshalb, sich entweder zurückzuhalten und zu beobachten oder extra unbekümmert draufloszuplappern. Man versucht sich ein Bild von den anderen Gruppenmitgliedern zu machen und sie einzuordnen nach Sympathie und Antipathie.

Erzieher/-innen haben in ihrem Beruf mit unterschiedlichsten Menschen und Gruppen zu tun: Sie leiten Gruppen, sind Teil einer Gruppe, beraten andere Menschen – sie handeln sozial! Deshalb ist die Fähigkeit, in Gruppen zu arbeiten, eine Schlüsselqualifikation für diesen Beruf. Von Beginn der Ausbildung an soll daher versucht werden, sich in Gruppenarbeit zu üben.

Um nun ein angenehmes, förderndes Lernklima zu schaffen, ist ein intensives gegenseitiges Kennenlernen am Anfang unerlässlich: Fremdheit kann Unsicherheiten und Ängste auslösen, die dem zukünftigen Lernen im Wege stehen. Erfährt der Einzelne aber, dass er mit seinen Problemen und Gedanken nicht alleine ist, kann dies beruhigend sein und ebenso interessant, wenn er mit anderen Betrachtungsweisen konfrontiert wird.

Kooperatives Lernen

Info 2

In Gruppen zu lernen, hat viele Vorteile:

- Die Arbeit ist motivierender und anregender als das Lernen alleine.
- Wenn alle ihr Vorwissen oder ihre Ideen einbringen, entsteht ein so genannter Gruppenvorteil hinsichtlich Qualität und Kreativität bei Problemlösungen. Man selbst wird auf neue Gedanken gebracht.
- Der Einzelne lernt in der Gruppe zu argumentieren und zu diskutieren. Er kann sein Wissen überprüfen, ergänzen oder verändern.
- Er erkennt, dass es nicht immer nur eine richtige, sondern mehrere mögliche „Wahrheiten" gibt. So erweitert er soziale Basiskompetenzen, die für den Erzieherberuf so unerlässlich sind, z. B. dadurch, dass eine tolerante Haltung gegenüber anderen Standpunkten entsteht, Missverständnisse ausgeräumt und Konflikte geklärt werden.

„Nicht schon wieder Gruppenarbeit …" Bei herkömmlichen Gruppenarbeiten besteht oft das Problem, dass die Studierenden keine Lust dazu haben: Manche lehnen sich dann nur bequem zurück, andere beschweren sich, dass sie alles alleine machen müssen, und die Ergebnisse werden meist immer von denselben präsentiert. Es ist eine Tatsache, dass trotz der langen Bearbeitungszeit die Inhalte bei vielen Studierenden nicht präsent sind – ganz abgesehen von den Ergebnissen der anderen Gruppen bei arbeitsteiliger Gruppenarbeit. Auch wenn sich die Gruppen viel Mühe geben, sind die Präsentationen oft zu lang und die Vorträge so komplex, dass die übrigen Studierenden die Inhalte schnell wieder vergessen und kaum verinnerlichen.

Gruppenarbeit verlangt, sich auf eine kooperative Lernform einzulassen. Norm und Kathy Green haben die Methode des kooperativen Lernens in Deutschland bekannt gemacht. Dabei handelt es sich um eine sehr strukturierte Arbeitsform mit klaren Zeitvorgaben. Um aber effektiv in Gruppen arbeiten zu können, ist es unbedingt erforderlich, dass sich jeder Studierende einbringt. Deshalb findet auch nicht nur Gruppenarbeit statt: Zu Beginn ist immer eine Phase der Einzelarbeit erforderlich. Selbständig arbeiten zu können, ist eine Schlüsselqualifikation, um fachliche, methodische und vor allem soziale Fähigkeiten zu erwerben.

Prinzip

Denken: In dieser Phase arbeiten alle Studierenden allein. Beim kooperativen Lernen gilt das Prinzip, dass vor einer Gruppenarbeit zunächst jeder Studierende die Chance haben muss, sich selbst mit einem Thema oder einer Aufgabe auseinander zu setzen. Jeder Studierende prüft für sich, was er bereits über das Thema weiß, was er denkt oder wissen möchte. So hat er nachher auch etwas zu sagen.

Austauschen: Jetzt findet der Vergleich von Ergebnissen, die Diskussion in Partnerarbeit oder in der Kleingruppe statt. Die Kommunikation mit anderen steht im Mittelpunkt. Dabei kann jeder sein Wissen überprüfen, vergleichen und sich absichern. So können gerade schüchterne Studierende den Mut gewinnen, sich zu äußern oder eine Meinung zu vertreten. Die Gruppe stützt sich so gegenseitig, und trotzdem trägt dabei jeder die persönliche Verantwortung für seinen Lernzuwachs.

Vorstellen: Die Gruppenergebnisse werden in der Klasse vorgestellt, diskutiert, verbessert, korrigiert usw. Am Ende sollte **jeder** Gruppenteilnehmer in der Lage sein, die Ergebnisse vorzustellen oder selbständig damit weiterzuarbeiten. Deshalb sollte jeder Studierende sowohl eigene als auch fremde Ideen und Gedanken stets notieren. Auch alle Zwischenergebnisse werden dokumentiert und Endergebnisse schriftlich im eigenen Heft festgehalten.

Bedingungen

Fünf grundlegende Bedingungen sind zu beachten, damit kooperatives Lernen gelingen kann:

1. Soziale Kompetenzen

Jede Studierende bemüht sich, bei der Gruppenarbeit leise zu reden, um die übrigen Gruppen nicht zu stören. Sie entfernt sich nicht von ihrer Gruppe. Sie hält Blickkontakt zu ihren Gruppenmitgliedern und zeigt dadurch Aufmerksamkeit. Sie hört zu und lässt die anderen ausreden. Die Ergebnisse eines Jeden werden ernst genommen. Die Gruppenmitglieder gehen freundlich aufeinander ein, nehmen Rücksicht, unterstützen sich gegenseitig und klären Probleme gemeinsam, um sich insgesamt miteinander wohl zu fühlen. Dieses Verhalten fördert Vertrauen, ebenso eine gelingende Kommunikation, Entscheidungsfreudigkeit innerhalb der Gruppe und die Bereitschaft zur Verantwortungsübernahme.

2. Kleingruppenarbeit – direkte Interaktion

Die Gruppen bestehen höchstens aus vier Studierenden, da so die notwendige räumliche Nähe möglich ist, um Blickkontakt zu halten und leise zu sprechen. Dies

961012

schafft schon schnell ein erstes Gemeinschaftsgefühl. Ebenso ist eine individuelle Arbeit intensiver durch eine enge und zugewandte Sitzordnung. Neigungsgruppen (von den Studierenden selbst gewählte Gruppen) werden vermieden, da sie selten effektiv sind: Die Rollenverteilung ist meist unreflektiert festgelegt, und unter Freunden kritisiert man sich oft nachsichtiger oder gar nicht. Es ist allerdings sinnvoll, nur alle sechs Wochen neue Gruppen zu bilden – so spart man Zeit, da die Gruppenfindungsphase entfällt. Durch die längere Zusammenarbeit kann sich gegenseitiges Vertrauen stärker entwickeln.

3. Positive wechselseitige Abhängigkeit
Die Gruppe erhält eine gemeinsame Herausforderung, wobei sich manches nicht alleine bewältigen lässt oder in der Gruppe schneller geht. Die Gruppe kann nur erfolgreich sein, wenn jeder Einzelne erfolgreich ist. Deshalb fühlt sich jeder für alle Gruppenmitglieder verantwortlich. Eventuell ist eine Arbeitsteilung erforderlich. Jedes Mitglied muss nachher in der Lage sein, die Ergebnisse zu präsentieren oder die gestellte Aufgabe wieder allein bewältigen und fortführen zu können.

4. Individuelle Verantwortung
Wenn bei der Vorstellung der Gruppenergebnisse das Zufallsprinzip gilt, kann kein Studierender zuvor wissen, wann er an der Reihe ist. Auch kann verlangt werden, seinen persönlichen Lernerfolg unter Beweis zu stellen. Die Aufgabe kann z. B. sein, einen das Wesentliche zusammenfassenden Bericht zu schreiben oder eine Übersichtsgrafik zu erstellen – die Lehrkraft führt dann Stichproben zur Leistungskontrolle durch oder befragt Einzelne zum Arbeits- und Lernprozess der Gruppe.

5. Reflexion
Vielfältige Aspekte können Anlass zur Reflexion sein: die Inhalte und Ergebnisse, um den fachlichen Lernzuwachs bewusst zu machen, aber auch die angewendeten Methoden, die Interaktion innerhalb der Gruppe sowie das eigene Verhalten, um die methodischen und oben genannten und erforderlichen sozialen Fähigkeiten zu überdenken.

(vgl. Brüning, Saum: Erfolgreich unterrichten durch Kooperatives Lernen. 2006)

Fazit

Ziele der ersten Orientierungsphase
- Sie machen sich Ihre positiven, negativen oder ambivalenten Gefühle bewusst.
- Sie äußern die Gefühle anderen Gruppenmitgliedern gegenüber.
- Sie nehmen eventuell gegenseitige Unsicherheiten wahr.
- Sie finden sich im Klassenverband zurecht und kooperieren miteinander.
- Sie kennen den Organisationsrahmen der Schule.

Kooperatives Lernen ermöglicht in drei Schritten
- das individuelle Verarbeiten von Informationen, indem die Studierenden eigenständig neues in vorhandenes Wissen integrieren,
- die Kommunikation mit anderen Studierenden,
- das bewusste Wahrnehmen des eigenen Lernens und die Reflexion desselben.

Ziele des kooperativen Lernens
Zufriedenheit und Motivation aller Beteiligten durch:
- Aktivierung ALLER Studierenden
- effektives Lernen und Steigerung der Qualität
- Sicherheit und Angstreduzierung: sich in der Lernumgebung sicher und aufgehoben fühlen, sich in sozialen Kontexten selbstwirksam erfahren
- geistige Vertiefung durch Kommunikation mit anderen
- Befriedigung des Bedürfnisses nach Kommunikation
- Förderung kommunikativer Fähigkeiten beim Austausch (zuhören, erklären, Rücksichtnahme, positive Kommunikation)

Aufgaben und Anregungen

1 Methodisch bietet sich für die ersten Schultage an eine Orientierungswoche zu gestalten, die nicht im Schulstundenrhythmus strukturiert ist, sondern die sich nach den Bedürfnissen der Studierenden richtet. Mögliche Inhalte können sein:

- Kennenlernspiele
- Partnerinterview
- Ortsbegehung
- allgemeine Informationsphasen
- Abklärung gegenseitiger Erwartungen, Befürchtungen, Hoffnungen, Wünsche
- Organisation eines gemeinsamen Frühstücks
- erste Gruppenarbeitserfahrungen
- Beratung durch erfahrene Studierende

Beispiel für den Aufbau einer Orientierungswoche:

1. Tag	2. Tag	3. Tag	4. Tag	5. Tag
Ankunft der Studierenden allgemeine Informationen über Schule und Praxis Rundgang durch die Schule und über das Gelände	Kennenlernspiele Organisatorisches für Schule und Praxis Bewegungsspiele Partnerinterview Rallye	Kontaktaufnahme mit Praxisstelle (nicht in allen Bundesländern)	Erwartungen und Wünsche Vertrag für die Gruppenarbeit individuelle Lernzielformulierung Lerntippbörse	gemeinsames Frühstück Beratung durch Studierende des 2. Ausbildungsjahres Auswertung der 1. Woche

2 Kennenlernspiele

Bringen Sie Spiele/Spielideen mit, die Sie selber in Orientierungsphasen gespielt haben (z.B. in der vorherigen Ausbildung). Unter den „Tipps zum Weiterlesen“ finden Sie Hinweise auf Spielesammlungen.

Die Spiele sollen in dieser Phase der Auflockerung, Information, dem Namenlernen und Angstabbau dienen. Bei der Auswahl sollte deshalb beachtet werden, dass sie eine Mischung aus Bewegung und Konzentration, Spaß und Ernst enthalten. Die Spieler erleben sich in der Gruppe, kommen miteinander ins Gespräch und erhalten Informationen über die anderen Mitstudierenden.

3 Partnerinterview

3.1 Suchen Sie sich einen Partner/eine Partnerin, die/den Sie bisher wenig kennen. Setzen Sie sich an einen Ort, an dem Sie sich ungestört unterhalten können. Nehmen Sie sich Papier und Stift mit, um sich eventuell Notizen machen zu können.

3.2 Interviewen Sie sich gegenseitig für jeweils etwa fünf Minuten. Sie bestimmen selbst, welche Fragen Sie stellen möchten bzw. was Sie von sich selbst erzählen möchten. Der Interviewer kann sich Notizen machen für die anschließende Vorstellung. Mögliche Gesprächsthemen: Wohnort, persönliche Lebenssituation, Hobbys und Interessen, berufliche und schulische Vorerfahrungen, Wünsche, Erwartungen und Befürchtungen, usw.

3.3 Setzen Sie sich alle im Kreis zusammen. Stellen Sie sich gegenseitig in der Gruppe vor, indem Sie sich nacheinander hinter den vorherigen Gesprächspartner stellen, sich in die Rolle Ihres Partners versetzen und aus seiner Sicht erzählen. (Nadine stellt z. B. Oliver vor, indem Sie beginnt: „Ich heiße Oliver und bin …") Abschließend sagt der Partner, ob er noch etwas ergänzen möchte.

Diese Methode fördert das konzentrierte Zuhören, Interesse an der anderen Person sowie die Gedächtnisleistung, sich an die Informationen aus dem Interview zu erinnern.

4 Rallye

Zur allgemeinen Orientierung in der ersten Woche eignet sich eine Rallye, deren Fragen und Aufgaben vorgegeben sind, aber auch von Ihnen selbst entwickelt werden können:

4.1 Sammeln Sie alle Fragen, die Sie in Bezug auf Räume, Organisation und Schulalltag haben, auf Karteikarten.

4.2 Vergleichen Sie die Karten und stellen Sie einen Aufgaben- und Fragenkatalog zusammen, der alle Fragen aufgreift.

4.3 Führen Sie eine Rallye in Kleingruppen durch, indem Sie versuchen den Aufgaben- und Fragenkatalog zu erarbeiten.

4.4 Werten Sie die Ergebnisse im Klassenverband aus, damit jeder über alle Informationen verfügt.

5 Allgemeine Wünsche, Erwartungen und Befürchtungen

5.1 Überlegen Sie für sich: Welche Erfahrungen habe ich bisher in Klassenverbänden/Gruppen gemacht? Notieren Sie daraus entstehende Wünsche, Erwartungen und Befürchtungen.

5.2 Beschriften Sie 3 große Plakate mit den Titeln: „Wünsche", „Erwartungen", „Befürchtungen".

Wählen Sie aus Ihren Notizen die für Sie wichtigsten Aspekte und schreiben Sie diese auf das jeweilige Plakat.

5.3 Werten Sie die Ergebnisse mit der gesamten Klasse aus.

5.4 Entwickeln Sie auf einem weiteren Plakat gemeinsam Vorschläge, wie Sie die genannten Wünsche und Erwartungen erfüllen und Befürchtungen abbauen können.

6 Selbstständige Regelentwicklung für die Gruppenarbeit

6.1 Brainstorming/Brainwriting:
- Überlegen Sie individuell: Wie kann ich in und mit der Gruppe gut lernen? Halten Sie Ihre Überlegungen stichwortartig fest.
- Vergleichen Sie mit einem Partner Ihre Karten. Schreiben Sie die gemeinsamen Aspekte auf Moderationskarten und heften Sie sie an eine Pinnwand.
- Ordnen Sie gemeinsam die Karten. Ergänzen Sie eventuell Einzelideen. Nummerieren Sie die genannten Aspekte von 1–10.

6.2 Entscheidungstorte aus großen, runden Moderationskarten:
- Bilden Sie Vierergruppen und nehmen Sie gemeinsam eine Gewichtung der zehn Aspekte vor. Der für Sie wichtigste Aspekt wird als größtes Tortenstück ausgeschnitten usw. Nummerieren Sie die Stücke entsprechend der vorgegebenen Aspekte.
- Sortieren Sie die Tortenstücke aller Gruppen an der Pinnwand nach den Nummern und heften Sie sie mit der Spitze nach innen zusammen.

6.3 Vereinbarung und Vertragsunterzeichnung:
- Vereinbaren Sie gemeinsam einen Regelkatalog. Dazu führen Sie folgenden

Aufgaben
(Fortsetzung)

Satzanfang weiter: „Gute Gruppenarbeit verlangt, dass … “
- Überlegungen zum Regelverstoß können ebenso entwickelt werden.
- Unterschreiben Sie alle den Kontrakt als Einwilligung, sich an diese Regeln zu halten, und bewahren Sie ihn gut sichtbar in der Klasse auf.

7 „Wie zufrieden bin ich mit der Gruppenarbeit?“ – mögliche Reflexion

- Nehmen Sie sich einmal Zeit, um mit Ihrer Gruppe darüber zu reflektieren, was Sie bisher gut fanden und was Sie noch verbessern wollen.
- Damit jeder seine Meinung offen äußern kann, benutzen Sie einen „Sprechball“. (Regel: „Niemand wird beim Sprechen unterbrochen, solange sie/er den Sprechball in der Hand hält.“)
- Geben Sie sich ein ehrliches Feed-back, d.h., sprechen Sie von sich selbst, von Ihren Gefühlen, Wünschen und Bedürfnissen.
- Suchen Sie nicht bei anderen nach Schuldigen, sondern überlegen Sie, was Sie an Ihrem Verhalten noch verbessern können.
- Machen Sie sich gegenseitig keine Vorwürfe.

Leitfragen, die Sie ergänzen oder auch verändern können:
- Macht mir die Arbeit in unserem Team Spaß?
- Was finde ich gut an unserem Team?
- Habe ich die Teammitglieder durch die gemeinsame Arbeit besser kennen gelernt?
- Ist die Arbeitsaufteilung gerecht oder hat jemand den Eindruck, dass sie/er mehr Arbeit hatte als die übrigen Teammitglieder?
- Wie schwer ist mir das selbstständige Arbeiten gefallen?
- Hat jemand in der Gruppe unbewusst die Rolle des Bestimmers übernommen? Wenn ja, welche Gründe haben ihn/sie dazu geführt?
- Über was/wen habe ich mich besonders geärgert oder gefreut?
- Gibt es jemanden, der sich immer auf andere verlässt, z.B., wenn es um Material geht, das mitgebracht werden soll?
- Ist die Kommunikation in der Gruppe offen und ehrlich?
- Wird konzentriert an der Aufgabe gearbeitet?
- Gibt es etwas, was wir gemeinsam verändern wollen?
- Gibt es Regeln, an die wir uns gemeinsam halten wollen, damit alle mit dem späteren Gruppenergebnis zufrieden sind?

Halten Sie die wichtigsten Aspekte zur Überprüfung der Gruppen- bzw. Teamentwicklung schriftlich fest.

8 Patenschaft und Beratung: Studierende des 2. Ausbildungsjahres beraten die neuen Studierenden

Der Sinn der Beratung liegt für die Studierenden des 2. Ausbildungsjahres darin, sich in die neuen Studierenden hineinzuversetzen und sich gleichzeitig der eigenen Rolle bei dieser Beratung bewusst zu werden. Inhaltlich wird damit an die Themen Wahrnehmung und Durchführung von Beratungsgesprächen angeknüpft.

Folgende Fragen und Kriterien sollten vorab besprochen werden:
- Welche Vorteile beinhaltet die Beratung?
- Wo liegen Gefahren?
- Welche Informationen sind zu Beginn der Ausbildung positiv als auch negativ?
- Tipps geben, hat nichts mit Beratung zu tun, aber es ist verführerisch, wenn man von anderer Seite darum gebeten wird.
- Es geht nicht darum, etwas von sich selbst zu erzählen, sondern die Interessen der neuen Studierenden zu erkunden.
- Es ist notwendig, auf der emotionalen Ebene eine Beziehung herzustellen.
- Pausen zulassen und warten, bis die zu Beratenden selber ihre Gedanken äußern.

Für die Beratenden:

8.1 Üben Sie vorab im Rollenspiel die Beratungssituation.

8.2 Reflektieren Sie den Verlauf und das Verhalten anhand der oben genannten Fragen und Kriterien.

8.3 Führen Sie die Beratungen eventuell zu zweit oder in Kleingruppen mit den neuen Studierenden durch.

8.4 Reflektieren Sie Ihre Erfahrungen ausführlich:
- Wie habe ich mich selber erlebt?
- Was ist mir leicht/schwer gefallen?
- Was nehme ich mir vor, wenn ich noch einmal eine Beratung durchführe?

Für die neuen Studierenden/zu Beratenden:

8.5 Sammeln Sie Fragen, die Sie zu der Schule, zur Ausbildung usw. interessieren.

8.6 Lassen Sie sich von den Studierenden des 2. Ausbildungsjahres informieren und beraten.

8.7 Wenn anschließend noch Fragen offen sind, überlegen Sie, wie Sie auf diese Fragen Antworten bekommen können.

Tipps zum Weiterlesen

Heinrich Bahnen. Hedwig Geilen: *Kreativ mit allen Sinnen. Ganzheitliche Methoden für die Gruppenarbeit mit Kindern und Erwachsenen.* Kösel, München, 2004

Michael Fischer. *Methoden für die Gruppenarbeit.* AA-Verlag für Pädagogik, Köln, 2001

Jürgen Fritz. *Methoden des sozialen Lernens.* Juventa-Verlag, Weinheim, 1993

Günter Schreiner, Gene Stanford. *Gruppenentwicklung im Klassenraum und anderswo. Praktische Anleitungen für Lehrer und Erzieher.* Hahner, Aachen-Hahner, 2002

Peter R. Wellhöfer. *Gruppendynamik und soziales Lernen. Theorie und Praxis der Arbeit mit Gruppen.* Lucius & Lucius, Stuttgart, 2001

www.kooperatives-lernen.de

www.learn-line.nrw.de

Es gibt eine Fülle von Spielesammlungen, die eigene Kapitel mit Kennenlernspielen enthalten. Besonders zu empfehlen sind:

Ulrich Baer. *666 Spiele: für jede Gruppe, für alle Situationen.* Kallmeyer, Seelze-Velber, 2003

Jürgen Fritz, *Selbsterfahrungsspiele für Jugendliche und Erwachsene.* Verlag Grünewald, Mainz, 1997

Bundesjugendwerk der Arbeiterwohlfahrt. *Praxismappe. Spiele für Kinder, Jugendliche und Erwachsene.* Bonn

2 „Und jetzt werd ich Erzieherin ..." – Nachdenken über einen vielseitigen Beruf

2.1 Zusammenhang zwischen eigener Biografie und Berufswunsch

Oliver hat ein Vorstellungsgespräch in einer Tageseinrichtung für Kinder. „Sie wollen also in unserer Einrichtung das Praktikum für Ihre Ausbildung als Erzieher machen. Wie kam es zu Ihrer Entscheidung?", fragt Frau Fidler, die Leiterin der Einrichtung, zu Beginn.

„Na ja, meine Mutter ist Erzieherin und mein Vater Sozialpädagoge. Ich habe von klein auf diese soziale Schiene mitbekommen, ist mir wohl in die Wiege gelegt", erwidert Oliver.

„Warum haben Sie dann erst eine Optikerlehre begonnen?", wundert sich Frau Fidler.

„Ich wusste eigentlich gar nicht so richtig, was ich machen soll. Und manchmal ist mir das pädagogische Gerede meiner Eltern ganz schön auf die Nerven gegangen und ich dachte: Das machst du nie. Deshalb habe ich dann erst mal ganz was anderes versucht. Allerdings habe ich recht schnell festgestellt, dass Optiker auf jeden Fall nichts für mich ist. Meine Mutter sagte mal, dass ich gut mit Kindern umgehen könne. Ich mache es eigentlich so wie meine Eltern: So, wie sie mich erzogen habe, fand ich echt in Ordnung. Sie haben mir viele Freiheiten gelassen."

Die Leiterin nickt: „Hm. Obwohl Sie als Erzieher ja nicht nur mit Kindern zu tun haben werden. Wie stellen Sie sich den Beruf vor? Es interessiert mich sehr, wissen Sie. Denn wir haben nur sehr selten Männer bei uns im Kindergarten. Die denken oft, das sei nur was für Frauen, die basteln, und der Beruf entspreche nicht ihren Gehaltsvorstellungen."

„Das ist für mich kein Problem. Ich denke, der Beruf verlangt viel Kreativität – und die habe ich. Wissen Sie, ich spiele nebenbei in einer Band Gitarre und das kann ich hier bestimmt auch gut einbringen. Mit unseren Auftritten verdienen wir auch noch gut dazu, sodass ich etwas mehr Geld hab. Außerdem kann man den Kindern viel beibringen, die sind ja in dem Alter so neugierig. Und ich will ja nicht ewig Erzieher im Kindergarten bleiben. Vielleicht gehe ich wie mein Vater später auch an die Fachhochschule, mal sehn ...", ereifert sich Oliver.

„Der Erzieherberuf ist schon sehr vielseitig und oft auch anstrengend. Aber Sie haben Recht, es gibt viele weitere Berufsmöglichkeiten, für die diese Ausbildung eine gute Grundlage sein kann."

Das Gespräch nimmt seinen Lauf ...

Fragen

- ✔ *Warum entscheiden sich Menschen für den Erzieherberuf?*
- ✔ *Warum will ich gerade Erzieher/Erzieherin werden?*
- ✔ *Warum ist es wichtig, darüber nachzudenken?*

Die eigene Biografie

Info 1

Herbert Gudjons, ein Professor für Allgemeine Erziehungswissenschaft, hat sich in seinem Buch „Auf meinen Spuren" ausführlich mit dem Lernen durch die eigene Biografie beschäftigt:

Aufschichtung von Erfahrungen

„Biografie" bedeutet für Gudjons:
(…) „eine in einem lebenslangen Prozess erworbene Aufschichtung von Erfahrungen, die bewusst oder unbewusst geronnen in unser Handeln eingehen."
Quelle: Herbert Gudjons, Marianne Pieper, Birgit Wagener, Auf meinen Spuren, Das Entdecken der eigenen Lebensgeschichte, Bergmann u. Helbig Verlag, Hamburg 1996, S. 11

Erfahrung wird dabei nicht nur als etwas angesehen, woran man sich erinnert, sondern vielmehr als ein ganzheitlicher, den Körper und die Sinne ansprechender Vorgang.

„Biografie ist keine ahistorische/ungesellschaftliche ‚Privatsache', vielmehr werden Erfahrungen in konkreten geschichtlichen und gesellschaftlichen Bezügen erworben. In der Lebensgeschichte des einzelnen Menschen spielen sich die historischen/gesellschaftlichen/kulturellen und familialen Bedingungen ab, vor deren Hintergrund sich die biografischen Erfahrungen aufgeschichtet haben."
Quelle: Gudjons u. a., a. a. O., S. 16

Als Beispiel sei hier die ehemalige Trennung Deutschlands genannt, die eine politisch-gesellschaftliche Bedingung war und gleichzeitig unterschiedlichen Einfluss auf den Einzelnen und die Familien hatte.

Biografische Selbstreflexion

Bewusstmachung und Reflexion von Erfahrungen

„Unter ‚biografischer Selbstreflexion' verstehen wir eine (Wieder-)Aneignung der eigenen Biografie, den Versuch, die Erfahrungen, die unsere Identität geprägt haben und in unser heutiges Handeln eingehen, transparent zu machen. Durch rückschauendes Betrachten, durch das Aktualisieren der zu den vergangenen Erfahrungen gehörigen Gefühle, durch Vergegenwärtigung der damaligen Lebenssituation sollen die Erfahrungen, die unsere Persönlichkeit geformt haben, ins Bewusstsein gerufen und wiederbelebt werden. Die so gewonnenen Erinnerungen werden einer Reflexion unterzogen, die über die unhinterfragten Strukturen alltäglichen Denkens hinausgeht und theoriegeleitet ist."
Quelle: Gudjons u. a., a. a. O., S. 24

Dabei spielt es keine Rolle, ob dies Erfahrungen einer „sorglosen" Kindheit waren oder Erfahrungen von Trennung, Scheidung oder Tod.

Identitätsfindung durch Verstehen, Annahme und Weiterentwicklung

Biografische Selbstreflexion zielt zum einen auf Selbsterkenntnis: Diese erfolgt durch das Verstehen der eigenen „Gewordenheit". Gemeint ist damit „das Verstehen gegenwärtiger Handlungen vor dem Hintergrund der Lebensgeschichte, das Erinnern und Neuinterpretieren vergangener Erfahrungen, das Erkennen ihres Gesamtzusammenhangs, das Verdeutlichen sich wiederholender Verhaltens- und Beziehungsmuster." Eng damit verbunden ist die Möglichkeit zur Identitätsfindung: „Durch das Verstehen kann ein Annehmen/ein Versöhnen mit der eigenen Geschichte oder mit bestimmten Anteilen der Persönlichkeit gelingen. Darin liegt das Potenzial zur Weiterentwicklung, zum persönlichen Wachstum, zur Entfaltung der Persönlichkeit."

Info 1 (Fortsetzung)

Letztendlich ermöglicht die biografische Selbstreflexion ein Begreifen gesellschaftlicher Bedingungen: Werden diese mit den eigenen Erfahrungen in Verbindung gebracht, sind die Erkenntnisse eindringlicher, als dies über gesellschaftstheoretische Einsichten vermittelbar wäre. Sie können eine Motivation zur Veränderung der politischen Einstellung und zum Eingreifen in gesellschaftliche/politische Praxisfelder mit sich bringen.

vgl. Gudjons u. a., a. a. O., S. 11

Info 2 Auseinandersetzen mit Berufswahlmotiven

Nicht nur bei Vorstellungsgesprächen, auch im Alltagsleben, in der Familie, unter Freunden wird man oft gefragt: „Warum willst du das machen? Warum hast du dich so und nicht anders entschieden?" Einigen fällt die Antwort dann gar nicht leicht: Es kam einfach so. Sie haben bisher nicht bewusst darüber nachgedacht, wie es zu der einen oder anderen Entscheidung eigentlich gekommen ist.

Eigene Berufsmotivation beeinflusst erzieherisches Verhalten

In pädagogischen Berufen ist es wichtig, sich die Gründe der eigenen Berufswahl zu verdeutlichen, da diese entscheidend für die Motivation sind und so direkt auf das eigene erzieherische Verhalten einwirken. Der Umgang mit anderen Menschen, durch den diese Berufe geprägt sind, ist immer beeinflusst durch die eigene Lebensgeschichte. Man kann also viel aus seinen eigenen Erfahrungen lernen.

Gerade in Situationen, in denen Wandlungen bevorstehen, wie z.B. bei einer neuen Ausbildung, sollte man sich fragen: Will ich diese Ausbildung? Brauche ich das noch? Stimmen meine Erwartungen? Wie kann ich Neues in bisherige Erfahrungen integrieren? Die Gründe entscheiden über die berufliche Identität.

Macht man sich diese Aspekte bewusst, können mögliche Beeinflussungen deutlich werden: Wer oder was treibt mich? Wichtig ist dann die Überlegung, ob man damit zufrieden ist oder man gerne etwas ganz anderes machen würde, wenn man nur könnte. Ansonsten bleibt das eigene Handeln unklar.

Das Verstehen der eigenen Geschichte hilft andere Menschen zu verstehen. Es hilft, die eigenen Standpunkte zu relativieren, Toleranz zu üben. So können voreilige Schlüsse und „Schubladendenken" verhindert werden.

Bei den Berufswahlmotiven geht es um die Frage, warum sich jemand für einen bestimmten Beruf entscheidet. Die Auseinandersetzung und Überprüfung dieser Beweggründe ist wichtig, um Klarheit darüber zu bekommen, ob die Berufswahl richtig war.

Der folgende Text von Armin Krenz (Sozialpädagoge; Arbeitsschwerpunkt: Fort- und Weiterbildung sozialpädagogischer Fachkräfte und verwandter Berufsgruppen) aus „Kompetenz und Karriere. Für ein neues Selbstverständnis der Erzieherin" (1997, S.10 ff.), geht ausführlich auf einzelne Motive ein. Dabei werden diese kritisch hinterfragt und auf ihre Tragfähigkeit überprüft. Der Autor nimmt also „unter die Lupe", ob diese Motivation ausreicht, um in den nächsten Jahren erfolgreich im Erzieherberuf arbeiten zu können.

1. Motiv: Abgrenzung

„Sicherlich hat der Wunsch, Erzieherin zu werden, immer etwas mit der Person selber zu tun, die sich aus ihrer besonderen Lebenssituation dafür entscheidet, in Zukunft mit Kindern gemeinsam zu leben und zu lernen. Wer den Motivator benennt, nicht mit Maschinen, Geräten oder toter Materie arbeiten zu wollen, definiert zunächst einmal den Berufswunsch aus einer Abgrenzung heraus, was nicht infrage kommt. Diese Entscheidung ist gleichsam eine Negativabgrenzung, eher darauf ausgerichtet, was abgelehnt wird, und weniger darauf bezogen, was bevorzugt wird. Anders betrachtet heißt dies, dass eigentlich der Berufswunsch Erzieherin als Alternative zu etwas anderem gesucht wurde, ohne sich genau für etwas zu entscheiden. Dort, wo eine klare Entscheidung für den Erzieherinnenberuf fehlt, ist sicherlich eine Enttäuschung vorprogrammiert, weil eigene Ziele nicht unmissverständlich formuliert wurden und später ein deutlich zielgerichtetes Vorgehen bestimmen. (…)

2. Motiv: Leben mit Kindern

Wer als Berufsmotivation angibt, gerne und viel mit Kindern zu lachen, zu spielen, sich zu freuen, mit ihnen zu werken und Musik zu erleben, trägt sicherlich ein ganz wichtiges Moment lebendiger Pädagogik in sich. Nichts ist dramatischer, schlimmer und auch für Kinder trauriger als Menschen in einem pädagogischen Beruf, die nur die „Erziehung“ von Kindern als ihre Aufgabe ansehen und wichtige emotionale Faktoren außer Acht lassen. Allerdings ist die pädagogische Arbeit immer umfassender und vielschichtiger zugleich: Arbeit mit Kindern bedeutet sich mit Kolleginnen und Eltern, dem Träger und der Öffentlichkeit, anderen Einrichtungen und berufspolitischen Gegebenheiten auseinander zu setzen, sodass das Leben und Lernen mit Kindern nur ein Ausschnitt aus dem weiten Feld eines engagierten Arbeitens ist. Wer sich nur in der Motivation auf Kinder bezieht, lässt Realitäten unbeachtet und wird sicherlich später mit dem Widerspruch von persönlicher Motivation und den vielschichtigen Anforderungen konfrontiert sein, in der Enttäuschung, nicht das vorzufinden, was persönlich so stark erhofft wurde.

3. Motiv: Selbstverwirklichung

Wer als zukünftige Erzieherin lediglich das Motiv Selbstverwirklichung anführt, bringt – vielleicht ohne bewusste Beachtung der Folgen für sich selbst und die Kinder – eigene Wünsche, Vorstellungen, Werte und Erwartungen in der Form in die Arbeit ein, dass viele Aktivitäten und Vorhaben lediglich den eigenen Interessen entsprechen sollen. Eine lebendige Pädagogik würde damit zu einem Selbsterfahrungsfeld werden, in dem nicht selten Kinder zu Randfiguren werden, die sich um ihre Erzieherin scharen. Oder Erzieherinnen haben den Wunsch, selber noch vorhandenen eigenen Bedürfnissen nachzugehen, sich für andere Tätigkeiten zu interessieren bzw. zu entscheiden. Sicherlich hat der Erzieherinnenberuf immer etwas mit Selbstverwirklichung zu tun, nur darf dabei nicht vergessen werden, dass erwachseneneigene Bedürfnisse durchaus das Risiko für die Arbeit in sich tragen mit der Zeit für kindspezifische Interessen blind zu werden. Hier würden persönliche Vorhaben recht schnell Kindern übergestülpt werden mit dem Ertrag, dass eine erwachsenenzentrierte Pädagogik immer mehr Raum in der Einrichtung gewinnen würde.

4. Motiv: Aktivität

Der Wunsch als Berufsmotivation, ganz viel mit Kindern zu erleben, ist sicherlich zunächst akzeptabel, weil Pädagogik – denken wir dabei nur an eine lebendige Projektarbeit im situationsorientierten Ansatz – auch aus der Dynamik der Aktivität lebt. Ein Blick auf heutige Kindheiten zeigt aber, dass viele Kinder in einem

Info 2
(Fortsetzung)

wahren Konsumrausch leben, in dem es vor allem darum geht, möglichst viel in möglichst kurzer Zeit – und das noch höchst intensiv – mit Genuss zu erfahren. Dabei kommen Kinder immer weniger zur Ruhe, weil Hektik und Aktivitäten ein gutes Erlebnis bestimmen. Für Kinder

stellt sich daher immer weniger die Frage, die Zeit als etwas Langsames zu erfahren, als vielmehr den Zug der Zeit nicht zu verpassen. Demgegenüber hat der Kindergarten aber auch die Aufgabe, Kindern dabei zu helfen, weniger eine große Vielfalt von Aktivitäten mitzubekommen als das, was erlebt wird, mit Ruhe und Zeit intensiv aufzunehmen. Nicht ohne Grund hat vor vielen Jahrzehnten eine Pädagogin die Forderung aufgestellt, dies zu beachten, welche sie so formulierte: „Weniger das Viele als vielmehr das Wenige."
Ganz viel mit Kindern zu erleben, birgt die Gefahr in sich, Kinder mit Aktivitäten zu erdrücken, die freie Zeit als „unnütz" zu bewerten oder dem Ziel Rechnung zu tragen, dass nur dort eine „gute Pädagogik" realisiert wird, wo etwas geschieht. Nicht selten – und dies sei am Rande bemerkt – ist der starke Wunsch nach ständiger Aktivität der ernsthafte Versuch, der Ruhe, dem eigenen Besinnen zu entfliehen.

5. Motiv: Vorbereitung auf die eigene Familie

Sofern der Berufswunsch Erzieherin damit begründet wird, dass er eine gute Vorbereitung auf das eigene Familienleben ist und ein besseres Hineinwachsen in die Rolle einer Mutter nicht gegeben sei, kann davon ausgegangen werden, dass der Beruf vor allem eigenen subjektiven Idealen im Hinblick auf eine Rollenfindung dient. Beobachtungen in der Praxis zeigen offenkundig, dass Erzieherinnen bei dieser Berufsmotivation einerseits stark fürsorgliche Merkmale in die Arbeit einbringen. Kinder werden eher geführt als begleitet, ihre eigenen Wünsche mit denen der Erzieherinnen in eine gewisse Deckungsgleichheit gebracht und Aspekte völlig selbstständigen Handelns aufseiten der Kinder eher beschnitten, wo persönliche Idealvorstellungen mit denen der Kinder divergieren. Subjektivität der Einschätzung von Erfahrungen und Erlebnissen ist dabei stärker ausgeprägt als der Versuch, eigene Erfahrungen denen von Kindern sorgsam gegenüberzustellen und Unterschiede zu akzeptieren. Dabei kann wohl das Ziel „Unterstützung der Selbstständigkeit" benannt werden, doch wird es in der Praxis um eine „Selbstständigkeit in Grenzen auf der Grundlage einer eigenen Definition von Teilselbstständigkeiten" gehen. Persönliche Enttäuschungen machen sich dort breit, wo Kinder ihre eigenen Vorstellungen und Selbstständigkeiten umzusetzen versuchen.

6. Motiv: Wiedergutmachung

Wiedergutmachung als Berufsmotivation ist dabei nicht weniger problematisch. Nicht selten haben Frauen den Wunsch, Erzieherin zu werden, um selbst erlebte Unfreiheiten, erfahrene Ungerechtigkeiten und bedrückende Erlebnisse in der zukünftigen Arbeit mit Kindern auszugleichen, nach dem Motto: „Was mir passiert ist, soll anderen nicht passieren." Der Beruf der Erzieherin wird also dazu genutzt, das eigene Kindheitsdrama mithilfe von Kindern zu bearbeiten. (...)

Das Motiv der Berufswahl ist durchaus verständlich, wenn auch in der Entwicklung von Kindern nicht hilfreich. Häufig lässt sich beobachten, dass Erzieherinnen auf der Grundlage dieser Berufsmotivation sehr viel und gleichzeitig intensiv für Kinder sorgen, mit ihnen den Tagesablauf sehr beziehungsorientiert erleben und immer darauf bedacht sind, dass gefährliche Situationen schnell geklärt werden oder erst gar nicht entstehen können. Fürsorge erweist sich als das Bindeglied zwischen ihnen und den Kindern, innerhalb dem Schutz vor Irritationen oberste Priorität besitzt. Der Preis für die Kinder ist dabei hoch: Sie erleben ihre Welt als einen Zusammenschluss voller Gefahren, die überall dort lauern, wo sie sich aufhalten. Statt eines gesunden Optimismus und einer Portion Risikofähigkeit macht sich bei Kindern die Sorge breit, dass überall etwas passieren kann, wenn nicht aufgepasst wird, sodass Pessimismus und die Angst vor Gefahren zum neuen Lebensthema für Kinder werden könnte.

7. Motiv: gefühlsbetonte Tätigkeit

Dem Beweggrund, von Natur aus gut mit Kindern umgehen zu können, oder der Einschätzung, die Tätigkeit einer Erzieherin sei ein gefühlsbetontes Erleben mit Kindern, liegt folgende Idee zugrunde:

- Kindererziehung ist sowieso etwas Natürliches, was Menschen entweder können oder nicht, bzw.
- Kindererziehung ist vor allem eine Sache des Gefühls, bei der es darauf ankommt, das eigene Gefühl von Richtigkeit zu spüren und die Arbeit daraus abzuleiten.

Diese sicherlich naive Vorstellung von Pädagogik ist weit verbreitet. Einerseits trägt sie stimmige Elemente in sich, andererseits ist sie in dieser geäußerten Ausprägung sowohl für die Entwicklungsbegleitung von Kindern hinderlich als auch berufspolitisch schädlich für den Stellenwert der Kindergartenpädagogik. Richtig ist, dass Pädagogik immer etwas mit dem eigenen Mensch-sein zu tun hat, damit vor allem aus der Beziehung zu Kindern kein pädagogisches Verhältnis wird. Nichts ist in der Arbeit mit Kindern hinderlicher, als wenn Erziehung vor allem unter dem Aspekt der Methodenorientierung verstanden wird, weil lebendige Mensch-Mensch-Beziehungen dabei auf Rollenbegegnungen reduziert werden. Und dennoch ist Pädagogik nichts grundsätzlich Natürliches, bei dem es lediglich darum geht, den eigenen Vorstellungen von Richtigkeit zu gehorchen und diese auf Kinder zu übertragen. Denn wenn dem so wäre, würden alle Pädagogik-Bücher (...) überflüssig sein, würde jegliche Ausbildung ihren Sinn verlieren und alle Fort- und Weiterbildungsveranstaltungen verlören ihre Bedeutung. (...)

Pädagogik lebt auch davon, dass fachliche Kompetenzen ihren breiten Raum in der Arbeit mit Eltern und Kindern erhalten, in dem Überlegungen, Zielformulierungen und ein sinnverbundenes Hintergrundwissen ihren praktischen Niederschlag finden. Pädagogik als eine hohe Ausprägung gelebter Emotionalität wird immer dann auf Grenzen stoßen, wenn Fachlichkeit und Sachorientierung, Didaktik und methodisches Wissen gefragt sind. Sie wird sich dort zum Spielball unterschiedlicher Interessen machen lassen, wo die eigene Emotionalität Raum für Unsachlichkeit provoziert und Beziehungskämpfe initiiert, die Problemlösungen verhindern.

Info 2 (Fortsetzung)

8. Motiv: Abwesenheit von Stress

Die Vorstellung zum Berufsbild der Erzieherin, dass es in diesem Beruf im Gegensatz zu anderen Tätigkeiten eher weniger Stress und Ärger gibt, ist sicherlich ein lobenswerter Wunsch, doch hat er mit der Realität wenig zu tun. Wenn in einer gedachten Gegenüberstellung von technischen Berufen und pädagogischen Arbeitsfeldern der Gedanke vorherrscht, dass das eine Anspannung, das andere Entspannung bedeutet, so wird an dieser Stelle eine Utopie aufgebaut, die eher alten, herkömmlichen Vorstellungen entspricht, wie etwa der, dass der Kindergarten eine „Quelle des Wohlfühlens, eine Insel der Annahme und ein Ort des zufriedenen Spiels“ darstelle. Kindergartenpädagogik ist ebenso wenig eine stressfreie Tätigkeit wie ein Ort, sich ganz und gar auf musische Individualerlebnisse einlassen zu können. Immer mehr sehen Eltern elementar-pädagogische Einrichtungen als einen Platz an, in dem Kinder Verhaltensweisen lernen, die in ihrer Entwicklung noch kaum oder zu wenig ausgeprägt sind. Der Kindergarten als eine zweite „Sozialisationsinstanz“ neben dem Elternhaus – damit sind aufseiten der Erwachsenen Erwartungen vorhanden, die der Kindergarten erfüllen soll.“

Info 3 Berufsbezogene Persönlichkeitsentwicklung

Die berufsbezogene Persönlichkeitsentwicklung ist ein wichtiges Ziel der Ausbildung. Dazu zählt man die berufliche, persönliche und soziale Entwicklung jedes Einzelnen. Auch diese soll schon in der ersten Woche beginnen: Es geht darum, sich selbst besser kennen zu lernen, die eigenen Stärken und Schwächen zu erforschen, sich persönliche Eigenarten bewusst zu machen und die Wirkung auf andere zu erfahren und zu reflektieren.

In den folgenden Aufgaben werden Möglichkeiten vorgestellt, sich diese eigenen Erfahrungen und Eigenarten bewusst zu machen. Dadurch wird ein erster Schritt zur Reflexion getan. Möglicherweise werden sehr ambivalente Gefühle deutlich. Auch musste man lernen diese Gefühle anderen gegenüber zu äußern.

Wichtig ist nun aber der nächste Schritt. Es stellen sich neue Fragen:
Wie gehe ich mit diesen Ergebnissen um?
Was habe ich davon?
Wie möchte ich mich weiterentwickeln?

Zum Beispiel: Wenn die Gründe für die Berufsentscheidung geklärt sind, ist der nächste Schritt, zu überlegen, was man nun in der Ausbildung lernen möchte. Es entstehen neue Ziele, man möchte etwas erreichen.

Fazit

Nach Gudjons gilt: „Für die Praxis des pädagogischen Handelns ist Selbstreflexion schlechthin unverzichtbar. Es gibt keinen gefährlicheren Irrtum, als zu glauben, dass primär mithilfe von Techniken, Methoden oder Theorien erzieherische, beratende oder soziale Arbeit geleistet werden kann.“

Quelle: Gudjons u. a., a. a. O., S. 54

„Erkenne dich selbst“

Mögliche Berufswahlmotive:

1. die Vorstellung, mit Menschen und nicht mit „toter Materie" arbeiten zu wollen,
2. die Meinung, mit Kindern und nicht mit Erwachsenen arbeiten zu wollen,
3. die Hoffnung, sich in dem Beruf selbst zu verwirklichen,
4. die Vorstellung, mit Kindern viel zu erleben und aktiv zu sein,
5. die Hoffnung, dass die Arbeit als Erzieherin auch auf eine mögliche Rolle als Mutter vorbereitet,
6. die Meinung, eigene Unfreiheiten oder Ungerechtigkeiten wieder gutmachen zu können: „Was mir passiert ist, soll anderen nicht passieren",
7. die Vermutung, dass gefühlsmäßige Qualitäten für den Umgang mit Kindern allein entscheidend seien,
8. die Annahme, dass der Kindergarten ein stressfreier Raum sei, der ein Gegengewicht zur „harten Außenwelt" darstellt.

Aufgaben und Anregungen

Gudjons hat selbst Übungen zur biografischen Selbstreflexion entwickelt. Hier wird eine Standardübung vorgestellt, die für verschiedene Fragestellungen und Problembereiche verwendet werden kann:

1.1 Lebenslinie

Ziel ist die Bewusstmachung von Ereignissen und Erfahrungen, die die individuelle Lebensentwicklung entscheidend beeinflusst und geprägt haben. Zudem unterstützt die Übung das gegenseitige Kennenlernen in einer Gruppe.

1.1 Zeichnen Sie für sich auf einem quer liegenden Blatt (DIN-A4) eine Linie nach dem unten dargestellten Schema. Die Waagerechte symbolisiert Ihren Lebenslauf. Die Senkrechte dient als Skala für die individuelle Einschätzung.

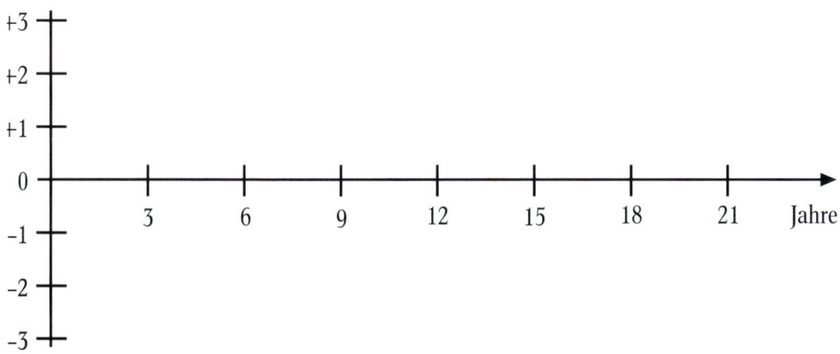

Tragen Sie nun für sich wichtige Ereignisse in diese Zeitlinie ein und geben Sie durch ein Kreuz an, wie Sie sich damals gefühlt haben (- 3 = miserabel, + 3 = sehr gut und zufrieden). Wichtig sind vor allem die Stationen, die „Wendepunkte" und prägende Erlebnisse für heutige Lebenssituationen bedeuteten. Die Kreuze können zu einer (Zickzack-)Linie verbunden werden.

1.2 Die Lebenslinien werden mit dem Namen versehen und an die Wand gehängt. Teilnehmer/-innen gehen von einer zur anderen und können die betreffende Person befragen und ihre Eindrücke mitteilen.

Aufgaben (Fortsetzung)

1.3 Die Gruppe schließt ein Gespräch über Ähnlichkeiten und Unterschiede in den Lebensläufen der Teile an.

Variante: Die Linien werden als Schullaufbahn angelegt, die also die Entwicklung in schulischen Institutionen bis zur heutigen Zeit darlegen.
Weitere Themen können z. B. Beziehungslinien sein, die die Entwicklung zu den Eltern, Geschwistern oder Freunden wiedergeben. Vergleichen lassen diese sich, wenn sie mit verschiedenen Farben nacheinander aufgezeichnet werden oder auf Pergamentpapier geschrieben übereinander gelegt werden.
Weitere persönliche Erfahrungen, die in der Ausbildung zum Erzieher immer wieder thematisiert werden, lassen sich mit dieser Übung erfassen:
- der eigene Umgang mit Medien (Bücher, Fernsehen, Computer),
- die eigene Sport-Lebensgeschichte,
- die eigene Gesundheits-, Krankheitsgeschichte,
- eigene musikalische Erfahrungen

usw.

2 Berufsentscheidung

Ziel ist hierbei herauszufinden, welche Personen oder Faktoren Einfluss auf Ihre Berufswahl hatten und wie wichtig diese im Einzelnen waren.

2.1 Zeichnen Sie in die Mitte eines DIN-A3-Blattes einen Kreis, in den Sie den Beruf „Erzieher/Erzieherin" eintragen. Verteilen Sie um diesen Kreis acht weitere Kreise nach folgendem Schema:

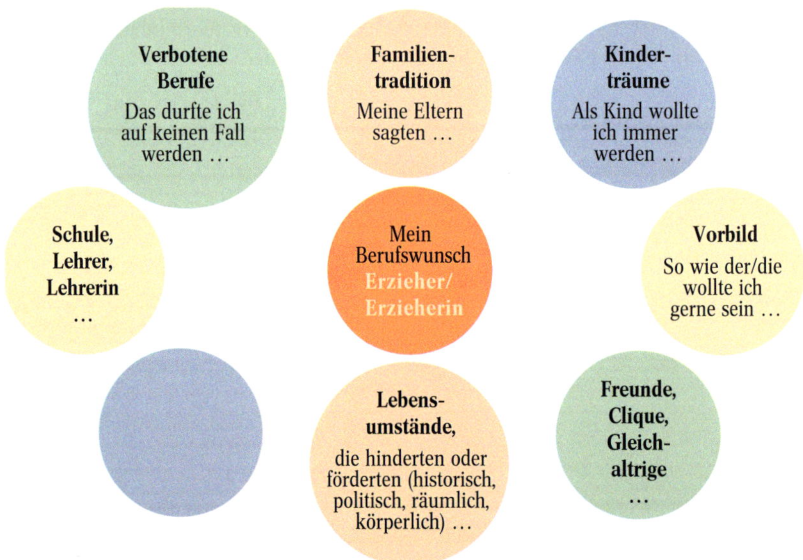

2.2 Versetzen Sie sich in Gedanken zurück in die Zeit, als Sie die erste Entscheidung getroffen haben diesen Beruf zu wählen. Tragen Sie neben die Kreise ein, was Ihnen zu den einzelnen Bereichen einfällt. Wenn etwas Wichtiges fehlt, haben Sie einen freien Kreis zur Verfügung.

2.3 Zeichnen Sie dann Pfeile von den Kreisen ausgehend zur Mitte hin. Zeigen Sie durch die Dicke der Pfeile an, wie wichtig die einzelnen Bereiche für Ihre Entscheidung waren.

2.4 Nehmen Sie sich nun Zeit, das Gezeichnete zu betrachten. Decken Sie jetzt mit der Hand der Reihe nach jeden Bereich einmal zu und stellen Sie sich vor, was gewesen wäre, wenn dieser Einfluss nicht vorhanden gewesen wäre. Was wäre dann aus Ihnen geworden?

2.5 Reflektieren Sie in Kleingruppen nach folgenden Fragen:

- Wenn ich noch mal in der Situation wäre, wie würde ich mich dann entscheiden?
- Was gefällt mir bisher an meiner Entscheidung?
- Wie wird es weitergehen? Wovon hängt das ab?

3 Lesen Sie Info 2 über weitere Berufswahlmotive.

3.1 Sehen Sie Übereinstimmungen mit eigenen Motiven? Welche Berufswahlmotive sind neu für Sie?

3.2 Was halten Sie von den für Sie neuen Motiven?

3.3 Überlegen Sie, welche Berufsmotivation hilfreich bzw. weniger hilfreich ist, um auch in Zukunft zufrieden mit der Berufswahl zu bleiben. Legen Sie eine Tabelle mit drei Spalten an und ordnen Sie zu. Begründen Sie Ihre Entscheidung.

Berufswahlmotiv	hilfreich	weniger hilfreich
…		
…		

3.4 Diskutieren Sie das Ergebnis.

4 Lernzielformulierung

Nehmen Sie sich jeder ein DIN-A3-Blatt und unterteilen es in vier Spalten. Entwickeln Sie individuelle Ziele in Bezug auf folgende Fragen:

Name	Was möchte ich hier lernen?	Was kann ich selber dafür tun, dass ich dieses Ziel erreiche?	Wodurch kann die Schule mich dabei unterstützen, dass ich diese Ziele erreiche?
Umgang mit mir selbst			
Umgang mit anderen			
Fachliche Kenntnisse			

Planen Sie erste Maßnahmen zur Erreichung Ihrer Ziele. Bewahren Sie das Blatt gut auf und nutzen Sie es für regelmäßige Reflexionen, z.B. nach dem ersten Halbjahr. Eventuell kann gemeinsam mit den Ausbildungslehrern über die Inhalte gesprochen werden.

5 Inhaltliche Erwartungen

5.1 Erstellen Sie eine Collage über die inhaltlichen Erwartungen, die Sie an diese Ausbildung stellen.

5.2 Versehen Sie die Collage mit Ihrem Namen und hängen Sie das Bild im Klassenraum auf. Schauen Sie sich alle Collagen an.

5.3 Vergleichen Sie sie in einem gemeinsamen Gespräch in Bezug auf Gemeinsamkeiten und Unterschiede. Welche Möglichkeiten fallen Ihnen ein die Erwartungen möglichst vieler zu verwirklichen?

2.2 Arbeitsfelder einer Erzieherin

„... Obwohl Sie als Erzieher ja nicht nur mit Kindern zu tun haben werden ...“, äußert Frau Fidler während Olivers Vorstellungsgespräch.

Das fällt ihm wieder ein, als sich die Studierenden in den ersten Wochen an der Schule einen Überblick über die einzelnen Einsatzmöglichkeiten für Erzieher verschaffen.

In einem Pausengespräch kommen die Klassenlehrerin, Ercan, Renate und Susanne auf die Idee, Studierende aus ihrer Partnerschule, die in verschiedenen Einrichtungen gearbeitet haben, zu interviewen.

Vier Wochen später ist es so weit. Die Studierenden aus Köln sind im letzten Jahr ihrer Ausbildung und berichten der Klasse von ihren Erfahrungen.

Fragen

- ✔ *Welche Arbeitsfelder neben einer Kindertageseinrichtung kommen für Erzieherinnen/Erzieher infrage?*
- ✔ *Wie sieht ein typischer Tagesablauf in einem solchen Arbeitsfeld aus?*
- ✔ *Welche Aufgaben kommen jeweils auf die Erzieherin/den Erzieher zu?*

Info 1

Die Bandbreite des Erzieherberufs

Der Beruf der Erzieherin beinhaltet eine so genannte „Breitbandausbildung“, d. h. er umfasst die früher getrennten Berufe der „Krippenerzieherin“, „Kindergärtnerin“, „Hortnerin“, „Jugenderzieherin“ und „Heimerzieherin“. Dies bedeutet, dass Erzieherinnen sowohl in Einrichtungen der Kleinkind- und Kindererziehung als auch in der pädagogischen Arbeit mit Schulkindern und Jugendlichen außerhalb der Schule bzw. des Ausbildungs- und Arbeitsplatzes tätig werden.

Einige Erzieherinnen bekommen aber auch eine Stelle in der Kinder- und Jugendpsychiatrie, in einer Beratungsstelle, in einem Spielmobil, in der Behindertenarbeit oder einer Sonderschule. Eine Erzieherin kann sich sogar selbstständig machen, wenn sie z. B. eine „Kinderpension“ eröffnet. Oder sie geht ins Ausland und arbeitet als Animateurin oder Au pair ... Nachfolgend werden die „klassischen“ Arbeitsfelder vorgestellt.

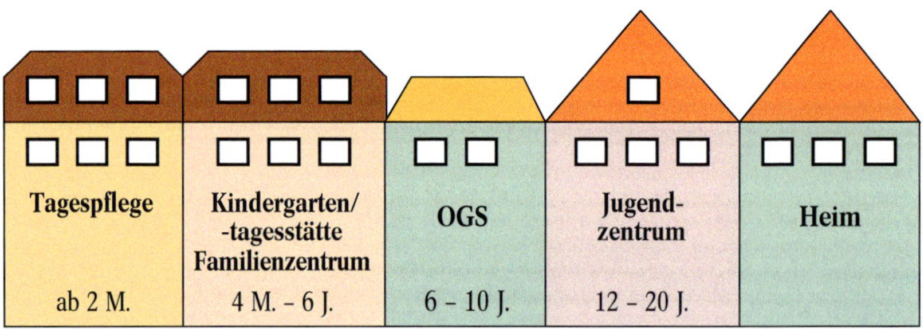

in Anlehnung an Grüneberg, Hauser, „Erziehen als Beruf“, Troisdorf 1995

Tagespflege

Info 2

Olga trifft sich mit Eva Schmidt, um sie zu ihrem Praktikum bei einer Tagesmutter zu befragen:

Olga: „Wie bist du an diese Praktikumsstelle gekommen?“
Eva: „Ich habe einfach beim Jugendamt angerufen und nachgefragt. Das Jugendamt hat nämlich seit Inkrafttreten des TAG (Tagesstättenausbaugesetz) zum 01.01.2005 die Verpflichtung, Tagesmütter bei Bedarf an Eltern zu vermitteln. Dies habe ich mir zunutze gemacht. Das Jugendamt erteilt auch die notwendige Pflegeerlaubnis.“

Olga: „Was versteht man denn unter einer Pflegeerlaubnis?“
Eva: „Jeder, der ein Kind mehr als 15 Stunden außerhalb des Elternhauses, länger als drei Monate und gegen Entgelt betreut, benötigt eine. Die Pflegeerlaubnis gilt dann gleich für bis zu fünf Kinder, sofern die Räumlichkeiten der Tagesmutter groß genug sind. Außerdem muss die Tagesmutter entsprechend qualifiziert sein, d.h. sie muss einen Qualifizierungskurs absolvieren.“

Olga: „Wie viele Kinder betreut denn die Tagesmutter, bei der du dein Praktikum gemacht hast?“
Eva: „Sie betreut drei Kinder unter drei Jahren, hat aber selbst auch eine fünfjährige Tochter. Da sind Maja, 2,4 Jahre, Moritz, 2,0 Jahre und Elias, 10 Monate. Die eigene Tochter heißt Finja. Sie geht aber bereits in den Kindergarten und ist erst ab mittags zu Hause.“

Olga: „Wie sehen denn die Räumlichkeiten aus?“
Eva: „Die Tagesmutter betreut die Kinder bei sich zu Hause in einem Reihenhaus. Ein Kinderzimmer wurde speziell für die Tageskinder eingerichtet. Die Kinder dürfen sich aber auch im Wohnzimmer aufhalten, wo sich das Spielmaterial befindet. Außerdem gibt es einen kleinen Garten mit Sandkasten und Rutsche.“

Olga: „Warum gehen die Kinder zu einer Tagesmutter?“
Eva: „Die Eltern sind berufstätig. Elias` Mutter ist zum Beispiel Lehrerin und geht drei Tage in der Woche zur Schule, sodass er entsprechend auch nur diese drei Tage kommt und am Nachmittag spätestens um 15.00 Uhr wieder abgeholt wird. Moritz kommt an fünf Tagen von 8.00 bis 15.00 Uhr. Seine Mutter ist noch recht jung und holt zurzeit ihren Schulabschluss nach. Majas Mutter ist Krankenschwester. Je nach Dienstzeit bringt sie sie schon um 6.00 und holt sie um 15.00 Uhr wieder ab oder von 13.00 bis 23.00 Uhr. Majas Mutter ist allein erziehend und auf diese flexiblen Betreuungszeiten angewiesen.“

Olga: „Dann schläft Maja auch bei der Tagesmutter?“
Eva: „Ja, jedes Kind hat ein eigenes Bettchen hier. Moritz und Elias machen ja auch Mittagsschlaf.“

Olga: „Hat die Tagesmutter überhaupt noch Zeit für ihr eigenes Kind?“
Eva: „Klar, denn wenn Majas Mutter Frühdienst hat, sind alle Kinder um 15.00 Uhr weg. Und bei Spätdienst ist nachmittags nur Maja da. Da Finja bisher Einzelkind ist, profitiert auch sie vom Job ihrer Mutter, da sie damit eine „Pflegeschwester“ hat. Und für Maja ist ausgesprochen positiv, dass um 17.00 Uhr schon der Ehemann der Tagesmutter von der Arbeit nach Hause kommt. So hat sie einen „Vaterersatz“, denn zu ihrem leiblichen Vater ist der Kontakt leider abgebrochen.“

Olga: „Hört sich trotzdem stressig an.“
Eva: „Sicher. Die Tagesmutter muss ja gleichzeitig noch ihren Haushalt führen: Wäsche waschen, putzen, kochen. Auch zu Einkäufen nimmt sie die Kinder mit. Die Kinder werden also komplett in den Familienalltag eingebunden.“
Olga: „Danke für das interessante Interview.“

Info 3

Kleine altersgemischte Gruppe, große altersgemischte Gruppe, Regelkindergartengruppe (3- bis 6-Jährige)

Renate und Zirafeta interviewen die Studierenden Jessica Reuschenbach und Katja Königsfeld zu ihrem Praktikum:

Renate: „Zuerst interessiert mich, wie die Einrichtung aussah."
Katja: „Die Einrichtung ist eine Villa, die auf drei Etagen 60 Kindern Platz bietet. Vom Garten führt ein Tor direkt in den Park, der an einen Fluss grenzt. Bei der Villa handelt es sich um eine dreigruppige Tageseinrichtung für Kinder von vier Monaten bis 14 Jahren."

Zirafeta: „Von vier Monaten bis 14 Jahren? - Ist das nicht chaotisch?"
Jessica: „Nur manchmal. Die Regenbogengruppe ist eine so genannte kleine altersgemischte Gruppe und umfasst 15 Kinder. Die eine Hälfte der Kinder ist zwischen vier Monaten und drei Jahren und die andere Hälfte der Kinder zwischen drei und sechs Jahre alt. Die Kinder werden von zwei Erzieherinnen und einer Kinderpflegerin betreut.

Chaotisch ist es oft in der großen altersgemischten Gruppe. Hier sind zehn Kindergartenkinder und 15 Hortkinder zwischen sechs und 14 Jahren. Sie kommen nach der Schule in die Einrichtung und erhalten ein warmes Mittagessen und Hausaufgabenbetreuung. Anschließend werden verschiedene Freizeitaktivitäten angeboten. Sie werden von zwei Erzieherinnen betreut.

Die Kindergartengruppe umfasst 25 Kinder zwischen drei und sechs Jahren. Zehn Kindergartenkinder werden mittags abgeholt, 15 bleiben und werden erst nachmittags abgeholt. Die Kinder werden von einer Erzieherin und einer Ergänzungskraft betreut.

Allerdings ist es so, dass sich hier ab 2008 einiges ändern wird. Dann tritt zum Beispiel in NRW das neue Kinderbildungsgesetz (Kibiz) in Kraft. Darin ist sowohl die kleine als auch die große altersgemischte Gruppe nicht mehr vorgesehen. Es wird ganz neue Gruppenkonstellationen geben. Schulkinder werden in der Villa dann womöglich gar nicht mehr betreut, dafür aber verstärkt Kinder unter drei Jahren."

Renate: „Aha. Da befindet sich also gerade einiges im Umbruch. Ich möchte aber noch mal auf die Personalsituation zurückkommen. Wer arbeitet sonst noch hier?"
Jessica: „Die Villa verfügt noch über eine freigestellte Leiterin, eine Ergänzungskraft für das gesamte Haus und eine Köchin."

Renate: „Welche Spielmöglichkeiten haben die Kinder?"
Katja: „Im Erdgeschoss der Villa befindet sich der ‚Gummistiefelraum' und der Werkraum. Der Werkraum ist für entsprechende Bastelangebote oder Projekte mit genügend Werkzeugen und mit entsprechenden auffordernden Materialien ausgestattet. In der ersten Etage befinden sich die Küche, der Hausaufgaben- und der Essraum. In der zweiten Etage befinden sich die ‚Regenbogengruppe' und die ‚Sternengruppe'. Diese Etage beinhaltet vier Räume zum Spielen, den Turnraum und den Schlafraum. Den Kindern stehen dort verschiedene Gesellschaftsspiele, Kooperationsspiele, ein Bällebad, die Puppenecke und eine Bauecke zur Verfügung. In der

dritten Etage befindet sich die Hortgruppe. Die Räume bieten eine Bauecke, eine Puppenecke, einen Leseraum und einen Toberaum. Den Hortkindern stehen Gesellschaftsspiele, Bücher, Gestaltungsmaterialien und Verkleidungssachen zur Verfügung. Das Außengelände bietet eine Rutsche, einen Kletterberg, einen Sandkasten und ganz viele Rückzugsmöglichkeiten. Sie dürfen Sandspielzeuge, Roller, Bälle und weitere Spielsachen benutzen.

Zirafeta: „Nach welchem Konzept arbeitet die Villa?"
Katja: „Es wird nach dem offenen Konzept gearbeitet. Die Kinder haben zwar ihre jeweilige Stammgruppe, können sich jedoch ihren Spielraum und ihren Spielpartner im ganzen Haus auswählen und somit gruppenübergreifend spielen. Angebote vom pädagogischen Personal werden ebenfalls gruppenübergreifend durchgeführt. Die Angebote werden von den Kindern stark und mit viel Freude und Motivation genutzt."

Renate: „Könnt ihr etwas über den Tagesablauf sagen?"
Katja: „Um 07:00 Uhr wird die Einrichtung geöffnet. Bis 08:30 Uhr können die Kinder ihr mitgebrachtes Frühstück im Krümelcafe in der ersten Etage essen. Kakao, Milch, Wasser und Tee wird den ganzen Tag über angeboten. Ab 08:30 Uhr werden die Kinder auch in den anderen Gruppen betreut. Um 09:00 Uhr treffen sich alle Kinder mit den Erzieherinnen zum Morgenkreis im Mehrzweckraum. Dort werden Lieder gesungen, Kreisspiele gespielt und der Tagesablauf besprochen. An jedem Tag findet ein besonderes Angebot für die Kinder statt. Um 11:30 Uhr beginnt das Mittagessen in drei Essensgruppen. Danach gehen die Kinder unter sechs Jahren in die Traumstunden. Die Hortkinder machen nach dem Mittagessen mit einer Erzieherin die Hausaufgaben. Danach steht ihnen die restliche Zeit zur freien Verfügung. Um 17:00 Uhr endet der Tag in der Villa."

Renate: „Hat die Villa so etwas wie Ziele?

Katja: „Selbstverständlich. Die Ziele kann ich euch aus dem mitgebrachten Prospekt direkt vorlesen:
- Die Kinder sollen sich wohl und geborgen fühlen, darum wird eine harmonische und entspannte Atmosphäre geschaffen.
- Die Kinder sollen den positiven Umgang mit Menschen lernen, sollen sich auseinander setzen können.
- Die Kinder sollen ihre Freizeit selbst gestalten lernen.

- Die Kinder sollen zu selbstbewussten und gesellschaftlich verantwortlichen Menschen werden.
- Die Kinder sollen lernen mit Konflikten umzugehen.
- Durch Bewusstmachung der eigenen Fähigkeiten soll die psychische Stabilität gestützt werden."

Zirafeta: „Das klingt gut! Was hat euch besonders gefallen? Würdet ihr dort auf Dauer arbeiten wollen?"
Jessica: „Besonders gefiel mir, dass bei der Villa viel Wert auf die Mithilfe der Eltern gelegt wird. So finden z.B. Garten- oder Renovierungsaktionen statt, die von den Eltern organisiert und durchgeführt werden. Im Rahmen der Projekte können auch die Eltern Angebote für die Kinder anbieten. Als besonderes Angebot findet einmal im Monat ein Elterncafé statt.
Ich würde dort immer wieder gerne arbeiten!"

Katja: *„Ich auch!"*

Info 4

Offene Ganztagsgrundschule

Laura interviewt die Praktikantin Tamara Seibold zu ihrem Praktikum:

Laura: „Ich habe überhaupt keine Vorstellung, was eine „offene Ganztagsgrundschule“ ist. In meinem Bundesland habe ich davon noch nichts gehört.“
Tamara: „Die offene Ganztagsgrundschule gibt es in NRW auch erst seit dem Schuljahr 2003/2004. An der Gemeinschaftsgrundschule, an der ich mein Praktikum absolviert habe, wurde sie zum Schuljahr 2005/2006 eingerichtet. Abgekürzt sagen wir „OGS“. Dabei bedeutet „offen“, dass sich die Eltern zusammen mit ihren Kindern freiwillig dazu entscheiden können, das Ganztagesangebot zu nutzen. Einmal angemeldet, müssen die Kinder aber verpflichtend teilnehmen.“

Laura: „Ach so. Und wie viele kommen“?
Tamara: „Es gibt derzeit zwei Gruppen mit insgesamt 50 Kindern, die das Angebot nutzen. Im Jahr 2007 werden aber alle Horte geschlossen, so dass dann noch eine weitere Gruppe eingerichtet werden wird.“

Laura: „Welche Räumlichkeiten nutzt die OGS?“
Tamara: „Im Moment ist alles noch etwas chaotisch. Es stehen nur zwei Räume für die beiden Gruppen zur Verfügung, in einem davon wird auch zu Mittag gegessen. Allerdings können wir die Aula mitbenutzen und nach Unterrichtsschluss auch die Klassenräume. In diesen werden auch Hausaufgaben gemacht. Außerdem gibt es noch eine Küche, sowie einen Flur, der von den Kindern aber aufgrund seiner Ungemütlichkeit nicht gerne zum Spielen genutzt wird.
Leider sind die Gruppenräume immer noch nicht ganz fertig gestaltet. Nach einem Umbau sind neue Möbel gekommen, bis jetzt gibt es schon eine Bau- und eine Kuschelecke; jedoch sind die Räume immer noch eher ungemütlich.“

Laura: „Wie viele Personen arbeiten insgesamt in der OGS?“
Tamara: „Es sind acht Mitarbeiter und eine Kochfrau. Die Leiterin ist Sozialpädagogin, die stellvertretende Leiterin ist Erzieherin. Beide sind jeweils für eine Gruppe verantwortlich. Die restlichen Mitarbeiter sind Honorarkräfte oder „1 €-Jobber“, eine Person arbeitet ehrenamtlich. Eine pädagogische Ausbildung hat dieser Personenkreis meistens nicht absolviert. Es handelt sich dabei um Studenten und Mütter, die ehrenamtliche Kraft ist eine pensionierte Realschullehrerin.“

Laura: „Wie sieht denn der Tagesablauf aus?“
Tamara: „Die Kinder sind natürlich morgens im Unterricht. Der Arbeitstag der Erzieherin beginnt um 11.00 Uhr. Kurze Zeit später kommen schon die ersten Kinder, meist Erstklässer, und fangen mit den Hausaufgaben an. Nach und nach, je nach Unterrichtsschluss, kommen die Kinder der anderen Klassen hinzu. Die Gruppe ist ja klassenübergreifend und wird von Kindern der Klassen 1–4 besucht. Zwischen 12.30 Uhr und 13.30 Uhr findet das Mittagessen statt. Dieses wird in mehreren „Runden“ eingenommen. Anschließend gibt es nochmals bis 15.00 Uhr eine feste Hausaufgabenzeit für die Kinder. Die Teilnahme ist verpflichtend. Die Kinder, die mit den Hausaufgaben fertig sind, können z. B. Übungsaufgaben erledigen. Dazu steht ein Ordner mit verschiedenen Aufgaben bereit.

961032

Nach den Hausaufgaben werden von den Honorarkräften verschiedene AG`s angeboten, z.B. Theater, Computer, Karate, Basketball, Kunst und Werken. Es gibt auch Kooperationen, z.B. mit einem örtlichen Turnverein und der Musikschule. Die Kinder können sich freiwillig eintragen, was sie machen möchten. Angebote von der Musikschule usw. müssen natürlich von den Eltern extra bezahlt werden."

Laura: „Nimmt also jedes Kind jeden Tag an einer AG teil?"
Tamara: „Nein. Jedes Kind schließt sich mindestens einer AG an, die dann einmal in der Woche stattfindet. An den übrigen Tagen können die Kinder nachmittags im Gruppenraum oder auf dem Schulhof spielen."

Laura: „Und welche Aufgaben hat die Erzieherin?"
Tamara: „Sie begleitet zum Teil die Hausaufgaben mit. Es gibt aber eine Honorarkraft, die nur für die Hausaufgaben zuständig ist. Außerdem gibt es eine spezielle Fördergruppe für schwächere Schüler, genannt „Silentium", die von einer Lehrerin geleitet wird.
Die Erzieherin hält sich meist im Gruppenraum auf oder bei schönem Wetter draußen und beaufsichtigt das Freispiel, manchmal leitet sie Aktivitäten an. Viele Kinder gehen nach den Hausaufgaben allerdings schon nach Hause, denn die Eltern konnten sich vorher aussuchen, ob sie eine Betreuungszeit bis 15.00 oder bis 16.00 Uhr wünschen. Um 16.00 Uhr ist dann auch schon Feierabend."

Laura: „Heißt das, dass der Arbeitstag für die Erzieherin nach fünf Stunden schon wieder zu Ende ist?"
Tamara: „Im Prinzip ja. Zumindest läuft ihr Arbeitsvertrag nur über 25 Stunden. Übrigens hat selbst die Leiterin der OGS keine volle Stelle. Auch sie arbeitet nur 30 Stunden. Alles andere wird über die bereits angesprochenen Honorarkräfte abgedeckt."

Laura: „Hat dir denn dein Praktikum gefallen?"
Tamara: „Ja, sehr. Mir hat die Arbeit mit den Kindern großen Spaß gemacht. Das Problem war nur, dass es kaum Zeit gab, ein Projekt mit den Kindern zu realisieren. Dies war aber Praktikumsaufgabe. Es ging ja nur nach 15.00 Uhr, dann sind viele Kinder aber entweder schon weg oder in einer AG. Mir blieb nur der Freitag, um etwas auf die Beine zu stellen. Es hat aber trotzdem alles einigermaßen geklappt."

Kinder- und Jugendfreizeiteinrichtungen

Info 5

Der Praktikant Andreas Braun berichtet Olga, Ercan und ihrer Gruppe:

Ercan: „Du hast dein Praktikum in einem Jugendzentrum gemacht. Sind da Sozialarbeiter oder Erzieher zuständig? Wer geht da hin?"
Andreas: „Die Einrichtung wird von Kindern ab sechs Jahren, Jugendlichen und jungen Erwachsenen bis 27 Jahren besucht. Es kommen zwischen 40–150 Besucher am Tag, abhängig vom Wetter, besonders bei den älteren.
Zwei Drittel der Besucher stammen aus Deutschland und der Türkei. Der Rest kommt aus Italien, Spanien, Portugal, Griechenland, Serbien, Kroatien, Bosnien, Albanien sowie Deutschstämmige aus Polen und Russland.
Die meisten Besucher in der Einrichtung sind Jungen, etwa 60 %. Die meisten Mädchen, welche die Einrichtung besuchen, kommen aus Deutschland. Es sind auffällig wenige moslemische Mädchen in der Einrichtung."

Olga: „Klingt nach einer problematischen Klientel. Gibt es da häufig Zoff?"
Andreas: „Der Jugendclub befindet sich im Einzugsgebiet sozial schwacher Familien. Die Arbeitslosenquote liegt dort über dem Durchschnitt, viele leben nur von der Sozialhilfe. Es gibt sehr viele allein erziehende Mütter. Viele Eltern sind noch sehr

Info 5
(Fortsetzung)

jung, nach Information der Clubleitung sind etwa 70 % der Frauen bei der Geburt ihrer Kinder unter 20 Jahre alt gewesen. Dieser Wert ist seit Jahren – trotz erweiterter Aufklärung – konstant. Die jungen Eltern sind meist mit den Aufgaben der Erziehung überfordert. Dadurch erleben die meisten Kinder körperliche und seelische Gewalt von ihren Eltern, auch die Gewalt von Männern, die ihre Frauen schlagen. Alkoholprobleme in der Familie, mitunter auch Drogen, Langzeitarbeitslosigkeit und der finanzielle Ruin gehören für viele zum Alltag."

Ercan: „Was leistet die Einrichtung konkret?"
Andreas: „In der Einrichtung werden 16 Grundschüler bei den Hausaufgaben unterstützt. Die Kinder werden von einer ABM-Kraft betreut. Die ABM-Kraft ist eine aus Russland stammende Lehrerin. Praktikanten in der Einrichtung sind gern gesehene Helfer in der Hausaufgabenbetreuung. Die größten Probleme der Kinder liegen im Erledigen der Hausaufgaben. Sie haben Schwierigkeiten mit der Konzentration, sie lassen sich leicht ablenken oder hören sofort auf, wenn sie auf Anhieb keine Lösung finden. Die Kinder haben dann die Möglichkeit, die Hausaufgaben kurzzeitig zu unterbrechen, können Mittagessen gehen oder sich in der Turnhalle austoben. Anschließend werden die Hausaufgaben zu Ende geführt."

Olga: „Es gibt sogar Mittagessen?"
Andreas: „Ja. Die Kinder haben die Möglichkeit, im Bistro ein warmes Mittagessen zu bekommen. Es wird immer frisch zubereitet und ist auf das multikulturelle Umfeld abgestimmt. Das Mittagessen ist nicht verpflichtend. Essenszeit ist von 13:00 bis 15:00 Uhr. Das Mittagessen kostet für die Kinder, die an der Hausaufgabenbetreuung teilnehmen, 0,50 € pro Mahlzeit. Die Hausaufgabenbetreuung liegt bei 6,00 € im Monat. Durch die Betreuung und die Zusammenarbeit mit den Lehrern haben sich die schulischen Leistungen der meisten Kinder verbessert. Nach der Hausaufgabenbetreuung bleiben die Kinder in der Einrichtung und nutzen die Spielmöglichkeiten und treffen sich mit Freunden."

Ercan: „Wie ist der weitere Tagesablauf? Was wird den Kids angeboten?"
Andreas: „Der Jugendclub öffnet um 14:00 Uhr. Da kommen die Sechs- bis Dreizehnjährigen. Die älteren kommen meist ab 16:30 Uhr. Alle nutzen die fest installierten Angebote: Fußballspielen in der Turnhalle, den Medienraum, Billard, Kickerspiele oder die Brett- und Legespiele, die in der Spielausgabe angeboten werden.
Es findet täglich zwischen 17:00 und 17:45 Uhr ein Kinderturnen statt, das von den jüngeren Kindern regelmäßig und zahlreich besucht wird. Als vor ein paar Jahren der Etat noch größer war, gab es die Mädchenarbeit, Ausflüge, z. B. Kinobesuche, Schwimmen, Fußballturniere gegen andere Jugendeinrichtungen, Wochenendfahrten, Theatergruppen, Fotolabor, Werkstatt, Gestaltungsangebote. Das musste aus Personalmangel leider eingestellt werden."

Olga: „Wie bist du selbst mit den Besuchern klargekommen? Für mich klingt es, als wäre da immer sehr viel los."
Andreas: „Ja, das war auch so! Häufig konnten Probleme der älteren Besucher leider kaum behandelt werden. Ein 17-jähriger Türke fragte mich um etwa 19:00 Uhr, ob ich ihm bei seinem Bewerbungsschreiben für einen Ausbildungsplatz helfen könnte. Ich hatte an diesem Abend im

gesamten Bereich des Untergeschosses inklusive Turnhalle Aufsicht. In diesen Bereichen sind zwei Personen für die Aufsicht vorgesehen. Da wenig Personal zur Verfügung stand, konnte ich der Bitte des Jungen erst nach Beendigung der Öffnungszeiten nachkommen."

Olga: „Wohin gehen die Jugendlichen nach 19:00 Uhr?"
Andreas: „Außerhalb der Einrichtung bewegen sich die Adressaten in Gruppen. Sie selber bezeichnen sich als Straßengangs. Von ihrem Verhalten und ihrer Kleidung orientieren sich die Jungen an Vorbildern aus der Rapper-Szene. Die Mädchen orientieren sich in ihrem Verhalten und ihrer Kleidung an den angesagten Girlgroups.
Schon bei Achtjährigen ist zu erkennen, dass Markenartikel wie Schuhe, besonders Sportschuhe, Jogginganzüge, Hosen, T-Shirts, Jacken, das neueste Mobiltelefon oder die richtige Basecap zur Anerkennung in der Gruppe dazugehören und die Stellung in der Hierarchie der ‚Gangs' beeinflussen."

Ercan: „Was hat dir an deinem Praktikum gefallen?"
Andreas: „Ich hatte zu jeder Zeit das Gefühl, etwas Sinnvolles zu tun. Spaß gemacht hat mir, dass ich es in der letzten Woche des Praktikums endlich geschafft habe, einen Kurs im Schlagzeugspielen anzubieten. Bei meinen Vorbereitungen wurden einige Jugendliche neugierig und fragten nach, ob sie sich auch mal an das Schlagzeug setzen dürften. Mein Kurs wurde von mindestens 30 Kindern und Jugendlichen angenommen. Nach Abstimmung mit dem Team bekam ich an drei Tagen jeweils eine Stunde für mein Projekt. Mein Projekt wurde mit Begeisterung aufgenommen und alle zeigten sich sehr lernbegierig. Für die meisten von ihnen war dies der erste Kontakt mit einem Musikinstrument."

Heim-Außenwohngruppe

Info 6

Susanne interviewt Bernd Woltiri eine Woche später über sein Praktikum in einem Heim.

Susanne: „In der Pause hast du schon erwähnt, dass du hauptsächlich mit jungen Flüchtlingen zu tun hattest. Erkläre uns bitte, wie die in das Heim kommen und zu wem das Heim gehört."

Bernd: „Die Außenwohngruppe ist eine Einrichtung für Erziehungshilfe nach dem § 34 Kinder- und Jugendhilfegesetz (KJHG). Der Träger ist die Diakonie. Die Wohngruppe bietet momentan neun Plätze für weibliche und männliche Jugendliche zwischen 14 und 18 Jahren. Jeder Jugendliche hat in der Einrichtung sein eigenes Zimmer. Der Schwerpunkt der Arbeit liegt überwiegend in der Betreuung unbegleiteter minderjähriger Flüchtlinge (UMF).
In ihren Herkunftsländern herrschen sehr unterschiedliche Lebensumstände. Die meisten Eltern und Familien der Jugendlichen sind in ihrem Land politisch aktiv und arbeiten gegen die dort amtierende Regierung. Deshalb werden diese in ihrem Land von den Soldaten oder Polizisten entweder verhaftet oder verschleppt. Verwandte und Freunde der Eltern schleusen deren Kinder zum Schutz aus dem Land, damit ihnen nicht das Gleiche widerfährt."

Susanne: „Das klingt ja wie ein Krimi! Was passiert, wenn die Jugendlichen in Deutschland ankommen?"
Bernd: „Wenn die Jugendlichen nach Deutschland flüchten, haben sie nach

Info 6
(Fortsetzung)

dem KJHG einen Anspruch auf Erziehungshilfe. Dies muss aber erst über das Ausländeramt geprüft werden. Können sie keine Heimatadresse angeben, bekommen sie den Status ‚Duldung' erteilt und können in Deutschland bleiben."

Susanne: „Wie viele Betreuer haben dann die neun Jugendlichen?"
Bernd: „Die Jugendlichen werden von drei Erziehern und einem Diplompädagogen betreut. Besonderheit: Ein Erzieher ist für zwei Jugendliche zuständig, d.h., er ist gleichzeitig für sie die Bezugsperson. Man nennt das Bezugspersonpädagogik."

Susanne: „... und das rund um die Uhr?"
Bernd: „Die Mitarbeiter beginnen um 12:00 Uhr mittags und beenden ihren Dienst am nächsten Morgen um 09:00 Uhr. Bei Dienstbeginn lesen sie als Erstes das Protokollbuch, um sich über das Tagesgeschehen der Jugendlichen zu informieren. Gleichzeitig wird von ihnen die Haushaltskasse überprüft. Danach bereiten sie das Mittagessen vor. Um ca. 13:15 Uhr kommen die ersten Jugendlichen von der Schule.
Ein gemeinsames Mittagessen findet in der Woche nur selten statt, da die Jugendlichen zu unterschiedlichen Zeiten von der Schule bzw. Arbeit nach Hause kommen. Die Jugendlichen sollen bis 16:00 Uhr im Heim bleiben, um ihre Hausaufgaben zu machen. Nach 16:00 Uhr ist es den Jugendlichen freigestellt, ob sie fernsehen, Sport treiben, Freunde treffen oder Ähnliches. Falls andere Termine für die Jugendlichen anstehen, können diese von ca. 15:30 Uhr bis 17:00 Uhr wahrgenommen werden, z.B. Vormundsgespräche, Termine in der Schule oder Stadteinkäufe zusammen mit dem Jugendlichen. Ab 17:30 Uhr können die Jugendlichen Abendbrot essen oder sich noch etwas selber kochen; das ist jedoch offen zu gestalten.
Bis 22:00 Uhr müssen alle Jugendlichen wieder in der Einrichtung sein. Gleichzeitig werden die Gemeinschaftsräume abgeschlossen. Für die Mitarbeiter beginnt von 22:00 bis 06:00 Uhr der Bereitschaftsdienst. Ihnen steht ein Zimmer mit einer Schlafgelegenheit zur Verfügung.
Ab 06:00 Uhr beginnt für die Mitarbeiter wieder der Dienst. Sie bereiten das Frühstück vor und wecken die Jugendlichen. Nach dem gemeinsamen Frühstück verlassen alle Jugendlichen die Einrichtung um 08:00 Uhr. Von 08:00 bis 09:00 Uhr protokollieren die Mitarbeiter Besonderheiten des Vortages. Danach wird ein Kassenabschluss durchgeführt und die Mitarbeiter haben Dienstschluss."

Susanne: „Verfolgt der Träger bzw. die Heimleitung besondere pädagogische Ziele?"
Bernd: „Sicher. Das sind die Ziele der Einrichtung (er zählt auf):
1. Die Jugendlichen werden an selbstständiges Handeln herangeführt.
2. Sie sollen berufliche Perspektiven entwickeln und diese auch umsetzen.
3. Die Jugendlichen und ihre Herkunftsfamilien sollen entlastet werden.
4. Förderung und Stabilisierung der persönlichen und sozialen Kompetenz.
5. Den Jugendlichen werden Werte und Normen unserer Gesellschaft vermittelt."

Susanne: „Gibt es noch Besonderheiten, die unsere künftige Arbeit in einem Heim betreffen könnten?"
Bernd: „Da fällt mir die Zusammenarbeit mit sehr vielen verschiedenen Stellen ein:
- Beratungsstellen für ausländische Flüchtlinge
- Caritas-Flüchtlingshilfe
- Jugendamt
- Vormund oder Eltern
- verschiedene Schulen sowie Arbeitgeber
- Jugendwerkstätten, Praktikumsstellen, Vereine"

Susanne: „Danke dir, Bernd, und euch anderen Kölnern für diese geballte Ladung an Infos!"

Fazit

Eine Erzieherin/ein Erzieher kann in allen sozialpädagogischen Bereichen selbstständig und eigenverantwortlich tätig werden. Die meisten arbeiten

- in einer Kindertageseinrichtung
- im Heim
- in einem Kinder- oder Jugendzentrum
- in einer offenen Ganztagsgrundschule.

Auch eine Tätigkeit als Tagesmutter ist nahe liegend, jedoch sind die Verdienstmöglichkeiten geringer. Die Erzieherausbildung qualifiziert für die Arbeit mit Kindern und Jugendlichen zwischen 2 Monaten und ca. 20 Jahren (je nach Arbeitsfeld). Manche Jugendzentren werden auch von jungen Erwachsenen bis 25 oder sogar älter besucht.
Dies bedeutet, dass eine angehende Erzieherin eine Vielzahl an Kenntnissen über die verschiedenen Altersstufen erwerben muss.

Aufgaben und Anregungen

1 **Erfahrungsaustausch**
Tauschen Sie sich über Ihre bisherigen Erfahrungen im Arbeitsfeld Kindertageseinrichtung aus. Vergleichen Sie sie anschließend mit den Erfahrungsberichten. Welche Gemeinsamkeiten/Unterschiede für die Arbeit/Aufgaben einer Erzieherin ergeben sich?

2 **Arbeitsfelderkundung**
Sinnvoll wäre es, die für Sie neuen Arbeitsfelder im Rahmen einer Arbeitsfelderkundung besser kennen zu lernen und sich genau über sie zu informieren. Dies könnte als Gruppenarbeit, z.B. im Rahmen einer Projektwoche, geschehen. Hierbei ist sinnvoll, mit verschiedenen Einrichtungen Kontakt aufzunehmen, ein Interview mit den dort arbeitenden Erziehern zu führen und, falls möglich, einen Tag zu hospitieren.

2.1 Beschreiben Sie mit eigenen Worten den Berufsalltag der Erzieherin/des Erziehers in dem von Ihnen gewählten Praxisfeld.

2.2 Erforschen Sie die Rahmenbedingungen des jeweiligen Praxisfeldes und beschreiben Sie diese exemplarisch am Beispiel der von Ihnen besuchten Einrichtung (Name, Träger, Mitarbeiter und Qualifikationsmerkmale, Adressaten, Öffnungszeiten, Räume/Gelände, Tagesablauf, verfügbare Spiel- und Freizeitmaterialien, nutzbare Medien, Kooperationsformen).

Eventuell können Sie auch Fotos machen, um ein anschaulicheres Ergebnis zu erhalten.

2.3 Formulieren Sie in Ihrer Kleingruppe jeweils mindestens fünf Fragen zu dem gewählten Praxisfeld. Berücksichtigen Sie dabei die Anforderungen der Adressatengruppe an die Erzieherin/den Erzieher.

2.4 Suchen Sie nach Vorurteilen oder fragwürdigen Behauptungen, die in der Öffentlichkeit gegenüber des von Ihnen gewählten Praxisfeldes oder Erzieherinnen in diesen Einrichtungen existiert.

Tipps zum Weiterlesen

Bundesagentur für Arbeit, Blätter zur Berufskunde, Erzieher/Erzieherin. Dort finden Sie neben interessanten Links auch Infos über das neue Kibiz in NRW.
www. Kindertagesbetreuung.de

2.3 Berufliche Anforderungen – Gibt es die „ideale" Erzieherin?

Typische Stellenanzeigen

Unser Kindergarten sucht eine engagierte und begeisterungsfähige Erzieherin.
Diese Stelle ist als Mutterschaftsvertretung ausgeschrieben und wird nach TVöD vergütet. In unserem Kindergarten werden 16 Kinder im Alter von 3–6 Jahren vormittags von 08:30 bis 13:30 Uhr betreut. Unser Team arbeitet **Montessori-orientiert.** Erfahrungen in diesem Bereich sind Bedingung für die Bewerbung.

Bilinguale Kita sucht deutsch- und englischsprachige Erzieherin. Sie sollten engagiert, belastbar und flexibel sein und ein überdurchschnittliches Interesse an musischen und naturwissenschaftlichen Inhalten besitzen.

Ich suche eine(n) Pädagogin/Pädagogen, die/der evtl. den Mut hat sich mit mir **selbstständig** zu machen. Ich möchte Einzelfallhilfe (Radtouren/Wanderungen) in Frankreich und/oder Spanien anbieten.

Elterninitiative sucht:
Eine Gruppenleiterin und eine Zweitkraft.
Wir sind eine Elterninitiative, die eine neue Kindertagesstätte mit zwei altersgemischten Gruppen (eine im Alter von 0,4 bis 6 Jahren, eine im Alter von 3 bis 6 Jahren) eröffnet.
Wir wünschen uns Bewerber(innen), die Erfahrung bzw. Interesse haben an:
- aktiver Elternarbeit
- Teamarbeit
- Arbeit in altersgemischten Gruppen
- vertrauensvolle und lebendige Arbeit mit Kindern

Sozialpädagogen, Erzieher, Heilerziehungspfleger
Wir suchen Pädagog(inn)en zur Aufnahme und Betreuung von Jugendlichen im eigenen Haushalt.
Sie haben ein humanistisches Weltbild, eine stabile und belastbare Lebenssituation und Interesse, gemeinsam mit den von Ihnen Betreuten Perspektiven und ein Lebenskonzept zu entwickeln. Besonders wichtig ist neben Kreativität und Konfliktfähigkeit der Mut zur Grenzsetzung.

Wir wünschen uns:
eine erfahrene, engagierte und motivierte Kraft, die sich einer neuen Herausforderung stellen möchte.
Besonderen Wert legen wir auf:
- ein hohes Maß an Identifikation mit der Konzeption der Einrichtung
- das Einbringen religionspädagogischer Impulse
- transparentes, zielorientiertes Arbeiten
- eine Bereicherung unserer Arbeit durch Flexibilität und neue Ideen
- Unterstützung bestehender Integrationsarbeit
- Mut zum gemeinsamen Erreichen neuer Ufer

Suchen Erzieherin nach Finnland
Arbeiten in Finnland?
Der Deutsche Kindergarten Kuopio ist eine private Einrichtung, deren Ziel es ist, den meist finnischsprachigen Kindern die deutsche Sprache und Kultur näher zu bringen.
In unserem Kindergarten werden ca. zwanzig 3- bis 7-jährige Kinder ganz- oder halbtags betreut. In der altersgemischten Gruppe ist eine Vorschulgruppe integriert.
Wir suchen ab August 2008 eine deutschsprachige Erzieherin, die kreativ, engagiert, flexibel, belastbar und konfliktfähig ist und die eine kollegiale Zusammenarbeit im Team schätzt.

Pädagogische Fachkraft für mobile Jugendarbeit

Tätigkeitsbereiche: Aufsuchende Arbeit, Begleitung Skateranlage, Zusammenarbeit mit Schulen, Beratung und Einzelfallarbeit, Organisation von Freizeit-, Bildungs- und Jugendkulturangeboten, Jugendarbeit, PC-Schulungen.
Wir bieten: Vergütung nach TVöD, Kooperation im Team Jugendarbeit, Supervision und Fortbildung.

Für unser Kinder- und Erholungsheim im Schwarzwald suchen wir eine

Erzieherin

zur selbstständigen Betreuung einer Kindergruppe im Alter von 5 bis 11 Jahren.

Pädagogisch und musisch interessierte Mitarbeiterinnen haben die Möglichkeit zur freien Entfaltung und zur selbstständigen Tätigkeit. Ein Sport-/Spielplatz und eine Turnhalle sind vorhanden.

Fragen

- ✔ *Welche Anforderungen werden in diesem Beruf an mich gestellt?*
- ✔ *Was macht einen guten Erzieher aus?*
- ✔ *Habe ich ein realistisches Bild von dem Beruf?*
- ✔ *Ob das wirklich das ist, was ich mir vorgestellt und gewünscht habe?*

Legende von der Erschaffung der Erzieherin

Info 1

Herr, Ihr bastelt aber lange an dieser Figur

(frei nach Erna Brombeck: Als der liebe Gott die Mutter schuf)

Als der liebe Gott die Erzieherin schuf, machte er bereits den sechsten Tag Überstunden. Da erschien der Engel und sagte: „Herr, Ihr bastelt aber lange an dieser Figur!" Der liebe Gott sprach: „Hast du die speziellen Wünsche auf der Bestellung gesehen? Sie soll pflegeleicht, aber nicht aus Plastik sein; sie soll 160 bewegliche Teile haben; sie soll Nerven wie Drahtseile haben und einen Schoß, auf dem zehn Kinder gleichzeitig sitzen können, und trotzdem muss sie auf einem Kinderstuhl Platz haben. Sie soll einen Rücken haben, auf dem sich alles abladen lässt; und sie soll in einer überwiegend gebückten Haltung leben können. Ihr Zuspruch soll alles heilen, von der Beule bis zum Seelenschmerz; sie soll sechs Paar Hände haben."

Da schüttelte der Engel den Kopf und sagte: „Sechs Paar Hände, das wird kaum gehen!" „Die Hände machen mir keine Kopfschmerzen", sagte der liebe Gott, „aber die drei Paar Augen, die eine Erzieherin haben muss." „Gehören die denn zum Standardmodell?", fragte der Engel. Der liebe Gott nickte: „Ein Paar, das durch geschlossene Türen blickt, während sie fragt: Was macht ihr denn da drüben? – obwohl sie es längst weiß. Ein zweites Paar im Hinterkopf, mit dem sie sieht, was sie nicht sehen soll, aber wissen muss. Und natürlich noch die zwei Augen hier vorn, aus denen sie ein Kind ansehen kann, das sich unmöglich benimmt, und die trotzdem sagen: Ich verstehe dich und habe dich sehr lieb – ohne dass sie ein einziges Wort spricht."

„O Herr!", sagte der Engel und zupfte ihn leise am Ärmel, „geht schlafen und

Info 1
(Fortsetzung)

macht morgen weiter." „Ich kann nicht", sagte der liebe Gott, „denn ich bin nahe daran, etwas zu schaffen, das mir einigermaßen ähnelt. Ich habe bereits geschafft, dass sie sich selbst heilt, wenn sie krank ist; dass sie 30 Kinder mit einem winzigen Geburtstagskuchen zufrieden stellt; dass sie einen Sechsjährigen dazu bringen kann, sich vor dem Essen die Hände zu waschen; einen Dreijährigen davon überzeugt, dass Knete nicht essbar ist und übermitteln kann, dass Füße überwiegend zum Laufen und nicht zum Treten von mir gedacht waren."

Der Engel ging langsam um das Modell der Erzieherin herum. „Zu weich", seufzte er. „Aber zäh", sagte der liebe Gott energisch. „Du glaubst gar nicht, was diese Erzieherin alles leisten und aushalten kann!" „Kann sie denken?" „Nicht nur denken, sondern sogar urteilen und Kompromisse schließen", sagte der liebe Gott, „und vergessen!" Schließlich beugte sich der Engel vor und fuhr mit einem Finger über die Wange des Modells. „Da ist ein Leck", sagte er. „Ich habe Euch ja gesagt, Ihr versucht, zu viel in das Modell hineinzupacken." „Das ist kein Leck", sagte der liebe Gott, „das ist eine Träne." „Wofür ist sie?" „Sie fließt bei Freude, Trauer, Enttäuschung, Schmerz und Verlassenheit." „Ihr seid ein Genie!", sagte der Engel.

Da blickte der liebe Gott versonnen: „Die Träne", sagte er, „ist das Überlaufventil." (H. Wenke)

Mit dem Erzieherberuf verbinden viele Menschen automatisch den Gedanken an die Arbeit im Kindergarten: spielen, basteln, Kaffee trinken. Anforderungen sehen sie hauptsächlich im kreativen Bereich und in der Spielanimation, dazu kommt ganz allgemein die Betreuung der Kinder. Aber das ist natürlich nicht alles!

In der Berufsbezeichnung selbst findet sich schon der Hinweis auf die Erziehung. Pädagogische Arbeit bestimmt wesentlich die Tätigkeiten der Erzieherin im Alltag: So ist zunächst die Beobachtung und Analyse der Bedingungen des sozialpädagogischen Handelns erforderlich. Auf dieser Grundlage wird die Erziehungsarbeit konkret geplant. Dabei müssen alle Beteiligten einbezogen werden: die Eltern, Kollegen, bei Schulkindern die Lehrer, bei Jugendlichen eventuell die Ausbilder, aber auch Therapeuten. Die Erziehungspraxis äußert sich durch Gruppen leiten, beobachten, Gespräche führen, Tagesablauf und Aktivitäten planen, lenken, bilden, beraten, Räume gestalten und vieles mehr. Und dies alles nicht nur im Kindergarten, sondern – wie im vorherigen Kapitel schon vorgestellt – auch im Heim und anderen Einrichtungen der Kinder- und Jugendhilfe sowie in der Jugendarbeit.

Diese Aufgaben wären ohne organisatorische Tätigkeiten nicht möglich. Elternarbeit, Teamarbeit und Öffentlichkeitsarbeit sind Begriffe, die auch auf Tätigkeiten außerhalb einer Kinder- und Jugendgruppe hinweisen (vgl. „Kein Kinderkram?", Band 2). Vielfältige Verwaltungsaufgaben hängen damit zusammen. Je nach Arbeitsfeld liegen die Schwerpunkte unterschiedlich (vgl. Kapitel 2.2).

Die Anforderungen steigen

Info 2

Zunehmende Bedeutung institutioneller Erziehung durch den Wandel gesellschaftlicher, rechtlicher und sozialer Rahmenbedingungen

Die Anforderungen an Erzieherinnen unterliegen dem ständigen Wandel. Dies hat vielfältige Ursachen: Grundsätzlich hat die Bedeutung der institutionalisierten Erziehung von Kindern und Jugendlichen zugenommen. Beispiele sind das Recht auf einen Kindergartenplatz für alle Kinder ab Vollendung des dritten Lebensjahres (§ 24 KJHG) und die zunehmende öffentliche Betreuung von Schulkindern auch am Nachmittag. Jugendeinrichtungen bewegen sich durch mobile Arbeit auf die Adressaten zu, anstatt nur zu warten, bis diese zu ihnen kommen. Immer mehr Kinder verbringen immer mehr Zeit ihrer Kindheit in öffentlichen Einrichtungen. Viele von ihnen haben erst hier die Möglichkeit, soziale Kontakte zu Gleichaltrigen zu knüpfen. Denn die Zahl der Ein-Kind-Familien steigt und es ist von den Eltern abhängig, ob sie in den ersten Jahren für ihr Kind Kontakte zu anderen Kindern arrangieren.

Zunehmende Probleme und mehr Förderbedarf

Viele Erzieherinnen berichten von zunehmenden Problemen und Kindern und Jugendlichen mit erhöhtem Förderbedarf. Familiäre Probleme machen vor der Einrichtungstür nicht Halt. Scheidung, Armut, Arbeitslosigkeit, Vernachlässigung, Bewegungsmangel, Reizüberflutung durch hohen Medieneinfluss, Konzentrationsprobleme und Sprachschwierigkeiten sind nur einige Beispiele dafür, dass Erzieher auch therapeutische Aufgaben übernehmen müssen. In Jugendeinrichtungen sehen sich Erzieher oft mit den Problemen Drogen, Gewalt und hohem Ausländeranteil konfrontiert.

Steigende Erwartungen der Eltern

Auch haben sich Erzieher mit steigenden Erwartungen der Eltern auseinander zu setzen. Gerade bei erzieherischen Aspekten übertragen Eltern die Verantwortung auf Erzieher und andere Systeme. „Die Bildung, Erziehung und Betreuung von Heranwachsenden in öffentlichen Einrichtungen hat immer stärker ‚familienergänzenden' und nicht mehr nur ‚familienunterstützenden' Charakter, was u.a. Konsequenzen für die Rolle und Funktion des Personals als wichtige Erziehungsperson und Partner von Eltern und Heranwachsenden hat." (Angelika Krüger, Jürgen Zimmer, Die Ausbildung der Erzieherinnen neu erfinden, Luchterhand, Neuwied/Berlin, S. 64–65). Gleichzeitig aber schwinden allgemein anerkannte Wert- und Zielvorstellungen, sodass eine ständige Diskussion erforderlich ist.

Info 2
(Fortsetzung)

Gesellschaftliche Forderungen nach mehr Bildung

Nicht nur die Eltern, auch die Gesellschaft allgemein stellt höhere Erwartungen an die Erziehung vor allem in den Tageseinrichtungen. Dies zeigt sich besonders deutlich an der Diskussion über den Bildungsanspruch der vorschulischen Einrichtungen – im KJHG (Kinder- und Jugendhilfegesetz) schon lange verankert, durch die PISA-Studie von 2001 neu entfacht: Wurde bis dahin politisch oft nur die Bildung der Kinder ab Schulbeginn diskutiert, hat sich inzwischen die Erkenntnis durchgesetzt, dass man mit Bildung nicht früh genug beginnen kann und sie in der Tat schon mit der Geburt beginnt. So wurde gefragt, welchen Beitrag die vorschulischen Einrichtungen leisten, damit Kinder zukünftig die gestiegenen gesellschaftlichen Anforderungen bewältigen können. Wie werden Kinder auf zukünftige Lebens- und Lernaufgaben vorbereitet, sodass sie sich am Leben in einer „Wissensgesellschaft" und demokratischen Gesellschaft beteiligen können?

Verschiedene Konzepte der Bundesländer

Schon 1990 heißt es nach § 22 Abs. 2 KJHG: „Die Aufgabe umfasst die Betreuung, Bildung und Erziehung des Kindes." Doch verschiedene Untersuchungen in den 90er-Jahren zeigten, dass es bei der Umsetzung dieser Aufgabe große qualitative Unterschiede zwischen den Einrichtungen gab. Gesellschaftliche Erwartungen scheinen nicht erfüllt worden zu sein. Neue Erkenntnisse der Hirn- und Säuglingsforschung stellten die bisherige Arbeit infrage. Es wurde darauf verwiesen, dass besonders die von Geburt an vorhandenen Bildungsmöglichkeiten nicht genügend gefördert worden seien. Viele Träger und Verbände haben durch diese Erkenntnisse und Diskussionen die Initiative ergriffen und Modellversuche initiiert, um neue Konzepte zu erarbeiten. Bundesweit wurde die neue „Nationale Qualitätsinitiative im System der Tageseinrichtungen für Kinder" gestartet. Jedes Bundesland hat für sich Programme entwickelt, die zwar unterschiedliche Namen tragen, oft aber Gleiches oder zumindest Ähnliches beinhalten: Mal heißt es Orientierungsplan, Bildungsprogramm, Rahmenplan für die Bildung und Erziehung, mal Bildungs- und Erziehungsplan oder nur Bildungsplan, Bildungsvereinbarung, Bildungs- und Erziehungsempfehlungen, Leitlinien.

Aufgabe der Bildungsförderung

Welche Funktion kommt nun aber den Erziehern dabei zu? Sie sollen Bildungsprozesse fördern, unterstützen, initiieren. Sicherlich nicht wie ein Lehrer in der Schule, sondern im Alltag, im Spiel, durch planvolle Pädagogik und in Zusammenarbeit mit den Eltern. Die Gewerkschaft Erziehung und Wissenschaft (GEW) formuliert es folgendermaßen:

„Wichtig ist allerdings jedem Kind das Rüstzeug für seinen Bildungsweg mitzugeben. Dazu ist es von großer Bedeutung, darauf zu achten, dass jedes Kind die Kompetenzen erreichen kann, die seiner Entwicklung entsprechen."

Quelle: GEW, Landesverband NRW, Essen, Rahmenplan frühkindlicher Bildung, neue deutsche Schule Verlagsges. mbH, S. 13

„Die pädagogische Methode der Kindertagesstätte ist die der Stärkung und Begleitung der individuellen Bildungsprozesse. Dazu wird für jedes Kind ein ‚Bildungsbuch' angelegt, in dem die Erzieherinnen und Erzieher, nach Möglichkeit gemeinsam mit dem Kind, dokumentieren, welche Schritte das Kind auf seinem Bildungsweg zurückgelegt hat, wo Stolpersteine liegen und welche Strecke es in der nächsten Zeit gehen könnte. Das ‚Bildungsbuch' ist somit der für jedes Kind individuell und mit den Eltern abgestimmte Bildungsplan."

Quelle: a. a. O., S. 17–18

Inhaltliche Forderungen erschrecken Erzieherinnen zum Teil. Wenn beispielsweise Kindern ein Verständnis für mathe-

961042

matische, naturwissenschaftliche, technische und ökologische Konzepte vermittelt werden soll, fragen sich Erzieher, ob sie heute mehr wissen müssen als früher? Wie viel Bildung braucht die Erzieherin selbst? Auf die Frage, was Erzieherinnen z.B. von Physik und Chemie verstehen müssen, antwortet Donata Elschenbroich vom Deutschen Jugendinstitut in Frankfurt:

„Sie müssten gar nicht unbedingt viel mehr wissen, sondern sich nur trauen die Fragen zurückzuspiegeln und mit den Kindern gemeinsam nach Antworten zu suchen. Bisher jedoch sind sie dafür oft zu unsicher."

Quelle: Süddeutsche Zeitung vom 24.09.2002: Interview von Beate Meichsner mit D. Elschenbroich

Kitazeit ist Bildungszeit

---

schlechte Rahmenbedingungen

Neben diesen Anforderungen sind Erzieherinnen in vielen Tätigkeitsfeldern aber gleichzeitig mit immer schlechteren Arbeits- und Rahmenbedingungen konfrontiert: Große Kinder- und Jugendgruppen, schlechter Personalschlüssel, befristete Beschäftigungsverhältnisse und Stellenstreichungen, wenig Zeit für Vor- und Nachbereitung, Finanzkürzungen, Abbau von Fördermitteln, Gefahr der Schließung von Einrichtungen sind nur einige Beispiele. In Heimen besteht das Problem häufig wechselnden Personals, sodass keine Kontinuität – vor allem bei der Beziehungsarbeit – gewährleistet werden kann. Die Kürzungen in der Jugendarbeit sind so gravierend, dass schon von einer Zerschlagung der gesamten Struktur gesprochen werden kann – und das trotz steigender Besucherzahlen.

Und letztendlich ergibt eine veränderte Kindheit einen erhöhten Bedarf an differenzierten Angeboten mit den Kriterien nach Wohnortnähe, Ganztagsplätzen, flexiblen Öffnungszeiten. Es gibt heutzutage mehr Arbeitsformen für Erzieher durch die starke Individualisierung und Flexibilisierung der Hilfen für Kinder und Jugendliche. Situationsanalysen, Sozialraum- und Lebensweltanalysen sollen eine Arbeit an den Bedürfnissen und Bedingungen der Adressaten gewährleisten. Dadurch nehmen die Leistungs- und Mobilitätsanforderungen zu, auch durch die Diskussionen und Maßnahmen zur Qualitätssicherung.

Umbrüche in der Arbeitswelt, Arbeitslosigkeit und Arbeitsplatzmangel können berufliche Umorientierungen notwendig machen. Der Erzieher kann sich nicht mehr nur auf Kindergarten oder Heim festlegen, sondern benötigt „Innovationskompetenz": Er muss lernen mit offenen und wenig vertrauten Situationen umzugehen – ebenso wie mit altersgemischten, multikulturellen und integrativen Bezugspersonen.

Info 3 Alleskönnerin für ein paar Euro

Wenn ich meine beiden Jungs morgens im Kindergarten abliefere, müsste ich die Erzieherin eigentlich mit Frau Doktor ansprechen. Was die alles kann: Sie ist Spezialistin für frühkindliches Lernen. Künstlerin mit musischer Begabung. Dolmetscherin für Deutsch-Türkisch. Therapeutin für Scheidungskinder. Und robuste Löwenbändigerin mit eisernen Nerven und lärmresistentem Gehör.

All das verlangen wir nämlich von diesem anspruchsvollen Beruf, und selten waren sich Forscher und Eltern so einig: Bis zum siebten Lebensjahr werden bei Kindern die Grundsteine fürs Lernen gelegt. Eine Investition in Kindergärten ist deshalb kein Almosen, sondern die Investition schlechthin in die Zukunft.

So weit die Sonntagsreden, die nicht erst seit der Pisa-Studie gehalten werden. Und was ist die Realität? Deutschland ist Schlusslicht bei der Erzieherinnen-Ausbildung. In nahezu allen europäischen Ländern müssen Erzieherinnen das Gymnasium besucht haben und eine fundierte Ausbildung an einer Fachhochschule oder Universität machen. Hierzulande reicht eine Breitbandausbildung an einer Fachschule, die von der Betreuung Obdachloser bis zur Arbeit im Kindergarten alle möglichen pädagogischen Berufsfelder abdecken soll. Entsprechend mies ist der Job bezahlt, rund 1260 Euro netto verdient eine Vollzeit-Erzieherin. Kein Wunder, dass dafür kaum ein Mann seine Nerven ruinieren mag. Nur zwei Prozent der Erzieher sind männlich. Schade – denn viele Kinder wachsen nur bei Mama auf und bräuchten dringend männliche Vorbilder. Und kein Wunder, dass viele gute Erzieherinnen nach kurzer Zeit das Weite suchen, eine Fortbildung machen oder eine Ich-AG für Rhythmik-Unterricht gründen. Da können deutsche Eltern dann nachmittags für Cash das buchen, was eigentlich der Kindergarten anbieten sollte.

Und warum qualifizieren und bezahlen wir die Erzieherinnen nicht besser, wie es auch die weniger wohlhabenden EU-Länder tun? Weil bis heute bei uns die altmodische Vorstellung herrscht, dass Kinder eigentlich bis zum Schuleintritt in die Obhut der Familie gehören. Wie Anfang des 19. Jahrhunderts, als die ersten „Kinderverwahranstalten" für Arbeiterinnen entstanden, damit diese nicht der Armenfürsorge zur Last fielen. Deshalb sind bis heute die Gemeinden zuständig – und die haben besonders wenig Geld. Ein Unikum in Europa: Fast überall ist wie für die Schulen das Bildungsministerium zuständig. Die Deutschen haben es nicht einmal geschafft, EU-Gelder zur Förderung der Erzieherinnen-Ausbildung anzuzapfen, die beispielsweise Griechenland in Anspruch nahm. Deshalb brauchen wir jetzt Entwicklungshilfe: An der Universität Brixen in Südtirol dürfen jetzt ein paar deutsche Erzieherinnen ihr letztes Ausbildungsjahr absolvieren. Danach reimportieren wir sie als Akademikerinnen. Ein Armutszeugnis für unser reiches Land.

Foto: Matthias Jung

Die Journalistin **Ursula Ott** lebt mit ihren zwei Kindern in Köln

aus: Brigitte, Gruner + Jahr, Hamburg, 9/2003, S. 211

Info 4 Die Erzieherin der Zukunft

„Aus beschaulichen Verhältnissen hat sie sich verabschiedet. Ihr Beruf ist eine Herausforderung, unter wechselnden bis stürmischen Winden zu überleben und dabei auch noch für hohe Qualität zu sorgen. Zwar ist sie immer noch in ihrem Herzen eine Pädagogin, zugleich aber ist sie eine Expertin des social entrepreneur-

961044

ship, die die Bedürfnisse ihrer Klientel genau im Auge behält, als Anwältin der Kinder ihre Dienstleistungsangebote maßschneidert, Einnahmen erwirtschaftet, als Netzwerkexpertin Synergien nutzt und Ressourcen mobilisiert und auf konventionelle Institutionalisierungen nicht angewiesen ist.‚Tagesbetreuung' kann eben auch ‚Nachtbetreuung' oder ‚ambulante Betreuung' und noch vieles mehr sein. Erzieherinnen dieser sozial-unternehmerischen Prägung bieten einen intelligenten 24-Stunden-Service rings ums Kind an, verwandeln ihre Einrichtung in ein Kinderhotel, kombinieren Kindergarten und Altersheim oder Müttercafé und Kindergarten, gründen Jointventures mit therapeutischen Einrichtungen, bilden Interessengemeinschaften mit Hebammen und Kinderärzten, halten ihre Hotline ständig offen. Diese Erzieherinnen delegieren, wo sie weitere Kompetenzen brauchen, arbeiten im Team mit Spezialisten, konzentrieren sich auf das, was sie am besten können: Auf ihre pädagogische Kompetenz, ihren sozialunternehmerischen Elan, ihre strategische Intelligenz in der Mitwirkung an der Lösung von Schlüsselproblemen ihrer Klienten – der Eltern und Kinder – können sie bauen. Diese Erzieherinnen, hart trainiert und einsatzfreudig, haben es verdient, viel zu verdienen."

Quelle: Angelika Krüger, Jürgen Zimmer, Die Ausbildung der Erzieherinnen neu erfinden, Luchterhand, Neuwied/Berlin 2001, S. 20–21

Qualitätsanforderungen an Erzieherinnen

(abgeleitet aus dem Berufsprofil, den Arbeitsfeldern und den sich verändernden gesellschaftlichen Anforderungen)

Berufliche Qualifikation	**Übergreifende Qualifikation**	**Personale Qualifikation**
Fähigkeit zum Recherchieren, Analysieren, Interpretieren	Fähigkeit zum Denken und Handeln in komplexen Zusammenhängen	
Fähigkeit zum Umgang mit Komplexität, Mehrdimensionalität und Mehrdeutigkeit	Kommunikations- und Kooperationsfähigkeit (pers./neue Technologie)	Lebenskompetenz
Sachkompetenz	Dialogfähigkeit	Selbstbewusstsein, Selbstwirksamkeit und Selbstständigkeit
Verhandlungskompetenz	Empathie und auch kritische Distanz	Zivilcourage
Begründungs- und Bewertungsfähigkeit	Bereitschaft und Fähigkeit zum Wandel/Neubeginn	Leistungsbereitschaft
Fähigkeit zum differenzierten Gebrauch von Sprache	Fähigkeit zu Perspektivenwechsel	Belastbarkeit
Darstellungs- und Präsentationskompetenz	lebenslanges Lernen	Mobilität

Info 4
(Fortsetzung)

Berufliche Qualifikation	Übergreifende Qualifikation	Personale Qualifikation
Fähigkeit zur Animation	Verantwortung übernehmen	Flexibilität
Fähigkeit zum Sozialmanagement und betriebswirtschaftliche Kompetenz	Risikobereitschaft	Gestaltungswille
Fähigkeit zum Umgang und Einsatz neuer Technologie	Kreativität	Beharrlichkeit optimistische Grundhaltung
kritischer Umgang mit Informationen, „Informationshygiene“	Eigeninitiative und Unternehmungsgeist	„Ausstrahlung“
Entwicklungsmöglichkeiten, -besonderheiten und -bedürfnisse von Kindern, Jugendlichen und Erwachsenen erkennen und entsprechende pädagogische Angebote machen		neugierig sein
Übernahme verschiedener Rollen (Flexibilität)		Toleranz und Bewältigungsstrategien gegenüber Unsicherheiten
pädagogisches Geschick		Konfliktfähigkeit und Problemlösungsfähigkeit
Sensibilisierung für Diskriminierung und Stigmatisierung	der „ganzheitliche Blick“	Fähigkeit zu Kritik
innere und äußere Öffnung	Interessiertheit für Politik	Leben in einer multikulturellen Gesellschaft: Toleranz, Offenheit, Respekt, Freude
Einbeziehung des Gemeinwesens	ökologische Probleme erkennen und Verantwortung übernehmen	
Teamfähigkeit, Arbeit in interdisziplinären Teams		
Fähigkeit, Unterstützung zu holen, zu delegieren, eigene Kompetenzen einbringen, andere akzeptieren		

Quelle: Angelika Krüger, Jürgen Zimmer, Die Ausbildung der Erzieherinnen neu erfinden, Luchterhand, Neuwied/Berlin 2001, S. 73–74

Persönlicher Umgang mit Erwartungen

Info 5

Die große Erwartungshaltung anderer Menschen und die lange Auflistung der Anforderungen in diesem Beruf können erschlagend wirken und jegliche Vorfreude auf die Ausbildung nehmen. Vielleicht schlägt sie sogar in Angst um: „Das schaffe ich doch nie!" Um diese Gedanken zu mildern, sei auf den anderen Aspekt verwiesen: Die Vielfalt dieses Berufes ist auch gerade das Spannende, als ausgebildete Erzieherin gibt es viele berufliche Möglichkeiten, viele Wege stehen offen. Es muss aber klar sein, dass dieser Beruf mehr erfordert als nur die Liebe zum Kind, Verständnis und Idealismus. Diese Eigenschaften bilden sozusagen die Grundlage, müssen aber professionell in fachliches Wissen und Können eingebettet werden.

Jeder, der am Beginn der Ausbildung steht, besitzt einige der bisher erarbeiteten Fähigkeiten, wenn eventuell auch unbewusst. Auf manche Aufgaben freut man sich – vor manchen hat man Angst. Manche Dinge hören sich vielleicht auch selbstverständlich an. Dies ist bei jedem anders: Dem einen fällt dies, dem anderen jenes leichter. Jeder Mensch bringt bestimmte Neigungen mit. Manche Aufgaben erfüllt man „aus dem Bauch heraus".

Viele notwendige Anforderungen lernt man in der Ausbildung, manches muss gezielt geübt und gelernt werden. Wichtig ist zu überlegen, welche Anforderungen man in den Vordergrund stellen möchte, zuerst bearbeiten möchte. Schließlich lernt man ein Leben lang.

Nicht alle Aspekte können im Unterricht bearbeitet werden, sondern es ist wichtig, dass jeder Studierende einen eigenen Standpunkt findet, sich eigene Ziele setzt, verfolgt und diese immer wieder überprüft. So läuft man nicht Gefahr, an den Erwartungen anderer Menschen zu zerbrechen, sondern auf sich selbst zu vertrauen.

Hier wird wieder deutlich, dass die Anforderungen eine Auseinandersetzung mit der eigenen Person in Bezug auf den zukünftigen Beruf unverzichtbar machen (vgl. Kapitel 2.1).

Fazit

Überspitzt kann man sagen: Erzieher müssen jung und gut ausgebildet sein, und zwar für alle Tätigkeitsfelder des KJHG, können eigene Konzepte je nach regionalem Bedarf entwickeln, haben betriebswirtschaftliche Kenntnisse und können eine solide finanzielle Basis für eigene Unternehmungen schaffen, müssen ohne Schwellenängste stets bereit sein neue Tätigkeitsfelder zu erproben.

Aufgaben und Anregungen

1 Hier soll es darum gehen, sich einen Überblick über die vielfältigen Anforderungen zu verschaffen, die von verschiedenen Seiten an Erzieher gestellt werden. Die nächsten Teilaufgaben lassen sich arbeitsteilig in Kleingruppen bearbeiten.

1.1 Im vorherigen Kapitel wurden mögliche Arbeitsfelder eines Erziehers beschrieben. Untersuchen Sie die Texte nach Anforderungen, die ein Erzieher dabei jeweils erfüllen muss. Stellen Sie Gemeinsamkeiten und Unterschiede je nach Arbeitsfeld heraus.

1.2 Untersuchen Sie den Text „Herr, Ihr bastelt aber lange an dieser Figur" in Bezug auf Anforderungen, die hier zum Ausdruck kommen.

1.3 Erarbeiten Sie die gesetzlich festgelegten Aufgaben und Anforderungen an den Erzieherberuf nach dem KJHG.

1.4 Beschaffen Sie sich das „Bildungsprogramm", das für Ihr Bundesland gültig ist, und prüfen Sie dieses in Bezug auf enthaltene Anforderungen.

1.5 Stimmen Sie mit dem Bild überein, das der Artikel der Journalistin Ursula Ott (in Brigitte 9/2003) von der Erzieherin zeichnet? Was sehen Sie genauso, was anders? Können Sie sich vorstellen, warum die Autorin sehr viele „böse" Leserbriefe von Erzieherinnen dazu erhielt?

1.6 Stellen Sie Ihre Ergebnisse anschaulich in der Klasse dar. Diskutieren Sie Gemeinsamkeiten und Unterschiede. Entscheiden Sie sich, wie Sie ein gemeinsames Ergebnis erstellen können. Nutzen Sie dieses für die nächste Aufgabe.

2 Laden Sie eine Erzieherin oder mehrere Erzieher aus unterschiedlichen Arbeitsfeldern zu einem Expertengespräch über die beruflichen Anforderungen ein.
Bereiten Sie dieses Gespräch inhaltlich und räumlich vor.
Beziehen Sie bei dem Gespräch Ihre bisherigen Ergebnisse mit ein.
Reflektieren Sie nach dem Gespräch Ihre neuen Erkenntnisse.

3 Welche „Erzieher" sind mir schon begegnet?

3.1 Malen Sie eine Erzieherin, Lehrerin, die in Ihrem Leben sehr unangenehm war – wie standen Sie zu ihr?
Auswertung: Welche Erfahrungen haben Sie gemacht? Welche sind bei allen ähnlich? Welche Bedeutung haben diese Erinnerungen/Erfahrungen für mein Leben?

3.2 Denken Sie an eine Erzieherin, die Sie in guter Erinnerung behalten haben.
Auswertung: Worin liegen die Unterschiede? Was ist entscheidend? Welche Eigenschaften hat eine gute Erzieherin Ihrer Meinung nach?

4 Fassen Sie die Ergebnisse der Diskussion zusammen: Zeichnen Sie eine Blume, in deren Blütenblätter Sie die guten Eigenschaften eintragen, und eine Blume (vielleicht mit verwelkten Blättern), in die Sie die schlechten Eigenschaften eintragen.

5 Stimmen Ihre persönlichen Vorstellungen mit den realen Anforderungen an den Beruf überein?
Legen Sie ein Tagebuch an. Machen Sie sich darin Gedanken über folgende Fragen: Wie bin ich? Wie möchte ich als Erzieher sein? Was ist realistisch? Welche Schlussfolgerungen ziehe ich aus der Vielfalt der Erkenntnisse und Erlebnisse für mich persönlich?

Das Tagebuch gibt Ihnen so die Möglichkeit,

- mit sich selbst ins Gespräch zu kommen,
- über sich selbst nachzudenken,
- sich eigene Stärken und Schwächen bewusst zu machen
- und so eine persönliche und berufliche Identität zu entwickeln.

6 Überarbeiten Sie Ihre Lernzieltabelle (siehe Kapitel 2.1):

Sind Ihnen nach der Bearbeitung dieses Kapitels neue Ziele bewusst geworden? Gibt es neue Aspekte, die Sie aufnehmen möchten? Ist es sinnvoll, einige Aspekte zu ändern, zu ergänzen oder zu streichen?

Tipps zum Weiterlesen

Internet

Auf den folgenden Internetseiten finden Sie viele Möglichkeiten, sich über den Beruf, seine typischen Anforderungen, aktuelle Diskussionen und Probleme zu informieren und auch mit anderen Erzieher/-innen in Kontakt zu treten.

www.erzieherin.de
www.erzieherinnenausbildung.de
www.profis-in-kitas.de
www.erzieherin-online.de

www.entdeckungskiste.de
www.kindergartenpaedagogik.de
www.kindergarten-heute.de
www.kleinundgross.de
www.bildungsserver.de

www.news.jugendsozialarbeit.de
www.jugendserver.de
www.bagjaw.dewww.socialnet.de
www.soziales-netz.de

Zeitschriften

kindergarten heute, Zeitschrift für Erziehung, Herder, Freiburg
Klein und groß, Fachzeitschrift für Erzieherinnen und sozialpädagogische Fachkräfte, Verlag, Weinheim
TPS, Theorie und Praxis der Sozialpädagogik, Evangelische Fachzeitschrift für die Arbeit mit Kindern, Kallmeyer, Seelze
Welt des Kindes, Fachzeitschrift für Kindertageseinrichtungen, hrsg. vom Verband Katholischer Tageseinrichtungen für Kinder, Kösel, München

Bücher

Ulrich Deinet, Benedikt Sturzenhecker (Hrsg), *Handbuch Offene Jugendarbeit*, Votum-Verlag, Münster, 2005 (Dieses Buch bietet eine umfassende Darstellung und Analyse des Arbeitsfeldes Jugendhilfe.)
Donata Elschenbroich, *Weltwissen der Siebenjährigen, Wie Kinder die Welt entdecken können*, Goldmann, München, 2002
Werner Knapp, *150 Tipps und Tricks für die Jugendarbeit*, Ejw-Verlag, Stuttgart, 2001

2.4 Verdienst und Aufstiegschancen

In der Kindertageseinrichtung, in der Oliver nun sein Praktikum absolviert, arbeiten u. a. folgende Personen:

Frau Fidler (Leiterin der Einrichtung, Erzieherin), 43 Jahre, verheiratet;

Frau Schwertfeger, Erzieherin, 22 Jahre, ledig;
Frau Müller, Erzieherin, 38 Jahre, verheiratet, zwei Kinder;
Frau Schmitz, Praktikantin im Anerkennungsjahr, 21 Jahre, ledig.

Oliver bekommt am Monatsende im Personalraum ein Gespräch über die diesjährige Urlaubsplanung der Kolleginnen mit. Dabei wird deutlich, dass sich ihr monatliches Einkommen wesentlich unterscheidet.

Fragen

- ✔ *Wie viel verdient eine Erzieherin monatlich?*
- ✔ *Warum ergeben sich Unterschiede?*
- ✔ *Wo kann der Verdienst nachgeschlagen werden?*

Info 1

Der Bundesangestelltentarif (BAT)

Der BAT bestimmte sehr viele Jahre das Einkommen einer Erzieherin im gesamten Bundesgebiet. Seit einer Tarifreform in den Jahren 2005/2006 gilt in den meisten Bundesländern der Tarifvertrag öffentlicher Dienst (TVöD), der den BAT ablöste.

Nur in den Ländern Berlin und Hessen gilt der TVöD bisher nicht, weil diese beiden Bundesländer aus der Tarifgemeinschaft deutscher Länder, d.h. aus dem Arbeitgeberverband der Bundesländer, ausgetreten sind.
Nach dem BAT besteht das monatliche Einkommen aus im Wesentlichen drei Bestandteilen:

1. Grundvergütung
Die Grundvergütung ist abhängig von der Vergütungsgruppe, in die man eingruppiert wurde. Eine Erzieherin (Berufsanfängerin) wird in der Regel in die Vergütungsgruppe BAT VI b eingeordnet. Nach drei Berufsjahren erfolgt meist ein Bewährungsaufstieg in die Vergütungsgruppe V c. Eine Erzieherin in leitender Funktion erhält bis zu BAT IV b. Die Grundvergütung richtet sich außerdem nach dem Lebensalter. Zwischen dem 21. und 43. bzw. 49. Lebensjahr erhöht sich die Grundvergütung alle zwei Jahre um etwa 35 €, so dass eine 21-jährige Erzieherin eine Grundvergütung von 1275,43 € erhält (Stand: 1. Mai 2004), während ihre 43-jährige Kollegin (ebenfalls BAT VI) 1713,03 € bekommt.

2. Ortszuschlag
Der Ortszuschlag richtet sich ebenfalls nach der Vergütungsgruppe des BAT und ist in drei Tarifklassen unterteilt. Die Vergütungsgruppe VI b gehört in die Tarifklasse II. Außerdem wird der Ortszuschlag nach dem Familienstand und der Anzahl der Kinder berechnet. Als ledige Berufsanfängerin (Stufe 1) erhält man 473,21 € zusätzlich zur Grundvergütung.

Die Höhe des Ortszuschlages hängt nur von den persönlichen Verhältnissen ab. Der Dienst-/Arbeitsort hat dagegen auf die Hohe des Ortszuschlages keinerlei Einfluss.

3. Allgemeine Zulage
An alle Angestellten wird außerdem eine allgemeine Zulage gezahlt. Auch ihre Höhe ist von der Vergütungsgruppe abhängig und beträgt für die Vergütungsgruppe BAT VI b 107,44 €.
Rechnet man dies zusammen, dann verdient eine 21-jährige ledige Berufsanfängerin

Grundvergütung	1275,43 €
Ortszuschlag	473,21 €
allgemeine Zulage	107,44 €
(brutto)	1856,08 €

Darüber hinaus gibt es ein Weihnachtsgeld.

Der Nettoverdienst ist abhängig von der Steuerklasse. Neben der Lohnsteuer muss u. U. auch Kirchensteuer entrichtet werden. Außerdem müssen Sozialabgaben (Arbeitslosen- und Rentenversicherung), Solidaritätszuschlag (nur im Westen) und die Krankenkasse bezahlt werden. Eine ledige Berufsanfängerin (Steuerklasse 1) erhält netto etwa 1210 €.

Tarifvertrag öffentlicher Dienst (TVöD)

Info 2

Seit dem 1. November 2006 erfolgt die Bezahlung der Erzieherinnen und Erzieher in allen übrigen Bundesländern nach diesem neuen Tarifwerk, mit dem sich vieles geändert hat. Zunächst ist der Begriff „Vergütung" weggefallen: An die Stelle von Vergütungsgruppe und Grundvergütung ist nun die Entgeltgruppe und das Grundentgelt getreten.
Es gibt insgesamt 15 Entgeltgruppen, die Einstufung richtet sich wie auch schon im BAT nach Qualifikation. Bisher ist aber noch nicht endgültig geregelt (Stand: Januar 2007), welche Berufsgruppen in welche Entgeltgruppen (EG) unterteilt werden. Die Gewerkschaft Erziehung und Wissenschaft (GEW) fordert z. B. für Erzieherinnen eine Eingruppierung in EG 8 oder sogar 9; tatsächlich wird bisher in EG 6 eingeordnet. Ein Aufstieg in eine besser bezahlte Entgeltgruppe ist im TVöD nicht mehr möglich. Es gibt auch keine altersabhängige Bezahlung, keinen Ortszuschlag und keine Zulage mehr.
Besser bezahlt wird nach Berufserfahrung: Nach einer ununterbrochenen Tätigkeitszeit innerhalb einer bestimmten Stufe wird das Entgelt aus der jeweils nächst höheren Stufe gewährt. Dies bedeutet:

Stufe 1	im ersten Jahr nach Einstellung
Stufe 2	nach einem Jahr in Stufe 1
Stufe 3	nach zwei Jahren in Stufe 2
Stufe 4	nach drei Jahren in Stufe 3
Stufe 5	nach vier Jahren in Stufe 4
Stufe 6	nach fünf Jahren in Stufe 5

(bei Entgeltgruppen 2 bis 8)

Mit dem TVöD wird Leistung belohnt. Dies bedeutet, dass ein Stufenaufstieg in die Stufen 4–6 bei sehr guter Leistung beschleunigt – bei schlechter Leistung aber auch gehemmt werden kann.

Nach dem TVöD verdient eine Berufsanfängerin, egal welchen Alters und Familienstands, 1764 € brutto, dies entspricht einem Nettoeinkommen (Steuerklasse 1) von ca. 1170 €. Nach einem Jahr erhält sie 1960 €, dies sind netto etwa 1260 €.

Insgesamt wirkt sich der TVöD im Vergleich zum BAT insbesondere mit steigendem Alter und Veränderung des Familienstandes einkommensreduzierend aus. Verdiente z. B. eine 43-jährige Erzieherin, verheiratet, 2 Kinder, mit BAT Vc noch 2754,41 € (Grundvergütung 1891,70 € + Ortszuschlag 665,60 + 89,67 € + Allgemeine Zulage 107,44 €), so liegt das Einkommen bei Bezahlung nach TVöD bei höchstens 2285 €. Der Wechsel in eine höhere Entgeltgruppe ist nur noch nach Übernahme einer höherrangigen Tätigkeit, z. B. nach einer Weiterbildung/-qualifizierung, möglich (siehe Info 3).

Info 2
(Fortsetzung)

Der Stufenaufstieg erfolgt auch nur nach ununterbrochener Tätigkeit bei einem Arbeitgeber. Will eine Erzieherin nach z. B. 20-jähriger Berufstätigkeit ihre Arbeitsstelle wechseln, kann der neue Arbeitgeber den bereits erfolgten Stufenaufstieg z. B. in die Stufe 6 bei der Bezahlung berücksichtigen, er muss es aber nicht. Dies bedeutet, dass eine solche Erzieherin bei einem Arbeitgeberwechsel wieder in die Stufe 2 oder 3 eingeordnet wird und damit genauso bezahlt wird wie eine Erzieherin mit geringer Berufserfahrung.

Angestellte der Kirchen oder anderer Träger

Die Bezahlung der hier Beschäftigten ist davon abhängig, ob der Träger tarifgebunden ist oder nicht. Im Rahmen der Einführung des TVöD ist aber zu erwarten, dass auch die nicht tarifgebundenen freien Träger die Gehälter nach unten „anpassen" werden.

Jahressonderzahlung

Für die Entgeltgruppen 1 bis 8 gibt es 90 % Weihnachtsgeld. Bemessungsgrundlage ist das Durchschnittsgehalt der Monate Juli bis September.

Tabelle TVöD (Tarifgebiet West)
(Stand: 01.10.2005)
monatlich in €

Entgeltgruppe	Grundentgeld		Entwicklungsstufen			
	Stufe 1	Stufe 2	Stufe 3	Stufe 4	Stufe 5	Stufe 6
8	1926	2140	2240	2330	2430	2493
7	1800	2000	2130	2230	2305	2375
6	1764	1960	2060	2155	2220	2285
5	1688	1875	1970	2065	2135	2185

Info 3 Studium und Weiterbildungsmöglichkeiten

Eine Erzieherin hat durchaus verschiedene Möglichkeiten, sich weiter zu qualifizieren. Hier sollen exemplarisch drei Möglichkeiten vorgestellt werden:

Studium an einer Fachhochschule oder Berufsakademie, z. B. als Sozialpädagoge/Sozialpädagogin (FH)

Voraussetzung für dieses Studium ist die Fachhochschulreife, die u.a. im Rahmen der Erzieherinnenausbildung erworben werden kann. Das Studium ist in Grund- und Hauptstudium unterteilt und dauert einschließlich der Abschlussarbeit ca. 7 Semester. Sozialpädagogen arbeiten in sehr unterschiedlichen Bereichen. Sie übernehmen Führungsaufgaben in sozialen Einrichtungen, z. B. als Leiterin einer Kindertageseinrichtung. Sie arbeiten aber auch in Kinderheimen, Jugendzentren, Beratungsstellen. Überall ist ihr Fachwissen gefragt, mit dem sie Ratsuchende unterstützen. Sie erledigen außerdem Verwaltungsarbeiten und bemühen sich um die Kooperation mit anderen Einrichtungen. Nach Abschluss des Studiums darf sich der Absolvent „Diplom-Sozialpädagoge" nennen.

An einigen Fachhochschulen gibt es auch neue Studiengänge, z. B. „Pädagogik der Kindheit", die im Rahmen der Angleichung europäischer Hochschulsysteme mit der Verleihung des Titels „Bachelor of Arts" (B.A.) enden.

Fachhochschulabsolventen werden in der Regel nach EG 9 bezahlt.

Berufsbegleitender Fernstudiengang „Bildungs- und Sozialmanagement mit Schwerpunkt frühe Kindheit" in Koblenz

Dieses Studium richtet sich an alle Erzieherinnen und Erzieher, die die Leitung einer Kindertageseinrichtung anstreben oder bereits innehaben. Nach Abschluss des Studiums eröffnen sich aber auch weitere Berufsfelder, z.B. Leitungsaufgaben bei Trägern oder im Management von Bildungs- und Erziehungsangeboten. Das Studium dauert 6 Semester, im letzten Semester muss eine Bachelor-Arbeit geschrieben werden. 75% des Studiums werden als Fernstudium absolviert, an ca. fünf Wochenenden im Semester (Freitag, Samstag) besteht Präsenzpflicht, dabei müssen auch entsprechende Leistungsnachweise erbracht werden.

Auch dieser Studiengang endet mit dem akademischen Grad „Bachelor of Arts", der die Aufnahme eines Master-Studiums bis hin zur Promotion ermöglicht. Für Leiterinnen einer Kindertageseinrichtung ist eine Bezahlung nach EG 8 oder 9 denkbar.

Berufsbegleitende Fachschulausbildung, z.B. als „staatlich geprüfte Motopädin/staatlich geprüfter Motopäde" am Beispiel des Berufskollegs Michaelshoven in Köln

Voraussetzung für diese berufsbegleitende Ausbildung ist neben einer abgeschlossenen Ausbildung im Sozial- und Gesundheitswesen, z.B. als Erzieherin, eine mindestens einjährige Berufspraxis und eine tänzerische, rhythmische, sportliche oder psychomotorische Qualifikation. Die Dauer der berufsbegleitenden Ausbildung beträgt zwei Jahre, davon werden 960 Stunden an der Fachschule unterrichtet und 240 Stunden als angeleitete motopädische Praxis an der Arbeitsstelle abgeleistet. Motopäden arbeiten u.a. in sozial- und heilpädagogischen Einrichtungen, Beratungs- und Förderstellen, Grund- und Sonderschulen, klinischen Einrichtungen sowie freien Praxen. Ihre Aufgabe besteht darin, Kinder, Jugendliche und Erwachsene, die in ihren Wahrnehmungs- und Bewegungsfunktionen eingeschränkt oder behindert sind und in Folge davon Beeinträchtigungen im sozialen Leben und emotionalen Erleben erfahren, zu fördern und Entwicklungsrückstände aufzuarbeiten. Eine Bezahlung nach EG 7 oder 8 ist möglich.

Fazit

Die Vergütung einer Erzieherin erfolgt in Berlin und Hessen nach dem BAT. In allen anderen Bundesländern gilt der neue Tarifvertrag öffentlicher Dienst (TVöD). Ein Aufstieg in eine höhere Entgeltgruppe als die vorgesehene EG 6 erfolgt nur noch nach Weiterbildung/-qualifizierung.

Eine Erzieherin kann z.B.
- nach Beendigung der Ausbildung ein Fachhochschulstudium aufnehmen,
- im Beruf arbeiten und berufsbegleitend ein Fachhochschulstudium absolvieren,
- eine berufsbegleitende Fachschulausbildung machen.

Aufgaben und Anregungen

1 Machen Sie sich mit der Vergütungs- bzw. Entgelttabelle vertraut und ermitteln Sie Ihr zukünftiges Bruttogehalt.

2 Bestimmen Sie das Bruttogehalt von Fr. Fidler, Fr. Schwertfeger, Fr. Müller und Fr. Schmitz aus der Einstiegssituation nach TVöD.

3 Informieren Sie sich über weitere Qualifizierungsmaßnahmen.

Tipps zum Weiterlesen

www.gew.de
Hier finden sich aktuelle Vergütungstabellen.
www.nettolohn.de
Auf dieser Seite können Sie sich Ihr persönliches Nettogehalt ausrechnen lassen.
www.profis-in-kitas-de
Mit ihrem Programm PiK (Profis in Kitas) möchte die Robert-Bosch-Stiftung die Qualifikation der in der Frühpädagogik Tätigen verbessern und dadurch mehr Qualität in der vorschulischen Bildung erreichen.
Auf dieser Seite kann man u.a. Studien-/ Weiterbildungsmöglichkeiten einsehen.
www.kita-studiengang.de
Homepage des Bachelorstudiengangs Bildungs- und Sozialmanagement in Koblenz mit Informationen und Unterlagen.
www.bk-michaelshoven.de
Hier können Sie sich genauer über die berufsbegleitende Weiterbildung zur/m staatlich geprüften Motopädin / staatlich geprüften Motopäden am Berufskolleg Michaelshoven in Köln informieren.

2.5 Kriterien für die Auswahl einer Praktikumsstelle

Nadine war froh: Zu Beginn der Ausbildung hatte sie schnell einen Praktikumsplatz gefunden. Sie hatte einfach in der alten Einrichtung angerufen, in der sie selber als Kind schon war und in der sie schon mal ein Realschulpraktikum absolviert hat.

Die für sie zuständige Erzieherin kennt Nadine persönlich gut und findet sie sehr nett. So dürfte das Praktikum eigentlich kein Problem werden.

Nach einiger Zeit bemerkt Nadine aber schnell, dass sich „der Wind gedreht“ hat: Sie hat das Gefühl, dass die Erzieherin sich jetzt sehr distanziert verhält – und fragt sich, ob diese sie nicht mehr leiden kann. Sonst haben sie beide im Personalraum viel gequatscht, jetzt führen sie offizielle Reflexionsgespräche, bei denen die Erzieherin zwar freundlich, aber auch ganz ernst ist. Und Nadine muss ein Protokoll führen.

Ihre Praxisanleiterin stellt nun auch zunehmend Anforderungen. Bisher konnte Nadine viel mit den Kindern spielen. Nun soll sie sich ums Frühstück kümmern, den Kindern beim Umziehen helfen, Streitereien schlichten, Ideen für das nächste Projekt mit einbringen, einen Elternbrief schreiben, in dem sie sich vorstellt, und Vieles mehr. Das ist alles viel anstrengender als in dem vorherigen Praktikum und ganz anders, als Nadine es sich vorgestellt hat.

Nadine ist nun recht verunsichert: Sie hatte angenommen, dass das Praktikum so wird wie beim letzten Mal und ist sich jetzt nicht sicher, ob sie sich in der veränderten Rolle zurechtfinden wird.

Fragen

- ✓ *Wie finde ich eine Praktikumsstelle?*
- ✓ *Worauf muss ich bei der Auswahl der Praktikumsstelle achten?*

Informationsquellen

Info 1

Suche nach einem Praktikumsplatz

In der Regel treffen die Studierenden selbst die Auswahl der Praxisstellen. So werden sie von Beginn an selber aktiv und übernehmen Mitverantwortung für ihre Ausbildung.
Informationsquellen sind dabei: Telefonbuch, Branchenbuch, Gelbe Seiten, Internet, Jugendamt, freie Träger wie z.B. Kirchen, Elterninitiativen, AWO.

Üblicherweise kann über einen ersten Telefonanruf die Möglichkeit eines Praktikums erfragt werden. Der zweite Schritt ist dann die Zusendung der Bewerbungsunterlagen und dann ein Bewerbungsgespräch, das oft verbunden ist mit der Möglichkeit, zu hospitieren. Die Schule benötigt eine Zusage der Praktikumseinrichtung mit Adressenangaben, Telefonnummer und Angabe des Ansprechpartners.

Anforderungen an die Praktikumsstelle

Info 2

Das Praktikum bietet die Möglichkeit, vielfältige Erfahrungen in verschiedenen Einrichtungen und Arbeitsfeldern zu sammeln. Man bekommt die Gelegenheit, verschiedene pädagogische Ansätze kennen zu lernen sowie deren unterschiedliche Umsetzung. Dies ist angesichts der vielen möglichen Einsatzgebiete im Beruf wichtig. Deshalb haben Schulen meist bestimmte Kriterien aufgestellt, die bei der Wahl der Praktikumsstelle zu berücksichtigt sind. Hier folgt ein Beispiel:

- Um Einblicke in die Vielfalt der Arbeitsfelder des Erzieherberufes zu gewinnen, sollen die Studierenden sich in Einrichtungen bewerben, in denen sie noch kein Praktikum absolviert haben.
- Es ist nicht erwünscht, dass in der Einrichtung den Studierenden persönlich und privat vertraute Personen arbeiten.
- Ebenso ist es nicht erwünscht, dass die Studierenden die Praxisstelle als Kind besucht haben. Dies ist wichtig, damit das Praktikum nicht durch Rollenkonfusion belastet wird.
- Die Praxisanleiterin muss staatlich anerkannte Erzieherin sein bzw. über eine berufliche Qualifikation im sozialpädagogischen Arbeitsbereich verfügen. Es muss eine berufliche Tätigkeit von mindestens zwei Jahren vorliegen.
- Die Anleiterin muss eine Vertreterin haben.
- Gewünscht wird, dass die Anleiterin über Qualifizierungsmaßnahmen zur professionellen Anleitung verfügt.
- Anleitungsgespräche müssen mindestens einmal wöchentlich zur Weiterentwicklung der sozialpädagogischen Handlungsmöglichkeiten der Praktikantin stattfinden. Dies ist durch den Dienstplan der Einrichtung zu gewährleisten.

Auswahlkriterien

Im 2. Schulhalbjahr beginnt die erneute Suche nach einer Praktikumsstelle für das 2. Ausbildungsjahr, diesmal für die Arbeit mit Schulkindern und Jugendlichen. Auch diesmal sollte keine schon bekannte Einrichtung gewählt werden. Sinnvoll sind Hospitationen in verschiedenen Arbeitsbereichen wie Tagesgruppe, offene Ganztagsgrundschule, Heim oder Freizeitbereich, um mehrere Arbeitsbereiche kennen zu lernen und sich so bewusster für einen Bereich entscheiden zu können.
Die Hospitationen und Praktika in verschiedenen Arbeitsbereichen sind wichtig für die eigene Meinungsbildung und Orientierung: Was will ich jetzt? Was will ich später machen? Eine breit angelegte Ausbildung und das Knüpfen vieler Beziehungen in verschiedenen Arbeitsbereichen ist wichtig angesichts eines immer enger werdenden Arbeitsmarktes (vgl. Kapitel 2.3).

Info 2
(Fortsetzung)

Chance zur Persönlichkeitsentwicklung

Die Praktika in verschiedenen Einrichtungen bieten aber noch eine weitere, sehr entscheidende Möglichkeit: Die dort gesammelten Erfahrungen bilden in besonderer Weise die eigene Persönlichkeit, sie fördern die Auseinandersetzung mit der eigenen Kindheit, den eigenen Erfahrungen und Wert- und Normvorstellungen. Unterschiedliche Anforderungen werden gestellt und zeigen, welche Möglichkeiten in einem selbst stecken.

Fazit

Die Studierenden suchen sich ihre Praktikumsstelle selbst, z. B. übers Internet, Telefonbuch, Jugendamt oder freie Träger. Um vielfältige mögliche Einsatzgebiete einer Erzieherin und unterschiedliche Konzepte und Arbeitsformen kennen zu lernen, sollten Studierende Einrichtungen wählen, die sie noch nicht kennen und die sie nicht selbst als Kind besucht haben. Nur so ist eine effektive, anregende und entwicklungsfördernde Ausbildung gewährleistet.

Aufgaben und Anregungen

1 Wenn Sie noch keine Praktikumsstelle haben, suchen Sie eigenständig nach den vorgeschlagenen Informationsquellen. Berücksichtigen Sie dabei die oben genannten Kriterien. Klären Sie dazu noch offene Fragen beim Vorstellungsgespräch.

2 Überprüfen Sie die Wahl Ihrer Praxisstelle anhand der oben genannten Kriterien. Eventuell macht es Sinn, in der Einrichtung nachzufragen und abzuklären, wer der feste Ansprechpartner ist und wie man miteinander arbeiten möchte.

3 Diskutieren Sie Vor- und Nachteile eines Praktikums in Einrichtungen, die Sie schon kennen oder die Sie selbst als Kind besucht haben.

Tipps zum Weiterlesen

Jansen, Frank (Hrsg.), Schlicht, Hermann-Josef, *Das Praktikum in der Ausbildung. Tipps und Hilfen für angehende Erzieherinnen* (Kindertageseinrichtungen konkret – Strategien für Ihren Erfolg), Don Bosco, München, 2001

2.6 Die Vorbereitung eines Praxisanleitertreffens

Die Klasse hat bereits mehrere Wochen Unterricht hinter sich gebracht. In wenigen Tagen beginnt nun ein mehrwöchiges Blockpraktikum.
Im Unterricht ergibt sich zwischen Oliver und drei Mitstudierenden folgendes Gespräch:

Zirafeta: „Ich freue mich schon total! Endlich geht es richtig los!"

Oliver: „Ich bin mal gespannt, wie ich von den Erzieherinnen und Kindern aufgenommen werde. Männer im Kindergarten – das gibt es ja eher selten!"

Renate: „Ach, du machst dein Praktikum im Kindergarten? Du hast Recht! Männer gibt es da nicht so oft. Ich gehe in die Außenwohngruppe eines Heimes und sehe meinem Praktikum mit eher gemischten Gefühlen entgegen. Natürlich freue ich mich auf das Zusammensein mit den Kindern. Aber ich habe keine Ahnung, wie ich mich ihnen gegenüber verhalten soll, schließlich sind diese Kinder oft schwierig. Nachher mache ich noch etwas falsch!"

Nadine: „Ich absolviere mein Praktikum zwar auch im Kindergarten, aber mir geht es ähnlich! Ich habe Angst davor, dass die Erzieherinnen mich vielleicht nicht mögen. Ich habe auch keine Vorstellung davon, was sie von mir erwarten."

Renate: „Aber auch wir als Praktikanten haben doch Erwartungen an unsere Praxisanleiterin: Sie sollte sich Zeit nehmen, alles Wichtige erklären und bei den schriftlichen Aufgaben helfen usw."

Oliver: „Warum laden wir denn unsere Praxisanleiterinnen oder Praxisanleiter nicht vorab mal ein? Wir können uns besser kennen lernen und alle Fragen klären!

Zirafeta: Endlich mal eine gute Idee von dir! Das machen wir!"

Fragen

- *Mit welchen Gefühlen sehen Sie dem ersten Praktikumstag entgegen?*
- *Was sind die Vorteile eines Praxisanleitertreffens?*
- *Gibt es Nachteile?*
- *Was können Sie bei der Vorbereitung und Durchführung eines Praxisanleitertreffens lernen?*

Das erste Praktikum

Info 1

Das erste Praktikum führt, ebenso wie der Anfang der Ausbildung, häufig zu einer Verunsicherung. Die Studierenden wissen noch nicht, was von ihnen erwartet wird und ob sie überhaupt erfüllen können, was von ihnen verlangt wird.

Ein Praxisanleitertreffen stellt eine ideale Möglichkeit dar ein Diskussionsforum zu schaffen, in dem alle Vorstellungen, Wünsche, Ängste, Erwartungen vonseiten der Studierenden, aber auch der Praxisanleiterinnen und Praxisanleiter besprochen und offene Fragen geklärt werden können.

Die Aufgabe, ein Praxisanleitertreffen vorzubereiten und durchzuführen, stellt eine Zusammenfassung der im Kapitel 2 angesprochenen Inhalte dar (Motive zur Wahl des Bildungsgangs, Auseinandersetzung mit den eigenen und fremden Vorstellungen über den Beruf der Erzieherin, ...), die auf diese Weise noch weiter vertieft werden.

Es wird außerdem geübt, wie ein Projekt angegangen und durchgeführt wird.

Projektmethode

Info 2

Wie geht man ein Projekt an? Eine Antwort auf diese Frage liefert Karl Frey, Professor für Pädagogik, Eidgenössische Technische Hochschule Zürich, Institut für Verhaltenswissenschaften, der die „Projektmethode" entwickelt hat. Der folgende Text fasst die Vorgehensweise nach dieser Methode zusammen (Karl Frey, Ulrich Schäfer, Michael Knoll, Angelika Frey-Eilnig, Die Projektmethode, Beltz Verlag, Weinheim 1998, S. 12–16; 76–84). Vergleichen Sie im Arbeitsauftrag 1 die Übertragung der Methode auf „Wir stellen uns der Praxis vor".

Info 2
(Fortsetzung)

Was ist die Projektmethode? – Erste Umschreibung

Eine Gruppe von Lernenden bearbeitet ein Gebiet. Sie plant ihre Arbeiten selbst und führt sie auch aus. Oft steht am Ende ein sichtbares Produkt.
Die Projektgruppe besteht aus einer Klasse, einem Kurs oder einer ganzen Schule. Lernen in einem Projekt erstreckt sich meistens über mehrere, möglichst zusammenhängende Stunden.
Am Anfang eines Projektes steht eine Projektinitiative. Der Lehrplan, die Lehrerin oder ein Gruppenmitglied schlagen ein Projekt vor.
Die Auseinandersetzung mit dieser Projektinitiative, die Auswahl des endgültigen Gebietes und die gemeinsame Entwicklung des Betätigungsgebietes sind Bestandteil des Projektes. Sie sind wesentliche Lernprozesse. Sie sind die bildenden Elemente. Sie machen aus üblichem Tun bildendes Tun.
In der Projektmethode spielen die Bedürfnisse, Neigungen und Interessen der Teilnehmer eine Rolle. Sie fließen in die Entwicklung des Betätigungsgebietes ein.
In der Projektmethode bearbeiten die Teilnehmer das Gebiet oft so, dass am Schluss ein vorzeigbares oder für sie verwendbares Produkt vorliegt.
Entscheidend ist, dass sich die Lernenden ein Betätigungsgebiet vornehmen, sich darin über die geplanten Betätigungen verständigen, das Betätigungsgebiet entwickeln und die dann folgenden verstärkten Aktivitäten im Betätigungsgebiet zu einem sinnvollen Ende führen.

Das Grundmuster der Projektmethode

1. Projektinitiative
Der/die Lehrer/-in, ein Mitglied der Lerngruppe oder ein Außenstehender regt ein Projekt an. Der/die Betreffende äußert eine Idee, ein bemerkenswertes Erlebnis, einen Betätigungswunsch oder skizziert eine Aufgabe.

2. Auseinandersetzung mit der Projektinitiative
Die Teilnehmer beraten über die Projektinitiative. Sie setzen sich mit ihr auseinander. Sie schließt Kommunikation mit Worten, Gesten und Mimik ein. Sie stellt einen Aushandlungsprozess dar.
Die Teilnehmer gehen auf die Initiative ein, sie finden Betätigungsmöglichkeiten, äußern Kontaktwünsche usw. Das Thema wird zunächst komplexer, was die Chance erhöht, miteinander einen Konsens zu finden. Die Teilnehmer versuchen nicht nur der subjektiven Äußerung des Initianten gerecht zu werden. Sie werden zugleich selbst aktiv durch die Äußerung eigener Bedürfnisse und Betätigungswünsche.
Gleichzeitig lernen Sie verschiedene Präsentationsformen kennen und üben sich darin, vor einer Gruppe aufzutreten.

Wer macht was bis wann?

3. Gemeinsame Entwicklung des Betätigungsgebietes
Diese Komponente schließt an die Auseinandersetzung über die Projektinitiative an. Die Teilnehmer äußern nun, was sie im Einzelnen tun möchten. Sie arbeiten die bildungsbedeutsamen Punkte heraus. Sie unterscheiden das Machbare von den puren Wünschen und übertriebenen Vorstellungen. Hier sind konkrete Pläne zu schmieden. Das Zeitbudget ist zu erstellen. Das Ergebnis dieses Schrittes ist ein Arbeitsplan.

4. Projektdurchführung
Wenn das Betätigungsgebiet entwickelt ist, folgt in der Regel die Durchführung des Planes. Die Mitglieder des Projektes befassen sich nun vertieft mit dem Teilgebiet, das sie vorbereitet haben.

5. Abschluss des Projektes
Das Projekt findet seinen Abschluss in einer Veröffentlichung des Ergebnisses. Ein Produkt wird in Gebrauch genommen. Eine Vorführung/Präsentation krönt die langen Vorbereitungen.

961058

Fazit

Ein Praxisanleitertreffen ist sinnvoll und notwendig, um sich besser kennen zu lernen und gegenseitige Erwartungen und Wünsche zu klären. Es kann im Rahmen eines Projektes vorbereitet werden. Das Grundmuster eines Projektes besteht aus fünf Stufen:

1. Projektinitiative
2. Auseinandersetzen mit der Projektinitiative
3. Gemeinsame Entwicklung des Betätigungsgebietes
4. Projektdurchführung
5. Abschuss des Projektes

Aufgaben und Anregungen

1. Präsentieren Sie sich als Klasse den Vertreterinnen und Vertretern der Praxis. Erarbeiten Sie dazu in Kleingruppen verschiedene Beiträge.

1.1 Lassen Sie sich bei den Vorbereitungen von den folgenden Fragen leiten:
- Wer sind wir?
- Warum wollen wir Erzieher/-innen werden?
- Was können wir?
- Was befürchten wir?
- Worauf freuen wir uns?
- Wie sehen wir Kinder?
- Wie sehen wir Erzieherinnen/Erzieher?

1.2 Wählen Sie in Ihrer Gruppe eine Fragestellung aus und entwickeln Sie Ideen zur Bewältigung der Aufgabe. Beachten Sie dabei folgende Regeln:
- Jede Idee ist willkommen, auch wenn sie abwegig oder fantastisch klingt.
- Quantität ist wichtiger als Qualität.
- Kritik ist verboten.
- Lassen Sie sich von den Ideen der anderen inspirieren.

Sammeln Sie Ihre Ideen schriftlich **(Auseinandersetzung mit der Projektinitiative)**

1.3 Entscheiden Sie, in welcher Form sie sich tatsächlich vorstellen wollen.

Sie können sich mimisch, gestisch, szenisch, mit Gesang, mit Bildern, mit Text, durch Kleidung usw. vorstellen. Sicherlich fällt Ihnen selbst hierzu einiges ein.

Beispiele

a. Darstellerische Formen/ Methoden
- Pantomime: Handlungspantomime, z. B. Mein erster Tag in der Praktikumseinrichtung; Ausdruckspantomime, z. B. die Gefühle, die das bevorstehende Praktikum in uns weckt
- Schattenspiel: z. B. eine kurze Situation zum Thema darstellen, Nachspielen eines Textes
- Rollenspiele: z. B. Mein erster/letzter Tag im Praktikum
- szenische Darstellung von Texten: z. B. Sketch über den Beruf der Erzieherin
- Figurenspiel: z. B. mit Handpuppen, Stabpuppen etc.
- …

b. Gestalterische Formen/ Methoden
- Ausstellung/Infostände
- Gruppenbild
- Menschenfahnen
- Geschriebenes Selbstbildnis
- Eine Erzieherin für alle Fälle
- …

c. Texte
- Gedicht
- Geschichte
- Märchen
- dialogischer Text
- …

1.4 Stellen Sie einen Arbeitsplan auf (wer macht was bis wann?), siehe unten **(Gemeinsame Entwicklung des Betätigungsgebietes (Ergebnis=Projektplan)**

1.5 Erarbeiten und proben Sie Ihren Beitrag zu dem Praxisanleitertreffen (Vorträge sollten nicht länger als 15 Minuten sein).
(Projektdurchführung)

1.6 Stellen Sie Überlegungen zum äußeren Rahmen des Treffens an.

1.7 Wahrscheinlich haben Sie Fragen an Ihre Praxisanleiter. Sammeln Sie diese und überlegen Sie, wie Sie eine Antwort darauf bekommen.

1.8 Präsentieren Sie Ihre Arbeitsergebnisse auf dem Praxisanleitertreffen!
(Abschluss des Projektes)

2. Reflektieren Sie das Projekt „Praxisanleitertreffen"!

Zu einer ersten informellen Auswertung wird es sicherlich schon beim Praxisanleiterinnentreffen kommen, wenn Rückmeldungen über die Veranstaltung gegeben werden. Kritik und Anregungen sollten Sie in einer gemeinsamen Auswertung mit Ihren Lehrer/innen aufgreifen und Verbesserungsvorschläge erarbeiten.

Die folgenden Fragen beziehen sich auf Ihre persönlichen Erfahrungen bei der Erarbeitung und Präsentation der Aufgabe. Jede/r von Ihnen soll sich mit Hilfe der Leitfragen schriftlich Gedanken darüber machen, was er bei diesem Projekt gelernt hat, was gut/weniger gut gelungen ist und ob die Durchführung des Praxisanleiterinnentreffen hilfreich als Vorbereitung auf den 1. Praktikumstag war.

a. Was habe ich bei dem Projekt über mich selbst gelernt?
b. Was kann ich davon in Zukunft gebrauchen?
c. Was habe ich über meine Mitschülerinnen erfahren? Kann ich etwas davon auf mich selbst anwenden?
d. Wie gut konnte ich meine Vorstellungen, Interessen und Fähigkeiten in die Bearbeitung einbringen?
e. Wann war mein Interesse am Projekt am geringsten?
f. Wann war mein Interesse am Projekt am größten?
g. Was betrachte ich als Erfolg bei der Präsentation der Ergebnisse, was als Misserfolg?
h. Welche Fragen sind bei dem Praxisanleiterinnentreffen für mich beantwortet worden bzw. offen geblieben?
i. Wie habe ich die Resonanz der Praxisanleiterinnen empfunden?
j. Mit welchen Gefühlen gehe ich jetzt in das Praktikum

In Anlehnung an: Landesinstitut für Schule und Weiterbildung (Hrsg.) 1990

Tipps zum Weiterlesen

Frey, Karl, *Die Projektmethode.* Der Weg zum bildenden Tun, Beltz, Weinheim, 2007
Dieses Buch ist ein Klassiker und ideal, um sich in die Projektmethode einzuarbeiten. Bei der Bewältigung von Projekten in der Fachschule, aber auch von Projekten, die Sie in Ihrem späteren Arbeitsfeld mit den Kindern/Jugendlichen durchführen, ist es eine gute Hilfe.

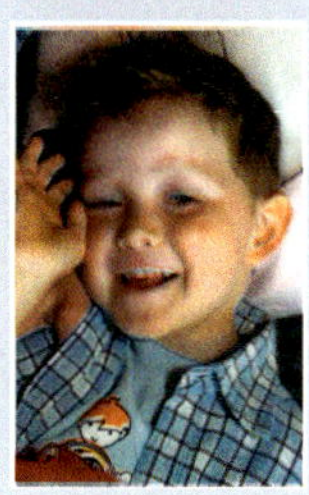

Einführung in Lernfeld 2:

Beziehungen wahrnehmen – Beziehungen aufbauen

Inhaltlicher Überblick:

Ach ja, die gute alte Zeit. Früher kümmerte man sich um seine Mitmenschen. Großeltern, Eltern und Kinder wohnten zusammen inmitten einer ländlichen Idylle, die Kinder konnten in Wald und Feld spielen und sie waren glücklich. War es wirklich so? In diesem Lernfeld werden u. a. die Rahmenbedingungen heutiger Kindheit skizziert und mit denen des letzten und vorletzten Jahrhunderts verglichen.

Damals wie heute fragen und fragten sich die Menschen: Warum funkt es zwischen manchen Menschen und andere kann man überhaupt nicht riechen? Da stimmt die Chemie oder sie stimmt eben nicht. Aber lassen sich die Beziehungsmoleküle irgendwie bestimmen oder gar beeinflussen? Genau das ist die pädagogische Fragestellung. Voraussetzung für jeden gelungenen pädagogischen Prozess ist die Beziehung oder, um es mit dem schrecklichen Pädagogenwort auszudrücken: eine gelungene Beziehungsarbeit. Ohne Beziehung keine Bildung, ohne Beziehung kein soziales Lernen, ohne Beziehung keine Steuerung eines Gruppenprozesses.

Aber Voraussetzung für den Aufbau positiver Beziehungen ist die Entwicklung des Bindungsverhaltens. Erst wenn das Kleinkind Sicherheit spürt, kann es sich auf andere Personen einlassen. Dies zieht sich wie ein roter Faden durch die ganze Kindheit.

In diesem Lernfeld wird gezeigt, wie Bindungsfähigkeit entsteht und wie man verlässliche und dauerhafte Beziehungen aufnimmt und aufbaut.

Die Inhalte dieses Lernfelds sollen Neugierde wecken und zur Auseinandersetzung mit eigenen pädagogischen Handlungskonzepten anregen. Aber es sind die Kinder, die durch ihre Reaktionen und in ihrer Entwicklung zeigen, ob es richtig war, was man gedacht und getan hat. Nur so kann man als Pädagogin die eigene professionelle Vorgehensweise entwickeln.

Kapitelgliederung:

1 Kindheit heute – Früher war alles anders

Susanne kommt aus „ihrer" Einrichtung und berichtet von einer Kollegin, die lange ausfallen wird, da sie unter psychosomatischen Beschwerden leidet. Sie soll zur Kur. In der Tageseinrichtung für Kinder waren sich die Kolleginnen schnell einig: Das sei ja kein Wunder, schließlich würden die Rahmenbedingungen immer schlechter. Die Gruppengrößen stiegen, die Finanzen würden knapper und die Dienstzeiten seien ausgeweitet worden. Das Schlimmste aber sei die Veränderung bei den Kindern. Sie seien heute viel schwieriger als noch vor dreißig Jahren. Die Eltern übernähmen keine Verantwortung. Und montags sei es ganz schlimm. Am Wochenende würden die Kinder ja nur vor der Glotze hängen. Und wenn es so weiterginge, wäre bald das ganze Team in der Klinik.

Susanne war erschüttert über dieses negative Bild von den Kindern und von der Haltung des Teams. Zwar kannte sie so einige Sprüche von ihrer Mutter, die Lehrerin ist, aber so geballt waren diese Vorwürfe noch nie an sie herangetragen worden. Renate konnte die Irritation gut verstehen. Denn schließlich hatte sie sich als Mutter eines sechsjährigen Sohnes keine Vorwürfe zu machen. Sie ließ ihren Sohn nicht sozial verwahrlosen.

Ercan hingegen zeigte im Unterrichtsgespräch Verständnis für die Erzieherinnen.

„Die Kinder dürfen doch alles. Gehen nicht in die Moschee und die Kirche. Und überhaupt: Was hat denn ein deutscher Mann noch zu sagen?“

„Was soll denn dein Machogehabe?“, entgegnet Olga. „Glaubst wohl, dass es vor 100 Jahren besser war? So ohne Fernseher, ohne Strom, ohne Auto und so weiter. Was meinst du, wie es bei uns in den Dörfern aussieht. Wolltest du denn im hintersten Anatolien leben? Ist doch Quatsch, das Gerede davon, dass früher alles besser war.“

Fragen

Früher war doch alles besser?

- ✔ *Wie war es denn früher? Befragen Sie ihre Eltern und Großeltern.*
- ✔ *Möchten diese lieber heute Kind sein?*
- ✔ *Vergegenwärtigen Sie sich die Lebensbedingungen von vor 100 Jahren einer Arbeiterfamilie, einer Bauernfamilie und einer bürgerlichen Familie. Wie mochte da Kindheit ausgesehen haben?*

Info 1

Anders, aber nicht besser

Pädagogen und Pädagoginnen neigen dazu, die unbestreitbaren Probleme von Kindern und Jugendlichen als dramatisch darzustellen. Das bekannte Motto „früher war alles besser“ steht hier oft Pate. Selbst in der Literatur findet sich dieses Lamento. In Nebensätzen, in Einleitungen zu zahlreichen pädagogischen Feldern finden sich solche Hinweise. So spricht etwa Renate Thiersch davon, dass die Lebensbedingungen von Kindern in unserer Gesellschaft *„zunehmend problematischer“* (Thiersch, S. 7) werden. Martin R. Textor begründet die Notwendigkeit der Projektarbeit gar mit einer grundsätzlichen Ausgliederung von Kindern aus der Erwachsenenwelt: „So können wir feststellen, dass Kinder einen zahlenmäßig immer kleiner werdenden Teil unserer Bevölkerung bilden. Sie werden zunehmend marginalisiert, als Minderheit an den Rand der Gesellschaft gedrängt. In zahlreichen Bereichen wie im Wohnungs- und Städtebau oder im Straßenverkehr ist eine strukturelle Rücksichtslosigkeit gegenüber Kindern zu beobachten.“ (Martin R. Textor, Projektarbeit im Kindergarten, Herder Verlag, Freiburg 1995, S. 10)

Doch war Kindheit vor 200 oder 100 Jahren tatsächlich besser? Man schaue sich die Rahmenbedingungen an.

Kindheit war früher anders. Angesichts hoher Kindersterblichkeit, Kinderarbeit, mangelhafter Ernährung und fehlender Bildungschancen war sie wohl kaum leichter als heute. Für De Mause war die frühe Geschichte der Kindheit gar ein Albtraum. Sie war gekennzeichnet von Kindesmord, Kindesaussetzung, Schlägen und Missbrauch. Er stellt eine positive Entwicklung fest, da Kinder heute, im Gegensatz zum Mittelalter, als menschliches Subjekt behandelt würden. (vgl. L. De Mause) Der Soziologe Klaus Hurrelmann stellt denn auch fest: „Für viele Kinder ist Kindheit heute tatsächlich eine Lebensphase in Wohlstand und Annehmlichkeit. Vor allem in gut situierten Elternhäusern trägt sie auch Züge eines sozialen und psychischen Schutz- und Schonraumes für eine optimale persönliche Entfaltung. Für immer mehr Kinder aus sozial und finanziell schlechter gestellten Elternhäusern aber ist Kindheit heute eine Ernstphase des Lebens, ohne jeden Schonraum und mit nur begrenzten Möglichkeiten der Selbstentfaltung. Das lässt sich in erster Linie an den Problemen und Störungen der Persönlichkeits- und Gesundheitsentwicklung ablesen …“

aus: Klaus Hurrelmann, Kindheit in der Leistungsgesellschaft, in: Dt. Kinderhilfswerk (Hrsg.), Kinderreport Deutschland, Kopaled, München 2002, S. 43–62

Info 2 Das Verschwinden der Kindheit

Kein Zweifel: Kindheit ist heute anders. Die Rahmenbedingungen haben sich massiv verändert. Eigentümlicherweise zeigt sich eine Analogie zum Mittelalter. Kindheit als eigene besonders geschützte Lebensphase scheint zu verschwinden. Unter dem Druck einer leistungsorientierten Gesellschaft beginnt praktisch mit der Geburt der Wettlauf um die besten Startpositionen. Hinzu kommt der Einfluss der Massenmedien. Nein, es geht hier nicht um den Einfluss des Mediums auf die Kommunikationsfähigkeit der Kinder, es geht auch nicht um die wachsende Fettleibigkeit, hervorgerufen durch mangelnde Bewegung; es geht vielmehr um die *„totale Enthüllung“* aller – eben auch der kindlichen – Lebensbereiche. „Es ist für die elektronischen Medien unmöglich“, schreibt Neil Postman, „irgendwelche Geheimnisse zu bewahren. Ohne Geheimnisse aber kann es so etwas wie Kindheit nicht geben.“ Für Postman ist Fernsehen das Medium der Enthüllung. Postman nennt als Beispiel für die Folgen solcher Enthüllung das Verschwinden eigener Kinderkleidung oder das Verschwinden eigener Kinderspiele auf den Straßen der Städte. „Selbst das Versteckspiel, das schon vor zweitausend Jahren im Athen des Perikles gespielt wurde, ist aus dem Repertoire der selbst organisierten Kindervergnügungen inzwischen fast völlig verschwunden. Mit einem Wort, Kinderspiele sind vom Aussterben bedroht.“ (Postman, S. 14)

Die Medien sozialisieren die Kinder durch ihre Sicht der Dinge. *„Medien“*, so der Pädagoge Uwe Sander, „tragen anscheinend immer stärker dazu bei, dass sich bei Kindern Deutungs- und Handlungsmuster unabhängiger von dem Einfluss Erwachsener entwickeln.“ (Sander, S. 159) Andere Kindheitsforscher stellen die These auf, dass Kinder heute deshalb nicht Kinder sein dürften, da die Eltern ihren Stress, den sie in Partnerschaft und Beruf erleiden, an die Kinder weitergeben. Die Eltern sind auf ihre Rolle nicht vorbereitet und benutzen die Kinder – so die Argumentation – als Statussymbol und Ersatzpartner. Andere Kindheitsforscherinnen und -forscher sprechen von *„Verinselung“*, *„Urbanisierung“* und *„Verhäuslichung“* der Kindheit.

Info 3 Die Familienwelten büßen ihre Dominanz ein

„(...) Aber nicht nur die Sozialisationsorte sowie die Kontakt- und Kommunikationsmöglichkeiten haben sich für die Kinder und Jugendlichen vermehrt, nicht nur die institutionellen Wegmarkierungen des kindlichen Lebenslaufs haben sich in die vorschulische Phase der Kindheit hinein ausgeweitet. Damit einhergehend stellt sich im Vergleich zu früher zugleich das Lebensumfeld von Kindern und Jugendlichen kulturell und strukturell heute wesentlich inhomogener dar. Anstelle überschaubarer und in identitätsstiftende Milieus eingebettete und rückgebundene Familienwelten, die je nach Klassen- oder Schichtzugehörigkeit mehr oder weniger geschützt waren, erleben Kinder von Beginn an eine vielfältige und widersprüchliche, medial und von Konsum geprägte Umwelt, die ihnen schon in frühester Kindheit in vielen Facetten ergänzend, kontrastierend und relativierend zu ihrer familialen Wirklichkeit begegnet. Die Familienwelten büßen in diesem Zuge ihre dominante Stellung für das Aufwachsen insoweit ein, als sich lange Zeit – eingewoben in unterschiedliche sozial-moralische Weltbilder – Weltanschauungen und Lebensstile in der Weitergabe an die nachwachsende Generation familienintern tradierten. Heutzutage müssen sich stattdessen Eltern im Umgang mit ihren Kindern von frühester Kindheit an ins Verhältnis setzen zu konkurrierenden Erziehungsstilen, Einstellungen und Lebensweisen, die ihre eigene Definitionsmacht einschränken, ihre Möglichkeiten der traditionsvermittelten Weitergabe eigener Wertvorstellungen und Präferenzen begrenzen, zumindest relativieren. Gleichzeitig erhält die Familie die Aufgabe, heterogene Lebensbereiche und Lebenspassagen zu koordinieren und zu integrieren. In diesem Rahmen nimmt vor allem die Bedeutung emotionaler Familienbeziehungen zu."

(Auszug aus dem zwölften Kinder- und Jugendbericht der Bundesregierung)

Pluralisierung und Individualisierung erreichen das Kinderzimmer

Info 4

Hinter diesen Versuchen der Beschreibung der Veränderung von Kindheit steht eine zunächst sich scheinbar widersprechende Tendenz, die in der Soziologie als *„gesellschaftliche Pluralisierungs- und Individualisierungsprozesse"* bezeichnet wird. Dies meint, dass der Einzelne sich unter zahlreichen Angeboten seinen Lebensstil aussuchen kann. Dies ist weit weniger als früher vorgegeben. Früher wuchs man beispielsweise in einer sozialen Gemeinschaft auf, in der jeder zum Außenseiter wurde, der nicht dem Fußballverein, der freiwilligen Feuerwehr und der Kirche angehörte. Es gab feste soziale Milieus, in denen man sich bewegte. Diese engten ein. Sie waren aber auch Richtschnur und Fixpunkte zur eigenen Orientierung. Das Leben war durchzogen von solchen unausgesprochenen Handlungsmustern.

Heute sind vielfältige Lebensstile akzeptiert. Ob jemand Anhänger eines Eishockeyvereins ist oder lieber zum Golfen fährt, ob jemand im Kirchenchor singt oder sich esoterischen Praktiken hingibt, spielt in seiner gesellschaftlichen Akzeptanz kaum eine Rolle. Dies führt zum einen zur Vereinzelung, da sich nicht mehr die gleichen Menschen samstags beim Fußball und sonntags in der Kirche treffen, die zudem noch über das gleiche Fernsehprogramm diskutieren können. Zum anderen zeigt es die Vielfältigkeit einer Gesellschaft, die es ihren Mitgliedern ermöglicht, so zu leben, wie diese es wünschen.

Der weitgehende Wegfall allgemein verbindlicher Konventionen ermöglicht ein größeres Maß an Selbstverwirklichung. Auf der anderen Seite fallen damit auch Orientierungspunkte weg. Das Individuum hat die Qual der Wahl. Dieser Prozess gilt nicht nur für Erwachsene, sondern auch schon für Kinder. Ein Kind wächst heute eben nicht mehr in seinem Dorf auf, besucht die Dorfschule, spielt mit den anderen Kindern des Dorfes und hilft seinen Eltern in der Landwirtschaft. Dies reicht nicht. Kinder, die ihren Weg machen sollen, müssen heute weitere Chancen zur Bildung bekommen. Auch die Veränderung der elterlichen Arbeitsbedingungen zwang dazu, dass Kinder heute so nicht mehr aufwachsen, sondern neben der Familie eine Vielzahl weiterer Institutionen an Bedeutung gewonnen hat. Hierzu zählt die Tageseinrichtung für Kinder, die Schule, aber auch Vereine, die die Kinder in einer Disziplin fördern. Der elfte Kinder- und Jugendbericht der Bundesregierung beschreibt diesen Vorgang so: „Im Horizont erodierender sozialer Milieus und einer Relativierung familialer Herkunft haben institutionelle Ordnungen als Geländer und Wegmarkierungen der Lebensführung an Bedeutung gewonnen: Kindergarten, (Grund-)Schule, berufliche Ausbildung oder Studium, u. U. Bundeswehr oder Zivildienst – und damit verbunden Statuspassagen – wurden zu festen Stationen in den Fahrplänen durch Kindheit und Jugend." (Kinder- und Jugendbericht der Bundesregierung, S. 56)

Info 4
(Fortsetzung)

Dies bedeutet, dass diesen Institutionen für die Entwicklung der Kinder heute eine größere Bedeutung zukommt. Deshalb stellt der oben erwähnte Bericht der Bundesregierung auch fest: „Aus der Familienkindheit wird in der frühen Kindheit eine Familien- und Kindergartenkindheit, im Kindes- und Jugendalter eine Familien- und Schulkindheit. Dies aber heißt im Endeffekt: Aus einem im Kern rein privat geregelten Aufwachsen wird ein privat wie öffentlich organisiertes Aufwachsen." (Kinder- und Jugendbericht, S. 56)

Aber nicht nur die Institutionen haben eine größere Bedeutung für das Aufwachsen erlangt. Der gesamte öffentliche Raum steht dem Kind zur Auswahl zur Verfügung. Entfernungen sind dabei in einer mobilen Gesellschaft kein Hinderungsgrund. „Noch nie zuvor haben öffentliche Sozialisationsorte, Medien, Konsum und selbst gewählte Beziehungsnetze in Gleichaltrigengruppen einen so starken Einfluss auf Heranwachsende gehabt wie zu Beginn des 21. Jahrhunderts" (Kinder- und Jugendbericht, S. 56). Die zahlreichen öffentlichen Castingshows wie *„Deutschland sucht den Superstar"* oder die *„Big-Brother-Containershow"*, die auch noch das letzte Stück Intimität an die Öffentlichkeit zerrt, erscheinen vor diesem soziologischen Erklärungsmuster in einem anderen Licht. Postmans Beobachtung bewahrheitet sich.

Verstärkt wird diese Tendenz der Bedeutung des öffentlichen Raums für das Aufwachsen für Migrantinnen und Migranten. Die grenzüberschreitenden Wanderungen eröffnen weitere Räume. Die Migrantinnen und Migranten halten auf vielfältige Weise Kontakt. Zur *„Transmigration"* gehört, dass sie zeitweise in der Herkunftsregion und zeitweise im Auswanderungsland leben.

In der Konsequenz gibt es eine eigentümliche Spannung, ja Widersprüchlichkeit: Auf der einen Seite erleben Kinder eine Welt, die auf ihre Grundbedürfnisse Rücksicht nimmt. Noch nie wurden der nachfolgenden Generation solche persönlichen Gestaltungs- und Entfaltungspotenziale zugestanden. „Kinder werden nicht mehr als unfertige, unterentwickelte Wesen, sondern als kindliche Persönlichkeiten betrachtet und behandelt, die sich in jedem Abschnitt des Lebenslaufes in einer Phase von eigenem Gewicht und völliger Unverwechselbarkeit befinden." (Hurrelmann, a. a. O., S. 48) Kindern wird die Gestaltung ihres Lebensraumes zugestanden und zugemutet. Sie dürfen und sollen ihre Lebenswelt gestalten.

„Ob ein Kind zu einem warmherzigen, offenen und vertrauensvollen Menschen mit Sinn für das Gemeinwohl heranwächst oder aber zu einem gefühlskalten, destruktiven, egoistischen Menschen, das entscheiden die, denen das Kind in dieser Welt anvertraut ist, je nachdem, ob sie ihm zeigen, was Liebe ist oder aber dies nicht tun.

‚Überall lernt man nur von dem, den man liebt', hat Goethe einmal gesagt, und dann muss es wohl wahr sein.

Ein Kind, das von seinen Eltern liebevoll behandelt wird und das seine Eltern liebt, gewinnt dadurch ein liebevolles Verhältnis zu seiner Umwelt und bewahrt diese Grundeinstellung sein Leben lang."

Astrid Lindgren in ihrer Rede
zur Verleihung des Friedenspreises
des Deutschen Buchhandels 1978

961066

Zum anderen werden die Kinder bei der Verarbeitung ihrer Lebenswelt völlig allein gelassen. Sie laufen quasi nebenher. Eine einfühlsame Unterstützung und Anleitung wird vielerorts vermisst. „Kinder leben in einer verbauten und versiegelten Umwelt, die Körperkontakte mit emotionaler Qualität und sinnlichen Anregungsmöglichkeiten vermissen lässt. Sie erleben durch Radio, Fernsehen, Video und Computer eine Überstimulierung der entsprechenden Sinneseindrücke und erfahren demgegenüber in den emotionalen, haptischen und motorischen Bereichen eine Verarmung." (Hurrelmann, S. 49)

Die Folge ist der schleichende Prozess des Verschwindens der Kindheit. Der so genannte Ernst des Lebens beginnt schon früh, spätestens mit der Schule. Im zweiten Lebensjahrzehnt vermischen sich im Konsumbereich, Freizeitleben oder auch in der Gestaltung der sozialen, privaten und erotischen Beziehungen die Grenzen zwischen Jugend und Erwachsenen. Kinder werden immer mehr zu kleinen Erwachsenen, und das keineswegs nur in der „Mini-Playback-Show".

Der Befund ist niederschmetternd. Hurrelmann stellt fest: „Kindheit heute bedeutet in einer ungesicherten sozialen Bindung aufzuwachsen, in einer Wettbewerbsgesellschaft zu leben, in der allein individuelle Leistung und sonst gar nichts zählt, in einer Freizeitwelt zu sein, die durch den Konsum und durch kommerzielle Wettbewerbsprozesse gekennzeichnet ist. Kindheit bedeutet auch der zunehmenden Verstädterung ausgesetzt zu sein, die Verknappung von Spiel- und Freiflächen zu erleben und zu erfahren, dass das unmittelbare Wohnumfeld als Lebens-, Spiel- und Erfahrungsraum nicht zur Verfügung steht. Kindheit bedeutet heute auch auf eine ökologische Umwelt angewiesen zu sein, die belastende und schädigende Wirkungen haben kann." (Hurrelmann, a. a. O., S. 55) Diesem düsteren Bild stimmt der elfte Kinder- und Jugendbericht im Grunde zu. Etwas nüchterner wird dort bilanziert: „Die gesellschaftlichen Rahmenbedingungen in der Bundesrepublik verstärken den Befund einer familienunfreundlichen und kinderfeindlichen Gesellschaft, die jenseits der Mystifizierung von Jugendlichkeit junge Menschen als Problem wahrnimmt. Trotz des unbestrittenen hohen Lebensstandards großer Teile der Bevölkerung ist es bis heute nicht gelungen, das Aufwachsen von Kindern und Jugendlichen durch öffentliche Angebote so zu unterstützen und abzusichern, dass Kinderwunsch und Gründung einer Familie problemlos realisiert werden können." (Kinder- und Jugendbericht, S. 57)

Inzwischen hat die Politik eine Kehrtwendung vollzogen. Sie hat erkannt, dass Kinder nicht nur ein Kostenfaktor sind, sondern auch die Zukunft einer Gesellschaft bedeuten. Elterngeld, Bildung für alle, Förderung der Sprachentwicklung in den Kindertagesstätten, Rechtsanspruch auf einen Betreuungsplatz für Unter-Dreijährige ist das Programm einer konservativen Familienministerin. Es wird dauern, bis sich die Auswirkungen zeigen. Aber es gibt keine Alternative, als möglichst früh Kindern, gleich welcher Herkunft, Bildung zu ermöglichen. Dies beginnt in der Krippe. Und zweifelsfrei ist dies das beste Programm zur Bekämpfung von Kinderarmut.

Keine Frage, Kindheit heute ist komplexer. Angesichts der Tatsache, dass jedes vierte Kind von Sozialhilfe lebt, ist sie auch in einem reichen Land wie der Bundesrepublik nicht von existenziellen Ängsten und Sorgen frei. Doch wer der Meinung ist, dass Kindheit vor 100 Jahren einfacher war, der möge sich die damaligen Lebensbedingungen genau anschauen. Georg Büchner schrieb 1836: „Ich komme vom Christkindlmarkt: überall Haufen zerlumpter, frierender Kinder, die mit aufgerissenen Augen und traurigen Gesichtern vor den Herrlichkeiten aus Wasser und Mehl, Dreck und Goldpapier standen. Der Gedanke, dass die armseligsten Gemüse und Freuden unerreichbare Kostbarkeiten sind, machte mich sehr bitter."

Info 5

Ein Kindertag in unterschiedlichen Milieus

Ein Tag im Arbeitermilieu

05:00 Uhr morgens aufstehen: keine Körperpflege, Morgengebet. Haferbrei zum Frühstück
bis 07:00 Uhr Hausarbeit: acht Eimer Wasser vom Dorfbrunnen holen
anschließend Arbeit in der Manufaktur
Prügel vom Meister, da Rohmaterial vergeudet wurde; anschließend bedanken für die Strafe
ab 19:00 Uhr Holzhacken, Abendessen
ab 22:00 Uhr Nachtgebet, Nachtruhe

Ein Tag im bildungsbürgerlichen Milieu

Johanna Schopenhauer, Jahrgang 1766

vormittags:
1 Stunde – Kandidat der Theologie
1 Stunde – Tanzmeister
Unterricht im Wäschenähen und Stopfen durch eine alte Frau
Unterricht durch den englischen Prediger
nachmittags: société des jeunes dames

abends:
Unterricht durch den Prediger

Entnommen: Sabine Stübe-Kirchhof, Kinderalltag 1800–1850, in Metz-Becker

Nur wenige Kinder bekamen in jener Zeit etwas von dem vermittelt, das heute Ziel und Mittelpunkt der pädagogischen Bemühungen darstellt: Liebe, Geborgenheit, Zärtlichkeit und Zuneigung von ihren Eltern. Und möge der Alltag noch so unterschiedlich sein, so war er doch in beiden Fällen geprägt von Gehorsam, Furcht, körperlicher Züchtigung, Disziplin und patriarchalen Strukturen.

Was ein Kind braucht

Wenn ein Kind geboren ist,
braucht es eine Wohnung,
Kleider, eine Spielzeugkist,
Bonbons als Belohnung,
Murmeln und ein eigenes Bett,
einen Kindergarten,
Bücher und ein Schaukelbrett,
Tiere aller Arten,
Wälder, Wiesen, eine Stadt,
Sommer, Regen, Winter,
Flieger, Schiffe und ein Rad,
viele andre Kinder,
einen Mann, der Arbeit hat,
eine kluge Mutter,
Länder, wo es Frieden hat
und auch Brot und Butter.
Wenn ein Kind nichts davon hat,
kann's nicht menschlich werden.
Dass ein Kind das alles hat,
sind wir auf der Erden.

Peter Maiwald

aus: Na, so was!, Pattloch Verlag, Augsburg

Mouna, zwölf Jahre

Info 6

„Meinen Namen habe ich daher, dass mein Vater aus Marokko stammt. Meine Mutter kommt aus Deutschland. Leider haben sich meine Eltern getrennt, als ich vier Jahre alt war. Ich kann mich an die Zeit nicht mehr richtig erinnern, aber es gibt Videofilme von früher. Da sehe ich oft traurig aus, deshalb glaube ich, dass ich es damals ziemlich schade fand, dass meine Eltern sich nicht mehr verstanden haben. Auch wenn ich seitdem bei meiner Mutter lebe, habe ich immer noch Kontakt zu meinem Vater. Den sehe ich mindestens einmal in der Woche. Ich fahre auch mindestens einmal im Jahr mit meinem Vater, seiner neuen Frau und meinem vier Jahre alten Stiefbruder nach Marokko in den Urlaub. Dort treffe ich dann immer alle Verwandten meines Vaters. Das sind ziemlich viele, die leben alle zusammen in einem vierstöckigen Haus in Casablanca. Was mir im Urlaub aber immer auffällt, ist, dass die Straßen in Marokko viel dreckiger sind als bei uns. Außerdem haben die Verwandten meines Vaters viel weniger Platz in ihren Wohnungen als wir in Deutschland. Wenn wir da zu Besuch sind, schlafen mein Vater, seine Frau, mein Stiefbruder und ich in einem Zimmer. Einmal bin ich mit einer meiner Cousinen in Marokko für einen Tag zur Schule gegangen. Das fand ich ganz schrecklich, weil da die Lehrer ihre Schüler auch heute noch verprügeln dürfen und das auch machen, wenn sie glauben, die Kinder seien faul. Deshalb kann ich mir auch nicht vorstellen, jemals in Marokko zu wohnen. Klasse finde ich aber, dass ich von meinen Vater Arabisch und Französisch gelernt habe. Und durch meinen Vater bin ich wesentlich gastfreundlicher als die meisten anderen Deutschen. Viele Deutsche sind ziemlich stur und lächeln so wenig. Oder sie bitten einen nicht in die Wohnung. In Marokko wird man sofort in die Wohnung gebeten und bekommt mindestens eine Kleinigkeit zu essen oder trinken angeboten.

Später, wenn ich erwachsen bin, möchte ich gerne Modedesignerin in Paris werden. Den Beruf finde ich interessant, seit ich mal eine Reportage über Modedesigner im Fernsehen gesehen habe. Ich entwerfe heute schon manchmal T-Shirts. Meistens mach ich aber

nur Zeichnungen. Nur ab und zu bemale ich dann auch wirklich T-Shirts so, wie ich sie entworfen habe. Die einzige Person, die meine Werke bisher gesehen hat, ist meine Mutter. Meistens findet sie meine Entwürfe gut, aber die selbst entworfenen Sachen in der Schule anzuziehen, traue ich mich nicht. Ich glaube, dass die Shirts noch nicht so toll sind und dass die anderen über mich lachen würden. Schneidern kann ich auch noch nicht, das muss ich auf jeden Fall noch lernen, wenn ich Modedesignerin werden will. Und dann gehe ich nach Paris, weil da die besten Modedesigner der Welt arbeiten. Außerdem hat das den Vorteil, dass ich die Sprache schon spreche und deshalb sofort alle Leute verstehe. Das Einzige, was mich

Info 6
(Fortsetzung)

stört, wenn ich Bilder von den Modenschauen sehe ist, dass da oft Sachen vorgeführt werden, die man sich nie anziehen würde. Manchmal könnte ich mich schlapp lachen, weil die Kleider die Frauen fast nackt aussehen lassen. Falls ich später mal Mode entwerfe, mache ich nur Kleider, die auch tragbar sind.

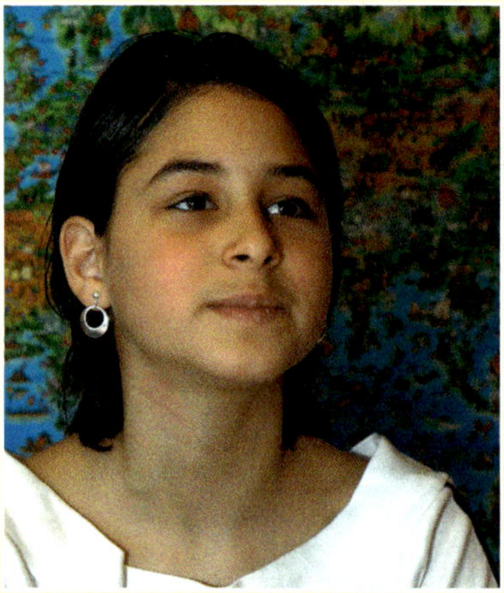

Mit meiner Mutter und meinem Stiefvater verstehe ich mich richtig gut. Wenn ich manchmal mitkriege, wie viele Probleme einige meiner Freundinnen mit ihren Eltern haben, habe ich richtig Glück gehabt. Ich bekomme z. B. 17 € Taschengeld im Monat und kann das Geld einfach so, für Süßigkeiten oder Schminke, ausgeben. Für Klamotten oder Schuhe bekomme ich von meiner Mutter noch mal extra Geld oder sie geht mit mir zusammen einkaufen und bezahlt dann. Das ist bei einigen Mädchen aus meiner Klasse anders, die bekommen jeden Monat zwar etwas mehr Taschengeld, haben aber am Ende weniger als ich, weil sie sich die Klamotten davon selbst kaufen müssen. Meine Mutter und mein Stiefvater hören manchmal richtig schreckliche Musik, oft aber auch Rap oder andere aktuelle Sachen. Besonders meine Mutter findet oft die gleichen Sachen wie ich gut. Ich höre Britney Spears, Usher oder Nelly. Mit meiner Mutter kann ich auch über alles reden. Sie hat mich zum Beispiel aufgeklärt. Entweder, wenn ich ihr Fragen gestellt habe, oder manchmal hat sie mir auch einfach so was erzählt, wenn sie glaubte, es sei nötig.

Dagegen sind viele Mütter meiner Freundinnen ganz schön verklemmt. Ich werde meine Kinder später auch selbst aufklären, wäre doch blöd, wenn sie das aus einer Zeitung erfahren würden. Ich kaufe mir zwar auch seit ungefähr zwei Jahren die ‚Bravo', aber die Aufklärungsseiten haben mir nichts Neues gebracht. Na ja, vielleicht ein paar Fachbegriffe, aber grundsätzlich wusste ich schon, worum es geht. Ich glaube, weil so viele Eltern so verklemmt sind und ihre Kinder nicht aufklären, gibt es so viele Mädchen, die schwanger werden. Die wissen zum Beispiel einfach nicht, wie sie verhüten sollen, das finde ich ganz schlimm. Ich hatte zwar noch nie einen Freund und glaube auch, Sex wäre mir jetzt noch zu früh, aber wenn es darauf ankäme, würde ich notfalls die Kondome auch selbst kaufen. Ich lese in der ‚Bravo' auf jeden Fall als Erstes den Fotoroman und nicht die Aufklärungsseiten.

Sport ist auch ganz wichtig für mich. Ich habe bis vor einem halben Jahr Taekwondo gemacht. Dann musste ich aufhören, weil ich am Knie verletzt war. Das fand ich sehr schade, weil ich immer für die nächste Prüfung trainiert habe. In zwei Jahren habe ich sechs Prüfungen abgelegt und durfte zum Schluss den blauen Gürtel tragen. Von dem Teakwondo wissen aber in meiner Klasse nur ganz wenige. Es ist nämlich früher vorgekommen, dass Freundinnen irgendwo blöde Sprüche gemacht haben, dann Ärger kriegten und dann zu mir gerannt kamen und sagten ‚Mouna, hilf mir' und dachten, ich würde sie raushauen. Da hatte ich aber gar keinen Bock drauf, deshalb habe ich in der Schule eigentlich nichts über Teakwondo erzählt, damit mir so was nicht noch mal passiert. Außerdem ist es mit dem Kampfsport jetzt sowieso vorbei. Ich gehe inzwischen ein paarmal in der Woche schwimmen, das ist besser für mein Knie.

Witzig ist es manchmal, wenn ich mit meiner Mutter und meinem Stiefvater durch die Stadt gehe. Dann gucken die Leute oft ganz komisch, denn meine Mutter und mein Stiefvater sind beide blond, während ich eine etwas dunklere Haut und schwarze Haare habe. Die Leute denken bestimmt ganz oft, ich sei adoptiert. Blöde Sprüche von irgendwelchen Nazis musste ich mir aber noch nie anhören. Das liegt wahrscheinlich daran, das ich hier aufgewachsen bin und ganz normal deutsch spreche."

Strohdiek, Frank, Mouna in: Dt. Kinderhilfswerk (Hrsg.), Kinderreport Deutschland, München 2002, S. 34 ff.

Aufgaben und Anregungen

1 Wie erleben Erzieherinnen die Kinder heute? Fühlen Sie ähnlich, wie es Susanne aus ihrer Einrichtung berichtet? Erarbeiten Sie einen Fragebogen, den Sie Erzieherinnen zum Ausfüllen geben können. Eine gute Gelegenheit ist das Anleitertreffen in der Schule.

2 Bilden Sie Vierergruppen. Was meint der elfte Kinder- und Jugendbericht (Info 3), wenn er von der wachsenden Bedeutung emotionaler Familienbeziehungen spricht? Beschreiben Sie, in welchen Milieus Ihre Eltern und Großeltern aufwuchsen und wo Sie dieses Milieu verlassen haben.
Wie sieht für Sie persönlich die „medial und von Konsum geprägte Umwelt" konkret aus? Welche Medien nutzen Sie?

3 Welche Kindheit hatte die Generation Ihrer Großeltern? Befragen Sie die Großeltern und laden Sie einige Personen dieser Generation in den Unterricht ein. Wo spielten sie als Kinder? Welche materiellen Bedingungen herrschten? Wie viele Personen lebten im Haushalt? Wo waren die Männer? Wie erlebt diese Generation die „heutige Jugend"?

4 Die Zitate von Astrid Lindgren und Peter Maiwald vereinfachen stark – oder? Diskutieren Sie.

5 Benennen Sie das soziale Milieu Mounas. Welche Erfahrungen der Pluralisierung und der Individualisierung macht sie? Woran könnte man eine Überforderung des Kindes festmachen?

Filmtipp

Das Schwarzwaldhaus 1902, ARD 2002
Dieser Film ist der Bericht eines Experimentes. Eine fünfköpfige Berliner Familie lässt sich darauf ein, so zu leben wie vor einhundert Jahren: kein Supermarkt, keine Konserven, keine Zentralheizung, (zunächst) keine Unterhosen, dafür Kühe, Schweine, Hühner und Plumpsklo. Eine spannende Dokumentation, die die gesamten vier Stunden die Zuschauer fesselt.

2 Aufbau von Beziehungen

2.1 Beziehungsfähigkeit entwickeln

Renate (34) hat einen sechsjährigen Sohn. Im Herbst verlässt er seinen geliebten Kindergarten. Mit einigen anderen Kindern aus seiner Gruppe wird er in seinem Stadtteil die Grundschule besuchen. Renate fürchtet den Schulanfang. Ihr Sohn hat im Kindergarten sehr gute Beziehungen zu den Erzieherinnen. Der Abschied vom Kindergarten fällt ihm schwer. Aber auch Renate hat Schwierigkeiten mit der Trennung vom Kindergarten.

Sie erinnert sich: Als Jan in den Kindergarten kam, hatte sie ein schlechtes Gewissen. Jan hat es ihr nicht leicht gemacht. Er wehrte sich mit Händen und Füßen gegen das neue Umfeld. Renate hat heute noch gemischte Gefühle, wenn sie an die Eingewöhnungsphase zurückdenkt. Im letzten Jahr konnte sie dagegen häufiger erleben, wie Jan sie noch einmal nach Hause schickte, weil er gerne im Kindergarten bleiben wollte. Gerade zu einer Erzieherin hat er eine innige Beziehung aufgebaut. Nun fällt ihm der Abschied schwer.

Renate hat während ihrer Ausbildung zur Sozialassistentin Kinder erlebt, die sich ohne Probleme von ihren Eltern lösen konnten, und andere Kinder, die sehr darunter gelitten haben, wenn sie sich von der Mutter lösen mussten. Sie möchte mehr über die Entstehung von Bindungsverhalten und der darauf aufbauenden Beziehungsgestaltung zwischen Kindern und Erzieherinnen erfahren.

Fragen

- ✓ Welche Beobachtungen haben Sie während Ihrer Praktikumsphasen gemacht, wenn Kinder sich von Eltern trennen?
- ✓ Welche Ablösungsrituale bzw. Eingewöhnungsphasen haben Sie in Ihrer Arbeit kennen gelernt?
- ✓ Wie sind Sie selbst mit Abschied und Trennung in Ihrem Leben umgegangen?

Info 1 Wie entsteht Bindung?

> „Die Kindertagesstätte soll dazu beitragen, dass Kleinkinder sich für wertvoll halten, mit sich selbst zufrieden sind und sich attraktiv finden."
> Bayrischer Bildungs- und Erziehungsplan, Beltz Verlag, Weinheim 2003

Es ist ein Grundbedürfnis des Menschen, Bindungen einzugehen.

Ohne Bindung sind Entwicklung und der Aufbau von anhaltenden emotionalen Beziehungen nicht vorstellbar. Ein Kind, das von Geburt an als ein eigenständiges Individuum wahrgenommen und ernst genommen wird, erfährt durch einfühlsame und beständige Versorgung Konstanz und dadurch Sicherheit. Es erfährt auf Äußerungen des Wohlbefindens und ebenso auf Äußerungen des Unbehagens innerhalb kürzester Zeit auf vorhersagbare Weise, dass seine Bezugspersonen zuverlässig reagieren. Die Botschaft, die bei ihm ankommt, heißt:

„Ich bin immer für dich da, auch wenn ich nicht alles verstehe, was du mir mitteilen möchtest."

Das Kind entwickelt zunehmend eine Sicherheit, um mit sich und der Welt in Kontakt zu treten. Wissenschaftler sprechen in diesem Sinne von **„Bindungssicherheit"**.

Fremdheitsphase und Trennungsschmerz

Der Zeitpunkt, wann das Kind damit beginnt, sich zu binden, ist für die Eltern deutlich erkennbar: Es ist die Zeit des Fremdelns. Mit ca. sieben Monaten beginnt das Kind, zwischen nahe stehenden Menschen und anderen zu unterscheiden. Wenn z.B. ein Vater nach langer Abwesenheit sein Töchterchen auf den Arm nehmen will, nimmt es möglicherweise eine Abwehrhaltung ein, die den Vater überrascht. Dabei handelt es sich bei dem Kind um eine entwicklungsbedingte Reaktion, die sog. Achtmonatsangst. Diese Angst bzw. das „Fremdeln" tritt bei Kindern etwa zwischen dem siebten und neunten Monat auf.

Vgl. Lernfeld 2, Kapitel 4.2.

Die Entwicklungsphase des Fremdelns ist für viele Eltern eine anstrengende Zeit. Das Kind klammert sich stärker als zuvor an seine Bezugspersonen. Mütter und Väter, die sich regelmäßig in Eltern-Kind-Gruppen treffen und ihre Erfahrungen untereinander über die Entwicklungsphasen ihrer Kinder austauschen, verstehen das besondere Verhalten ihrer Kinder besser und akzeptieren es.

Die ersten Trennungsängste, die Kinder durchmachen, entstehen, wenn sie von fremden Personen (Tagesmüttern, Erzieherinnen) betreut werden.

Dies hängt damit zusammen, dass ein kleines Kind im Alter von zwölf Monaten noch keinen Zeitbegriff hat. Es kann z.B. nicht ermessen, wie lange die Mutter wegbleibt, wenn sie weggeht, und hört oftmals schon auf zu spielen, wenn die Mutter das Zimmer verlässt.

Die Vorstellung, dass Dinge oder Menschen, die man nicht mehr sieht, trotzdem noch da sind, entwickelt sich erst sehr langsam.

Vgl. Lernfeld 2, Kap. 4.3.

Untersuchungen in Kinderkrippen haben gezeigt, dass Kinder, die längere Zeit brauchen, um sich von den Eltern beim Abschied zu lösen, anschließend deutlich weniger spielen.

Nach wissenschaftlichen Erkenntnissen scheinen Trennungsängste möglicherweise auch mit spezifisch anatomischen Veränderungen im Gehirn zusammenzuhängen. Zum Beispiel entsteht das allererste Lächeln bei Säuglingen aller Kulturen, wenn die benötigten Nervenbahnen ihre Myelinschichten erhalten haben, also etwa ein oder zwei Monate nach der Geburt. Im Zusammenhang mit der Entwicklung neuraler Bahnen im limbischen System steht die „Fremdelphase" um den achten Monat und die Angst kleiner Kinder vor Trennung von den Eltern.

Beziehungserfahrungen

Das Kind macht seine ersten Beziehungserfahrungen, indem es die Sicherheit bzw. Unsicherheit spürt, die eine enge, zuverlässige oder unzuverlässige Bindung bietet. Sie erleichtert bzw. erschwert ihm Kontakt zu anderen Personen aufzubauen und sich auf sie einzulassen. Dies zieht sich wie ein roter Faden durch die ganze Kindheit. Einmal genussvoll allein sein zu können, lernt ein Kind dadurch, dass es in seinen ersten Lebensjahren konstante Verfügbarkeit und Ansprechbarkeit durch seine Bezugpersonen erleben durfte. Wenn es diese guten Beziehungserfahrungen nicht speichern konnte, dann fehlt ihm diese wichtige Basis als Voraussetzung, um vielfältige Beziehungen eingehen zu können. Bindungssichere Kinder wagen immer weiter in die Welt hinauszugehen.

Dagegen haben die Kinder, die von Geburt an abgelehnt oder vernachlässigt werden, häufig Probleme, ein Bindungsverhalten zu entwickeln. Nicht selten zeigen sie Abweichungen vom normalen Verhalten, z.B. das Hin- und Herwiegen des Oberköpers (**Hospitalismus**), Apathie, Aggression, Angst vor Fremden, Hunger nach Zuneigung sowie motorische, kognitive und verbale Entwicklungsrückstände.

Info 1 (Fortsetzung)

Bindungstypen

Nach neueren Untersuchungen konnten Bindungsforscher bei Kindern folgende Bindungstypen beobachten:

1. Typ der sicheren oder autonomen Bindung
   Diese Kinder erfahren sich als liebenswert und entwickeln ein positives Selbstbild aufgrund verlässlicher, einfühlsamer und verständnisvoller Unterstützung durch ihre soziale Umwelt. Offenheit, Neugier und Entdeckungsverhalten sind die positiven Folgen.
2. Typ der unsicher-vermeidenden Bindung
   Das Kind unterdrückt seine natürlichen Kontakt-, Zuwendungs- und Nähebedürfnisse und distanziert sich dauerhaft emotional von seiner Umwelt aufgrund fehlender emotionaler Unterstützung, mangelndem Rückhalt und häufiger Zurückhaltung seiner Bezugspersonen.
3. Typ der unsicher-ambivalenten Bindung
   Diese Kinder erfahren inkonsistentes Verhalten seitens der Eltern. Die Bindungspersonen zeigen nur gelegentlich Zuwendung und Interesse dem Kind gegenüber. Ihr Verhalten ist für das Kind nicht kalkulierbar, da sie stark mit sich selbst beschäftigt sind. Daraus folgt eine übermäßige Anhänglichkeit. Der Wunsch nach Nähe und Aufmerksamkeit wird besonders stark und mischt sich mit gelegentlichem Ärger auf die Bindungsperson. Vgl. Gloger-Tippelt, 1999.

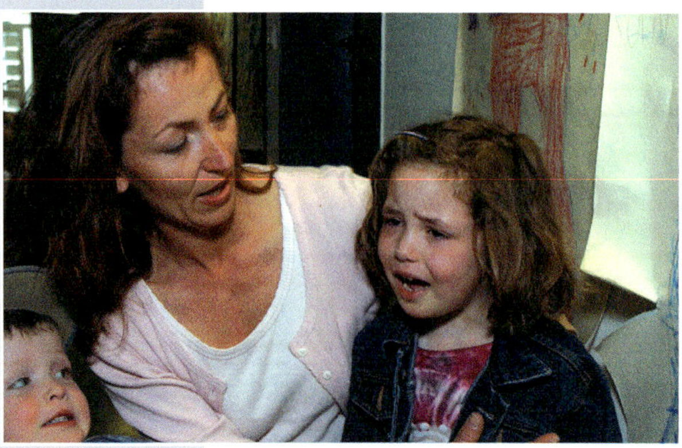

Diese Bindungsvarianten werden nach Forschungsergebnissen bereits in den ersten zwölf Lebensmonaten ausgebildet und sind grundlegend für die weitere Entwicklung des Kindes.

In einer veröffentlichten **Längsschnittuntersuchung** bei fünfjährigen Regensburger Kindern (1994) konnten die Bindungsforscher Fremmer-Bombik und Suess feststellen, dass

- ein deutlicher Einfluss der Bindungsgeschichte eines Kindes auf sein Verhalten im Kindergarten besteht.
- Kinder mit sicherer Mutterbindung weit länger als Kinder mit unsicherer Mutterbindung in konzentrierter Weise spielten. Sie hatten weniger Streit um Spielsachen oder in sozialen Angelegenheiten und lösten ihre Konflikte selbstständiger und nachhaltiger, sodass weder Freundschaften noch das nachfolgende Spiel litten.
- sicher gebundene Kinder in Gruppenaktivitäten weniger isoliert waren.
- auch die Kinder mit sicherer Vaterbindung ebenfalls weniger negative Gefühle beim Spiel zeigten. Sie waren häufiger Initiatoren von Gruppenspielen, wirkten gelöst und regelten ebenfalls ihre Konflikte selbstständiger.
- die Kinder, die harmonischere Umgangsformen mit den Eltern pflegten – die häufig mit einer sicheren Bindung einhergehen –, diese Erfahrungen auf den Kindergarten erfolgreich übertragen konnten. (zit. bei Karin u. Klaus E. Grossmann, Bindungen – das Gefüge psychischer Sicherheit, Klett-Cotta, Stuttgart 2004)

Beobachtungen aus der Kindergartenpraxis:

In Kinderkrippen konnte beobachtet werden, dass Kinder, die längere Zeit brauchten, um sich von ihren Eltern zu lösen, anschließend deutlich weniger spielten. Manche Kinder zeigten nach dem Abschied von den Eltern Verhaltensreaktionen wie Daumenlutschen, an den Haaren zupfen, Lippen lecken und weitere Automanipulationen.

Weitere Untersuchungen ergaben, dass Kinder, die ihren Trennungsschmerz lautstark und protestierend äußerten, von der Erzieherin sofort Zuwendung bekamen, dagegen aber die Kinder, die ihre innere Erregung nach außen nicht so lautstark deutlich machen konnten, eher mit ihrer Trauer allein gelassen wurden.

Erzieherinnen scheinen nach diesen Beobachtungen offensichtlich von heftig geäußertem Schmerz stärker beeindruckt zu sein als von Kindern, die sich in ihrer Trauer zurückziehen. Dabei kann der Erregungszustand eines Kindes mit auffälligem Protest genauso hoch oder sogar geringer sein wie der eines sich höchst angepasst – ohne jedes Aufsehen – trennenden Kindes.

Dieser Betreuungsfehler wirkt sich negativ auf die Kinder aus, die ihre Erregung unauffälliger zum Ausdruck bringen, denn wer wenig leidet und seinen Stress mithilfe der Erzieherinnen besser bewältigen kann, auch wenn er vorher mehr geweint hat, wendet sich schneller dem Spiel der anderen zu und beteiligt sich in kürzerer Zeit aktiv am Gruppenleben.

Wohlbefinden gewährleistet ungestörte Entwicklungsfortschritte.

Widerstandskräfte der Kinder stärken (Resilienz)

Info 2

In der Arbeit mit Kindern können wir das Phänomen beobachten, dass es Kinder gibt, die trotz widrigster Lebensumstände einen hohen Grad an Widerstandsfähigkeit (Resilienz) zeigen und sich im Gegensatz zu weniger resilienten Kindern erstaunlich gut von Krisen und Niederlagen erholen.
Unter resilienten Verhaltensweisen werden bestimmte Einstellungen, Bewältigungsformen und persönliche Stärken verstanden.

Die Resilienzforschung versucht der Frage nachzugehen, was diese Kinder derartig stark macht, dass sie Lebensbelastungen wie Armut, Arbeitslosigkeit, aber auch Trennung der Eltern, Umzüge oder Migration bewältigen können, ohne dabei psychisch beeinträchtigt zu sein.
Die amerikanische Resilienzforscherin Emmy E. Werner ging der Frage nach, welche Eigenschaften resiliente Kinder aufweisen und fand anhand von wichtigen Studien vier gemeinsame Merkmale heraus:

„1. Das Kind übernimmt selbständig Verantwortung in der jeweiligen Lebenssituation und bemüht sich aktiv um eine Problemlösung.
2. Resiliente Kinder sind in der Lage, ihre Erfahrungen in positiver und konstruktiver Weise aufzufassen oder zu interpretieren. Dies ist selbst dann der Fall, wenn es sich um negative oder schmerzhafte Erfahrungen handelt.
3. Resiliente Kinder sind in der Lage, die verbalen und nonverbalen Ausdrucksformen anderer Menschen richtig zu interpretieren. Sie zeigen sich ihren Mitmenschen gegenüber interessiert und offen. Sie haben zu mindestens einer Bezugsperson ein enges Beziehungsverhältnis während der frühen Kindheit aufbauen und aufrechterhalten können. Diese Person kann auch eine Nachbarin, Freundin, ein Lehrer oder Trainer sein.
4. Resiliente Kinder entwickeln sehr früh eine Eigenschaft, die der amerikanische Medizinsoziologe Aaron Antonovsky als „Kohärenz" bezeichnet hat: Den grundlegenden Glauben daran, dass das Leben einen Sinn macht und die eigene Person jede Lebenssituation meistern kann."

(Emmy Werner zitiert nach Fthenakis, 2005)

Die zentralen Charakteristika, die resiliente Individuen aufweisen, sind nach Wassilios E. Fthenakis (2005) Kontrollvermögen, Belastbarkeit und Pflichtgefühl.

Info 2
(Fortsetzung)

Resilientes Verhalten fördern

Aus den Ergebnissen der Resilienzforschung lassen sich Forderungen ableiten, die für alle Kinder zur Bewältigung schwieriger Lebensumstände von präventiver Bedeutung sein können, z. B. die Förderung

- positiver Konfliktbearbeitungsstrategien
- der Eigenaktivität und Eigeninitiative
- persönlicher Verantwortungsübernahme
- positiver Selbsteinschätzung
- kindlicher Selbstregulationsfähigkeiten
- Förderung sozialer Kompetenzen, insbesondere sozialer Perspektivenübernahme
- Förderung von Stressbewältigungsmethoden und körperlicher Gesundheitsressourcen.

Kinder, die sich resilient verhalten, entziehen sich durch ihre Kreativität oft der unerträglichen Realität und vermeiden für eine Weile Gefühle von Einsamkeit, Angst, Wut, Ohnmacht, Verwirrung und Verzweiflung:

- Sie sind stark wie Pippi Langstrumpf.
- Sie teilen die Eltern mit den Kindern von Bullerbü.
- Sie können zaubern wie Harry Potter usw.

(vgl. Doubek 2003, S. 122).

Erziehungspersonen, die resilientes Verhalten fördern, verhalten sich Kindern und Eltern gegenüber wertschätzend. Sie beteiligen Kinder frühzeitig an wichtigen Entscheidungsprozessen, damit Kinder ein Gefühl für Selbstwirksamkeit und Kontrolle über das eigene Leben bekommen. Sie übertragen Kindern alters- und entwicklungsgemäß kleine realisierbare Verantwortlichkeiten, damit sie Vertrauen in ihre eigenen Fähigkeiten entwickeln und lernen, selbstbestimmt zu handeln. Sie unterstützen Kinder in Problemsituationen, indem sie ihnen vermitteln, wie man sich soziale Unterstützung holt. Sie leben ihnen vor, wie nach Stresssituationen Erholung, Entspannung und Ruhepausen als Maßnahmen eingesetzt werden können, um eigenen Anforderungen besser gerecht zu werden. Sie stärken die Erziehungskompetenzen der Eltern (und anderer Erziehungspersonen), insbesondere im Hinblick auf die Förderung eines autoritativen Erziehungsstils.

Resilienzförderung heißt, bei jedem einzelnen Kind besondere Fähigkeiten und Talente als spezifische Kompetenzbereiche zu identifizieren und immer wieder zu stärken. Es bedeutet, die eigene Sichtweise zu hinterfragen und den Blick für die Stärken jedes einzelnen Kindes zu schärfen.

(Vgl. Corina Wustmann: Von den Stärken der Kinder ausgehen – das Konzept der Resilienz und seine Bedeutung für das pädagogische Handeln)

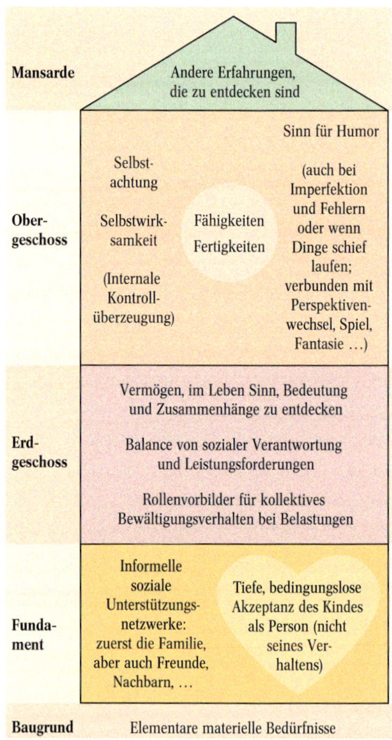

(in Anlehnung an: Vanistendael, 2003)

961076

Aufgaben und Grenzen der Beziehungsgestaltung

Info 3

Der Kindergartenalltag ist ein Geflecht vielfältiger Beziehungen zwischen dem Erzieher
- und einzelnen Kindern,
- einer kleinen Kindergruppe sowie der Kindergartengruppe insgesamt

  und
- einzelner Kinder untereinander sowie
- der einzelnen Kinder und der gesamten Kindergruppe.

Jeder Kindergartenvormittag ist der erneute Versuch einer Beziehungsgestaltung zwischen 25 Kindern und einem oder zwei Erwachsenen. Die alltäglichen Spiel- und Lernsituationen bieten vielfältige Möglichkeiten, Beziehungen zwischen Kindern sowie Kindern und Erwachsenen aufzubauen, zu erhalten oder auch abzubrechen. Einschnitte in die Beziehungsentwicklung werden vor allem zu Beginn eines neuen Kindergartenjahres gesetzt, wenn die „Schulkinder" entlassen und neue aufgenommen werden.

Die drei- bis vierjährigen Kinder, die in den Kindergarten aufgenommen werden, haben bereits eine weite Strecke ihrer Persönlichkeitsentwicklung zurückgelegt. Sie haben, bevor sie in den Kindergarten kommen, eine Beziehungsgeschichte hinter sich, die sich überwiegend in der eigenen Familie entwickelt hat. Entsprechende Erwartungen stellen die Kinder an die Erzieherin/den Erzieher und an die Kindergruppe bzw. die einzelnen Kinder. Gleichzeitig wirken die im Kindergarten sich entwickelnden Beziehungen zu Kindern und Erwachsenen auf die Dynamik des Familienlebens zurück.

Beziehungsgeschichten werden übertragen.

Ein Kind war beispielsweise immer der Mittelpunkt des gesamten Familienlebens und überträgt nun diese egozentrische Sichtweise mit Selbstverständlichkeit auf die Kindergruppe.

Das überbehütete Kind, das noch nie Kontakt zu anderen Kindern hatte, erwartet evtl. die volle Aufmerksamkeit und den absoluten Schutz vonseiten der Erwachsenen, so wie es dies auch vonseiten der Mutter oder des Vaters erhält.

Das „Vorzeigekind", das schon ganz früh krabbeln, sitzen, laufen und sprechen konnte, erwartet nach jeder gelungenen Tat ein großes Lob von der Erzieherin, weil es dies auch zu Hause bekommt.

Übertragungen stellen für die Kinder in neuen oder ungewohnten Situationen eine positive Beziehungshilfe dar. Sie helfen dem Kind, sich in einer fremden Umgebung zu orientieren und bieten ihm vorübergehend Schutz.

Aufgabe des Erziehers

Die Erzieherin/der Erzieher wird die **Aufgabe** der Beziehungsgestaltung direkt oder indirekt lösen.
- Sie lässt Nähe zu, wenn ein Kind ganz allein mit ihr sein möchte.
- Sie sucht Nähe, um ein Kind aus seiner Außenseiterrolle herauszuholen.
- Sie bietet sich für Auseinandersetzungen an, wenn ein Junge ihr als Frau seine männliche Überlegenheit demonstrieren muss.
- Sie sucht die Auseinandersetzung, um ein Kind aus einem gleichförmigen Spielprozess, in dem ihn seine Ängstlichkeit gefangen hält, herauszuholen.

Info 3
(Fortsetzung)

Sie wird indirekt tätig,
- indem sie Rückzugsmöglichkeiten schafft, damit Kinder für sich sein können;
- indem sie ein kontaktarmes Kind auf einen Spielpartner verweist, damit die Kinder aufeinander zugehen;
- indem sie die Kinder gewähren lässt Auseinandersetzungen alleine zu bewältigen;
- indem sie Freiräume schafft, damit aggressive und zärtliche Gefühle zum Ausdruck kommen;
- indem sie Regeln setzt, um dem Chaos der Emotionen Grenzen zu setzen;
- indem sie inhaltliche Angebote macht, damit kleine Kindergruppen sich finden.

(Hebenstreit, Sigurd, Kindzentrierte Kindergartenarbeit, Herder Verlag, Freiburg 1994, S. 138)

Info 4

Supervision für Erzieherinnen

Erzieherinnen werden von Seiten der Träger und der Elternschaft mit immer höheren Anforderungen konfrontiert, die zu beruflichen Belastungen führen können und für deren Bewältigung Hilfe von außen benötigt wird. Wer z. B. rechtzeitig spürt, dass eine professionelle Beziehung zu Kindern und Eltern nicht konstruktiv aufgebaut werden kann, hat die Möglichkeit, neben der kollegialen Beratung auch eine Supervision zu wählen. Supervision ist ein Weg zur Bewältigung berufsbezogener Probleme. Sie ist erst in den letzten 20 Jahren zum festen Bestandteil der Praxis in den unterschiedlich sozialen und pädagogischen Arbeitsfeldern geworden. Supervision ermöglicht als Beratungsform eine systematische Reflexion des beruflichen Handelns. Sie wird in unterschiedlichen Formen angeboten, wobei je nach Problemlage und Themenstellung, neben der Team- und Gruppensupervision auch Einzelsupervision zweckmäßig sein kann.

Hier sollen nur einige Merkmale, die von Petermann aus allen Supervisionskonzepten bzw. -modellen zusammengetragen wurden, vorgestellt werden. Weitere Informationen findet man in Band 2, Kein Kinderkram, Lernfeld 5.

- Supervision bedeutet Reflexion bzw. Anleitung zur Selbstreflexion der beruflichen Tätigkeit.
- Persönlich-biografische Anteile der Supervisanden werden immer auch in die Reflexion einbezogen.
- In jeder Supervision sind – implizit – Elemente von Psychohygiene enthalten. Supervision dient daher – zumindest phasenweise – als Entlastungsins-

tanz für berufliche Sorgen und Beschwerden.

- Supervision ist eine zeitlich begrenzte Beratung bzw. Begleitung für die Praxis.
- Der Supervisor verfügt über eine spezifisch ausgewiesene Feldkompetenz (Erfahrungen als Pädagoge oder Psychologe) und über eine zusätzlich erworbene Beratungskompetenz.

Erkenne dich selbst

Info 5

Der Verrückte sagt: „Ich bin Abraham Lincoln."
Der Neurotiker sagt: „Ich wollte ich wäre Abraham Lincoln."
Der Gesunde sagt: „Ich bin ich und du bist du." Frederick Perls

Selbsterkenntnis wird als Vorbedingung gesehen, als Ausgangspunkt aller menschlichen Weisheit. Mithilfe der Transaktionsanalyse kann die Erzieherin ein Bild von sich selbst entwerfen und auch besser verstehen, was zwischen zwei Menschen vor sich geht.

Der Begründer der Transaktionsanalyse, Eric Berne (1910–1970), entwickelte in den USA ab 1950 ein Modell, das die menschliche Persönlichkeit und das Miteinander (Kommunikation) in verständlicher Weise auf dem Hintergrund der Psychoanalyse erklärt. Die von Berne begründete **Transaktionsanalyse (TA)** ist zunächst ein theoretisches System, um Menschen besser verstehen zu können.

Sein Menschenbild basiert auf der Annahme, dass jeder Mensch im Grunde wertvoll und seine Würde zu achten sei.

Um die Psyche besser verstehen zu können, entwickelte er in Anlehnung an die Psychoanalyse ein Strukturmodell der „Ich-Zustände".

Die drei Ich-Zustände werden folgendermaßen definiert:
Im **Eltern-Ich** eines Menschen steckt all das, was ein Kind von Geburt an gelernt hat. Dieser Persönlichkeitsanteil eines Menschen ist stark geprägt von der Erziehungsmethode der Eltern.
Das Eltern-Ich kann zwei konträre Ausprägungen haben:

Das positiv-fürsorgliche Eltern-Ich. Es kümmert sich liebevoll um den anderen, wenn dieser es benötigt oder sich wünscht. Es ermutigt, ist hilfsbereit, verständnisvoll und schenkt Wärme. Im stützenden Eltern-Ich steckt die typische Vater-Mutter-Figur eines Menschen, wenn es um die Sorge ums eigene Kind geht, also z.B. wenn es getröstet, gewaschen oder gefüttert wird.

Jeder hat das Recht, glücklich zu leben, und jeder ist fähig zu denken und eigene, verantwortliche Entscheidungen über sein Leben zu treffen.

Typische Reaktionen:	Wenn jemand in der U-Bahn älteren Menschen Platz macht oder eine Freundin ihrem Freund in einer schwierigen Situation aus der „Patsche" hilft.
Typische Gesten:	Jemanden in den Arm nehmen, streicheln, auf die Schulter klopfen und mit beruhigender Stimme auf ihn einreden (sehr wichtig bei Menschen, die einen Schock erlitten haben).
Typische Worte:	„Sei nicht traurig"; „das wird schon wieder"; „mach dir nichts daraus"; „ist nicht so schlimm" usw.

Das kritisch-kontrollierende Eltern-Ich. Es handelt aufgrund von Normen und Regeln, ist streng, moralisierend und bewertend. In ihm steckt die typische Vater-Mutter-Figur eines Menschen, wenn es um die Zurechtweisung und Erziehung der Kinder geht.

Typische Reaktionen:	Auf ein unerwünschtes Verhalten wird mit Ermahnungen, Strafen und viel Kritik reagiert.
Typische Worte:	„Das musst du noch mal machen." „Du solltest dich mehr anstrengen." Wörter wie „müssen", „sollen" und eindeutige Antworten wie „ja" und „nein" sind typisch.

Info 5
(Fortsetzung)

Das Erwachsenen-Ich ist auf die gegenwärtige Realität und das objektive Sammeln von Informationen gerichtet. Es ist geordnet, anpassungsfähig und intelligent. Es überprüft die Realität, schätzt Wahrscheinlichkeiten ein und verarbeitet alles mit Vernunft.

Während das **Eltern-Ich** eines Menschen vor allem durch die Erziehung und die Erlebnisse in der Kindheit geprägt wird, entwickelt sich das Erwachsenen-Ich erst im Laufe des Lebens. Das Erwachsenen-Ich lebt also von der Lebenserfahrung eines Menschen.

Ein Mensch handelt hauptsächlich dann aus dem **Erwachsenen-Ich** heraus, wenn es um sachlichen Informationsaustausch geht, z.B. wenn man sich bei der Gemeinde um einen Arbeitsplatz bewirbt und sich nach den Arbeitsbedingungen erkundigt. Will ein Mensch vernünftige und rationale Entscheidungen treffen, muss er sich seines **Erwachsenen-Ichs** bedienen.

Das **Erwachsenen-Ich** kann auch eingesetzt werden, um natürliches Verhalten aus dem Kind-Ich zu unterdrücken oder zu fördern. Mithilfe des Erwachsenen-Ichs kann ein Mensch überprüfen, ob sein Eltern-Ich und sein Kind-Ich überhaupt noch zeitgemäß sind.

Typische Reaktionen:	Wenn Eltern einen Kindergartenplatz suchen, werden sie sich vorher mit den Qualitätskriterien befassen. Studierende wählen Literatur für eine bestimmte Zielgruppe aus.
Typische Worte:	Es werden Argumente und Informationen gesammelt und wichtige Fragen zur Sache gestellt.

Das Kind-Ich umfasst alle Impulse, die ein Kind von Natur aus hat. Es enthält außerdem die Aufzeichnungen seiner frühen Erfahrungen, seiner Reaktionen darauf und die Grundanschauungen über sich und andere. Es zeigt das „alte" (archaische) Verhalten aus der Kindheit.

Das **Kind-Ich** eines Menschen wird wie das Eltern-Ich bereits in der Kindheit eines Menschen geprägt. Im **Kind-Ich** stecken die Gefühle drin, die man als Kind hatte. Deshalb handelt man, wenn man sich gerade im Kind-Ich-Zustand befindet, auch nach Gefühl und Lust.

Dem Kind-Ich stehen unterschiedliche Handlungskonzepte zur Verfügung:

Natürliches Kind-Ich. Das natürliche Kind-Ich drückt die unbekümmerte, spontane und natürliche Art eines Kindes aus, wie man es auf einem Spielplatz oder im Zusammenspiel mit anderen Kindern vorfindet.

961080

Typische Reaktionen:	Man benimmt sich, ohne auf etwas Rücksicht zu nehmen. Lacht laut, wenn einem dazu zumute ist; fällt aus Freude jemanden überraschend um den Hals; erfüllt sich spontan Wünsche usw.
Typische Worte:	Worte wie *„toll"*, *„super"*, *„geil"*, *„stark"* oder *„juhu"* werden unkontrolliert eingesetzt.

Angepasstes Kind-Ich. Das angepasste Kind-Ich drückt das gehorchende, sich den Eltern unterordnende Kind aus, welches nicht aufgrund eigener Überlegungen handelt, sondern die Befehle der Eltern befolgt.

Typische Reaktionen:	Wenn im Kindergarten die Gruppenleiterin über eine andere „lästert" und die Praktikantin mit dem Kopf nickt, obwohl sie anderer Meinung ist, dann reagiert sie im angepassten Kind-Ich.
Typische Worte:	„Ich weiß nicht"; „mach du das"; „du kannst das besser"; „ja, ich komm gleich"; „das wollte ich nicht".

„Das wichtigste Haus
baut sich der
Mensch in seiner Seele.
Und es ist ein Haus.
Das nicht im Feuer
verbrennt
Und nicht im Wasser
untergeht.
Dauerhafter ist es
Als alle Ziegelsteine und
Diamanten."
Fjodor Abramow

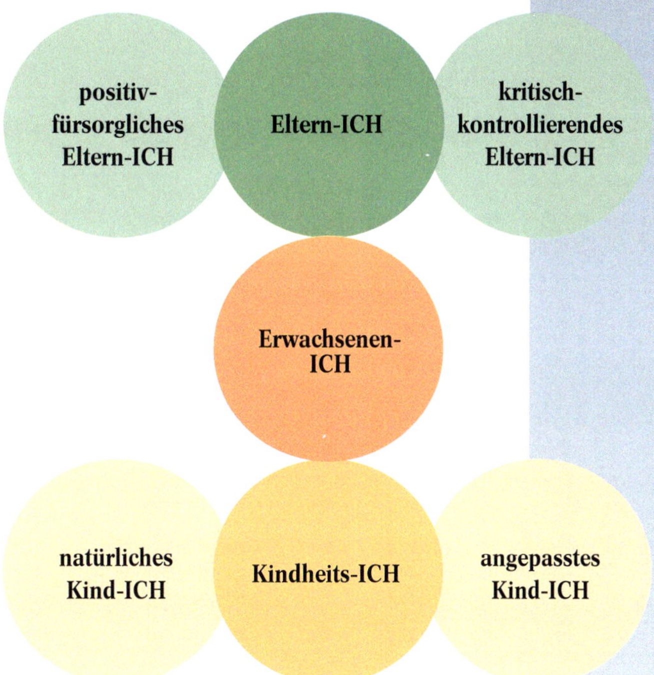

Die Persönlichkeit (in Anlehnung an Berne und Harris)

Die beschriebenen Ich-Zustände oder Haltungen kann jeder Mensch bei sich selbst und anderen wiederfinden. Grundsätzlich sind alle drei Ich-Zustände wichtig und sinnvoll und machen die Gesamtheit einer Person aus.

Trotzdem spricht Berne von einer erwünschten **Vorherrschaft des Erwachsenen-Ichs**, das einen entscheidenden Einfluss auf die Integration und Steuerung der Teilpersönlichkeiten ausübt und somit befähigt, den Alltag bewusst und den Erfordernissen angemessen zu gestalten. Unsere Individualität ist bedingt durch die spezifischen Inhalte unserer Ich-Zustände und zeigt sich in der Art, in der wir sie ins Spiel bringen.

Info 5
(Fortsetzung)

Zusammenfassung

- Unser Eltern-Ich brauchen wir, weil es schnelle Reaktionen ermöglicht und im täglichen Leben Orientierung bietet.
- Unser Eltern-Ich behindert uns, wenn es auf neue Lösungen ankommt und starre Regeln in schwierigen Situationen nicht angemessen sind.
- Unser Erwachsenen-Ich brauchen wir, um Informationen zu sammeln, auszuwerten und abzuwägen und vernünftige Entscheidungen zu treffen.
- Unser Erwachsenen-Ich behindert uns, wenn wir nach spontanen und kreativen Lösungen suchen. Wenn Kinder ihre Rechte einfordern und wir ihnen unsere Vorstellungen aufzwingen wollen.
- Unser Kind-Ich brauchen wir, um unser Leben zu genießen, um spontan Gefühle zeigen zu können, um Freundschaften zu schließen. Wir brauchen es bei kreativen Problemlösungen.
- Unser Kind-Ich behindert uns, wenn wir deprimiert und verzweifelt sind, die Schuld anderen zuschieben wollen oder Verantwortung ablehnen und uns davor fürchten.

Info 6

Bin ich o.k.? – Vier Haltungen

In der Transaktionsanalyse werden vier Grundpositionen unterschieden:

1. Ich bin o.k. – du bist o.k.: Ich bin etwas wert und du auch.

Menschen mit dieser konstruktiven und humanen Grundeinstellung billigen sich und anderen Personen die gleiche Bedeutung zu. Auf diesem Hintergrund fühlen sie sich anderen gegenüber weder unterlegen noch überlegen und begegnen ihnen offen und gelassen.

2. Ich bin nicht o.k. – du bist o.k.: Ich bin weniger wert als du.

Menschen mit dieser Grundeinstellung des Selbstzweifelns leiden an Minderwertigkeitsgefühlen. Sie meinen, dass andere mehr können und wissen und fühlen sich daher oft selbst nicht kompetent. Häufig verwenden sie mehr Energie darauf, von anderen Hilfe und Unterstützung zu erhalten, als darauf, ihre eigenen Kräfte und Fähigkeiten effektiv einzusetzen.

3. Ich bin o.k. – du bist nicht o.k.: Ich bin mehr wert als du.

Menschen mit dieser überzogenen Grundeinstellung zeigen eine arrogante, überhebliche oder eine überzogen hilfreiche und fürsorgliche Haltung. Unter dem Eindruck, dass die anderen nicht so kompetent und mit Verantwortung belastbar sind und deshalb von ihnen erwarten, dass sie die Verantwortung übernehmen, machen solche Menschen lieber alles selber.

4. Ich bin nicht o.k. – du bist nicht o.k.: Ich bin nichts wert und du auch nicht.

Personen mit dieser Grundeinstellung der Sinnlosigkeit können der menschlichen Existenz im Grunde keinen Sinn abgewinnen. *„Es hat ja doch alles keinen Sinn"* oder der Ausspruch: *„Was soll das schon nützen?"* sind daher typische Bemerkungen dieser Menschen.

Ian Stewart/Vann Joines, Die Transaktionsanalyse, Herder Verlag, Freiburg 2000, S. 182–184

Emotionale Intelligenz

Info 7

Emotionale Intelligenz (EQ) ist ein relativ neuer Begriff, der in den Medien und in der Öffentlichkeit auf großes Interesse gestoßen ist. Peter Salovey und John Mayer, die den Begriff 1990 geprägt haben und Daniel Golemann, der 1995 durch seinen gleichnamigen Bestseller bekannt wurde, gehen davon aus, dass emotionale Intelligenz die Fähigkeit einschließt, eigene Gefühle und Emotionen und die anderer zu kontrollieren und zwischen ihnen zu unterscheiden. Sie benennen fünf Bereiche der emotionalen Intelligenz:

1. Kenntnis der eigenen Emotionen, d. h. die Fähigkeit, laufend die eigenen Gefühle zu beobachten
2. Emotionen handhaben, d. h. die Fähigkeit, auf der Ebene der Selbstwahrnehmung sich selbst zu beruhigen, Angst, Schwermut oder Gereiztheit abschütteln zu können.
3. Emotionen in die Tat umsetzen, d. h. die Fähigkeit, bestimmte Emotionen produktiv in erfolgreiche Handlungen umsetzen zu können
4. Empathie, d. h. die Fähigkeit, sich in andere einzufühlen, was zur Grundlage der „Menschenkenntnis" zählt. Empathische Personen können versteckte Signale, die Aufschluss über die Emotionen ihrer Mitmenschen geben, gut erkennen und darauf reagieren.

Dass emotionale Intelligenz nur eine unter mehreren gleichberechtigten Intelligenzen ist, zeigt das Modell der sechs Intelligenzen nach Howard Gadner 1983. Neben der sprachlichen, logisch-mathematischen und räumlichen Intelligenz, die auch von anderen Forschern als wesentlich betrachtet werden, umfasst Gardners Modell drei weitere eigenständigere „Intelligenzen": die musikalische, die motorische und die personale Intelligenz.

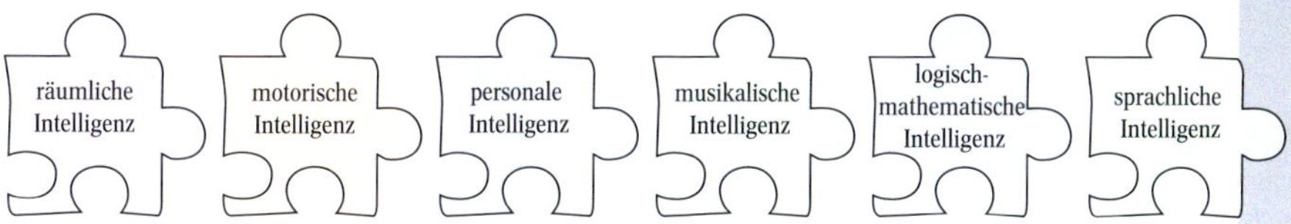

Emotionale Kompetenz erwerben

Kinder erwerben emotionale Kompetenzen, wenn sie sich der eigenen Emotionen bewusst werden und Gefühle und den Gefühlsausdruck anderer verstehen. Sie können schon früh lernen, über Gefühle zu kommunizieren, sich in andere einzufühlen und mit negativen Emotionen umzugehen. Für Säuglinge ist Vieles, was für uns Erwachsene nicht gefühlsbetont ist, emotional hoch besetzt. Ihre Vitalitätsgefühle sagen etwas darüber aus, wie sie den sozialen Kontakt wahrnehmen.

„Das ist das Wesen der Kunst, Beziehungen zu gestalten: dass man mit den Emotionen eines anderen umzugehen weiß". Goleman

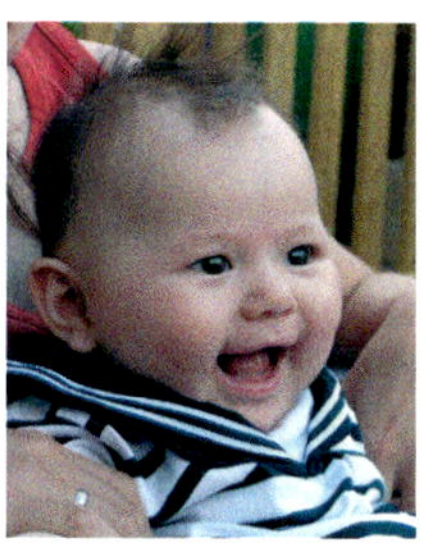

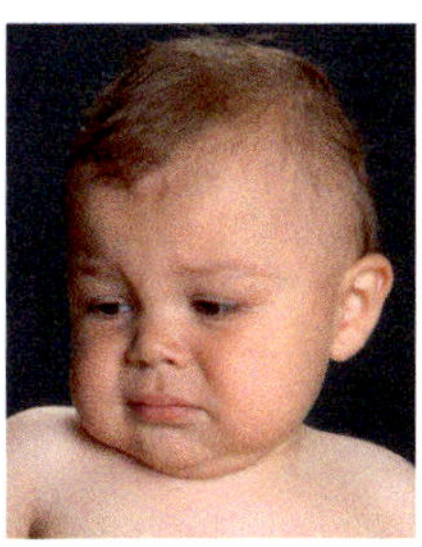

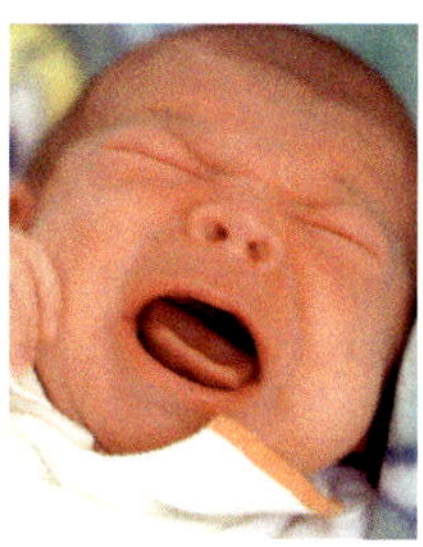

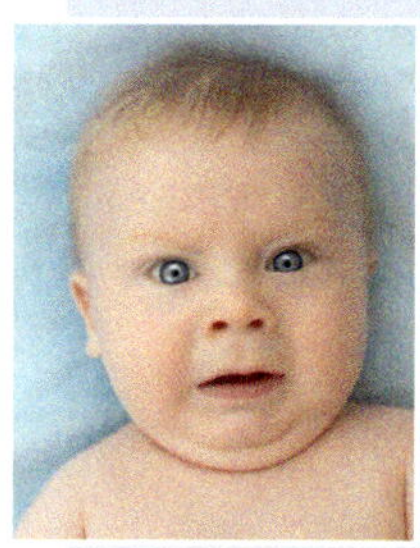

Info 7
(Fortsetzung)

Diese „emotionalen Schlüsselfertigkeiten“ werden jedoch stark vom familiären und kulturellen Umfeld geprägt. Emotionsforscher haben in vielen Kulturen eine gesellschaftliche Übereinkunft darüber beobachten können, welche Gefühle gezeigt und welche besser unterdrückt werden sollten. In der japanischen Gesellschaft ist es z. B. eine Norm, Gefühle des Leids in Anwesenheit einer Autorität nicht zu zeigen.

Wie Kinder schon sehr früh lernen ihre Gefühle zu zeigen bzw. zu unterdrücken, wird in folgendem Beispiel deutlich:

Ein Junge gerät in eine peinliche Situation, indem er beim Überspringen einer Pfütze in diese hineinfällt. Er reagiert mit Wut und Ärger, aber nicht mit Tränen, weil dies seinen und den Vorstellungen seiner Bezugsgruppe am ehesten entspricht und er sonst befürchten muss, als „Heulsuse“ ausgelacht zu werden. In Gegenwart seiner Mutter hätte er vielleicht geweint, um Trost und Verständnis zu erhalten.

Es scheint häufig so, als ob Kinder meist intuitiv und scheinbar spontan in solchen oder ähnlichen Situationen reagieren. Aber in Wirklichkeit greifen sie auf „Musterreaktionen“ zurück, die sie in ihrer Lebensgeschichte anhand vergleichbarer Situationen selbst erlebt oder bei anderen (häufig bei Eltern oder anderen Vorbildern) wahrgenommen haben.

Die eigenen Emotionen zu regulieren ist ein zentraler Bestandteil emotionaler Kompetenz. Wenn mit Kindern häufig über ihre Emotionen geredet wird, lernen sie ihre Gefühle auszudrücken und zu verstehen. Dies kann individuell sehr früh beginnen. Auch Kleinkinder benutzen Wörter, mit denen sie die primären Emotionen wie Freude, Traurigkeit, Ärger und Angst ausdrücken können. Sie beginnen außerdem ihr Emotionsvokabular einzusetzen, um andere auf ihre emotionalen Bedürfnisse aufmerksam zu machen. Der aktive Sprachwortschatz von Zweijährigen kann jedoch im Vergleich mit dem passiven Verständnis noch sehr gering sein. Je besser die emotionale Kommunikation mit anderen gelingt, desto günstiger scheint sich dies auf die Sozialkontakte von Kindern auszuwirken. „Vier- und Fünfjährige, die ihr Emotionsvokabular in sozialen Interaktionen mit Gleichaltrigen gezielt einsetzten, eine größere Anzahl unterschiedlicher Emotionswörter benutzten und häufiger die Gefühle anderer ansprachen, waren bei Gleichaltrigen beliebter.“ (Petermann 2003, S. 38)

Erzieherinnen, die in ihrem Erziehungsverhalten den offenen Ausdruck von Gefühlen akzeptieren, auf die Gefühle der Kinder eingehen und sie bei der Regulation von Gefühlen unterstützen, fördern nicht nur die emotionale Entwicklung, sondern begünstigen darüber hinaus auch die Entwicklung in anderen Intelligenzbereichen.

Emotionale Kompetenz und Schulerfolg

Kinder, die über eine gute emotionale Kompetenz verfügen, erzielen mit höherer Wahrscheinlichkeit früher schulische Erfolge als Kinder, die mangelnde emotionale Fertigkeiten aufweisen. Einige Forscher verweisen im Hinblick auf den Schulerfolg vor allem auf die positiven Auswirkungen eines umfangreichen Emotionswissens und einer angemessenen Emotionsregulation.

Kinder, die überwiegend positive Emotionen und prosoziales Verhalten zeigen, haben weniger Probleme, sich in den Klassenverband zu integrieren. Dagegen knüpfen Kinder, die häufig negative Emotionen – wie zum Beispiel Ärger – und aggressive Verhaltensweisen zeigen, schlechter Sozialkontakte zu ihren Mitschülern und erfahren daher weniger Unterstützung und Zusammenarbeit im Klassenverband.

Kinder, die emotionale Botschaften ihrer Mitschüler erkennen können, sind in der Schule im Vorteil. Die Fähigkeit, Emotionen im mimischen Ausdruck sowie in der Stimmlage zu erkennen, ging in einer Studie von Collins und Nowicki (2001) bei Zehnjährigen mit signifikant besseren Schulleistungen einher.

Fazit

- Die Ergebnisse der Bindungsforschung zeigen deutlich, wie das Bindungsverhalten von Kindern in den ersten Lebensjahren beeinflusst werden kann. Gute Bindungserfahrungen mit einer Erzieherin bieten unsicher gebundenen Kindern eine zweite Chance für die Entstehung einer sicheren Bindung. Deshalb sind Überlegungen für den Übergang von der Familienbetreuung in die Fremdbetreuung von zukunftsweisender Bedeutung für eine gesunde Entwicklung des Kindes.
- In der Resilienzforschung richtet sich der Blick nicht mehr auf die Defizite und Schwächen, sondern vielmehr auf die Kompetenzen und Bewältigungsressourcen jedes einzelnen Kindes. Positive Beziehungserfahrungen sind die Voraussetzung dafür, mit Lust und Freude zu lernen.
- Durch ein starres Kommunikationsverhalten kann die Erzieherin bei Kindern die Lust am Lernen hemmen oder blockieren. Mithilfe der TA ist es möglich, das eigene Kommunkationsverhalten zu analysieren und mehr Klarheit über die Beziehungsebene einer Kommunikation zu erhalten.
- Im Gegensatz zu kognitiver Intelligenz, bei der das logische Denken gefragt ist, steht bei der emotionalen Intelligenz die Fähigkeit im Vordergrund, eigene Gefühle zu erkennen und mit ihnen umgehen zu können. Dazu gehört auch die Feinfühligkeit gegenüber anderen Menschen, die dabei hilft, in verschiedenen Situationen das Richtige zu tun, um eine gute Beziehung aufzubauen.

Aufgaben und Anregungen

1 Entscheiden Sie sich in **Kleingruppen** für einen Fragenkomplex. Beantworten Sie die Fragen unter Anwendung des Informationsmaterials und präsentieren Sie die Ergebnisse im Plenum.

1.1 Fragen aus der Sicht der Fachkompetenz

- Ab welchem Alter bauen Kinder Beziehungen zu fremden Personen auf?
- Mit welchen Theorien kann das Verhalten von Renate und Jan zu Beginn der Kindergartenzeit erklärt werden?
- Welche Sorgen macht sich Renate im Zusammenhang mit Jans Schulanfang?
- Welche sozialen/emotionalen Voraussetzungen müssen Kinder mitbringen, wenn sie in
  a) eine Kinderkrippe aufgenommen werden?
  b) einen Kindergarten besuchen wollen?
  c) in einen Hort gehen müssen?
- Welchen Anforderungen muss ein Kind zu Beginn der Schulzeit gewachsen sein?
- Wie können Erzieherinnen/Erzieher die Eltern von Schulanfängern in ihren Sorgen und Ängsten begleiten und unterstützen?

Stimmen Sie mit der Aussage überein: „Die Erzieherin muss dem Kind die Sicherheit und Geborgenheit vermitteln, die es bisher nur bei den Eltern gefunden hat"?

> „Kinder brauchen Wurzeln und Flügel, Wurzeln, um zu wissen, wo sie herkommen, und Flügel, um die Welt zu erkunden."
> Südafrikanische Redeweise

Aufgaben
(Fortsetzung)

1.2 Fragen aus der Sicht der Personalkompetenz

- Wie gehen Sie mit Situationen um, in denen Sie sich als „Neue" unter Fremden befinden?
- Wie haben Sie in Ihrer Kindheit Beziehungen/Freundschaften aufgebaut?
- Welche Erfahrungen haben Sie mit Nähe und Distanz beim Aufbau von Beziehungen gemacht?

„Je jünger das Kind ist, je weniger das Kind selbst entscheiden kann, mit wem es in Beziehung treten will, umso höher ist die Verantwortung der Erwachsenen, sich selbst zu befragen, welche Beziehung und welche eigene Deutung der Welt sie dem ihnen anvertrauten Kind anbieten."

Das Berliner Bildungsprogramm 2003, Senatsverwaltung für Bildung, Jugend und Sport, S. 11

1.3 Fragen aus der Sicht der Methodenkompetenz

- Welche Erfahrungen zur Eingewöhnung haben Sie während des Praktikums bei der Aufnahme von neuen Kindern gesammelt?
- Stellen Sie Ihren Mitstudierenden das „Berliner Eingewöhnungsmodell" vor.

(Quelle: Hans-Joachim Laewen; Beate Andres; Éva Hédervár: in „Die ersten Tage in der Krippe. Luchterhand, Neuwied/Berlin 2000.)

- Suchen Sie in Kinderkrippen- und Kindergartenkonzepten nach Informationen über Eingewöhnungsphasen und vergleichen Sie diese mit Ihren eigenen Erfahrungen während des Praktikums.
- Im Kinder- und Jugendhilfegesetz ist die Tagespflege als Leistungsangebot der Betreuung von Kindern in institutionellen Einrichtungen gleichgesetzt worden. Damit verbunden ist die Verpflichtung der Jugendhilfe, für verantwortbare Qualitätsstandards in der Tagespflege und ein dem Bedarf entsprechendes Angebot zu sorgen. Informieren Sie sich im www.familienhandbuch.de darüber, z.B. mit dem Text „Wie eine gute Eingewöhnung gelingen kann" von Joachim Bensel.

2 Führen Sie Rollenspiele durch. Schreiben Sie vorher für jede Person, die einen bestimmten Ich-Zustand spielt, eine Rollenkarte. Suchen Sie sich Themen aus der Praxis, z.B. ein Mitarbeiterteam plant ein Sommerfest. Die Vorschläge werden hauptsächlich von der Leitung vorgegeben. Die Mitarbeiterinnen fühlen sich wie Marionetten und reagieren in verschiedenen Ich-Zuständen.

Werten Sie Ihre Erfahrungen, die Sie im Rollenspiel mit den Ich-Zuständen gemacht haben, nach psychologischen Kriterien aus, z.B.:

- Wie habe ich mich in einem mir weniger vertrauten Ich-Zustand gefühlt?
- Wie haben die anderen auf mich reagiert?
- Welche unausgesprochenen Gefühle kamen in mir hoch?
- Wie würde ich reagieren, wenn mir in diesem Ich-Zustand jemand begegnen würde?
- Welche Ich-Zustände habe ich häufig während meines Praktikums bei Kolleginnen und Eltern beobachtet?
- Welche Hilfe stellt das Wissen über Ich-Zustände für mich persönlich dar?

3 Entscheiden Sie für sich, ob Sie folgende Übung mitmachen wollen:

Durchführung:
Zeit: etwa zehn Minuten

- Im Querformat ein A4-Blatt vor sich auf den Tisch legen.
- Drei große Kreise nebeneinander auf das Papier zeichnen (jeder Kreis stellt ein Beziehungsfeld im Alter von 0–3, 4–6 und 7–12 Jahren dar).
- Im Kreismittelpunkt notieren alle das Wort „ICH".
- Ohne lange zu überlegen, werden um das jeweilige „ICH" spontan Personen in mehr oder weniger großer Entfernung zum ICH eingetragen. Die Entfernungen sind gleichbedeutend mit Nähe und Distanz zum eigenen ICH im damaligen Beziehungsfeld.
- Jede Person erhält außerdem ein „+" oder „–" (Plus oder Minus) für das Ge-

fühl, das jetzt im Augenblick der Erinnerung mit der Stellung der Person verbunden ist; z. B. wer war „nährend“, wer war „erdrückend“ nah? Wer war zu weit weg, wessen Distanz war angenehm?

Auswertung:
Zeit: etwa 30 Minuten
Teilen Sie sich in Kleingruppen auf und gehen Sie folgenden Fragen nach:

- Wie hat sich das Beziehungsfeld verändert? Wie kam es dazu? Wer fiel weg, wer kam dazu, wie war das für mich?
- Was hat mir gefehlt, was hätte ich mir gewünscht?

Zum Thema Nähe und Distanz

- Wann ist Nähe bzw. Distanz gut, hilfreich, förderlich, wann frustrierend, einengend, behindernd?
- Wie geht es mir in meinem heutigen Beziehungsfeld mit Nähe und Distanz?
- Wie ist es mir in meinem ersten Praktikum damit ergangen?
- Wenn ich an meine Gruppenleiterin im letzten Praktikum denke, was hätte ich mir von ihr gewünscht?
- Wenn ich an meine ersten Begegnungen mit Eltern denke, was habe ich empfunden?
- Wenn ich an die Kinder im Praktikum denke, was habe ich von ihnen gelernt?

Idee aus: Herbert Gudjons/Marianne Pieper/Birgit Wagener, Auf meinen Spuren, Rowohlt TB, Reinbek 1986, S.-94/95

Die Übungen zur Selbstreflexion sollten in der Vertrautheits- bzw. Differenzierungsphase innerhalb Ihrer Klasse durchgeführt werden (s. Gruppenentwicklungsphasen, Lernfeld 2, Kapitel 2.4).

Hebenstreit vertritt die Ansicht, dass ohne Bewusstwerdung der eigenen Geschichte eine für den Erzieherberuf notwendige Professionalität nicht erworben werden kann.

- Wie denken Sie darüber?
- Welche Gründe sprechen dafür? Welche Gründe könnten dagegen sprechen?

Tipps zum Weiterlesen

Harris, Thomas A. und Harris, Amy Bjork, *Ich bin o.k. – du bist o.k.*, Rowohlt Verlag, Hamburg 2007

Friedrich, Hedi. *Beziehungen zu Kindern gestalten*, Beltz, Weinheim 2003

Nagel, Norbert. *Sicherheit, Akzeptanz, Bestätigung und Liebe.* In: TPS 8, Kallmeyer bei Friedrich, Velber 2002

Petermann, F. & Wiedebusch, S., *Entwicklung der emotionalen Kompetenz in den ersten sechs Lebensjahren. Kindheit und Entwicklung*, Hogrefe - Verlag, Göttingen 2001

Petermann, F. & Wiedebusch, S. *Emotionale Kompetenz bei Kindern.* Hogrefe. Göttingen 2003

Collins, M. & Nowicki, S. *African American children's ability to identify emotion in facial expressions and tones of voice of European Americans, Journal of Genetic Psychology*, 2001 In: Petermann, F. & Wiedebusch 2003

Goleman, Daniel, *Emotionale Intelligenz*, Carl Hanser Verlag München, 1996

Brodin, Marianne / Hylander Ingrid, *Wie Kinder kommunizieren*, Beltz Verlag, Weinheim 2002

Gardner, Howard, *Abschied vom IQ*, Klett-Cotta, Stuttgart, 1985

Internet:
www.transaktionsanalyse.info.de
www.wikipedia.de, Enzyklopädie

2.2 Beziehungen zu Jugendlichen aufbauen

Tanja lebt seit einiger Zeit in einer Wohngruppe, die von Erzieherinnen betreut wird. Über ihre Erfahrungen mit Erzieherinnen berichtet sie: „Also ich fand sie alle nett. Alle vier. Aber eine, wo mir dann gesagt wurde: ‚Das ist deine Bezugsperson, wenn du was hast, dann kannste zu ihr gehen‘, das war dann auch die Person, die ich am meisten mochte, also mit der konnte ich über alles reden, mit den anderen Erziehern eben nicht. Ich konnte denen zwar sagen, wenn was los war, aber nicht die Kleinigkeiten, wo es echt drauf ankam. Aber wenn sie dann am nächsten Tag wieder abgehauen ist, dann ist wieder jemand anders da und gerade dann, wenn man was hat, ist sie nicht da.“

Von anderen Betroffenen in der Heimerziehung wird in einer Untersuchung berichtet, dass die Jugendlichen bei ihren Erzieherinnen und Erziehern das Gefühl hatten ihnen ausgeliefert zu sein.

„Die geben nie zu, dass die auch einmal Schuld haben. Weil sie am längeren Hebel sitzen, geht man hin und entschuldigt sich. Du kannst hier sonst rausfliegen.“

„Ich soll kooperieren, sonst drohen sie mir, dass ich zu meinem Vater zurückmuss, das ist doch eigentlich Erpressung!“

„Wir sind ziemlich vorsichtig, denn wenn ein Erzieher sauer ist, dann sind alle sauer. Es ist schlimm, wenn man keinen Erzieher auf seiner Seite hat.“

„Intensive Gespräche mit Erzieherinnen habe ich mir abgewöhnt. Ich rede lieber mit meinem Freund.“

Auf die Frage, wie sich die Jugendlichen die ideale Erzieherin/den idealen Erzieher vorstellen, wurden folgende Antworten gegeben:

„Früher hatten wir eine Supererzieherin, die war so richtig Mami. Die hatte selbst Kinder und hat auch im Dienst versucht mütterlich zu uns zu sein. Das fehlt uns jetzt sehr.“

„Als Supererzieherin müsste man so ein bisschen Muttergefühl haben oder Vatergefühl. Man kann nicht eiskalt einfach hier zur Arbeit kommen. Die hören einem zu und haben am nächsten Tag wieder alles vergessen. Man wird nicht ernst genommen.“

„Meine frühere Lieblingserzieherin war locker, sie hat mit mir gesprochen wie eine gute Freundin, nicht wie eine Sozialpädagogin.“

„Erzieherinnen und Erzieher sollten vor allem einfühlsam sein, verlässlich und verschwiegen. Manche haben das drauf, andere aber nicht.“

„Der Erzieher ist nicht verpflichtet die Verantwortung für die entfernte Zukunft auf sich zu nehmen – aber er ist voll verantwortlich für den heutigen Tag.“

(Korczak, Janusz, Verteidigt die Kinder! GTB Siebenstern 1981, S. 17)

961088

Fragen

- *Nach welchen Kriterien wurden die Erzieherinnen von den Jugendlichen beurteilt?*
- *Welche möglichen Sehnsüchte oder Wünsche und Bedürfnisse kommen in den Aussagen der Jugendlichen zum Ausdruck?*
- *Spielen in den Aussagen der Jugendlichen Wert- und Normvorstellungen eine Rolle?*
- *Welche Wert- und Normvorstellungen könnten die Erzieherinnen vermitteln wollen?*
- *Welche Erwartungen stellen die Betreuungspersonen an die Beziehungsfähigkeit der Jugendlichen?*
- *Welche Ansprüche sollten Erzieherinnen an sich selbst stellen, wenn sie Beziehungarbeit leisten müssen?*
- *Wie sieht eine „professionelle" Beziehungsarbeit aus?*

Die pädagogische Beziehung

Info 1

Eine professionelle Beziehung zwischen Erziehern und Jugendlichen ist durch eine gesunde Balance zwischen Distanz und Nähe gekennzeichnet. Jugendliche, die in Heimen leben, haben oft höchst unterschiedliche Bedürfnisse. Nicht selten leiden sie unter traumatischen Verletzungen ihrer Bindungsfähigkeit, weshalb einige sich durch mehr Nähe und andere durch mehr Distanz zur Betreuungsperson wohler fühlen. Erzieherinnen sollten erkennen, dass es in diesem Sinne keine perfekten Erzieherinnen gibt und dass Perfektionismus im Nähe-Distanz-Verhältnis nicht anzustreben ist, auch wenn der Beruf ein andauerndes berufliches Lernen und Sich-Verändern sowie Kritikbereitschaft und Kritikfähigkeit voraussetzt. Ihre Aufgabe ist es, mit Kritik von Jugendlichen konstruktiv umzugehen und mit den Jugendlichen konfliktreiche Situationen zielorientiert zu reflektieren.

Die oben befragten Jugendlichen, die einen subjektiv empfundenen Mangel an positiven Beziehungen zu ihren Erzieherinnen und Erziehern beklagen, fühlen sich teilweise nicht ernst oder wahrgenommen. Sie verbinden dies leicht mit einem Desinteresse an ihrer Person. Häufig haben sie schon in ihrer Herkunftsfamilie unter fehlenden, nicht tragfähigen oder verzerrten Beziehungen gelitten. Dadurch kann der Aufbau einer eigenen Identität erheblich beeinträchtigt werden. Um diesen Mangel zu kompensieren, wird von den Erzieherinnen für die Erziehung und **Sozialisation** in **Heimen, Wohngruppen** oder im **betreuten Wohnen** eine intensive Beziehungsarbeit erwartet.

> „Je intensiver das Gefühl der Annahme durch die Erzieherinnen und Erzieher bei den Heimkindern ausgeprägt ist, desto vertrauensvoller gestaltet sich die Beziehung, und der Einfluss der Heimerziehung ist bedeutend dauerhafter und eindringlicher."
>
> Gehres, Walter, Das zweite Zuhause, Leske & Budrich Verlag, Opladen 1997

Diese Aussage macht deutlich, dass die Gestaltung der Beziehung innerhalb der stationären Erziehungshilfe ein wesentliches Merkmal von **Qualität** ist.

Diese besondere Beziehung zwischen Erzieher und zu Erziehendem wird in der pädagogischen Fachliteratur **pädagogisches Verhältnis, pädagogische Beziehung** oder auch **pädagogischer Bezug** genannt.

Info 1
(Fortsetzung)

„Die Grundlage der Erziehung ist … das leidenschaftliche Verhältnis eines reifen Menschen zu einem werdenden Menschen, und zwar um seiner selbst willen, dass er zu seinem Leben und seiner Form komme."

Herman Nohl, 1949

Herman Nohl (1879–1960), deutscher Philosoph und Pädagoge, war Professor an der Universität in Göttingen. Er entwickelte eine wert- und kulturphilosophische, vor allem eine kulturkritisch ausgerichtete *„subjektive Pädagogik"*, die Bildung als Klärung und Formung von eigener Erfahrung und eigenem Erlebnis sieht.

Nach **Herman Nohl** wird der **pädagogische Bezug** durch sechs Merkmale bestimmt:

- Erziehung geschieht um des zu Erziehenden willen.
- Erziehung unterliegt einem historischen Wandel.
- Das pädagogische Verhältnis ist ein Verhältnis der Wechselwirkung.
- Das pädagogische Verhältnis kann nicht erzwungen werden.
- Das pädagogische Verhältnis strebt danach, sich aufzulösen und überflüssig zu werden.
- Im pädagogischen Verhältnis akzeptiert der Erzieher den zu Erziehenden und fördert ihn nach seinen Möglichkeiten.

Info 2

Entwicklung positiver emotionaler Beziehungen

Die Aufnahme positiver emotionaler Beziehungen geschieht durch Wertschätzung, Empathie und Echtheit. Wertschätzung ist eine positive gefühlsmäßige Grundhaltung und Einstellung des Erziehers gegenüber dem zu Erziehenden, die sich mit Achtung, Wärme und Rücksichtnahme umschreiben lässt. Empathie bedeutet das Einfühlen in die innere Welt eines anderen. Unter Echtheit versteht man eine erzieherische Grundhaltung und Einstellung, bei der der Erzieher dem zu Erziehenden gegenüber aufrichtig ist und sein Verhalten (Körpersprache, Mimik, Gestik) mit seinen Einstellungen und Haltungen übereinstimmt.

„Je besser ich mit mir in Kontakt bin und je klarer ich meine Botschaften sende, umso offener bin ich für mein Gegenüber und kann sicher sein richtig verstanden zu werden."

Satir, Mein Weg zu dir, Kösel Verlag, München 1989, S. 15

Der Aufbau positiver emotionaler Beziehungen bleibt in allen Erziehungssituationen und in jedem Alter wesentlicher Bestandteil der Erziehung.

Carl Rogers (1902–1987), der Begründer der personenzentrierten Theorie und der Gesprächspsychotherapie, spricht von einer bedingungslosen Wertschätzung. Sie besteht darin, dass Achtung, Wärme und Rücksichtnahme nicht mit **Bedingungen** bzw. Erwartungen, die der Erzieher hat, verknüpft werden oder davon abhängig gemacht werden dürfen. Eine an Bedingungen und Erwartungen geknüpfte Wertschätzung betrachtet Rogers als wesentliche Ursache für seelische Störungen.

Die Erfahrung zeigt allerdings, dass die Fähigkeit, Menschen bedingungslose Wertschätzung entgegenzubringen, nicht immer verwirklicht werden kann. Ein förderliches Gesprächsklima ist daher immer zwischen Anspruch/Wunsch und Verwirklichung angesiedelt.

Den Jugendlichen in Heimen und in der Jugendarbeit muss eine klare und vertraute Beziehung zwischen den Erzieherinnen und Erziehern ermöglicht werden. Dies geschieht im konkreten Alltagsbezug.

Eine **professionelle Beziehungsarbeit** zeichnet sich dadurch aus,

- dass sich die Jugendlichen in Gruppen entfalten können, die sie sich (außerhalb der Schule und des Heimes) selbst wählen können (Vereine, offene Jugendgruppen usw.) und in denen sie sich sicher und geborgen fühlen,
- dass in ihren Räumen Regeln und Normen herrschen, die mit ihnen gemeinsam erarbeitet wurden, die für sie überschaubar sind und Bedeutung haben,
- dass Entscheidungsprozesse transparent und nachvollziehbar sind,
- dass sie mitbestimmen und mitgestalten können,
- dass Erzieher und Erzieherinnen im Reden und Handeln übereinstimmen.

Nähe entsteht vor allem in Atmosphären, in denen Erzieherinnen und Erzieher und Jugendliche sich als Menschen begegnen: auf Ausflügen, Wochenendfreizeiten, beim Feste vorbereiten und feiern, beim gemeinsamen Zubereiten von Mahlzeiten oder bei der Begleitung zum Arzt usw.

Pädagogik zum Anfassen

Info 3

In einem Heim in Niedersachsen wurden 1980 die folgenden 20 Thesen von der Heimleitung an Praktikanten verteilt:

„Praktische Pädagogik zum Anfassen:

1. Die große Pädagogik, die wir alle machen wollen, fängt erst dann an, wenn die kleine Pädagogik zur Selbstverständlichkeit geworden ist.
2. Setze dich nicht mit dem Jugendlichen auf die gleiche Stufe, versuche ihm aber so nahe wie möglich zu sein und ihn in seiner persönlichen Situation zu verstehen.
3. Frage dich immer, warum der Jugendliche gewisse Reaktionen zeigt.
4. Beobachte Einstellung und Stimmung des Jugendlichen und frage dich nach möglichen Ursachen auch bei dir selbst.
5. Mache dem Jugendlichen die Notwendigkeit für gewisse Tätigkeiten und Pflichten klar, damit er sie verstehen kann.
6. Akzeptiere und respektiere ihn in seiner Eigenart, gib ihm Anregungen und Tipps zur weiteren Entwicklung (Motivation).
7. Wahre den Individual- und Intimbereich.
8. Interessiere dich für die Interessen und Neigungen des Jugendlichen, ohne dabei aufdringlich zu sein.
9. Übe keine Kritik ohne Lob.
10. Gegensätzliche Auffassungen über die Erziehungsarbeit müssen im Mitarbeiterkreis abgesprochen werden.
11. Diskutiere im Konfliktfalle nicht über Sinn oder Unsinn einer pädagogischen Maßnahme, bevor du nicht im Kreise der Mitarbeiter reflektiert hast.
12. Pass dich als Praktikant an die innerhalb der Gruppe gewachsenen Normen und äußere Situation an. Zweifel, Kritik und Anregungen an der Erziehungsarbeit bitte nur im Mitarbeiterkreis besprechen.
13. Zeige dem Jugendlichen die Grenzen seines Handelns auf, denn die will er wissen.

Info 3
(Fortsetzung)

14. Siehst du ein, dass du im Konfliktfall falsch reagiert hast, sprich mit dem Jugendlichen und versuche ihm die Gründe deines Verhaltens zu verdeutlichen.
15. Eine echt gemeinte Entschuldigung hebt sogar dein Ansehen.
16. Konflikte sollen normalerweise nicht mit ins Bett genommen werden, sie müssen spätestens auf der Bettkante aufgearbeitet werden.
17. Wende dich dem Jugendlichen als Individuum zu. Er ist kein Hordentier.
18. Du kannst nicht von einem Jugendlichen das erwarten, was du selbst nicht leisten kannst (schlechtes Vorbild – Überzeugungskraft).
19. Erdrücke nicht durch deine Aktivität die Kreativität der Jugendlichen.
20. Erziehung ist kein abstrakter Vorgang, sondern ein dynamischer Prozess, der durch Interaktion getragen wird."

Verfasser unbekannt

Fazit

Die wichtigste Voraussetzung in der Betreuung von Jugendlichen ist die Vertrauensbasis zwischen dem jungen Menschen und der betreuenden Erzieherin. Die Erzieherin sorgt in dieser „Lebensgemeinschaft auf Zeit" für die Balance zwischen Nähe und Distanz, denn für Jugendliche ist die Wohngruppe das Zuhause. Für die Erzieherin jedoch beginnt in der Wohngruppe die Arbeit. Unter Berücksichtigung geschlechtsspezifischer Besonderheiten orientiert sie sich an den Fähigkeiten und den Interessen der jungen Menschen, das heißt, die Erzieherin versteht sich als parteiliche Moderatorin zwischen dem jungen Menschen und den sozialen und gesellschaftlichen Ansprüchen, die an ihn gestellt werden und ihm Lösungen abverlangen. Bei diesem Prozess geht es um lebenspraktische, sozialpädagogische und kommunikative Hilfen, die dem Jugendlichen weder Verantwortung abnehmen noch ihn überfordern sollen, sondern immer wieder ausgehandelt, überprüft und neu vereinbart werden müssen.
Das erzieherische Handeln wird im Sinne von Hermann Nohl daran gemessen, ob es sich an den Bedürfnissen des Jugendlichen orientiert.

Aufgaben und Anregungen

1 Bearbeiten Sie folgende Aufgabe zum Problem der Autorität in der Erziehung:

Autorität in der Erziehung
Die Frage, wie eine pädagogische Beziehung erfolgreich gestaltet werden kann, führt zum Problem der Autorität in der Erziehung.

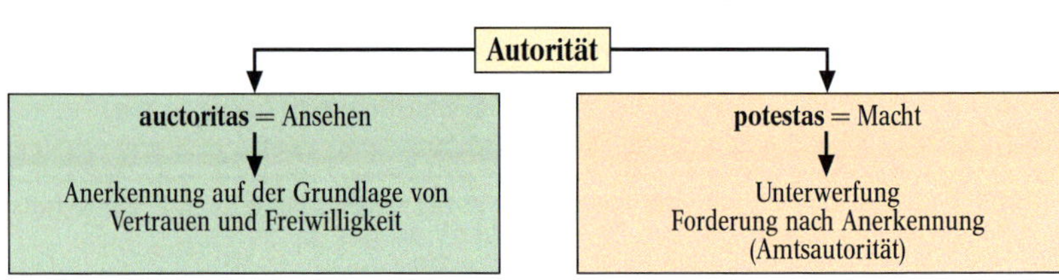

Pädagogische Autorität steht im Spannungsgefüge zwischen

Verhältnis der Erzieherin und des Erziehers zur zu Erziehenden und zum zu Erziehenden = Verantwortung gegenüber den zur Mündigkeit heranwachsenden jungen Menschen ↓ setzt ein persönliches Vertrauensverhältnis voraus.	↔	Erzieherin und Erzieher als Repräsentanten einer Lebensordnung = Verantwortung gegenüber der Lebensordnung ↓ erfordert die Fähigkeit der Erzieherin und des Erziehers, ihre und seine Überzeugungen sichtbar werden zu lassen.

1.1 Autorität im pädagogischen Sinn ist krisenanfällig. Entwickeln Sie mögliche Ursachen für Autoritätskrisen

a) im Verhältnis der Erzieherin und des Erziehers zur Lebensordnung,
b) im Verhältnis der Erzieherin und des Erziehers zur zu Erziehenden und zum zu Erziehenden.

1.2 Diskutieren Sie den Begriff „antiautoritär" vor dem Hintergrund der o. a. Begriffsabstimmung.

Quelle: Niedersächsisches Kultusministerium, Materialien für die zweijährige Fachschule – Sozialpädagogik –, Praktische Ausbildung im Kindergarten, Hannover 1993

2 Wahrnehmungsübung
Der „Augenkreis"
Augen verraten die innere Einstellung.

Nehmen Sie sich zehn Minuten Zeit und führen Sie folgende Übung durch.

Bilden Sie mit Ihrer Gruppe einen Kreis, wobei sie nach außen schauen. Eine Person verlässt den Raum. Sodann werden alle Teilnehmer im Kreis gebeten, an etwas Negatives zu denken, außer zweien, die nebeneinander stehen. Diese beiden denken an etwas Positives. Anschließend wird der „Verstoßene" wieder hereingeholt und soll nun um den Kreis herumgehen und herausfinden, zwischen welchen beiden sich die Tür zum Inneren des Kreises befindet. Dazu muss er nur in die Augen der Teilnehmer schauen.

Auswertung:
- Wie hat Ihnen die Übung gefallen?
- Wie schwer oder leicht war es für Sie, die Tür zum Innenkreis zu entdecken?
- Konnte der „Ausgestoßene" die innere Einstellung deutlich erkennen?
- Welche Bedeutung hat die „Augensprache" in der Erziehung?

3 Erfahrungen mit „Augenblicken"
Interpretieren Sie folgende Aussagen von Praktikantinnen und diskutieren Sie die Einstellung: Erzieherinnen handeln häufig „aus dem Bauch heraus".
„Das Mädchen sah mich an und ich wusste, was sie von mir wollte."
„Der Junge kam herein und ich merkte an seinem Blick, dass etwas nicht stimmte."
„Ich sah, dass er aus dem Fenster schaute und ich ahnte, was er vorhat."

Aufgaben (Fortsetzung)

4 Diskutieren Sie im Plenum die 20 Thesen aus INFO 3 unter folgender Fragestellung:

- Welche Grundhaltung der Erzieherinnen/Erzieher kommt in den Thesen zum Ausdruck?

Stellen Sie **eigene Thesen** auf und reflektieren Sie diese mit Ihrem Erzieherteam in Ihrem nächsten Heimpraktikum.

Rollenspiel:

5 **Das Bewerbungsgespräch**
Bilden Sie Kleingruppen.

Zwei Personen spielen Erzieherinnen oder Erzieher, die sich für eine Stelle in einem Heim interessieren.

Jeweils eine Gruppe wählt Heim A oder Heim B.

Im **Heim A** bemühen sich alle Erzieherinnen/Erzieher um qualitativ ähnliche Beziehungen zu allen zehn Kindern der Gruppe, damit niemand übervorteilt oder benachteiligt wird. Jede Erzieherin und jeder Erzieher fühlt sich für jedes Kind gleichermaßen verantwortlich. Alle Erzieherinnen/Erzieher erledigen alle Aufgaben, die während ihrer Dienstzeit für die jeweils betroffenen Kinder gerade anfallen. Sie erarbeiten gemeinsam Erziehungspläne für jedes Kind und sind alle Ansprechpartner für Eltern und Lehrer.

Im **Heim B** wurde ein „Bezugserziehersystem" eingeführt. Je einer Mitarbeiterin/einem Mitarbeiter wurden maximal drei Kinder besonders zugeordnet. Schon bei der Heimeinweisung hat sich die Bezugserzieherin/der Bezugserzieher besonders viel Zeit für die neuen Kinder genommen. Sie/er pflegt die Eltern- und Schulkontakte der ihr/ihm anvertrauten Kinder, sie/er fühlt sich für die Erziehungsplanung, Berichterstattung und Perspektiven besonders verantwortlich. Die Kinder bemerken nur die Aufgabenteilung der Erzieherinnen/Erzieher. Die Beziehungen in ihrer Intensität werden von Kindern und Erzieherinnen/Erziehern unabhängig von diesem System gestaltet.

Führen Sie in einem Rollenspiel ein Bewerbungsgespräch mit einem neuen Erzieher durch, der sich für eine Stelle in Heim A oder Heim B interessiert. Versuchen Sie den Bewerber für Ihr Heimerziehungssystem zu begeistern.

- Diskutieren Sie anschließend im Plenum die Vor- und Nachteile beider Systeme aus der Sicht der Kinder, der Mitarbeiter und anderer Betroffener (Eltern, Lehrer).
- Worauf müsste im Heim A und im Heim B jeweils unbedingt geachtet werden, damit Kindern aus dem jeweiligen System keinerlei Nachteile entstehen?
- Wie könnte sich der Erzieherwechsel in beiden Systemen auswirken?
- Wie kann es sich auswirken, wenn Kinder im Heim B über dieses System informiert werden und meinen, nur „ihre" Erzieherin sei für sie zuständig?

6 **Werte als Wegweiser**

Teilnehmer: Jugendliche
Material: Briefumschläge, Kopien mit „Werte und ihre Bedeutung" (siehe S. 95), Klebestifte
Ziel: Traditionelle Werte und ihre Bedeutung annehmen bzw. ablehnen.

Durchführung:

„Werte und ihre Bedeutung" für jede Gruppe kopieren. Das Blatt zerschneiden und in die Briefumschläge füllen. Jede Gruppe erhält einen Umschlag. Die Jugendlichen sollen Wert und Bedeutung zuordnen und nebeneinander auf ein Blatt kleben.

Jede Gruppe denkt sich nun eine Persönlichkeit aus einem Film, einem Buch, einer Fernsehserie oder der Musikszene aus, die die meisten dieser Werte zeigt oder, falls sie nicht mehr lebt, gezeigt hat, und eine Person, die diese Werte am wenigsten zeigt.

Anschließend werden die Personen vorgestellt und die Werte und ihre Bedeutung für die eigene Entwicklung diskutiert.

961094

Wert	BEDEUTUNG
Respekt	aufmerksam und rücksichtsvoll mit den Bedürfnissen, Einstellungen und Gefühlen anderer umgehen
Freundlichkeit	Aufmerksamkeit und Interesse für andere zeigen
Gesunder Lebensstil	auf seinen Körper achten und alles für das geistige oder körperliche Wohlbefinden Schädliche vermeiden
Verantwortung	den gesunden Menschenverstand gebrauchen, überlegt entscheiden, Versprechen halten, zuverlässig sein
Ehrlichkeit	wahrheitsliebend, aufrichtig und vertrauenswürdig sein
Mut	sich mutig für seine Werte einsetzen, auch bei Schwierigkeiten seinen eigenen Standpunkt vertreten
Selbstdisziplin	sich unter Kontrolle haben, die eigenen Fähigkeiten und Talente entwickeln und seine Ziele erreichen
Hilfsbereitschaft	sich für andere einsetzen, anderen helfen
Lebensfreude	Lust zu leben, Fähigkeit zu genießen
Familienbindung	mithelfen beim Aufbau eines gesunden und unterstützenden Familienlebens

Quelle: Lions Clubs International, Erwachsen werden – Persönlichkeitsentfaltung von Jugendlichen, Schürmann + Klagges, Bochum 1997

Tipps zum Weiterlesen

Hermann Giesecke, *Die pädagogische Beziehung, Pädagogische Professionalität und die Emanzipation des Kindes*, Juventa, Weinheim 1997

2.3 Beziehungen pflegen – Konflikte bearbeiten

Oliver absolviert sein Praktikum an einer Ganztagsschule. Nachmittags betreut er die Kinder einer vierten Klasse, die in der nächsten Woche auf Klassenfahrt gehen. Die Eltern und die Klassenlehrerin fragen Oliver, ob er bereit wäre, als Betreuer an der Klassenfahrt teilzunehmen, da er die Kinder gut kennt.

In den ersten Tagen in der Jugendherberge in Cuxhaven an der Nordsee sind die Kinder damit beschäftigt, das Umfeld zu erkunden. Doch schon am dritten Tag richtet sich die Aufmerksamkeit der Lehrkraft auf Timo. Er kommt nicht zum Frühstück. Auf Nachfrage antworten seine zwei Freunde, dass sie nicht wissen, was mit „dem“ los sei. Oliver ahnt bereits, dass sich zwischen den Jungen ein Konflikt anbahnt. Frau Koch führt mit Timo ein Gespräch. Der zeigt sich verschlossen und schweigt. Sven, Niclas und Jan, die mit ihm das Zimmer teilen, geben sich betont „cool“ und sagen: „Der hat wieder mal schlechte Laune“. Frau Koch denkt, dass Oliver bei den Jungen beliebt sei und bittet ihn, sich um das Problem zu kümmern. Oliver versucht mit Timo zu reden. Es stellt sich heraus, dass Timo nicht zum Frühstück kommen wollte, weil er gestern beim Wettspiel der Letzte war und Sven behauptet habe, dass er daran schuld sei, dass seine Gruppe das Spiel verloren hat. Timo sei zu langsam gewesen. Sven hat ihn furchtbar beschimpft und will mit ihm auch nicht mehr in einer Gruppe sein. Dabei waren sie vorher noch Freunde.

Nach dem Frühstück holt Oliver die beiden in sein Zimmer, um mit ihnen über den Konflikt zu reden. Es stellt sich heraus, dass Sven Timo mit üblen Schimpfwörtern beleidigt hat. Oliver möchte, dass Sven sich bei Timo entschuldigt. Aber Sven weigert sich. Erst als ihm gedroht wird, dass er abreisen muss, gibt er nach.

Oliver ist mit der Lösung des Konfliktes unzufrieden, da er Sven unter Druck gesetzt hat. Und tatsächlich war es keine Win-Win-Lösung, denn später ist zu beobachten, dass Sven mit Timo nicht mehr so viel Kontakt aufnimmt und ihn beim Spielen ausgrenzt. Timo scheint sich Verbündete zu suchen, um an Sven Rache zu üben.

Oliver ist ratlos. Er hat schon einmal von Mediation gehört, die immer mit einer Win-Win-Lösung endet.

Fragen

- ✓ *Was wollte Sven erreichen?*
- ✓ *Worauf kam es ihm an?*
- ✓ *Wie haben sich Timo und Sven vermutlich gefühlt?*
- ✓ *Was brauchen sie jetzt von den anderen Mitschülern?*
- ✓ *Wozu sind sie bereit?*
- ✓ *Was können die anderen tun, damit so etwas nicht wieder passiert?*

Info 1 Mediation verbessert Beziehungen

Mediation ist eine moderne und faire Methode der Konfliktbearbeitung. Sie hilft, Konflikte konstruktiv zu lösen, wobei durch eine neutrale dritte Person eine win-win-Lösung angestrebt wird.

In Zuwanderungsländern wie Neuseeland und USA gibt es schon eine längere Tradition für Programme zur angeleiteten Sozialerfahrung und auch Mediation. In Deutschland gewinnt die Mediation seit Anfang der 90er Jahre ständig mehr an Bedeutung. Der Bundesverband Mediation e.V. (BM) stellt die qualifizierte Ausbildung in Mediation sicher. Es wurden Ausbildungsstandards für Konfliktlotsen, Schulmediatoren und für die Mediatoren im Elementarbereich entwickelt, um Mediation in Kindertagesstätten und Schulen zu verbreiten und im System der Institutionen zu verankern.

Zehn Grundsätze der Mediation

1. Menschenbild

In jedem Menschen ist das Potential zum Umgang mit und zur Lösung eigener Konflikte vorhanden. Mediatoren vertrauen in ihre und die Kompetenz der Parteien zur kreativen Gestaltung und Verständigung im Konflikt. Sie anerkennen die Autonomie jedes Beteiligten, respektieren die Einzigartigkeit eines jeden und gleichzeitig die Vielfalt der Unterschiede, in denen sie ein besonderes Potential sehen.

2. Verantwortung
Mediatoren respektieren und fördern die Selbstverantwortlichkeit aller Beteiligten. Sie sind sich ihrer Verantwortung für den geschützten Rahmen bewusst, der den Konfliktparteien das ‚Sich-Einlassen auf den Prozess der Lösungssuche ermöglicht und ermutigen sie, die Verantwortung für den von ihnen eingebrachten Inhalt und die erarbeiteten Vereinbarungen zu übernehmen.

3. Geschützter Rahmen
Mediatoren schaffen und wahren den geschützten Rahmen, der den Konfliktparteien ermöglicht, sich auf den Prozess der Lösungssuche einzulassen und der Gewalt ausschließt.

4. Allparteilichkeit und Fairness
Mediatoren nehmen die Bedürfnisse und Interessen aller Konfliktparteien mit gleichem Respekt wahr. Sie achten auf Machtunterschiede und geben jeder Partei die Zeit, ihren Sachverhalt vollständig darzustellen. Sie stellen sicher, dass jede Konfliktpartei sich ihrer eigenen Bedürfnisse und Wünsche klar werden kann.

5. Offenheit
Mediatoren sind ruhig und aufmerksam und ermutigen die Streitparteien zu offener und direkter Aussprache, zu gegenseitiger Toleranz und Wertschätzung.

6. Einfühlung und Ermutigung der Konfliktparteien
Mediatoren fühlen sich in die Konfliktparteien ein und achten das gesamte Spektrum der Gefühle aller Beteiligten. Sie fördern die gegenseitige Einfühlung der Konfliktparteien und ermutigen sie, ihren Konflikt gemeinsam auszutragen.

Phasen der Mediation

Info 2

Geraten Kinder in einen Konflikt, können sie in einer Mediation konstruktiv und gewaltfrei zu einer Lösung finden. Die Mediation unterliegt einem geregelten Ablauf und bestimmten Regeln, die durch den Mediator vermittelt werden. Bei der Durchführung einer Mediation bedient sich der Mediator verschiedener Kommunikationstechniken, wie z. B. dem aktiven Zuhören, dem Gebrauch von Ich-Botschaften, dem Spiegeln und dem Formulieren von offenen Fragen (siehe „Kein Kinderkram“ Band 2).

Kinder sind in der Regel sehr unglücklich, wenn sie einen Konflikt mit einer guten Freundin oder einem Freund haben. So kann man häufig davon ausgehen, dass sie bereit sind, freiwillig an einer Mediation teilzunehmen. Dies ist eine generelle Vorraussetzung für alle Mediationsgespräche. Die Mediatoren müssen neutral und allparteilich sein. Abgesehen von einer vertrauensvollen Atmosphäre, die geschaffen werden sollte, ist das Mediationsgespräch selber auch eine vertrauensvolle Angelegenheit. Die Kinder sollten vom Mediator erfahren, dass alles, was sie ihm erzählen, geheim bleibt. Nur so können sie sicher sein und alles sagen, ohne das dies „draußen“ Konsequenzen hätte.

Info 2
(Fortsetzung)

Generell verläuft eine Mediation in fünf Phasen:

1. Begrüßung
Die Kinder werden in einem Raum, der für „Friedensgespräche" bzw. Mediationsgespräche vorgesehen ist, begrüßt. Sie vereinbaren mit dem Mediator Regeln, die während des Gesprächs eingehalten werden müssen:

- ausreden lassen
- keine Beleidigungen/Beschimpfungen
- keine körperlichen Angriffe
- Ehrlichkeit

Der Mediator holt sich das Einverständnis zu den Regeln von beiden Konfliktparteien. Er verspricht ihnen Geheimhaltung und fragt, wer von beiden anfangen möchte, den Konflikt darzustellen. Er führt zum Nachlesen für beide ein Streitprotokoll.

2. Sichtweisen
Der Mediator nimmt nacheinander die Sichtweisen der beiden Beteiligten zu dem Vorfall an, vergewissert sich, dass er sie richtig verstanden hat, indem er die Beiträge mit eigenen Worten zusammenfasst (spiegelt) und benennt das Problem, das beide miteinander haben.

3. Konflikterhellung
Der Mediator erfragt bei beiden die Gefühle und die Ziele im akuten Konflikt. Er achtet darauf, dass beide Konfliktparteien vornehmlich für sich selbst sprechen. Langsam versucht der Mediator, die direkte Verhandlung zwischen den Parteien wieder herzustellen, indem er einen Beitrag vom anderen Verhandlungspartner sinngemäß wiederholen (spiegeln) lässt. Fragen nach dem „Warum" müssen vermieden werden, da dies zu Schuldzuweisungen führen kann. Wenn der Mediator das Gefühl hat, dass alles, was den Konflikt betrifft, von den Kindern ausgesprochen wurde, kann er abschließend fragen: „Wie geht es Euch jetzt? Seid Ihr bereit, nach Lösungen zu suchen?"

4. Lösungsvorschläge sammeln
Nachdem in einem Streitprotokoll nun genau steht, was vorgefallen ist und wie sich die beiden Streitparteien fühlen, kann mit dem Sammeln von möglichen Lösungen begonnen werden. Beide Beteiligten werden angehalten zu verbalisieren oder auf Karteikärtchen aufzuschreiben was sie ihrer Meinung nach in Zukunft besser bzw. anders machen können und auf was sie sich einlassen wollen. Der Mediator hält sich zurück. Die Lösungen werden vorgelesen und diskutiert. Der Mediator kann beim positiven Umformulieren der Lösungsvorschläge helfen. Die Streitparteien wählen Vorschläge aus, mit denen beide einverstanden sind.

5. Vertrag
Die Kinder haben sich auf einen oder mehrere Vorschläge geeinigt. Zeitraum und Umfang werden dabei festgelegt. Die beiden Beteiligten verpflichten sich in einem Vertrag oder einer Abmachung, die beide unterschreiben, an die Vereinbarung zu halten. Es folgt die Verabschiedung. Ein Kontrolltermin wird vereinbart.

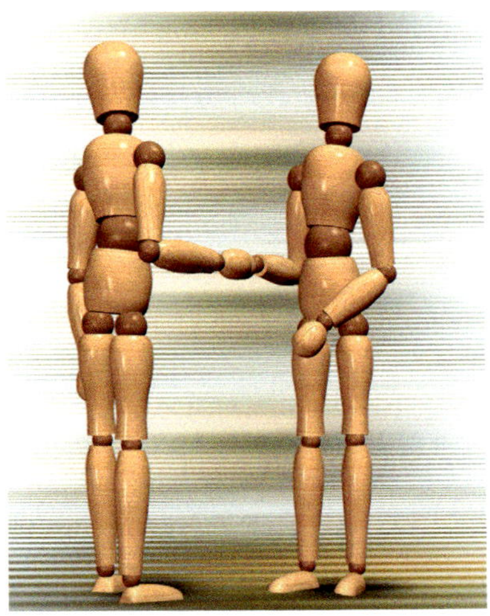

Dieser Termin soll den beiden Parteien die Möglichkeit geben, sich selbst zu hinterfragen, in wieweit man sich an die Abmachung gehalten hat. Der Lernerfolg wird so bewertet. Eventuelle erneut oder neu aufgetretene Probleme werden besprochen und bei Bedarf kann auch ein weiteres Mediationsgespräch vereinbart werden.

Wenn Eltern Kritik üben

Info 3

Kritikfähig zu werden bedeutet, mit Kritik konstruktiv umgehen zu können. Dies kann erlernt werden, ohne dass man vorher ein Seminar in Konfliktmanagement besucht hat.

Es gibt Menschen, die bei Kritik sofort in die Defensive gehen und sich verteidigen. Das ist verständlich, denn die Angst, einen Fehler zu machen, ist besonders groß, wenn Eltern als Kontrollinstanz wahrgenommen werden. Es kommt also zunächst darauf an, wie ich die Eltern der Kinder, die einen Kindergarten besuchen, wahrnehme. Sehe ich sie als Partner an, so muss ich keine Angst vor Kontrolle haben, denn Partner tauschen sich aus und suchen in Konflikten nach konstruktiven Lösungen.

Im Umgang mit Kritik sollte man sich vor Augen halten, dass der Ursprung einer Kritik etwas Positives ist. Wenn jemand Kritik äußert, dann tut er das, weil er die Hoffnung hat, sein Gegenüber könnte sein Verhalten ändern. Hätte er die Hoffnung nicht, würde er sich die Mühe sparen und den Kontakt abbrechen. Kritik kann man also durchaus auch als Zeichen einer wertschätzenden Haltung auffassen. Konstruktive Kritik setzt die Fähigkeit voraus, die Welt auch mit den Augen des Anderen sehen zu können, d.h. einen Perspektivenwechsel vorzunehmen; sich z.B. zu fragen, wie sich das anfühlt, wenn ich in den „Schuhen des anderen gehen" würde. Was würde ich denken, wenn ich in der Situation des anderen wäre? Wie würde ich in dem Moment reagieren? Was würde ich sagen?

Oft hat man es mit Personen zu tun, die ihre Gedanken nicht aussprechen wollen oder können. Daher ist es wichtig, sich ein Bild von der gesamten Situation zu machen und z.B. nach zu fragen, bevor auf eine unüberlegte Kritik eine unüberlegte Reaktion folgt z.B. „Habe ich Sie richtig verstanden, dass ...", „Können Sie mir noch einmal genauer sagen, was sie meinen, damit ich Sie richtig verstehe?", „Ich möchte verstehen, warum Sie es heute so eilig haben. Ist etwas passiert?" usw.

Für die meisten Eltern ist die Situation, in der sie Kritik aussprechen, unangenehm. Wenn die Erzieherin ruhig zuhört, nachfragt und nicht sofort in die Verteidigungshaltung übergeht, signalisiert sie den Eltern Interesse und Kooperationsbereitschaft.

Einige Regeln sollten von Seiten der Erzieherin unbedingt beachtet werden, wenn sie eine Kritik z.B. am Erziehungsstil der Eltern hat und gemeinsam mit ihnen nach einer Lösung suchen möchte:

1. Eltern niemals in Gegenwart Dritter auf das Erziehungsverhalten ansprechen.
2. Einen günstigen Zeitpunkt wählen, um das Problem anzusprechen. Darauf achten, dass Eltern bei einem Problemgespräch nicht in Zeitnot sind.
3. Immer vom eigenen Wahrnehmungseindruck sprechen und sich dabei kurz fassen, klar und deutlich in einer Ich-Botschaft sagen, was man beobachtet hat. Dadurch fühlt sich der Andere in seinem Verhalten nicht angegriffen und beteiligt sich eher an der Lösungssuche.

Öffnung erleichtert die Beziehungsarbeit

Info 4

Jeder Kindergarten entwickelt heute aufgrund einer Situations- und Bedarfsanalyse sein individuelles Konzept der Elternarbeit. Es gilt, die Lebenslage der Eltern vor Ort zu erfassen, zu verstehen und entsprechend zu reagieren. Wie das folgende Beispiel zeigt, kann einfühlsames Zuhören, Betroffenheit und Engagement der Erzieherinnen in vielfältiger Weise dazu beitragen, dass Eltern aktiv werden und Initiative ergreifen. Zwischen Eltern und Erzieherinnen werden so Brücken gebaut, die einen wichtigen Beitrag zur Entwicklung sozialer Netzwerke und zur Förde-

Info 4
(Fortsetzung)

rung von Familienselbsthilfe darstellen. Dadurch wird der Beziehungsaufbau zwischen Eltern und Erzieherinnen im Hinblick auf eine anzustrebende Erziehungspartnerschaft wesentlich erleichtert.

Die Beziehungen der Erzieherinnen zu den Familien veränderte sich schlagartig zu einem partnerschaftlichen „Geben und Nehmen".

Mütter aus einer Kindertagesstätte fühlen sich isoliert. Die Kindertagesstätte befindet sich am Rande eines Hochhausviertels mitten in einem sozialen Brennpunkt mit einer desolaten Infrastruktur für Kinder und Familien. Für die Mütter boten sich wenig Anregungen und Austauschmöglichkeiten, was zur sozialen Vereinsamung führte. Folgende Äußerung einer Mutter löste bei den Erzieherinnen Betroffenheit aus:

„Wenn ich mit einem anderen Menschen sprechen wollte, musste ich einkaufen gehen. Ich bin manchmal drei- oder viermal am Tag in den Penny-Markt gegangen, nur damit ich andere Leute sah und mit ihnen sprechen konnte."

Ähnlich ging es Kindern, die nachmittags keine Spielpartner hatten und in ihrem Bewegungsspielraum eingeschränkt waren.

Die Erzieherinnen suchten nach einer Lösung und schafften Raum für ein kleines Café vor den Gruppenräumen in ihrer Kindertagesstätte. Das Angebot wurde mit großem Erfolg von den Müttern angenommen und führte zu einer umfassenden Aktivierung der Mütter. Es entstanden selbst organisierte Yogagruppen ebenso wie eine türkische Frauengruppe in den Räumen des Gemeindezentrums, das unmittelbar an die Kindertagesstätte anschließt. Die verstärkte Zusammenarbeit zwischen Kindertagesstätte und Familie, dem Amt für soziale Dienste, dem örtlichen Sportverein usw. führte zur Verbesserung der Infrastruktur. Zwei Horte entstanden, Spielplätze wurden unter Mitarbeit der Eltern saniert und ein Kinderkulturprogramm entwickelt.

„Das Netzwerk vergrößert sich, wenn Eltern und Erzieherinnen gemeinsam weitere Experten für einzelne Themen zu gewinnen suchen."
Das Berliner Bildungsprogramm 2003

Info 5 Beziehungsarbeit mit Migrationsfamilien

Manchmal scheinen Welten zwischen Kindertagesstätten und „fremden" Familien zu liegen. Verbote für Mädchen, an einer Hortfreizeit teilzunehmen; Erwartungen von Eltern, dass die Kinder zu Disziplin, Unterordnung oder schulischer Leistungsfähigkeit erzogen werden sollen, unterschiedliche Werte, Haltungen, Einstellungen zu den Dingen – kulturelle Standards – sind im Sozialisationsprozess entstanden und werden in dem Umfeld, dem man zugehörig ist, hochgehalten.

Kulturelle Unterschiede in Bildung, Umgang mit der Zeit, mit Konflikten, Gruppenorientierung statt Individualisierung, autoritäre Erziehung und Hierarchie statt Meinungsfreiheit und Demokratie haben ihre Auswirkungen im alltäglichen Erziehungsalltag einer Erzieherin. In der interkulturellen Arbeit sind alle Beteiligten Lernende – erst langsam werden Konzepte entwickelt, d.h.: Pädagogisch Verantwortliche sind Forscherinnen während eines laufenden Prozesses.

Empfehlungen für die Praxis

Einzelgespräche mit Eltern:

Aufgrund sozialer und sprachlicher Unsicherheiten von Müttern und Vätern sind Einzelgespräche oft effektiver als klassische Elternabende. Wichtig ist hier eine biografische Herangehensweise:

- Eltern zu bitten, dass sie etwas von sich, von ihren Kindern, ihrer Heimat usw. erzählen.
- Frauen mit ihren Familienkompetenzen sind die Brücke zwischen der Familie und der Kindertagesstätte. Sie zu gewinnen für die Teilnahme an Kindergartenereignissen oder für eigenes Sprachlernen (z. B. *„Mama lernt Deutsch“*) bedeutet viel für die soziale Beheimatung der Familie.
- Die Namen der Familie sollte man richtig aussprechen lernen. Für wichtige Gespräche gilt es, bei Bedarf einen erwachsenen Dolmetscher hinzuziehen bzw. Eltern zu bitten eine übersetzungsfähige Person ihres Vertrauens mitzubringen. Eltern ermutigen mit den Kindern ihre eigene Familiensprache zu sprechen, weil das den Kindern beim Lernen der Satzfragmente hilft.
- Verstehen der Pädagogik und der Kindergartenkultur über Erleben: Über gemeinsames Tun wie Feste feiern, Ausflüge machen, Projekte mit Müttern und Vätern, gemeinsam mit den Kindern handwerkeln, zusammen tanzen usw.

Achtsamer Umgang mit Menschen:

Einhalten von Konventionen, die Freundlichkeit, höfliche Aufmerksamkeit und Respekt signalisieren. Das ist besonders zu beachten bei Begrüßungs- und Verabschiedungssituationen. Auch wenn Familienangehörige unerwartet während des Tages erscheinen, erfordert es die professionelle Umgangsform, sie nach ihren Wünschen zu fragen.

Elternzusammenführung, um gemeinsame Probleme, Bedürfnisse, Interessen zu besprechen.

In diesen praktischen Empfehlungen geht es nicht um Extraveranstaltungen für **Migrantenfamilien**. Es geht darum, kulturelle Differenzen wahrzunehmen und zu achten – zu sehen, dass „fremde“ Eltern auch dazugehören wollen.

(Quelle: Döring, Ulrike, Wenn das Alltägliche erklärungsbedürftig wird, in: TPS, Immer diese Eltern, 5/99, Kallmeyer'sche Verlagsbuchhandlung GmbH 1999, S. 25)

„Nur ein offener Austausch mit den Eltern fördert dauerhaft und nachhaltig die gegenseitige Akzeptanz, stärkt die professionelle Rolle der Erzieherinnen und Erzieher und trägt mit dazu bei, dass ihre pädagogische Arbeit in der breiten Öffentlichkeit die Akzeptanz und den Stellenwert findet, die der Bedeutung ihrer Aufgaben gerecht wird.“

(Rheinland-Pfalz, Bildungs- und Erziehungsempfehlungen 2003)

Fazit

- In der praktischen Arbeit mit Kindern und Jugendlichen ist Mediation ein wichtiger pädagogischer Ansatz im Umgang mit Konflikten. Es bedarf jedoch einer Qualifikation, um das Handwerkszeug der Mediation zu erlernen und nachhaltig einzusetzen. Ein Mediationstraining vermittelt Sicherheit wie das Fahren eines Autos. Der Mediator beherrscht sein Handwerkszeug und besitzt die Fähigkeit, mediativ im Alltag überall dort zu agieren, wo Konflikte als Chance begriffen werden.
- Konstruktiver Umgang mit Kritik ist erlernbar, vorausgesetzt, man hat eine positive Einstellung zu Kritik und begreift sie als Chance.

Aufgaben und Anregungen

1 Täter-Opfer-Standbild

Eine „Bildhauerin" modelliert ohne Worte aus zwei Mitstudierenden als „Modellpuppen" ein Täter-Opfer-Standbild. Um zu verdeutlichen, wie die Figuren zueinander stehen, soll sie etwas übertreiben. Wenn die Darstellung deutlich genug ist, werden die Positionen „eingefroren", d.h. unverändert gehalten. Es folgt: STOP and THINK, d.h. beide Figuren sprechen vor sich hin, wie sie sich fühlen, woran sie sich erinnern und was sie sich in ihrer Rolle wünschen.

Im Takt eines Klangstabes soll nun in kleinen Schritten (robotermäßig) der Ist-Zustand des Dominanzbildes zum Idealbild der gegenseitigen Achtung verändert werden.

Auswertung: Der beobachtenden Gruppe wird deutlich, dass sich beide verändern müssen, nicht nur der Täter. Für eine faire Auseinandersetzung braucht auch die unterlegene Person Hilfe zur Selbstbehauptung (vgl. Hagedorn, Mediation – durch Konflikte lotsen).

2 Deeskalation durch Umdeuten

Ein vorbereiteter guter Leser liest „Die Geschichte vom Hammer" vor. Die Zuschauer schreiben auf Karteikärtchen, was sie glauben, wie es so weit kommen konnte und vergleichen ihre Einschätzung. Danach wird die Geschichte in Partnerarbeit umformuliert und positiv gedeutet und anschließend der Klasse präsentiert.

„Ein Mann will ein Bild aufhängen. Den Nagel hat er, nicht aber den Hammer. Der Nachbar hat einen. Also beschließt unser Mann, hinüberzugehen und ihn auszuborgen. Doch da kommt ihm ein Zweifel: Was, wenn der Nachbar mir den Hammer nicht leihen will? Gestern schon grüßte er mich nur so flüchtig. Vielleicht war er in Eile. Vielleicht hat er die Eile nur vorgeschützt, und er hat was gegen mich. Und was? Ich habe ihm nichts getan; der bildet sich da etwas ein. Wenn jemand von mir ein Werkzeug borgen wollte, ich gäbe es ihm sofort. Und warum er nicht? Wie kann man einem Mitmenschen einen so einfachen Gefallen abschlagen? Leute wie dieser Kerl vergiften einem das Leben. Und dann bildet er sich noch ein, ich sei auf ihn angewiesen. Bloß, weil er einen Hammer hat. Jetzt reicht's mir wirklich. – Und so stürmt er hinüber, läutet, der Nachbar öffnet, doch bevor er „Guten Tag" sagen kann, schreit ihn unser Mann an: „Behalten Sie Ihren Hammer!".

(aus P. Watzlawick: Anleitung zum Unglücklichsein, 1983, S. 37)

Tipps zum Weiterlesen

Blank-Mathieu u. a., *Erziehungswissenschaften, Band 1*, BV 1, Troisdorf 2006
Hebenstreit, *Kindzentrierte Kindergartenarbeit*, Herder Verlag, Freiburg 1995
Friedrich, Hedi, *Beziehungen zu Kindern gestalten*, Verlag Beltz, Weinheim 2003
Brockschnieder/Ullrich, *Praxisfeld Erziehung*, Stam-Verlag, Köln 1997
Pausewang, *Ziele suchen – Wege finden*, Cornelsen Verlag, Berlin 1994
Hauke-Thorn, *Streitschlichtung in Schule und Jugendarbeit*, Matthias-Grünewald-Verlag, Mainz 2002
Braun, Dietzel-Isenberg, Püttmann, Schmiegel, Würbel, *Kinder lösen Konflikte selbst*, Thomas-Morus-Akademie 2002
Braun, Püttmann, *Kinder bauen Brücken zueinander*, Thomas Morus-Akademie 2005
Hagedorn, Ortrud, *Mediation – durch Konflikte lotsen mit CD-ROM*, Ernst Klett, Stuttgart 2005
Bildungsteam Berlin-Brandenburg e.V., *Alltagskonflikte durchspielen*, Verlag an der Ruhr, 2001
Weißer Ring, *Mediation auch an unserer Schule?* www.weisser-ring.de

2.4 Gruppenentwicklung

Die Studierenden befinden sich in einer Krise. Sie sitzen im Stuhlkreis. Ein „Sprechball" geht von Hand zu Hand. Was ist passiert?

Oliver: „Zu Beginn der Ausbildung war ich richtig motiviert. Ich habe mich auf jeden Tag gefreut, den ich mit euch verbringen wollte. Heute habe ich oft keine Lust mehr. Ich weiß nicht so richtig, woran das liegen könnte."
Laura: „Mir geht es ähnlich. Am Anfang hatte ich das Gefühl, wir verstehen uns alle gut. Aber jetzt weiß ich nicht mehr, ob das wirklich so ist."
Renate: „Ich denke, das liegt daran, dass keiner mehr richtig dem anderen vertraut."
Susanne: „Ich habe das Gefühl, dass hier viel Konkurrenz aufgekommen ist. Nach den ersten Klassenarbeiten denkt jeder nur noch an sich."
Olga: „Ja, das sieht man jetzt auch an der Cliquenbildung. Immer sitzen die zusammen, die gute Noten schreiben. Die anderen bleiben auf der Strecke. Wenn ich daran denke, welche Regeln wir für uns am Anfang aufgestellt haben, bin ich enttäuscht. Heute hält sich doch niemand mehr daran."

Fragen

- ✔ *Wodurch hat sich das Gruppenklima verschlechtert?*
- ✔ *Gibt es Einflüsse von außen, die das Gruppenklima beeinflusst haben könnten?*
- ✔ *Welche Wünsche und Bedürfnisse haben die Studierenden?*
- ✔ *Welche unausgesprochenen Konflikte verbergen sich hinter den Aussagen?*
- ✔ *Welche Rollen haben die Studierenden innerhalb ihrer Gruppe eingenommen?*
- ✔ *Welche Arten von Freundschaften haben sich entwickelt?*
- ✔ *Wie reagieren die Dozenten auf die neue Situation?*

Wie entwickelt sich eine Gruppe?

Info 1

Die Entwicklungsphasen eines Menschen werden von seinem Denken und Handeln, von seinem Leben und seiner Lebensgestaltung beeinflusst. Daher begegnet man z.B. einem Kleinkind in der Kleinkindphase mit völlig anderen Erwartungen als einem Jugendlichen in der Pubertätsphase.

So ähnlich ist es mit den Gruppen. Eine Gruppe (hier die Gruppe der Studierenden) entwickelt sich nach bestimmten Gesetzmäßigkeiten oder Phasen. Sie können als Grundlage des Ablaufes von Gruppenprozessen betrachtet werden.

Die Gruppenpädagogik nutzt diese Prozesse, die in einer Gruppe ablaufen, um Zielvorstellungen zu verwirklichen. Solche Prozesse können deswegen ablaufen, weil die Gruppenmitglieder gemäß der Definition der Gruppe miteinander in Interaktion und Kommunikation stehen.

Zu Beginn der Ausbildung, wenn die Studierenden zum ersten Mal mit ihrem Lehrer zusammen sind, sprechen Soziologen von einer Ansammlung von Menschen. Eine Gruppe ist erst dann vorhanden, wenn die Gruppenmitglieder ein gemeinsames Ziel verfolgen, gemeinsam Funktionen wahrnehmen, Rollenbeziehungen untereinander entstehen und gemeinsame Normen anerkannt werden. Es entwickelt sich ein Zusammengehörigkeitsgefühl.

In der Anfangssituation einer jeden **formellen** oder **informellen** Gruppe (z.B. Arbeits- und Lerngruppen, Heim- und Freizeitgruppen) treten häufig Probleme auf, die dem Leiter (Lehrer, Erzieher usw.) nur selten bewusst und bekannt sind. Häufig handelt es sich um unausgesprochene Störungen und jeder fragt sich: Warum geht es nicht weiter? Viele sind ratlos und

Jedes Gruppenmitglied wird durch ein anderes Gruppenmitglied beeinflusst.

Info 1
(Fortsetzung)

geben die Schuld der Gruppe, wobei sich das in der Folge darin äußert, dass man sich innerlich und äußerlich zurückzieht und die Arbeit in der Gruppe ablehnt.

Praktikantinnen im Anerkennungsjahr können beobachten, dass sich die Kindergruppen im Kindergartenjahr ständig verändern. Während zu Anfang des Kindergartenjahres häufig noch alles drunter und drüber geht, weil die Kinder sich in der Macht- und Auseinandersetzungsphase befinden, kann sich nach Weihnachten die Gruppenatmosphäre durch die Vertrautheitsphase in eine harmonische Zusammenarbeit gewandelt haben.

Um derartige Gruppenprozesse analysieren zu können, helfen die Phasenmodelle oder Phasentheorien aus der Gruppenforschung. Sie beziehen sich entweder auf bestimmte Aspekte der Gruppenentwicklung, z.B. auf die affektive Seite, oder aber sind typisch für bestimmte Arten von Gruppen, z.B. Supervisionsgruppen oder Lern- und Arbeitsgruppen. Dabei sind entwicklungsbedingte Gegebenheiten, wie z.B. Alter, Gruppengröße usw., immer zu berücksichtigen.

Hier soll das Modell von Bernstein/Lowy (Freiburg 1975) vorgestellt werden, da es den Vorteil hat, dass es alle Aspekte der Gruppenentwicklung berücksichtigt. Das Modell stammt aus der sozialen Gruppenarbeit. Es beruht hauptsächlich auf Beobachtungen und Erfahrungen mit freiwilligen Gruppen von Jugendlichen. In den einzelnen Phasen beschreiben die Forscher nicht nur den Entwicklungsstand der Gruppe, sondern auch die Aufgaben des Gruppenleiters.

Nach Bernstein/Lowy vollzieht sich die Entwicklung der Gruppe in fünf Phasen:

1. Voranschluss-/Orientierungsphase
2. Macht-/Auseinandersetzungsphase
3. Intimitäts-/Vertrautheitsphase
4. Differenzierungsphase
5. Abschluss-/Trennungsphase

Über die zeitliche Dauer der einzelnen Phasen liegen keine Angaben vor. Nicht jede Gruppe durchläuft alle Phasen. Manche Gruppen bleiben in der zweiten Phase stecken. Gruppen können auch in eine frühere Phase zurückfallen. Man nennt das Regression. Auch kann es möglich sein, dass sich nicht alle Gruppenmitglieder zur gleichen Zeit in derselben Phase befinden. Einige Mitglieder können eine Phase schneller durchlaufen, andere langsamer.

Info 2

Die Gruppenentwicklungsuhr

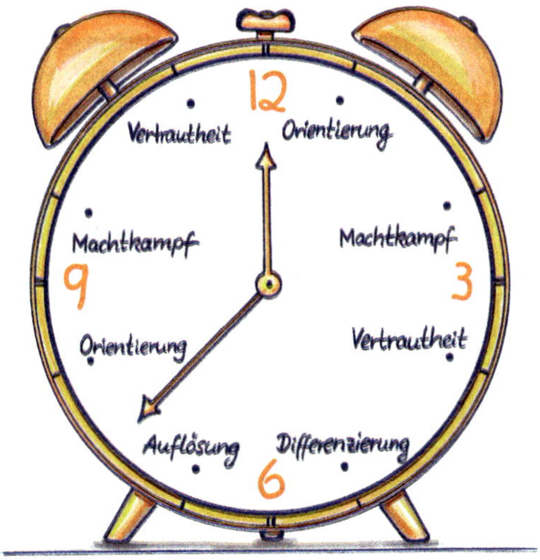

9610104

1. Voranschluss-/Orientierungsphase

Typische Merkmale	Konstruktives Verhalten der Gruppenleiterin	Fehlerhaftes Verhalten der Gruppenleiterin
- unsicher/ängstlich - Trennungsschmerz - Neugier/Distanz - aufeinander zu/ voneinander weg - erkunden/erforschen	- Spielraum und Freiheit ermöglichen - klare Strukturen/Grenzen - Unterstützung beim Kennenlernen - Geduld haben - Nähe zulassen - Schutz geben - Bedürfnisse nach Zuwendung befriedigen - Selbstbewusstsein stärken	- sofort Kleingruppenarbeit - mit Projekten beginnen - keine Nähe zulassen - ständiger Appell und Aufforderung: „Das kannst du doch allein." - Überforderung: „Du bist doch schon groß." - sich mit einem Kind allein lange beschäftigen - die Gruppe nicht im Blick haben

„In der Kindertagesstätte erleben sich viele Kinder zum ersten Mal in einer größeren „undemokratischen" Gemeinschaft unter Gleichen, die im Prinzip dieselben Rechte und Möglichkeiten haben."

Orientierungsplan für Bildung und Erziehung im Elementarbereich, Niedersächsisches Kultusministerium 2004

2. Macht-/Auseinandersetzungsphase

Typische Merkmale	Konstruktives Verhalten der Gruppenleiterin	Fehlerhaftes Verhalten der Gruppenleiterin
- Rollen werden gesucht und gefunden - der eigene Platz wird verteidigt - Selbstständigkeit wird erprobt - Sieger und Besiegte - Außenseiterpositionen entstehen - Machtkämpfe zwischen Kindern/Jugendlichen und Gruppenleiter - Austesten der Gruppenleiterin	- Aggressionen auffangen - auf Rollenfixierungen achten (z. B. „Sündenbockrolle") - Grenzen setzen - Konsequenzen verdeutlichen - Regeln aushandeln - dominante Kinder/Jugendliche bremsen und ruhige Kinder ermutigen - neutrale Vermittlerin bleiben - positive Grundhaltung auch bei aggressiven Kindern/Jugendlichen - Vorbildfunktion/ Modellverhalten	- parteiliches Verhalten („Petzern" immer Recht geben) - Schwachen keinen Schutz geben (Kinder sollen ihren Streit allein beilegen) - resignieren, sich zurückziehen - Klärung von Machtkämpfen unterbinden - Regeln aufstellen, ohne die Gruppe zu beteiligen - den „Tätern" mehr Aufmerksamkeit schenken als den „Opfern" - aggressives Verhalten persönlich nehmen und bestrafen

„Das Leben in der Gruppe ermöglicht den Kindern soziale Erfahrungen, die sie so in ihrer Familie nicht machen können: Die Kindergemeinschaft ist – wenn die individuelle Unterstützung und die Entwicklung sozialer Kompetenzen ernst genommen werden – ein Lernort für Demokratie und für die grundlegenden Werte Toleranz, Solidarität, Rücksichtnahme und Anerkennung. (...)"

Orientierungsplan für Bildung und Erziehung im Elementarbereich, Niedersächsisches Kultusministerium 2004

Info 2
(Fortsetzung)

3. Vertrautheits-/Intimitätsphase

Typische Merkmale	Konstruktives Verhalten der Gruppenleiterin	Fehlerhaftes Verhalten der Gruppenleiterin
- gegenseitige Wertschätzung - Stabilisierung der Beziehungen untereinander - weniger gruppeninterne Konflikte - Gruppenzugehörigkeitsgefühl - Abgrenzung von anderen Gruppen stärkt das Wirgefühl - „Gruppensprache" entsteht	- Gruppenleiter steht nicht mehr im Mittelpunkt - Freiräume für Entwicklungen schaffen - Kompetenzen stärken - Ausgang von Konflikten mehr beobachten/ nicht sofort einmischen - Themen der Gruppen wahrnehmen und evtl. Projekte entwickeln	- Gruppenverhalten nicht konstruktiv begleiten - sich aus allem raushalten - Leitungsrolle aufgeben - auf eigene Meinung verzichten - Desinteresse an Entwicklungen zeigen - Entwicklungsmöglichkeiten nicht erkennen - eigene Vorstellungen ohne Beteiligung der Gruppe durchsetzen - Gruppenverhalten nicht reflektieren

Orientierungsplan für Bildung und Erziehung im Elementarbereich, Niedersächsisches Kultusministerium 2004

„Kinder suchen das Vorbild von Kindern und sie erproben eigene Stärken und Schwächen zusammen und in der Auseinandersetzung. (...) Das erfolgreiche Spielen mit anderen Kindern und der Vergleich mit den anderen stärkt das eigene Selbstwertgefühl sowie die persönliche Widerstandsfähigkeit (Resilienz)."

4. Differenzierungsphase

Typische Merkmale	Konstruktives Verhalten der Gruppenleiterin	Fehlerhaftes Verhalten der Gruppenleiterin
- „goldene Zeit" für Aktivitäten und Programme - gegenseitige Unterstützung - Zusammenarbeit auch mit anderen Gruppen (Intergruppenarbeit) - gute Kommunikation - Identität - neues Verhalten wird ausprobiert - Ausnahmen werden respektiert - Rollenflexibilität	- Gruppenleiterin kann sich zurücknehmen - ist mehr beratend und helfend tätig - unterstützt den Aufbau von Beziehungen zu anderen Gruppen - stärkt vorhandene Kompetenzen - gibt Impulse/Anregungen bei „Leerlauf"	- Gruppe wird weiterhin stark von der Gruppenleiterin gesteuert - geht kein Risiko ein - will immer alles unter Kontrolle haben - nimmt Gruppenaktionen nicht wahr - Blick ist immer noch auf einzelne Kinder/ Jugendliche gerichtet - kann Gruppenbeziehungen nicht einschätzen und positive Rückmeldungen geben

Orientierungsplan für Bildung und Erziehung im Elementarbereich, Niedersächsisches Kultusministerium 2004

„Die Entwicklung emotionaler und sozialer Kompetenzen der Kinder wird durch die Förderung der Gruppenidentität unterstützt."

9610106

5. Abschluss-/Trennungsphase

Typische Merkmale	Konstruktives Verhalten der Gruppenleiterin	Fehlerhaftes Verhalten der Gruppenleiterin
- berufliche oder persönliche Veränderungen stehen bevor (Kinder kommen zur Schule) - evtl. hat man aber auch genug von der Gruppe - Abschieds-/Trennungsschmerz - Rückfall in Fremdheitsphase möglich (Regression) - Machtkämpfe können aufflammen - Provokationen gegenüber der Gruppenleitung, da man sich von einer „blöden“ Gruppenleiterin besser trennen kann als von einer geliebten Gruppenleiterin - weniger Kompromiss- bzw. Konsensbereitschaft - veränderte Interessenlage	- Gruppenleiterin leitet Rückschau ein - Auswertung von Lernergebnissen (Sammelmappen werden reflektiert) - kein Neubeginn von Projekten oder Kleingruppenarbeit - nach vorne gucken - Kontakte zu Außengruppen herstellen (Schulklassen) - Party feiern - Abschiedsfeste organisieren	- Kinder gefühlsmäßig abhängig machen - Ablösungsprozess nicht wahrhaben wollen - sich zurückziehen - besonders attraktive Angebote machen, um sich selbst als unentbehrlich darzustellen - mit Eltern besonders enge Beziehungen aufbauen - Zukunftsängste der Kinder im Hinblick auf Schule verstärken („… wenn du in die Schule kommst, dann wirst du sehen …“) - Eigeninitiative der Kinder nicht unterstützen - Provokationen der Kinder persönlich nehmen

„Kinder beziehen sich in ihrer Tätigkeit immer auf andere Personen (…) Ihre Bewegungen, ihre Äußerungen erzeugen und benötigen eine Resonanz von den mit ihnen lebenden Personen (…) Wehren sie die Äußerungen des Kindes ab, blockieren sie das Kind in seinen Bildungsbewegungen. Die Folge kann sein, dass das Kind stehen oder sitzen bleibt.“

Berliner Bildungsprogramm 2003

Info 3

Auf den Anfang kommt es an

Misslungener Schulanfang
Neue Schüler/-innen und neue Lehrer/-innen:
- sofort mit dem Unterricht beginnen
- Regeln anschreiben
- Schulordnung bekannt geben
- mit dem Thema beginnen
- Thema an die Tafel schreiben
- Aufgaben erteilen
- Ergebnisse einsammeln
- Hausaufgaben aufgeben
- Schüler/-innen entlassen

Nächster Tag
- Hausaufgaben nachgucken
- von Anfang an zeigen, wo es lang geht
- auf kleinste Störungen sofort reagieren
- evtl. Sitzordnung verändern
- Gruppenarbeit
- Ergebnisse beurteilen

Klimakatastrophe ist vorprogrammiert

Klimakatastrophe im Klassenzimmer

Gruppenentwicklungsuhr

Die Phasen verlaufen nicht geradlinig. Die Grenzen sind fließend. Nicht alle Gruppenmitglieder befinden sich zur selben Zeit in derselben Phase. Der entscheidende Prozess spielt sich in den ersten beiden Phasen ab. Das Modell von Bernstein/Lowy 1975 stellt kein schematisches und generalisierendes Prinzip dar. Es kann aber eine Hilfe zur Diagnose des **Klassenklimas** sein.

Auf den Anfang kommt es an
Neue Schüler/-innen und neue Lehrer/-innen:
- Klassenraum gestalten (Schüler/-innen sollen sich wohl fühlen)

Orientierungsphase:
- Erkundungs- und Kennlernspiele
- kurze Lerneinheiten
- Beziehung aufbauen

Machtkampfphase:
- Aggressionen in Aktivitäten umlenken
- Rollenspiele
- Aufstellen von Regeln
- Lerneinheiten mit Erfolgserlebnissen
- noch keine Gruppenarbeiten

Vertrautheitsphase:
- Gruppenarbeiten/Projekte, Aktionen
- Gruppe selbstständig planen lassen

Differenzierung:
- Intergruppenarbeit
- kooperative Aktivitäten
- Klassenfahrten

Auflösungsphase:
- Abschlussfahrt
- Rückblick/Ausblick
- Party

Gruppenentwicklung im offenen Kindergarten
Ein Kindergarten mit einem offenen Konzept bietet Kindern offene Gruppen an, d.h. die Kinder können Aktivitäten und Gruppen nach ihren eigenen Interessen und Bedürfnissen frei wählen und gehören keiner festen Gruppe an. Formen dieser Arbeit sind offene, übergreifende Gruppenangebote und offenes Arbeiten in Funktionsräumen. So gibt es verschiedenste Angebote, aufgeteilt in mehreren Räumen, die für alle Kinder zugänglich sind und von Erzieherinnen, die jeweils für einen Raum zuständig sind, betreut werden. Obwohl feste Gruppenstrukturen fehlen, bilden sich meist kleine Gruppen in Eigenverantwortung der Kinder, die prozessorientiert von der Erzieherin beobachtet und gefördert werden. Die Erzieherin hält sich dabei im Hintergrund, gestaltet die Umwelt gemäß den Bedürfnissen und reagiert auf die Wünsche und Interessen der Kinder.

Kindergärten mit offenem Konzept geraten bei kritischen Eltern nicht in Begründungsnot, wenn es darum geht, das offene Konzept gegenüber traditionellen Gruppenkonzepten zu verteidigen. So wird häufig argumentiert, dass der Mensch heute in einer hochkomplexen Gesellschaft flexibel und mobil sein sollte und bei der Suche nach einem Arbeitsplatz später auch das Elternhaus oder sogar das Heimatland verlassen muss. Jeder Einzelne muss fähig sein, immer wieder soziale Bindungen aufzugeben und an einem anderen Ort neue soziale Netzwerke aufzubauen.
Die Kinder sollen deshalb befähigt werden, eigene Bedürfnisse und Wünsche anderen mitzuteilen, um auch umgekehrt auf andere Kinder Rücksicht zu nehmen und sie zu akzeptieren.

Fazit

Das selbst verursachte Chaos in Kindergruppen/Schulklassen kann mithilfe einer Gruppenanalyse reflektiert und aufgelöst werden. Alle Phasenmodelle sind Typisierungen, d.h. in den jeweiligen Phasen werden die Phänomene zusammengefasst, die am häufigsten und am auffälligsten auftreten. Die Gruppenentwicklungsphasen nach Bernstein/Lowy stellen eine besondere Hilfe für Pädagogen dar. Sie ermöglichen das Fehlverhalten einzelner Kinder in Beziehung zum Gruppenverhalten zu sehen und erschließen dem Erzieher Möglichkeiten, darauf pädagogisch einzuwirken.

Aufgaben und Anregungen

1 Berichten Sie in Kleingruppen über Gruppenerfahrungen, die Sie während Ihres Praktikums erlebt haben, und versuchen Sie anhand der Gruppenentwicklungsphasen, Fortschritte und Fehlverhalten der Gruppenleitung zu analysieren.

2 Reflektieren Sie das Verhalten von Oliver, Laura, Renate, Susanne und Olga. In welcher Phase befinden sich die Studierenden? Welche Möglichkeiten hat die Dozentin, auf das Verhalten der Studierenden zu reagieren?

3 Beobachten Sie in Ihrer Gruppe Haltungen gegenüber der eigenen Gruppe und der Fremdgruppe (Parallelklasse). In welcher Gruppenentwicklungsphase befindet sich Ihre Gruppe nach dem Phasenmodell?

4 Sammeln Sie für jede Gruppenentwicklungsphase pädagogisch relevante Aktivitäten, die die Gruppenentwicklung fördern.

5 Tragen Sie alle Aspekte zusammen, die in einem Kindergarten oder einer Jugendgruppe zum Gruppenchaos führen können, und überlegen Sie Interventionen.

6 Zeigen Sie Möglichkeiten und Grenzen des Phasenmodells bei der Anwendung auf eine konkrete Gruppe (Kinder- oder Jugendgruppe) auf.

Tipps zum Weiterlesen

Büttner, Christian, *Gruppenarbeit*, Matthias-Grünewald-Verlag, Mainz
Klein, Irene, *Gruppenleiten ohne Angst*, München
Kindergarten heute 10/2000, Regine Böhm, *Viele sind noch lange keine Gruppe*, Herder Verlag, Freiburg

3 Wahrnehmung und Beobachtung

3.1 Ich sehe was, was du nicht siehst

Zirafeta, Renate und Ercan treffen sich bei Olga zu einer Gruppenarbeit über das Thema „Wahrnehmung". Nach getaner Arbeit unterhalten sich Zirafeta, Renate und Ercan darüber, was sie erleben, wenn sie in eine fremde Wohnung kommen.

Zirafeta: „Wenn ich zum ersten Mal in einer fremden Wohnung war, kann ich mich nachher an ziemlich viele Details recht gut erinnern. Ich weiß nicht nur, wie bestimmte Gegenstände ausgesehen haben, sondern kann mich auch gut daran erinnern, wo diese Gegenstände gestanden oder gelegen haben."

Renate: „Wenn ich zum ersten Mal in eine fremde Wohnung komme, dann kann ich mich danach ziemlich gut daran erinnern, wie das Bad ausgesehen hat. Ich weiß dann noch genau, wie groß der Spiegel war, welche Farbe die Kacheln oder Wände hatten und wie die Handtücher aufgehängt waren. Mich interessiert auch immer, ob man mit einem Rollstuhl durch die Tür fahren könnte und eine behindertengerechte Toilette Platz hätte."

Ercan: „Wenn ich zum ersten Mal in einer fremden Wohnung war, kann ich hinterher besonders gut die Küche beschreiben. Mit einem Blick kann ich sehen, ob in der Küche gerne gekocht wird oder eine sterile Ordnung herrscht. Ich kann dir genau sagen, welche Küchengeräte und Küchenmaschinen vorhanden waren und wo sie gestanden haben. Die anderen Dinge in der Wohnung interessieren mich nicht so sehr."

Fragen

- ✔ *Vergleichen Sie die Wahrnehmungseindrücke von Zirafeta, Renate und Ercan.*
- ✔ *Sehen sie die fremde Wohnung eher sachlich?*
- ✔ *Spielen Emotionen und Erfahrungen eine Rolle?*
- ✔ *Stehen die Wahrnehmungseindrücke im Zusammenhang mit ihrer Biografie?*
- ✔ **Fragen Sie sich selbst**: *Wie viele Beobachtungen machen Sie zur gleichen Zeit?*
- ✔ *Welche Dinge behalten Sie besonders gut? Was könnten die Gründe dafür sein?*
- ✔ *Beobachten Sie gerne Einzelheiten oder das Wesentliche, schnell oder gründlich?*
- ✔ *Wie merken Sie sich Dinge: schnell merken und vergessen, langsam lernen und lange behalten?*
- ✔ *Wie gut und wie lange können Sie sich konzentrieren?*
- ✔ *Was ist Ihre bevorzugte Art der Wahrnehmung?*
- ✔ *Welcher Wahrnehmungstyp sind Sie? (s. Aufgabe)*

9610110

Unser konstruiertes Weltbild

Info 1

Die „Fuchsperspektive“

„Mein Leben ist eintönig. Ich jage Hühner, die Menschen jagen mich. Alle Hühner gleichen einander und alle Menschen gleichen einander. Ich langweile mich also ein wenig. Aber wenn du mich zähmst, wird mein Leben wie durchsonnt sein. Ich werde den Klang deines Schrittes kennen, der sich von allen anderen unterscheidet. Die anderen Schritte jagen mich unter die Erde. Der eine wird mich mit Musik aus dem Bau locken. Und dann schau! Du siehst da drüben die Weizenfelder? Ich esse kein Brot. Für mich ist der Weizen zwecklos. Die Weizenfelder erinnern mich an nichts. Und das ist traurig. Aber du (der kleine Prinz; Anm. d. A.) hast weizenblondes Haar. Oh, es wird wunderbar sein, wenn du mich einmal gezähmt hast! Das Gold der Weizenfelder wird mich an dich erinnern. Und ich werde das Rauschen des Windes im Getreide lieb gewinnen. (...)“

aus: Antoine de Saint-Exupéry, Der kleine Prinz, Karl Rauch Verlag, Düsseldorf 1956, S. 68

Perspektivenwechsel

„Eine prächtige Tanne stand an ihrem Außenrand und in der Mitte ein kleiner Erdhügel, bedeckt von glänzendem, fast leuchtendem, grünem Moos. Die Strahlen der Nachmittagssonne fielen schräg auf das blauschwarze Grün des Nadelwaldes. Das kleine Dach, das vom Himmel zu sehen war, war von vollkommenem Blau. Das ganze Bild war von einer Vollständigkeit, einer solchen Vollkommenheit konzentrierter Kraft, dass es mich abrupt stehen bleiben ließ. Ich trat an den Rand der Lichtung und dann, behutsam wie an einen magischen oder heiligen Ort, in ihre Mitte, wo ich mich setzte und dann hinlegte, die Wange gegen das frische Moos gepresst. ‚Hier ist es‘, dachte ich und ich fühlte Angst, die mein Leben durchzog, von mir abfallen.“

aus: Jean Liedloff, Auf der Suche nach dem verlorenen Glück, C. H. Beck Verlag, München 1982, S. 12

Selektive Wahrnehmung kann zu Fehlurteilen führen.

Die Menschen sind reine „Filterwesen“. Die Reize, die von der Außenwelt auf ihre Sinne einströmen, werden zu Sinneseindrücken, die das Gehirn sortiert. Die wichtigen werden herausgefiltert, andere werden ausgeblendet, da man es weder körperlich noch psychisch verkraften könnte, alle Reize auf einmal wahrzunehmen (s. Reizüberflutung). So kann der Kurzzeitspeicher des menschlichen Gedächtnisses im Allgemeinen nur zwischen fünf und neun Informationen zur gleichen Zeit aufnehmen, weiterverarbeiten und auch behalten. Ein Überangebot an externen Reizen führt zur Selektion der Informationen. Demnach wird nur ein Teil dessen, was auf den Menschen einströmt, tatsächlich wahrgenommen. Forscher sprechen in diesem Sinne von der **„selektiven Wahrnehmung“**.

Die meisten Menschen nehmen ihre Umwelt beispielsweise primär über das Sehen wahr, da die anderen Sinneskanäle häufig weniger geschult sind. Nur der Teil der Informationen, der zum Gehirn weitergeleitet wird, kann entschlüsselt und ausgewertet werden, sodass es zu einer Empfindung und somit zu einer Reaktion kommt. (Vgl. auch Band 2, LF 4, Kap. 10.) Das Bild, das unsere Sinne uns von dieser Welt bietet, ist daher kein objektives Abbild der Realität. Unsere Wahrnehmungs- und Erlebnisfähigkeiten sind für eine ganzheitliche Erfahrung nicht angemessen entwickelt. Das zu glauben, fällt den meisten Menschen schwer, denn sie setzen ihre Wahrnehmung der Wirklichkeit mit der Wirklichkeit selbst gleich. Beispiele dafür lassen

Info 1
(Fortsetzung)

sich am häufigsten in der Struktur von Konflikten beobachten. Ein Großteil dieser Auseinandersetzungen besteht darin, auf der eigenen Position zu beharren und fest daran zu glauben, dass die eigene Sicht der Dinge auf Wahrheit und Objektivität beruht.

Friedrich Glasl schreibt dazu in seinem Buch „Selbsthilfe in Konflikten“ (vgl. Freies Geistesleben, Stuttgart, S. 25 f.):

„In Konflikten tritt mehr und mehr eine Beeinträchtigung der sinnlichen Wahrnehmungsfähigkeit auf, wodurch die am Konflikt beteiligten Personen zu unterschiedlichen Bildern der Wirklichkeit kommen. Jede Person meint aber, dass ihr Bild das richtige sei und dass die andere Partei die Wirklichkeit verfälsche. Diese unterschiedlichen Bilder führen zu mehr Aggressionen; diese vergrößern die Wahrnehmungsunterschiede, verstärken erst recht den Ärger und sind der Antrieb zu weiteren Angriffen. Insgesamt treten bei den Beteiligten – von diesen kaum oder nicht bemerkt – in der Hauptsache noch folgende Veränderungen in diesem Bereich auf:

- Die Aufmerksamkeit wird selektiv, d.h., manche Dinge werden schärfer und andere gar nicht gesehen.
- Bedrohliches wird deutlicher gesehen
- anderes wird übersehen.
- Ärgerliche und störende Eigenschaften des Gegners fallen auf, gute Eigenschaften des Gegners werden übersehen oder bagatellisiert.
- Es kommt zu einer Beeinträchtigung der Zeitwahrnehmung (so genannte ‚kognitive Kurzsichtigkeit‘), wodurch die mittel- und langfristigen Folgen des eigenen Tuns immer mehr aus dem Bewusstsein schwinden.
- Ereignisse werden verzerrt und oft verdreht wahrgenommen, sodass es zu einer Umkehrung im Erinnern der chronologischen Reihenfolge kommen kann.
- Vielseitige und komplexe Dinge oder Situationen werden nur noch simplifiziert wahrgenommen.
- Es wird nur noch das gesehen, was der eigenen Meinung und dem eingeschliffenen Denkmuster entspricht, d.h., bestehende Vorurteile werden bestätigt und verfestigen sich.“

Info 2

Der unbewusste Ablauf: Vom Wahrnehmen zum Handeln

Je fremder die Situation, desto wahrscheinlicher wirkt sie bedrohlich.

Die Wahrnehmung des Menschen unterliegt einer Reihe von Regeln und Gesetzmäßigkeiten, die sich im Wesentlichen aus der Lebensgeschichte des Einzelnen und aus der Umwelt ergeben. Eine Rolle spielt zum Beispiel, ob eine Situation zum ersten Mal erlebt wird oder ob auf frühere Erfahrungen zurückgegriffen werden kann.

In aller Regel ist es so, dass zwei Personen **ein und dieselbe Situation** unterschiedlich wahrnehmen. Ihre Wahrnehmungen und emotionalen Reaktionen werden stark von der momentanen Verfassung der Persönlichkeit geprägt. Unsere Emotionen sind eine direkte Reaktion auf unsere Wahrnehmungen. Emotionen führen daher geradezu automatisch und unabhängig vom Denken zu spontanen Entscheidungen und Handlungen. Im Gegensatz dazu basiert das überlegte Handeln auf der gedanklichen Bewertung der Handlungs- und Entscheidungsoptionen.

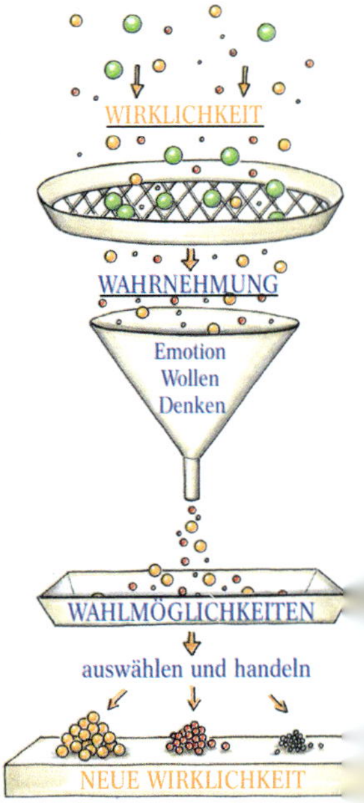

Reize nehmen Gestalt an

Info 3

Gestaltpsychologen haben erforscht, wie in das Chaos der Reize, die unentwegt auf den Menschen einwirken, Ordnung einkehrt. Sie haben einige Gesetzmäßigkeiten herausgefunden, die zeigen, dass durch die Wahrnehmung ungeordnete oder momentan sinnlos erscheinende Reize zu einer „Gestalt" zusammengefügt werden. Die gewonnenen Erkenntnisse haben die Forscher zu der Einsicht geführt, dass der Mensch gar nicht anders „kann", als Gestalten zu sehen und dass einzelne Reize grundsätzlich in einem Gesamtzusammenhang eingebettet sind.

Beispiele einiger Gestaltgesetze

Gesetz der Nähe:
Reize, die nahe beieinander liegen, werden als zusammengehörig wahrgenommen

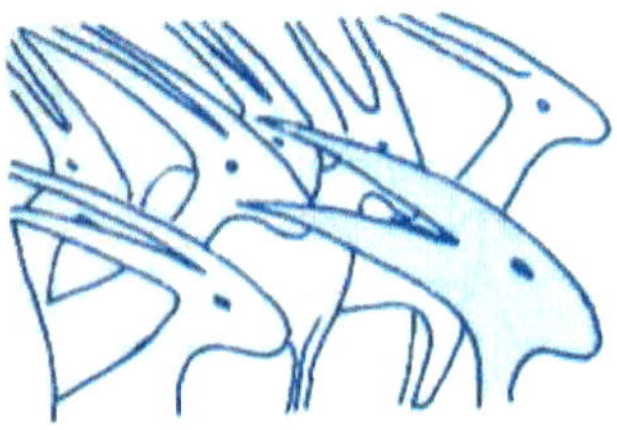

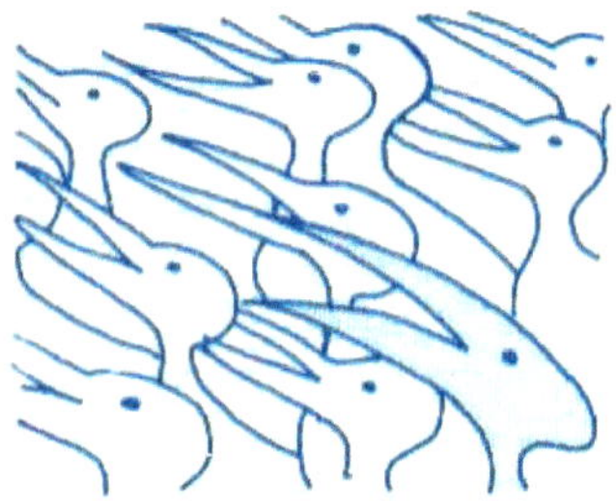

Gesetz der Ähnlichkeit:
Einander ähnlich sehende Elemente werden eher als zusammengehörig erlebt als einander unähnlich sehende.

O N O N O N O N O
O N O N O N O N O
O N O N O N O N O
O N O N O N O N O
O N O N O N O N O
O N O N O N O N O

Gesetz der Geschlossenheit:
Nicht vorhandene Teile einer Figur werden in der Wahrnehmung ergänzt. Offensichtlich werden Einzelteile zu einem Gesamteindruck verarbeitet, der mehr ist als die „Summe der Einzelteile" (typische gestaltpsychologische Aussage).

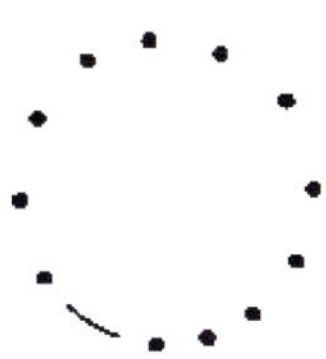

Info 4

Kulturelle Wahrnehmungserfahrungen

Wahrnehmen hängt nicht nur von biologischen Bedingungen ab, sondern wird auch durch kulturelle, soziale und individuelle Faktoren wesentlich beeinflusst bzw. geprägt.

Erfahrungen verändern unsere Wahrnehmung

Während sich westliche Kulturen vor allem durch Formdominanz auszeichnen, findet man bei Naturvölkern eine stärkere Beachtung der Farben.

- Eskimos z.B. können viele Weißtöne unterscheiden und haben viele verschiedene Bezeichnungen für Schnee.
- Wüstenstämme unterscheiden und benennen viele Brauntöne, Urwaldbewohner entsprechend viele Grüntöne.

Das menschliche Auge unterscheidet 350 000 Farbqualitäten. Es gibt jedoch nur wenige Kategorien und Namen für all diese Farben.

Ein Anthropologe (Colin Turnbul, 1962) berichtete von einem kleinen Volksstamm innerhalb des Kongos, den Pygmäen. Er besuchte sie im dicht bewachsenen Regenwald und studierte ihren Lebensraum. Viele dieser Pygmäen hatten noch nie den Wald verlassen, sodass sie keine Erfahrung darin hatten, dass durch große Entfernungen wahrgenommene Objekte viel kleiner erscheinen. Auf einem Ausflug sah ein Pygmäe zum ersten Mal von einem Berg in die Weite. Der Pygmäe entdeckte weit entfernt am Horizont eine Büffelherde und stellte seinem Begleiter die überraschende Frage: „Was sind das für Insekten?“

Die Beispiele zeigen, dass die Wahrnehmung tatsächlich von Erfahrungen und damit vom Lernen abhängig ist.

Anhand von Untersuchungen haben Wissenschaftler herausgefunden, dass auch das Verständnis einfacher Abbildungen offenbar an Voraussetzungen gebunden ist, die nicht in jeder Umwelt in gleicher Weise erworben werden. Dies wird an folgendem Beispiel deutlich:

Wen fängt das Lasso?

Angehörige einiger afrikanischer Stämme, die nicht mit der bildlichen Darstellung von Entfernung durch Größenveränderung vertraut sind, gelangen zu anderen Antworten als die meisten Mitglieder westlicher Kulturen.

Für Europäer zielt das Lasso des Cowboys auf das Pferd im Vordergrund, während sie die Kuh im Hintergrund sehen. Bewohner bestimmter isolierter Regionen Afrikas urteilen, die Kuh werde wegen des geringen Abstandes zum Cowboy auf dem Bild (ohne Berücksichtigung von Entfernungshinweisen) vom Lasso gefangen.

Quelle: Hudson 1960 in Gerd Mietzel. Wege in die Psychologie. Klett-Cotta, Stuttgart 2002, S. 149

Soziale Wahrnehmungserfahrungen

Je nach eigenen Interessen wird jeder Mensch in erster Linie die Dinge in seinem Umfeld wahrnehmen, die ihn persönlich interessieren oder ihm bekannt sind. So wird jemand, der am Wegesrand Wildkräuter sammeln will, mehr Pflanzen wahrnehmen als ein Jogger oder Sonntagsspaziergänger. Auch die Absicht spielt eine Rolle. Wer Wildkräuter sucht, wird schließlich welche finden.

Wenn wir die Anforderung an uns in einer Situation hoch bewerten, steigt unsere Konzentration und damit unsere Aufmerksamkeit. So werden wir uns mehr auf den Verkehr konzentrieren, wenn wir schnell fahren, oder Meldungen am Computer als Anfänger noch intensiver studieren.

Viele Untersuchungen belegen, dass individuelle Faktoren (Persönlichkeitsmerkmale) unsere Wahrnehmung beeinflussen, z. B.

- Triebe (z. B. Sexualität, Hunger)
- Gefühle, Stimmungen (z. B. Angst, Unruhe)
- Bedürfnisse (z. B. nach Anerkennung)
- Wertvorstellungen (z. B. Religiosität)
- Einstellungen (z. B. radikale politische Einstellungen)

Info 5

Der Verliebte nimmt die Umwelt anders wahr, als der Enttäuschte.

Quelle: Jochen Mariss Werkstatt Bielefeld

Fazit

- Unsere Umwelt liefert viele mehrdeutige Reizmuster, die Unsicherheit und manchmal sogar Verwirrung verursachen.
- Der Mensch lernt, nicht einfach dem Augenschein zu trauen, sondern das, was seine Sinne ihm über die Umwelt mitteilen, muss durch weiteres Wissen ergänzt werden.
- Wir sehen, was wir denken!
- Wir sehen, was wir wünschen!
- Wir sehen, was wir erfahren haben!

Aufgaben und Anregungen

1 Diskutieren Sie folgende Fragen:
- Hat jeder Mensch durch seine Lernbiografie einen bestimmten Wahrnehmungsstil entwickelt?
- Warum gibt es Menschen, die Konflikte schneller lösen als andere?
- Wie beeinflusst die Wahrnehmung Prozesse des Denkens?
- Was wird mit dem Begriff „Einstellung“ bezeichnet?
- Welche Merkmale kennzeichnen Einstellungen?
- Wie entstehen durch Wahrnehmungserfahrungen Vorurteile?

2 Sammeln Sie Vorurteile gegenüber Minderheiten (z. B. Ausländern, Homosexuellen usw.) und analysieren Sie die Vorurteile mithilfe Ihrer fachtheoretischen Kenntnisse.

3 Formulieren Sie Ziele, die zum Abbau von Vorurteilen führen.

4 Planen Sie (evtl. mit Jugendlichen) eine Aktion, die sich gegen Vorurteile einer bestimmten Minderheitengruppe in Ihrer Region richtet, (z. B. ein „Café International“ in einer Begegnungsstätte. Dort könnte eine Ausstellung mit Fotos, Handarbeiten u. a. organisiert werden. Viele Eltern kochen gerne international. Führen Sie die Aktion in einem bestimmten Zeitraum durch. Bewerten Sie die Ergebnisse im Hinblick auf ihre Wirksamkeit

Aufgaben (Fortsetzung)

5 Fahren Sie einmal an eine Straßenkreuzung und betrachten Sie den „Schilderwald“. Nach welchen Wahrnehmungsprinzipien wurden die Schilder aufgestellt?

6 Im Verkehrsfunk hören Sie häufiger die Meldung „Vorsicht Falschfahrer“. Welche möglichen Gründe könnten aus wahrnehmungspsychologischer Sicht dazu geführt haben, dass jemand auf die falsche Seite einer Autobahn fährt?

7 Versuchen Sie mit dem Gesetz der Ähnlichkeit zu erklären, ob Angehörigen einer bestimmten Gruppe, beispielsweise Menschen aus anderen Kulturen, einer bestimmten Nation oder Rasse oder auch Homosexuellen gleiche Eigenschaften zugeschrieben werden können. Entstehen so Vorurteile?

8 Werden zwei Menschen, die öfter zusammen gesehen werden, als Paar wahrgenommen, die möglicherweise eine Beziehung miteinander haben? Spielt dabei das Gesetz der Nähe eine Rolle?

9 Erklären Sie aus wahrnehmungspsychologischer Sicht die Redewendung „Du hörst wohl das Gras wachsen“.

10 Finden Sie heraus, über welche bevorzugten Sinneskanäle Sie Ihre Umwelt wahrnehmen.

11 Setzen Sie sich paarweise gegenüber. Überlegen Sie sich zehn Begriffe wie z. B. Fenster, Heu, Wolken, Auto usw. Die Begriffe sollen aus ganz unterschiedlichen Bereichen sein und ganz unterschiedliche Wahrnehmungskanäle ansprechen.

Tragen Sie die Begriffe in die Tabelle auf Ihrer Kopie ein (siehe unten).

Partner A legt sich nun ganz entspannt zurück und schließt die Augen. Partner B liest den ersten Begriff auf seiner Liste vor. A soll ganz spontan und ohne lange zu zögern sagen, mit welchem Kanal er sich den Begriff zuerst vorstellt, welche Wahrnehmung als zweite und welche Wahrnehmung als letzte vor seinem inneren Auge erscheint. Taucht in der Erinnerung bei A zuerst ein Bild (visueller Kanal), ein Geräusch (auditiver Kanal) oder zuerst ein Geruch, ein Gefühl oder eine körperliche Empfindung (**kinästhetischer** [Bewegungsempfindung] Kanal) auf?

	a) visuell	**b) auditiv**	**c) kinästhetisch**
1.			
2.			
3.			
4.			
5.			
6.			
7.			
8.			
9.			
10.			

9610116

Ein Beispiel: B nennt A den Begriff „Meer". A denkt zuerst an das Rauschen des Meeres, dann spürt er die warme Seeluft, die über sein Gesicht streicht, und zuletzt sieht er in der Ferne, wie sich der blaue Himmel im Meer spiegelt. B trägt nun auf der Tabelle hinter dem Begriff „Meer" 1 Punkt bei „auditiv", 2 Punkte bei „kinästhetisch" und 3 Punkte bei „visuell" ein. So verfahren Sie bei allen Begriffen aus Bs Liste, dann werden die Rollen getauscht.

Am Ende addiert man die Werte der Spalten. Der Wahrnehmungskanal mit der geringsten Punktzahl ist wahrscheinlich der bevorzugte. Es wird sicher keine reinen Typen geben, eher kann man davon ausgehen, dass es viele Mischformen gibt.

Diskutieren Sie mit Ihrem Partner, ob die Ausprägung von Wahrnehmungstypen auch kulturell bedingt sein kann.

Idee aus: Udo Kliebisch/Dirk Weyer, Selbstwahrnehmung und Körpererfahrung, Verlag an der Ruhr, Mülheim 2001, S. 18–20

12 Denken Sie darüber nach, ob Wahrnehmungsfehler beim ersten Eindruck von Personen vorprogrammiert sein können und versuchen Sie eine fachliche Antwort auf diese Frage zu finden. Betrachten Sie in diesem Zusammenhang die beiden Kinder auf den Bildern. Welche Gedanken gehen Ihnen durch den Kopf? Schreiben Sie Ihren Wahrnehmungseindruck auf und vergleichen Sie ihn mit Ihren Mitstudierenden.

13 Nehmen Sie sich fünf Minuten Zeit und denken Sie an einen Konflikt, den Sie in letzter Zeit mit einer Freundin oder einem Freund hatten. Welche Position haben Sie in diesem Konflikt vertreten? Gab es wirklich nur eine Sichtweise?

14 Finden Sie heraus, wie Gerüchte entstehen. Oft kann man beobachten, dass eine Mitteilung, die durch Erzählen weitergegeben wird, am Ende ganz anders ankommt, als sie ursprünglich lautete. Wie können Sie diesen Sachverhalt mithilfe gestaltpsychologischer Erkenntnisse erklären?

15 Zeigen Sie an verschiedenen Beispielen auf, wie unsere Wahrnehmung durch Gestaltgesetze strukturiert und organisiert wird.

16 Sind Sie auch schon einmal auf Werbung hereingefallen? Sammeln Sie aus verschiedenen Zeitschriften Anzeigen über Produkte, die Ihnen besonders gut gefallen, und analysieren Sie anhand der Wahrnehmungsgesetze die „Tricks" der Werbepsychologen.

3.2 Warum wir uns täuschen lassen

Olga hat Ercan zum Essen eingeladen. Sie hat sich dabei viel Mühe gegeben. Das Essen ist fertig und der Tisch ist gedeckt, aber Ercan fehlt. Langsam wird Olga ärgerlich. Endlich klingelt es. Etwas genervt begrüßt ihn Olga: *„Warum bist du so spät?"* Ercan: *„Ich bin nicht spät."* Er lacht und überreicht ihr ein Körbchen mit frischen türkischen Feigen. Ironisch fügt er hinzu: „Du kennst doch den Spruch ‚Komm ich heut' nicht, komm ich morgen', oder?" „Sag mal, Ercan, nimmst du mich nicht ernst?", fragt ihn Olga und bedankt sich mit einem süßsauren Lächeln für die Feigen. „Doch, doch, aber schau mal auf die Uhr. Ich bin nur fünf Minuten zu spät." Olga schaut auf die Uhr. „Du hast Recht, aber mir kam das vor wie eine Ewigkeit. In Deutschland ist man eben pünktlich, wenn man zum Essen eingeladen wird." „Oh, entschuldige bitte. Weißt du, bei uns ist das ganz anders. Wenn wir Freunde eingeladen haben, dann sagen wir eine Zeit, z. B. vier Uhr. Dann kommen sie aber, wann sie wollen. Erst wenn sie da sind, dann holen wir das Essen aus der Küche. Wir haben einfach ein anderes Zeitverständnis. Deshalb sind fünf Minuten Verspätung für mich absolut kein Problem. Aber nächstes Mal weiß ich, dass du da sehr genau bist. Ich werde sicher noch pünktlicher sein."

Fragen

- ✔ *Ist es Ihnen auch schon einmal so ergangen, dass Ihnen die Zeit „weggelaufen" ist oder Ihnen fünf Minuten wie eine Ewigkeit vorgekommen sind?*
- ✔ *In welchen Situationen passiert es Ihnen häufig, dass Ihnen das Zeitgefühl verloren gegangen ist?*
- ✔ *Wie gehen andere Kulturen mit der Zeit um?*
- ✔ *Haben Kinder ein Zeitgefühl, obwohl sie die Uhr noch nicht kennen?*

Info 1 Wahrnehmungstäuschung

Als Wahrnehmungstäuschungen bezeichnet man Wahrnehmungsinhalte und bewusste Erlebnisse, die von der real vorhandenen Wirklichkeit abweichen, von der wahrnehmenden Person jedoch als real vorhanden empfunden werden.

Wahrnehmungstäuschung kann in vielen Bereichen erfolgen: zeitlich: z. B. eine Minute kann „wie eine Ewigkeit" erscheinen; optisch: bei Föhnwetter erscheint das weit entfernte Gebirge „zum Greifen nahe"; in der Bewegung: beim Karussellfahren scheint sich die Umgebung zu „drehen".

Wahrnehmungspsychologen und Künstler sind diesem Phänomen nachgegangen und haben sog. Umkehrbilder (auch

„Kippfiguren“) geschaffen. Folgende Beispiele stellen eine kleine Auswahl von einer Vielzahl solcher Abbildungen dar.

Die meisten Menschen sehen z.B. auf dem Bild von Rubin zuerst eine Vase, die sich von einem dunklen Hintergrund abhebt. Nach längerer Betrachtung gelingt es ihnen, auch die dunklen Flächen zu Figuren werden zu lassen. Sie erkennen zwei Gesichter, die sich gegenüberstehen.

Auf der Abbildung von Escher werden einzelne Teile der Darstellung als zusammengehörig wahrgenommen. Die Abbildung von Ebbinghaus zeigt zwei gleich große Kreise im Mittelfeld, die von einem Kranz kleiner oder großer Kreise umringt werden. Dem Betrachter scheinen sie jedoch unterschiedlich groß zu sein. Bei Poggendorff werden die geraden Linien als krumme Linien wahrgenommen.

Edgar Rubin (1886–1951)

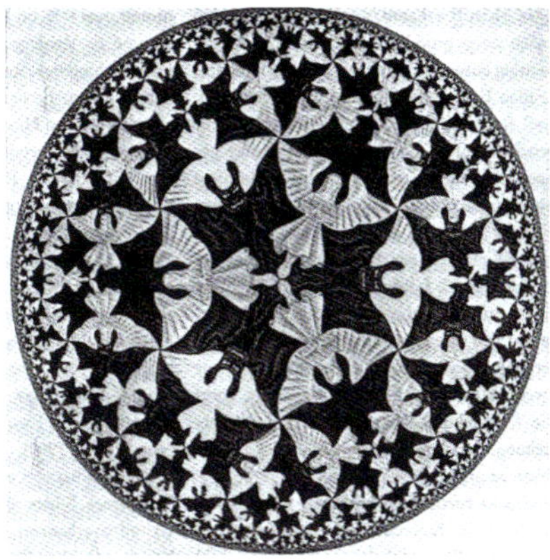

Maurits Escher (1898–1972)

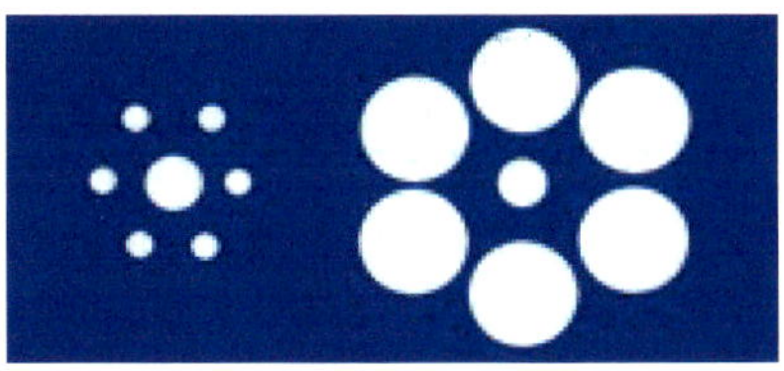

Ebbinghaus (1850–1909)

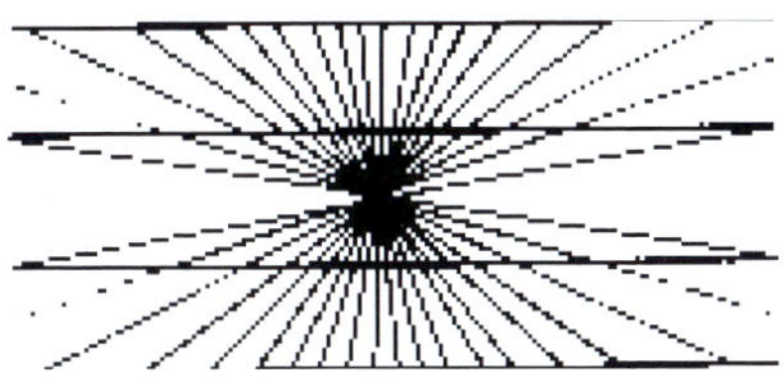

Poggendorff (1796–1877)

Wie man Kindern optische Täuschungen erklären kann

Info 2

Laura erklärt ihrer zehnjährigen Nichte, was „optische Täuschungen“ sind:

„Wenn du das menschliche Auge mit einem Fotoapparat vergleichen würdest, dann wäre die Netzhaut der eingelegte Film oder der Bildwandler bei einer Digitalkamera. Filme oder Bildwandler funktionieren immer nach dem gleichen Prinzip, indem sie aufnehmen, was ihnen geboten wird. Im Gegensatz zum Film oder Bildwandler werden Wahrnehmungen auf der Netzhaut nicht nur einfach registriert, sondern anschließend durch dein Gehirn verarbeitet. Nicht die Augen täuschen dich, sondern vielmehr die Art und Weise, wie deine Seheindrücke weiterverarbeitet werden. In deinem Gedächtnis

Info 2
(Fortsetzung)

hast du sehr viele Informationen und Eindrücke von früher gespeichert, die jetzt mit deinen neuen Seheindrücken verknüpft werden. Deshalb siehst du die Welt immer im Vergleich mit bereits gespeicherten ‚Einträgen' im Gedächtnis.

Das Gehirn will die Dinge so sehen, wie man sie aus Erfahrung kennt.

Ist die Verbindung zwischen deinem Gehirn und den Augen unvollkommen, kommt es zu optischen Täuschungen.

Normalerweise würde die ganze Welt auf dem Kopf stehen, denn wie bei einer Kameralinse kommen die reflektierten Bilder auf dem Kopf stehend auf deiner Netzhaut an.

Weil du aber die Erfahrung gemacht hast, dass es andersherum richtig ist, steht für dich die Welt nicht auf dem Kopf. Manche optischen Täuschungen werden durch Krankheit oder durch Drogenkonsum hervorgerufen. Vielleicht hast du auch schon einmal von Halluzinationen gehört. Das sind extreme optische Täuschungen, nämlich Bilder, die es gar nicht gibt."

Fazit

Unser Wahrnehmungsprozess liefert kein genaues Bild von der Umwelt, sondern erzeugt vielmehr ein Modell der Welt.

Aufgaben und Anregungen

1 Können Sie den Buchstabensalat lesen? Wenn ja, warum?

BCUHSATBENSLAAT

Wuram knenön Sie deiesn Txet fsat moelhüs lseen? Die Regihenfloe der Buhcsatebn ist dcoh vlonstlädig ducirhenaednr! Aebr dauarf kmomt es acuh gar nihct an. Das stleletn birstihce Wesesnhcaftlsir brieets vor mher als 25 Jhraen fset. Sie baetn Sendutten, Txete mit cohaticsh vetrusachetn Bcuhsatebn zu leesn. Kenier von inehn httae Peborlme dmiat, sloagne nur der esrte und der ltetze Bcushtbae jeeds Wroets rihcitg war. Das Emerpexint biesewt, dsas Wetörr als gnaze whemogranmen wreedn, und dsas das Hrin biem Lseen stniädg Hopyhtseen afutslelt. Wnen scih dsiee biem Bcilk auf das Writbold acuh nur ofberllcähcih bsietetägn, wreedn die ennilezen Busahtcebn pkarctsih gar nchit mher wramgomhenen.

KRAKELEI IM SPIEGEL

Versuchen Sie, eine Linie zwischen den beiden konzentrischen Sternen zu zeichnen. Betrachten Sie dabei Ihre Hand jedoch nur durch einen Spiegel.

Die Überraschung, die Sie dabei erleben, entsteht, weil das Hirn die geplante Bewegung nicht mit der gesehenen in Übereinstimmung bringen kann.

aus: Spiegel spezial Nr. 4/2003, S. 41

Wie erklären Sie sich die optischen Täuschungen?

Schützt das Wissen über optische Täuschungen vor Fehlurteilen?

2 Zeigen Sie die Beispiele mit den optischen Täuschungen Schulkindern im Alter von zehn bis zwölf Jahren und protokollieren Sie die Antworten der Kinder auf die Fragen, die Sie den Kindern stellen.

Diskutieren Sie die Antworten unter entwicklungspsychologischen Gesichtspunkten.

Denken Sie sich kindgerechte Erklärungen aus und vergleichen Sie diese mit Info 2 auf Seite 120: Wie man Kindern „optische Täuschungen" erklären kann.

Überprüfen Sie die Aussagen, indem Sie sich über wissenschaftliche Informationen in Nachschlagewerken und im Internet sachkundig machen.

Informieren Sie sich über kulturelle Unterschiede im Zeitverständnis. Wie genau nehmen es Eltern aus anderen Kulturen mit der deutschen Pünktlichkeit? Werden die Kinder z. B. zu anderen Zeiten in den Kindergarten gebracht als die deutschen Kinder? Welche traditionellen Gründe könnten eine Rolle spielen?

Tipps zum Weiterlesen

Escher, Maurits Cornelius, *Grafik und Zeichnungen*, Benedikt Taschen Verlag GmbH, Köln

Hahn, Maria/Janssen, Rolf, *Erziehungswissenschaft, Band 1*, Stam Verlag, Köln 1995

Hobmair, Hermann, u. a., *Psychologie*, Stam Verlag, Köln 2003

Mietzel, Gerd, *Wege in die Psychologie*, Klett-Cotta, Stuttgart 2006

Rock, Irvin, *Wahrnehmung: Vom visuellen Reiz zum Sehen und Erkennen*, Spektrum Verlag

Zimbardo, Philip G., *Psychologie*, Spektrum Akad. Verlag, Berlin 1985

3.3 Objektiv beobachten – ist das überhaupt möglich?

Zirafeta hat in ihrer Ausbildung zur Sozialassistentin gelernt, dass in der pädagogischen Praxis die **Beobachtung** eine grundlegende Methode ist, um die Kinder in ihrer Entwicklung zu fördern. Sie kennt den Unterschied zwischen **Alltagbeobachtungen** und **wissenschaftlichen Beobachtungen**. Wenn sie Kinder systematisch beobachtet, wendet sie in der Regel die **nicht teilnehmende Beobachtung** an, d. h., sie registriert das Verhalten eines Kindes, ohne sich am Spielgeschehen zu beteiligen.

Einigen Mitstudierenden fehlen diese Informationen. Zirafeta kramt in ihren Unterlagen und findet einen Beobachtungsbericht von damals. Zusammen mit ihrer Erzieherin beobachtete sie ein verhaltensauffälliges Kind. Um subjektive Einflüsse weitgehend auszuschalten, beobachtete jede für sich allein. Die zehn Beobachtungsprotokolle wurden nach 14 Tagen ausgewertet. Sie lieferten der Erzieherin wertvolles Material für Elterngespräche und gaben wichtige Impulse zur Entwicklungsförderung:

Ein Beobachtungsprotokoll:

Beobachtungsort: Kindergarten
Beobachtungsanlass: Das Beobachtungskind, ein Mädchen, drei Jahre, besucht seit zwei Wochen den Kindergarten. Es scheint ihr schwer zu fallen, Kontakte zu anderen Kindern aufzunehmen.

„Regelmäßige und gezielte Beobachtungen gehören zum wichtigsten Handwerkszeug der Erzieherin, um die Kinder in ihren Bildungsprozessen zu unterstützen. Sie sind daher unerlässlich."

Das Berliner Bildungsprogramm, Senatsverwaltung für Bildung, Jugend und Sport, Juni 2003, S. 11

Beobachtungsziel: Kontaktfähigkeit
Wie häufig und auf welche Art und Weise nimmt das Mädchen Kontakt zu anderen Kindern auf?
Beobachtungssituation: Freispiel
Datum: 02.05.2005
Beginn: 08:56 Uhr
Ende: 09:10 Uhr

Lisa sitzt am Tisch und knetet. Das Mädchen neben ihr hat aus einem ausgerollten Stück Knete eine kreisrunde Form ausgestochen und Lisa gegeben. Lisa sticht mit einem Zahnstocher Löcher in die Knete. Sie spricht mich an: „Guck mal, ein Käsekuchen!" Sie schaut zu ihrer Nachbarin. Ein Junge kommt zum Tisch und sucht einen Becher. „Da ist noch einer", ruft Lisa und zeigt auf den Becher, der auf dem Tisch steht. Sie wendet sich wieder ihrer Knete zu und malt mit dem Zahnstocher Spuren in die Knete. Sie schaut wieder zu ihrer Nachbarin. Ihre Aufmerksamkeit richtet sich jetzt auf einen Jungen, der eine Tüte aufbläst. „So!", sagt sie und macht wieder Löcher in die Knete, hebt die Knete vom Tisch ab und legt sie dann vorsichtig wieder zurück auf den Tisch. Sie nimmt ein neues Stück Knete in die Hand und bohrt wieder ein Loch in die Knete. Zu mir gerichtet sagt sie: „Weißt du, was das werden soll?" „Weiß ich auch nicht", sage ich zu ihr. „Das wird ein Marmeladenkuchen", sagt sie und knetet weiter. „Oh, ich habe so feuchte Hände", sagt sie zu sich selbst. Ein Junge in einem Tigeranzug (aus der Verkleidungskiste) kommt an ihren Tisch. Lisa schaut ihn von oben bis unten an und sagt: „Bist du verrückt, das gehört nicht dir! Das gehört doch …" Der Junge im Tigeranzug unterbricht sie: „Der Tigeranzug gehört dem Kindergarten!"

Fragen

- *Auf welcher Beobachtungsmethode basiert das Protokoll?*
- *Enthält das Protokoll „emotionale Färbungen" oder Wertungen?*
- *Handelt es sich bei dem Protokoll mehr um eine Untersuchung oder um eine Beschreibung eines bestimmten Verhaltens?*
- *Entspricht das beobachtete Verhalten dem Beobachtungsanlass?*
- *Wie bewerten Sie das Verhalten des Kindes?*
- *Nach welchen Kriterien werden Beobachtungsprotokolle angefertigt?*
- *Wie kann größtmögliche Objektivität erreicht werden?*
- *Unter welchen Bedingungen kann ein Kind beobachtet werden?*
- *Welche Hilfsmittel dürfen bei Beobachtungen eingesetzt werden?*

Info 1 Entwicklung von Basiskompetenzen

Die Beobachtungsfähigkeit einer Erzieherin hängt davon ab, wie gut sie zwischen Alltags- und wissenschaftlicher (systematischer) Beobachtung unterscheiden kann. Den Anstoß zur Beobachtung liefert die Alltagsbeobachtung. Erlebnisse mit Kindern lösen häufig eine gewisse Verwunderung oder ein Erstaunen aus und geben Anlass zur Vertiefung des Erfahrenen, eben zur genaueren Beobachtung. Um zu überprüfbaren Ergebnissen zu gelangen, ist es wichtig, diejenigen Fehler auszuschalten, die zu falschen Beobachtungsergebnissen führen könnten. Daher muss eine Beobachtung über ein Verhalten eines Kindes wissenschaftlichen Anforderungen genügen. Dies geschieht am besten mit einer systematischen Beobachtung.

Folgende Gegenüberstellung lässt die Unterschiede noch einmal deutlich werden.

Alltagsbeobachtung kontra systematische Beobachtung

Die Alltagsbeobachtung	Die systematische Beobachtung
- ist zufällig - ist abhängig von der Stimmung der beobachteten Person - Vorurteile werden nicht ausgeblendet - global, keine Differenzierung - ungenaue Begrifflichkeit - Vermischung von Beschreibung und Vermutungen - ist nicht überprüfbar	- ist geplant und genau - ist an Kriterien orientiert - ist eindeutig in der Sprache - ist auf einzelne Verhaltensweisen beschränkt - differenziert zwischen Beobachtungen und möglichen Ursachen - ist eine objektive Beschreibung ohne Vermutungen - hält schriftlich die gewonnenen Daten fest - ist überprüfbar
↓	↓
Das Ergebnis der Beobachtung ist zufällig und ungenau.	**Das Ergebnis der Beobachtung ist schriftlich belegt und sachlich begründet.**

Quelle: Materialien für die Berufsbildenden Schulen, Niedersächsisches Kultusministerium 1993

Gezielt beobachten kann man nur dann, wenn vor der Beobachtung genau bestimmt ist, was man beobachten möchte. Zur Vorbereitung einer Beobachtung gehören folgende Überlegungen:

- **Was soll beobachtet werden?**
  - Anzahl der Personen
  - welches Verhalten
  - in welchen Zeiteinheiten
  - in welcher Situation
- **Unter welchen Bedingungen soll beobachtet werden?**
  - kontrollierte Bedingungen
  - natürliche Bedingungen
  - teilnehmende Beobachtung
  - nicht teilnehmende Beobachtung
- **Welche Hilfsmittel sollen eingesetzt werden?**
  - Kategoriensysteme
  - Schätzskalen
  - Videokamera
  - Kassettenrekorder

Formen wissenschaftlicher Beobachtung

Teilnehmende Beobachtung
Der Beobachter ist in das laufende Geschehen eingebunden, z. B. die Erzieherin spricht während der Beobachtung mit dem Kind/Jugendlichen und beteiligt sich an den Vorgängen im Gruppenraum. Bei der teilnehmenden Beobachtung besteht die Gefahr, dass der Beobachter das Beobachtungsergebnis durch aktives Einwirken verfälscht.

Nicht teilnehmende Beobachtung
Der Beobachter steht außerhalb des Gruppengeschehens (sitzt am Rand, befindet sich in einem anderen Raum) und protokolliert das Verhalten eines anderen. Er kann sich ganz auf das beobachtende Verhalten konzentrieren. Möglicherweise wird er aber allein durch seine Anwesenheit das Gruppengeschehen beeinflussen und damit die Beobachtungs-

Info 2

Wie wir einen Menschen beurteilen und welche Fehler wir dabei machen, hängt davon ab, wie wir ihn wahrnehmen.

Info 2
(Fortsetzung)

situation verfälschen. Er kann aber auch hinter einer Einwegscheibe sitzen oder den Gruppenprozess auf Video aufnehmen.

Es können noch weitere Unterscheidungen getroffen werden:

Offene/verdeckte Beobachtung
Offene Beobachtung liegt dann vor, wenn die Beobachteten wissen, dass sie beobachtet werden (in vielen empirischen Studien konnte nachgewiesen werden, dass Personen ihr Verhalten ändern, wenn sie bemerken, dass sie beobachtet werden).

Verdeckte Beobachtung umfasst alle unauffälligen, heimlichen Beobachtungen.

Strukturierte/unstrukturierte Beobachtung
Unstrukturiert: Dem Beobachter liegen lediglich Beobachtungsleitfäden vor, Beobachtungsspektrum ist sehr weit gestreut, Beobachter hält seine Eindrücke mehr qualitativ-deskriptiv fest.

Strukturiert: Es wird ein genau definierter Bereich aufzuzeichnenden Verhaltens vorgegeben; Verhaltensvariationen werden durch Kategoriensysteme erfasst.

Strukturierte Formen der Beobachtung
Als Instrumente der Beobachtung dienen sie der **systematischen Wahrnehmungskontrolle** und sollen subjektive Verzerrungen und Fehler der Wahrnehmung möglichst ausschalten.

Um wissenschaftlich zu beobachten, muss im Vorhinein geklärt werden, was beobachtet werden soll, wie beobachtet werden soll und womit (mit welchen Hilfsmitteln) beobachtet werden soll (s. auch Info 2).

Dazu werden Kategoriensysteme erstellt. Will man z. B. die Kategorie „Aggressivität" bei einem Kind beobachten, so muss man wissen, welche Verhaltensmerkmale als aggressiv gelten sollen, damit diese auch im Beobachtungsbogen registriert werden können. Das kann über eine **Operationalisierung** des Verhaltens geleistet werden. Man wählt Merkmale der Kategorie „Aggressivität" aus, die beobachtbar sind, z. B.

- andere Kinder schlagen,
- Türen zuschlagen,
- Spielzeug zerstören,
- Kinder an den Haaren ziehen usw.

Info 3

Typische Beobachtungsfehler

Kontrast-Effekt
Dieser Effekt entsteht dadurch, dass z. B. ein sehr guter Bewerber (der dann eventuell absagt) andere, durchschnittlich qualifizierte Bewerber schlecht aussehen lassen kann.

Halo-Effekt
(Hofeffekt = Überstrahleffekt)
Es kann vorkommen, dass ein persönliches Merkmal besonders hervorsticht und man sich dadurch blenden lässt. Der Gesamteindruck kann dadurch beeinflusst werden. Ich nehme z. B. wahr, dass ein Kind eine bestimmte Aufgabe nicht lösen kann und nehme dementsprechend auch sein übriges Verhalten als wenig intelligent wahr.

Effekt der Reihenfolge der Informationen
Sehr wichtig ist der Effekt, den die Reihenfolge der Informationen erzielt. Wenn zuerst ein negatives Merkmal beobachtet wird und dann ein positives, so bleibt das negative länger im Gedächtnis. Dieser Effekt ist vor allem im Zusammenhang mit dem ersten Eindruck wichtig. Deshalb ist es immer wieder wichtig, zu prüfen, ob sich der Eindruck von einer Person (z. B. einer Mutter oder eines Vaters) über das Gesamtgespräch hinweg verändert.

9610124

Milde- oder Strengeeffekt
Der Milde- oder Strengeffekt ist ein Fehler, der dann entsteht, wenn jemand die persönliche Tendenz hat, zu milde oder zu streng zu beurteilen. Die Beurteilung ist dabei mit der Wahrnehmung verknüpft.

Ähnlichkeiten
Wenn wir Ähnlichkeiten mit einer bekannten Person feststellen, dann werden auch verschiedene Eigenschaften hineininterpretiert, die diese bekannte Person hat.

Fazit

Die Rolle der Beobachterin im Beobachtungsprozess hängt von der Wahl der Beobachtungsformen ab. Das Wissen um die Vor- und Nachteile der Beobachtungsformen führt zur kritischen Analyse von Beobachtungsberichten und schärft den Blick für Fehlurteile.

Aufgaben und Anregungen

1 Formulieren Sie zu den Kategorien „Selbstständigkeit“, „Kontaktfreudigkeit“ und „Ängstlichkeit“ jeweils vier beobachtbare Verhaltensweisen.

2 Ein Beobachtungsbogen kann verschiedene Verhaltensweisen bzw. Tätigkeiten eines Kindes, das beobachtet werden soll, beinhalten. Er gibt einen Überblick über die Situation, in welcher sich das Kind gerade befindet, und enthält einen vorläufigen Wahrnehmungseindruck des Beobachters. Auf diese Weise soll einer Vermischung von Beobachtung und Bewertung vorgebeugt werden und damit dem wissenschaftlichen Anspruch einer Beobachtung weitestgehend genügen. Beurteilen Sie folgenden Beobachtungsbogen. Stellt er für die Protokollantin eine Hilfe dar?

Beispiel eines Beobachtungsbogens:

Situation/Tätigkeit	**Beobachtungen** (Was tut das Kind? Wie verhält es sich?)	**Interpretation**
Die Kinder sitzen im Stuhlkreis und hören der Erzieherin zu, die mit den Kindern ein Bilderbuch betrachtet. Die Praktikantin räumt währenddessen die Puppenecke auf.	Annika klatscht in die Hände und ruft freudig „Au ja“, als die Erzieherin den Titel des Bilderbuches vorliest. Annika hört etwa eine Minute konzentriert zu. Dann richtet sie den Blick auf die Praktikantin, die hinter ihr vorbeiläuft. „Was machst du?“, fragt Annika. Nachdem sie die Antwort erhalten hat, hört sie wieder zu. Nach ca. einer Minute läuft sie in die Puppenecke und holt sich eine Puppe, kehrt zurück zur Erzieherin und hört weiter zu. Wieder nach ca. einer Minute läuft sie zur Praktikantin und sagt: „Ich helfe dir.“	Annika kennt das Bilderbuch offensichtlich und freut sich darüber (hohe Motivation). Trotz hoher Motivation lässt sie sich durch das Tun der Praktikantin ablenken. Das Interesse am Bilderbuch lässt nach. Sie scheint mit ihren Gedanken mehr in der Puppenecke bei der Praktikantin zu sein.

Aufgaben
(Fortsetzung)

3 Führen Sie in Ihrer Praxis eine Beobachtung über mehrere Tage durch. Wählen Sie dazu eine Beobachtungsform und bereiten Sie einen Beobachtungsbogen vor. Fassen Sie anschließend das Beobachtungsergebnis zusammen und reflektieren Sie Ihre Beobachtung mit der Gruppenleiterin.

4 Eine zusätzliche Möglichkeit zur qualitativen Einschätzung eines Verhaltens bieten Schätzskalen. Die am häufigsten verwendeten Schätzskalen sind die Ratingskalen. Darin werden Eindrücke über Eigenschaften des Beobachtungskindes festgehalten. Man kann aber auch den Ausprägungsgrad eines Verhaltens darstellen.

Beispiel einer Ratingskala

antriebsarm	1	2	3	4	5	6	lebhaft

oder

Das Kind bindet ohne Anleitung seine Schuhe zu

trifft zu	1	2	3	4	5	6	trifft nicht zu

Tipps zum Weiterlesen

Ernst Martin/Uwe Wawrinowski, *Beobachtungslehre*, Juventa Verlag, Weinheim 2006
Kindergarten heute spezial, Wahrnehmungsstörungen bei Kindern – Hinweise und Beobachtungshilfen, Herder Verlag, Freiburg

3.4 Mit den Augen einer Forscherin

Nadine war auf der Bildungsmesse in Köln und hat sich dort umgesehen und umgehört. Sie staunte nicht schlecht, als sie am Stand zweier Gewerkschaften bereits die vorläufigen Bildungsstandards für Kindergärten aus einigen Bundesländern in die Hand bekam. Neugierig auf den Inhalt dieser Pläne blätterte sie darin und fand dort Forderungen an Fachkräfte, von welchen sie bisher noch nichts gehört hatte. Zum Beispiel steht in den Bildungsempfehlungen von Rheinland-Pfalz, dass es eine Aufgabe der Erzieherin sei, Bildungs- und Lerndokumentationen von jedem Kind anzufertigen. Im Bayrischen Bildungs- und Erziehungsplan ist zu lesen: *„Die Fachkräfte sollen erfassen und dokumentieren, wie sich das einzelne Kind in der Einrichtung entwickelt und wie es auf pädagogische Angebote reagiert.“*

In Fachvorträgen erhielt Nadine Informationen über frühkindliche Bildungsprozesse.

Sie schildert ihre Eindrücke den Mitstudierenden und fragt nach, ob sie schon mal vom „neuen Bild“ des Kindes gehört haben.

„Oh, ja“, sagt Laura. „In unserem Kindergarten wird gerade heftig gestritten, ob Kinder von Anfang an ihre Bildung und Entwicklung mitgestalten und dabei ‚entwicklungsangemessene Verantwortung‘ übernehmen, wie es so schön im Bayrischen Bildungsplan heißt.“ Ercan reagiert etwas genervt und meint mit ironischem Unterton: „Also darüber habe ich mir ja noch nie Gedanken gemacht. Das passt überhaupt nicht in mein Weltbild!“

Fragen

- *Welche Rolle spielt das Menschenbild bei Beobachtungen?*
- *Aus welchen Gründen werden Bildungspläne für Kindergärten erstellt?*
- *Warum kann jedes Bundesland seinen eigenen Bildungs- und Erziehungsplan erstellen?*
- *Wie schafft man es, als Erzieherin mit einer Zweitkraft von jedem Kind in der Kindergruppe (in der Regel 25 Kinder) eine Bildungs- und Lerndokumentation anzufertigen?*
- *Was passiert mit den Daten?*
- *Wo werden die Dokumentationen aufbewahrt?*
- *Welche Dokumentationen dürfen an Dritte (z. B. Lehrer) weitergereicht werden?*

Auf der Suche nach den Themen der Kinder

Info 1

„Man darf nicht verlernen die Welt mit den Augen eines Kindes zu sehen"
Henri Matisse

Es gibt inzwischen viele Verfahren, um Kinder gezielt zu beobachten. Häufig lehnen sich diese Beobachtungsverfahren an diagnostische Verfahren an. Dabei geht es weniger um das eigentliche Wahrnehmen, sondern darum, wie das Wahrgenommene einzuordnen, einzuschätzen und einzustufen ist. Ziel ist, bestimmte Verhaltensweisen möglichst objektiv darzustellen.

Aber welche Verfahren gibt es, um Bildungsprozesse zu beobachten?

Wenn die Erzieherin Bildungs- und Lernprozesse von Kindern dokumentieren will, muss sie den ganz eigenen (manchmal auch eigensinnigen) individuellen Wegen der Kinder folgen können. Kinder bauen sich aktiv ein Selbst- und Weltbild auf. Sie haben individuelle Anlagen und Entwicklungsgeschwindigkeiten und bringen ein „Paket" an Entwicklungsmöglichkeiten mit.

Quelle: Vicky Ceelen, Kleine Freunde, Knesebeck Verlag, München 2002

„Ein Bildungsprozess, ein Prozess der Auseinandersetzung eines Kindes mit der es umgebenden Welt, ist offen und in seinen Ergebnissen nicht vorherbestimmt. Daher kann auch ein Beobachtungsprozess, der sich hier annähern will, nur offen sein. Je mehr feste Erwartungen wir vorher aufstellen, desto weniger Spielraum ist da für die Wirklichkeit des Kindes. Offenheit für Unerwartetes und Neues ist eine Voraussetzung, Kinder gezielt zu beobachten."

Quelle: Antje Streudel, „Jan spielt", in: Weltbild des Kindes, Heft 1/2004, S. 19, wdk@caritas.de

Wie kann man Bildungsprozesse beobachten und eine forschende Haltung entwickeln?

Um Bildungsprozesse zu beobachten, ist es nicht notwendig, vorgefertigte Beobachtungsbögen anzuwenden, die bereits Kategorien oder Verhaltensweisen bein-

Info 1
(Fortsetzung)

halten, nach denen dann nur noch gesucht werden muss. Vielmehr geht es um eine sensible Wahrnehmung für das, was das Kind tut.

Die Erzieherin begibt sich wahrnehmend in eine Spielsituation der Kinder und schreibt unmittelbar danach auf, was sie wahrgenommen hat. Dabei kann sie ihre eigenen Deutungen und Gefühle mit einbeziehen, aber Beurteilungen sollten vermieden werden (z. B. „Das Kind ist unkonzentriert" statt „Das Kind wechselt sehr schnell von einem Spiel zum anderen Spiel. Vielleicht ist es noch auf der Suche nach einem besonderen Spiel").

Beobachtungen von Bildungsprozessen werden in zwei Schritten durchgeführt:

1. Schritt: Beobachten, wahrnehmen und dokumentieren

Erzieherinnen entwickeln eine forschende Haltung, indem sie

- gezielt und regelmäßig beobachten (im Wochenablauf 20–30 Minuten).
- den Gesprächen der Kinder aktiv zuhören.
- aus der Perspektive der Kinder die Themen und die Theorien der Kinder erfassen, verstehen und protokollieren.
- sich selbst die Fragen stellen: Was denkt das Kind jetzt, in dieser Situation? Wie fühlt es sich? Welche Lernbedürfnisse hat es?
- eigenen Emotionen nachspüren, die im Zusammenhang mit den Aktionen der Kinder stehen (wie z. B. Freude, Ärger, Bewunderung, Angst, Überraschung), und als subjektive Wahrnehmung schriftlich festhalten.
- die Handlungen der Kinder bewusst wahrnehmen und dokumentieren.
- Fotos von Zeichnungen und Produkten der Kinder, Videos, Computerausdrucke usw. sammeln und auswerten.

2. Schritt: Dialog im Team

Die Beobachtungen und gesammelten Produkte der Kinder werden für Fachgespräche im Team

- vorgestellt und nachvollziehbar unter Berücksichtigung der eigenen Subjektivität moderiert.
- Die Themen der Kinder sollten diskutiert und Projektthemen identifiziert werden.
- Bildungsinteressen werden „abgeklopft".
- Vorschläge für Bildungsangebote können gesammelt und ausgewertet werden.
- Eigene pädagogische Handlungskonzepte werden vorgestellt und reflektiert.

vgl. Hans-Joachim Laewen, Andres, Beate, „Forscher, Künstler, Konstrukteure", Beltz Verlag, Weinheim 2002, S.-177

Im Team werden die Kompetenzen aller Kolleginnen gebündelt, erweitert und vertieft. Statt sich gegenseitig zu belehren, findet ein gemeinsames Lernen statt. (s. auch Lernfeld 3, Kap. 1)

Fazit

Eine Kultur regelmäßiger Beobachtungen und reflektierender Gespräche ist die notwendige Basis für jede Bildungsarbeit.

Kinder, die den Kindergarten verlassen, erhalten durch die Sammlung der Produkte und Dokumente Aufschluss über ihre eigenen Lern- und Bildungsprozesse. Diese sind auch für Eltern und Lehrer eine wichtige Informationsquelle zur weiteren Unterstützung der Kompetenzentwicklung.

Aufgaben und Anregungen

1 **Analysieren Sie folgendes Beispiel**

Timo betrachtet mit einer Taschenlampe intensiv ein Vogelnest: *„Wow, ich hab noch nie ein echtes gesehen. Ich weiß, wie es gebaut worden ist. Die Vögel haben Äste so rumgebogen."* Die Erzieherin fragt: *„Sind das alles nur Äste?"* Robin schaut durch die Lupe: *„Nein, da ist auch ein altes Blatt."* Julia stellt fest: *„Ganz viele Federn."* Robin ergänzt: *„Und ganz viel Erde."* Die Erzieherin fragt: *„Warum nehmen die Vögel Erde? Wie machen die ihr Nest?"* Timo erklärt: *„Mit dem Schnabel drangedrückt, damit das Nest nicht auseinander fällt."* Julia ergänzt: *„Die Erde muss aber nass sein, lässt sich besser kneten und drücken. Echte Matsche."* Die Erzieherin hakt nach: *„Wie bauen die Vögel ihre Nester? Sie haben ja keine Hände wie wir."* Timo meint: *„Mit dem Schnabel. Wenn sie zu zweit sind, helfen sie sich."* Julia fügt hinzu: *„Die nehmen auch die Füße."*

aus: Völkel, Petra, TPS, 1/2002, Kallmeyer Verlag, Seelze-Velber

Welche Themen interessieren die Kinder? Welche Ziele könnte die Erzieherin im Hinblick auf ein mögliches Projekt formulieren?

> „Das Staunen ist eine Sehnsucht nach Wissen"
>
> Thomas von Aquin (1224–1274)

2 **Schreiben Sie Bildungs- und Lerngeschichten**

Beobachten Sie eine begrenzte Zeit, z.B. zehn Minuten, die Tätigkeit eines Kindes und schreiben Sie möglichst genau auf, was sie beobachten. Fragen Sie sich danach, welches besondere Interesse das Kind an seinen Aktivitäten zum Ausdruck bringen wollte und von welchem Lerninteresse diese Tätigkeit geleitet wurde.

Führen Sie weitere Beobachtungen in zeitlichen Abständen beim gleichen Kind durch.

Die Sammlung Ihrer Beobachtungen kann zu einer „Lerngeschichte" eines einzelnen Kindes zusammengefasst werden, die die Entwicklungsfortschritte des Kindes feststellt.

> „Erzieherinnen, die Kinder in ihren Bildungsprozessen begleiten wollen, müssen selbst Neugier für die belebte und unbelebte Welt, Lust am Entdecken und Forschen entwickeln. Sie müssen selbst von der Sache ergriffen sein. Die eigene Lust, Neues zu entdecken, Fragen aufzuwerfen, Antworten zu suchen, ist Grundlage der Offenheit für die Fragen und Theorien der Kinder und damit eine Grundvoraussetzung, Jungen und Mädchen in ihren Bildungsprozessen zu begleiten."
>
> Quelle: Elisabeth Krieg/Helmuth Krieg, STEP-Projekt des Comenius-Instituts Münster 2002

Tipps zum Weiterlesen

Laewen, Hans-Joachim/Andres, Beate (Hrsg.), *Bildung und Erziehung in der frühen Kindheit*, Beltz Verlag, Weinheim 2002

Partecke, Erdmute, *Lernen in Spielprojekten*, Cornelsen Scriptor 2007

Thiesen, Peter, *Beobachten und Beurteilen in Kindergarten, Hort und Heim*, Beltz Verlag, Weinheim 2003

Völkel, Petra, *„Wie geht Ko-Konstruktion unter Gleichen?"*, in: TPS 1/2002, Kallmeyer Verlag, Seelze-Velber

3.5 Formen der Bildungsdokumentation

Zwei Kinder im Alter von vier Jahren sitzen in einem Kindergarten an einem Tisch und schauen sich ihre Bildungsmappen an.

Sie vergleichen Bilder miteinander und erzählen sich Geschichten über Erlebnisse, die mal erst kurz, manchmal schon lange zurück liegen. „Guck mal, da bist du noch ganz klein!" sagt Nadine, die in dieser Einrichtung gerade ihr Praktikum macht. Die Kinder fragen, wo das Bild aufgenommen wurde und wollen, dass Nadine ihnen mehr davon erzählt.

Diese Bildungsmappen sind Teil einer Bildungsdokumentation und sind in dieser Einrichtung den Kindern und Eltern frei zugänglich.

Gespräche zwischen Kindern und Eltern können entstehen, Entwicklung und Weiterentwicklung wird nachvollziehbar. Bildung wird so dokumentiert und anschaulich gemacht.

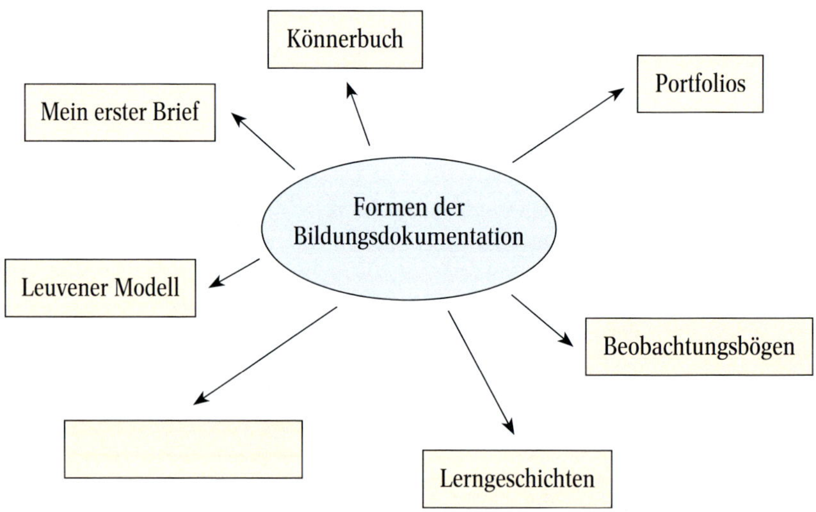

Fragen

- *Betrachten Sie sich die Grafik. Welche Formen der Bildungsdokumentation kennen Sie bereits?*
- *Welche fallen Ihnen darüber hinaus noch ein?*

Bedeutung von Bildungsdokumentationen

Info 1

Neben der gesetzlichen Verankerung der Erstellung einer Bildungsdokumentation für den Übergang zur Grundschule, besteht in fast allen Bildungsvereinbarungen und Bildungsplänen der Länder die Notwendigkeit und Maßgabe, Beobachtungen der Kinder regelmäßig durchzuführen und Bildung zu dokumentieren.

Im pädagogischen Bereich darf es nicht bei zufälligen Alltagsbeobachtungen bleiben. Um geplant handeln zu können, muss die Erzieherin systematisch und regelmäßig das einzelne Kind in der Gruppe beobachten und dieses dokumentieren.
Durch die genaue Beschreibung erhalten Erzieher den Schlüssel zum Verhalten und Erleben des Kindes. Die Verschriftlichung dient dabei als wichtige Information für künftige Planungen und kann Grundlage für Elterngespräche und den Austausch im Team sein.

In Tageseinrichtungen für Kinder bezieht sich der Begriff der Dokumentation auf eine Darstellung von Beobachtungen und Sammlung von Materialien einer bestimmten Person.

„Dokumentationen sind Mitteilungen über Wahrgenommenes und ihre Entschlüsselung; sie bemühen sich um das Sichtbarmachen von Strukturen, Mustern, Gesetzmäßigkeiten und um mögliche Erklärungen dafür; sie geben darüber hinaus ein lebendiges Gesicht, machen sie erlebbar."
(Kazemi-Veisari 2004, S. 100)

Der „erste Brief" – eine Bildungsdokumentation?

Info 2

In vielen Einrichtungen wird am Ende der Elementarzeit ein Brief an das Kind geschrieben. Erinnerungen und Beobachtungen aus der Zeit in der Einrichtung werden dargestellt und mit Fotos unterlegt. Adressat ist das Kind selbst und seine Eltern.

Meilensteine in der Elementarzeit werden beschrieben, Fotos und Bilder beigelegt. Die Erinnerungen der Erzieherin werden in kleinen Geschichten geschildert.

Ein solcher Brief gibt Erwachsenen die Möglichkeit, sich noch nach vielen Jahren an Kindheitselemente zu erinnern oder auch im Nachhinein etwas Wichtiges über sich zu erfahren.

Ein Brief kann eine Nachricht aus der Vergangenheit und ein Bildungsbericht über eine Person sein.

„Der erste Brief" kann nur geschrieben werden, wenn vorher Beobachtungen und Erinnerungen von der Erzieherin aufgeschrieben und dokumentiert wurden. Dies kann einfach in einem Logbuch oder auf Karteikarten gesammelt werden.

22.08.2007

Liebe Sina,
mit knapp 3 Jahren bist du in unsere Einrichtung gekommen. Ich habe ein Foto von deinem ersten Tag. Du hattest ein rosa Kleid und weiße Socken an und wolltest dich nicht dreckig machen. Sehr schnell hast du Freundinnen in der Gruppe gefunden. Lara ist noch heute deine Freundin und wird mit dir gemeinsam in die 1c gehen.
Mit deinen Freunden hast du zusammen viel gelernt. Ihr habt Streiten und Vertragen gelernt und habt miteinander Kompromisse geschlossen.
Anfangs haben wir dir gerne dabei geholfen, den Mut aufzubringen, mit deinen Freundinnen zu sprechen. Aber immer mehr bist du selbständig geworden und hast gelernt, deine Bedürfnisse und Wünsche zu äußern.
Du hast gelernt, vor den anderen Kindern zu sprechen und auf unserem Sommerfest hast du sogar alle Eltern begrüßt und eine kleine Rede gehalten.

Neben der Puppenecke war der Bewegungsraum dein liebster Spielbereich. Du kannst Sprossenwände hochklettern, Purzelbäume schlagen und hast dich schon oft auf das Trampolin getraut.
Bei Spielen warst du oft die Spielführerin und hattest spannende Ideen, wie man Hindernisse überwinden und die meisten Kinder fangen konnte.

An unseren AG's hast du immer teilgenommen und dir ganz unterschiedliche Bereiche ausgesucht. Mal warst du in der Märchengruppe, dann hast du gerne gekocht und die Mal-AG besucht.

Vor einem halben Jahr hast du im Stuhlkreis ganz alleine bis 30 gezählt und alle Kinder haben geklatscht, weil du keinen Fehler gemacht hast.

Deinen Namen kannst du schon gut schreiben und im Mai hast du den Fußgängerführerschein bei uns gemacht. Seitdem möchtest du Polizistin werden und anderen Menschen helfen.

Wir werden dich in unserer Gruppe vermissen. Wer soll sich jetzt so gut um unsere Pflanzen kümmern und wer sammelt so interessante Dinge auf unseren Waldexpeditionen?

Liebe Sina, wir wünschen dir viele gute Ideen, nette Freunde und viel Spaß in der Schule und hoffen, dass du uns noch mal besuchen kommst.

Deine Annette Berger und Frau Richter aus der Sternschnuppengruppe

Info 3 Das Leuvener Modell

Das Leuvener Modell ist eine Form zur Beobachtung und Beschreibung von kindlichem Verhalten in Tageseinrichtungen. Es wurde von Ferre Laevers in Belgien in den 80er Jahren des letzten Jahrhunderts entwickelt.

Selbstinitiiertes Lernen als Grundannahme

Die Grundannahme des Leuvener Modells ist, dass Kinder dann selbstinitiiert lernen, wenn sie sich emotional wohlfühlen und ein hohes Maß an Engagiertheit in ihren Aktivitäten zeigen.

Das soll an folgendem Beispiel dargestellt werden:
Louisa (4;3 Jahre) spielt an der Fensterbank mit der „Sandfühlbox". Sie siebt seit einer halben Stunde den groben Sand und füllt ihn immer wieder in kleine Förmchen ein. Sie ist ganz vertieft in ihr Spiel.

Im Gruppenraum hinter ihr wird für Ostern gebastelt und laut ein Spiel gespielt. Louisa siebt weiter und lässt sich durch das Geschehen im Gruppenraum nicht ablenken. Sie versucht nun, den Sand in das kleine rote Förmchen zu bekommen.

Engagiertheit und Wohlbefinden

Beide Begriffe sind nach dem Leuvener Modell Grundvoraussetzungen für selbstinitiierte Lernprozesse.

Ein Kind, das sich in der Tageseinrichtung für Kinder wohlfühlt und ein hohes Maß an Engagiertheit in seinen Aktivitäten zeigt, kann tiefgreifende Dinge lernen. Ein Kind, das nur ein geringes Maß an Wohlbefinden und Engagement zeigt, findet nicht die geeigneten Bedingungen vor. Ihm fehlen in der Tageseinrichtung die geeigneten Bedingungen, um sich weiter zu entwickeln.

Hier sind Erzieherinnen gefordert, die optimalen Bedingungen zur Förderung eines jeden Kindes zu schaffen.

Wichtig ist hier die Sichtweise, dass das Kind kein Problem hat, sondern seine Umgebung noch nicht optimal für seine Entwicklung gestaltet ist.

Die Handlungsaktivitäten der Erzieherin sollen sich auf die Optimierung der Lernbedingungen für das Kind richten.

Grundsäulen des Leuvener Modells sind:
- alltägliche wiederkehrende Beobachtungen
- ein Gruppenscreening, d. h. zweimal im Jahr werden alle Kinder der Gruppe systematisch beobachtet
- Festhalten der Ergebnisse in Formblättern
- Weiterführung der Beobachtungen bei Kindern, die nicht klar einzustufen sind oder im mittlerem bis unteren Niveau liegen
- Ableiten von Schlussfolgerungen für die pädagogische Arbeit, die zur Verbesserung der Entwicklungsbedingungen von Kindern in Tageseinrichtungen führen
- halbjährliche Elterngespräche über die Entwicklung des Kindes und Einbeziehen der elterlichen Erziehungskompetenz

Portfolios – eine besondere Form der Dokumentation

Info 4

Portfolios sind besser bekannt aus der freien Wirtschaft und dem Bankenwesen. Dabei handelt es sich beispielsweise um eine Sammlung von Wertpapieren in einem Aktienfond.

Der Begriff Portfolio leitet sich von dem lateinischen „folium“ (Blatt) und „portare“ (tragen) ab. Ursprünglich wurde der Begriff Portfolio für eine Sammlung künstlerischer Arbeiten in einer Mappe verwendet.

Im Elementarbereich ist damit auch eine Form der Sammlung gemeint, die Bildung und Entwicklung eines Kindes dokumentieren soll. Kinderbilder, Zeichnungen und Geschichten von dem einzelnen Kind werden gesammelt, kommentiert und in einem Ordner abgeheftet.

Charakteristisch für ein Portfolio im pädagogischen Bereich ist die Möglichkeit, einen Lernweg für das einzelne Kind zu erarbeiten und zu dokumentieren.

Ich habe eine große Rolle für einen Schneemann gemacht. Warum sind meine Handschuhe dabei so nass geworden?

Info 4
(Fortsetzung)

Es gibt keine feste Form, wie ein Portfolio auszusehen hat. Die Form und der Inhalt entsprechen dem Kind und seinen Erkenntnissen. Mit Hilfe des Portfolios kann das Kind seine Entwicklung nachvollziehen, sich präziser erinnern und möglicherweise neue Ziele für sein Tun bestimmen.

Für Erzieherinnen bedeutet die Arbeit mit Portfolios ein hohes Training des aktiven Zuhörens. Sie müssen in den Dialog mit Kind, Eltern und dem Team eintreten. Sie hören dem Kind gezielt zu, hinterfragen die Zeichnungen und Bilder von Kindern und können so von dem Kind lernen, welche Impulse und Handlungsanregungen es für seine weitere Entwicklung benötigt. Die Selbstbildungsprozesse eines Kindes sollen durch die intensive Auseinandersetzung angeregt werden. Das Kind hat einen aktiven Anteil an seiner Entwicklung. Durch das Gespräch mittels des Portfolios haben Kinder und Erzieherinnen die Möglichkeit, intensiv über Stärken und Interessen zu sprechen und individuelle Lernwege zu beschreiten.

Im Team werden gemeinsam Wahrnehmungen und Eindrücke zu den einzelnen Kindern hinterfragt und überprüft.
Im Gespräch mit den Eltern können mittels Portfolios die Lebens- und Gedankenwelt von Kindern beschrieben werden. Veränderungsprozesse und Weiterentwicklungen können Eltern so nachvollziehen.
Präsentationen des Portfolios können die sogenannten „Drei-Parteien-Gespräche" zwischen Erzieher, Eltern und Kind gewinnbringend unterstützen und visualisieren.

Alina hat ein Schneeglöckchen gefunden und es in eine Vase gestellt. Alina fragt mich, wie es kommt, dass im Winter Blumen blühen

---

Anlegen eines Portfolios
Hier bestehen keine festen Regeln.
In den USA und in England haben sich seit vielen Jahren Portfolios als Dokumentationsform bewährt. Dabei haben sich folgende Punkte als wichtig erwiesen:

Worin sollen die Beobachtungen gesammelt werden?
Hier kann ein einfacher Ringordner für jedes einzelne Kind genutzt werden. Er sollte mit dem Namen des Kindes versehen sein. Sinnvoll ist auch eine Box oder eine Aufbewahrungskiste für das einzelne Kind bereit zustellen – nicht jedes Kunstwerk hat ein DinA4-Format.

Wo stehen die Portfolio-Ordner?
Sie sollten für Erzieherinnen, Kinder und Eltern zugänglich sein. Jedoch darf nicht jeder ungefragt an die Ordner gelangen dürfen. Ein Regal in der Gruppe wäre z. B. ein geeigneter Ort.

Wie sollte der Aufbau eines Portfolios sein?
Trennblätter zwischen einzelnen inhaltlichen Abschnitten erleichtern das Wieder-

9610134

finden von Themen. Ein Inhaltsverzeichnis mit Zeitleiste gibt als Einstieg einen guten Überblick über den Inhalt. Beobachtungen, Fotos, Bilder und Zeichnungen sollten chronologisch in überschaubaren Abschnitten abgelegt werden.

Eigentumsrechte eines Portfolios
Die Eigentumsrechte eines Portfolios sind bisher noch nicht gesetzlich geklärt.

Von pädagogischer Seite erscheint es jedoch sinnvoll, dass das Portfolio als Eigentum von Eltern und Kind betrachtet und alle Inhalte beim Ausscheiden aus der Tageseinrichtung den Eltern ausgehändigt werden.
Ein Portfolio hat nur dann einen hohen Nutzen, wenn alle Beteiligten (Erzieher, Kind und Eltern) gemeinsam und ohne Angst vor negativen Aufzeichnungen und Folgen, Informationen austauschen können.

Lerngeschichten

Info 5

Im Jahre 2001 wurde von Margaret Carr und ihrem Team das in Neuseeland entwickelte Konzept der „Learning stories“ geschrieben. Sie versteht hier „Lernen als ein Prozess des zunehmenden Beteiligtseins an sozialen Praktiken und Aktivitäten“ (vgl. ViernickelVölkel, S. 143). Die Kinder entwickeln Lernstrategien, die der Situation angepasst sind. Die Ergebnisse dieser Lernprozesse nennt sie Lerndispositionen.

Insgesamt unterscheidet sie fünf Bereiche der Lerndispositionen, die aufeinander aufbauen und die beobachtet und dokumentiert werden können.

- sich interessieren
- engagiert sein
- trotz Schwierigkeiten dabei bleiben
- sich mit anderen austauschen
- Verantwortung übernehmen

Adrienne (4;5 Jahre) interessiert sich für das Marienkäferpuzzle mit vielen Teilen. Erst puzzelt sie es ganz alleine zusammen, aber noch gelingt es ihr nicht. Jeden Morgen holt sie sich erneut das Puzzle aus dem Regal und versucht es wieder. Gemeinsam mit Lukas (4;8 Jahren) schafft sie es, das Puzzle zusammenzusetzen. Während dessen haben sie sich darüber ausgetauscht, wo welches Puzzleteil hinkommen könnte.

Beide haben beschlossen, dass sie die Puzzlekönige der Gruppe sind. Adrienne hat heute morgen Mara (3;4 Jahre) beim Puzzeln geholfen.

Damit Erzieherinnen die Lerndispositionen von Kindern richtig einschätzen und beurteilen können, schlägt Carr vor, Beobachtungen in Form von Lerngeschichten festzuhalten. Bei Lerngeschichten handelt es sich um Beobachtungen aus dem Alltag des Kindes, die zum Beispiel in einem Portfolio gesammelt werden. Über einen längeren Zeitraum werden diese Beobachtungen zusammengetragen und dann auf die Lernmuster des Kindes hin untersucht. Dabei kann sich beispielsweise aufzeigen, dass das Kind immer wieder schnell aufgibt oder sich sehr auf eine Sache konzentrieren kann.

Die Arbeit mit Lerngeschichten umfasst vier Schritte:

1. Beschreiben einer beobachteten Lernsituation
2. die Diskussion im Team
3. die Entscheidung über das weitere Vorgehen
4. die Dokumentation (z. B. in einem Portfolio).

Info 5
(Fortsetzung)

Die Erzieherinnen sollten also gemeinsam über die Beobachtungen eines Kindes diskutieren und dann eine Entscheidung treffen, welche pädagogische Förderung der Lerndispositionen sich anbietet.

Die Methode der „Learning stories“ kann durch vielfältiges Videomaterial und Anleitungen geschult werden. Um Bildung von Kindern in Lerngeschichten nach Carr zu dokumentieren, ist es zwingend notwendig, das Konstrukt der Lerndispositionen zu verstehen.

Info 6 Das „Könnerbuch"

Kinder können in Zusammenarbeit mit der Erzieherin „Meilensteine“ ihrer Entwicklung beschreiben und dokumentieren. Das „Könnerbuch“ bietet dazu eine gute Möglichkeit.

Lotta kommt zur Erzieherin und berichtet: “Ich habe gestern eine Gurke ganz alleine mit dem Messer geschnitten. Kannst du das in mein Buch schreiben?“

Jedes Kind hat ein Heft oder ein Buch, in dem es selber oder durch die Erzieherin wichtige Dinge aufschreiben oder malen kann. Kinder werden so darauf aufmerksam gemacht, auf Neues zu achten und Erlerntes zu bemerken.

Viele Kinder wissen bereits, dass sie etwas gelernt haben.

Kinder werden so zu aktiven Gestaltern ihrer Lernschritte und somit zu Lernerfolgen. Das Könnerbuch kann in der Einrichtung ausgestellt werden und als Grundlage bei Elterngesprächen dienen.

Info 7 Das Kind der Woche – eine ungewöhnliche Form der Bildungsdokumentation

Bekannt aus meist amerikanischen Unternehmen ist die Wahl zum Mitarbeiter der Woche oder des Monats. Besondere Leistungen oder Umsätze spielen dabei eine große Rolle.

Warum sollte man diesem Prinzip nicht einmal folgen und ein Kind pro Woche in den Mittelpunkt der Gruppe stellen und sein Wissen, seine Bildung und seine Persönlichkeit auf diese Art und Weise dokumentieren? In ihrem Buch „Die große Sammlung der Gruppen- und Lernspiele“ von 2001 hat Kathy Charner viele Eindrücke und Sternstunde amerikanischer Vorschulerziehung gesammelt. Die dort vorgestellten Ideen stammen aus der Praxis amerikanischer Erzieherinnen. Auch wenn einige Anregungen fremd und ungewöhnlich erscheinen, so lohnt es sich doch, darüber nach zu denken.

Bildungsdokumentation kann Elternarbeit sein

Das Kind der Woche – vielleicht darf es eine Woche auf einem besonderen Stuhl sitzen und den Assistenten spielen.

Vielleicht schaut die Erzieherin sich mit allen Kindern der Gruppe die ersten Fotos des Kindes an und hört die Informationen der Eltern gemeinsam in einem Stuhlkreis an. Vielleicht machen Sie viele Fotos in der Woche und schreiben Sätze auf. Und vielleicht dokumentieren Sie nach der Woche alles in einem Portfolio.

So kann eine Bildungsdokumentation spannend werden und neue Erkenntnisse bringen. Gleichzeitig bietet sie eine Möglichkeit der Elterarbeit. Das Interesse der Erzieherin an dem eigenen Kind kann Gespräche über Entwicklung und das Familienleben ermöglichen.

Fazit

Bildung und Entwicklung von Kindern muss in Tageseinrichtungen dokumentiert werden. Die Dokumentationsformen sollten Kindern und Eltern angepasst und beiden frei zugänglich sein.

Aufgaben und Anregungen

1. Legen Sie ein Portfolio über sich selber an. Welche Dinge, Fotos und Zeichnungen finden Sie noch? Was haben Sie dazu zu erzählen? Bringen Sie dieses Portfolio mit und stellen Sie es im Unterricht vor.

2. Wählen Sie in Ihrer Klasse den Studierenden der Woche.

3. Erstellen Sie für sich ein Formular, bringen Sie Fotos und Erlebnisbeschreibungen mit.

4. Sammeln Sie in Kleingruppen Fragen für einen Austausch zwischen Ihnen und Lotta mit dem Könnerbuch.

5. Erstellen Sie im Praktikum eine erste Bildungsdokumentation für ein Kind. Überlegen Sie, welche Form der Dokumentation ist gut geeignet und führen Sie diese über den Zeitraum Ihres Praktikums durch. Führen Sie ab sofort ein „PAUL“ – lesen Sie zum persönlichen Arbeits- und Lernordner in Kein Kinderkram, Arbeitsheft 1 nach.

Tipps zum Weiterlesen

www.dji.de
www.minedu.govt.nz
www.bildungsserver.de
www.reggiochildren.it
www.online-handbuch.de
www.portfolionytt.se

Carr, M.: *Assessment in Early Childhood Settings. Learning stories.* London: Sage, 2001
Neuß, N.: *Bildung und Lerngeschichten im Kindergarten. Konzepte - Methoden - Beispiele.* Cornelsen 2007
Kita aktuell NRW, Nr 7/8/2005, S. 160 ff
Laevers, F. : *Die Leuvener Engagierheits-Skala für Kinder.* LES-K. Fachschule für Sozialpädagogik, Erkelenz 1997
Viernickel/ Völkel: *Beobachten und Dokumentieren im pädagogischen Alltag.* Herder 2005
Kathy Charner: *Die große Sammlung der Gruppen- und Lernspiele.* Kallmeyer'sche Verlagsbuchhandlung 2001
Groot-Wilken, B.: *Bildungsprozesse im Kindergarten und in der Kita planen und dokumentieren.* Herder 2007
*Guck mal! Bildungsprozesse des Kindes beobachten und dokumentieren.*Verlag Bertelsmann Stiftung Gütersloh 2005
Betrifft Kinder, Heft 12/05, Verlag das Netz 2005
Leu, R. et al: *Bildungs- und Lerngeschichten.* Verlag das Netz 2007
Kazemi-Veisari, E.: *Kinder verstehen lernen: Wie Beobachtung zu Achtung führt.* Kallmeyer`sche Verlagsbuchhandlung 2004

4 Das Kind in seiner Entwicklung verstehen und fördern

4.1 Entwicklung aus psychoanalytischer Sicht oder: Der Geist im Klo

Im Praktikum werden die Auszubildenden häufig auf die Probe gestellt, wenn es darum geht, die Kinder auf die Toilette zu begleiten.

Renate erzählt, dass sie einmal erlebt hat, wie ein Kind im Kindergarten ganz dringend auf die Toilette musste und sie unbedingt dabeibleiben sollte. Als sie das Kind fragte, warum sie denn immer dabeibleiben sollte, sagte das Mädchen: „Ich habe Angst, dass da was Glitschiges hochkommt. Eine Hand … die zieht mich in das Loch rein!"

„Aber solche Ängste hatte ich früher auch", sagt Oliver. „Meine Mutter erzählt mir immer, dass ich mit zwei Jahren sauber war. Wenn ich dann trotzdem mal nachts ins Bett gemacht hatte und morgens wach wurde, hatte ich als Ausrede für meine Mutter so eine Fantasiegeschichte, die ich öfter erzählt haben muss: ‚Plötzlich guckte ein Wassergeist aus dem Klo, der ist ganz böse und schmeißt die ganze Schiete wieder raus aus dem Klo, denn der will das nicht immer auf seinen Kopf kriegen'. Meine Mutter amüsiert sich heute noch darüber."

Nadine zu Oliver: „Dann hat dich deine Mutter aber viel zu früh auf die Toilette gesetzt, sonst hättest du nicht so herumfantasiert".

Oliver: „Jetzt fang du noch an zu analysieren. Das sollten wir lieber den Fachleuten überlassen, oder?"

Nadine erwidert: „Ich wollte dich jetzt nicht beleidigen. Aber ich denke, es ist wichtig, die Kinder in dieser Phase ernst zu nehmen. Ich möchte auch deshalb noch mehr darüber wissen."

Olga erzählt, dass sie manchmal nicht weiß, wie sie reagieren soll, wenn sich die Kinder auf der Toilette nackt ausziehen und sich gegenseitig angucken. Manchmal hatte sie den Eindruck, dass sie so taten, als hätten sie etwas zu verbergen.

9610138

Fragen

- *Welche Erklärungen liefert uns die Psychologie für das Neugierverhalten der Kinder?*
- *Gibt es eine frühkindliche Sexualität?*
- *Was ist normal und ab wann spricht man von einem auffälligen Verhalten?*
- *Ab wann besteht der Verdacht auf Missbrauch?*

Kinder sind von Geburt an neugierig

Info 1

Kinder sind neugierig und ein ganz wichtiges Objekt ihrer Neugierde ist die Sexualität.

Viele Dinge können sie ohne allzu große Einschränkungen erkunden. Bei der Sexualität stoßen sie bei Erwachsenen jedoch häufig auf verschlossene Türen.

Der Begriff „Sexualität" bezieht sich auf die biologische Zweigeschlechtlichkeit, auf sexuelles Verhalten, das Fantasietätigkeit einschließt, auf die Erregung der Sexualorgane.

Sprachlich birgt die Anwendung des Terminus „Sexualität" auf Kinder allerdings die Gefahr, die Sexualität von Kindern von der Sexualität der Erwachsenen her zu verstehen. Die Differenz zwischen kindlicher und erwachsener Sexualität lässt sich zunächst als Differenz der Funktionen auffassen: Die Fortpflanzungsfunktion trifft auf die kindliche Sexualität nicht zu, die soziale - und die Lustfunktion, also die erotischen Funktionen von Sexualität, durchaus.

Sigmund Freud (1856–1939) hat das sexuelle Potenzial der Kinder entdeckt. „Die Hauptquelle der infantilen Sexuallust ist die geeignete Erregung bestimmter, besonders reizbarer Körperstellen, außer den Genitalien der Mund, After- und Harnröhrenöffnung, aber auch der Haut und anderer Sinnesoberflächen."

„Sexuelles Potenzial" bedeutet also zunächst eine generelle Erregbarkeit, eine physiologische Reaktionsfähigkeit, die Möglichkeit und Fähigkeit, eine diffuse Körperlust zu empfinden, die keineswegs auf die Genitalien konzentriert ist.

vgl. Michael-Sebastian Honig in: Was für Kinder, Kösel Verlag, München 1993, S. 185

Freud, Erikson und die Bedeutung der frühkindlichen Entwicklungsphasen

Info 2

Der Wiener Arzt **Sigmund Freud** (1856–1939) gilt als Begründer der Psychoanalyse, die neben dem Bewusstsein vor allem das „Unbewusste" im Menschen untersucht. Sein Verdienst besteht darin, dass er schon zu Beginn des 20. Jahrhunderts auf die Bedeutung frühkindlicher Erfahrungen für spätere Entwicklungen hingewiesen hat. Er war es auch, der zum ersten Mal nachdrücklich darauf aufmerksam machte, dass der Mensch nicht ausschließlich ein von Vernunft geleitetes Wesen ist.

Seine Kritiker betonen, dass sich Freud bei seinen Erkenntnissen nur auf Erfahrungen mit erwachsenen Patienten stützte, die er in seiner Wiener Praxis behandelte. Er war jedoch der Überzeugung, dass in den Symptomen seiner erwachsenen Patienten Konflikte zum Ausdruck kamen, die während der ersten Lebensjahre entstanden.

Info 2
(Fortsetzung)

Erik H. Erikson (1902–1994) war Schüler und Freund von **Sigmund Freud** und hat dessen Einsichten zur Psychoanalyse weiterentwickelt und vertieft. Er wanderte 1933 nach Amerika aus. Dort arbeitete er als Kinderanalytiker. Er hat Freuds Gedanken in entscheidender Weise bereichert, indem er die Entwicklung der gesamten Lebensspanne in den Blick nahm. Erikson interessierte sich für die Frage, wie der Mensch in Entwicklungskrisen zu Lösungen kommt und berücksichtigte dabei auch den Einfluss unterschiedlicher Kulturen auf die Entwicklung.

Auch er machte auf die frühen Stadien der Entwicklung aufmerksam und wies auf die psychosozialen Krisen hin, von deren Bewältigung das weitere Schicksal eines Kindes abhängt.

Seine Kritiker bemängeln, dass Erikson zwar die typischen Konflikte und Lösungsformen innerhalb bestimmter Altersphasen beschreibt, aber keine Antwort darauf gibt, wie es z.B. einem Kind gelingt, von einer Phase zur nächsten voranzuschreiten oder wann es vertrauensvoll oder misstrauisch reagieren soll.

Die Bedeutung der frühkindlichen Entwicklungsphasen

Psychoanalytiker gehen davon aus, dass der Mensch von Natur aus nach Abfuhr der Triebenergie strebt. Diese Abfuhr der Triebenergie wird in der frühen Kindheit über bestimmte Körperteile, den Mund, After und die Genitalien erreicht.

Freud ging davon aus, dass in bestimmten Phasen jeweils nur ein Körperteil dominiert. Nach diesen vorherrschenden Körperteilen benannte er die frühkindliche Entwicklung der Sexualität.

Mit dem Begriff „Sexualität" beschrieb Freud alle möglichen lustvollen Erfahrungen.

Erikson ging es vor allem um die Frage, wie sich das „Ich", das Individuum, zum „Es", zur Gesellschaft, verhält. Seine Forschung umfasst acht kontinuierlich verlaufende Phasen über die gesamte Lebensspanne.

1. Vertrauen gegenüber Misstrauen
2. Autonomie gegenüber Scham und Zweifel
3. Initiative gegenüber Schuld
4. Leistung gegenüber Minderwertigkeitsgefühl
5. Identität gegenüber Rollenkonfusion
6. Intimität gegenüber Isolierung
7. Zeugende Fähigkeit gegenüber Stagnation
8. Ich-Integrität gegenüber Verzweiflung

Im Folgenden werden die ersten drei Phasen aus der Sicht von Freud und Erikson vorgestellt, die für die Vorschulpädagogik von Bedeutung sind.

Die orale Phase (Freud) oder „Urvertrauen gegen Urmisstrauen" (Erikson)

Nach S. Freud ist dies die primitivste Stufe der psychosexuellen Entwicklung.

Säuglinge und Kleinkinder verbringen einen großen Teil ihrer Zeit damit, an Dingen zu saugen, die keine Nahrung abgeben, wie z.B. am Daumen oder am Finger, an Spielsachen und anderen Gegenständen. Der Mund ist für das Kind die primäre Quelle der Lustbefriedigung. Über den Mund erfährt es Nähe, Geborgenheit und Zärtlichkeit, vor allem auch über die Haut, das größte Sinnesorgan, das ein Mensch besitzt.

In der gegenseitigen Zuneigung zwischen den Eltern und dem Kind lernt es nicht nur Liebe zu nehmen, sondern auch die

Voraussetzung für die spätere Fähigkeit, Liebe zu geben.

Diese Verhaltensformen können als Muster für die zukünftigen Persönlichkeitszüge dienen.

Die orale Phase wird auch dadurch gekennzeichnet, dass sich im Kind ein Gefühl für **Vertrauen** oder im ungünstigeren Fall für **Misstrauen** zu entwickeln beginnt. Dieses so genannte **Urvertrauen/ Urmisstrauen** entsteht nach **Erikson** aus den Beziehungen von Mutter und Kind. Dabei geht es nicht nur darum, wie viel Nahrung und Liebe eine Mutter oder (heute auch) ein Vater dem Kind gibt, sondern auch um die Qualität der Beziehung zwischen der Mutter und dem Kind oder (heute auch) dem Vater und dem Kind (z. B. wie eine Mutter oder ein Vater in der Lage sind auf die vom Kind geäußerten Bedürfnisse in einer konsequenten und stabilen Art einzugehen).

Sobald das Kind beginnt seinen Körper mit den Händen zu entdecken, erkundet es auch seine Geschlechtsorgane. Es verspürt dabei Lustgefühle. Kleine Jungen entdecken schon früh ihren Penis. Aber auch kleine Mädchen entdecken ihre Klitoris.

Die anale Phase (Freud) oder „Autonomie gegen Scham und Zweifel" (Erikson)

Zwischen dem 10. und 16. Monat zeigen Kinder mehr und mehr Interesse an den Produkten ihrer Ausscheidungen. Sie empfinden ihre Ausscheidungen als einen Teil von sich selbst und erleben, wenn sie auf die Toilette gesetzt werden, daß **ein Stück von ihnen** in die Kloschüssel fällt und dann auf Nimmerwiedersehen weggespült wird. Sie verstehen in dieser Zeit zwar noch nicht, daß das, was da weggeht, etwas Sinnvolles und Notwendiges ist, aber sie können schon sehr gut verstehen, daß es für die Eltern etwas ist, was sie unbedingt haben wollen.

Dadurch geraten die Kinder in einen Konflikt. Sie erleben einen schmerzlichen Verlust, den sie eigentlich vermeiden wollen, und werden wütend auf die, die sie zur Hergabe nötigen. Diese Wut kann sehr unangenehm werden, weil sie sich gegen die Personen richtet, von welchen das Kind vollständig abhängig ist.

Das Kind bildet in dieser Zeit zwei Verhaltensformen aus, die für seine Persönlichkeitsentwicklung von Bedeutung sind: Das Zurückhalten oder **Festhalten** und das Von-sich-geben oder **Loslassen**.

Wenn der Konflikt zwischen dem Kind und seinen Bezugspersonen zu groß wird, „erfindet" das Kind aus seiner Not heraus z. B. den „Geist im Klo". Mit diesem „Geist" kann man ganz anders umgehen, weil er ja nur Schlechtes darstellt. Diesen „Geist" kann das Kind in seiner Fantasie bekämpfen oder sogar besiegen.

Die Auswirkungen der analen Phase auf die Persönlichkeitsentwicklung werden vor allem durch die Erziehungsmethoden und Haltungen der Bezugspersonen gegenüber den Ausscheidungsfunktionen bestimmt. Das Kontrollieren des Stuhlganges ist für das Kind ein bedeutsamer Schritt in Richtung Autonomie, denn jetzt wird es von den Eltern unabhängiger, weil es nicht mehr gewickelt werden muss. Dadurch wird sein Selbstvertrauen unterstützt. Scham und Zweifel entstehen, wenn z. B. die Sauberkeitserziehung zu früh und mit zu viel Strenge erfolgt.

„Das empfindliche Kind (…), das durch einen frühen Vertrauensverlust geschwächt ist, kann all seinen Drang, die Dinge zu erforschen und zu betasten, gegen sich selbst richten. Es wird übermäßig selbstkritisch und entwickelt ein frühreifes Gewissen."

Erik H. Erikson, Identität und Lebenszyklus, Suhrkamp, Frankfurt 1973, S. 81 (in alter Rechtschreibung)

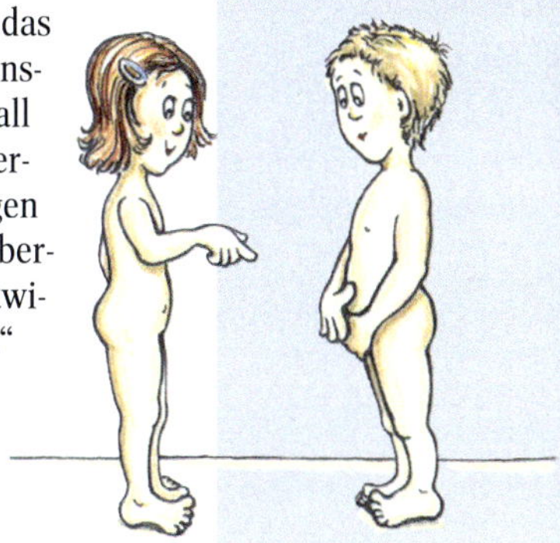

Info 2
(Fortsetzung)

Die phallische Phase (Freud) oder „Initiative gegen Schuldgefühl“ (Erikson)

Die dritte Entwicklungsstufe der psychosexuellen bzw. psychosozialen Entwicklung dauert etwa vom 3. bis zum 5. Lebensjahr. Kinder in diesem Alter sind außer am eigenen Körper auch am Aussehen anderer interessiert. Ihre Neugier richtet sich vor allem auf Körperteile, die ihnen normalerweise verborgen sind. Erzieherinnen können das bei den „Doktorspielen“ oder auch „Mutter-Kind-Spielen“ beobachten.

Die sexuelle Neugier äußert sich in einer Schau- und Zeigelust, ferner in den Fragen nach sexuellen Dingen und im Verlangen, sich gegenseitig zu berühren. Das Kind stellt eindringliche Fragen nach Zeugung, Schwangerschaft, Geburt und Tod und „dem kleinen Unterschied“.

Was tun?

Das Herzeigen der eigenen Geschlechtsteile und das Betrachten der von anderen sowie das Spielen mit ihnen sollte nicht überbewertet werden. Es wäre ein Fehler, solche Verhaltensweisen zu bestrafen oder gar als Sünde zu bewerten. Erfahrungen zeigen, dass ein unerwünschtes Verhalten weniger häufig auftritt, wenn es nicht beachtet wird und ein erwünschtes Verhalten häufiger auftritt, wenn es beachtet wird.

„Doktorspiele“ müssen nicht heimlich stattfinden, solange unter Gleichaltrigen die gleichen Interessen bestehen. Es darf jedoch kein Kind ein anderes Kind gegen seinen Willen zu „Doktorspielen“ zwingen. Erzieherinnen sollten die Kinder darin unterstützen, eigene Grenzen und die Grenzen der anderen Kinder zu achten.

Eine Praktikantin berichtete, wie sie ein Mädchen darin unterstützte, einem Jungen ihre Grenzen aufzuzeigen: „Einige Kinder saßen bei mir am Tisch und malten. Hin und wieder kam ein dreijähriger Junge aus einer anderen Gruppe an unseren Tisch und besuchte seine dreijährige Freundin. Beide gingen in die Puppenecke und spielten dort ca. zehn Minuten, als plötzlich das Mädchen zurück an unseren Tisch kam, sich hinsetzte und wieder malte. Der kleine Junge ging auf sie zu, packte sie fest am Pullover und sagte in energischem Ton: ‚Du sollst mit mir jetzt Doktor spielen, tu’ was ich dir sage!‘ Er hatte in einer Hand den Arztkoffer. Aber das Mädchen sagte: ‚Nein, ich will nicht, lass mich los.‘ Sie schaute dabei zu mir, als ob sie erwarte, dass ich ihr helfe. Ich sagte daraufhin zu dem Jungen: ‚Wenn sie nicht will, dann musst du ihre Entscheidung akzeptieren. Sie muss das nicht tun!‘ Darauf ließ er das Mädchen los und ging zurück zu seiner Gruppe.“

Kinder onanieren – auch im Kindergarten

Onanie bzw. Selbstbefriedigung ist Bestandteil der körperlichen Selbstfindung. Solche Ausdrucksformen kommen häufiger vor, als man denkt. Onanie hat zu tun mit der Entdeckung des eigenen Körpers, mit Körpergefühl und bedeutet für die Kinder Lust. Selbstbefriedigung ist zunächst einmal ein ganz normales Verhalten, das Kinder in dieser Phase zeigen. Es wird manchmal (vor-)schnell unter der Perspektive des Missbrauchs gesehen. Dies mag bei gezielten Verdachtsmomenten wichtig werden. Aber eine häufige Wiederholung der Selbstbefriedigung hat eher was zu tun mit den lustvollen Gefühlen, so wie der neuen Entdeckung, mit dem eigenen Körper spielerisch umzugehen.

Was tun?

Aufmerksamkeit ist dann geboten, wenn Kinder ihre Geschlechtsorgane gegenseitig erkunden bzw. beginnen sich sexuell zu stimulieren. Es wäre falsch, auf solche Situationen mit Ausgrenzung oder Verbot zu reagieren.

Ausgrenzung oder Verbot führen nur zu Verdrängungen oder zu Heimlichkeiten. Sie helfen Kindern kaum ein sexuelles wie körperliches Selbstbewusstsein auszubilden. Kinder können aber lernen, dass nicht jede Situation des Alltags dafür geeignet ist, ihren Bedürfnissen nach Sexualität und Selbstbefriedigung nachzugehen.

Es gibt Eltern aus eigener und fremder Kultur, die versuchen frühkindliche sexuelle Ausdrucksformen bei den Kindern zu missbilligen und zu unterdrücken. Daher nimmt bei Kindern dieser Familien auch noch im Schulalter das Interesse am Erkunden der eigenen und fremden Körper und den damit verbundenen Erfahrungen nicht ab.

Gespräche zwischen Eltern und Eltern sowie Eltern und Fachleuten helfen eigene Einstellungen zum frühkindlichen Sexualverhalten zu überprüfen. Voraussetzung für solche Gespräche ist eine vertrauensvolle Zusammenarbeit zwischen Eltern und Erzieherinnen, die von gegenseitigem Respekt auch anders denkender Elternteile getragen sein muss.

In vielen Kindergärten werden Projekte durchgeführt, um Kindern aller Kulturen zu helfen den eigenen Körper kennen zu lernen, z. B. das Projekt „Das bin ich“. Die Kinder lernen Worte für Körperteile zu finden, sprachliche Beschreibungen, wie sich etwas anfühlt oder wie es aussieht, und sie werden ermutigt Fragen zu stellen, die ihre Eltern vielleicht nicht beantworten können oder wollen.

Eine Untersuchung von Manfred Berger (1986) hat gezeigt, wie schwer es für Erzieherinnen ist, eine kindgerechte Einstellung zum frühkindlichen Sexualverhalten zu entwickeln. Er versandte 110 Fragebögen an Kindergärten im süddeutschen Raum zum Thema: „Wie begegnen heute Erziehende in den Kindergärten der Kindersexualität? Sind sie toleranter und offener als frühere Generationen und akzeptieren sie Sexualäußerungen der Kinder?“ 75 Fragebögen kamen ausgefüllt zurück.

Auf die Frage, wie Erzieherinnen reagieren, wenn sie Kinder bei geschlechtlichen Aktivitäten beobachten bzw. ob sexuelle Spielereien von Vornherein als mögliche kindliche Reaktionen akzeptiert und toleriert oder abgelehnt werden, gaben 31,7 % an, dass sie sexuelle Äußerungen nicht dulden würden. Als Grund ihrer Einstellungen nannten diese Erzieherinnen, dass ihnen Träger, Eltern und Kollegen bei sexuellen Vorkommnissen Schwierigkeiten machen.

68,3 % der Befragten beobachteten intensive sexuelle Äußerungen der Kinder. Von dieser Personengruppe tolerierten jedoch nur 13,3 % konkrete kindliche Sexualäußerungen. Es wurden nicht nur die „Doktorspiele in der Kuschelecke“ verboten, sondern auch das „Ausziehen der Kinder (im Sommer)“ und das „sich auf der Toilette zur Schau stellen“.

55 % der Befragten lenken Kinder von beginnenden sexuellen Handlungen ab. Ist ein Ablenken nicht möglich, sprechen 25-% ein eindeutiges Verbot aus oder stellen die Kinder „zur Rede“. Eine Bestrafung der Kinder beim „Ertappen“ wird jedoch abgelehnt.

vgl. Manfred Berger, Sexualerziehung im Kindergarten, Brandes & Apsel, Frankfurt/Main 1988, S. 45

Sylvia, dreieinhalb Jahre alt, bekommt jeden Abend zum Einschlafen eine Geschichte vorgelesen oder erzählt. Eines Abends fragt die Mutter wie immer: „Welche Geschichte möchtest du heute hören?“ – „Heute erzähl mir was von der Vagina.“ Die Mutter ist etwas verblüfft und sagt: „Dazu fällt mir jetzt nichts ein.“ Sylvia sieht es ein und meint großzügig: „Na gut, dann eben was von Rumpelstilzchen.“

Kindermund 1991, S. 99

Info 2
(Fortsetzung)

Der kleine Ödipus

Nach Freud erlebt das Kind zuerst die Lust an sich selbst (autoerotisch), indem es sich mit sich selbst beschäftigt, die Mutter jedoch mit einbezieht. Sie ist es, die ihn wäscht, säubert, an die Brust nimmt und mit ihm schmust und kuschelt. Zwischen zwei und drei Jahren nehmen Jungen und Mädchen wahr, dass sie sich voneinander unterscheiden. Sie erleben sich evtl. auf mehr oder weniger dramatische Weise als minderwertig: der Junge, weil er nicht wie sein Vater einen großen Penis besitzt, und das Mädchen, weil es keinen Penis hat.

Etwa nach dem vierten Lebensjahr entdecken die Kinder, dass die Mutter eigentlich zum Vater und der Vater zur Mutter gehört. Damit entsteht nach Freud der Ödipuskonflikt.
(Nach der Mythologie tötet Ödipus unwissentlich seinen Vater und heiratet seine Mutter.)

Nach Freud tritt bei kleinen Jungen in der phallischen Phase eine starke emotionale Zuneigung und Abhängigkeit zur Mutter auf. Oft möchte er sie für sich allein haben und betrachtet seinen Vater als Eindringling in diese Beziehung. Er möchte die Liebe zur Mutter nicht teilen und ist eifersüchtig auf die Stellung des Vaters, die dieser in der Zuneigung der Mutter hat. Andererseits liebt der Junge bei positiven Beziehungen auch seinen Vater.

Beim Mädchen ist das Verhältnis zum Vater ähnlich strukturiert. Es sieht die Mutter als Rivalin an und kämpft leidenschaftlich um die Liebe und Zuneigung des Vaters.

Lena, fünf Jahre alt, fährt mit ihren Eltern in den Wald. Sie sitzt im Kindersitz vorn beim Vater. Man sieht es ihr an, wie stolz und glücklich sie ist. Plötzlich ruft sie: „Mami! Hier war ich schon einmal mit dem Vati. Da warst du noch nicht auf der Welt.“ Kindermund 1991, S. 117

Die Kinder befinden sich in der ödipalen Phase in einem Konflikt, indem sie den gegengeschlechtlichen Elternteil hassen oder lieben. Wie hoch die Ambivalenz des Kindes ist, hängt von seinen früheren Erfahrungen mit seinen Bezugspersonen ab. Waren die Beziehungen zu ihnen nicht sehr liebevoll und durch viele Strafen getrübt, werden der Groll und die Feindseligkeit des Kindes gegenüber dem gegengeschlechtlichen Elternteil stärker und offener zutage treten.

Manchmal spiegelt sich das in Kinderzeichnungen wider.

Corinna war fünf Jahre alt, als ein Umzug in ein neues Haus bevorstand, das sich die Eltern gebaut haben. Wegen der vielen Arbeit im Haus musste Corinna seit einigen Wochen bei ihrer Oma leben. Aber der Hund der Familie durfte schon im neuen Haus wohnen. Er durfte immer mit dabei sein und wurde sogar regelmäßig von Corinnas Vater ausgeführt. Corinna fühlte sich vom Vater verstoßen. Sie fragte sich, was sie falsch gemacht hat. „Warum mag mein Papa den Hund lieber als mich?“ Sie malt das Haus (links im Bild), wo sie früher gewohnt hat. Das neue Haus steht in der Mitte. Es ist viel größer. Aber die vielen Punkte deuten auf ihre Tränen hin, die sie schon wegen des Umzuges vergossen hat. Sie selbst zieht es vor, lieber in der Hundehütte zu wohnen.

9610144

Identität – wie will ich werden

Der Prozess, der in Gang kommt, um das Problem „Wie will ich werden" zu lösen, nennt Freud „Identifikation". Der Junge strebt danach, so zu werden wie sein Vater und das Mädchen möchte wie die Mutter werden. Das Kind übernimmt nun einfach eine Reihe von Charakterzügen und Handlungsweisen vom Vater oder der Mutter. Dies kann sich darin äußern, dass z. B. das kleine Mädchen dem Vater schon mal Anweisungen gibt, wie er z. B. im Geschirrspüler das Geschirr ordnen muss oder der kleine Junge seiner Mutter zeigt, wie sie die Säge halten soll.

Kinder vor Missbrauch schützen

Ein normaler und natürlicher Umgang mit Sexualität ist für die Entwicklung des Kindes sehr wichtig. Aber es darf auch nicht übersehen werden, dass das Kind in dieser Phase vor sexuellem Missbrauch geschützt werden muss. Wenn Kinder Zärtlichkeiten mit Erwachsenen austauschen, so darf das niemals dem Zweck dienen, den Erwachsenen Lust zu verschaffen. Ein Kind, das nicht geküsst oder gestreichelt werden will, hat das Recht, zu sagen: „Ich mag das nicht". Daran haben die Erwachsenen sich unbedingt zu halten!

Erikson übernimmt Freuds Identifikationsbegriff, füllt ihn aber mit neuem Inhalt. Für Erikson ist das Streben nach Identität ein wesentlicher Inhalt des menschlichen Lebens und bedeutet, dass man das eigene Selbst und die Gesellschaft, in der man lebt, erkennt und akzeptiert.

Das Kind in der zweiten Phase hat nach Erikson gelernt ein Individuum zu sein. Nun will es wissen, „was für eine Art von Person es werden will".

Probleme der Identitätsfindung stehen im Vordergrund und werden durch den gelungenen Verlauf der vorangegangenen Phase positiv beeinflusst.

Organische Fähigkeiten entwickeln sich weiter. Das Sprachvermögen und eine dadurch deutlich erweiterte Vorstellungswelt bergen laut Erikson nachhaltiges Potenzial für die nächste Krise. Es misst sich mit den Erwachsenen und vergleicht sich mit ihnen und möchte ihnen gleich sein. Kleine Mädchen fangen plötzlich an sich zu schminken oder schlüpfen in die hochhackigen Schuhe ihrer Mütter, während kleine Jungen den „ganzen Mann" rauslassen, indem sie mit Hammer und Nägeln hantieren, beim Fahrradreparieren mithelfen, mit gewichtiger Miene im Traktor mitfahren und auch schon mal mit Papa ins Fitnessstudio marschieren.

Franziska, fünf Jahre alt, fährt mit ihrer Tante im Zug. Sie sitzen in einem belebten Abteil. Franziska trägt eine Hose mit Hosenträgern, die ihr von Zeit zu Zeit von der Schulter rutschen. Als wieder einmal ein Träger heruntergerutscht ist, schiebt sie ihn ganz lässig mit den Worten nach oben: *„Ach, mein BH-Träger rutscht so schrecklich!"*

Kindermund 1991, S. 106

In den Kindergärten haben in dieser Zeit Verkleidungskisten Hochkonjunktur. Das Kind befindet sich im aktiven „Spielalter", weil es sich selbst als Ganzheit zu begreifen sucht. In seiner Fantasie betreibt es Forschung, die Zeit und Raum überschreiten.

Kinder sind in dieser Phase sehr auf die Hilfe der Erwachsenen angewiesen. Besonders Jungen fehlen in den Kindergärten die männlichen Erzieher. Sie könnten durch erlebenispädagogische Aktivitäten den Identifikationsprozess der Jungen fördern. Um in „Männerrollen" schlüpfen zu können, wäre die Ausstattung der Verkleidungskiste mit „männertypischer" Kleidung und Requisiten wichtig.

Durch das Ausprobieren im Spiel lernt das Kind, seine Fähigkeiten und seine Grenzen und Schranken erkennen.

Info 2
(Fortsetzung)

Gewissensbildung

In dieser Phase bildet das Kind auch sein Gewissen (Über-Ich). Es übernimmt die Werte von seinen Eltern oder ständigen Bezugspersonen eher kritiklos, weil sie von ihnen stammen und nicht, weil es von sich aus ein Bedürfnis nach Normen hat. Die Moral der Eltern wird zur Moral des Kindes. Wenn das Über-Ich starr und streng ist und Impulse ständig überwachen muss, gibt das Kind die eigene Initiative bald auf. Seine Fähigkeiten werden durch ein Gefühl der Schuld blockiert.

Ein Kind mit einem gesunden Über-Ich ist vorbereitet einige Aufgaben des Lebens zu erlernen. Es erhält jetzt das Gefühl: „Ich bin das, was ich lerne."

Ich will zeigen, was ich kann

Das Kind im Grundschulalter, das die Krisen der vorhergehenden Stufen bewältigt hat, befindet sich nach Freud in der Latenzphase. Die Annahme von Freud, dass bei Kindern in dieser Zeit sexuelle Wünsche und Handlungen zurücktreten, wird von Fachleuten angezweifelt. Man ist heute der Auffassung, dass dies kulturell bedingt sei. Beobachtungen zeigen, dass Jungen und Mädchen zwischen sechs und zwölf Jahren bis über beide Ohren sehr verliebt sein können. Es ist ihnen peinlich, wenn sie von Erwachsenen deshalb „gehänselt" werden. Erwachsene, die diese Gefühle der Mädchen und Jungen in dieser Phase ernst nehmen, helfen ihnen mit Freude und Trauer umzugehen.

Erikson nennt diese Phase „Werksinn gegen Minderwertigkeitsgefühl". Am Beginn dieser Phase steht der Schuleintritt mit allen Aufregungen, die durch neue Leistungsanforderungen und eine größere Bezugsgruppe im Zusammenhang stehen. Mit zunehmendem Alter steigt das Bedürfnis, produktiv zu sein, Neues zu lernen und von der Erwachsenenwelt anerkannt zu werden. Jungen und Mädchen sind bereit regelmäßig kleine Pflichten und Aufgaben zu übernehmen, zeigen Ausdauer und Zielstrebigkeit. Einflüsse außerhalb des Elternhauses werden wirksamer.

Erlebnispädagogische Aktionen stehen jetzt im Mittelpunkt der erzieherischen Arbeit im Hort. Auch die Mitgliedschaft in Vereinen (Sport, Reiten, Schwimmen) haben ihre Anziehungskraft.

Wird von Erziehern oder Eltern die positive Leistungsbereitschaft der Kinder in dieser Entwicklungsphase nicht genutzt, besteht die Gefahr, dass die Jungen oder Mädchen nicht entsprechend gefördert werden und dadurch Talente unentdeckt bleiben. Erfahren die Kinder weder Lob noch Anerkennung und bleiben persönliche Erfolgserlebnisse aus, empfinden sie sich minderwertig, unvollkommen und unfähig.

Mädchen und Jungen, die in dieser Phase nicht gefordert und gefördert werden, entwickeln über sich das innere Bild: „Ich bin ein Versager."

Fazit

Frühkindliche Sexualität ist ein Thema, das im Umgang mit Kindern nicht tabuisiert werden darf. Kulturspezifisches Wissen hilft Kinder und Eltern in ihrem Verhalten zu verstehen und zu respektieren.

9610146

Aufgaben und Anregungen

1 Bilden Sie Kleingruppen und tauschen Sie die Beobachtungen aus, die Sie in der Praxis über kindliche Sexualäußerungen gemacht haben.
Stellen Sie eine Beobachtungssituation so dar, wie Sie sie wahrgenommen haben und benennen Sie auch Ihre Gefühle, Ängste, Befürchtungen, die Sie in diesem Zusammenhang bei sich selbst beobachtet haben.

2 Informieren Sie sich über wissenschaftliche Erklärungen zur frühkindlichen Sexualität und zur Entwicklung emotionaler Kompetenzen anhand von einschlägiger Fachliteratur.

3 Wählen Sie Aufklärungsbilderbücher aus und stellen Sie diese der Klasse vor. Stellen Sie Kriterien zur Beurteilung der Bücher auf.

4 Überprüfen Sie die Bilderbücher zur Aufklärung in Ihrer Praxisstelle (falls sie welche hat) anhand Ihrer fachlichen Beurteilungskriterien.

5 Informieren Sie sich in Buchläden oder im Internet über Neuerscheinungen zu diesem Thema.

6 Formulieren Sie Ziele, die für die emotionale Entwicklung der Kinder von Bedeutung sein könnten.

Bereiten Sie eine Aktion oder ein Projekt vor, wodurch die emotionalen Kompetenzen der Kinder gefördert werden (z. B. Wut im Bauch – Umgang mit schlechten und guten Gefühlen).

Überlegen Sie, ob diese Aktion ein sog. Bildungsangebot ist, das dem Bildungsinteresse der Kinder entspricht.

Stellen Sie Ihre Aktion oder das Projekt auf einer Teambesprechung in einem Kindergarten vor und holen Sie sich eine kritische Rückmeldung.

„Nach dem Prinzip der Entwicklungsangemessenheit sind Bildungsangebote so zu gestalten, dass sie der sozialen, kognitiven, emotionalen und körperlichen Entwicklung des Kindes entsprechen.“ Bayrischer Bildungs- und Erziehungsplan 2003, S. 22

6.1

Reife								Ich-Integrität versus Verzweiflung	Weisheit
Erwachsenenalter							Zeugende Fähigkeit versus Stagnation		Fürsorge
frühes Erwachsenenalter						Intimität versus Isolierung			Liebe
Pubertät und Adoleszenz					Indentität versus Rollenkonfusion				Treue
Latenzphase				Leistung versus Minderwertigkeitsgefühl					Kompetenz
lokomotorisch-genital			Initiative versus Schuldgefühl						Absicht
muskulär-anal		Autonomie versus Scham und Zweifel							Wille
oral-sensorisch	Urvertrauen versus Urmisstrauen								Hoffnung

Aufgaben
(Fortsetzung)

Der Einzelne kann für sich das Gitternetz ausfüllen, um zu sehen, wie vorausgegangene Krisen sich immer wieder in der gerade vorherrschenden Krise zeigen. Zum Beispiel ein junges Paar kämpft um eine daucrhaftc Intimität (Phasc 6). Themen wie z.B. Vertrauen, Initiative und Integrität spielen vielleicht eine Rolle. Die Frau-stellt sich evtl. folgende Fragen: „Ist er zuverlässig, pflichtbewusst und kann er Verantwortung übernehmen?“ (Phase 4), „Akzeptiert er meine Selbstständigkeit?“ (Phase 2), „Kann er mit Kindern umgehen und für sie sorgen?“ (Phase 7).

Wie gut oder schlecht die beiden Partner frühere Krisen verarbeitet haben, zeigt sich nun in der fehlenden (oder bestehenden) Intimität. Wie gut sie frühere Versäumnisse ausbessern können, ist abhängig von der Qualität ihrer Beziehung. In beiden begegnen sich sowohl das innere Kind als auch der Erwachsene.

vgl. Fischer, Heribert, Gestörte Entwicklung und Sozialisation, Cornelsen Verlag, Bielefeld 1985, S. 44

6.2 Vorschlag zur Präventionsarbeit: „Wut tut gut“
Beantworten Sie folgende Fragen und diskutieren Sie Ihre Position:

	Ja	Nein
1. Wenn ein Kind Angst vor einem anderen hat, ermutige ich es, sich zu wehren.	❒	❒
2. In meiner pädagogischen Arbeit mit Kindern erarbeite ich hauptsächlich positive Gefühle!	❒	❒
3. Manchmal ist es aus pädagogischer Sicht wichtig, dass die Gruppe ein Kind auslacht.	❒	❒

6.3 Beantworten Sie folgende Fragen zunächst schriftlich und diskutieren Sie die Ergebnisse im Plenum.
1. Was bedeutet für Sie petzen?
2. Wie begegnen Sie einem Kind, das sagt, ein anderes habe ihm wehgetan?
3. Versuchen Sie in fünf Minuten möglichst viele Gefühlszustände aufzuschreiben.
4. Definieren Sie für sich die Wörter Freude, Liebe, Zorn, Trauer und Lust.

Tipps zum Weiterlesen

Jan-Uwe Rogge, *Onanie gehört zur körperlichen Selbstfindung*, in: TPS, Kallmeyer bei Friedrich in Velber, 7/2002

Gern Mietzel, *Wege in die Entwicklungspsychologie*, Beltz Verlagsunion, Weinheim 2002

Irmi Hochheimer, *Sexueller Missbrauch – Prävention im Kindergarten*, Herder Verlag, Freiburg 1998

TPS 7/2002, Kallmeyer Verlag, Seelzen

4.2 Die Entwicklung aus kognitiver Sicht

Ercan, Laura und Olga schreiben gemeinsam eine Facharbeit zum Thema „Bildungsinteressen von Kindern wahrnehmen und fördern“. Während sie so ins Grübeln kommen, beginnt Laura plötzlich zu lachen. Olga und Ercan sehen sie fragend an: „Was ist los mit dir?“ „Ach“, sagt Laura, „ich muss gerade an ein Erlebnis im Praktikum denken. Wir haben mit den Kindern über den Welthungertag gesprochen. Die Kinder haben viele Fragen gestellt und wir erzählten ihnen, wie arm die Menschen in der Dritten Welt sind, dass sie oft zu wenig zum Essen und auch kein Geld für Kleidung haben. Am nächsten Tag ging ich mit einigen Kindern auf den Markt, um mit ihnen für das Frühstück einzukaufen. Plötzlich kommt Anna, vier Jahre alt, zu mir und zeigt auf eine farbige Frau, die gerade Äpfel kauft. Voller Entrüstung sagt sie: ‚Guck mal, die hat ja doch was an!‘ Ich konnte mir das Lachen nicht verkneifen und wusste im ersten Moment nicht, was ich sagen sollte. Aber wenn ich an unser Thema denke, dann hat Anna sich alles gut gemerkt, was wir gestern besprochen haben. Jetzt wendet sie ihr Wissen praktisch an. Und nun muss sie feststellen, dass wir ihr etwas ‚Falsches‘ erzählt haben. Ich bin wirklich ratlos.“

„Ja“, sagt Ercan, „manchmal frage ich mich auch, was in den Köpfen der Kinder vor sich geht. In meiner Gruppe sagte einmal der dreijährige Max zu mir: ‚nicht wahr, Ercan, wenn es regnet, dann pinkelt der liebe Gott vom Himmel?‘ Ich musste auch erst einmal darüber lachen. Aber dann habe ich überlegt: Soll ich ihm jetzt den Wasserkreislauf erklären oder soll ich ihn in seinem Glauben lassen?“ „Aber das ist ja gerade unser Thema“, sagt Olga. „Max hat dich gefragt und wollte von dir noch einmal eine Bestätigung für seine ‚Gedankenkonstruktion‘ haben. Du hast gelacht und er hat sich vielleicht ausgelacht gefühlt. Vielleicht wird er jetzt keine solche Fragen mehr stellen.“ „Ach, du spinnst ja. Kinder sind halt manchmal komisch“, meint Ercan. „Nein“, sagt Olga, „wir wissen einfach zu wenig darüber, was Kinder wirklich beschäftigt. Lass uns doch jetzt erst einmal in die Bibliothek gehen, um nach guter Fachliteratur zu unserem Thema zu suchen.“

Fragen

- ✓ *Denken Kinder anders als Erwachsene?*
- ✓ *Überfordern wir die Kinder, wenn wir ihnen alles erklären wollen, wonach sie fragen?*
- ✓ *Ist es nicht besser, wenn Kinder viel spielen, anstatt sie jetzt schon z. B. mit Fragen der Dritten Welt zu konfrontieren?*
- ✓ *Sollte man Kindern schon Naturgesetze nahe bringen und mit ihnen Experimente durchführen?*

Piaget und das Kind als Akteur seiner Entwicklung

Info 1

Der Schweizer Biologe und Entwicklungspsychologe Jean Piaget (1896–1980) ist einer der bedeutendsten Psychologen, der die Denkentwicklung des Menschen erforscht hat. Er studierte ganz besonders das Verhalten seiner eigenen drei Kinder von Geburt an und beobachtete sie im Umgang mit Problemen.

In seiner Forschung konzentrierte er sich auf die kognitive Entwicklung und begrenzte seine Untersuchungen auf „das, was das Kind sich selbsttätig aneignet, was man ihm nicht beigebracht hat, was es vielmehr selbst entdecken muss“.

Info 1
(Fortsetzung)

Das Kind begegnet der Wirklichkeit mit den Denkmodellen seines augenblicklichen Entwicklungsstandes.

Seiner Theorie folgend nehmen Kinder ihre Erfahrungen nicht passiv auf, sondern setzen sich ständig selbstmotivierend und selbstregulierend mit ihrer Umwelt auseinander. Dadurch entwickeln sie Denkschemata oder Denkmodelle – eigene subjektive Theorien.

Erwachsenen erschließt sich die Denkentwicklung von Kindern, wenn sie lernen, genau zu beobachten und zuzuhören.

„Kein Kind wird beschämt“ (Grundsatz schwedischer Pädagogen)

Im folgenden Beispiel berichtet eine Mutter einer Erzieherin, dass sie bald ins Krankenhaus geht, weil die Geburt ihres zweiten Kindes bevorsteht. Die zweieinhalbjährige Melanie steht neben ihr und guckt ihre Mutter verwundert an. „Oje“, sagt sie, „wo hast du dich denn angesteckt?“ Die Mutter und die Erzieherin lachen amüsiert.

Melanie hat das Denkschema entwickelt: „Wer ins Krankenhaus muss, der hat sich ‚angesteckt‘.“

Melanie wendet ihr Erfahrungswissen an und kann nicht verstehen, warum Erwachsene darüber lachen. Schließlich hat sie versucht zu verstehen, was Erwachsene sich erzählen.

Kinder werden oft verlegen, wenn Erwachsene in solchen Situationen über sie lachen, anstatt sie aufzuklären. Je öfter sie sich so als dumm erfahren, desto stärker werden sie versuchen sich mit Äußerungen zurückzuhalten, um nicht wieder ausgelacht zu werden.

Der Mensch hat von Geburt an ein Bedürfnis, seine Vorstellungen und seine Erfahrungen in Übereinstimmung zu bringen.

Etwas mehr Glück hatte der dreijährige Tom. Er ging mit seiner Erzieherin und der Kindergruppe in den Zoo. Im großen Vogelkäfig betrachtete er einen Papagei, der hinter einer Scheibe auf einem Ast saß. Tom drückte seine Nase gegen die Scheibe, um genauer aufzunehmen, was er da sah. Als er den Ring am Fuß des Papageien entdeckte, rief er aufgeregt: „Der ist ja verheiratet.“ Die Erzieherin schmunzelte etwas, aber dann lobte sie Tom und sagte: „Das hast du sehr gut beobachtet. Wenn zwei Menschen den gleichen Ring tragen, kann man davon ausgehen, dass sie verheiratet sind. Nun hast du überlegt, ob das bei Tieren auch so ist. Da kommt gerade der Wärter. Wir werden ihn mal fragen, warum der Papagei einen Ring trägt.“

Melanie und Tom haben sich im Sinne ihrer Vorstellungen vom „Kranksein“ und „Heiraten“ gemäß ihren Denkmodellen geäußert. Nach Piagets Theorie befinden sich die Denkprozesse von Melanie und Tom in einer Entwicklung, in welcher sich ihre Denkmodelle ständig verändern. Sie stoßen dabei immer wieder an die Grenzen ihrer subjektiven Theorien. Das spüren sie einerseits an den Reaktionen der Erwachsenen, aber andererseits auch, wenn sie beim Spielen durch Versuch und Irrtum neue Erfahrungen sammeln und dadurch ihre Denkmodelle erweitern, ergänzen oder auch verwerfen müssen. Ihre Entwicklung ist eine fortlaufende Folge von Gleichgewichts- und Ungleichgewichtszuständen.

Beide Kinder befinden sich nach Piaget im Stadium des anschaulichen Denkens (viertes bis ungefähr siebtes Lebensjahr). Die Aufmerksamkeit richtet sich jeweils auf einen einzigen Gegenstand, ein einziges Merkmal.

„Erkenntnisse, neue Begriffe, Behauptungen usw. müssen auf bereits vorhandene abgestimmt werden. Es bedarf eines komplexen Regulierungs- und Ausgleichsmechanismus, um etwas Zusammenhängendes hervorzubringen. Ich möchte diesen Zusammenhang mit dem Wort ‚Gleichgewicht‘ (Äquilibration) umschreiben.“

Piaget, 1976, S. 29

Entwicklung zwischen Reifung und Förderung

Info 2

Piaget geht davon aus, dass die Entwicklung des Denkens einem Reifungsprozess unterliegt, den man in seiner zeitlichen Abfolge nicht beeinflussen kann. Erst wenn das Kind die nötige Reife erlangt hat, beginnt es durch den Prozess der **Akkommodation** (Erweiterung der Denkschemata bzw. Denkmodelle), seine kognitiven Strukturen zu verändern. Gut gemeinte Belehrungen würden das Kind in diesem Alter nicht erreichen, da es „eine Anzahl von Denkstadien durchlaufen muss, deren Abwegigkeit es später einsieht, die aber nötig sind, um schließlich die richtigen Lösungen zu finden." (Piaget, 1975, S. 81)

Er bezeichnete diese Phase des kindlichen Denkens im Vorschulalter als **voroperationales Denken**. Kinder sind nach Piaget in diesem Stadium noch nicht in der Lage, logisch zu denken. Dies begründete er damit, dass das Kind seine eigenen Erfahrungen nicht so auszuwerten versteht, dass es auf der Ebene der Vorstellungen logische Schlussfolgerungen ziehen kann. Auch sei das Vorschulkind in dieser voroperationalen Phase noch nicht fähig seine Aufmerksamkeit auf mehrere Merkmale einer Situation (z. B. auf Farbe und Form) gleichzeitig zu richten.

Piaget hat zu diesem Zweck mit seinen Mitarbeitern eindrucksvolle Versuche mit Kindern verschiedener Altersstufen durchgeführt. Am bekanntesten sind die Umfüllversuche.

Das fünfjährige Kind hat die Aufgabe, gleich viele Perlen in gleich große Gläser zu füllen. Dann wird es gefragt, ob in beiden Gläsern gleich viele Perlen sind. Das Kind bejaht dies. Vor den Augen des Kindes werden die Perlen in ein hohes schmales Glas umgeschüttet. Danach werden die Perlen in ein breiteres Glas umgefüllt. Das Kind ist der Meinung, dass im hohen schmalen Glas mehr Perlen sind.

Der Gläser-Perlen-Versuch von Piaget und Inhelder, 1941

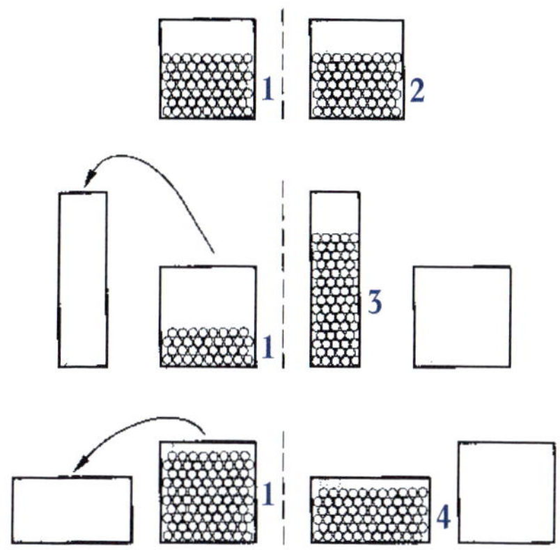

Das Kind sagt: In 1 und 2 sind gleich viele Perlen.

Das Kind sagt: In 3 sind mehr Perlen als in 1.

Das Kind sagt: In 4 sind weniger Perlen als in 1.

Das fünfjährige Kind urteilt lediglich nach seinem Wahrnehmungseindruck, wobei es nur den Aspekt der Höhe in seinem Urteil berücksichtigt, nicht aber den der Breite (des Durchmessers). Nach Piagets Auffassung können Kinder bis zum Alter von sechs bis sieben Jahren nicht **operational** denken, d. h., zur Bewältigung der Umschüttaufgabe müsste das Kind zur gedanklichen Umkehrung **(Reversibilität)** und zur **Dezentrierung** (d. h. die Konzentration auf zwei Merkmale richten, Höhe und Breite) in der Lage sein. Piaget zieht daraus die Schlussfolgerung, dass Kinder in der voroperationalen Phase **eingleisig** denken.

Ein anderer Versuch wurde mit Knetmasse durchgeführt. Der Versuchsablauf wird so beschrieben: Dem Kind werden zwei identische Kugeln aus Knetmasse gegeben. Es stimmt mit dem Versuchsleiter überein, dass beide Kugeln gleich viel Knetmasse enthalten. Eine Kugel wird nun vom Versuchsleiter zu einer Wurst geformt. Jetzt glaubt das Kind, dass die Wurst mehr Knete enthält als die Kugel. Es urteilt aufgrund seines visuellen Wahrnehmungseindruckes und schlussfolgert: **länger** gleich **mehr**. Daraus zog Piaget die Schlussfolgerung, dass das Kind noch nicht verstehen kann, dass sich eine Menge nicht verändert, wenn man ihr nichts

Info 2
(Fortsetzung)

hinzufügt oder von ihr nichts wegnimmt. Diese und andere Versuche wurden nach Piagets Vorstellungen von Forschern mit Kindern in vielen westlichen Ländern durchgeführt, sodass Piaget und viele seiner Mitarbeiter von der Annahme ausgingen, dass allen Kindern in diesem Alter der „Erhaltungs-" bzw. „Invarianzbegriff" fehlt.

Um das sechste bis siebente Lebensjahr macht das Kind nach Piaget entscheidende Fortschritte in der Denkentwicklung: Es erwirbt die Fähigkeit zu **konkreten Operationen**, ein Stadium, in dem sich das Kind bis ungefähr zum elften Lebensjahr befindet.

Das Denken des Kindes ist nicht mehr an die Anschauung gebunden. Es kann nun auch gedanklich Schlüsse ziehen, Lösungen innerlich vorwegnehmen und zunehmend den Gesetzen der Logik folgen.

Kinder können und wollen mehr lernen, als wir ihnen zutrauen.

Piaget richtete den Schwerpunkt seiner Untersuchungen zum Übergang von der voroperationalen zur **konkret-operationalen** Phase auf das Verstehen abstrakter physikalischer Zusammenhänge (abstrakt = vom Dinglichen gelöst, rein begrifflich). So zeigte er z. B., dass ein Kind nun ein Verständnis von Umkehrbarkeit, so genannter **Reversibilität** erwirbt. Führt man denselben Umschüttversuch (Gläser-Perlen-Versuch) mit Achtjährigen durch, werden sich diese über die Fragestellung wundern. Für sie ist selbstverständlich, dass in den Gefäßen gleich viele Perlen sind, da beim Umfüllen nichts weggenommen oder hinzu gegeben wurde. Sie haben erkannt, dass eine Menge gleich bleibt, auch wenn sich die Form ändert. Dies ist eine wichtige Voraussetzung für das Rechen-Lernen (**Addition-Subtraktion**: „Sie haben keine Perlen hinzugefügt oder weggenommen") (Piaget & Inhelder, 1974).
Gleichzeitig kann das Kind **multiplizieren und dividieren**, d. h. Mengen können vervielfältigt und geteilt werden.
Das Kind kann jetzt mehrere Merkmale gleichzeitig berücksichtigen (Höhe und Breite), es denkt nicht mehr eingleisig. Das Kind ist demnach in der Lage, von der **Zentrierung** auf einen hervortretenden Aspekt abzusehen und gleichzeitig mehrere Merkmale eines Problems zu beachten (**Dezentrierung**).

Damit erwirbt das Kind auch ein Verständnis dafür, was eine **Klasseninklusion** ist. Es begreift, dass ein Pudel einmal als Pudel, aber auch als Hund klassifiziert werden kann. Banane und Pfirsich können als Obst bezeichnet werden; Banane, Pfirsich, Kartoffel und Fleisch zusammen als feste Nahrung. (vgl. Oerter, Montada; Entwicklungspsychologie, 2002, S. 428)

Der Beginn dieser Entwicklungsphase fällt zusammen mit dem Schulbeginn.
Das Schulkind
- denkt nicht mehr egozentrisch,
- wird immer unabhängiger von der visuellen Wahrnehmung,
- kann addieren, subtrahieren, multiplizieren und dividieren,
- kann physikalische oder biologische Zusammenhänge wie ein Erwachsener verstehen,
- kann Ober- und Unterbegriffe unterscheiden und korrekt anwenden,
- kann Vergangenheit, Gegenwart und Zukunft in das Denken einbeziehen.

Das Denken bleibt in dieser Stufe aber an tatsächliche Gegebenheiten gebunden. Das Kind benötigt, wie in der vergangenen Entwicklungsphase, zwar keine direkte visuelle Anschauung mehr, es stellt sich aber entsprechende Dinge innerlich vor.
Erst in der nächsten Stufe, der **formal-operationalen Entwicklungsstufe (11.–15. Lebensjahr)**, ist das Kind auch nicht mehr an die innere Anschauung gebunden. Erst dann können z. B. logische Schlussfolgerungen aus abstrakt gestellten Aufgaben gezogen oder Hypothesen aufgestellt werden.

9610152

Neue Erkenntnisse

Piagets Stadien- und Reifungstheorie hat die Entwicklungspsychologie nachhaltig geprägt. Heute gehen Kognitionswissenschaftler jedoch davon aus, dass Kinder schon viel früher kausale Zusammenhänge herstellen und auf andere Phänomene übertragen können. Wird der Zeitpunkt der Lernmöglichkeiten in der frühen Kindheit versäumt, befürchten Wissenschaftler einen kognitiven Entwicklungsrückstand bis zum Schuleintritt.

Insgesamt gilt heute, dass Piaget, obwohl er die Kinder sehr ernst nahm, ihr Wissen und Können unterschätzt hat. So können Kinder im Vorschulalter die meisten Aufgaben lösen, wenn ein paar Veränderungen in den Experimenten und der Art der Fragestellungen vorgenommen werden. (vgl. Lernfeld 4, Band 2, Gehirnentwicklung).

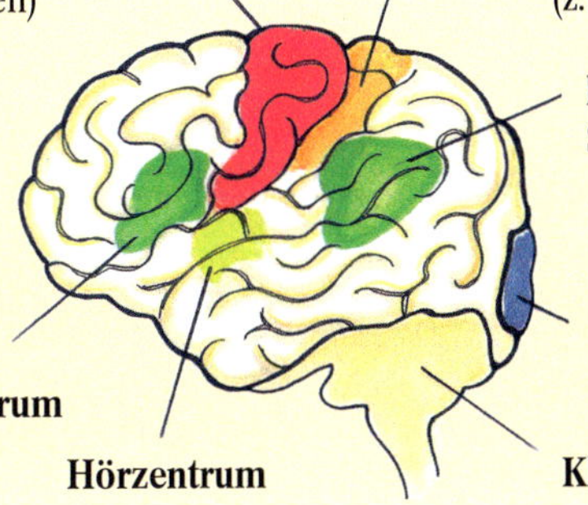

Das Denken über das Denken

Info 3

„Unter ‚Metakognition' versteht man das Denken oder Nachdenken über (=-meta) das eigene Denken. (…) Ein metakognitives Bewusstsein erwerben Kinder unter Anleitung und mit Unterstützung der Erwachsenen. Werden sie nicht auf ihre gedanklichen Prozesse hingewiesen, bleiben diese im Wesentlichen unbewusst und unterentwickelt."

Kristin Gisbert, So lernen Kinder, in: Kindergarten heute, 2/2004, S. 6

In der neueren Kognitionsforschung geht man der Frage nach: Wie denken Kinder über ihr Denken? Schon Vorschulkinder können nach Ansicht der Wissenschaftler **metakognitive** Fertigkeiten erlernen. Sie lernen ihre Lernprozesse mitzugestalten und sind so an ihren eigenen Entwicklungs- und Reifungsprozessen mit beteiligt. Dies geschieht, indem Erzieherinnen Kindern Zeit lassen über eigene Wege, z. B. beim Experimentieren, nachzudenken und ihnen die Möglichkeit geben ihre Gedankengänge (Denkstrategien) anderen Kindern zu berichten.

Erzieherinnen, die schon während ihrer Ausbildung selbst „metakognitiv" gearbeitet haben, werden wahrscheinlich auch in der Arbeit mit Vorschulkindern die Lernprozesse der Kinder zum Gegenstand von Reflexionen machen.

Nach neueren Erkenntnissen können Kindern neue Denkmodelle viel früher mit sprachlicher Unterstützung von Erwachsenen vermittelt werden.

Ein Beispiel soll das verdeutlichen. Kinder, die in einem Kindergarten ein Blumenbeet anlegen, können viele Erfahrungen mit Gartenwerkzeugen machen. Sie lernen nicht nur die Begriffe Gartenschere, Harke, Spaten, Rechen usw., sondern über sinnliche Erfahrungen mit den

Info 3 (Fortsetzung)

Geräten auch deren Eigenschaften kennen. Dass es sich dabei um Werkzeuge handelt, erfahren sie durch das Sprachverhalten der Erzieherin. Sie fordert z. B. die Kinder auf das Gartenwerkzeug zu holen und beobachtet, dass die Kinder wissen, welches Werkzeug damit gemeint ist. Der abstrakte Begriff „Werkzeug" wird für die Kinder zum „Denkwerkzeug", weil sie gelernt haben, dass sich das Gartenwerkzeug von anderem Werkzeug wie z. B. Hammer, Zange usw. unterscheidet. Sie sind beim Gebrauch von Werkzeugen künftig in der Lage, mit dem abstrakten Begriff „Werkzeug" differenziert umzugehen.

Wenn Vorschulkinder schon in der Lage sind, abstrakte Begriffe zu bilden, so ist das ein Hinweis darauf, dass die festgelegte Reihenfolge der Denkentwicklung nach Piaget nur bedingt auf Kinder im Vorschulalter zutrifft. Nach Piaget würde ein Kind erst ungefähr mit sieben Jahren, auf der Stufe des **konkret-operationalen Denkens**, erkennen, dass Objekte z. B. mehrere Eigenschaften haben können.

Info 4 Entwicklung von Vorstellungen

Piaget bezeichnet die Phase, in der es kein vorsprachliches Denken gibt, als Phase der **sensomotorischen Intelligenz**. Sie erstreckt sich von der Geburt bis zum Einsetzen der Sprache über die ersten zwei Lebensjahre.

Interessanterweise stellt er die These auf, dass es zwar eine vorsprachliche Intelligenz gibt, aber kein vorsprachliches Denken.

> „Intelligenz ist die Lösung eines neuartigen Problems, die Koordination von Mitteln, um ein bestimmtes Ziel zu erreichen, das nicht unmittelbar erreicht werden kann. Denken hingegen ist verinnerlichte Intelligenz, die sich nicht mehr auf direktes Handeln, sondern auf Zeichen, auf die symbolische Wiedergabe durch die Sprache, auf gedankliche Bilder usw. stützt, die das, was die sensomotorische Intelligenz unmittelbar erfasst, darstellen."
>
> Piaget, 1976, S. 15

Piaget war einer der ersten Wissenschaftler, der bei Kindern die Entwicklung von Geburt an als Intelligenzentwicklung bezeichnete. Die Vorstellungen vom Neugeborenen als „unbeschriebenem" Blatt oder „Reflexbündel" bis hin zur allgemeinen Annahme vom „ersten dummen Vierteljahr" sind seit Piagets Forschungen endgültig überholt.

Er unterscheidet sechs Stadien der **sensomotorischen Intelligenzentwicklung**.

Nach den ersten Lebenswochen einfachster Anpassungsverhaltensweisen durch **Übungen der Reflexe (1. Stadium: 0–4 Wochen)** wie Saugen, Greifen, Augenbewegungen folgen in den ersten vier Monaten **einfachste Gewohnheiten** oder die ersten **Zirkulärreaktionen (2. Stadium)**. Darunter versteht Piaget die Wiederholung einer Handlung aus Freude an der Handlung selbst oder aus Interesse an dem Handlungseffekt. Die Handlungen des Säuglings sind noch eher zufällig, auf kein Ziel gerichtet und bleiben auf den eigenen Körper bezogen.

Nach Piaget beginnt das Kind etwa ab dem vierten Monat zum ersten Mal, bewusst auf die Umwelt einzuwirken. So strampelt es z. B. intensiv mit den Beinen, um einen Gegenstand, der über seinem Bett aufgehängt ist, in Bewegung zu setzen. Diese **„sekundären Zirkulärreaktionen" (3. Stadium)** sind nicht mehr auf den eigenen Körper bezogen. Das Ereignis, das durch die Wiederholung aufrechterhalten werden soll, liegt jetzt in der Außenwelt, z. B. ein Mobile, das das Kind in Bewegung setzen kann. Das Kind beginnt erste **Verhaltensschemata** aufzubauen und zeigt Interesse an neuen Dingen und ihrer Verwendbarkeit. Es entwickeln sich sog. **Handlungsschemata** wie Greifen und Saugen, die jetzt häufiger auf Gegenstände angewendet werden. Piaget nennt diesen Prozess **„generalisierende Assimilation"** (Einverleibung) von Umweltgegebenheiten in die eigenen „Handlungsorgane".

Zwischen acht und zwölf Monaten, im **4.-Stadium (Differenzierung von Mittel und Zweck)**, verfügt das Kind über mehrere Mittel, um ein Ziel zu erreichen. Wenn es auf interessante Gegenstände aufmerksam machen will, kommuniziert das Kind mit seiner Bezugsperson verstärkt nonverbal über Zeigegesten.

Will das Kind z. B. einen Gegenstand haben, der hinter einer vorgehaltenen Hand liegt, so schiebt es die Hand weg oder nimmt einen Umweg, um an den Gegenstand zu gelangen. Es kann sich zunehmend Objekte vorstellen (**Objektpermanenz**).

In diesem Stadium beginnt das Kind zu „fremdeln", d. h., es kann nun seine „Bezugspersonen" von anderen Personen unterscheiden, weil sie ihm präsent sind, auch wenn es sie nicht sieht.

Im **5. Stadium (tertiäre Zirkulärreaktionen)**, zwischen dem zwölften und achtzehnten Monat, experimentiert und wiederholt es seine Handlungen, um herauszufinden, in welcher Beziehung der Gegenstand oder das Ereignis neu ist. Um einen Gegenstand herbeizuholen, verwendet das Kind jetzt z. B. einen Stock, selbst wenn es den Stock noch nie in dieser Weise eingesetzt hat. Das Kind orientiert sich beim Ausprobieren neuer Handlungsweisen an einem Ziel, das es erreichen möchte.

Erst am Ende des ersten Lebensjahres hat das Kind im Umgang mit Dingen so viel Wissen gesammelt, dass es sich zunehmend Gegenstände vorstellen kann, die es nicht sehen kann. Es ist im Besitz eines gut funktionierenden Langzeitgedächtnisses und kann zunehmend auf zurückliegende Erfahrungen zurückgreifen. Auch kann es zwischen sich selbst, seinem Verhalten und dem Verhalten der Erwachsenen unterscheiden. Es entdeckt, dass ein entfernter Gegenstand sich durch eine Schnur, die an ihm befestigt ist, heranziehen lässt. Das Kind ist jetzt in der Lage, neue Probleme zu lösen, wenn es dabei auf verwandte, bereits vorhandene Handlungsschemata zurückgreifen kann: „Es erobert seine Umwelt", wie es umgangssprachlich heißt.

Erst in diesem Alter macht das „Ostereiersuchen" richtig Spaß. Spiele wie z. B. „Ringlein, Ringlein, du musst wandern" finden beim Kind mehr Interesse, wenn es eine Vorstellung davon hat, wie ein Gegenstand nicht sichtbar in der Runde weiterverschoben werden kann.

Zwischen dem achtzehnten und vierundzwanzigsten Monat, im **6. Stadium (beginnende Verinnerlichung und Lösung von Problemen)**, beginnt der Anfang des **repräsentativen Denkens**. Durch geistige Kombinationen werden vom Kind bisherige Erfahrungen verinnerlicht. Es entwickelt durch sein „Versuch-Irrtum-Verhalten" neue Handlungsmöglichkeiten und ist in der Lage, mögliche Lösungen verschiedener Probleme gedanklich vorwegzunehmen. Das Kind kann zwischen realen und vorgestellten (symbolischen) Objekten und Situationen differenzieren. Dies ist nach Piagets Theorie die Stufe **des symbolischen und vorbegrifflichen Denkens**. Das Kind beginnt sich neue Verhaltensweisen vorzustellen. Es nimmt z. B. einen Löffel als Symbol für ein Flugzeug und rennt Fliegergeräusche nachahmend durch den Gruppenraum. In Rollenspielen zeigt sich der „Be-

Info 4 (Fortsetzung)

ginn des inneren Probehandelns". Das Kind beginnt jetzt sich neue Verhaltensweisen geistig vorzustellen, wenn es z. B. in der Puppenküche kocht.

Nach neueren Untersuchungen können Kinder jedoch schon sehr viel früher als von Piaget angenommen in spezifischen Entwicklungsbereichen symbolisch handeln. (Vgl. Laewen/Andres, Bildung und Erziehung in der frühen Kindheit, Beltz Verlag, Weinheim 2002, S. 129–131)

Sie sind nach diesen Untersuchungen schon im Laufe der ersten zwei Lebensjahre zunehmend in der Lage, mit Gegenständen differenziert umzugehen und können Situationen eigenständig bewältigen.

Erzieherinnen sollten diese Kompetenzen im Alltag der Kinder fördern und ihnen die Möglichkeit geben selbstständig handelnd tätig sein zu dürfen. Das Kind sortiert Gegenstände vielleicht nach einem anderen Ordnungssystem als von der Erzieherin vorgegeben. Dies kann damit zusammenhängen, dass es z. B. gerade den Begriff der Farben konstruiert und alle blauen Gegenstände wie blaue Spielzeugautos, blaue Bausteine, blaues Puppengeschirr usw. in eine Kiste einsortiert. Das Kind möchte in diesem Alter alles selber machen und selber erreichen. Da muss es natürlich erlaubt sein, dass es auf einen Stuhl oder einen Tisch klettern darf, um ein Spielzeug zu erreichen.

Info 5 Ist das Kind ein Egozentriker ohne Einfühlungsvermögen?

Den Begriff Egozentrismus verwendet Piaget zur Bezeichnung der Unfähigkeit, sich in die Rolle eines anderen hineinzuversetzen, den Blickwinkel eines anderen einzunehmen oder die eigene aktuelle Sichtweise (Wahrnehmung oder Meinung) als eine unter mehreren Möglichkeiten zu begreifen.

Piaget glaubte durch seine Versuche festgestellt zu haben, dass sich das Einfühlungsvermögen bei Kindern erst sehr spät entwickelt. Dies sollte u. a. sein berühmtes Drei-Berge-Experiment beweisen.

Dem Kind wird eine Modelllandschaft mit drei Bergen, die einander teilweise verdecken, gezeigt. Eine Puppe wird vor das Modell in Position 1 gesetzt. Die Aufgabe für das Kind lautet: Wie sieht die Puppe die Berge? Die Kinder zeigen auf die Berge, die sie aus ihrem eigenen Blickwinkel und nicht aus dem Blickwinkel der Puppe sehen. Nun werden sie gefragt, wie die Berge aus der Sicht der Puppe aussehen, die in Position 2 oder in Position 3 sitzt. Die Mehrzahl der Kinder wird die eigene Ansicht der drei Berge auswählen. Sie sind noch nicht in der Lage, aus der Perspektive der Puppe die Berge zu sehen.

Aus diesem Experiment zog Piaget den Schluss, dass Kinder in der voroperationalen Phase egozentrisch seien. Sie betrachten und beurteilen die Welt stets von ihrem eigenen Blickwinkel aus. Ihnen fehlt die Einsicht, dass sich für andere Menschen Sichtweisen ergeben, die von den eigenen abweichen.

> Beim Frühstück im Kindergarten will Larissa, dreieinhalb Jahre, der Erzieherin etwas erzählen. Sie hat aber noch ihren Mund voll. Die Erzieherin sagt zu ihr: *„Wenn du mit vollem Mund sprichst, kann ich dich nicht verstehen."* Am nächsten Tag wird Larissa beim Frühstücken ermahnt, nicht so viel zu reden. Daraufhin antwortet Larissa: *„Ich verstehe dich nicht. Du sprichst, obwohl ich den Mund noch voll habe."*
>
> Kindermund 1991, S. 19

In Gesprächen mit Kindern kann man beobachten, dass Kinder auch in ihrer

Kommunikation egozentrisches Verhalten zeigen. Wenn sie der Erzieherin von einer Situation erzählen, in welcher sie eine eigene Meinung zum Ausdruck bringen, zweifeln sie in diesem Alter noch nicht daran, dass die Erzieherin ihrer Meinung ist. Sie gehen davon aus, dass sie die Dinge genauso sieht und fragen daher auch nicht nach, ob sie verstanden hat.

Viele Erwachsene zeigen heute ähnliche Verhaltensweisen. Erst durch die Entwicklung von Kompetenzen zur Perspektiven- und Rollenübernahme wird dieser kommunikative Egozentrismus allmählich überwunden. Erwachsene und Kinder müssen am eigenen Egozentrismus arbeiten, um ihn zu überwinden. Dies geschieht im Austausch von Meinungen, durch Widerspruch, durch Erfahrungen, die mit den eigenen Vorurteilen nicht im Einklang stehen.

Neuere Untersuchungen weisen darauf hin, dass die egozentrische Sichtweise nicht bis zum Alter von sieben Jahren das kindliche Denken beherrscht. Sogar Kinder zwischen zwei und drei Jahren könnten schon verstehen, dass andere nicht notwendigerweise dasselbe sehen wie sie selbst. Vgl. Laewen/Andres, 2002, S.108.

Auch Beobachtungen aus der Praxis zeigen, dass schon Vorschulkinder auf emotionale Befindlichkeiten anderer Kinder einfühlsam reagieren. Sie sind aktiv in der Lage, andere Menschen zu trösten. Dies hängt wesentlich mit ihren bisherigen Vorerfahrungen zusammen und dabei insbesondere mit ihren Beziehungserfahrungen zwischen ihnen und ihren Bezugspersonen.

Mit dem kindlichen Egozentrismus haben sich in der Vergangenheit auch Verkehrspsychologen befassen müssen. Unfälle, die durch Kinder verursacht wurden, führten schließlich zu der Erkenntnis, dass Kinder im Straßenverkehr ein anderes Wahrnehmungsverhalten zeigen als Erwachsene.

Eine Erzieherin lauschte einer Unterhaltung zwischen zwei Kindern: Felix, vier Jahre alt, und Karl, fünf Jahre alt, unterhalten sich über das Sterben. Karl meint, dass er sehr traurig wäre, wenn seine Eltern sterben würden. Felix tröstet ihn und sagt: *„Weißt du was, wenn deine Eltern sterben, dann kannst du meine mitbenutzen."*

Kindermund 1991, S. 21

Kinder müssen im Straßenverkehr die Fähigkeit haben sich in einen anderen hineinzuversetzen und das Verhalten anderer gedanklich vorwegzunehmen. In vielen Situationen, z.B. beim Überqueren einer Fahrbahn auf dem Zebrastreifen, muss der Fußgänger Kontakt zum Autofahrer aufnehmen, um auch ganz sicher zu sein, ob er vom Autofahrer auch bemerkt wird. Bei vielen Kindern konnten Verkehrspsychologen beobachten, dass sie auf ein deutliches Handzeichen aus dem Wageninneren oft gar nicht reagierten und weiterhin stehen blieben. Für sie existiert in dem Moment nur eine Sichtweise, und zwar die eigene.

Kinder, die zwischen Sichthindernissen stehen, denken, dass der Autofahrer sie sieht, weil sie ihn sehen. Sie unterscheiden nicht zwischen sehen und gesehen werden.

Damit Kinder im Vorschulalter diese Fähigkeiten schon früh erwerben können, werden in den Kindergärten zur Verkehrssicherheit gemeinsam mit Verkehrspolizisten Trainingsstunden durchgeführt.

Info 6

Wie die Vorstellung vom Weltall die Denkentwicklung fördert

Denken entwickelt sich zunächst auf der Ebene des Handelns.

Ist das Thema „Weltall" für Kinder im Vorschulalter zu abstrakt? Werden sie mit physikalischen Gesetzen, dem Sonnensystem und der Technik im All (Satelliten) überfordert? Ist es nicht Aufgabe der Schule, diese Themen zu bearbeiten?

Diese Fragen stellten sich die Erzieherinnen noch nicht, als sie am Sankt-Martins-Tag einen Laternenumzug mit Kindern und Eltern planten. Vom klaren Nachthimmel fasziniert vergaßen die Kinder ihre Laternen und stellten interessiert Fragen an Eltern und Erzieherinnen über den Mond und die Sterne. Sie versuchten die Sterne zu zählen, wollten wissen, wie lange man fliegen muss, um die Sterne zu erreichen und ob der Mond herunterfallen könnte. Der Sternenhimmel und Raumfahrzeuge waren auch in den nächsten Tagen noch Themen der Kinder, die schließlich von den Erzieherinnen aufgegriffen wurden und zur Projektplanung „Weltall" führten.

„Kinder, Mädchen und Jungen, haben ein großes Interesse an Phänomenen der belebten und unbelebten Natur. Dies zeigt allein schon die Resonanz von Kindern an entsprechenden Medienangeboten. Ein weiteres Indiz sind die vielen Warum-Fragen von Kindern, mit denen sie häufig Naturphänomene hinterfragen."

Bayerischer Bildungs- und Erziehungsplan 2003, S. 177

Das Thema wurde in mehrere Bausteine aufgegliedert, die sich an den Interessen der Kinder, ihrem Wissensstand und den Fragen orientierten. Im Vorfeld wurde die Unterstützung durch die Eltern gesichert und das nötige Wissen über Internet und andere Medien erarbeitet sowie ein Besuch in einem Planetarium organisiert.

Denken ist abhängig von den Rahmenbedingungen, die ein Kind umgeben.

Die pädagogische Umsetzung geschah unter Berücksichtigung des Entwicklungsstandes der einzelnen Kinder.

Das zur Veranschaulichung des Weltalls benötigte Material wurde von den Kindern zum Teil selbst ausgewählt und hergestellt: eine Sonne aus Gips, der Mond als Wollknäuel und die Erde als Wasserball, und im Gruppenraum aufgehängt.

Durch die Bewegungen, die mit den Anschauungsobjekten nachvollzogen werden konnten, erfuhren die Kinder, dass die Erde ein Planet ist, der um die Sonne kreist. „Macht die Erde auch einmal eine Pause?", war die Frage eines Kindes. Sein Denkmodell: Wenn sich etwas bewegt, muss es auch anhalten können, konnte es auf den Erdball nicht übertragen. Es hat gelernt, dass sich die Erde immer dreht, bei Tag und bei Nacht. Die Kinder erfuhren, dass es außer der Erde noch acht andere Planeten gibt, die ebenfalls um die Sonne kreisen, und sie wussten schon, dass einer der Planeten Mars heißt.

Sie konnten im weiteren Verlauf des Projektes ihr Wissen und ihre Beobachtungen von der Sonne und dem Mond einbringen und erfuhren, dass die Sonne wie alle anderen Sterne eine glühende Kugel ist, die jedoch um ein Vielfaches größer als die Erde ist.

Die Kinder berichteten von Erfahrungen mit einem Sonnenbrand und dass sie froh sind, dass die Sonne so weit entfernt ist. Sie staunten, dass die Sterne auch tagsüber am Himmel stehen, obwohl man sie nicht sehen kann. Auch fanden sie den Begriff „Milchstraße" witzig und wollten noch mehr darüber wissen. Es wurden große und kleine Sterne aus Goldfolie ausgeschnitten und auf schwarzen Pappkarton geklebt. Die Sterne wurden mit Linien verbunden und von den Kindern als Bilder gedeutet, so wie es auch die Sternenbeobachter – die Astronomen – tun, um sich die Sterne zu merken.. Mithilfe von Sternkarten suchten die Kinder nach bekannten Sternbildern, zeichneten sie nach und fügten ihre Bilder zu einer großen Sternkarte zusammen.

Den Mond kannten die Kinder als Vollmond, Halbmond und Sichel, aber auch als leuchtenden Mond. Sie wollten zunächst nicht glauben, dass der Mond nicht von sich aus leuchtet. Aber das Taschenlampenexperiment, das ein Vater mit den Kindern durchführte, wirkte überzeugend.

Dass auf dem Mond kein Leben möglich ist, sahen die Kinder auf den Satellitenfotos. Dies führte zu einer Diskussion über Voraussetzungen, die das Leben auf der Erde ermöglichen.

Fasziniert waren die Kinder von den Satelliten, die sich ohne Insassen fortbewegen können und den Menschen helfen genaue Wettervorhersagen zu treffen, die sie über die Fernsehsender empfangen können. Diese Informationen gaben Anregungen, aus Styroporkugeln und Holzstäben Sputniks zu bauen. Später, nachdem die Kinder von der mutigen Hundedame Laika erfuhren, bauten sie Raumfahrzeuge und interessierten sich für den Start von Raketen und warum die Astronauten spezielle Anzüge tragen müssen. Die Kinder durchsuchten Bücher und Zeitschriften nach Astronauten und deren Expeditionen ins All. Sie glaubten aufgrund der Bilder, dass Astronauten fliegen können und erfuhren über ein Experiment etwas über die Erdanziehungskraft und die Schwerkraft und Phänomene der Schwerelosigkeit.

„Naturwissenschaftliche und technische Experimente leisten einen wesentlichen Beitrag, den persönlichen Bezug der Kinder zu ihrer Umwelt zu festigen und zu erhöhen. Bei Kindern, insbesondere bei sozial benachteiligten Kindern, fördert der Erwerb eines entsprechenden Expertenwissens die Entwicklung eines positiven Selbstkonzepts."

Bayrischer Bildungs- und Erziehungsplan, Beltz Verlag, Weinheim 2003, S. 177/178

Am Ende des Projektes wurde ein Quiz- und Rätselspiel zum Thema „Weltall" mit den Kindern durchgeführt und eine Ausstellung mit Zeichnungen und Fotos der Kinder organisiert.

Das Projekt wurde in einem Zeitraum von sechs Monaten durchgeführt. Die Erzieherinnen beobachteten die Kinder, wie sie tiefgründige Gespräche über die evtl. Existenz von Marsmenschen und anderen außerirdischen Lebewesen führten. Sie stellten fest, dass die Kinder zunehmend in der Lage waren sachkundige Zusammenhänge über das Weltall zu erklären und zu beschreiben.

Projektidee aus: Kindergarten heute, 11-12/2001, Hiltrud Luckow, S. 22-27

Piaget stößt auf Kritik

Info 7

Für viele Psychologen und Pädagogen gelten die vier Entwicklungsstufen Piagets von der sensomotorischen bis zur operativen Phase als gültige Beschreibungen der menschlichen Entwicklung. Sie dienen der Orientierung bei Kindern mit Lernstörungen und sind für Zielformulierungen bei Förderbedarf oft eine wichtige Grundlage für Kindergarten und Schule. Sucht man im Internet nach Konzeptionen von Kindertageseinrichtungen, findet sich nicht selten Piagets Entwicklungstheorie als ein „pädagogischer Ansatz", obwohl Piaget nie als Pädagoge geforscht bzw. gearbeitet hat.

Naturwissenschaftler und auch andere Kognitionsforscher stellen die Erkenntnisse von Jean Piaget zum Teil in Frage, da sie aufgrund neuerer Untersuchungen der Meinung sind, dass von Piaget die Fähigkeiten der Kinder unterschätzt wurden und sich durch die Akzeleration und die Veränderungen der Umwelten, in denen

Kinder aufwachsen, verändert haben. Einige Beispiele, die Werner Stange zur Kritik Piagets zusammengetragen hat, zeigen, dass die geistige Entwicklung von Kindern noch immer viele Fragen aufwirft, die Pädagogen und Psychologen zum eigenen Nachdenken und Beobachten anregen sollten, z. B.: Ab welchem Alter ist ein Kind zur Imitation von Gesichtsausdrücken fähig?

Nach Andrew Meltzoff können Babys schon in den ersten Lebenstagen z. B. das Ausstrecken der Zunge nachahmen. Piaget dagegen vertrat die Meinung, dass dies erst im Alter von sieben bis acht Monaten der Fall sei. Kann es sein, dass diese Fähigkeit angeboren ist? Ab welchem Alter sind Kinder in der Lage, verschiedene Objekte zu unterscheiden? Nach Untersuchungen von Sabina Pauen gelingt dies entgegen Piagets Annahmen schon Kindern unter einem Jahr.

Elisabeth Stern vom Max-Planck-Institut für Bildungsforschung ist sogar der Meinung, dass Piaget als Wegweiser für eine kindgemäße Gestaltung von Lernumgebungen für Kinder ausgedient hat. Stern vertritt die Meinung, dass Piagets Theorie und die abgeleiteten Schlussfolgerungen aus der Hirnforschung zu genau entgegen gesetzten Konsequenzen hinsichtlich einer Frühförderung führen würden. Neuere Untersuchungen zeigen, dass die geistige Entwicklung von Kindern je nach Inhaltsgebiet und Art der Anforderungen ganz unterschiedliche Verläufe nehmen kann. So wird von den so genannten Neo-Piagetianern widerlegt, dass nach Piaget Kindern bestimmte Wissensbereiche aufgrund fehlender Abstraktionsfähigkeit prinzipiell noch nicht zugänglich seien.

Fazit

1. Die kognitive Theorie nach Piaget wurde durch neue Erkenntnisse aus der Kognitionsforschung erweitert. Kinder sind demnach in verschiedenen Lebensbereichen unterschiedlich weit entwickelt. Ein vierjähriges Kind weiß z. B., dass es verschiedene Nahrungsmittel, deren allergieauslösende Stoffe es kennt und die es alle beim Namen nennen kann, nicht essen darf, weil es davon Allergien bekommt. Gleichzeitig kann es sein, dass es noch der Meinung ist, dass es regnet, weil es nicht alles aufgegessen hat.
2. Erzieherinnen sollten einerseits die Themen der Kinder beobachten und sie in ihren Konstruktionen nicht stören, andererseits aber auch die Themen der Kinder aufgreifen und die entwicklungspsychologische Bedeutung der kindlichen Handlungen verstehen. Sie sollten kindliche Theorien akzeptieren und den Prozess des Theoriewandels bei Kindern herausfordern.
3. Wenn es darum geht, mit individuellen Themen der Kinder umzugehen, kann die entwicklungspsychologische Theorie Piagets für die pädagogische Praxis hilfreich sein. Aber auch die kritischen Stimmen zu Piaget sollte man kennen.

Aufgaben und Anregungen

1 Suchen Sie nach einer entwicklungspsychologischen Erklärung für folgendes Beispiel:
Einem Kind rollt der Ball, mit dem es gerade spielt, über die Straße. Der Ball bleibt auf der anderen Straßenseite liegen. Das Kind rennt dem Ball nach, ohne nach rechts und links zu gucken.

2 Führen Sie mit Kindern den Umfüllversuch durch. Beobachten Sie die Kinder, ob sie nach dem Versuch noch darüber streiten, in welchem Glas mehr Saft ist.

3 Wenn Sie die Möglichkeit haben, mit einem behinderten Kind zu arbeiten, dann beobachten Sie einmal, durch welche Ausdrucksformen sich dieses Kind Ihnen mitteilt. Überlegen sie, welche inneren Bilder/Vorstellungen das Kind bereits entwickelt hat. Fehlt dem Kind die Basis der motorischen Entwicklung, fragen Sie sich, wie es zu inneren Bildern, die das Denken ermöglichen, gekommen ist. Diskutieren Sie Ihre Beobachtungen mit Fachleuten aus der Praxis.

4 Führen Sie mit der Verkehrspolizei und Ihrer Klasse zum Thema „Verkehrserziehung“ ein Training durch, um Kinder im Vorschulalter für den Straßenverkehr vorzubereiten.

Tipps zum Weiterlesen

Laewen, Hans-Joachim/Andres, Beate (Hrsg.), *Bildung und Erziehung in der frühen Kindheit*, Beltz Verlag, Weinheim

Matthews, Gareth B., *Die Philosophie der Kindheit*, Beltz Quadriga Verlag, Weinheim

4.3 Entwicklung des Selbstkonzeptes

Renate und Oliver vergleichen ihre Fragebögen zur Selbstachtung. Oliver zählt die Kreuze, die er auf Renates Fragebogen vorfindet, und Renate verschafft sich einen Überblick über die Kreuze auf Olivers Fragebogen.

„Interessant“, sagt Renate, „du hast mehr Kreuze auf der Seite der ‚starken Selbstachtung‘ gemacht.“ „Und du auf der Seite der ‚geringen Selbstachtung‘“, erwidert Oliver. „Irgendwie ist das mal wieder typisch“, sagt Renate. „Ihr Männer strotzt ja nur so vor Selbstbewusstsein.“ „Jetzt fang nicht wieder an mit ‚ihr Männer!‘ Lass uns lieber herausfinden, warum das so ist.“ Beide suchen nach Erklärungen.

Fragen

- *Gibt es tatsächlich geschlechtsspezifische Unterschiede in der Entstehung des Selbstkonzeptes?*
- *Haben Geschlechtsunterschiede im Selbstkonzept Auswirkungen auf das Verhalten und die Interaktionen?*
- *Welche Rolle spielt die Erziehung bei der Entwicklung des Selbstkonzeptes?*
- *Wie wirkt sich ein negatives Selbstkonzept für die Lebensplanung eines jungen Menschen aus?*
- *Kann sich ein negatives Selbstkonzept in ein positives Selbstkonzept verwandeln?*

Die Entdeckung des Selbst

Info 1

Seit Jahrhunderten wird das Selbst in philosophischen Zusammenhängen thematisiert. Innerhalb der empirischen Psychologie begann die Beschäftigung mit diesem Begriff erst mit William James Ende des 19. Jahrhunderts. James unterschied zwischen dem Selbst als erkennendem Subjekt und dem Selbst als Objekt der

Info 1
(Fortsetzung)

Erkenntnis, also zwischen dem „Ich" als Betrachter und dem „Mich" als dem Betrachteten. Er unterschied beim Selbst drei Bestandteile der Erfahrung: das materielle Ich (das Körper-Ich zusammen mit den physischen Objekten der Umgebung), das soziale Ich (die Aufmerksamkeit für das eigene Ansehen in den Augen anderer) und das spirituelle Ich (das Ich, das persönliche Gedanken und Gefühle überwacht).

Das Selbstkonzept ist die Theorie einer Person über sich selbst.

Die **Psychoanalyse** hat sich ebenfalls mit dem „Selbst" auseinander gesetzt, jedoch im Sinne von theoretisch angenommenen **Instanzen** und in Bezug auf die Bedeutung für therapeutische Prozesse.

Sigmund Freud (1856–1939), der Begründer der Psychoanalyse, entwickelte das sog. **Instanzenmodell** (1923), indem er davon ausging, dass die Psyche des Menschen aus drei funktional miteinander verbundenen Schichten besteht: dem ES, dem **ÜBER-ICH** und dem **ICH** (Selbst).

Das **ES** wird vom Lustprinzip bestimmt. Es handelt triebhaft und strebt nach sexueller, körperlicher und emotionaler Befriedigung. Das **ÜBER-ICH** arbeitet nach moralischen Grundsätzen (Moralitätsprinzip) und besteht darauf, dass das getan wird, was „richtig" ist, und das **ICH** steht für die Realität (Realitätsprinzip) und hat die Aufgabe, Handlungen auszuwählen, die die Impulse des **ES** befriedigen, ohne dass ein Schaden angerichtet wird. Es fällt vernünftige Entscheidungen über lustbetonte Wünsche. Im Konflikt zwischen **ES** und **ÜBER-ICH** arrangiert das **ICH** einen Kompromiss, der beide wenigstens zum Teil zufrieden stellt.

Unabhängig von den dargestellten Ansätzen fand die Forschung zum **Selbst** in der Psychologie zu Beginn bis Mitte des 20.-Jahrhunderts wenig Beachtung. Vor allem der **Positivismus** und der **Behaviorismus** haben die Auseinandersetzung mit dem Selbstkonzept erschwert.

Der Positivismus geht davon aus, dass die Quelle der Erkenntnis das erfahrungsmäßig Gegebene („Positive"), die „Tatsache" sei, während der Behaviorismus die Analyse innerseelischer Vorgänge oder die Methode der Selbsterforschung (Introspektion) als unwissenschaftlich ablehnt. Zu einer Wende kam es in den 60er-Jahren, als die „Psychologie des reflexiven Subjekts" zunehmend an Einfluss gewann.

Es steht in enger Beziehung zur Ich-Identität. Die Identitätsbildung setzt ein, wenn das Kind zwischen sich als Individuum und anderen Personen sowie der Objektwelt zu unterscheiden beginnt, wenn es sich seiner persönlichen Gedanken, Emotionen und Eindrücke bewusst wird

Info 2 Selbstkonzepte und wie sie sich entwickeln

1. Kindheitsphase

„Selbstachtung ist die gefühlsmäßig wertende Einstellung einer Person zu sich selbst, zu ihrer eigenen Person. Es ist die Achtung und Wertschätzung, die eine Person für sich selbst, für ihr Selbst empfindet." Reinhard und Annemarie Tausch, 1991

Ein neugeborenes Kind hat keine Vergangenheit, keine Erfahrungen im Umgang mit sich selbst und keinen Maßstab, an dem es seinen eigenen Wert messen könnte. Erste Zuwendung, Wärme, Ernährung und andere z.-T. nonverbale Signale und Reaktionen seiner Bezugspersonen sind für den Säugling erste Botschaften über die Rechtmäßigkeit seiner Existenz. Die Erfahrung, bedingungslos geliebt zu werden, gibt dem Kind Sicherheit, auch wenn es unangemessenes Verhalten zeigt. Ist die Liebe jedoch abhängig von Bedingungen, lernt es, dass es nur dann ein guter Mensch ist, wenn es sich gut benimmt, ein böser Mensch, wenn es sich schlecht benimmt.

Das Kind lernt: Ich werde nur geliebt, wenn ich das tue, was andere von mir wollen.

Es erfährt sich selbst in seinem Tun als „fremdbestimmt“ und nicht als „selbstbestimmt“.

Erlebt ein Kind eine Wertschätzung, die an keine Bedingungen geknüpft ist, die dem Kind die Grundbotschaft vermittelt „Du bist erwünscht“, wird es sich seiner selbst sicher und kann mit Fehlern, Kritik, Differenzen und Grenzen angemessener umgehen, weil seine Existenz nicht bedroht ist.

Das Kind lernt: Ich werde nur geliebt, wenn ich das tue, was andere von mir wollen.

Die Entdeckung des Selbst

Spiegel Nr. 13 v. 28.03.94

Das Kind lernt selbstbestimmt Entscheidungen zu treffen, weil es Fehler machen darf und trotzdem geliebt wird.

„Existenzberechtigung hat etwas mit Urvertrauen zu tun, mit der bedingungslosen Sicherheit, sich auf die unmittelbaren Bezugspersonen und auch auf sich selbst verlassen zu können“.

Klaus Fischer, www.familienhandbuch.de

Ein positives Selbstkonzept und seine Folgen

Florian, der Jüngste von drei Kindern, musste sich die Mutter mit anderen Geschwistern teilen. Er war viel sich selbst oder dem Spiel mit den älteren Geschwistern überlassen. Immer wenn er von der Mutter etwas wollte, zeigte sie ihm, dass sie seine Gefühle ernst nahm, sie erklärte ihm aber auch, warum sie nicht imstande war bestimmte Wünsche zu erfüllen. Auch wenn sie sich nicht den ganzen Tag mit ihm beschäftigen konnte, merkte er durch ihr Verhalten, dass sie über sein Dasein froh und glücklich war.

Mit dieser Grunderfahrung ging Florian auch auf andere Menschen zu, z.B. im Kindergarten und in der Grundschule. Er hatte gelernt, dass er ernst genommen wurde. So wie ihm die Mutter manchmal Wünsche erfüllte, aber auch manchmal Wünsche – mit entsprechender Erklärung – versagte, so erwartete er auch von anderen Menschen ähnliche Reaktionen. Sein Selbstkonzept mag so ausgesehen haben: „Ich, Florian, bin prima und o.k. Es gibt auch manche Menschen, mit denen ich nicht so gut kann. Warum auch? Wenn jeder mein Freund wäre, dann hätte ich gar keine Zeit mehr für mich!“

Info 2
(Fortsetzung)

Florian hat Glück gehabt. Er konnte schon früh das Bedürfnis, er selbst, d. h. anders zu sein und akzeptiert zu werden, befriedigen. Dadurch gewann er eine positive, aber auch realistische Einstellung zu sich selbst. Hinzu kam, dass er von Anfang an dazu angehalten wurde, sich in die Lage der Mutter hineinzuversetzen, die neben ihm noch andere Kinder im Haushalt zu versorgen hatte und einer Berufstätigkeit nachging. Er war frei von der ständigen Suche nach Anerkennung, denn er wusste, wer er war, und er war ebenso frei von dem Bedürfnis, stets im Mittelpunkt zu stehen – denn er genügte sich selbst.

Ein **positives Selbstkonzept** versetzt Menschen in die Lage, über sich offen und umfassend nachzudenken. Sie sind in der Lage, neue Erfahrungen anzunehmen und sich ihnen anzupassen. Das Verhalten und Erleben wird maßgeblich von ihrem Selbstkonzept mitbestimmt.

Menschen mit einem positiven Selbstkonzept sind ausgeglichen und zufrieden. Sie tendieren dazu, sich in Übereinstimmung mit ihrem Selbstkonzept zu verhalten.

Info 3

Verunsicherung in der Jugendphase

Jugendliche mit einem verunsicherten Selbstkonzept wollen in der Beziehung zu sich selbst und zur Welt zu einem neuen Standpunkt gelangen.

Reales Selbstkonzept

Wer bin ich?
(Wie ich mich sehe.)

Wer bin ich für andere?
(Wie mich andere sehen.)

Privates Selbstkonzept

DAS SELBSTKONZEPT

Öffentliches Selbstkonzept

Wer möchte ich sein?
(Wie ich mich sehen will.)

Wer soll ich für andere sein?
(Wie mich andere sehen wollen.)

Ideales Selbstkonzept

nach: Brigitte Naudascher, Spieglein, Spieglein an der Wand, Kösel Verlag, München 1983, S. 87

Zwischen zwölf und sechzehn Jahren wird für die meisten Jungen und Mädchen das kindliche Selbstkonzept schwer erschüttert. Während das kindliche Selbst um das **Körper-Selbst** zentriert ist, zeigen sich beim Jugendlichen drastische Veränderungen in den Körperempfindungen.
Die Jugendlichen spüren, dass kindliche Wahrnehmungs- und Bewertungsmuster nicht mehr sinnvoll sind.

Der inzwischen zwölfjährige Florian, der alle zwei Monate neue Schuhe kaufen muss, findet es angenehm, immer die neueste Mode zu tragen. Aber das Gefühl, mit Riesenfüßen durchs Leben gehen zu müssen, löst bei ihm Angst und Zweifel aus – Angst vor sich selbst, einem Wesen mit einem Körper, der sich in eine (noch) nicht vorhersagbare Richtung verändert, und Angst vor der Reaktion der anderen. Da fällt es ihm schwer, verbindliche Aussagen über sich selbst zu machen. Je älter er wird, desto mehr beschäftigt ihn die Frage: „Wer bin ich und wer will ich sein?“

Im Familiensystem hatte er seinen individuellen eigenen Platz gefunden und in der Gruppe fühlte er sich von allen akzeptiert. Er hat sein **„privates Selbst“**, nach James (1890) das „ICH“ entwickelt. Das „Ich“ (der Mensch als sich selbst erkennendes Subjekt) beinhaltet alle Selbstwahrnehmungen, mithilfe derer man seit der Kindheit gelernt hat sich als wertvoll oder unwert, als gleich wie andere oder als anders zu fühlen.

9610164

Info 3
(Fortsetzung)

Das „Mich“ **(Gesamtheit des Wissens über die eigene Person)** dagegen steht für alles, was andere an uns wahrnehmen, unseren Körper, unsere Kleidung, unsere Umgebung, unser Elternhaus. Es ist das **öffentliche Selbst**.

Für Florian wird die **Clique** immer wichtiger. Es entsteht der bekannte Konflikt zwischen den Erwartungen der Eltern und denen der Freunde. Wenn Florian sein **öffentliches Selbst** den Erwartungen seiner Clique anpasst, wird er dort in seinem angepassten Selbst anerkannt.

> „Teils hinkt das private Selbst der Entwicklung im Bereich des öffentlichen nach, solange Jugendliche noch an den kindlichen Strukturen festhalten, teils eilt es dieser Entwicklung voraus, indem im Bereich des privaten Selbst eigene Entwürfe gemacht werden, die man (noch) nicht leben kann.“
>
> Brigitte Naudascher, 1983, S. 86

Florian macht sich langsam selbstständig. Er nimmt neben der Schule noch eine Arbeit an, damit er sich endlich auch die Dinge leisten kann, die seine Eltern ihm nicht bezahlen wollen oder können. Harte Auseinandersetzungen mit den Eltern bleiben nicht aus, da sie der Meinung sind, dass Florian sich zu früh zu selbstständig macht. Auch zeigen sie sich verletzt, wenn er ihnen wieder einmal das Gefühl gibt sie nicht mehr zu benötigen, ja, dass sie ihm sogar hin und wieder zur Last fallen.

Der private Teil seines Selbstkonzeptes, das „Ich“, wird zwar durch den schnellen Verwandlungsprozess, der an und in ihm vorgeht, häufig erschüttert oder infrage gestellt, aber das positive Grundgefühl, das sich im Laufe seiner Kindheit entwickelt hat, ist immer wieder herstellbar, nämlich, dass er ein liebenswerter, selbstständiger und eigenverantwortlicher Mensch sei.

In seiner Clique wiederholt sich, ähnlich wie in seiner Kinderzeit, der Wunsch, anerkannt zu sein und gleichzeitig gleich und anders sein zu dürfen. Seinem Selbstkonzept entsprechend ist er nun selbst verantwortlich für seine Taten und Entscheidungen. Er will jetzt seine gegenwärtigen Lebensprobleme selbst lösen und lehnt deshalb jedes Gesprächsangebot vonseiten der Eltern konsequent ab. Bewusst oder unbewusst haben ihn seine Eltern genau dazu erzogen. Trotz vieler Streitgespräche lassen sie ihn gewähren. Florian dagegen versteht die neue Empfindlichkeit seiner Eltern nicht.

Das private und das öffentliche Selbst entwickeln sich oft ungleichmäßig.

Er beginnt sich nun auch dadurch von seiner Familie abzugrenzen, indem er sein Zimmer nach seinem eigenen Geschmack gestaltet. Die Wände erhalten Farben, die nur seinen Freunden gefallen müssen, nicht aber seinen Eltern oder Geschwistern. Da er der Meinung ist, dass seine Eltern keine Ahnung von der Ausbeutung der Dritten Welt haben, entrümpelt er sein Zimmer von allem Überfluss. Am Ende sind vom gekauften Mobiliar durch die Eltern nur noch Kleiderschrank, Tisch, Stuhl und eine Matratze auf dem Fußboden vorhanden. Damit verbinden sich bei Florian Gedanken und Gefühle, die in ihrer Gesamtheit auf Aspekte seines privaten Selbst verweisen.

Das jugendliche Selbstkonzept ist verunsichert, empfindsam und empfindlich geworden. Sein privates und öffentliches Selbst befinden sich im Ungleichgewicht zwischen Realselbst und Idealselbst.

Florian wird vermutlich durch sein positives Selbstkonzept, das er in der Kindheit aufgebaut hat, eine gesunde Persönlichkeitsentwicklung durchmachen, indem er danach strebt, sein Realselbst mit dem Idealselbst in Übereinstimmung zu bringen.

Jugendliche, die in ihrer Kindheit ein **negatives Selbstkonzept** entwickelt haben und in der Jugendphase zu einem erhöhten Idealselbst neigen, können depressiv werden und innere Spannungen aufbauen, die sich urplötzlich entladen. Es kann sogar so weit kommen, dass ein Jugendlicher sein Realselbst aufgrund überhöhter Ideale ablehnt.

Da die Selbstkonzeptforscher annehmen, dass sich die Menschen häufig so verhalten, wie es ihrem Selbstkonzept entspricht, kommt es nicht selten zur „sich selbst erfüllenden Prophezeiung".

vgl. Naudascher, 1983, S. 58–83

Bestätigung des Selbstkonzeptes
(im Sinne einer sich selbst erfüllenden Prophezeihung)

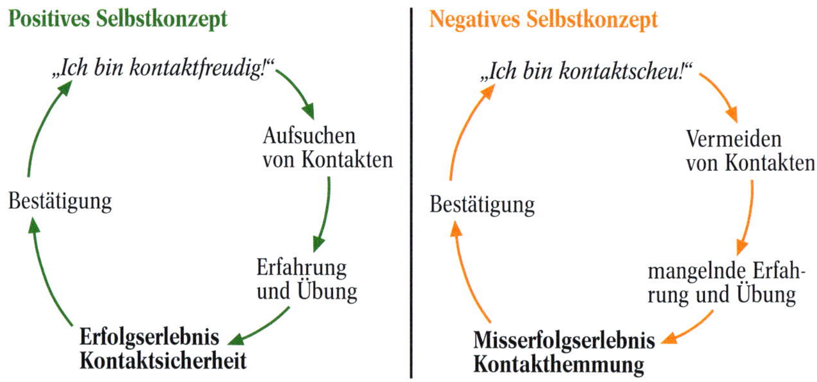

nach: Hobmair (Hrsg.), Pädagogik/Psychologie, Stam Verlag, Köln 1999, S. 173

4.4 Bedürfnisse – Bedürfnisorientierung

Der kleine Christian weicht Nadine nicht von der Seite: Er ist neu in der Kindergartengruppe, er hat Kummer. Nadine fühlt sich in ihren Bewegungsmöglichkeiten erheblich eingeschränkt; sie findet kaum noch Gelegenheit, mit den anderen Kindern zu spielen oder mit einer Kollegin zu sprechen. Sie sagt: *„Du klebst wie eine Klette an mir."*

Karola betritt morgens die Kindergartengruppe und stürmt sofort auf Susanne zu; Karola betritt morgens die Kindergartengruppe und stürmt sofort auf Susanne zu; sie muss ihr etwas ganz Wichtiges erzählen. *„Du, weißt du was?! Gestern, da hab' ich …"* Es ist fast jeden Tag dasselbe: heute ist es Karola, gestern war es Jennifer, und am Tag zuvor war Christian kaum zu bremsen gewesen. Meistens geht es um ein schönes oder bedrückendes Erlebnis, das sich am Vortag (wahlweise auch am Wochenende, auf dem Heimweg oder Herweg usw.) ereignet hat. Unbedingt möchten die Kinder davon erzählen – ohne Rücksicht auf diejenigen Kinder, mit denen die Erzieherinnen gerade beschäftigt sind.

Eine ganz andere Szene: Auf dem Schulhof werden die nächsten Verabredungen getroffen. Oliver preist den neuesten Gruselschocker an, den „wir alle“ im Kino schnellstens anschauen müssen. Am besten die ganze Clique zusammen. Wer nicht mitkommt, ist ein Langweiler. Keiner kneift, alle gehen mit – für Ercan eine Ehrensache, sowieso. Selbst Olga verspricht zu kommen.

Fragen

- *Wie beurteilen Sie die geschilderten Verhaltensweisen?*
- *Wie lässt sich dieses Verhalten erklären oder deuten? Gibt es erste Vermutungen?*

Pädagogische Orientierung an Bedürfnissen

Info 1

Eine wichtige Grundlage für die pädagogische Arbeit mit Kindern und Jugendlichen ist die Orientierung an Bedürfnissen. In vielen Gesprächen kommt es jedoch bei der Beschreibung eines Bedürfnisses zu einer Verwechslung. Eine Erzieherin sagt dann z. B.: „Heute hatte der Florian wieder ein großes Bedürfnis, auf meinem Schoß zu sitzen. Er wollte da gar nicht mehr weg …“

Ein Bedürfnis bezieht sich auf das, was ein Mensch von Natur aus braucht. Wenn es nicht möglich ist, ein solches Bedürfnis zu befriedigen, erleidet der Mensch einen Mangel. Es besteht also die originäre (natürliche, ursprüngliche) und existenzielle Notwendigkeit (Lebensnotwendigkeit), Bedürfnisse des Menschen zu befriedigen.

Bedürfnisse sind durchgängig und übergreifend, d. h., sie ändern sich nicht ständig. Darin unterscheiden sie sich von solchen Bestrebungen, die wir augenblicklich möchten, auf die wir Lust haben. Eine pädagogische Planung wird sich in diesem Sinne darum bemühen, eher durch langfristige Angebote auf ein bestimmtes Bedürfnis einzugehen. Bedürfnisse und „Gelüste“ (N. Huppertz) gehören zusammen, aber sie sind nicht miteinander identisch.

Die Lust auf einen Apfel hängt beispielsweise mit dem grundlegenden Bedürfnis der Nahrungsaufnahme zusammen. Die große Anhänglichkeit eines Kindes auf dem Schoß der Erzieherin verweist auf die Bedürfnisse nach Geborgenheit und Sicherheit. In beiden Fällen könnte dem jeweiligen Bedürfnis auch in anderer Weise entsprochen werden.

Bedürfnisse sind „hintergründig“, d. h. grundlegend und natürlich. Wünsche und Gelüste sind aktuell und „vordergründig“.

Grundlegende und nachgeordnete Bedürfnisse

Info 2

Bereits in den Fünfzigerjahren entwickelte der Psychoanalytiker John Bowlby die Vorstellung, dass Säuglinge ein angeborenes Bedürfnis haben die Nähe einer vertrauten Person zu suchen. Diese Bindungstheorie besagt beispielsweise, dass ein Kind in neuen Situationen seine Umwelt nur dann erkunden kann, wenn es sich seiner sicheren Bindung an die Eltern gewiss ist. Unsicher gebundene Kinder hingegen können entweder kaum Beziehungen zu anderen Erwachsenen aufnehmen oder sie „hängen“ sich wahllos an jede verfügbare Person „an“. In ähnlicher Weise zeichnen sich solche Störungen der Bindungsfähigkeit auch gegenüber der Umwelt aus: entweder durch Ängstlichkeit oder durch das Fehlen jeder angemessenen Vorsicht. (Vgl. auch LF 2/2.1. Beziehungen zu Kindern aufbauen.)

In jüngster Zeit weisen Sozialpsychologen darauf hin, dass wir gegen unser natürliches Bedürfnis nach Geborgenheit handeln, weil unsere Gesellschaft durch den zunehmenden Zwang beruflicher Mobilität

Info 2
(Fortsetzung)

gekennzeichnet ist. Die Folgen sind für Kinder und Jugendliche oft gravierend. Je mehr Brüche sie durch Umzüge mit den Eltern erfahren haben, desto häufiger ziehen sie sich zurück und gehen kaum noch soziale Bindungen außerhalb der Familie ein. Dieser Rückzug soll davor schützen, erneut enttäuscht zu werden, wenn der Freundeskreis oder die vertraute Schule und die Nachbarschaft aufgegeben werden müssen. Dadurch verringern sich aber auch die Chancen, Freundschaften überhaupt zu bilden und zu pflegen.

Die Hierarchie der Bedürfnisse nach Maslow

nach: Psychologie heute, Beltz Verlag, Weinheim, Dezember 1995

Der amerikanische Psychologe Abraham Maslow hat sich besonders intensiv mit den Bedürfnissen des Menschen beschäftigt. Er geht davon aus, dass es grundlegende, stärkere Bedürfnisse gibt, deren Befriedigung zunächst erfolgen muss, bevor auch noch weitere „höhere" Bedürfnisse berücksichtigt werden können. So ergibt sich die pyramidenförmige Darstellung einer Rangfolge von Bedürfnissen, deren Befriedigung im Laufe der Entwicklung vom Kind zum Erwachsenen immer wieder eingefordert wird: (Vgl. Martin R. Textor, Kinder, Familie - Kindergarten, a. a. O., S. 11)

1. Physiologische oder biologische Bedürfnisse gelten unserem „Motor", er benötigt Nahrung, Wasser und warme Kleidung, Sauerstoff, Bewegung, Ruhe und Entspannung, in späteren Jahren auch sexuelle Betätigung.
2. Sicherheitsbedürfnisse sind Bedürfnisse der Beständigkeit und Überschaubarkeit, Regelhaftigkeit und Angstfreiheit - zunächst in der Familie, später zunehmend in der Gruppe mit Gleichaltrigen.
3. Bindungsbedürfnisse lassen uns nach Zugehörigkeit, Wärme, Zuneigung und Liebe streben - bei Jugendlichen oft das Ergebnis einer verstärkten Schau nach innen, dort entwickeln sich Gefühle der Einsamkeit und des Nichtverstandenwerdens.
4. Bedürfnisse nach Wertschätzung bedeuten zweierlei, nämlich einerseits der Respekt und die Anerkennung durch andere, andererseits ein positives Selbstkonzept, etwa das Gefühl, selbst gut und kompetent zu sein.
5. Bedürfnisse, welche auf Selbstverwirklichung, Ich-Entwicklung und Unabhängigkeit abzielen, also das Bestreben, die eigenen Ziele und Begabungen zu entfalten - in der Adoleszenz oftmals gepaart mit Widerständen gegen alles Herkömmliche, gegen Autoritäten und vorgegebene Normen. (Vgl. Klosinski, a. a. O., S. 6)

> „Erst kommt das Fressen, dann kommt die Moral." Bert Brecht

Zuweilen werden dieser Bedürfnis-Hierarchie weitere Aspekte hinzugefügt, nämlich das Bedürfnis, zu wissen und zu verstehen sowie das Bedürfnis nach Spiritualität und Transzendenz. Andere Psychologen glauben, dass der Wunsch nach Geborgenheit und Bindung ein genauso zwingendes Bedürfnis ist wie das Bedürfnis nach Nahrung. Evolutionsbiologen stimmen in ihren Forschungen mit dieser Auffassung überein, denn durch das Zusammenleben in Clans und Kleingruppen sorgten schon unsere Vorfahren in vielerlei Hinsicht füreinander: Es bedeutete Nahrung für alle, Geborgenheit für die Nachkommen und Schutz vor äußeren Feinden.

Fazit

Pädagogische Arbeit orientiert sich an den Bedürfnissen von Kindern und Jugendlichen.

Bedürfnisse werden indirekt geäußert, d. h., sie lassen sich hinter einem gezeigten Verhalten erkennen oder vermuten.

Aufgaben und Anregungen

1 Suchen Sie weitere Beispiele, in denen ein besonders eindringliches Verhalten von Kindern oder Jugendlichen auf ein oder mehrere Bedürfnisse hinweisen könnte. Tragen Sie ggf. erste Überlegungen zusammen, wie man einem solchen Bedürfnis in pädagogisch angemessener Weise entsprechen könnte.

2 Ende der 90er-Jahre war die „Kelly Family" eine sehr beliebte Popgruppe. Die Mitglieder dieser Band entstammten tatsächlich einer Familie und lebten zeitweise gemeinsam auf einem Hausboot. Jugendliche Fans haben in dieser Zeit oftmals die eindringliche Bitte geäußert in dieses Boot mit einziehen zu dürfen. Welche Bedürfnisse lassen sich in diesem Beispiel vermutlich aufzeigen? Welche Mangelerfahrungen liegen solchen Versuchen, die eigenen Bedürfnisse zu befriedigen, wohl zugrunde?

3 Haben Kindergartenkinder andere Bedürfnisse als Schulkinder? Inwiefern? Diskutieren Sie diese Frage mit anderen Studierenden Ihrer Klasse.

4 Wie schätzen Sie die neuen Möglichkeiten der Kommunikation im Internet ein: Inwiefern entsprechen sie den menschlichen Bedürfnissen, inwiefern sind sie möglicherweise eher hinderlich oder gar schädlich? (Weitere Medien der Massenkommunikation?)

Tipps zum Weiterlesen

Krenz, Armin, *Was Kinder brauchen. Entwicklungsbegleitung im Kindergarten*, Neuwied-Kriftel-Berlin

Einführung in Lernfeld 3:

Entwicklung eines Konzepts pädagogischen Handelns

Inhaltlicher Überblick:

Pädagogisches Handeln bedeutet für alle pädagogischen Fachkräfte, dass es ein reflektiertes und geplantes Handeln ist. Genau darin unterscheiden sich Erzieherinnen von Eltern. Erzieherinnen verfügen über ein Konzept. Dass sie dabei u. a. auf bisher entwickelte Konzeptionen und Ideen zurückgreifen können, ist selbstverständlich und gut.
Die pädagogische Arbeit einer Erzieherin bezieht sich auf verschiedene Ebenen: Da sind zum einen die unterschiedlichen pädagogischen Handlungsansätze, von Fröbel bis zum Situationsansatz, von Montessori bis zur Reggio-Pädagogik. Hinzu kommen aber die Vorgaben, die der Gesetzgeber für die Arbeit in Tageseinrichtungen macht. Auch sie bestimmen das pädagogische Handeln.
Aus den pädagogischen Handlungsansätzen lassen sich nun die Fragen nach der Art und Weise der Planung ableiten. Wie soll eigentlich die Planung in einer Tageseinrichtung aussehen?
Eine andere Bezugsgröße stellt die Lebenswelt von Kindern und ihren Familien dar: Wie viele Kinder wachsen heute noch mit Geschwistern auf? Wie sind Kindergruppen heute zusammengesetzt – mit Kindern, die hier geboren sind, deren Eltern zugewandert sind, oder mit Kindern, die mit ihren Familien hierher geflüchtet sind? Und schließlich: Wir sind alle verschieden, können wir dieser Verschiedenheit auch in Tageseinrichtungen Platz einräumen und zum Beispiel Kinder mit und ohne Behinderung zusammen erziehen?
Dabei beschränkt sich dieses Lernfeld nicht auf die Arbeit mit Vorschulkindern.
Im weiteren Verlauf werden verschiedene Themen rund um das Schulkind vorgestellt, wie etwa Schulfähigkeit, Hausaufgabenbetreuung und Freizeitgestaltung.

Kapitelgliederung:

1 Pädagogische Handlungsansätze – Wer braucht eine Konzeption?

Erste Praxiserfahrungen mit Konzeptionen

Die Studierenden treffen sich nach einem längeren Praktikum zum ersten Mal wieder in der Fachschule. Thema ihrer Auswertung soll sein, miteinander ins Gespräch über die unterschiedlichen Konzeptionen der Praxisstellen zu kommen.
In einer ersten Runde stellt sich heraus, dass nur in vier Tageseinrichtungen eine Konzeption vorliegt und es in den anderen so etwas nicht gibt. Susanne Gehbauer und Ercan Özel berichten, dass ihre Tageseinrichtungen nach dem Situationsansatz arbeiten. Hier würden die Kinder mit entscheiden, erzählten sie stolz. Renate Rat erzählt, dass sich ihre Anleiterin seit kurzem ganz auf die Reggio-Pädagogik ausrichte und dies nun auch in die Konzeption aufgenommen worden sei. Olga Sankov erwähnt, dass in ihrer Praxisstelle zurzeit im Team eine Diskussion über das Erstellen einer Konzeption stattfinde, aber die Erzieherinnen sich nicht einig seien, ob sie so etwas überhaupt bräuchten.

Nun entwickelt sich unter den Studierenden ein lebhafter Gedankenaustausch über Sinn oder Unsinn von Konzeptionen. Schließlich beschließt die Lerngruppe mit Unterstützung der Dozentin, sich ausführlicher mit den unterschiedlichen Konzeptionen zu beschäftigen. Sie lassen sich dabei von folgenden Fragen leiten:

Fragen

- ✔ *Gibt es gesetzliche Vorgaben, die sich auf eine Konzeption auswirken?*
- ✔ *Was sind die Merkmale einer Konzeption?*
- ✔ *Wozu brauchen Tageseinrichtungen Konzeptionen?*
- ✔ *Welche Elemente sollte eine Konzeption enthalten?*
- ✔ *Wie wirken sich die einzelnen pädagogischen Handlungsansätze auf Konzeptionen aus?*

Warum brauchen Tageseinrichtungen für Kinder eine Konzeption?

Info 1

Es gibt unterschiedliche Gründe, warum Tageseinrichtungen sich auf den Weg der Konzeptionsentwicklung machen. Die Leiterin einer Tageseinrichtung in Berlin beschreibt dies so: „Wir haben über viele Jahre einfach nebeneinanderher gearbeitet. Jede Gruppe hatte ihr eigenes Konzept. Das wechselte immer dann, wenn wieder eine Kollegin ging und eine neue kam. Oftmals gab es zwischen den Gruppen ganz unterschiedliche Ansätze. So förderte die eine Gruppe besonders die Selbstständigkeit von Kindern. In einer anderen Gruppe achteten die Erziehe-

Info 1 (Fortsetzung)

rinnen sehr darauf, dass die Kinder sie immer bei allem fragen mussten. Wie schwierig so unterschiedliche Ansätze für Eltern sind, wurde uns bewusst, als eine Mutter ihre Zwillinge in zwei verschiedene Gruppen unterbrachte. Sie beschwerte sich sehr schnell darüber, dass sie ja nun mit zwei ganz unterschiedlichen pädagogischen Stilen zusammenarbeiten müsste. Da war uns klar, dass wir uns zusammensetzen mussten."

Verständigung über pädagogische Grundsätze

Das Team dieser Tageseinrichtung erkannte, dass die Verständigung über Grundsätze der pädagogischen Arbeit notwendig ist, wenn das Wohl des Kindes im Mittelpunkt stehen soll. Nur dann kann die Zusammenarbeit zwischen Eltern und Erzieherinnen gelingen.

Pädagogische Vorstellungen der Mitarbeiterinnen prägen eine Tageseinrichtung.

Eine Erzieherin, die bereits seit zwanzig Jahren berufstätig ist, erzählt: „Immer wenn wieder einmal eine neue Kollegin kam, fingen die Diskussionen im Team an. Dabei ging es weniger darum, dass wir uns und unsere pädagogische Arbeit rechtfertigen mussten. Das ist schon o.k.! Aber meistens wurden es sehr schnell Grundsatzdiskussionen über pädagogische Standards, wie z.B. die Frage nach dem Maß der Partizipation der Kinder. Etwas Grundsätzliches, auf das wir uns verständigt hatten, wurde immer wieder neu diskutiert. In diesem Zusammenhang fiel uns auf, dass wir bei Neueinstellungen nichts hatten, auf dass wir uns berufen konnten. Seit wir nun eine schriftliche Konzeption haben, ist dies viel besser geworden."

Tageseinrichtungen werden auf der einen Seite geprägt durch die pädagogischen Vorstellungen der Mitarbeiterinnen. In einem Team müssen unterschiedliche Bilder vom Kind oder Erziehungsstile und Erziehungsvorstellungen ausgeglichen werden. Auf der anderen Seite ist es wichtig, dass sich Eltern, Erzieherinnen und Träger über ihre unterschiedlichen Interessen verständigen. Und schließlich müssen sich die Erzieherinnen darüber verständigen, wieweit sie den unterschiedlichen und manchmal sich widersprechenden Ansprüchen einer pädagogischen Öffentlichkeit und dem Gemeinwesen gerecht werden wollen. Eine Konzeption beschreibt die Ergebnisse eines solchen Prozesses. Sie kann dazu beitragen, dass über den Wechsel von Erzieherinnen hinaus in der Einrichtung Kontinuität gewährleistet wird, ohne notwendige Veränderungen zu blockieren.

All diese Punkte führen dazu, dass Teams in Tageseinrichtungen die Konzeptionsentwicklung angehen, da sie erkennen, dass ihnen nur eine gut durchdachte und schriftlich fixierte Konzeption auf Dauer weiterhilft.

Info 2

Gesetzliche Vorgaben. Das Kinder- und Jugendhilfegesetz (KJHG)

Wer sich mit Konzeptionsentwicklung auseinander setzt, erkennt sehr schnell, dass das KJHG sowie die jeweiligen Landesgesetze zentrale Aussagen zur Arbeit von Tageseinrichtungen machen. So legt beispielsweise das Kinder- und Jugendhilfegesetz in § 22 die Grundsätze der Förderung von Kindern in Tageseinrichtungen fest. Dort heißt es:

1. „In Kindergärten, Horten und anderen Einrichtungen, in denen sich Kinder für einen Teil des Tages oder ganztags aufhalten (Tageseinrichtungen), soll die Entwicklung des Kindes zu einer eigenverantwortlichen und gemeinschaftsfähigen Persönlichkeit gefördert werden.

9610172

2. Die Aufgabe umfasst die Betreuung, Bildung und Erziehung des Kindes. Das Leistungsangebot soll sich pädagogisch und organisatorisch an den Bedürfnissen der Kinder und ihrer Familien orientieren.
3. Bei der Wahrnehmung ihrer Aufgaben sollen die in den Einrichtungen tätigen Fachkräfte und anderen Mitarbeiter mit den Erziehungsberechtigten zum Wohl der Kinder zusammenarbeiten. Die Erziehungsberechtigten sind an den Entscheidungen in wesentlichen Angelegenheiten der Tageseinrichtung zu beteiligen."

So lässt sich aus § 22 KJHG also ableiten, dass sich jedes pädagogische Konzept an der gesetzlichen Vorgabe zur Beteiligung zu orientieren hat. Dazu kommt, dass Kinder zu eigenständigen und eigenverantwortlichen Persönlichkeiten erzogen werden sollen. Darin steckt die Absicht des Gesetzgebers, Kindern altersgemäß Verantwortung zu übertragen.

Und schließlich ist hier vom Leistungsangebot die Rede, das sich an den Bedürfnissen der Kinder und ihrer Familien ausrichten soll. Jede Konzeption einer Tageseinrichtung muss sich daraufhin überprüfen lassen, wieweit sie die Bedürfnisse der Kinder zum Beispiel nach Bewegung berücksichtigen.

Das KJHG bietet für die Tageseinrichtungen den Rahmen. Die konkrete Ausgestaltung obliegt den einzelnen Bundesländern. Im Folgenden soll anhand von drei Bundesländern dargestellt werden, welche Auswirkungen die jeweiligen Gesetze auf die konkreten Konzeptionen haben.

Im niedersächsischen Gesetz über Tageseinrichtungen für Kinder (KiTaG) heißt es im § 2:

„(1) Tageseinrichtungen dienen der Erziehung, Bildung und Betreuung von Kindern. Sie haben einen eigenen Erziehungs- und Bildungsauftrag. Tageseinrichtungen sollen insbesondere
- die Kinder in ihrer Persönlichkeit stärken,
- sie in sozial verantwortliches Handeln einführen,
- ihnen Kenntnisse und Fähigkeiten vermitteln, die eine eigenständige Lebensbewältigung im Rahmen der jeweiligen Möglichkeiten des einzelnen Kindes fördern,
- die Erlebnisfähigkeit, Kreativität und Fantasie fördern,
- den natürlichen Wissensdrang und die Freude am Lernen pflegen,
- die Gleichberechtigung von Jungen und Mädchen erzieherisch fördern und
- den Umgang von behinderten und nicht behinderten Kindern sowie von Kindern unterschiedlicher Herkunft und Prägung untereinander fördern. (…)

(3) Zur Erfüllung des Bildungs- und Erziehungsauftrages sind die Tageseinrichtungen so zu gestalten, dass sie als anregender Lebensraum dem Bedürfnis der Kinder nach Begegnung mit anderen Kindern, Eigentätigkeit im Spiel, Bewegung, Ruhe, Geborgenheit, neuen Erfahrungen und Erweiterung der eigenen Möglichkeiten gerecht werden können."

Und in § 3 Absatz 3 heißt es: „Die Tageseinrichtung gibt den Kindern in einer ihrem Alter angemessenen Weise Gelegenheit zur Mitwirkung bei der Gestaltung der Arbeit in ihrer Tageseinrichtung." Das bedeutet, dass eine Konzeption in einer niedersächsischen Tageseinrichtung unbedingt das Element der Partizipation enthalten muss. Ebenso ist darauf zu achten, dass in den Kindergärten eine integrative und interkulturelle Erziehung praktiziert wird.

Im Kindertagesstättengesetz des Landes Brandenburg (KitaG) heißt es in § 2:

„Kindertagesstätten haben insbesondere die Aufgabe, (…)

2. den Kindern Erlebnis-, Handlungs- und Erkenntnismöglichkeiten ausgehend von ihren Bedürfnissen in ihrem Lebensumfeld zu erschließen,
3. die Eigenverantwortlichkeit und Gemeinschaftsfähigkeit der Kinder zu stärken, unter anderem durch eine alters- und entwicklungsgemäße Beteiligung an Entscheidungen in der Einrichtung,
4. die Entfaltung der körperlichen, geistigen und sprachlichen Fähigkeiten der Kinder sowie ihrer seelischen, musischen und schöpferischen Kräfte zu unterstützen, regelmäßig den Entwicklungsstand der Kinder festzustellen und dem Kind Grundwissen über seinen Körper zu vermitteln,
5. die unterschiedlichen Lebenslagen, kulturellen und weltanschaulichen Hintergründe sowie die alters- und entwicklungsbedingten Bedürfnisse der Jungen und Mädchen zu berücksichtigen; in dem angestammten, sorbischen (wendischen) Siedlungsgebiet für die sorbischen (wendischen) Kinder die Vermittlung und Pflege der sorbischen (wendischen) Sprache und der sorbischen (wendischen) Kultur zu gewährleisten,
6. das gleichberechtigte, partnerschaftliche, soziale und demokratische Miteinander sowie das Zusammenleben von Kindern mit und ohne Behinderungen zu fördern,
7. eine gesunde Ernährung und Versorgung zu gewährleisten,
8. einen verantwortungsvollen Umgang mit der Umwelt zu vermitteln und einen nach ökologischen Gesichtspunkten gestalteten Lernort zu bieten.“

Und in § 3: „Die Umsetzung der Ziele und Aufgaben wird in einer pädagogischen Konzeption beschrieben, die in jeder Kindertagesstätte zu erarbeiten ist. In dieser Konzeption ist ebenfalls zu beschreiben, wie die Grundsätze elementarer Bildung Berücksichtigung finden und die Qualität der pädagogischen Arbeit überprüft wird.“

In § 2 Absatz 7 und 8 wird besonders auf die gesunde Ernährung und die Ökologie hingewiesen. Ein Kindergarten in Brandenburg muss demnach in seiner Konzeption nachweisen, dass diese gesetzliche Vorgabe umgesetzt wird.

Ganz anders geht das Bundesland Hessen vor. Im Hessischen Kinder- und Jugendhilfegesetzbuch wird im § 25 die Aufgabe von Tageseinrichtungen nur sehr allgemein beschrieben und die Träger verpflichtet, dies nun zu konkretisieren. Dort heißt es:

(1) Die Tageseinrichtung für Kinder hat einen eigenständigen Bildungs- und Erziehungsauftrag. Sie ergänzt und unterstützt die Erziehung des Kindes in der Familie und soll die Gesamtentwicklung des Kindes durch allgemeine und gezielte Bildungs- und Erziehungsangebote fördern. Ihre Aufgabe ist es insbesondere, durch differenzierte Erziehungsarbeit die geistige, seelische und körperliche Entwicklung des Kindes anzuregen, seine Gemeinschaftsfähigkeit zu fördern und allen Kindern gleiche Entwicklungschancen zu geben.
So wie in Niedersachsen, Brandenburg und Hessen legen die anderen Bundesländer in ihren Gesetzen fest, was den Auftrag von Tageseinrichtungen umfasst und was in der Arbeit zu beachten ist.

Neben den gesetzlichen Grundlagen spielen mittlerweile die Bildungs- und Orientierungspläne für Kindergärten eine wichtige Rolle bei der Erstellung einer Konzeption. In ihnen werden beispielsweise das Bild vom Kind und das Bild vom Lernen beschrieben. Auch an diesen Vorstellungen sollen sich Konzeptionen ausrichten.

9610174

Merkmale einer Konzeption

Info 3

Was wird unter einer Konzeption verstanden? Der einfachste Weg, dies herauszufinden, ist, unterschiedliche Wörterbücher zu befragen und Fachtexte heranzuziehen. Im Duden findet sich folgende Definition:

„klar umrissene Grundvorstellung, Leitprogramm, gedanklicher Entwurf“ (Duden, 1975, S. 399). Und an anderer Stelle heißt es, ein Konzept sei ein „Entwurf, erste Fassung, grober Plan“(Duden, 2004, S. 567) und unter einer Konzeption verstehe man einen „Entwurf eines Werkes“ (ebenda).

Auf Kindertageseinrichtungen übertragen bedeutet dies: Bei einer Konzeption geht es darum, dass Erzieherinnen in Zusammenarbeit mit Eltern und Trägern darlegen, auf welchen pädagogischen Grundvorstellungen und Leitideen ihre Arbeit beruht. Diese Überlegungen werden in einen schriftlichen Entwurf gefasst.

Konzeption – eine „klar umrissene Grundvorstellung, Leitprogramm, gedanklicher Entwurf“

„Ein Konzept zu haben, heißt, ein Ziel zu verfolgen, zu wissen, warum, und eine Vorstellung über den Weg dorthin zu entwickeln. – Wenn wir in der Arbeit mit den Kindern nicht ziellos, ohne Sinn und Verstand und völlig vereinzelt agieren wollen, müssen wir uns im Team auf ein gemeinsames Konzept einigen. – Eine Einrichtungskonzeption ist Ausdruck gemeinschaftlich beschlossener Prinzipien im Alltag der Arbeit. Es ist wichtig, dass sich ein Team über Zielsetzung, Ansprüche und Art der pädagogischen Inhalte sowie Form und Methode auseinander setzt und einen Konsens findet. – Auch wenn eine Konzeption immer grundsätzlich moralisch-ethische Wertvorstellungen transportiert, so muss sie doch mehr sein als die Formulierung höherer Ideale. Sie muss ausgerichtet sein an den konkreten Bedingungen des sozialen Umfeldes und an dem, was die jeweiligen Kinder und ihre Eltern brauchen und wünschen.
Die Konzeption bildet die Grundlage für individuelles und kollektives Handeln, für Reflexion und Erfolgskontrolle. – Sie kann diese Funktion aber nur erfüllen, wenn sie als Ergebnis von Auseinandersetzungen und Kompromissen zwischen allen Beteiligten zustande kommt und wenn sie mehr ist als eine Ansammlung von Sprechblasen. Sicherlich wird man sich in jedem Team letztlich auf den kleinsten gemeinsamen Nenner einigen, dennoch sollte eine Konzeption keinesfalls so allgemein gehalten und schwammig sein, dass sich jede dahinter verstecken kann. – Konzeptionelle Vereinbarungen müssen eindeutig, nachvollziehbar, in der täglichen Arbeit zu erkennen und zu überprüfen sein. – Wenn z.B. vom Erziehungsziel ‚Selbstständigkeit‘ die Rede ist, so müssen wir uns einigen, was wir darunter im Einzelnen verstehen (Dürfen die Kinder selbstständig sein, wenn sie es wollen, oder müssen sie selbstständig sein, weil und wann wir es wollen?), warum wir dieses Ziel anstreben und welche Bedingungen wir zur Verfügung stellen wollen, um entsprechende Entwicklungen zu begünstigen.

Wenn wir „lebensnahes Lernen“ auf unsere Fahnen schreiben, dann müssen wir klären, was wir genau darunter verstehen, warum uns das wichtig ist und was es im täglichen Handeln bedeutet. – Genauso gilt dies für Strukturmerkmale: Was bedeutet z.B. gruppenübergreifende Arbeit konkret, warum halten wir diese Arbeitsweise für die beste und wie wollen wir dafür sorgen, dass sie auch tatsächlich funktioniert? – Wenn wir also Schritt für Schritt unsere pädagogischen Prinzipien differenziert

Konzeptionen bilden die Grundlage für individuelles und kollektives Handeln, für Reflexion und Erfolgskontrolle.

Info 3
(Fortsetzung)

Übereinkunft über konzeptionelle Fragen bildet eine tragfähige Grundlage für alle.

erarbeiten und über die einzelnen konzeptionellen Fragen zu Vereinbarungen kommen, haben wir eine tragfähige Grundlage für Zusammenarbeit, Selbstreflexion, wechselseitige Kritik, Anerkennung von Leistungen und Außendarstellung."

Quelle: Gerlinde Lill (Hrsg.), Von Abenteuer bis Zukunftsvisionen, Qualitätslexikon für Kindergartenprofis, Luchterhand, Neuwied 1998, S. 187 f.

Bestimmungsfaktoren einer Konzeption:

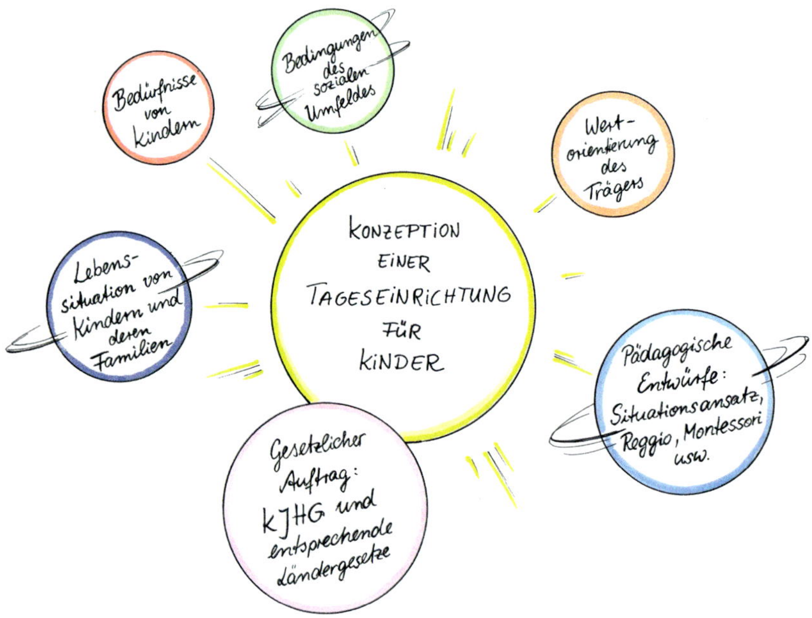

Alle sechs Bereiche wirken auf eine Konzeption ein. Keiner der Bereiche kann weggelassen werden.

Konzeptionen werden grundsätzlich schriftlich dokumentiert. Damit stellt eine Tageseinrichtung Verbindlichkeit her. Diese Verbindlichkeit besteht gegenüber den eigenen und neuen Mitarbeiterinnen, den Eltern, dem Träger und der gesamten Öffentlichkeit des Gemeinwesens.

Ein Konzeptionsentwicklungsprozess hat immer ein *„open end"* (vgl. Hollmann/Benstetter, In sieben Schritten zur Konzeption, Ein Arbeitsbuch, Kallmeyer, Seelze-Velber 2000, S. 13). Zu Beginn eines solchen Prozesses muss offen bleiben, wie er endet.

Info 4

Schritte der Konzeptionsentwicklung

Eine Konzeption für eine Tageseinrichtung zu entwickeln, ist ein langwieriger Prozess, an dem alle wichtigen Parteien – Mitarbeiterinnen, Träger und Eltern – zu beteiligen sind. Dieser Prozess lässt sich in mehrere Schritte einteilen (vgl. Hollmann/Benstetter, a. a. O., S. 19).

1. Schritt: vorbereiten und Absprachen treffen

Folgende Fragen müssen u. a. geklärt werden:

- Wer soll an der Konzeptionsentwicklung beteiligt werden?
- Welchen Zeitraum soll die Konzeptionsentwicklung umfassen?
- Soll der Prozess mit externer Hilfe moderiert werden?

Innerhalb des Teams ist zu entscheiden, wann die Konzeptionsentwicklung stattfinden soll. Gibt es dafür beispielsweise pädagogische Tage oder soll innerhalb der Teamsitzungen ein Zeitraum ausgespart werden?

Schließlich sind die Ressourcen des Teams zu überprüfen und die Vorbereitung zu klären:

- Gibt es Texte, die alle gelesen haben sollten, damit ein gleicher Wissensstand erreicht wird?
- Sind Mitarbeiterinnen im Team, die in anderen Einrichtungen einen solchen Konzeptionsentwicklungsprozess bereits miterlebt haben und von ihren Erfahrungen berichten können?
- Kennt jemand eine Tageseinrichtung, die bereits über eine Konzeption verfügt?
- Bestehen konkrete Vorstellungen und Wünsche im Team, sich mit bestimmten Themen bzw. konzeptionellen Vorstellungen auseinander zu setzen (z. B. Reggio-Pädagogik usw.)?

Die Ressourcen des Teams überprüfen

2. Schritt: sich einstimmen

Sich auf den Prozess der Konzeptionsentwicklung einzustimmen, lässt sich auf sehr unterschiedliche Weise gestalten. Der Besuch in einer Kindertagesstätte aus der Nachbarschaft kann dazu dienen, erste Ideen und Anregungen zu bekommen. Eine Zukunftswerkstatt unter dem Motto „Meine Traumtageseinrichtung" ermöglicht Einblicke in die unterschiedlichen und/oder gemeinsamen Vorstellungen von pädagogischer Arbeit. Befragungen der Kinder nach ihren Wünschen im Blick auf die Raumgestaltung und den Alltag in der Einrichtung können zu völlig neuen Überlegungen führen. Eine Umfrage unter Eltern zu den Rahmenbedingungen und zur Bewertung der pädagogischen Arbeit kann den Erzieherinnen helfen ihre bisherige Arbeit einzuschätzen.

Sich einstimmen kann auch dadurch geschehen, dass sich die Erzieherinnen über ihre eigenen Berufsbiografien austauschen, Gemeinsamkeiten und Unterschiede feststellen. Der zweite Schritt dient dazu, dass das Team erlebt, *„wie durch Transparenz, Selbsttätigkeit und Kooperation ‚gute Stimmung' für den Prozess wächst".* (Hollmann, Benstetter, a. a. O., S. 114)

Austausch über Gemeinsamkeiten und Unterschiede stehen am Anfang.

3. Schritt: Einflussfaktoren analysieren und verstehen

In diesem Schritt geht es darum, das Umfeld der Tageseinrichtung zu analysieren und zu bewerten. Leitfragen können u. a. sein:

- Wie ist der Kindergarten in das Gemeinwesen eingebunden?
- Welche Einrichtungen stehen der Tageseinrichtung noch zur Verfügung (Bibliothek, Schwimmbad usw.)?
- Gibt es bereits Kooperationen mit anderen Institutionen oder besteht die Möglichkeit, solche anzustreben?
- Wie sind die Lebensbedingungen der Kinder und ihrer Familien?
- Welche Spielmöglichkeiten außerhalb der Tageseinrichtung bestehen im Stadtteil?

Info 4
(Fortsetzung)

Aus gemeinsamen Positionen lassen sich sinnvolle Ziele entwickeln.

4. Schritt: Ziele herleiten, formulieren und Umsetzungsbeispiele anführen

Um zu sinnvollen Zielen zu kommen, ist es empfehlenswert, dass sich das Team über folgende Fragen verständigt:

- Welches Bild vom Kind hat jede von uns?
- Wie sehe ich meine Rolle als Erzieherin?
- Welches Verständnis vom Lernen habe ich?
- Was verstehe ich unter Bildung?
- Gibt es pädagogische Konzeptionen, die mich überzeugen? Welche Antworten auf die obigen Fragen finde ich dort? Was überzeugt mich an diesen Konzeptionen?

Sobald das Team zu diesen Fragen gemeinsame Positionen formuliert hat, lassen sich daraus klare Ziele benennen. Entscheidend bleibt aber, dass diese Ziele nun auch mit entsprechenden Beispielen konkretisiert werden. So können besonders Außenstehende (Eltern/Träger/Öffentlichkeit) nachvollziehen, wie sich die beschriebenen Ziele im pädagogischen Alltag auswirken.

---

5. Schritt: Ziele umsetzen, entwickelnd handeln

Über das konkrete Handeln zu konzeptionellen Aussagen kommen

Einigt sich ein Team auf grundlegende pädagogische Ziele, kann es sinnvoll sein, diese Ziele zunächst im Alltag zu erproben.

Beispiel:
Die Kindertageseinrichtung „Sieben Morgen" verständigte sich auf folgendes Bild vom Kind: Kinder „verfügen über Möglichkeiten, ihre Entwicklung selbst zu steuern, den aktiven Part im alltäglichen Tun zu übernehmen" (Zimmer, 1998, S. 18).

Was aber heißt das nun konkret? Im Gespräch entwickelten die Erzieherinnen folgende Überlegungen: Dieses Bild vom Kind lässt sich zunächst an zwei Punkten im Alltag erkennen. Zum einen zeigt sich dies an der Art und Weise, wie die Erzieherinnen selbst mit den Kindern sprechen. Wenn Kinder selbst den aktiven Part im Kindergartenalltag übernehmen können, dann braucht es Erzieherinnen, die mehr fragen als vorschlagen, dann ändert sich die Rolle der Erzieherin von der Animateurin hin zur Moderatorin. Und zum anderen fordert dieses Bild vom Kind auch, Formen der Beteiligung der Kinder zu schaffen.

Das Team beschloss nun, vier Wochen lang einerseits die eigene Rolle, das eigene Verhalten der Erzieherinnen daraufhin zu beobachten und zu überprüfen und andererseits mit den Kindern Formen der Beteiligung zu entwickeln. Nach vier Wochen wollten sie dann die Ergebnisse reflektieren und in die Konzeption einarbeiten.

---

6. Schritt: Konzeption dokumentieren und veröffentlichen

Jede Erzieherin und jede Tageseinrichtung verfügt über eine eigene Konzeption ihrer Arbeit. Oft ist sie aber nicht reflektiert und dokumentiert. Der Wert einer

9610178

Konzeption steigt mit ihrer Veröffentlichung. Damit stellen sich die Erzieherinnen der Diskussion in der pädagogischen Öffentlichkeit. „Die Enddokumentation und das Verschriftlichen der Leitidee, der Konzeptionsziele und -inhalte ist ein wichtiger Akt, denn sie wirken als

- Beleg der Visionen und Vereinbarungen,
- Informationsträger,
- Imagezeichen und Außenwirkung,
- Mess-‚Latte' zur Überprüfung der Ziele."

(Hollmann/Benstetter, a. a. O., S. 169)

---

7. Schritt: Konzeption überprüfen und weiterentwickeln

Nachdem die Konzeption erstellt und veröffentlicht wurde, kommt die Phase ihrer Bewährung. Da der Prozess der Entwicklung aufwändig ist, kann sie nicht ständig überarbeitet werden. Es ist aber wichtig, dass Konzeptionen regelmäßig auf ihre Praxistauglichkeit hin überprüft werden. Dies kann nach einem halben Jahr beispielweise in einer Teamsitzung oder an einem pädagogischen Tag geschehen.

Jede Konzeption muss sich einer kritischen Überprüfung unterziehen.

Hier stellen sich dann Fragen wie:

- Was hat sich in unserer pädagogischen Praxis seit der Erstellung der Konzeption verändert?
  - Im Umgang mit den Kindern?
  - Innerhalb des Teams/in der Zusammenarbeit?
  - In der Wahrnehmung der Öffentlichkeit?
  - Im Verhältnis zum Träger?
- Wie gestaltet sich nun die Zusammenarbeit im Team und mit den Eltern?
  - Hilft hier die Konzeption zu mehr Verständnis füreinander?
- Wo gibt es negative Erfahrungen? Müssen Teile der Konzeption neu überdacht werden?
  - Wie kam es zu einer solchen veränderten Sichtweise oder Fehleinschätzung?
- Was muss noch verändert oder ergänzt werden?

Solche und andere Fragen können dazu beitragen, dass die Konzeption einer Tageseinrichtung ein lebendiges Gebilde bleibt, das den Erzieherinnen, dem Träger und den Eltern zur Orientierung dient und hilft den pädagogischen Alltag positiv zu gestalten.

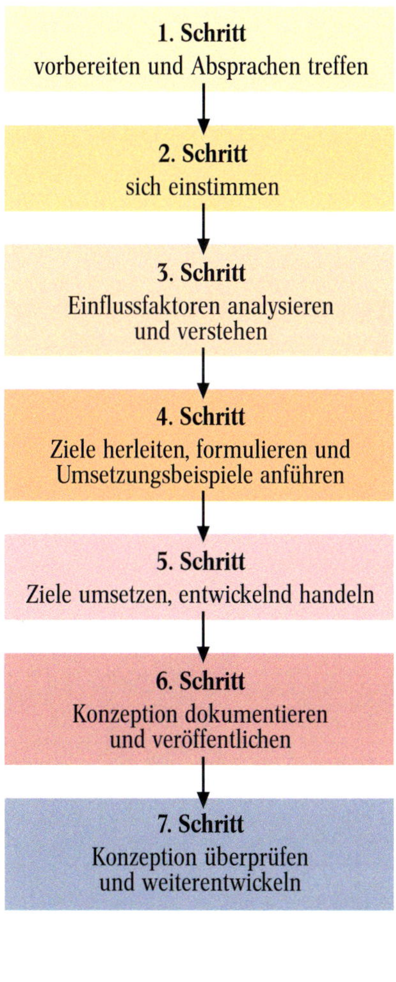

Info 5

Was hat Konzeptionsentwicklung mit der Qualität einer Tageseinrichtung zu tun?

Transparenz, Partizipation und Professionalität kennzeichnen eine gute Konzeption.

Nach Tietze ist pädagogische Qualität dann in einer pädagogischen Umwelt anzutreffen, „wenn diese dem Wohlbefinden sowie der gegenwärtigen und zukünftigen Entwicklungsförderung des Kindes dient …" (Tietze, 1999, S. 155). Da hier das Wohl des Kindes und seine Entwicklungsmöglichkeiten in den Mittelpunkt gestellt werden, sind die Qualitätsmerkmale daraufhin auszurichten. Der Definition von Tietze folgend lassen sich besonders drei Qualitätsmerkmale beschreiben: Transparenz, Partizipation und Professionalität.

Pädagogische Qualität zeigt sich an der Partizipation.

Qualitätsmerkmal Transparenz

Wildt sieht ein Qualitätsmerkmal pädagogischer Arbeit darin, dass diese transparent und verlässlich ist (vgl. Wildt, 1999, S. 83 ff.). Mit einer Konzeption stellen die Erzieherinnen diese Transparenz und Verlässlichkeit her. Eltern, die ihre Kinder in der Tageseinrichtung anmelden wollen, können durch eine Konzeption erkennen, auf welcher Grundlage die pädagogische Arbeit geschieht. Der Träger kann mithilfe einer Konzeption klare Stellenprofile entwickeln und danach auch gezielt Mitarbeiterinnen suchen. Und schließlich wird die Arbeit auch für die Erzieherinnen selbst verlässlich. Denn sie wissen, was von ihnen verlangt wird und was nicht verlangt werden kann. So wird beispielsweise eine Erzieherin in einer kommunalen Tageseinrichtung nicht zu einer umfassenden religionspädagogischen Arbeit verpflichtet werden können, wohingegen dies von einer Mitarbeiterin in einem kirchlichen Kindergarten verlangt werden kann. Aufgrund einer Konzeption ist dies für alle nachvollzieh- und überprüfbar.

Qualitätsmerkmal Partizipation

Ein weiteres Merkmal pädagogischer Qualität ist die Beteiligung aller in der Entwicklung der Konzeption wie auch im pädagogischen Alltag. Wie entsteht eine Konzeption? Wird sie nur in dem kleinen und geschlossenen Kreis der Mitarbeiterinnen entwickelt oder sind Eltern von Anfang an mit in den Diskussionsprozess einbezogen? Anne Kebbe schreibt dazu: „Wenn das konkrete Angebot hauptsächlich auf der Basis einer Sichtweise (…) begründet und durchgesetzt wird, fühlen sich die Vertreter anderer Bedürfnisse und Interessen oft übergangen und reagieren entsprechend ihres Frustrationsgrades. An diesem Punkt setzen wir auf den Dialog, der allen ermöglicht das Notwendige mit dem Machbaren in Beziehung zu setzen, Entscheidungen gemeinsam zu treffen und zu tragen." (Kebbe, 1999, S. 206 f.) Werden die Bedürfnisse der Kinder erfragt und fließen sie in die Beratungen mit ein? An solchen Punkten lässt sich sehr schnell erkennen, wieweit es ein Team mit Partizipation ernst meint. Je mehr Partizipation, desto höher die Zustimmung aller am Ende eines solchen Entwicklungsprozesses.

Qualitätsmerkmal Professionalität

An der Art, wie eine Konzeption dokumentiert wird, welche pädagogische Fachsprache verwendet wird, zeigt sich die Professionalität eines Teams. So kann an-

9610180

hand einer Konzeption zum Beispiel sichtbar gemacht werden,

- ob sich ein Team mit neueren pädagogischen Konzepten auseinander gesetzt hat bzw. ob solche Diskussionen in die Konzeption Eingang gefunden haben;
- ob Fachbegriffe richtig angewendet und verständlich vermittelt werden können;
- auf welcher erziehungswissenschaftlichen Grundlage die pädagogische Arbeit durchgeführt wird.

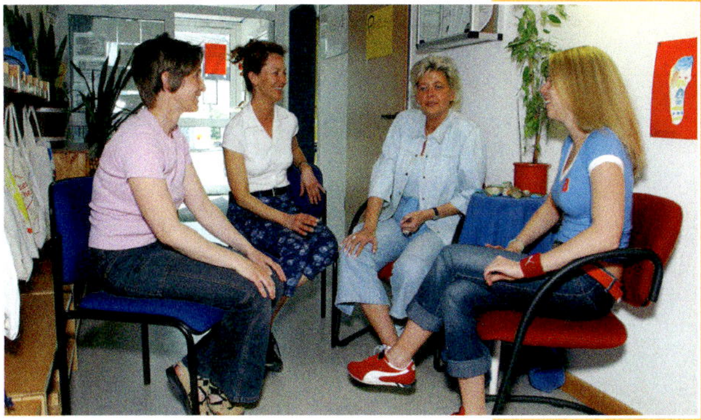

Fazit

Konzeptionen lassen sich in sieben Schritten entwickeln:

1. vorbereiten und Absprachen treffen
2. sich einstimmen
3. Einflussfaktoren analysieren und verstehen
4. Ziele herleiten, formulieren und Umsetzungsbeispiele anführen
5. Ziele umsetzen, entwickelnd handeln
6. Konzeption dokumentieren und veröffentlichen
7. Konzeption überprüfen und weiterentwickeln

Aufgaben und Anregungen

1 Sammeln Sie aus verschiedenen Tageseinrichtungen Konzeptionen. Vergleichen Sie diese miteinander. Gehen Sie folgenden Fragen nach:

1.1 Welche konzeptionellen Überlegungen sind darin erkennbar?

1.2 Nach welchen Kriterien werden die einzelnen Konzeptionen gegliedert bzw. aufgebaut?

1.3 Worauf beziehen sich die jeweiligen Teams in ihren pädagogischen Grundsätzen?

1.4 Worin bestehen die Gemeinsamkeiten und Unterschiede?

1.5 Welches berufliche Selbstverständnis der Erzieherinnen wird daraus sichtbar?

1.6 Entwickeln Sie in Partnerarbeit eine Präsentation Ihrer Überlegungen.

2 Nehmen Sie das Kindergartengesetz Ihres Bundeslandes zur Hand und untersuchen Sie, ob darin Aussagen enthalten sind, die sich auf eine Konzeption auswirken. Halten Sie diese schriftlich fest. Überprüfen Sie nun, ob in den Ihnen vorliegenden Konzeptionen diese konzeptionellen Aussagen enthalten sind.

3. Suchen Sie im Internet die Kindergartengesetze von drei Bundesländern heraus und vergleichen Sie, wie jeweils die Aufgaben von Tageseinrichtungen beschrieben werden. Überlegen Sie, wie sich diese Aufgabenbeschreibung auf die Gestaltung einer Konzeption auswirkt.

4 Wie wirken sich die verschiedenen Bestimmungsfaktoren konkret auf eine Konzeption aus? Zeigen Sie dies für jeden der in dem Schaubild auf Seite 176 genannten Bestimmungsfaktoren auf.

Aufgaben (Fortsetzung)

5 Erarbeiten Sie anhand des Textes in Info 3 die Merkmale einer Konzeption. Überprüfen Sie an der Konzeption einer Tageseinrichtung, ob diese Merkmale dort auftauchen.

6 Besuchen Sie eine Tageseinrichtung, in der auf der Grundlage einer Konzeption gearbeitet wird. Dokumentieren Sie mithilfe von Fotos die wesentlichen Elemente dieser Konzeption. Woran lassen sich für Außenstehende diese Grundsätze erkennen?

7 Erstellen Sie eine Fotodokumentation für Ihre Klasse. Ordnen Sie die Fotos so an, dass sie jeweils einen Aspekt aus der Konzeption darstellen. Legen Sie die Fotos in der Klasse aus und zu jedem Bereich einige Haftzettel und Stifte. Bitten Sie nun Ihre Mitstudierenden, anhand der Fotos die konzeptionelle Aussage, die in den Bildern steckt, zu beschreiben. Ihre Überlegungen sollen die Studierenden auf den Zetteln festhalten und an die Fotos heften. Ergänzen Sie nach Abschluss dieses Schrittes mit den entsprechenden Bildunterschriften die Fototafeln.

8 Führen Sie ein Interview mit der Leiterin einer Tageseinrichtung für Kinder, die einen Konzeptionsentwicklungsprozess abgeschlossen hat. Befragen Sie die Leiterin zu diesem Prozess. Überlegen Sie vor dem Gespräch, welche Fragen Sie stellen könnten und halten Sie diese schriftlich fest. Dokumentieren Sie das Gespräch und machen Sie es Ihrer Lerngruppe in Form einer Präsentation zugänglich.

9 Immer mehr Tageseinrichtungen stellen sich im Internet vor. Suchen Sie verschiedene Homepages von Tageseinrichtungen auf. Überprüfen Sie diese Internetauftritte auf konzeptionelle Aussagen hin.

10 Erstellen Sie in einer Kleingruppe eigene konzeptionelle Elemente. Verständigen Sie sich dabei über die Ziele Ihrer pädagogischen Arbeit. Tragen Sie dazu entsprechende Begründungen zusammen. Finden Sie dann Beispiele, anhand derer erkennbar wird, wie Sie die Ziele im pädagogischen Alltag umsetzen wollen.

Diese Aufgaben lassen sich gut in Partner- oder Kleingruppenarbeit bewältigen. Zum Abschluss können Sie eine Präsentation durchführen, in der Sie Ihre Arbeitsergebnisse den anderen vorstellen. Halten Sie Ihre Arbeitsergebnisse so fest, dass alle Studierenden in ihrem Kurs eine Zusammenfassung erhalten.

Tipps zum Weiterlesen

Im Internet finden Sie unter www.kindergartenpaedagogik.de den Text *„Wie entwickeln wir ein pädagogisches Konzept im Kindergarten?“* von Arnulf Hopf. Dieser Text eignet sich sehr gut zum Selbststudium. Überprüfen Sie, ob er sich zu den hier vorgestellten Inhalten unterscheidet.

Ebenfalls zum Selbststudium bietet sich der Text von Sylvia Näger: *„Konzeption: Weil wir es uns wert sind ...“* an. Dieser findet sich unter: www.entdeckungskiste.de

Folgende Bücher eignen sich zur vertiefenden Auseinandersetzung mit dem Thema „Konzeption“:

Peter Erath/Claudia Amberger: *Das Kitamanagementkonzept. Kindertagesstätten auf dem Weg zur optimalen Qualität*, Herder, Freiburg 2000

Mathias Herrmann, Kurt Weber: *Konzepte entwickeln - Bildung planen. Kindergarten heute – Basiswissen kita.* Herder, Freiburg 2006

9610182

2 Friedrich Fröbel und die Geschichte der Kindergartenpädagogik

Renate Rat, Susanne Gehbauer und Oliver Szwerinski stehen in der Pause zusammen und unterhalten sich:

Susanne: „Na, wie hat dir dein erstes Praktikum im Kindergarten gefallen?"

Renate: „Sehr gut. Mir hat die Arbeit mit den Kindern sehr viel Spaß gemacht. Allerdings hatte meine Praxisanleiterin nicht viel Zeit für mich. In der Einrichtung wird demnächst ein großes Fest gefeiert, das vorbereitet werden muss."

Oliver: „Das hört sich aber spannend an. Um was für ein Fest handelt es sich denn?"

Renate: „Wir feiern das 125-jährige Bestehen unseres Kindergartens. Meine Praxisanleiterin stellt gerade eine Collage mit alten Fotos zusammen. Die sind sehr interessant!"

Susanne: „Wie? Vor 125 Jahren gab es schon Kindergärten?"

Renate: „Oh, ja. Soweit ich weiß, wurde der erste Kindergarten von Friedrich Fröbel in Thüringen gegründet. Ich komme ja aus der ehemaligen DDR, deshalb weiß ich das so genau."

Oliver: „Das interessiert mich jetzt aber auch: Wann wurde der erste Kindergarten denn gegründet? Und wer war überhaupt Friedrich Fröbel? Wie kam er denn dazu, einen Kindergarten ins Leben zu rufen?"

Fragen

- ✓ *Was wissen Sie über die Gründung des ersten Kindergartens?*
- ✓ *Wann wurde Ihre Praktikumseinrichtung gegründet?*

Wer war Friedrich Fröbel? – Biografie und Erziehungsvorstellungen

Info 1

Friedrich Wilhelm August Fröbel wurde am 21. April 1782 in Oberweißbach im Thüringer Wald geboren. Er war das sechste Kind seiner Eltern. Seine Mutter starb bereits zehn Monate später im Februar 1783. Zwar heiratete der Vater 1785 erneut, doch zwischen der Stiefmutter und Friedrich entwickelte sich keine herzliche Beziehung. Seine älteren Geschwister waren bereits selbstständig genug, um sich der Strenge der Stiefmutter zu entziehen, für das Kind Friedrich aber wäre Liebe und Fürsorge sicher noch notwendig gewesen. Seine engste Bezugsperson war der 14 Jahre ältere Bruder Christoph (Hoffmann 1984).

Info 1
(Fortsetzung)

Im Alter von elf Jahren zog er zu seinem Onkel, wo er die nächsten vier Jahre seiner Kindheit noch ausgiebig genießen konnte.

Im Jahr 1799 erhielt Friedrich die Erlaubnis des Vaters, ein naturwissenschaftliches Studium zu beginnen. So schrieb er sich zum Wintersemester in Jena ein, wechselte aber in den folgenden Jahren häufiger Studiengang und Studienort.

Erste pädagogische Berührungspunkte hatte Friedrich Fröbel im Jahr 1805. Durch Zufall erhielt er eine freie Lehrerstelle an einer pestalozzischen Musterschule.

Hier fühlte sich Fröbel vom ersten Tag an *„wie in seinem Element"* (Hoffmann 1966). Er begann sich mit dem Gedankengut Pestalozzis zu beschäftigen und war innerlich berührt von Pestalozzis leidenschaftlicher Liebe zum Menschen und in besonderem Maße zum Kind. Fröbel ging später sogar in die Schweiz, um zwei Jahre an Pestalozzis Schule zu verbringen. Jede freie Minute beschäftigte er sich mit pädagogischen Fragen und pädagogischer Literatur.

So kam es, dass Fröbel ganz eigene, neue Erziehungsvorstellungen entwickelte, in die Ideen Pestalozzis eingingen. Fröbels Leitmotiv war die Ausbildung von Selbsttätigkeit und Selbstbestimmung. Er forderte für die Erziehung ein eigenes Engagement der Kinder. Dabei beachtete er die Individualität und die Bedürfnisse der Schüler. Fröbel selbst sagte: „Ich will nicht dem Staat Staatsmaschinen schnitzen, sondern freie, denkende, selbsttätige Menschen." (Fröbel, Hermann, 1982, S. 130) Die Vermittlung von Wissen diente dazu, die Denkfähigkeit und den Intellekt der Schüler anzuregen. Sie sollten in die Lage versetzt werden das erworbene Wissen selbstständig anzuwenden und verantwortlich zu handeln.

Fröbel war schließlich immer mehr von dem Gedanken erfüllt eine eigene Schule zu gründen, um auf diese Weise seine Vorstellungen umzusetzen. Zusammen mit zwei Freunden, Wilhelm Middendorff und Heinrich Langethal, eröffnete er im Jahr 1817 in Thüringen eine „Erziehungsanstalt", in der Jungen im Alter ab sechs Jahren erzogen und unterrichtet wurden. Fröbel gründete später noch weitere Schulen, u.a. in der Schweiz, um seine Ideen zu verbreiten.

Johann Heinrich Pestalozzi
(1746–1827)

Pestalozzi war der bekannteste Pädagoge der damaligen Zeit. Er hatte in Yverdon (Schweiz) ein Erziehungsinstitut errichtet, das Weltruf genoss und Kinder ab sieben Jahren aufnahm. Pestalozzi vertrat u. a. die Ansicht, dass für die intellektuelle Bildung konkrete Anschauung und Selbstständigkeit der Schüler von besonderer Bedeutung seien.

Info 2 Erziehung kann nicht erst in der Schule beginnen! – Die Bedeutung des Spiels und die Entwicklung der Spielgaben

Fröbel wandte sich ab etwa 1830 immer mehr einer Idee zu, die ihn schon lange beschäftigt hatte: Er erkannte, dass die Entfaltung des menschlichen Geistes nicht erst in der Schule, sondern schon im vorschulischen Stadium beginnen müsse, um Fehlentwicklungen auszuschließen bzw. zu vermeiden. Mit der Hinwendung zur Kleinkindererziehung nahm er einen entscheidenden pädagogischen Richtungswechsel vor, der ihn zum Pionier auf diesem Gebiet machte: Vor Friedrich Fröbel hatte sich noch kein Pädagoge mit Kindern im Vorschulalter beschäftigt.

Eine besondere Bedeutung maß Fröbel dem **Spiel** zu. Vor Fröbel war das Spiel als sinnlose oder nutzlose Beschäftigung angesehen worden. Fröbel jedoch erkannte einen tieferen Sinn im kindlichen Spiel, der für die Entwicklung des Kindes und sein späteres Leben von entscheidender Bedeutung war. „Das Spiel dieser Zeit ist nicht Spielerei, es hat hohen Ernst und tiefe Bedeutung." (Fröbel, Hermann/ Pfaehler, Dietrich, Kommt lasst uns unsern Kindern leben, Friedrich Fröbels Mutter- und Kinderlieder, Mitteldeutsche Verlagsgesellschaft, Bad Neustadt a.d. Saale 1982, S. 142)

So entwickelte er acht Spielgaben:

1. Ball
2. Kugel, Würfel, Walze

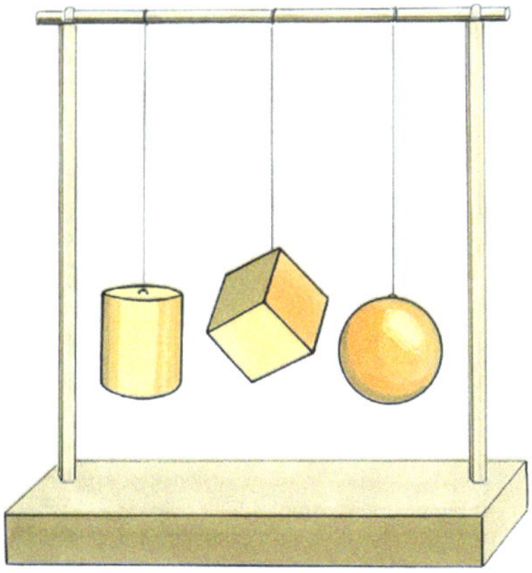

3.–8. Würfel in verschiedenen Teilungen

Fröbel fertigte zu jeder Gabe Anleitungen und Zeichnungen für die Mütter an, um den richtigen Umgang und Gebrauch zu gewährleisten. An dem Material sollten die Kinder mit Größe, Form, Schwere, Farbe, Zahl, Bewegung usw. bekannt gemacht werden. Dabei bezeichnete Fröbel das spontane Spiel der Kinder mit den Gaben als *„Spielpflege"*. Andererseits konnte das Spiel mit den Gaben auch von einem Erwachsenen, dem *„Spielführer"*, angeleitet werden. Nach Fröbels Vorstellung erfuhr dadurch auch der Erwachsene eine Förderung, eine innere Bildung. „Das Spiel, recht erkannt und recht gepflegt, einigt das keimende Kindesleben (…) mit dem Erfahrungsleben des Erwachsenen und fördert so eines durch das andere." (Fröbel, Hermann, a. a. O., S. 142) Außerdem entstanden kurze Lieder und Verse zu den einzelnen Spielmitteln.

Im Folgenden soll der Gebrauch der ersten Gabe exemplarisch vorgestellt werden:

Dabei sollte der Ball vom Kind zunächst nur zum Umspannen, zum Begreifen und dann auch zum selbst- und freitätigen Spiel gebraucht werden. Die Erfahrungen, die das Kind dabei machte, hatten eine weit reichende Bedeutung. Im Verlauf der Entwicklung sollte das kleine Kind den Ball als etwas von ihm Getrenntes erfahren. So konnte man den Ball an einer

Für Fröbel war der Ball der erste und wichtigste Spielgegenstand der frühen Kindheit.

„Das Spiel dieser Zeit ist nicht Spielerei, es hat hohen Ernst und tiefe Bedeutung."
Fröbel

Info 2
(Fortsetzung)

Schnur befestigen und ihn durch Heben und Senken einmal mehr oder weniger weit vom Kind entfernen.

Die Wiederholung der Spiele war für das Kind wesentlich, da sich so allmählich die Eindrücke festigten. Fröbel machte auch Vorschläge, den Ball als Mittel zur Darstellung der Dinge zu nehmen, die aus dem Lebenskreis des Kindes stammten. Der Ball konnte einmal ein Vogel sein, eine Katze, ein Hund, je nachdem, welche Erfahrungen und Erlebnisse das Kind in seiner Umwelt gemacht hatte. So war auch nicht immer nur der Ball als Mittel zur Darstellung zu nehmen, sondern auch ballähnliche Dinge wie ein Apfel oder ein Wollknäuel. Es war Fröbels besonderes Anliegen, die Spielgegenstände in „verschiedenartiger Wirksamkeit und in mannigfältigen Verhältnissen einzusetzen, zum Beispiel Dasein, Verschwinden, Wiederkommen, Holen, Fassen, Greifen, Halten, Rollen, Fahren, Drehen, Stehen, Fallen, Liegen usw." (Blochmann, Elisabeth, Fröbels Theorie des Spiels 1, Der Ball als erstes Spielzeug des Kindes, Julius Beltz, Stuttgart 1965, 4. Auflage)

Fröbel entwickelte außerdem Legetäfelchen, Falt-, Ausschneide- und Flechtblätter, Verschnürstreifen, Stäbe, Legestäbchen, Ringe und Halbringe und vieles mehr, um die Kreativität und das freie Schaffen anzuregen. Fröbel sprach hier von Lebens-, Schönheits- und Erkenntnisformen.

Im Jahr 1843 erschienen nach langer Vorarbeit die „Mutter- und Koselieder". Der Titel trug den Fröbel'schen Aufruf „Kommt, lasst uns unseren Kindern leben!" und das Motto „Gar hoher Sinn liegt oft im kind'schen Spiel" (Hanschmann, 1874, S. 317). Das Buch entstand als Bilderbuch zur Bildung der Mütter. Sie fanden in diesem Buch sowohl althergebrachte als auch neue Singspiele. Sie hatten den Zweck, mit den Kleinkindern die ersten Arm- und Beinübungen, an die sich Fingerübungen anschlossen, durchzuführen, um die Beweglichkeit der Körperglieder und die Ausbildung der entsprechenden Muskeln zu fördern. Daneben sollte das Kind zur Wahrnehmung der eigenen Persönlichkeit und zur Begegnung mit der es umgebenden Welt angeleitet bzw. hingeführt werden. Die „Mutter- und Koselieder" waren als Grundvoraussetzung für den Gebrauch der Spielgaben zu betrachten und somit für Säuglinge und Kleinkinder als Vorbereitung für den Besuch des Kindergartens gedacht.

STRAMPFELBEIN
Flugs gib mir das Strampfelbein!
Wollen schlagen aus Mohn und Lein
Öl fürs Lämpchen, zierlich und klein,
dass es brenne hell und rein,
wenn Mutterlieb in langer Nacht
fürs liebe, kleine Kindchen wacht.
Wenn Mutterlieb in langer Nacht
fürs liebe, kleine Kindchen wacht.

Im Jahre 1837 begann Fröbel mit der Publikation seiner Spiel- und Beschäftigungsmittel. Er ließ Stoffbälle, Kugeln und Würfel aus Holz von Handwerkern anfertigen. Daneben bereitete er das Erscheinen der Spielgaben redaktionell vor. In der Zeitschrift „Sonntagsblatt" veröffentlichte er Einführungs- und Begleitbroschüren sowie Erläuterungen zu den Spielgaben.

Die Gründung des ersten Kindergartens und die Ausbildung von Kindergärtnerinnen

Info 3

Gleichzeitig mit der Publikation der Spielgaben rief Fröbel in Bad Blankenburg die *„Anstalt für Kinderpflege“* (Hanschmann, 1874, S. 286) ins Leben. Hier sollten die Spielgaben praktisch erprobt werden. Fast täglich ließ Fröbel bis zu fünfzig Kinder aus allen Ständen kommen. Fröbel richtete außerdem zwei *„Bildungskurse zur Kindheitspflege“* (Hanschmann, 1874, S. 286) ein, in denen Frauen und Männer den Umgang mit den Spielmitteln erlernen sollten. Die Einrichtung dieser Kurse stellte den Beginn der Ausbildung von Menschen in der *„Kleinkinderführung und -beschäftigung“* (Hanschmann, 1874, S. 296) dar. Sie können daher als Vorreiter der späteren Kindergärtnerinnenseminare angesehen werden.

Die Blankenburger Bevölkerung nahm lebhaften Anteil, besonders Mütter mit kleinen Kindern, die sich von Fröbel Anregungen erhofften. Die Anerkennung der Frauen nutzte Fröbel aus, indem er Weihnachten 1839 zur Gründung eines Frauenvereins aufrief, der als Trägerverein einer neuen „Musteranstalt“ dienen sollte, die er in Blankenburg einrichten wollte. Dies war die Geburtsstunde des „Kindergartens“. Auf den Begriff „Kindergarten“ kam Friedrich Fröbel zufällig auf einer Wanderung. Sein Freund und Weggefährte Wilhelm Middendorff äußerte sich darüber folgendermaßen:

> „Aber zugleich sollen sie [die Kinder, d. Verf.], wie der Name sagt, ähnlich den Gewächsen unter den Augen des verständigen Gärtners, von Einsicht und Sorgfalt und von treuer Liebe möglichst gepflegt werden, dass Leib und Geist dabei gedeihen und das kindliche Gemüt, wie die Blüte in der Knospe, sich unverletzt entfalte.“
>
> Middendorff, 1848

Die Finanzierung des Projektes ermöglichte Fröbel durch die Ausgabe von Aktien. Für zehn Taler konnte ein solcher Anteilsschein am Werk erworben werden. Im Mai 1840, am 400. Jubiläumstag der Erfindung der Buchdruckerkunst, wurde der erste Kindergarten in Blankenburg eröffnet. Der Kindergarten sollte den Müttern oder zukünftigen Müttern gleichzeitig als Ausbildungsort für die Erziehungsaufgaben in der Familie dienen, denn die Familie stellte für Fröbel den Mittelpunkt der Erziehung dar. Damit machte Fröbel deutlich, dass der Kindergarten eine Einrichtung zur Ergänzung der Familienerziehung war und unter keinen Umständen einen Familienersatz darstellte. „Der Kindergarten mit seinen Kinderspielen ist also bloß ein erweitertes, (...) vervollständigtes Familienleben. (...) Beide, Familienleben und Kindergarten, sollen sich gegenseitig zur Ergänzung, aber auch zum Spiegel und Muster dienen.“ (Middendorff 1848)

Fröbel bezeichnete die Frau und Mutter als besonders geeignet für die Betreuung des kleinen Kindes. Dies hängt sicher auch mit seiner Biografie zusammen, schließlich war er selbst ohne Mutter aufgewachsen und hatte unter diesem Verlust sehr gelitten.

In den folgenden Jahren machten Friedrich Fröbel und sein Freund und Weggefährte Wilhelm Middendorff die Idee der Kindergärten in ganz Deutschland bekannt und in vielen Städten wurden Einrichtungen gegründet, in denen von Fröbel ausgebildete Kindergärtnerinnen beschäftigt waren. Die Erfindung des Kindergartens hatte eine so weitreichende Bedeutung, dass Friedrich Fröbel als ihr Begründer bis heute Anerkennung findet. Der große Pädagoge starb 1852, kurz nach seinem siebzigsten Geburtstag.

Info 4

Ein Tag im Fröbel'schen Kindergarten

Ida Seele, eine Schülerin Fröbels und später Kindergärtnerin, berichtete viele Jahre später über den Tagesablauf im Fröbel'schen Kindergarten:

Der Tag im Kindergarten wurde mit freiem Spiel begonnen. Jedes Kind erhielt eine Spielgabe, meistens die dritte oder vierte, mit der es sich beschäftigen konnte. Manchmal gab die Kindergärtnerin auch Anweisungen, was die Kinder bauen sollten: *„Baut ein Haus, eine Treppe, einen Turm!"* (Seele, 1886) Die Kindergärtnerin sollte die Kinder dabei beobachten und, falls notwendig, helfend eingreifen. Wichtig war auch, dass die Kinder nach der Baustunde dazu angehalten wurden, wieder Ordnung zu schaffen. Erst sobald alle Kinder aufgeräumt hatten, wurde ein Kreis gebildet und Bewegungsspiele begonnen. Diese gingen immer mit dem Gesang von kleinen Versen und Liedern einher. Diese Verschen waren von besonderer Bedeutung. Oft wurden Tätigkeiten der Kinder von den Erwachsenen auf diese Weise begleitet.

Nach den Bewegungsspielen folgte das Frühstück, ihm folgte die Gartenarbeit. Dabei wurden die Kinder natürlich nicht zu schweren Arbeiten herangezogen, sondern waren den Erwachsenen behilflich, indem sie Steine von den Beeten entfernten, welke Blätter einsammelten, Bohnen, Erbsen oder Kartoffeln anpflanzten und die Gewächse begossen. Wichtig war dabei, die Kinder auf die Abfolge von Pflanzen, Wachsen, Blühen, Verwelken aufmerksam zu machen. Im Anschluss an die Gartenarbeit konnten die Kinder auf dem Spielplatz ihren Bewegungsdrang ausleben (Seele, 1886).
Besondere Bedeutung im Tagesablauf hatte die Abfolge von **ruhender** Betätigung in der Baustunde, in der die Ausbildung des Denkvermögens im Vordergrund stand, **ruhend bewegender** Tätigkeit in der Gartenarbeit und **bewegendem Tun** auf dem Spielplatz (Middendorff, 1848). Am Ende des Vormittags stand wieder ein Spielkreis mit Gesang. Der Nachmittag verlief in ähnlicher Weise. Die Beschäftigungsmittel hatten aber eine größere Bedeutung. Es wurde geflochten, ausgestochen, gefaltet usw. Die Nachmittagsstunden schlossen ebenfalls mit einem Besuch im Garten und Bewegungsspielen.

Im Kindergarten wurde nicht erzählt, kein Gedicht oder Lied eingeübt, keine Besprechungen zu einer bestimmten Themenstellung vorgenommen oder Zählübungen gemacht. Für Fröbel hatten diese Tätigkeiten eine **unterrichtende** Funktion, die er ausdrücklich aus dem Kindergarten ausschließen wollte. Die gebrauchten Lieder zu den Bewegungsspielen und Spielen mit den Gaben wünschte er von den Erwachsenen deutlich gesungen oder gesprochen, damit sie sich den Kindern ohne Anleitung von selbst einprägten (Seele, 1886).

Fazit

Friedrich Fröbel (1782-1852) ist bis heute vor allem als der Begründer des Kindergartens bekannt. Er war es auch, der die ersten Kindergärtnerinnen ausbildete.

Aufgaben und Anregungen

Bereiten Sie eine Ausstellung zur Geschichte der Kindergartenpädagogik in Ihrer Schule vor und laden Sie interessierte Klassen ein.

1 **Informieren** Sie sich ausführlich über Friedrich Fröbel und seine Vorstellungen zur Kleinkinderpädagogik. Nutzen Sie die angegebene Literatur und verschaffen Sie sich selbstständig weitere Informationen (Internet, Bibliothek, Friedrich-Fröbel-Museum in Bad Blankenburg/Thüringen, ...).

2 Bilden Sie Gruppen (ggf. auch schon vor der Literatursuche sinnvoll) und **bearbeiten** Sie die gefundenen Informationen im Hinblick auf folgende Aspekte:

Friedrich Fröbel	**Erziehungsziele**	**Bild vom Kind/Menschenbild**	**Rolle der Kindergärtnerin**	**Rolle des Spiels**	**Spielzeug/ Material**	**Raumgestaltung**	**Elternarbeit**

3 **Präsentieren** Sie Ihre Ergebnisse ansprechend (Infokiosk, Wandzeitung/Stellwand, Collage, Radiosendung, ...).
Eventuell kann die Präsentation durch das Ausstellen der Spielgaben/-materialien ergänzt werden. Fragen Sie in Ihrer Praktikumseinrichtung nach, ob es Fröbelmaterialien gibt. Erkundigen Sie sich außerdem bei einem Fachausstatter für Kindertageseinrichtungen.

Tipps zum Weiterlesen

Heiland, Helmut, *Friedrich Fröbel*, Rowohlt Taschenbuchverlag, Reinbek 1982
Hebenstreit, Sigurd, *Friedrich Fröbel*, Iks Garamond, Jena 2003
www.froebelweb.de: sehr informative Seiten, die einen ausführlichen Einblick geben und auch Fotos von den Spielgaben und Weggefährten Fröbels zeigen.

3 Konzeptionelle Entwürfe für Tageseinrichtungen

In ihrer Auswertungsrunde zum Praktikum haben die Studierenden festgestellt, wie viele unterschiedliche Konzeptionen es gibt. In einem Gespräch mit einer Fachberaterin, die achtzig Kindergärten betreut, versuchen sie hierzu noch mehr Informationen zu bekommen. Die Fachberaterin berichtet: „Längst gibt es einen Markt der Konzeptionen. Da berufen sich Tageseinrichtungen auf Friedrich Fröbel oder Maria Montessori, auf Célestin Freinet oder auf die Reggio-Pädagogik, auf den Situationsansatz oder auf die Waldorfpädagogik. Erzieherinnen berichten, dass sie nach einem ‚offenen Konzept' arbeiten. Andere erzählen, dass bei ihnen längst das Konzept des spielzeugfreien Kindergartens umgesetzt ist. Dazu kommen nun schon seit längerer Zeit die Wald- oder Bewegungskindergärten. Die Unübersichtlichkeit nimmt zu."

Die Studierenden stellen fest, dass sie selbst sehr wenig über diese unterschiedlichen Konzeptionen wissen. Sie fragen: Welches sind die am häufigsten vertretenen Konzeptionen in Deutschland?

Pädagogische Handlungskonzepte bestimmen die Konzeption einer Tageseinrichtung

Grundlegende Fragen helfen pädagogische Konzeptionen zu beurteilen.

Die Geschichte des Kindergartens ist immer auch die Geschichte sehr unterschiedlicher Konzeptionen. Von Anfang an spielten pädagogische Fragestellungen und damit gesellschaftspolitische Überlegungen eine zentrale Rolle. So schreibt zum Beispiel einer der Gründer des Kindergartens, der elsässische Pfarrer Johann Friedrich Oberlin (1740–1826): „Erzieht eure Kinder ohne zu viel Strenge (…) mit andauernder zarter Güte, jedoch ohne Spott." Ihm war es also wichtig, dass Kindern Achtung entgegengebracht wurde. Entsprechend gestaltete sich seine pädagogische Praxis.

Konzeptionen ermöglichen eine inhaltliche Ausrichtung der pädagogischen Arbeit.

Dass Tageseinrichtungen sich konzeptionell positionieren, zeigt aber auch das große Bedürfnis nach einer inhaltlichen Ausrichtung der eigenen pädagogischen Arbeit. Mithilfe solcher Konzeptionen lässt sich eben erklären, auf welcher Grundlage man arbeitet.

Im Folgenden werden einige konzeptionelle Ansätze vorgestellt. Zum Teil geschieht dies sehr verkürzt. Mithilfe der Quellenangaben lässt sich bei entsprechendem Interesse das Studium vertiefen. Nach welchen Grundsätzen ist die Darstellung aufgebaut?

Jede Konzeption lässt sich zunächst einmal auf einige wesentliche Fragen reduzieren:

- Welche Zielsetzung verfolgt das Konzept?
- Was für ein Bild vom Kind liegt hier zugrunde?
- Was für ein Verständnis vom Lernen wird vertreten?
- Wie sehen die Erzieherinnen sich selbst? Wie ist ihr Selbstverständnis?
- Welche Merkmale gibt es in diesem Konzept?

Die Darstellung der folgenden konzeptionellen Entwürfe baut auf diesen Fragen auf.

9610190

3.1 Der Situationsansatz: Autonomie, Solidarität, Kompetenz

Nachdem Ercan Özel und Susanne Gehbauer in der Auswertungsrunde nach dem Praktikum erzählten, dass in ihren Praxisstellen nach dem Situationsansatz gearbeitet werde, wurden sie von den anderen Mitstudierenden aufgefordert in der nächsten Stunde ausführlicher über den Situationsansatz zu berichten. Ercan und Susanne baten nun die anderen Studierenden, Fragen zu formulieren und zu sagen, was sie besonders dazu interessiert. So könnten sie sich gezielter auf diese Stunde vorbereiten. In Kleingruppen entwickelten die Studierenden folgende Fragen:

Fragen

- ✔ *Seit wann gibt es den Situationsansatz?*
- ✔ *Was sind seine Hauptziele?*
- ✔ *Gibt es Beispiele, an denen verdeutlicht werden kann, wie der Situationsansatz umgesetzt wird?*

Der Situationsansatz

Info 1

Der Situationsansatz entstand nach 1970 aufgrund der damaligen Bildungsdiskussion in der Bundesrepublik Deutschland für die Bildungsarbeit in Tageseinrichtungen für Kinder. Seitdem entwickelten unterschiedliche Institutionen und Personen, wie zum Beispiel das Deutsche Jugendinstitut in München oder der Erziehungswissenschaftler Jürgen Zimmer, diesen Ansatz weiter.

Autonomie, Solidarität und Kompetenz – die drei Hauptziele des Situationsansatzes

Zielsetzung: Jürgen Zimmer beschreibt folgende Ziele für den Situationsansatz: „Kinder verschiedener Herkunft und mit unterschiedlicher Lerngeschichte zu befähigen in Situationen ihres gegenwärtigen und künftigen Lebens möglichst autonom, solidarisch und kompetent zu handeln.“ (Zimmer, Jürgen u. a., Kindergärten auf dem Prüfstand, Dem Situationsansatz auf der Spur, Kallmeyer, Seelze-Velbert 1998, S. 14). Auf dieser Zielsetzung basiert die Förderung der drei Kompetenzbereiche:

- der Ich-Kompetenz: Hier geht es um Fragen wie z. B. „Welche Fähigkeiten habe ich?“ oder „Wo sind meine Grenzen?“; „Was gehört zu mir, zeichnet mich aus, macht mich einmalig und unterscheidet mich von den anderen?“
- der Sozialkompetenz: Kinder bekommen von Geburt an mit, dass sie in einem Raum mit anderen Menschen leben. Sie erleben dies in der Familie und eben auch im Kindergarten. Sie lernen, auf andere einzugehen, auf Schwächere oder Kleinere Rücksicht zu nehmen, eigene Interessen zu vertreten und durchzusetzen und vieles mehr. Täglich wird so ihre Sozialkompetenz geschult und gefördert.
- der Sachkompetenz: Kinder haben einen großen Wissensdurst. Sie stellen Fragen zu allen Dingen, die in ihrer Umgebung geschehen. Die „Warum“-Fragen sind ein Ausdruck für dieses Bedürfnis, die Welt zu entdecken. Im Situationsansatz geht es nun darum, dieses Interesse an der Umwelt zu unterstützen und Kinder zu befähigen miteinander zu befriedigenden Antworten zu kommen.

Diese Zielsetzung baut auf einem entsprechenden Bild vom Kind auf.

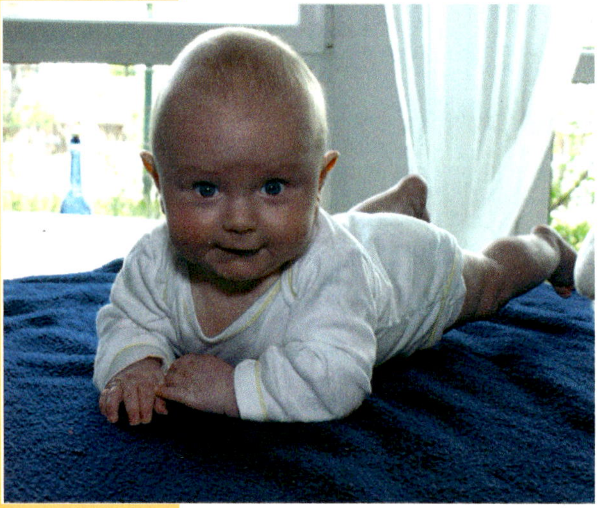

Info 1
(Fortsetzung)

Das Kind als Akteur seiner eigenen Entwicklung

In verschiedenen aktuellen Ergebnissen zur Kindheits- und Säuglingsforschung wird dargestellt, dass das Kind bereits von Geburt an ein aktives und kompetentes Wesen ist. Kinder „verfügen über Möglichkeiten, ihre Entwicklung selbst zu steuern, den aktiven Part im alltäglichen Tun zu übernehmen“ (Zimmer, a. a. O., S. 18). Kinder streben von Anfang an nach Selbstständigkeit. Diese Überlegungen macht der Situationsansatz zu seiner Grundlage. Er sieht in Kindern Akteure, die ihre eigene Entwicklung mit beeinflussen und mit gestalten können. Deshalb wird in diesem Konzept davon ausgegangen, dass Kinder von Anfang an mit Kompetenzen ausgestattet sind. Es ist die Aufgabe der Pädagogik, diese Kompetenzen zu fördern, zu fordern und zu unterstützen.

Das Bild vom Lernen

Lernen geschieht in Sinnzusammenhängen und bezogen auf die Lebenssituation der Kinder.

Zunächst geschieht Lernen im Situationsansatz nicht in vom Alltag losgelösten Situationen, sondern *„in für Kinder überschaubaren sozialen Sinnzusammenhängen“* (Heller/Preising, Der Situationsansatz, in: klein & groß, 6/2000, S. 22). Alles, was Kinder in der Tageseinrichtung lernen, jeder Wissenserwerb, wird in konkreten Situationen vollzogen. „Der Situationsansatz enthält ganz ausdrücklich einen Bildungsanspruch, der, würde man den Ansatz nur auf soziales Lernen reduzieren, verloren ginge. Es ist deshalb wichtig, Situationen darauf zu befragen, welches Bildungspotenzial in ihnen steckt, welche Chance sie im Sinne des forschenden, entdeckenden Lernens enthalten.“ (Zimmer, a. a. O., S. 42)

Lernen soll einem ganzheitlichen Ansatz folgen. Die unterschiedlichen Dimensionen, die das Menschsein ausmachen, müssen berücksichtigt werden. Hierzu gehören u. a. die psycho-motorische, die kognitiv-rationale, die sozial-kommunikative und die emotional-affektive Dimension.

Eine Verständnisschwierigkeit liegt in dem ungenauen Begriff „Situation“, der zu falschen Interpretationen einlädt. Jeden Tag erleben Erzieherinnen Kinder in vielen verschiedenen Situationen: Ein Kind matscht mit Wasser und Sand, zwei andere tragen einen Konflikt aus, wieder ein anderes erzählt eine Begebenheit vom Wochenende. Die meisten Situationen nimmt die Erzieherin zur Kenntnis und auf manche geht sie spontan ein. In ihrer pädagogischen Kompetenz liegt es, herauszufinden, welche Situation für die Kinder eine so große Bedeutung hat, dass es gerechtfertigt ist, sie zu einem größeren oder kleineren Projekt auszuweiten (vgl. Colberg-Schrader/Krug, 1999, S. 79; Zimmer, a. a. O., S. 31). Dabei werden unter bedeutsamen Situationen (Schlüsselsituationen) solche Erlebniszusammenhänge von Kindern verstanden, aus denen sich wichtige Lerninhalte ableiten lassen, durch deren Bearbeitung Kinder grundlegende Erfahrungen machen (Böhm/Böhm, 2002, S. 48) können. Es sollen solche Erfahrungen sein, in denen sie ihre Fähigkeiten entdecken und erleben und in denen sie Wichtiges für die Gestaltung ihres gegenwärtigen und zukünftigen Lebens erfahren können.

9610192

Merkmale des Situationsansatzes

Der Situationsansatz zeichnet sich u.a. durch folgende Merkmale aus:

- Bildungsinhalte beziehen sich auf die Lebenssituation der Kinder: „Dies bedeutet, dass die Erzieherinnen regelmäßig den Alltag und besondere Situationen der Kinder analysieren und die Inhalte ihrer pädagogischen Arbeit darauf abstimmen." (Böhm/Böhm, 2002, S. 49)
- Gestaltete Räume: Das Bild vom Raum als „dritten Erzieher" macht deutlich, welche Bedeutung der Raumgestaltung zukommt. Dies wird im Situationsansatz berücksichtigt. Deshalb geht man davon aus, dass eine Tageseinrichtung, die diesen konzeptionellen Ansatz verfolgt, über ein entsprechendes Raumkonzept verfügt. Räume werden so eingerichtet, dass Kinder besonders viele unterschiedliche Erfahrungen machen und möglichst eigenständig (autonom) handeln können.
- Interkulturelles Lernen: Die Lebenssituation von Kindern ist auch dadurch bestimmt, dass sie mit anderen Kindern aus vielen unterschiedlichen kulturellen Milieus zusammentreffen. Sie müssen sich mit verschiedenen Wertvorstellungen und Lebensweisen auseinander setzen. Der Situationsansatz greift dies auf und ermöglicht so den Kindern eine Auseinandersetzung mit diesen vielfältigen Lebensmöglichkeiten (vgl. Böhm/Böhm/Deiss-Niethammer, Handbuch Interkulturelles Lernen, Herder, Freiburg 2003).
- Offene Planung: Im Situationsansatz werden die Kinder mit an der Planung beteiligt. Die Erzieherinnen achten darauf, dass die Kinder in die einzelnen Planungsphasen einbezogen sind. Gilt es beispielsweise das Material für ein Projekt zusammenzusuchen, so übernimmt dies nicht die Erzieherin, sondern diese überlegt mit den Kindern, wie sie selbst an das Material kommen, welche Schritte sie unternehmen müssen, damit sie hier erfolgreich sein können. Angebote und Projekte werden nicht bis in den letzten Teilschritt durchgeplant. Vielmehr besteht die Offenheit, dass sich ein Angebot verändern kann, neue Ideen ihm eine andere Zielrichtung geben.
- Öffnung nach innen und außen: Voneinander lernen, andere Lernorte außerhalb der Tageseinrichtung mit einbeziehen gehört selbstverständlich zum Situationsansatz. Dabei spielt der Grundgedanke eine Rolle, dass eine Einrichtung von anderen Institutionen und Menschen profitieren kann. Da bietet die örtliche Musikschule im Kindergarten einmal wöchentlich musikalische Früherziehung an. Die älteren Kinder nutzen die örtliche Bibliothek und der Abenteuerspielplatz im Stadtteil ist Treffpunkt für alle Kinder – unabhängig, ob sie im Hort sind oder nicht. Auch innerhalb der Tageseinrichtung öffnen sich die Gruppen. Kinder besuchen sich gegenseitig oder es werden Funktionsräume eingerichtet, die allen Kindern zur Verfügung stehen.
- Partizipation von Kindern und Eltern: Kinder und Eltern an allen wesentlichen Belangen der Tageseinrichtung zu beteiligen, fordert das KJHG. Der Situationsansatz setzt dies um. Da gibt es eine Kinderkonferenz, auf der alle Kinder miteinander diskutieren, wie die Räume umgestaltet werden sollen. Eltern sind bei der Entwicklung der Konzeption dabei.

Der Raum als dritter Erzieher

Öffnung bedeutet unterschiedliche Lernorte zu integrieren.

Offene Planung setzt die Beteiligung der Kinder voraus.

Info 1
(Fortsetzung)

- Altersmischung: Kinder machen so aufgrund der altersgemischten Gruppe viele unterschiedliche Erfahrungen. Sie erleben sich im Laufe ihrer Kindergartenzeit in unterschiedlichen Rollen. Sie können entdecken, dass sie zunehmend an Autonomie gewinnen, oder sie können ihr Wissen an jüngere Kinder weitergeben.

Info 2

Offene Planung im Situationsansatz

Die Planung im Situationsansatz folgt den Grundsätzen der offenen Planung.

Die Planung im Situationsansatz folgt den Grundsätzen der offenen Planung. Dabei gilt als Grundlage, sich die Lebenssituation der Kinder und ihrer Familien zu vergegenwärtigen.

Bei der Vergegenwärtigung der Lebensbereiche tauchen Fragen auf nach der Lebenssituation der Familie, den Geschwistern und Eltern:

Ein konkretes Bild von der Lebenssituation der Kinder erleichtert die Planung.

- Wie sind die Erziehungsvorstellungen der Eltern?
- Welche Interessen und Fähigkeiten bringen Eltern und Kinder mit?
- Oder es wird überlegt, wie sich das direkte Umfeld der Kinder darstellt (Hochhaussiedlung, kleine Wohnung, Verkehr, Spielplätze Wald, Wiesen, soziale Einrichtungen).
- Welche Feste und Gebräuche, welche Religionsgemeinschaften gibt es im Umfeld der Kinder?
- Leben Menschen mit unterschiedlichem kulturellen Hintergrund zusammen? In welcher Weise machen sich die unterschiedlichen religiösen Gebräuche und kulturellen Unterschiede im Alltag bemerkbar? Gibt es Einrichtungen (wie z.B. Geschäfte, Kirchen, Moscheen, Treffpunkte usw.), in denen die Menschen ihre Kultur leben und zeigen können? Wie gehen Mehrheit und Minderheit, „Einheimische“ und Migranten miteinander um? Wie zeigt sich die multikulturelle Situation des Stadtteils in der Tageseinrichtung?

Je **genauer** und **differenzierter** das Bild ist, das die Erzieherinnen vom Leben der Kinder und ihrer Familien sowie deren sozialem Umfeld haben, desto leichter werden die Situationsanalyse und die Auswahl der Situationen.

Konkret lässt sich die Planung in drei Schritte einteilen:

1. Auswahl der Schlüsselsituationen sowie Situationsanalyse
2. Zielfestlegung und methodische Umsetzung
3. Reflexion

1. Schritt: Auswahl der Schlüsselsituationen sowie Situationsanalyse

Im ersten Schritt sollen **Situationen gesammelt** werden, die für die Kinder von wesentlicher Bedeutung sind. Schlüsselsituationen sind damit im Situationsansatz Ausgangspunkt jeder pädagogischen Arbeit (eine Gemeinsamkeit mit der Ausbildung zur Erzieherin, in der ja auch nach relevanten Situationen gefragt wird und sich von dort aus die Inhalte bestimmen).

Beispiel:
Die Erzieherin aus Ercans Kindergarten stellt nach vier Wochen im neuen Kindergartenjahr nicht nur fest, dass die zwei Mädchen Elena und Anna sich immer in die Puppenecke zurückziehen, sondern beobachtet auch, dass beide noch keinen Anschluss an andere Kinder bekommen haben. Und sie entdeckt, dass in der Kindergartengruppe zurzeit bei vielen Kindern die Tendenz besteht, in Zweiergrüppchen zu spielen. Die Kolleginnen nehmen Ähnliches wahr. Sie entscheiden sich ihre Beobachtungen in der nächsten Teamsitzung ausführlicher zu besprechen.

Analyse der Situation und ihrer Zusammenhänge

Nun gilt es, die **Situation zu analysieren**. Die Erzieherinnen versuchen dabei, die Situation noch genauer zur verstehen. Hier können verschiedene Fragen hilfreich sein:

- nach den Gefühlen, die in dieser Situation vorherrschen,
- nach der Häufigkeit, in der die Situation auftritt,
- oder nach den Gründen, die zu dieser Situation geführt haben.

Elena und Anna scheinen sich in der Puppenecke sehr wohl zu fühlen. Sie kichern viel, sind in das Spiel vertieft und nutzen die unterschiedlichen Möglichkeiten, die dieser Spielbereich ihnen bietet. Die Erzieherinnen gewinnen den Eindruck, dass den beiden Mädchen nichts fehlt, im Gegenteil, dass es sich um eine für sie höchst befriedigende Situation handelt. Bei den anderen Kleingruppen können sie Vergleichbares beobachten. Sie stellen allerdings fest, dass, sobald die ganze Gruppe zusammen ist, die Kinder noch wenig voneinander wissen und nur ganz spärlich Kontakt miteinander aufnehmen. So wählen die Kinder bei Kreisspielen immer ihre engsten Spielpartnerinnen und nicht auch andere Kinder.

Als die Erzieherinnen in der Teamsitzung über diese Beobachtungen sprechen, fallen ihnen plötzlich noch andere Beobachtungen ein:

- Nach dem Essen vergessen besonders die neuen Kinder noch ihr Geschirr abzuräumen.
- Häufig gibt es Streit, zwischen den „alten Hasen" und den neuen Kindern. Die älteren Jungs drücken ihren Unmut über die jüngeren Kinder sehr klar aus. Sie fühlen sich durch diese im Spielen gestört, besonders wenn Hakan, Taifun und Mehmet die Bauecke bereits besetzt haben und sich dort munter türkisch redend ausbreiten.
- Einige der Kleinen – so zum Beispiel Ayse, Wassili, Robert und Melike – sitzen oft an einem der Tische und beobachten die anderen Kinder beim Spielen.
- Zurzeit ist es im Vorraum, wo die Eltern auf ihre Kinder warten, immer sehr still. Nur ein paar Mütter und Väter, die sich bereits aus dem letzten Kindergartenjahr kennen, unterhalten sich leise. Viele Eltern stehen alleine und warten, bis die Kinder endlich herauskommen.

Es ist Aufgabe der Erzieherinnen, Situationen zu verstehen.

Info 2
(Fortsetzung)

Gemeinsame Planung mit den Kindern

Anhand dieser Beispiele wird deutlich: Die einzelnen Situationen lassen sich sehr unterschiedlich interpretieren. Die Erzieherinnen in unserem Beispiel kamen nach längeren Diskussionen zu dem Ergebnis, dass all diese Situationen damit zu tun haben, dass sich sowohl Kinder als auch Eltern noch fremd sind und sich noch nicht kennen gelernt haben. Bei den Kindern stellten die Erzieherinnen aber auch fest, dass sie sich bereits in der Tageseinrichtung ganz wohl fühlen. Das Team selbst bemerkte, dass es auch noch nicht zu allen neuen Kindern und deren Familien einen guten Kontakt aufgebaut hat und sie noch manches nicht wissen.

Auswahl der Situation

Kriterien zur Auswahl der Situationen

Die Erzieherinnen müssen sich nun entscheiden, ob sie die beobachteten Situationen aufgreifen und mit den Kindern und ihren Eltern bearbeiten wollen. Dabei sollten sie bei der endgültigen **Auswahl der Situationen** u.a. berücksichtigen, dass es sich um Situationen handelt,

- die aktuell sind und möglichst viele Kinder betreffen;
- die einen lebensbezogenen Zusammenhang haben;
- die vor allem von den Kindern kommen;
- mit denen gut die Ziele „Autonomie", „Solidarität" und „Kompetenz" verwirklicht werden können;
- die den Kindern ermöglichen die Erfahrung zu machen, dass sie selbst Situationen gestalten und verändern können, die also beeinflussbar sind;
- in denen einzelne Kinder einer besonderen Unterstützung bedürfen;
- die eine lebensgeschichtliche Bedeutung haben oder im zukünftigen Leben der Kinder vermutlich eine zentrale Rolle spielen werden.

2. Schritt: Zielfestlegung und methodische Umsetzung

Haben sich die Mitarbeiterinnen und die Kinder für eine Situation entschieden, können sie nun zusammen mit den Kindern und Eltern an die Planung des Projektes gehen. Die gemeinsame Planung ist ein Merkmal von Projektarbeit: „Projekte werden also nicht für, sondern mit der Gruppe geplant und durchgeführt." (Pausewang, Gudrun, 1998, S. 15) Ausgehend von einem Brainstorming können zunächst Assoziationen gesammelt werden, was die Erzieherinnen mit dieser Situation alles verbinden. Diese Assoziationen lassen sich als Grundlage nutzen, wenn es darum geht, verschiedene Umsetzungsmöglichkeiten zu erörtern und auszuwählen. Dabei sind die vorhandenen Ressourcen (Geld, Räume, Material) genauso zu berücksichtigen wie auch die Fähigkeiten und Interessen von Eltern, Kindern und Erzieherinnen. Auch ist darauf zu achten, dass besonders die Ideen ausgewählt werden, an denen sich die Kinder aktiv beteiligen können. Bei der Planung handelt es sich um eine offene Planung, die immer wieder verändert werden kann. So können aktuelle Befindlichkeiten und Ideen aufgegriffen werden. Schließlich ermöglicht eine offene Planung den Kindern, die Erzieherinnen in einer anderen Rolle zu erleben: Sie sind nicht immer die Wissenden, sondern begeben sich mit den Kindern auf Lernwege, die ihnen auch noch fremd sind. (vgl. Pausewang, Gudrun, 1994, S. 185)

9610196

Beispiel:
Sehr schnell fallen den Erzieherinnen in Ercans Kindergarten die unterschiedlichsten Möglichkeiten ein, wie Kinder, Erzieherinnen und Eltern es schaffen, sich besser kennen zu lernen und die Fremdheit zu überwinden. Innerhalb kurzer Zeit entstehen Ideen zu mehreren Projekten (wie z. B. „Meine Familie und ich“, „Hier bin ich Zuhause“, „Weißt du, was meine Mutter, mein Vater arbeiten?“). Die Erzieherinnen beschließen aber nicht nur über Projekte auf die aktuelle Situation einzugehen. Besonders die Freispielzeit wollen sie zukünftig viel bewusster nutzen, um Kinder verstärkt miteinander ins Spiel zu bringen. Sie entscheiden sich auch dafür, an solchen Tagen, an denen Spielgruppen im Freispiel entstehen, in denen Kinder zusammen spielen, die bisher noch nichts miteinander zu tun hatten, das Freispiel nicht zur gewohnten Zeit abzubrechen, sondern es noch zu verlängern. Zusätzlich wollen sie verstärkt solche Spiele und Lieder auswählen, die es den Kindern ermöglichen, darüber ihre Situation auszudrücken.

Als die Erzieherinnen sich Gedanken zur Zusammenarbeit mit den Eltern machen, wird es schon schwieriger. Im Gespräch entwickeln sie eine parallele Vorgehensweise wie bei den Kindern: Aufeinander zugehen, sich kennen lernen, Fremdheit überwinden lässt sich direkt und indirekt auch für Eltern thematisieren. Einige Veränderungen, die den Eltern signalisieren sollen, dass sie gerne in der Tageseinrichtung willkommen sind, werden innerhalb weniger Tage umgesetzt:

- Die Info-Wand für Eltern wird vergrößert und berichtet regelmäßig aus dem aktuellen Geschehen. Ercan schlägt vor über Fotos zu versuchen den Eltern etwas über den Alltag mitzuteilen. Zusätzlich werden alle wichtigen Hinweise sowie ein allgemeiner Willkommensgruß in den Sprachen der Eltern aufgehängt. Dazu gehen die Erzieherinnen auf die Eltern zu mit der Bitte um Mitarbeit. Sie finden große Unterstützung und Interesse bei ihnen.
- Die neuen Eltern werden gezielt angesprochen und zu einem Besuchsvormittag oder -nachmittag eingeladen, um so noch mehr über den Alltag zu erfahren.

Durchführung des Projektes

Bei der **gemeinsamen Durchführung des Projektes** ist auf eine offene und flexible Handhabung zu achten, die den Kindern die Chance eröffnet sich möglichst an allem zu beteiligen. Eine starre zeitliche Strukturierung des Tagesablaufes ist dabei genauso wenig sinnvoll wie bei den einzelnen Projektteilen. Immer wieder müssen die einzelnen Schritte neu überdacht und mit den Kindern besprochen werden. Danach kann entschieden werden, ob man wie geplant fortfahren oder neue Schritte planen kann.

3. Schritt: Reflexion

Nach Abschluss des Projektes ist eine **differenzierte Auswertung** sowohl mit den Kindern als auch den Eltern und Erzieherinnen von besonderer Bedeutung. Dabei sollten die Ziele und der Verlauf des Projektes überprüft werden. Hilfreich sind hier konkrete Fragen: Welche Vorhaben stießen auf besonderes Interesse der Beteiligten? Sind auch alle Kinder durch das Projekt angesprochen worden? (vgl. Krenz, 1992, S. 102) Zur Auswertung gehört auch die Dokumentation des Projektes. Die einzelnen Schritte werden dargestellt und für Außenstehende nachvollziehbar gemacht. So können sich die Kinder später an das Erlebte erinnern. Die

Info 2
(Fortsetzung)

Eltern erkennen, was in der Kita durchgeführt wurde. Und die Erzieherinnen belegen für sich und die Öffentlichkeit (z. B. Träger) ihre zielorientierte Arbeit.

Als die Erzieherinnen in Ercans Kindergarten mit den Kindern die Bilderwand „Meine Familie und ich“ fertig gestellt hatten, konnten die Kinder und ihre Eltern einzelne Schritte des Projektes wiedererkennen, da die meisten Fotos von den Kindern selbst mit den Erzieherinnen zusammen gemacht wurden. An einem offenen Nachmittag, zu dem Eltern und Nachbarn eingeladen waren, erzählten die Kinder, was sie alles auf ihren Spaziergängen durch das Viertel zu den einzelnen Wohnungen erlebt hatten. Besonders die türkische Brotbäckerei von Tugces Vater hatte es ihnen angetan. Aber auch das Reisebüro, in dem Pias Mutter arbeitet, gefiel den Kindern. Hier durften sie die unterschiedlichsten Reiseprospekte mitnehmen, um sie am Maltisch auszuschneiden und zum Basteln zu verwenden. Bei Ivos Vater, der Sportlehrer ist, durften sie in der Schule in die Turnhalle. So berichteten die Kinder von einem lustigen Spielenachmittag. In einem ausführlichen Elternbrief stellten Ercan und die Erzieherinnen das ganze Projekt dar, beschrieben die Schritte des gemeinsamen Kennenlernens und luden zu verschiedenen Veranstaltungen und Treffs für die Eltern ein, die den ebenfalls begonnenen Prozess des Aufeinanderzugehens fortsetzen sollen.

Info 3

Der spielzeugfreie Kindergarten

Konzeptionen wandeln sich im Laufe der Zeit.

Der Situationsansatz geht davon aus, dass sich pädagogische Konzeptionen im Laufe der Zeit wandeln, verändern und erweitern. Seit Mitte der Neunzigerjahre des 20. Jahrhunderts kamen gerade in den Tageseinrichtungen, die sich mit dem Situationsansatz beschäftigten, zwei neue konzeptionelle Ansätze auf: der spielzeugfreie Kindergarten und der Waldkindergarten.

Spielzeugfreier Kindergarten

Es ist eine lebenswichtige Erfahrung, dass man aus eigener Kraft etwas entwickeln kann.

Die Schlüsselsituationen, die der Entwicklung des Projekts „spielzeugfreier Kindergarten“ zugrunde liegen, beziehen sich zum einen darauf, dass Kinder durch eine Überfülle an Spielzeug sowohl im Kindergarten als auch zu Hause einer Reizüberflutung ausgesetzt sind, durch die sie keine Möglichkeit haben aus Muße (und auch Langeweile) heraus eigene Spielideen zu entwickeln. So entgeht ihnen die (lebens)wichtige Erfahrung, dass sie aus eigener Kraft fähig sind, ihre Zeit zu gestalten, Entdeckungen zu machen, Probleme zu lösen, kreativ zu werden. Zum anderen erleben viele Kinder, dass sie von Kummer oder Problemen, die sie mit sich oder anderen haben, mit Spielzeug oder Süßigkeiten abgelenkt werden. Dadurch wird ihnen die Möglichkeit genommen, Situationen, die für sie schwierig, traurig oder spannungsgeladen sind, auszuhalten und durch eigenaktives Handeln so zu verän-

9610198

dern, dass sie besser damit umgehen können. Dem soll durch den spielzeugfreien Kindergarten gegengesteuert werden.

„Spielzeugfrei" bedeutet dabei nicht, dass die Kinder völlig ohne Material spielen müssen. Decken, Tücher, Kissen, Matratzen und Möbel stehen ihnen zur Verfügung und ermöglichen ausladende Spiele. Naturmaterialien können gesammelt, Holz, Werkzeuge, Farben u.a.m. in gemeinsamen Aktionen besorgt werden. Entscheidend ist, dass die Kinder durch eine so vorbereitete Umgebung darauf angewiesen sind, eigene Ideen zu entwickeln und umzusetzen und sich dadurch als „Schöpfer" und „Verursacher" erleben. In dieser ungewohnten Situation brauchen die Kinder die Erzieherinnen in der Weise, dass sie mit ihnen Ideen auf ihre Machbarkeit hin überprüfen und umsetzen können. Die Erzieherinnen tragen damit dazu bei, die möglicherweise auftretende Verunsicherung kreativ zu nutzen.

In diesem Zusammenhang stellt sich die Frage, ob solche Erfahrungen zu einer geringeren Anfälligkeit für Süchte beitragen können. Neue Konzepte in der Suchtprävention setzen darauf, „Lebenskompetenzen" schon im Vorschulalter zu stützen und auszubauen. Unter Lebenskompetenzen werden dabei Fähigkeiten in folgenden Bereichen verstanden: „Kommunikation, zwischenmenschliche Beziehungen, Umgang mit Gefühlen, kritisches Denken, Entscheidungsfindung und Handlungskompetenz, Problemlösung, Selbstbehauptung, Selbstwahrnehmung, Widerstand gegenüber Gruppendruck, Umgang mit Stress und Angst, Frustrationstoleranz." (Winner in: Becker-Textor u.a., 1997, S. 17) Dies sind (Schlüssel-)Qualifikationen, die sich direkt auf die Zielsetzungen des Situationsansatzes zurückführen lassen. Das Projekt „spielzeugfreier Kindergarten" versteht sich zwar ausdrücklich als Methode der Suchtprävention; Erzieherinnen betonen darüber hinaus aber auch die erweiterten Möglichkeiten, sich „durch das Wegräumen der Materialien intensiver mit den Gefühlen, Gedanken und Lebenssituationen der Kinder auseinander zu setzen" (Hepp u.a. in: Becker-Textor, 1997, S.57) und damit dem Situationsansatz entsprechend arbeiten zu können.

„Spielzeugfrei" bedeutet nicht, ganz ohne Material zu spielen.

„Nicht in jedem Fall lässt sich die Methode „spielzeugfreier Kindergarten" sinnvoll umsetzen. Zunächst gilt es zu prüfen, ob so ein Projekt den Bedingungen und Bedürfnissen in der eigenen Einrichtung entspricht oder ob dafür jeweils eigene Methoden entwickelt werden müssen." (Böhm/Böhm, a. a. O.)

Die pädagogische Idee des Waldkindergartens

Info 4

„Die Waldkindergärten entstanden unter anderem aus dem Bedürfnis, wieder einen selbstverständlicheren Bezug zur Natur zu gewinnen. Das geht nur, wenn man die Begegnungen mit der Natur nicht durchreglementiert und ihnen kein vorgefasstes Konzept aufzwingt. Man muss sich dem Rhythmus der Natur anvertrauen, um mit ihr vertraut zu werden. (...) Wie im Regelkindergarten auch ist der Bezugspunkt der pädagogischen Arbeit in erster Linie die Erfahrungs- und Erlebniswelt der Kinder. Im Vordergrund stehen deren Ideen, Interessen und Probleme. So kommt im Wald der situationsbezogene Ansatz verstärkt zum Tragen.

Sich dem Rhythmus der Natur anvertrauen

Den Wald als Lebenswelt sehen

Gleichzeitig gehört die Waldkindergartenbewegung aber auch in eine ideengeschichtliche Tradition, die weit zurückreicht und seit Rousseau den immer rasanteren technischen Fortschritt und gesellschaftlichen Wandel als zivilisationskritische Gegenstimme begleitet. Rousseaus ‚Zurück zur Natur' weist auf das Unbehagen der Menschen in Lebensverhältnissen, in denen sie sich selbst immer fremder werden. (...) Im Waldkindergarten begibt man sich nicht nur dann in die Natur, wenn die Sonne scheint. Der Wald wird im Waldkindergarten nicht einseitig als Erholungsraum betrachtet, sondern umfassender als Lebenswelt. Das schließt auch negative Erfahrungen mit ein. (...)

Kinder erfahren sich in einer anderen Relation.

1. Ohne Wände

Das Bezeichnendste am Waldkindergarten ist, dass er weder Türen noch Wände hat. Es ist schwer zu sagen, wo er beginnt und wo er aufhört. Es gibt keinen Ort im Wald, der nur Kindergarten ist. Im Gegensatz dazu ist der Regelkindergarten allein durch diesen Zweck bestimmt. Der Waldkindergarten ist groß und nach allen Richtungen offen. Er bietet den Kindern Möglichkeiten, sich zurückzuziehen, ohne den Kontakt zur Gruppe zu verlieren. Auch der Lärmpegel im Wald ist in der Regel gering. Zwischen den großen Bäumen und im Unterholz verlieren sich die Kinderstimmen. Hier gibt es keine Möglichkeit, so laut zu werden, dass alles von der eigenen Stimme widerhallt. Die Kinder erfahren sich in anderen Relationen. Das schafft Respekt und gleichzeitig Geborgenheit. Infolgedessen erleben Erzieherinnen und Eltern Kinder, die den Waldkindergarten besuchen, als ausgeglichener, stressfreier und weniger aggressiv als andere Kinder.

Sie scheinen auch Regeln leichter zu akzeptieren und einzuhalten. Das hat unter anderem damit zu tun, dass im Wald immer etwas Unvorhersehbares passieren kann. (...)

Der Wald mit seiner unerschöpflichen Fülle von Anregungen

2. Ohne Spielzeug

Der Wald bietet eine unerschöpfliche Fülle von Anregungen, aber kein fertiges Spielzeug. Keine Miniatureisenbahn schlängelt sich um Bäume und durchs Gebüsch. Keine Bälle liegen umher. Keine Kassettenrekorder sind aufgestellt, aus denen Geschichten ertönen; und nirgends ein Computerbildschirm.
Die Materialien, mit denen die Kinder im Wald spielen, sind nicht an sich attraktiv, sondern gewinnen ihren Wert erst dadurch, dass man ihnen eine Bedeutung gibt. Hier bewährt sich die Fähigkeit der Kinder, aus allem etwas zu machen. (...)

Weil die Dinge, die im Wald herumliegen, noch nicht auf einen Zweck festgelegt sind, bieten sie Kindern die Möglichkeit, kreativ zu werden. Sie erhalten so auf beiläufige Weise die Gelegenheit, ihren Reichtum zu entfalten. So selbstverständlich sich das vollzieht, verschafft es Kindern nichtsdestoweniger eine tiefe innere Befriedigung. Sie erleben, wie ihre Fantasie sie auszufüllen vermag und dass sie sich in sie zurückziehen können. Sie stellen fest, dass sie ständig neue Ideen haben, die sich im gemeinsamen Spiel bewähren. Und sie erfahren, dass sie mit wenigen Dingen auskommen können, um sich in interessante Spiele zu vertiefen. Solch ein Refugium zu besitzen und damit von anderen Unterhaltungen unabhängig zu sein, macht selbstsicher. Insofern stellen die Erfahrungen, die Kinder beim Spielen im Wald machen, auch einen wichtigen Aspekt der Suchtvorbeugung dar. (...)

3. Geschicklichkeit und Motorik

Die Kinder sind große Sammler.

Zum Spielen gehört, dass die Kinder die Dinge des Waldes sammeln und weiterverarbeiten. Die meisten Kinder sind große Sammler. Sie halten nicht einen Tannenzapfen in der Hand, sondern so viele, wie sie eben tragen können. Oder sie schleppen Äste herbei, aus denen einmal eine Hütte werden soll. Sind die Äste groß, muss man darüber nachdenken, wie sie sich am besten transportieren lassen. All das erfordert Übung und Geschick. (...)

Die motorischen Fähigkeiten von Kindern werden besonders gestärkt.

Der Waldkindergarten bietet Kindern vielfältige Gelegenheiten, ihre motorischen Fähigkeiten zu entwickeln. Da sie immer wieder hinaus in den Wald ziehen, gibt es keinen Grund, vorzeitig zu resignieren, wenn etwas nicht gelingt. Der Wald stellt ein ideales Übungsgelände dar. Damit sich Kinder, die im Wald ihre Beweglichkeit und ihre Körperkräfte erproben, nicht verletzen, bedarf es auch hier einiger klarer Regeln. (...)

Im Wald haben Kinder Platz zum Laufen. Es gibt Anhöhen, die sie erklimmen, und Felsen, auf denen sie herumklettern können, sowie Bäche, die sie überspringen oder überqueren, indem sie von Stein zu Stein balancieren und jeweils prüfen, ob der Stein lose sitzt oder ob er genügend Halt gibt. Niemand bezweifelt, dass der Wald alle Voraussetzungen bietet, um die Grobmotorik zu trainieren. Die Skeptiker fragen aber, ob er auch genügend Anlässe bereithält, feinmotorische Fähigkeiten auszubilden. (...)

Die Förderung der Grob- und Feinmotorik

Doch ist es beispielsweise gar nicht so leicht, eine einzelne Fichtennadel vom Waldboden aufzuheben. Wer Blumen zu einem Kranz flechten will, benötigt ebenfalls viel Geschicklichkeit.

Und mit Materialien des Waldes etwas zu bauen, ist sogar schwieriger als mit regelmäßig geformten Bauklötzchen. (...)

4. Soziales Lernen

Die Gruppe ist auf sich gestellt.

Immer wieder heben Erzieherinnen hervor, dass sich im Wald das Sozialverhalten der Kinder besonders gut entwickle. Auch wenn das Waldstück, in dem sie sich aufhalten, mit seinen gebahnten Wegen und seiner planmäßigen Forstwirtschaft kein undurchdringlicher Urwald fernab jeder Zivilisation ist, so ist die Waldkindergartengruppe doch in vielem auf sich gestellt. In dieser Lage entwickeln die Kinder einen starken Zusammenhalt und großen Eifer, sich gegenseitig zu helfen. Haben sie dann mit eigenen Mitteln gemeinsam etwas erreicht, so empfinden sie innere Befriedigung. Sie übernehmen nicht nur für sich und ihre eigenen Sachen, sondern auch für ihre Spielkameraden Verantwortung, indem sie sie an Regeln erinnern oder ihnen aus der Patsche helfen. (...)

Positiv auf das Sozialverhalten wirken sich die gegenüber dem Regelkinder-

Info 4
(Fortsetzung)

Geringere Gruppengrößen fördern ebenfalls das Sozialverhalten.

garten tendenziell geringeren Gruppengrößen aus. So können die Kinder die Gruppe überschauen, leichter untereinander Kontakt aufnehmen und Konflikte einfacher lösen. Nicht nur die Kinder schenken einander in einer kleineren Gruppe höhere Aufmerksamkeit, sondern auch die Erzieherinnen haben mehr Muße, sich jedem einzelnen Kind zuzuwenden. Gleichzeitig orientieren sich die Kinder – mehr als im Regelkindergarten – in besonderer Weise an ihnen. Daher haben die Erzieherinnen die Möglichkeit, im Wald allein durch ihr Vorbild stark auf die Kinder einzuwirken. So bietet der Wald besonders günstige Bedingungen, gegenseitiges Vertrauen und wechselseitige Verlässlichkeit auszubilden sowie einen festen Zusammenhalt zu entwickeln. (...)

Kinder begreifen sich als Teil der natürlichen Umwelt.

5. Umweltbildung

Innerhalb der pädagogischen Idee des Waldkindergartens, die in diesem Kapitel in Ansätzen beschrieben wurde, ist natürlich der Gedanke der Umweltbildung besonders wichtig. (...) Die Pädagogik des Waldkindergartens setzt darauf, dass Kinder schon im Vorschulalter erleben und begreifen, wie der Mensch mit seiner natürlichen Umwelt verbunden und dass er auf die Natur angewiesen ist. Diese Erfahrung ist unter den heutigen Lebensverhältnissen nicht mehr selbstverständlich. (...) Kindergartenkinder sind für Naturerfahrungen besonders empfänglich. Kein Alter, versichern Psychologen und Umweltpädagogen, sei geeigneter, ein lebenslanges intensives Verhältnis zur Natur aufzubauen. Viele Prognosen sagen voraus, dass der Umgang mit den natürlichen Ressourcen eine Schlüsselfrage des 21. Jahrhunderts sein wird. Kinder, die den Waldkindergarten besucht haben, sind für solche Zukunftsfragen, die mehr und mehr auch eine große wirtschaftliche Bedeutung haben werden, sicherlich gut gerüstet."

Quelle: Schede, Hans-Georg, Der Waldkindergarten auf einen Blick, Herder, Freiburg 2000, S. 18 ff.

Fazit

- Zielsetzung des Situationsansatzes: Autonomie, Solidarität, Kompetenz

- Merkmale u. a.: Altersmischung, interkulturelles Lernen, Öffnung nach innen und außen, Partizipation, offene Planung
- Schritte der Planung:
  - Auswahl der Schlüsselsituationen sowie Situationsanalyse
  - Zielfestlegung und methodische Umsetzung
  - Reflexion
- Weiterentwicklung u. a. durch:
  - offener Kindergarten
  - spielzeugfreier Kindergarten
  - Waldkindergarten

9610202

Aufgaben und Anregungen

1 Begründen Sie, warum es notwendig ist, sich die Lebensbereiche der Kinder zu vergegenwärtigen. Wie müssen Sie mit diesem Schritt im Laufe der Zeit umgehen? Finden Sie hierzu eine eigene Position.

2 Überlegen Sie verschiedene Situationen, die für Kinder in Ihrem letzten Praktikum von Bedeutung waren, und begründen Sie Ihre Überlegungen. Halten Sie diese Begründung für sich selbst schriftlich fest.

3 Überprüfen Sie das Beispiel in Info 2 daraufhin, inwieweit es eine bedeutsame Situation darstellt. Begründen Sie Ihre Entscheidung.

4 Wie lassen sich die unterschiedlichen Beobachtungen der Erzieherinnen, die sie in der Teamsitzung zusammentragen, verstehen? Versuchen Sie die dargestellten Situationen für sich zu interpretieren.

5 Jede Studierende Ihrer Lerngruppe sucht sich ein Merkmal des Situationsansatzes aus. Treten Sie nun in Kontakt mit einer Tageseinrichtung, die nach dem Situationsansatz arbeitet. Führen Sie ein Gespräch mit den Erzieherinnen und befragen Sie diese, wie sie das Merkmal in ihrer Einrichtung umgesetzt haben. Dokumentieren Sie dieses Gespräch.

6 Fragen Sie in der Tageseinrichtung, ob eine Hospitation und ein Gespräch mit einzelnen Kindern möglich ist. Befragen Sie die Kinder, wie sie die Umsetzung des Merkmals erleben und was sie daran gut oder nicht so gut finden. Dokumentieren Sie die Hospitation und die Gespräche mit den Kindern.

7 Schauen Sie gemeinsam das Video „Waldkindergärten in Deutschland: Spielzeug zerbricht – Erlebnisse sind unsterblich“ an (Bezug über Medienstellen) und bearbeiten Sie folgende Fragen:

- Wie sieht der Tagesablauf in einem Waldkindergarten aus?
- Wie wird der pädagogische Nutzen beschrieben?
- Was wird bezüglich des sozialen Lernens ausgesagt?
- Was bietet der Waldkindergarten als Schulvorbereitung?
- Welche Voraussetzungen sollten Erzieherinnen haben, die in einem Waldkindergarten arbeiten möchten?
- Welche Übertragungsmöglichkeiten für Regeleinrichtungen sehen Sie?

Tipps zum Weiterlesen

Folgende Bücher oder Texte eignen sich für eine vertiefende Auseinandersetzung mit dem Situationsansatz:

Mara Dittmann (Hrsg.), *Werkstatt Situationsansatz in der Kindergartenpraxis*, Beltz, Weinheim 2000

Jürgen Zimmer, *Kleines Handbuch zum Situationsansatz*, Beltz, Weinheim 2006

3.2 Montessori-Pädagogik: „Hilf mir, es selbst zu tun!"

Maria Montessori (1870–1952)

Maria Montessoris Pädagogik ist in der ganzen Welt verbreitet. Auch in Deutschland gibt es zahllose Tageseinrichtungen, die ihre Arbeit an dieser Pädagogik ausrichten. Wer war diese Frau und was sind ihre wesentlichen Grundsätze? Und warum wirken ihre Ideen noch immer, hundert Jahre nachdem sie ihr erstes Kinderhaus in einem römischen Elendsviertel eröffnet hat?

Noch nach hundert Jahren attraktiv: Maria Montessoris Pädagogik

Nach dem Abitur studiert sie als erste Frau in Italien Medizin. 1896 wird sie so die erste Ärztin in ihrem Land. Sie arbeitet als Assistenzärztin an der Psychiatrischen Universitätsklinik. Dort kommt sie mit behinderten Kindern in Kontakt. Sehr schnell fällt ihr auf, dass diese Kinder dringend einer pädagogischen Betreuung und Förderung bedürfen. Sie entwickelt für sie entsprechende Programme, in denen die Aktivierung einen wesentlichen Baustein bildet.

Nach einer Zeit als Direktorin einer Sonderschule beginnt sie nochmals mit einem Studium. Im Laufe der Zeit entwickelt sie ihr pädagogisches Programm, in dessen Mittelpunkt die Überzeugung steht, dass Kinder zu „einer außergewöhnlichen anhaltenden Konzentration fähig sind" (Ludwig, Harald, Maria Montessori – Leben, Werk, Grundgedanken, in: drs.: Erziehen mit Maria Montessori, Herder, Freiburg 1997, S. 12), wenn sie die Möglichkeit haben entsprechend ihres Alters und aus freiem Willen sich mit interessantem Material auseinander zu setzen. Montessori entwickelt nun Spielmaterial, das dieses Interesse des Kindes aufgreifen soll.

Montessori, in der Zwischenzeit weit über die Grenzen ihres Landes hinaus bekannt, reist nun in zahlreiche Länder, um ihre Gedanken der pädagogischen Öffentlichkeit vorzustellen. 1916 zieht sie nach Barcelona um. Sie kommt in Kontakt mit der Reformpädagogik. Besonders die Erziehung zum Frieden nimmt bei ihr einen wichtigen Platz ein. 1936 ist sie gezwungen Barcelona zu verlassen und zieht weiter nach Holland. Aber auch dort kann sie nicht lange bleiben. Der Zweite Weltkrieg zwingt sie nach Indien auszuwandern. Erst 1946 kehrt sie nach Holland zurück, wo sie 1952 stirbt.

Info 1 Montessoris Bild vom Kind

Der Drang des Kindes nach Freiheit und Unabhängigkeit

Montessori vertrat die Auffassung, dass jedes Kind die Möglichkeit erhalten muss, „sich nach seinem eigenen Entwicklungsrhythmus und nach seiner individuellen Wachstumszeit zu entfalten" (Onken, Annette, Die Erziehung des Kindes im frühen Kindersalter, in: Ludwig, Harald [Hrsg.], Erziehen mit Maria Montessori, Ein reformpädagogisches Projekt in der Praxis, Herder, Freiburg 1997, S. 33). Sie glaubte an die Kraft des Kindes, seine Entwicklung positiv zu beeinflussen, wenn es von Erwachsenen begleitet wird, die es bei seiner Entwicklung unterstützen. Montessoris Bild vom Kind ist widersprüchlich. Auf der einen Seite spricht sie vom *„macht- und bewegungslos geborenen Geschöpf"* (Montessori, Maria, Erziehung für eine neue Welt, Herder, Freiburg 1998, S. 81) und zeichnet so das Bild vom Kind, das ohne den Erwachsenen nicht auskommt. Auf der anderen Seite spricht Montessori vom Drang des Kindes nach Freiheit und Unabhängigkeit.

Montessori schreibt: „Das Kind verfügt über größere Energie, als im Allgemeinen angenommen wird. Psychisch gesehen ist das Kind bei seiner Geburt nichts; und nicht nur psychisch, da es bei seiner Geburt keine geordneten Bewegungen durchführen kann und ihm die Quasi-Unbeweglichkeit seiner Glieder nicht gestattet etwas zu tun. Es kann nicht sprechen, auch wenn es sieht, was um es vorgeht. Nach einer bestimmten Zeit spricht das Kind, läuft und macht eine Eroberung nach der anderen, bis es den Menschen in seiner vollen Größe und Intelligenz aufbaut. Somit setzt sich eine Wahrheit durch: Das Kind ist nicht ein leeres Gefäß, das wir mit unserem Wissen angefüllt haben und das uns so alles verdankt. Nein, das Kind ist der Baumeister des Menschen und es gibt niemanden, der nicht von dem Kind, das er selbst einmal war, gebildet wurde." (Montessori, Maria, Kinder lernen schöpferisch, Herder, Freiburg 1995, S. 45)

In diesem Zusammenhang spricht Montessori von den großen schöpferischen Energien, die in ihm wohnen. Montessori glaubte, dass das Kind sich selbst die Welt erobert: „Es ist also nichts Ererbtes in diesen Eroberungen. Das Kind formt von sich aus den zukünftigen Menschen, in dem es seine Umwelt absorbiert." (Montessori, a. a. O.)

Montessori glaubte, dass das Kind sich selbst die Welt erobert.

Maria Montessoris wichtigste Entdeckungen

Selbsterziehung des Kindes in einer didaktisch vorbereiteten Umgebung

Montessori beobachtete Kinder sehr genau. Aus diesen Beobachtungen leitete sie folgende Überlegungen ab:

1. Die Polarisation der Aufmerksamkeit
Maria Montessori beobachtete im Kinderhaus erstmals das *„Phänomen der Polarisation der Aufmerksamkeit"*. Sie versteht darunter die Fähigkeit von Kindern, sich durch nichts stören zu lassen. Es entsteht eine tiefe, von innen kommende Bindung an einen Gegenstand. Dies fördert die Wiederholung einer Tätigkeit und ermöglicht das tiefe Eindringen und Verweilen bei dieser Beschäftigung auf freiwilliger Basis. Diese konzentrierte Tätigkeit hat eine normalisierende Wirkung auf das Kind. Es wird gelöster, heiterer und ausgeglichener. Eine solche Konzentration des Kindes kommt am besten in einer didaktisch vorbereiteten Umgebung zustande.

2. Die sensiblen Phasen
Eine weitere wesentliche Entdeckung Maria Montessoris sind die sensiblen Phasen. Dies sind bei Kindern Phasen besonderer Bereitschaft für den Erwerb ganz bestimmter Fähigkeiten, Tätigkeiten, Haltungen und Einstellungen, die unabhängig vom Alter des Kindes sind.

3. Der absorbierende Geist
In der frühen Kindheit hat das Kind die Fähigkeit, intuitiv aus seiner Umgebung Eindrücke ganzheitlich in sich aufzunehmen. Dabei wählt es unbewusst jeweils nur das aus, was es zum Aufbau seiner Persönlichkeit braucht. Wichtig ist eine geordnete Umgebung, weil die Ordnung dem Kind hilft seinen Geist zu entfalten.

Aufgrund der vorgenannten Entdeckungen und Erfahrungen kommt Maria Montessori zu ihrem erzieherischen Grundsatz: *„Selbsterziehung des Kindes in einer didaktisch vorbereiteten Umgebung"*. (Everhardt, Christina, Montessori-Erziehung in Familie und Kinderhaus, in: Ludwig a. a. O., S. 65 f.)

Info 1
(Fortsetzung)

In dieser didaktisch vorbereiteten Umgebung soll das Kind entsprechende Materialien vorfinden, die es ihm ermöglichen, die Welt zu entdecken und das Handeln in der Welt einzuüben. Das Material, das Montessori für diesen Zweck entwickelt hat, lässt sich in die folgenden Kategorien einordnen:

- „die Materialien für die Übungen des praktischen Lebens
- das Sinnesmaterial
- das Schreib- und Lesematerial
- das mathematische Material
- das kosmische Material“ (Everhardt, a. a. O., S. 67)

Ein Kindergarten, der nun nach den Prinzipien Montessoris arbeitet, stellt den Kindern diese Materialien zur Verfügung. Sie werden durch die Erzieherin nach einem ganz bestimmten Vorgehen eingeführt.

Das Kind lernt im Wesentlichen durch die Materialien und durch seine eigene Neugier. Es benötigt dafür einen Raum, in dem eine innere Ordnung herrscht und ihm die Materialien zur Verfügung gestellt werden. Indem es entdeckt und ausprobiert und die Vorgänge immer wieder übt, lernt es seine Welt zu begreifen und zu verstehen.

Info 2

Die Rolle der Erzieherin

Die Aufgaben der Erzieherin: Kinder zur Konzentration führen und in ihrer Entwicklung helfen.

Für Maria Montessori lag in der Art und Weise, wie Erzieherinnen Kinder begleiten und fördern, der Schlüssel zum Erfolg jeder Pädagogik. Der Erwachsene ist zunächst einmal derjenige, der das Kind in seinen Aktivitäten und seiner Freiheit einschränkt. „Eine auf Freiheit gegründete Erziehungsmethode muss darauf abgestellt sein, dem Kind zu helfen, eben diese Freiheit zu erobern und muss die Loslösung des Kindes von den Bindungen bezwecken, die seine spontanen Äußerungen einschränken. (...) Deshalb sollte die erste Form des erzieherischen Eingreifens darauf gerichtet sein, das Kind auf dem Weg zur Unabhängigkeit zu führen. Man kann nicht frei sein, wenn man nicht unabhängig ist; deshalb müssen die aktiven Äußerungen von persönlicher Freiheit vom zartesten Kindesalter an gelenkt werden, um zur Unabhängigkeit zu führen. Sowie sie entwöhnt sind, begeben sich unsere Kleinen auf den gefahrvollen Weg der Unabhängigkeit.“ (Montessori, a. a. O., S. 93 f.)

„Die Erzieherin muss sehr gebildet sein und bereit das Phänomen der Konzentration zu erkennen, sobald es eintritt. Sie muss bereit sein nicht einzugreifen und nicht zu verbessern. Wenn Korrektur notwendig ist, so muss sie diese indirekt, zu einer anderen Zeit geben, niemals aber im Augenblick der Eroberung, die Zeit, in der das Kind sich selbst unterrichtet gemäß dem Drang der Natur. (...)

Info 2
(Fortsetzung)

Die Arbeit der Erzieherin ist es, die Kinder zur Normalisierung, zur Konzentration zu führen. Sie ist wie der Schäferhund, der hinter den Schafen hergeht, wenn sie sich zerstreuen, und der alle Schafe hereinleitet. Die Erzieherin hat zwei Aufgaben: die Kinder zur Konzentration zu führen und danach ihnen in der Entwicklung zu helfen. Die fundamentale Hilfe in der Entwicklung, besonders bei Kindern von drei Jahren, ist das Nichteingreifen. Einmischung hemmt Aktivität und hemmt die Konzentration, (…)“ (Montessori, a. a. O., S. 123)

Das Bild vom Lernen

Info 3

„Hilf mir, es selbst zu tun!“

Montessoris Vorstellungen, wie ein Kind lernt und besonders, wie es erfolgreich lernen kann, bauten auf folgenden Annahmen auf (vgl. Ludwig, 1997):

1. Heterogenität statt Homogenität
Die Unterschiedlichkeit und die Vielfalt in einer Gruppe fördert die Bereitschaft zu lernen. Montessori vertrat deshalb schon sehr früh die Auffassung, dass Kindergruppen altersgemischt sein sollten. Die Verschiedenartigkeit von Kindern, ihre unterschiedlichen Begabungen und Fähigkeiten tragen zu einer anregungsreichen Umgebung bei.

2. Lernen bedeutet, zu lernen Entscheidungen zu treffen
Kinder treffen in ihrem Leben auf vielfältige Situationen, in denen sie sich entscheiden müssen. Diese Fähigkeit ist eine der Grundqualifikationen, die Kinder in der heutigen Zeit brauchen. Die Montessori-Materialien und die freie Entscheidung des Kindes darüber, welche Materialien es benutzen möchte, fördert genau diese Fähigkeit.

3. Lernen muss das methodische Prinzip der Individualisierung berücksichtigen
Die neuesten Forschungen der Lernpsychologie belegen die Thesen Montessoris eindrucksvoll. Lernen gelingt besonders dann gut, wenn jedes Kind nach seinem Tempo vorgeht und nicht alle zur gleichen Zeit das Gleiche tun müssen. So kann das Kind selbst bestimmen, wie lange es an einer Stelle verweilen will, um Dinge zu begreifen. Der Zwang zum Gleichschritt setzt Kinder unter einen unproduktiven Druck.

4. Lernen muss mit Sozialerziehung verschränkt werden
Weil nur eine bestimmte Menge an Material vorhanden ist, lernen Kinder in Montessori-Kinderhäusern zu kooperieren, Rücksicht zu nehmen, aufeinander zu achten, aber auch eigene Interessen einzubringen und zu vertreten. Dieses soziale Lernen wird bei Montessori noch verstärkt durch die Integration von Kindern mit Behinderungen.

5. Lernen ist immer verbunden mit dem eigenständigen Handeln des Kindes
Die Materialien fordern das Kind dazu auf, selbst aktiv zu werden. Indem das Kind eigenständig etwas tut, lernt es z. B. Dinge des täglichen Lebens zu verstehen. So kommt das Kind vom Greifen zum Begreifen.

6. Lernen ist immer verbunden mit der Öffnung der Tageseinrichtung
Montessori vertrat die Auffassung, dass eine Schule, die wie eine Insel, abgeschlossen vom Gemeinwesen, versucht Kindern etwas zu vermitteln, ihnen nicht genügen kann. Für sie gehörte zum Lernen auch die Nutzung anderer Lernorte. Den Wald als Lebensraum zu begreifen, gelingt besonders gut, wenn Kinder selbst sich im Wald bewegen und ihn erforschen. Keine noch so gute CD-ROM, kein noch so interessant gestaltetes Bilderbuch kann diese direkte Erfahrung ersetzen.

Fazit

- Montessoris wichtigsten Überlegungen:
  - die Polarisation der Aufmerksamkeit
  - die sensiblen Phasen
  - der absorbierende Geist
- Das Bild vom Kind:
  - Kinder verfügen über große schöpferische Energien.
  - das Kind als „Baumeister des Menschen“
- Das Bild vom Lernen:
  Voraussetzungen des Lernens sind
  - Heterogenität,
  - Entscheidungen selbst treffen können,
  - das methodische Prinzip der Individualisierung,
  - das eigenständige Handeln des Kindes,
  - die Öffnung der Tageseinrichtung.

Aufgaben und Anregungen

1 Besuchen Sie eine Montessori-Tageseinrichtung und hospitieren Sie dort einen Vormittag. Beobachten Sie das Spiel der Kinder und achten Sie dabei darauf, wie die Kinder mit den von Maria Montessori entwickelten Materialien umgehen. Halten Sie Ihre Beobachtungen schriftlich fest. Tauschen Sie sich darüber mit einer Erzieherin aus, die in dieser Einrichtung arbeitet.

2 In den Kreismedienzentren oder kirchlichen Medienzentralen finden sich verschiedene audiovisuelle Medien zu Leben und Pädagogik von Maria Montessori. Leihen Sie sich einen dieser Filme aus und schauen Sie ihn gemeinsam mit Ihrer Lerngruppe an. Werten Sie den Film nach folgenden Fragen aus:

- Wie wird die Pädagogik Montessoris dargestellt?
- Werden Praxisbeispiele gezeigt?
- Wie beschreiben die Lehrerinnen und Erzieherinnen ihre Rolle? Bei welchen Tätigkeiten werden sie gezeigt?
- Was können Sie über den Einsatz der Materialien erfahren?

3 Beschreiben Sie die Rolle der Erzieherin nach Montessori in eigenen Worten. Finden Sie Argumente, die für und gegen eine solche Rolle sprechen.

4 Beschäftigen Sie sich mit Montessori-Materialien. Entwickeln Sie dann in einer Kleingruppe eigenes Zusatzmaterial, das die Sinne fördert.

Tipps zum Weiterlesen

Eine gute Möglichkeit, sich in eine pädagogische Konzeption einzuarbeiten, die besonders stark von einer Person geprägt wurde, kann über die Auseinandersetzung mit dem Leben dieser Person stattfinden. Lesen Sie die Biografie von Rita Kramer, *„Maria Montessori“*, Frankfurt 1997. Hier finden Sie wichtige vertiefende Hinweise auf die pädagogischen Überlegungen Montessoris.

In dem Buch *„Erziehung für eine neue Welt“* von Maria Montessori finden Sie interessante grundlegende Texte, die Montessoris Bild vom Kind und ihre Pädagogik gut verdeutlichen. Es lohnt sich, die Originalschriften zu lesen, da nur so das Werk von Montessori beurteilt werden kann.

3.3 Waldorfpädagogik: Vorbild – Nachahmung, Rhythmus – Wiederholung

Weltweit gibt es ca. 1500 Waldorfkindergärten. Die Waldorfschulbewegung ist ebenso international. In vielen Ländern dieser Erde sind sie anzutreffen. Besonders aber in Deutschland findet die Waldorfpädagogik großen Anklang.

Portale des Waldorfkindergartens und der Rudolf-Steiner-Schule in Dietzenbach/Hessen

Das Bild vom Menschen in der Waldorfpädagogik

Info 1

Rudolf Steiner (1861–1925)

Die Waldorfpädagogik beruht auf den philosophischen Überlegungen von Rudolf Steiner (1861–1925) und wird seit der Gründung der Schulen 1919 praktiziert und seitdem permanent weiterentwickelt. Der von Steiner entwickelten Anthroposophie liegt ein bestimmtes Bild vom Menschen zugrunde.

„Wesentliche Merkmale des Bildes vom Menschen respektive des Kindes sind:

- Der Mensch ist eine unverwechselbare einmalige Individualität, die ein nur ihr eigenes Schicksal und Lebensmotiv besitzt. Dieses persönliche Schicksal offenbart sich in der Beziehung des Menschen zu seinem Umfeld, insbesondere zu seinen Mitmenschen, also in der Begegnung. In seiner Lebensführung und Schicksalsgestaltung besitzt der Mensch die Möglichkeit der Freiheit und Selbstbestimmung. Die Entwicklung des Menschen ist ein Hinarbeiten zu dieser Fähigkeit, in freier Weise mit seinem eigenen Lebensmotiv identisch zu werden.
- Die körperlichen, geistigen und seelischen Eigenschaften des Menschen sind die Instrumente, mit denen er sich im oben beschriebenen Sinne verwirklichen kann. Ihre Entwicklung vollzieht sich während der Kindheit und Jugend in Gesetzmäßigkeiten, die eine altersspezifische pädagogische Konzeption begründen.
- Waldorfpädagogik ist somit Hilfe der Entwicklung der Instrumente des Leibes und der Seele im Rahmen einer existenziellen, unverwechselbaren Beziehung und Begegnung von einma-

Info 1 (Fortsetzung)

„Erziehung ist Selbsterziehung."

ligen Menschen, die wechselseitig füreinander Schicksal sind. Insofern ist die Pädagogik des Waldorfkindergartens in ihrem Wesen immer Entwicklung aller Beteiligten, also auch der Erwachsenen. So liegt in jeder neuen Aufgabe und Herausforderung, in jeder Auffälligkeit, jeder Schwierigkeit immer auch die Frage, welche Entwicklungsaufgabe für die Erzieherinnen intendiert ist. Kernmotiv der Pädagogik des Waldorfkindergartens ist: Erziehung ist Selbsterziehung." (Saßmannshausen, Wolfgang, Waldorfpädagogik, in: Kindergarten heute spezial, Herder, Freiburg 2002, S. 21)

Info 2

Das Bild vom Kind

Die kindliche Entwicklung ist in drei Jahrsiebte eingeteilt.

Die kindliche Entwicklung wird in der Waldorfpädagogik in drei Jahrsiebte eingeteilt.

Die kindliche Entwicklung ist in drei Jahrsiebte eingeteilt

Im ersten Jahrsiebt geht es darum, dass auf das heranwachsende Kleinkind die Umgebung einwirkt. „In den ersten sieben Jahren", so Steiner, „hat das Kind die Aufgabe, seine körperlichen Organe in ihre natürlichen und gesunden Formen zu bringen. Auf diese Grundstrukturierung baut später das eigentliche Wachstum auf. Beim Strukturierungsvorgang kommt der kindlichen Umgebung besondere Bedeutung zu, denn die Grundformen der körperlichen Organe ergeben sich nach Steiner in der Auseinandersetzung des Kindes mit seinem Umfeld. Ähnlich den Muskeln, die durch entsprechende Bewegung allmählich leistungsfähig werden, werden auch andere Organe, zum Beispiel das Gehirn, in einer passenden Umgebung – und nur dort – zur gesunden Entwicklung geführt. (…)" Bei der Auseinandersetzung des Kindes mit der Umwelt gibt es nach Steiner „zwei Zauberworte, welche angeben, wie das Kind in ein Verhältnis zu seiner Umgebung tritt. Dies sind: Nachahmung und Vorbild." (Steiner, 1907, S. 38) „Alles, was im sozialen Umfeld von kleinen Kindern vorgeht, wird von ihnen uneingeschränkt nachgeahmt. (…) Der Erzieher muss also für das Kind Vorbild sein, das es nachahmen kann. Mit allem, was er tut, muss er Rücksicht auf die Gegenwart des Kindes nehmen." (Lippert, Susanne, Steiner und die Waldorfpädagogik, Mythos und Wirklichkeit, Beltz, Weinheim 2001, S. 88) Dies bedeutet, die Erzieherin hat die Aufgabe, dem Kind in allem, was sie tut, ein Vorbild zu sein.

Nachahmung und Vorbild

Umwelt spielt im ersten Jahrsiebt eine besondere Bedeutung.

Rudolf Steiner schrieb einmal: „Das kleine Kind ist noch ein Plumpsack, ein Sack, der nicht neugierig ist, auf den man Eindruck machen muss dadurch, dass man selbst etwas ist. Gerade so wenig wie ein Mehlsack neugierig ist auf seine Umgebung, gerade so wenig ist das kleine Kind neugierig. Aber wie alles, was Sie in den Mehlsack an Eindrücken machen, festgehalten wird, insbesondere wenn das Mehl gemahlen ist, so bleibt dem Kind auch alles festgehalten."

Lippert, a. a. O., S. 90

Da der Umwelt im ersten Jahrsiebt eine so große Bedeutung zugemessen wird, steht die Vermittlung entsprechender Sinneseindrücke im Vordergrund. So spielt zum Beispiel die Raumgestaltung in einem Waldorfkindergarten eine besondere Rolle. Die so arrangierte Umwelt soll in wohltuender Weise auf das Kind wirken: runde Formen, keine knalligen Farben, Rhythmik sollen im Kind Freude wecken und zur gesunden Ausbildung der Organe beitragen. Entsprechendes Spielzeug unterstützt nun den Erziehungsprozess. So wird man in einem Waldorfkindergarten vergeblich nach Lego-Bausteinen oder einem Kassettenrekorder und Kinderhörspielen suchen. Stattdessen bestimmen Naturmaterialien das Spiel der Kinder.

Im zweiten Jahrsiebt steht nach Steiner das Prinzip der Nachfolge und Autorität im Mittelpunkt. „Das Kind (...) braucht und will in dieser Zeit eine Autorität, an der es sich orientieren, die es uneingeschränkt und bedingungslos achten und verehren kann. Es ist die kindliche Natur, ‚die in diesem Lebensjahren verlangt, hinaufblicken zu können zu dem, was als Offenbarung von der Autorität herkommt.'" (Steiner, zit. n. Lippert, a. a. O., S. 92) Eine solche Autorität ist für das Kind zwischen sieben und vierzehn Jahren notwendig, als *„Vermittler zwischen sich und dem Göttlichen"* (Lippert, a. a. O., S. 93), denn von diesem Göttlichen ist nach Auffassung der Waldorfpädagogik das Kind nun abgeschnitten. So braucht es den Erwachsenen, mit dessen Hilfe es die Welt begreifen lernt und von dem es die wichtigsten moralischen Werte vermittelt bekommt. Für die Erzieherin bedeutet dies, dass sie sich als absolute Autorität präsentieren muss. Nur so könne das Kind sich ganz auf die Entdeckung der Welt einlassen.

Im dritten Jahrsiebt steht die Geschlechtsreife im Mittelpunkt. „Mit der Geschlechtsreife ist die Zeit gekommen, in der der Mensch auch reif dazu ist, sich über Dinge, die er vorher gelernt hat, ein eigenes Urteil zu fällen. Man kann einem Menschen nichts Schlimmeres zufügen, als wenn man zu früh sein eigenes Urteil wachruft. (...) Um reif zum Denken zu sein, muss man sich die Achtung vor dem angeeignet haben, was andere gedacht haben. Es gibt kein gesundes Denken, dem nicht ein auf selbstverständlichen Autoritätsglauben gestütztes Empfinden für die Wahrheit vorangegangen wäre."

(Steiner, zit. n. Lippert, a. a. O., S. 94) Jetzt kommt ein neues Erziehungsprinzip zum Tragen. Während im zweiten Jahrsiebt die Orientierung an der Autorität das leitende Prinzip war, kommt nun die Sachlichkeit ins Spiel. Nicht mehr die Autorität des Lehrers ist wesentlich, sondern die Auseinandersetzung mit sachlichen Überlegungen. Entsprechend wird nun der Unterricht auch mit wissenschaftlichen Überlegungen gestaltet. Aber auch hier sollen den fünfzehnjährigen Jugendlichen noch Grenzen gesetzt werden.

Fazit

Das Bild vom Kind: Die Entwicklung des Kindes vollzieht sich in Jahrsiebten:

- Erstes Jahrsiebt: Die Umgebung des Kindes formt es. Das Kind entwickelt sich durch Nachahmung und Vorbild: Lernen durch Erfahrung
- Zweites Jahrsiebt: Nachfolge und Autorität: Lernen über die Empfindungen
- Drittes Jahrsiebt: Sich über Gelerntes eine eigenes Urteil bilden: Lernen durch eigenes Urteilen

Aufgaben und Anregungen

1 Überprüfen Sie das Bild vom Kind in der Waldorfpädagogik anhand neuester entwicklungspsychologischer Forschungen. Nutzen Sie hierzu das Buch von Dornes, Martin, Die frühe Kindheit. Entwicklungspsychologie der ersten Lebensjahre, Frankfurt 1997.

2 Besuchen Sie einen Waldorfkindergarten. Beobachten Sie die Kinder und die Erzieherin während des Freispiels. Wodurch wird die Vorbildfunktion der Erzieherin für die Kinder sichtbar? Halten Sie Ihre Beobachtungen schriftlich fest.

3 Bei Ihrem Besuch im Waldorfkindergarten überprüfen Sie das Raumkonzept. Wodurch lässt sich anhand der Raumgestaltung das pädagogische Konzept erkennen? Halten Sie die wichtigsten Raumgestaltungselemente mithilfe einer Kamera fest und erstellen Sie eine Dokumentation.

4 Befragen Sie die Erzieherin eines Waldorfkindergartens, wie in der Waldorfpädagogik die aktuelle Lebenssituation der Kinder in der pädagogischen Arbeit berücksichtigt wird. Gehen Sie in diesem Gespräch besonders auf die Rolle der elektronischen Medien ein.

5 Sehen Sie sich die Fotos der Waldorfschule und des Kindergartens in Dietzenbach auf Seite 209 an. Wie wirkt die Architektur auf Sie? Was ist anders als an Ihnen bekannten Ausbildungsstätten?

3.4 Die Reggio-Pädagogik

Allgemeines zur Reggio-Pädagogik

Info 1

Gesellschaftliche Wirklichkeit und Erziehung sind miteinander verschränkt.

Seit ca. 1990 verbreitet sich die Reggio-Pädagogik in Deutschland immer mehr in den Tageseinrichtungen. Sie kommt aus Italien aus der Region Reggio-Emilia. Dort wurde sie nach dem Zweiten Weltkrieg entwickelt. Im Gegensatz zur Montessori-Pädagogik weist die Reggio-Pädagogik kein geschlossenes System auf. Es gibt auch nicht das Standardwerk, das die gesamten Überlegungen zusammenfassend darstellt. „Reggio ist kein Konzept, das man übernehmen und auf die eigene Praxis übertragen kann, sondern die Aufforderung, sich auf einen offenen Prozess einzulassen.“ (Ullrich, Wolfgang/Brockschnieder, Franz-Josef, Reggio-Pädagogik im Kindergarten, Herder, Freiburg 2001, S. 7)

In der Reggio-Pädagogik wird der Entwicklung der Konzeption nicht eine langwierige theoretische Diskussion vorangestellt. Vielmehr sollen die Erzieherinnen die praktischen Erfahrungen zur Theoriebildung nutzen. Damit verändert sich die Rolle der Erzieherin. Während sie in den anderen konzeptionellen Ansätzen Theorien in der Praxis anwenden sollen, bekommen sie in der Reggio-Pädagogik die Aufgabe, Theorien selbst zu entwickeln. So werden Erzieherinnen zu Forscherinnen. Dieses Selbstverständnis geht einher mit einem entsprechenden Bild vom Kind.

In der Reggio-Pädagogik spielt die Verbindung von gesellschaftlicher Wirklichkeit und pädagogischer Praxis eine große Rolle. Es wird davon ausgegangen, dass sich gesellschaftliche Realität in der Erziehung widerspiegelt und Erziehung sich gleichzeitig auf die Gesellschaft auswirkt. So gehört es zur Aufgabe einer Tageseinrichtung, beispielsweise gesellschaftliche Veränderungen aufzunehmen und eine entsprechende pädagogische Antwort darauf zu finden. Wenn beispielsweise immer mehr Kinder als Einzelkinder oder nur mit einem Geschwister aufwachsen, so müssen Tageseinrichtungen darauf reagieren, indem sie soziale Erfahrungen mit unterschiedlichen Altersgruppen ermöglichen.

Erzieherinnen als Forscherinnen

Neben dieser Verbindung von Gesellschaft und Pädagogik nimmt die Reggio-Pädagogik die Interessen und Bedürfnisse der Kinder als einen weiteren Ausgangspunkt ihrer Pädagogik auf.

> „Wenn zum Beispiel der Kindergarten ein im Hafen vertäutes Schiff ist, werden die Eltern nie begreifen, was wir wollen. Und die Kinder werden auch nie begreifen, was der Kindergarten sein kann. Wir müssen dieses Schiff auf Reisen schicken. Wenn das Schiff überall herumschwimmt, dann schwimmen die Kinder, die Eltern, wir mit.“
>
> Malaguzzi, 1991, S. 27, zit. n. Ullrich/Brockschnieder, a. a. O., S. 37

Das Bild vom Kind: kreativ, optimistisch, aktiv

Info 2

In der Reggio-Pädagogik wird das Kind als aktiv und forschend wahrgenommen. Das Bild vom Kind lässt sich in folgenden Punkten zusammenfassen:

- „Kinder besitzen große Potenziale. Die Reggianer sehen die Kinder sehr optimistisch. Jedes Kind verfügt über eine große Anzahl von Möglichkeiten, die in der Regel nicht ausgeschöpft werden.
- Kinder sind aktive Konstrukteure ihres Wissens. Sie nehmen nicht passiv, durch Belehrung, fertiges Wissen auf,

Info 2 (Fortsetzung)

sondern erstellen aus dem, was sie hören und sehen, aktiv eine individuelle Wissensstruktur.

- Kinder sind Forscher und Entdecker. Kinder sind neugierig, lassen sich von unterschiedlichen Phänomenen ansprechen und versuchen sie zu verstehen.
- Kinder sind soziale Wesen. Kinder sind von Geburt an auf mitmenschliche Kontakte ausgerichtet und auch auf diese Beziehungen angewiesen.
- Kinder können sich auf vielfältige Art und Weise ausdrücken. Kinder haben hundert Sprachen, können sich über Spiele, Bilder, Plastiken, Worte usw. artikulieren.
- Kinder haben andere Zeiten. Kinder handeln nicht nach der Uhr, sondern sie geben sich den Dingen hin, ohne an die Zeit zu denken.
- Kinder möchten ihre Fähigkeiten erweitern. Kinder streben danach, ihr eigenes Potenzial beständig auszubauen und zur Gestaltung zu bringen.“ (Ullrich/Brockschieder, a. a. O., S. 25)

Info 3

Das Bild vom Lernen

„Entdeckendes Lernen steht im Gegensatz zum darbietenden Lernen.“

Jedes Kind hat seinen eigenen Zugang zum Lernen.

Kinder erleben sich als Forscher und Entdecker.

Lernen in der Reggio-Pädagogik geschieht als forschendes, entdeckendes und experimentierendes Lernen. Die Erzieherin bietet den Kindern nicht fertiges Wissen, sondern begleitet sie aktiv durch ihre Fragen und Anregungen.

Loris Malaguzzi, der bekannteste Vertreter und Vermittler der Reggio-Pädagogik, schreibt: „Die hier zu stellende Frage ist einfach: Soll die pädagogische Einrichtung ein Ort sein, wo das Kind forscht, erforscht, hinterfragt, überprüft usw., oder soll der Ort ein statischer sein, wo Wissen übergestülpt, wo die Pädagogik das Vehikel ist, um in Kinderköpfe vorgefertigtes, fertiges Wissen zu übertragen?“

Malaguzzi, Loris, Eröffnungsbeitrag zur Fachtagung „Hundert Sprachen hat das Kind“, in: Senatsverwaltung für Jugend und Familie (Hrsg.), Berlin 1992, S. 128

Loris Malaguzzi

Ein solches Verständnis von Lernen entspricht ganz den Anforderungen der modernen Wissensgesellschaft, in der es besonders darum geht, zu lernen, wie man Wissen erwerben kann. Dieses „entdeckende Lernen steht damit im Gegensatz zum darbietenden Lernen, bei dem eine lehrende Person bereits fertiges Wissen den Kindern zu vermitteln versucht“. (Ullrich/Brockschnieder, a. a. O., S. 28).

Wenn Lernen als entdeckendes Lernen verstanden wird, lässt sich dies nur mithilfe der Projektmethode umsetzen. Lernen entwickelt sich dann im Prozess. Die Projektmethode mit ihrer offenen Planung und der Partizipation aller Beteiligten gewährleistet, dass Kinder sich als Forscher/-innen und Entdecker/-innen erleben können. Und sie verhindert, dass Erzieherinnen Kindern fertig konzipierte didaktische Einheiten vorsetzen, die für alle Kinder verbindlich und gleich sind. Diese Vorstellung vom Lernen wird von den theoretischen Überlegungen des US-Amerikaners John Dewey (1859–1952) gestützt, der ebenfalls in der Projektmethode die beste Möglichkeit sieht erfolgreich mit Kindern zu lernen.

In der Reggio-Pädagogik wird zudem darauf geachtet, dass Lernen individualisiert stattfindet. Jedes Kind hat seinen eigenen Zugang zum Lernen. Wie weit es in den einzelnen Lernschritten kommen wird, ist nicht vorhersagbar. Kinder vom Druck zu befreien, dass sie alle gleich weit sein müssen, darauf legt die Reggio-Pädago-gik großen Wert. Ein erfolgreicher Lernprozess sollte folgende Phasen durchlaufen:

„1. Phase: Fragen und Interessen der Kinder und Erwachsenen
2. Phase: Der ‚Flirt' mit dem Lerngegenstand
3. Phase: Darstellende Auseinandersetzung
4. Phase: Vermutungen anstellen
5. Phase: Lösungsversuche
6. Phase: Umsetzung in die Realität"
(Brockschnieder/Ullrich, a. a. O., S. 39)

Lernen geschieht somit in konkreten Situationen und nicht abstrakt. Um erfolgreich lernen zu können, benötigen Kinder aber Erzieherinnen, die sie dabei begleiten, „die mit Fragen die Kinder in ihrem Tun weiterführen, sie motivieren und sie durch Ideen, attraktive Räume und interessantes Material anregen. Erzieherinnen, die die Kinder in ihrem Forscherdrang ernst nehmen, sie ermutigen sich die Welt zu erschließen und sie zu entdecken." (Böhm, a. a. O., S. 7)

Aufgaben und Anregungen

1 Vergleichen Sie die Reggio-Pädagogik mit dem Situationsansatz und arbeiten Sie Gemeinsamkeiten heraus. Gehen Sie dabei besonders auf das Bild vom Lernen ein.

2 Suchen Sie im Internet nach weiteren Informationen zur Reggio-Pädagogik, insbesondere zur Entstehungsgeschichte. Erstellen Sie eine Zeittafel, die die Entwicklung der Reggio-Pädagogik dokumentiert.

3 Wenden Sie sich an: Dialog Reggio, c/o Claudia Eichenlaub, Hackerstr. 5, 12161 Berlin. Versuchen Sie dort Material über die Reggio-Pädagogik zu bekommen. Werten Sie das Material aus und präsentieren Sie es in einer PowerPoint-Präsentation der Klasse.

4 Sammeln Sie Ideen, welche Elemente der Reggio-Pädagogik in die Arbeit von Tageseinrichtungen unkompliziert aufgenommen werden können. Stellen Sie diese Ideen in einem Arbeitsblatt zusammen.

5 Erarbeiten Sie Thesen zur Rolle der Erzieherin. Welches Selbstverständnis und welche Haltung prägt die Arbeit einer Erzieherin, die sich an der Reggio-Pädagogik orientiert?

Tipps zum Weiterlesen

In dem Buch von Wolfgang Ullrich/Franz-Josef Brockschnieder, *„Reggio-Pädagogik im Kindergarten"*, Freiburg 2001, finden Sie eine sehr übersichtliche Darstellung der Reggio-Pädagogik. Hier erfahren Sie auch etwas über die konkrete Gestaltung des pädagogischen Alltags.

Aufgaben und Anregungen zu allen Handlungsansätzen

1 Überprüfen Sie die vorgestellten pädagogischen Handlungskonzepte auf die Qualitätsmerkmale „Partizipation“ und „Transparenz“. Woran lässt sich erkennen, dass in den einzelnen pädagogischen Handlungskonzepten diese Merkmale berücksichtigt sind?

2 Vergleichen Sie die unterschiedlichen Konzeptionen im Blick auf das Bild vom Kind. Was für eine Vorstellung, wie Kinder sind, zeichnet die einzelnen Konzeptionen aus? Worin bestehen Gemeinsamkeiten und worin Unterschiede? Erstellen Sie hierzu eine Übersicht über die vorgestellten Konzeptionen.

3 Stellen Sie einen Bezug zwischen den verschiedenen Handlungsansätzen und der pädagogischen Arbeit in Ihrer eigenen Praxisstelle her. Was können Sie wiederfinden? Worin unterscheidet sich Ihre Praxisstelle von den vorgestellten Konzeptionen?

Tipps zum Weiterlesen zu allen Handlungsansätzen

Eine gute Übersicht über die wesentlichen Handlungsansätze bietet das Sonderheft der Zeitschrift Kindergarten heute, *„Pädagogische Handlungsansätze von Montessori bis zum Situationsansatz“*, Freiburg 2002.

Medien

Die hier aufgeführten Medien eignen sich zu einer (kritischen) Auseinandersetzung und vertiefenden Bearbeitung einzelner Konzeptionen. Sie sind in vielen kirchlichen Medienzentralen oder kommunalen Kreismedienzentren vorhanden.

Ein Leben für die Kinder – Friedrich Fröbel. Ein Film von Dieter Raue, Deutschland 1999 (FWU), 64 Min.

Ich lobe das Wort – Mythos und Wirklichkeit der Waldorfschulen. Ein Film von Harriet Kloss, Deutschland 1994, 51 Min.

Maria Montessori, Teil 1: Kinder sind anders. Ein Film von Werner Dönges u.a., Deutschland 1993, 20 Min.

Maria Montessori, Teil 2: Hilf mir, es selbst zu tun. Ein Film von Renate Göbel u.a., Deutschland 1995, 24 Min.

Unser Haus für Kinder – Das Montessori-Konzept im Kindergarten. Ein Film von Werner Dönges/Jörg Wagner, Deutschland 2002, 34 Min.

Der spielzeugfreie Kindergarten. Ein Film von Friedrich Klütsch, Deutschland 1996, 29 Min.

Waldkindergärten in Deutschland. Film 1: Spielzeug zerbricht – Erlebnisse sind unsterblich (45 Min.). Film 2: Erlebnisse und Ergebnisse (34 Min.). Ein Film von Kurt Gerwig, Deutschland 1996/1999

Wenn das Auge über die Mauer springt (Reggio-Pädagogik). Ein Film von Franziska Großer-Stöppler, Deutschland 1988

9610216

4 Sozialpädagogische Planung und Methodik

4.1 Geplantes Handeln in der pädagogischen Arbeit

Susanne ist schon seit einigen Tagen total aufgeregt. Am Dienstag findet ihr erster Lehrerbesuch in der Tagesstätte statt. Sie soll eine kleine pädagogische Aktivität mit einer Kindergruppe durchführen. Sie hat schon ihre Mitstudierenden gefragt, was sie so gemacht haben. Zirafeta hat mit drei Kindern eine große Leinwand gestaltet und dabei Farben selber mischen lassen. Oliver hat eine Bewegungslandschaft mit der gesamten Kindergruppe angeboten. In der Gruppe, in der Susanne ihr Praktikum absolviert, haben die Kinder gerade mit der Lernwerkstatt „Buchstaben kennen lernen" begonnen.
„Was soll ich nur machen?" fragt Susanne ihre Anleiterin. *„Schau dich doch in der Gruppe um und beobachte die Kinder. Hast du dir schon überlegt, welche Kinder du in dein Angebot einbeziehen möchtest?"* fragt ihre Anleiterin.

So viele Fragen – muss ich das wirklich alles so genau überlegen und planen? Und was wird meine Lehrerin sagen? Susanne beschließt in die Bibliothek zu gehen und sich Bücher zum Thema Lernwerkstatt auszuleihen.

Fragen

- ✔ *Warum sind in der pädagogischen Arbeit Planungen ein sinnvolles und notwendiges Instrument?*
- ✔ *Was gehört inhaltlich zu einer didaktisch-methodischen Planung?*
- ✔ *Wie können Ziele in der pädagogischen Arbeit formuliert werden?*
- ✔ *Was ist unter dem Begriff der Situationsorientierung zu verstehen?*
- ✔ *Welche Merkmale sollten Projektplanungen beinhalten?*
- ✔ *Was ist das Ziel von Hospitationen durch Lehrkräfte?*

Tagebuchaufzeichnung einer Schülerin

Info 1

Aus Annes Tagebuch:
Sie kommt unausweichlich. Morgen ist es soweit. Sie wird mich beobachten, sich Notizen machen. Sie wird mich befragen und mich kritisieren. Und wenn sie schlecht gelaunt ist, wenn mir nichts einfällt, wenn die Kinder nicht mitmachen oder mir weglaufen, wird sie mich dann fertig machen, oder mir honigsüß erklären, was ich noch alles zu lernen habe? Gäbe es doch ein Mittelchen, ein Zauberwort. Ach, wäre doch schon übermorgen, Lisa hat es schon hinter sich: „ Halb so schlimm!"- Das sagte sie natürlich nachher. „Du weißt doch, was du kannst!"- klar weiß ich das, aber gibt mir das Sicherheit, Gelassenheit?

Info 1 (Fortsetzung)

„Aufregung gehört dazu. Das gibt die notwendige Spannung und ist konzentrationsfördernd!“ (Spruch von der Strobel; wiederholt sie vor jeder Arbeit).
Gut, wir haben im Unterricht Kriterien entwickelt, worauf es bei Strobels Hospitation ankommen wird. Gut, ich habe mich gefragt, was ich kann. Ich habe überlegt, was ich will und mir aufgeschrieben, was ich tun werde. Gut, ich habe mir vorgenommen, mich von der Strobel nicht nur befragen zu lassen. Das bringt mich nur unter Rechtfertigungsdruck. Also: Auf Augenhöhe mit ihr reden! Nicht von unten zu ihr hinauf, nicht mit dem hilflos scheuen Dackelblick, aber auch nicht mit der schmerzlich geballten Faust unter dem Tisch. Rechenschaft muss ich schon ablegen über mein Tun, Auskunft geben zudem. Letztlich beurteilt sie mich, meine Fähigkeiten, und wird dann eine Note geben.
„Wie kann ich das Gespräch beeinflussen? Fragen, fragen, fragen!“ Ich will sie fragen, ob meine Ziele utopisch sind und wie ich meine Vorstellungen realistischer formulieren kann. Ich will fragen, was besser gemacht werden kann, worauf ich sinnvoller Weise achten sollte. Ich will fragen, was ihrer Meinung nach in Ordnung war, den Kindern Freude gemacht hat und sie zum Lernen angeregt haben kann.
Ich könnte es so versuchen:
„Was würden Sie an meiner Stelle machen?“
„Kennen Sie die Unsicherheit, wenn.... passiert?“
„Haben Sie Erfahrungen damit, wie man das Problem....lösen kann?“
Gut, ich weiß dass morgen keine weiße Fee kommen wird, sondern die Strobel! Gut, gut, gut: ich werde morgen aufgeregter sein als sonst und das tun, was ich mir vorgenommen habe. Ich will und werde mich bei den Kindern fast so verhalten wie jeden Tag – fast!“
(Schlicht, Hermann-Josef: Das Praktikum in der Ausbildung. Tipps und Hilfen für angehende Erzieherinnen. In: Hrsg.: Frank Jansen: Kindertageseinrichtungen konkret Strategien für ihren Erfolg, Don Bosco, 2001, S. 73 f.)

Info 2

Planung als Ausdruck der eigenen pädagogischen Grundhaltung

Das Thema „Planung“ ist ein wichtiger Aspekt der pädagogischen Arbeit. Bei dem Versuch, diese Thematik näher zu klären, tauchen deshalb oft weitere pädagogische Schlüsselbegriffe auf:

- Schließt „Planung“ so etwas wie „Spielräume“ oder „Freiheit“ aus?
- Welchen Stellenwert haben so genannte Ziele und was ist darunter zu verstehen?
- Erzieherinnen bereiten „vor“ – Kinder machen „nach“, oder „mit“, oder was?
- Wie kann man pädagogisches Tun evaluieren, d.h. selbst überprüfen oder überprüfen lassen?
- Welche (ersten) Merkmale einer sozialpädagogischen Planung lassen sich aufzeigen?

Hinter den hier aufgeführten Fragen stehen oft weitere Grundannahmen oder Grundhaltungen. Sie kennzeichnen das Selbstverständnis einer Erzieherin und beeinflussen ihr Handeln in ihrer Beziehung zu den Kindern oder Jugendlichen. Das Planungsverständnis einer Erzieherin hat in vielfältiger Weise Anteil an ihrem pädagogischen Gesamtkonzept.

Fragen der pädagogischen Planung berühren aber auch den Bildungsauftrag von Schule und Kindergarten oder lassen sich in den verschiedenen sozialpädagogischen Handlungsmodellen aufzeigen.

9610218

Kritische Einwände gegen Planung

Manche Erzieherinnen setzen Planung gleich mit Verplanung und Fremdbestimmung. Ein geplanter Ablauf ist nach dieser Auffassung so sehr festgelegt, dass andere Entscheidungen, Kreativität und Spontanität kaum noch möglich sind. Ein angestrebtes pädagogisches Ziel wäre dann eher so etwas wie ein „Programm", dessen „Code" durch den „Computer" ausgeführt wird – in zwar sinnvollen, aber vorgegebenen Schritten.

Zuweilen heißt es dann auch noch, Planung stört die Beziehung zwischen Lehrenden und Lernenden. Wer seine Entscheidungen über die Köpfe anderer hinweg trifft, verhindert dadurch eine ehrliche Beziehung. Es wird verschleiert, dass die Bedürfnisse der Kinder und Jugendlichen den vorgegebenen „erwachsenen Zielen" untergeordnet werden.

Das ist sicher übertrieben. Aber solch eine Einschätzung macht zumindest die Gefahr von übermäßigem Planen deutlich. Denn geplantes Handeln in diesem Sinne engt sowohl die eigenen pädagogischen Freiheiten, aber auch die Selbstbestimmung und Emanzipation der betroffenen Kinder und Jugendlichen unnötig ein.

Planung, so ein weiterer Einwand, sei vor allem etwas für Theoretiker. Damit gemeint sind oft andere Pädagogen, entweder solche, die „nicht (mehr) wissen, was in der Praxis vor Ort wirklich los ist", oder solche, die in der Praxis selbst schlecht zurechtkommen und sich dann in den „theoretischen Elfenbeinturm" flüchten.

Auf den ersten Blick erscheint (nahezu) jede Form einer pädagogischen Planung nicht so recht passend gegenüber den alltäglichen Abläufen und Anforderungen einer Erzieherin. Häufig bestätigt sich diese Einschätzung durch den Umstand, dass nach der Abschlussprüfung didaktische Konzepte oder schriftlich fixierte Planungen als entbehrlich gelten. So manche Praktikumsanleiterin sagte schon zu ihrer Praktikantin: „Vergiss erst einmal alles, was du in der Schule gelernt hast, hier in der Praxis läuft das sowieso ganz anders."

(Vgl. Schilling, a. a. O., S. 223)

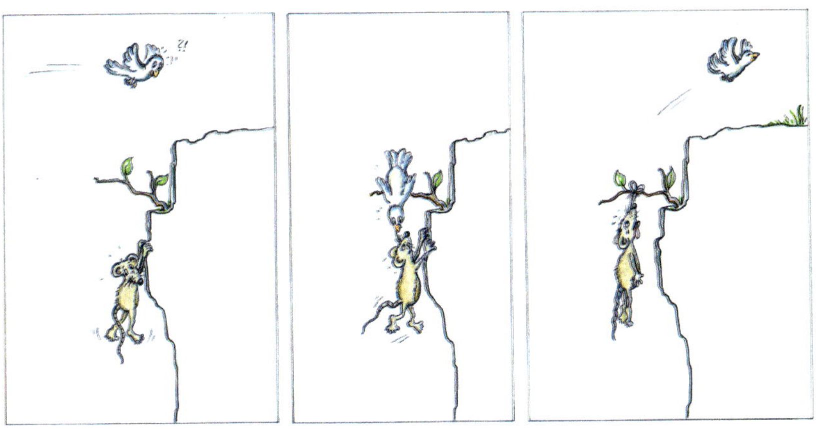

Positive Merkmale von Planung

Ein erheblicher Teil des eigenen Handelns ist von Zielen bestimmt; das gibt Sicherheit und entlastet. Auf diese Weise finden sich Menschen in ihrem Leben und in der Gesellschaft zurecht, die sie oft als kompliziert und unübersichtlich erleben.

Menschliches Handeln ist kein ungeplantes oder spontanes „Vorgehen“, vielmehr handeln Menschen, indem sie einer Frage, einer Idee oder einer Vermutung „nachgehen“.

Wer weiß, was er will, kann sich darüber mit anderen verständigen. So entsteht Vertrauen, weil ein Beziehungspartner den Eindruck gewinnt, dass sein Gegenüber verantwortungsvoll mit ihm umgehen wird. So kann man die Bedürfnisse des anderen (stellvertretend) artikulieren und in die eigenen Überlegungen mit einbeziehen.

Wer plant, blickt auf das, was ist, und entwickelt eine Vorstellung davon, wie etwas sein soll oder sein könnte. Die Zukunft wird so in den Blick genommen, wird reflektiert und man entwickelt die Motivation, sie zu gestalten. Am Ende dieses Geschehens lässt sich das Ergebnis überprüfen und beurteilen.

Pädagogische Planung spiegelt Erzieher-Sein wider.

Planung ist Voraussetzung für sinnvolles Arbeiten. Informationen werden in größeren Zusammenhängen geordnet, das eigene Handeln wird überschaubar, erklärbar und begründbar – für den Handelnden selbst und auch für andere, welche dieses Handeln als nachvollziehbar und berechenbar erleben.

Die anderen, das sind die Kinder und Jugendlichen, mit denen Erzieherinnen es zu tun haben, aber auch die Mitarbeiter in den Einrichtungen, in denen sie arbeiten. Sozialpädagogen handeln zudem öffentlich; ein Konzept sorgt für Offenheit und Durchsichtigkeit nach außen.

Planung wird oft einengend verstanden, verhilft jedoch auch dazu, das eigene pädagogische Handeln für sich und andere zu verstehen und zu kommunizieren. (Vgl. Schilling, a. a. O., S. 224 ff.)

Info 3 Grundlagen für Planungsprozesse

Jeden Tag wird in Tageseinrichtungen für Kinder beobachtet und geplant.
Die Beobachtungen einer Fachkraft ist dabei die Basis für ihr Planen und Handeln.

Planung bedeutet aber nicht das starre Festhalten an einem Plan, sondern durchdachtes, zielgerichtetes Handeln auf Grund von Beobachtungen.

- Ohne einen Plan bin ich planlos.
- Nur wer einen Plan hat, kann vom Weg „abweichen“.

Planung ist ein fortwährender Prozess der Auswertung von Informationen (Beobachtungen der Fachkraft, Dialogen und Interaktionen von Kindern und mit Kindern).

- Wer plant mit wem?
- Was wird geplant?
- Wie oft wird geplant?
- Wann wird geplant?

Die pädagogische Arbeit in Tageseinrichtungen für Kinder wird von vielen unterschiedlichen Menschen gestaltet.

Schritt A: Für die Planung ist es wichtig, zuerst allgemein gültige Grundlagen zu formulieren.

Der Nationale Kriterienkatalog fasst für die Praxis zehn pädagogische Prinzipien zusammen:

- Kinder sind aktive Lerner.
- Kinder lernen in sozialen Zusammenhängen.
- Kinder lernen durch spielerische Aktivität und aktives Spiel.
- Emotionale Sicherheit und Zuwendung bieten die Basis für kindliche Lernprozesse und die Entwicklung des Selbst.
- Kinder lernen durch Teilhabe und Aushandlung.
- Kinder haben das Recht auf Anerkennung ihrer Individualität.
- Die Erzieherin ist Gestalterin einer anregenden Lern- und Erfahrungsumwelt.
- Die Erzieherin ist Dialogpartnerin und Impulsgeberin.
- Die Kindertageseinrichtung sichert allen Kindern – unabhängig von Herkunft, Geschlecht und sozialem Status – Lern- und Entwicklungschancen.
- Die pädagogische Arbeit orientiert sich an der Lebenswelt und am Bedarf von Kindern und ihren Familien.

(vgl. Tietze 2003, S. 27f)

Schritt B: Die Inhalte der pädagogischen Arbeit lassen sich von den Landesgesetzen für Tageseinrichtungen für Kinder sowie von den Bildungsvereinbarungen ableiten.
Es ist wichtig, dass Fachkräfte mit den zu vermittelnden Inhalten vertraut sind. Sie brauchen Kenntnisse, Fertigkeiten und Fähigkeiten, um Kinder angemessen in einem Lernprozess zu begleiten bzw. Lernprozesse initiieren zu können.

Schritt C: Planung muss dokumentiert werden. Lesen Sie über Bildungsdokumentation im Lernfeld 2, Kapitel 3.

Die SMART- Formel

Info 4

Das Formulieren von Zielen ist für die pädagogische Arbeit notwendig. Während in den achtziger Jahren Ziele sehr kleinschrittig unterteilt wurden, geht man heute dazu über, Zielschwerpunkte für pädagogische Aktivitäten zu benennen.

Mit der sogenannten SMART-Formel lassen sich Zielfomulierungen bestimmen und überpüfen. Hier steht jeder Buchstabe für einen einzelnen Schritt bei der Überprüfung der Zielformulierung.

Ein Ziel sollte also "smart" sein.

S = spezifisch

Ein Ziel lässt sich durch W-Fragen konkretisieren
(Was, wann, wo, wer mit wem und wie genau?).

M = messbar

Kann es jede Mitarbeiterin selbst überprüfen?
Woran genau können die Mitarbeiter merken, dass das Ziel verwirklicht ist?
Woran kann die handelnde Erzieherin überprüfen, dass das Ziel erreicht wurde?

Info 4
(Fortsetzung)

A = akzeptabel

Haben alle Mitarbeiter bzw. die Beteiligten am Prozess die gleiche pädagogische Orientierung bezogen auf dieses Ziel?
Hat dieses Ziel die Akzeptanz aller im Team? Wie lässt sich die Akzeptanz herstellen?

R = realistisch

Kann das Ziel von den Mitarbeiterinnen aus eigener Kraft und mit eigenen Mitteln erreicht werden?
Ist das Ziel in die Arbeit eingebunden und ist es mit anderen Vorhaben abgeglichen worden, dass es die Mitarbeiter und Kinder nicht überfordert?

T = terminiert

Wann ist das Ziel erreicht?
Hier kann ein Datum oder auch ein beobachtbares Verhalten benannt werden, an dem das Erreichen des Ziels zu erkennen ist.

Info 5

Offene Planung als situationsorientierte Planung

Der Situationsansatz wird heute in vielen Variationen weitergeschrieben und praktiziert. Der Ansatz thematisiert das Wechselverhältnis zwischen Kind und jeweiliger Realität, die es umgibt. Die Lebens- und Alltagssituationen aller Beteiligten – Kinder wie Erwachsener – und die Situation der Einrichtung samt ihrer Einbettung in das Gemeinwesen stehen im Mittelpunkt der pädagogischen Überlegungen. (Mehr über den Situationsansatz finden Sie im Kapitel 3.1 dieses Lernfeldes.)

Mit der Orientierung an Situationen entwickelt die offene Planung einen besonderen Charakter. Planung innerhalb dieses sozialpädagogischen Ansatzes beginnt mit dem Aufspüren einer Situation, deren Bedeutung im Dialog mit anderen Menschen analysiert wird. Anlass hierfür sind die so genannten Situationsanlässe, d.h. Vorfälle, welche sich im Kindergarten, in einer Familie oder einem Gemeinwesen ereignen. Hierzu gehören etwa die wiederkehrenden Konflikte innerhalb einer Spielgruppe, der Umbau des Gemeindehauses eines kirchlichen Kindergartens oder die Neugier eines kleinen Jungen bei der Entdeckung, dass Mädchen andere Geschlechtsmerkmale haben.

Solche oder andere Ereignisse werden zusammengetragen und im Hinblick auf die Beteiligten oder Betroffenen des Geschehens analysiert. Womöglich ist diese Analyse zunächst eher spekulativ. Nach und nach entsteht eine erste Leitidee hinsichtlich der Situation(en) „in" oder „hinter" diesen Anlässen und ihrer Bedeutung. (Vgl. Stoll, a. a. O., S. 21 ff.)

In einem zweiten Schritt geht es um zwei Fragen, nämlich welche Situation ausgewählt und aufbereitet werden soll und was dadurch erreicht werden könnte:

- Wie stellt sich diese Situation für die Kinder dar? (Rollenspiele, Äußerungen, unterschiedliches Verhalten in der Gruppe, Symbole usw.)
- Welche Bedeutung hat die Situation aus Sicht der Eltern? (Familien- und Wohnsituation, Gespräche zwischen Eltern, Bemerkungen gegenüber Erzieherinnen usw.)
- Wie stehen die Erzieherinnen zu dieser Situation? (Eigene Erfahrungen, Beob-

9610222

achtungen und Meinungen, das Kind vor mir und das Kind in mir usw.)
- Inwiefern sind andere Gruppen oder Institutionen von dieser Situation betroffen? (Bereits bestehende Kontakte, Einflussnahmen, Traditionen usw.)
- Was bedeuten die grundlegenden Erziehungsziele der Selbstständigkeit, des sozialen Handlungsvermögens und der Sachkenntnis im Hinblick auf die vorliegende Situation? (Autonomie, Solidarität, Kompetenz)
- Welche Veränderungen werden u.U. angestrebt? (Einzelkind, Teilgruppe, Gesamtgruppe, Träger, Eltern usw.)

(Vgl. Colberg-Schrader, a. a. O., S. 110 ff.)

Der dritte Schritt beinhaltet alle Ideen und Überlegungen, die Kindern und Jugendlichen dazu verhelfen könnten, in der jeweiligen Situation handlungsfähig zu sein oder zu werden. Handlungsfähigkeit bedeutet in diesem Zusammenhang: Mitgestaltung, Herstellen von Bezügen zwischen Familie, Gemeinwesen und Tagesstätte, forschendes und entdeckendes Lernen, Fähigkeit, eventuelle Problem möglichst selbstständig zu lösen u. a.m.

Im vierten Schritt geht es darum, das bisherige Geschehen auszuwerten und darüber nachzudenken, wie es weitergehen könnte. Die fortlaufende und immer wiederkehrende Reflexion mit anderen Kolleginnen oder mit den Kindern führt oft zu einer Fortschreibung des Planungsrahmens. Neues ergibt sich aus dem tatsächlichen Verlauf und aus der Rückkoppelung aller Beteiligter.

Möglicherweise wirken die Resultate eines solchen Planungsverständnisses auf den ersten Blick beliebig. Bei genauerer Betrachtung jedes einzelnen Schrittes zeigt sich jedoch recht schnell die Vielfalt guter Möglichkeiten, um nicht nur für die Kinder und Jugendlichen pädagogisch aktiv zu werden, sondern mit ihnen eine für sie bedeutsame Situation zu gestalten. Dieser Dialog ist verbindlich, weil er die Standpunkte anderer mit einbezieht, und er ist wertschätzend, weil auch die Ideen und Sichtweisen der anderen ein Gewicht haben.

Die gemeinsame Auseinandersetzung mit einer Situation bleibt zum Ende hin offen, weil am Anfang noch gar nicht zu erkennen ist, welches Ergebnis oder gar welches „Produkt“ entstehen wird; aber das Geschehen ist nicht beliebig.

Offene Planung als Projekt

Info 6

Projekte sind die längerfristige Untersuchung eines Themas.

Projekte sind die längerfristige Untersuchung eines Themas; dabei werden Situationen innerhalb und außerhalb der Tageseinrichtung erschlossen. Die Kinder oder Jugendlichen beschäftigen sich in verschiedenen Gruppen mit mehreren Aspekten dieses gemeinsamen Themas und machen in diesen Prozessen wichtige Lernerfahrungen, wie z. B. Handlungswissen, Selbsttätigkeit und Mitbestimmung.

Hinzu kommt, dass bei der Projektplanung und -durchführung auch Eltern und andere Erwachsene von außerhalb einge-

Info 6
(Fortsetzung)

bunden werden, wenn sie entsprechende Fachkenntnisse anbieten oder vermitteln können. Erzieherinnen werden auf diese Weise selbst zu Lernenden; den Kindern und Jugendlichen geben sie ein Vorbild für lebenslanges Lernen. In vielen Fällen wird Projektarbeit auch zu einer Form der Öffentlichkeitsarbeit, weil sie die Arbeit in einer Kindertagesstätte transparent macht.

Projekte können je nach Thema von unterschiedlicher Dauer sein – von einer Woche bis hin zu mehreren Monaten. Es ist durchaus möglich, sie mit nur einem Teil der Kindergruppe oder als gruppenübergreifendes Angebot durchzuführen.

Projekte entstehen oft aus ganz einfachen Ereignissen oder Fragen, die sich im Alltag der Kinder und Jugendlichen ergeben. Bei der Untersuchung eines Projektthemas werden verschiedene Aspekte in den Blick genommen, die sowohl die teilnehmenden Kinder interessieren als auch von ihren Erzieherinnen als sinnvoll angesehen werden. Oft ist nicht das Handlungsergebnis von Bedeutung, sondern der Weg, wie man dahin gelangt.

Die Inhalte eines Projektes sollten

- für die Kinder direkt beobachtbar und erforschbar sein,
- sich für eine Vielzahl darstellender Medien eignen,
- den Eltern oder anderen Erwachsenen die Einbindung ermöglichen,
- für das kulturelle Umfeld des Gemeinwesens oder die allgemeine Kultur angemessen sein,
- ausreichend Gelegenheiten eröffnen für die (altersgemäße) Anwendung grundlegender Fertigkeiten.

Bei der Planung des Projektes wird das Thema eingegrenzt, individuelle Interessen der beteiligten Kinder und Jugendlichen, aber auch der Erzieherinnen werden diskutiert und mit einbezogen. Weitere Ideen erleichtern es, den Projektverlauf nach Bedarf zu erweitern und zu verändern. Es geht nicht darum, einen festen Abfolgeplan genau zu vereinbaren, denn schließlich sollen die Kinder den Projektverlauf immer wieder beeinflussen und prägen können. Das gemeinsame Betätigungsfeld wird abgesteckt und die ersten Gruppenaufgaben werden verteilt. So entwickeln sich einzelne Miniprojekte innerhalb eines größeren Gesamtthemas. Erzieherinnen verschaffen sich auf diese Weise auch einen Überblick hinsichtlich ihres Arbeitsaufwands und der notwendigen Mittel.

In der Durchführungsphase findet die eigentliche „Forschungsarbeit“ statt. Die Kinder und Jugendlichen formulieren Fragen und stellen Hypothesen auf; sie überlegen, wie sie darauf Antworten finden können. Andere Aufgabenschwerpunkte sind der Auf- und Umbau eines Bereiches der Tagesstätte, in dem das Projekt stattfinden soll oder der selbst einen Teil des Projektthemas darstellt. Weiterhin geht es darum, notwendige Informationen zu beschaffen, um die Fragen oder Hypothesen näher zu beleuchten.

Informationen aus erster Hand, das sind beispielsweise Ausflüge zu realen Schauplätzen oder Ereignissen (Baustelle, Supermarkt, Flughafen usw.), aber auch Auskünfte von Leuten, die direkte Erfahrungen mit dem Projektthema haben. Hinzu kommen auch etwa Gegenstände von Zuhause (Fotos, Küchengeräte und Werkzeuge usw.), die die Kinder mitbringen. Informationsquellen aus zweiter Hand sind z.B. Bücher, Broschüren und Prospekte, die das Informationsbedürfnis erweitern und vertiefen können.

Die Abschlussphase dient der Dokumentation und Reflexion eines Projektes. Vorrangig sollten dabei Präsentationsformen gewählt werden, die es den Kindern und Jugendlichen ermöglichen, ihre Ergebnisse weitgehend in eigener Regie vorzustellen. Bei größeren Projekten empfiehlt es sich, einen Abschluss zu wählen, zu dem Dritte eingeladen werden können

9610224

Projektablauf

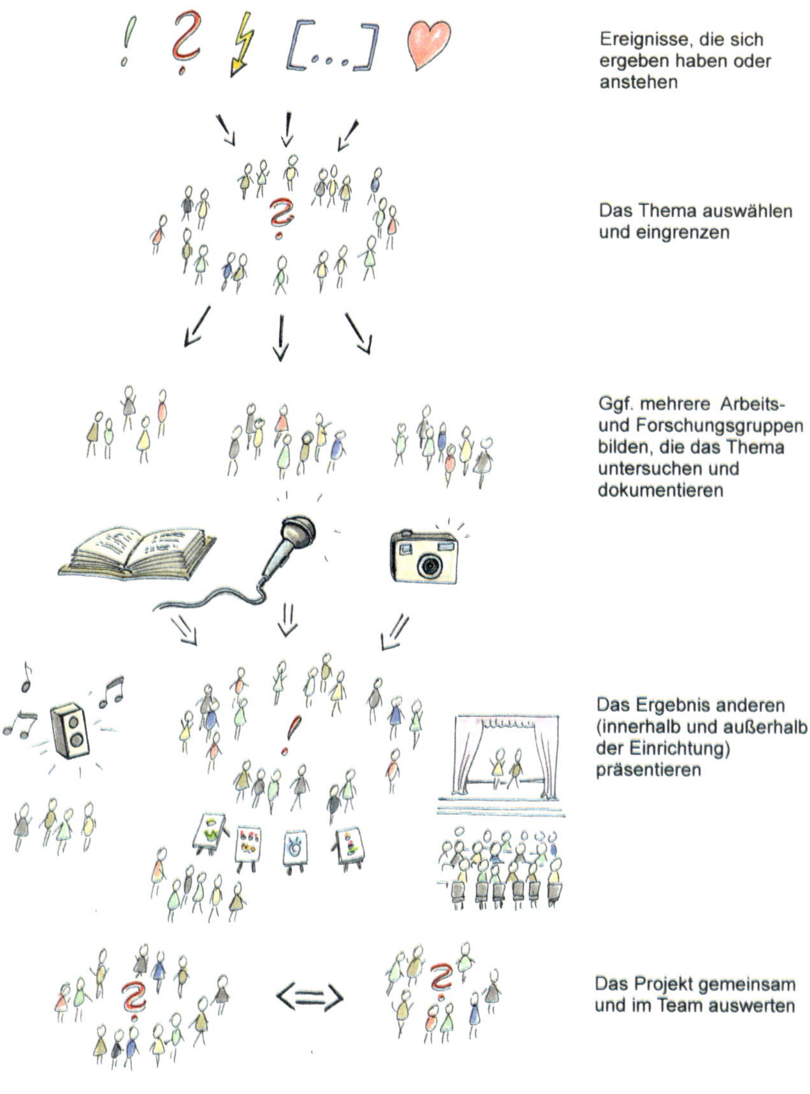

(Fest, Vernissage, Tag der offenen Tür usw.). Dies ist ein wichtiger Beitrag zur Öffentlichkeitsarbeit einer Kindertagesstätte. Aber nicht alle Projekte müssen öffentlich ausgestellt werden. Im kleineren Kreis der Kindergruppe oder der Tageseinrichtung wird ein Projektergebnis vielleicht eher in Form einer kurzen Darbietung, in Vitrinen, Fotomappen, durch Tonbandaufnahmen usw. abgeschlossen.

Oft bietet die Vorbereitung der Abschlusspräsentation eine gute Gelegenheit, um die geleistete Arbeit und das Projektergebnis gemeinsam zu reflektieren. Die Vorplanung und der Verlauf werden noch einmal durchgesprochen, besonders schöne Ereignisse ins Gedächtnis zurückgerufen; außerdem wird geklärt, inwieweit die Ziele erreicht wurden und ob alle zufrieden sind. Kinder

Info 6
(Fortsetzung)

Situationsorientiertes Arbeiten und die pädagogische Arbeit in Projekten sind Ausdruck einer offenen Planung.

und Jugendliche erfahren hier zudem Formen der so genannten Metakommunikation sowie interner Evaluation.

Bei der Nachbesprechung im Team werden weitere Fragen in den Blick genommen, etwa die Beteiligung oder Nichtbeteiligung bestimmter Kinder, die Zusammenarbeit mit den Eltern, aber auch neue Ideen für weitere Projekte. Selbstverständlich ist dieser Austausch auch schon während der Verlaufsphase notwendig und hilfreich. (Übrigens gilt das auch für die Rückkoppelung mit den Kindern und Jugendlichen!)

Projektarbeit gilt oft als Musterbeispiel der pädagogischen Arbeit mit Kindern und Jugendlichen im Rahmen des situationsorientierten Ansatzes. Situationsorientierte Planung geht einem Projekt jedoch eher voraus, sie mündet in das Projekt ein. Beispielsweise kann die Situation „Kind und Umwelt“ verschiedene Projekte zur Folge haben, etwa „Gestaltung eines Gartenteiches“, „Müll in unserer Straße/Stadt“ oder „Aussaat und Pflege in einem Gartenbeet“.

Gemeinsam – im Sinne von Planung – ist das letztlich offene Ergebnis eines solchen Prozesses. Auch ein Projektthema lässt Spielräume übrig für die vielfältigen Interessen und Impulse aller Beteiligten, ohne dass diese Form der Arbeit ins Beliebige und Unverbindliche abgleitet. Das gemeinsame Fragen und Forschen **mit** den Kindern und Jugendlichen stellt gegenüber den geplanten Angeboten **für** die Gruppe eine andere Qualität der Arbeit einer Erzieherin dar. (Vgl Textor, Martin, Projektarbeit im Kindergarten, aus: Kinderzeit 3/99, S. 13 ff. und 4/99, S. 16 ff.)

Aufgaben und Anregungen

1 Gemeinsamer Erfahrungsaustausch

Erinnern Sie sich doch einmal an Ihren ersten Tag in der Schule oder in der Praktikumseinrichtung. Wie war es dann in der darauf folgenden ersten Woche? Sicherlich fallen Ihnen mehrere Szenen ein, schreiben Sie ein paar solcher Beispiele auf. Ist es Ihren Kolleginnen in der Klasse ähnlich ergangen?

Lesen Sie bitte erst dann weiter, nachdem Sie sich über diese Erfahrungen ausgetauscht haben. Sie können diese Beispiele im Verlauf dieses Kapitels mehrmals in den Blick nehmen.

Viele der Szenen, die in der Aufgabe zusammengetragen wurden, bringen ein gemeinsames Dilemma zum Ausdruck:

Wie finde ich mich hier zurecht – heute, morgen, in der kommenden Woche, in der Ausbildung?

Allgemein formuliert geht es um die Frage: Wie geschieht Orientierung?

Damit die erste Orientierung gelingen kann, werden möglicherweise folgende Versuche unternommen:

- Jemanden ansprechen – wann wird das gewagt? Wer wird ausgewählt?
- Sich einen Sitzplatz „erobern" – und in den nächsten Tagen immer wieder aufsuchen?
- Eine Frage stellen – welche Fragen sind am Anfang besonders wichtig?
- Die Räume erkunden – welche Räume lernt man zunächst kennen?

Eigene Überlegungen, Fragen oder Vermutungen werden oft blitzschnell angestellt:

„Ich schau mal, ob …?",
„Die/Der da könnte doch …?",
„Wo befindet sich eigentlich …?",
„Der/Die da sieht aus/spricht genau so wie …"

Die Absicht, sich zurechtzufinden, geht bereits dem Versuch, dies zu tun, voraus.

2 Zwei Verfahrensweisen der eigenen Planung

Nehmen Sie noch einmal die Beispielszenen zur Hand, in denen Sie Ihren Einstieg in die neue Schule oder das Praktikum dargelegt haben.

Auf welche Weise haben Sie versucht sich zu orientieren? Haben Sie nicht eine gewisse persönliche Strategie verfolgt, um in der Schule oder in der Praxisstelle heimisch zu werden?

- Sie hatten sich für Ihre ersten Fragen vielleicht eine Liste angefertigt? Welche waren das?
- Sie haben diese Fragen in einer besonderen Reihenfolge geordnet? Inwiefern?
- Sie haben wichtige Unterlagen abgeholt oder beantragt (Dienstplan, Stempel für die Monatskarte)?
- Sie haben Ihre Klassenlehrerin oder Praxisanleiterin begrüßt.
- Sie haben Leute angesprochen, weil sie einen freundlichen Eindruck machten?
- Sie haben mit mehreren Personen ein Plakat o.Ä. erstellt und sich dabei näher kennen gelernt?
- Sie haben am nächsten Tag teilweise wieder zusammengearbeitet? Oder neue Gruppen gebildet?
- Sie haben sich in der Schule oder in der Kindertagesstätte zunächst ein paar Mal verlaufen?

Die hier beispielhaft genannten Vorgehensweisen bei der Orientierung lassen sich in zwei Gruppen aufteilen. Manche von ihnen konnten im Voraus eindeutig festgelegt werden, etwa das Abholen eines Dienst- oder Stundenplanes. Auch war abzusehen, dass auf der Seite der Schule oder Praxisstelle eine Ansprechpartnerin für Sie zuständig sein würde (Klassenlehrerin oder Praxisanleiterin).

Weniger deutlich hingegen waren Ihre ersten Schritte, um mit weiteren Personen in Kontakt zu treten. Das war oft eher ein freundliches Herantasten, eine Mischung aus Versuch und Irrtum oder ein Zurückgreifen auf frühere Erfahrungen.

3 Formulieren Sie eine eigene Definition von Planung. Lassen Sie sich dabei von den nachfolgenden Redewendungen anregen.

4 Welcher dieser Aussagen würden Sie spontan zustimmen?

Je genauer du planst, desto härter trifft der Zufall.

Je weniger du planst, desto leichter hat es der Zufall.

Je mehr der Zufall trifft, desto nötiger ist Planung.

Planung ersetzt den Zufall durch Irrtum.

Aufgaben (Fortsetzung)

Plane nicht – und du wirst auch nicht wissen, ob du dich geirrt hast.

Wer exakt plant, irrt genauer.

„Ja, mach nur einen Plan, sei nur ein großes Licht, und dann noch einen zweiten Plan …, geh'n tun sie beide nicht." (Bert Brecht)

5 Welche dieser „Weisheiten" deckt sich am ehesten mit den Erfahrungen aus Ihrem Blockpraktikum?

Nennen Sie Beispiele und tauschen Sie sich darüber aus, inwiefern Sie Gemeinsamkeiten und Zusammenhänge erkennen.

6 Sie haben Beobachtungen/Dialoge und Werke eines Kindes/einer Kindergruppe dokumentiert. Welche Fragen stellen Sie sich, um zu pädagogischen Zielen zu kommen?

Erstellen Sie einen Fragenkatalog.

7 Wie stimmen Sie sich auf die Hospitation Ihrer Mentorin ein? Benennen Sie Befürchtungen.

Was wollen Sie Ihrem Mentor/Ihrer Mentorin zeigen und was werden Sie sie fragen?

Schreiben Sie alle Fragen und Ideen auf und besprechen Sie diese mit einer Mitstudierenden.

8 Skizzieren Sie einen möglichen Projektverlauf zu einem Themenkreis, den Sie sich selbst überlegen. Spekulieren Sie bitte dabei

- über die Anlässe oder Anknüpfungspunkte, aus denen sich ein Projekt anbieten könnte,
- über die möglichen Abschnitte des Verlaufs in einer oder mehreren Arbeitsgruppen,
- über mehrere Möglichkeiten der Präsentation,
- über einige Hilfsfragen, mit denen das Projekt ausgewertet werden könnte.

Bearbeiten Sie die Aufgabe paarweise. Stellen Sie Ihre Projektverläufe der Klasse vor.

4.2 Lernzielorientierung und themenzentrierte Interaktion in der pädagogischen Arbeit

Eine verantwortliche pädagogische Arbeit mit Kindern und Jugendlichen bedarf der regelmäßigen und sorgfältigen Reflexion und Begründung. Im Rahmen dieser Prozesse bedienen sich Erzieherinnen verschiedener Fachbegriffe, um das geplante oder erfahrene pädagogische Geschehen in eigene Worte zu fassen.

Erzieherinnen geraten hierbei in ein Dilemma, denn das Vokabular, das ihnen hierfür zur Verfügung steht, entstammt ausschließlich der Schul- und Unterrichtsdidaktik. „Ziele, Inhalte, Methoden sind Grundkategorien zur Reflexion und Gestaltung von Unterricht." (Hilbert Meyer)

Insofern stellt sich die Frage, inwiefern diese Begrifflichkeit überhaupt tauglich ist, um auch das pädagogische Planen und Handeln von Erzieherinnen angemessen abzubilden und zu reflektieren. Andererseits steht zu erwarten, dass Teile dieser schulisch-didaktischen Modelle auch für Erzieherinnen hilfreich und anregend sein können.

Fragen

✔ *Wie kann man die geplante pädagogische Arbeit von Erzieherinnen angemessen beschreiben und analysieren?*

9610228

Lernzielanalyse

Info 1

Ziele werden gesetzt oder angestrebt; jedoch stimmen die Ergebnisse nicht immer mit den eingangs formulierten Zielen überein. Lernzielorientiertes Arbeiten mit Kindern und Jugendlichen versucht dieses Geschehen zu steuern, indem es empirisch kontrollierbare Zuordnungen macht.

Auf der einen Seite werden die angestrebten Ziele in verschiedene Zielebenen aufgegliedert. So entsteht eine Ziele-Pyramide von

- übergeordneten, allgemein umfassenden Richtzielen (etwa des Trägers einer Einrichtung);
- den Grobzielen (einer Einrichtung), welche auf diese hauptsächlichen Ziele hinweisen;
- hieraus lassen sich Teilziele ableiten, welche als Lernziele in die pädagogische Arbeit einmünden;
- schließlich ergeben sich Feinziele, die den erwünschten und konkreten Lernprozess in Bezug auf eine fest umrissene Aufgabe beschreiben.

Während einige Autoren diese Aufgliederung bevorzugen, sprechen andere etwa von Leitzielen, Richtzielen, Grobzielen und Feinzielen. Manche wiederum beschränken sich auf die Unterscheidung

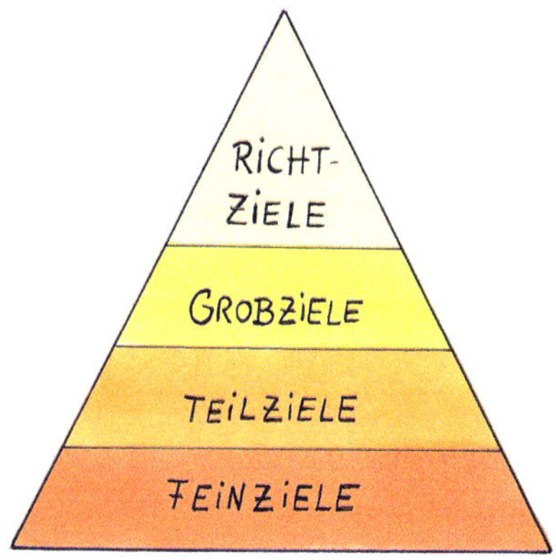

zwischen Fernzielen und Nahzielen. Die Grenzen zwischen diesen Zielebenen sind in jedem Falle fließend.

Wie auch immer die Aufteilung erfolgt, es ist Aufgabe einer Erzieherin, die anfangs unklaren und abstrakten Zielformulierungen „klein zu arbeiten“ (H. Meyer).

Lernzielbereiche

Info 2

Lernziele werden bestimmten Bereichen oder Dimensionen zugeordnet und lassen sich auf diese Weise näher betrachten; man nennt sie

- **kognitive Lernziele,** welche sich auf das Denken, Wissen, Erkennen usw. beziehen;
- **affektive Lernziele,** die nach Fähigkeiten des Gefühlsbereiches verlangen, aber auch nach der Entwicklung von dauerhaften Werthaltungen;
- **psychomotorische Lernziele** beziehen sich auf die manuellen und körperlichen Fähigkeiten;
- **soziale Lernziele** gelten Fähigkeiten des Umgangs mit anderen Menschen.

Nutzen lernzielorientierter Planung

Pädagogische Arbeit ohne Ziele ist nicht denkbar; insofern kann das Lernzielmodell einen hilfreichen Beitrag liefern, damit Erzieherinnen sich ihre eigene pädagogische Arbeit systematisch und rational vor Augen führen können.

Indem sie sich ihrer eigenen Planungs- und Handlungsschritte anhand solcher Ziele vergewissert, kann sich eine Erzieherin auch mit anderen Kolleginnen oder Eltern darüber austauschen.

Info 2
(Fortsetzung)

Problematik lernzielorientierter Planung

Es besteht die Gefahr, dass Kinder und Jugendliche auf diese Form der Planung und Durchführung von pädagogischen Angeboten kaum noch Einfluss nehmen können. Charakteristisch für eine lernzielorientierte Planung ist zudem die Aufteilung ganzheitlicher Lernprozesse des Kindes in verschiedene Teilbereiche. Lernziele aus dem Gefühlsbereich lassen sich ohnehin kaum überprüfen.

Auch inhaltliche sachlogische Zusammenhänge werden durch die Aufgliederung in „größere“ und „kleinere“ Ziele oder durch die Ableitung „von oben nach unten“ oft in unnötiger Weise zerstückelt. Lernziele sollen überprüfbar sein, aber teilweise lassen die komplexen Zusammenhänge eines Lernthemas sich dieser Grundannahme nicht so ohne weiteres unterordnen.

Es soll nicht verschwiegen werden, dass die genannten sowie andere Gründe inzwischen dazu geführt haben, dass in der Erziehungswissenschaft „von diesem Ansatz weitgehend abgegangen wurde“ (Hilbert Meyer). Kritiker weisen darauf hin, dass sich konkretere Ziele nicht einfach aus den allgemeineren Zielen ableiten lassen, weil dabei zusätzliche Merkmale einfließen, die erst eigens begründet werden müssen (Hans Glöckel).

Info 3

Themenzentrierte Interaktion (TZI)

Ruth C. Cohn
(geb. 1912)

Lernen vollzieht sich nicht nur auf einer intellektuellen Ebene, sondern ganzheitlich mit Kopf, Herz und Hand. Die Themenzentrierte Interaktion (TZI) ist eine inzwischen weithin anerkannte Methode, in der sowohl individuelle wie auch zwischenmenschliche und sachliche Aspekte des Miteinanderlernens zu einem pädagogischen Konzept verbunden werden.

Anders als die eben vorgestellten Ansätze ist die TZI kein schuldidaktisches Modell, sondern entstand aus Erkenntnissen und Einflüssen der Gruppentherapie und der Psychoanalyse. In vielen Ländern gibt es heute Institute (WILL – Workshop-Institut für Lebendiges Lernen), in denen man eine TZI-Ausbildung absolvieren kann. Im Jahr 2003 wurden diese Institute umbenannt: Jetzt tragen sie den Namen ihrer Gründerin, Ruth C. Cohn.

Wer ist Ruth C. Cohn?

Ruth C. Cohn wurde 1912 in einer jüdischen Familie in Berlin geboren. Im März 1933 verließ sie Deutschland vor dem ersten Judenboykott und ging zunächst in die Schweiz. Neben dem Universitätsstudium widmete sie sich dort ihrer Ausbildung in der Internationalen Gesellschaft fur Psychoanalyse. Durch die Ereignisse in Deutschland während des Nationalsozialismus ergab sich „die quälende Frage, ob man nicht Psychoanalyse und psychodynamische Kenntnisse nutzen könne, um großen Menschengruppen zu helfen …“ (Ruth Cohn)

1941 emigrierte sie in die USA und entwickelte zusammen mit Kollegen eine Möglichkeit, um den Leitenden von Gruppen in allen Berufen und Tätigkeiten zu einer geeigneten Ausbildung zu verhelfen. 1966 erfolgte die Gründung des Ausbildungs- und Praxisinstituts WILL in New York, 1972 auch in Europa. Seit 1974 lebte Ruth Cohn wieder in der Schweiz und arbeitete lange in der Ecole d'Humanité, einem internationalen Internat.

9610230

„Ehrfurcht gebührt allem Lebendigen und seinem Wachstum. Respekt vor dem Wachstum bedingt bewertende Entscheidungen.“ Ruth C. Cohn

Drei Faktoren bestimmen die Arbeit in einer Gruppe: Struktur – Prozess – Vertrauen. In gegenseitiger Abhängigkeit stehen sie zueinander und im Idealfall sind diese drei Faktoren in einer „dynamischen“ Balance wirksam:

- **Struktur:** Das sind alle Aktivitäten und Entscheidungen, mit denen sich eine Gruppe auf die gemeinsame Arbeit einlässt und sie bearbeitet. Hierzu gehören die Themenstellung, der zeitliche Rahmen, selbst gesteckte Lernziele, Organisationsformen, Übungen, Methoden usw.
- **Prozess:** Von ihrer ersten Zusammenkunft bis zu ihrem letzten Treffen durchläuft jede Gruppe einen Prozess. Dieser ist nur bedingt planbar, weil die einzelnen Gruppenmitglieder Vorerfahrungen mitbringen, Beziehungen zueinander eingehen, miteinander agieren und kommunizieren u. a. m. Wie ein Fluss sucht sich die Gruppe oft mühsam ihren Lauf, indem sie Hindernisse anläuft, sie umgeht, sich verzweigt und dann wieder mit lautem Rauschen vorwärts stürzt.
- **Vertrauen:** Jeder einzelne Teilnehmer möchte in der Gruppe wahrgenommen werden, sich angenommen und sicher fühlen. Seine Entwicklung vom „Etwas-tun-Müssen“ hin zu einem „Etwas-tun-Wollen“ bedarf der Offenheit, des Zuhörens und einer Atmosphäre, die auch Fehler zulässt. (Vgl. Loemer, a. a. O.)

Das TZI-Modell beruht auf verschiedenen Annahmen und Erfahrungen. Indem man sich diese grundsätzlichen Überlegungen vor Augen führt, kann man sich die Prozesse einer Gruppe verdeutlichen und so die eigenen pädagogischen Entscheidungen besser erfassen:

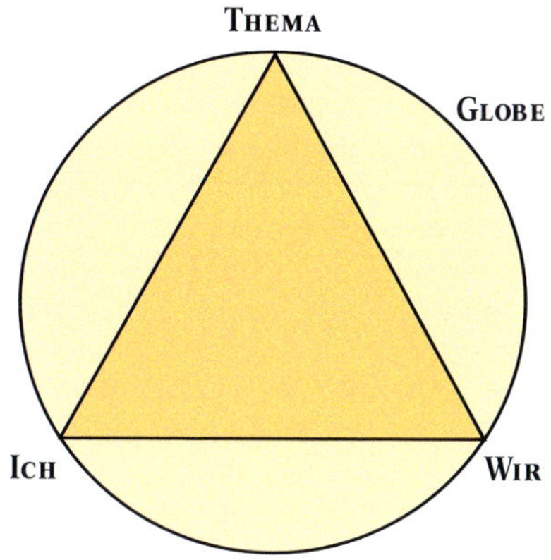

ICH:	die einzelne Person
WIR:	die Gruppe
THEMA:	die Sache
GLOBE:	der Kontext
ZIEL:	eine „dynamische Balance“ zwischen **ICH-WIR-THEMA**

- Autonomie und Interdependenz: Der Mensch ist entscheidungsfrei und abhängig zugleich. Bei aller Eigenständigkeit steht er in Kontakt zu seinen Beziehungswelten (Partner, Familie, Berufswelt, Gesellschaft usw.); die Ereignisse des Lebens bedingen einander in Vergangenheit, Gegenwart und Zukunft. Je mehr ein Mensch diese Verbundenheit wahrnimmt, umso größer sind seine Entscheidungs- und Einflussmöglichkeiten.
- **Wert- und Sinnhaftigkeit:** Diese Grundannahme zielt auf die Förderung des Lebens als Ganzes. Lernen ist nicht nur eine Sache des Intellekts und Verstandes, sondern auch der emotionalen und körperlichen Seiten des Menschen.
- **Innere und äußere Grenzen:** In jeder Situation gibt es Rahmenbedingungen; die Erweiterung solcher Grenzen ist jedoch möglich. Der Mensch ist weder allmächtig noch ohnmächtig. Er ist partiell mächtig.
- **Chairman-Postulat:** Menschen sollen ermutigt werden sich selbst zu leiten. Das heißt, sie sollen ihre Gefühle und Strebungen wahrnehmen (innere Realität), ebenso das Umfeld (äußere Reali-

In einer arbeitenden Gruppe haben die einzelnen Personen (Ich) und die Interaktion untereinander (Wir) und die gemeinsame Sache (Thema) den gleichen Stellenwert.

Info 3
(Fortsetzung)

tät) und eine verantwortliche Entscheidung für die eigenen Handlungen und Nicht-Handlungen (!) treffen.

- **Störungen haben Vorrang:** Im TZI-System steht dieser Begriff für alles (negativ oder positiv), was jemanden davon abhält, am eigentlichen gemeinsamen Thema mitzumachen, obwohl er das gerne möchte. Störungen teilen mit, dass etwas mit der Arbeit oder Beziehung nicht stimmt; sie entziehen Energie für das eigentlich verabredete Vorhaben. Das Störungspostulat erinnert Teilnehmer und Leiter daran, diese Ablenkungen nicht zu ignorieren oder abzuwehren, denn sie sind in jedem Falle wirksam. (Vgl. Langmaack, Barbara, a. a. O.)

TZI und Gruppenleitung

Die TZI ist ein Ansatz mit dem Ziel, sich selbst und andere in einer Gruppe so zu leiten, dass das gemeinsame Lernen angeregt und gefördert werden kann. Für den Leiter einer TZI-Gruppe bedeutet dies, dass er diese Funktion partnerschaftlich ausübt und dass er seine Leitungsfunktion auch an andere Teilnehmende abgeben kann. Die Gruppe selbst soll niemals ohne Leitung arbeiten.

Der Gruppenleiter macht darauf aufmerksam,

- wenn ein Gruppenmitglied langatmig von sich erzählt, obwohl dies momentan nichts mit der Gruppe oder mit dem Gruppenthema zu tun hat (Übergewicht des Ich),
- wenn die Gruppenmitglieder überwiegend Erfahrungen austauschen, welche ohne Bezug zum Arbeitsthema stehen (Übergewicht des **Wir**),
- wenn die Teilnehmer über ein Thema diskutieren, ohne auf die Befindlichkeit einzelner oder die Beziehungen untereinander zu achten (Übergewicht des Themas).

Erzieherinnen gewinnen mithilfe der TZI eine größere Sensibilität und ein tieferes Verständnis für die Abläufe innerhalb einer Gruppe. Dieses Geschehen ist nur teilweise planbar, denn ganzheitliches Lernen ist Sache des Intellekts und Verstandes, gleichzeitig aber auch der emotionalen und körperlichen Seiten des Menschen.

Eine Planungsgeschichte

„Ein Esel, der mit Salz beladen war, musste durch einen Fluss waten. Er fiel hin und blieb einige Augenblicke in der kühlen Flut liegen.
Beim Aufstehen fühlte er sich um einen großen Teil seiner Last erleichtert, weil das Salz im Wasser geschmolzen war. Langohr merkte sich diesen Vorteil und wandte ihn gleich am folgenden Tag an, als er, mit Schwämmen belastet, wieder durch eben diesen Fluss ging.
Diesmal fiel er absichtlich nieder, sah sich aber arg getäuscht. Die Schwämme hatten nämlich das Wasser angesogen und waren bedeutend schwerer als vorher. Die Last war so groß, dass er erlag.
Ein Mittel taugt nicht für alle Fälle."

Langmaack, Barbara/Braune-Krickau, Michael, Wie die Gruppe laufen lernt. Anregungen zum Planen und Leiten von Gruppen. Ein praktisches Lehrbuch, Beltz Verlag, Weinheim 1995 (5. Aufl.), S. 8

9610232

Im Umgang mit Kindern, Jugendlichen und Erwachsenen – sei es in der Gruppe einer Tageseinrichtung, sei es im Team der Mitarbeiter oder sei es in der Begegnung mit den Vertretern der Elternschaft oder des Trägers – kann die TZI für eine Erzieherin als Teil ihrer Professionalisierung von großem Nutzen sein.

Aufgaben und Anregungen

1 Die Teilnehmer in einer Gruppe sprechen sehr häufig in „Man"-Sätzen. In einer Abschlussrunde geben andere oft kein Feedback, sondern äußern Vorwürfe und Anklagen. Suchen Sie nach einer geeigneten Neuformulierung, indem Sie solche Sätze in „Ich"-Aussagen umwandeln. Sie können diese Übung zunächst in einer Kleingruppe gezielt ausprobieren. Aber achten Sie auch einmal bewusst darauf, wenn Sie etwa in verschiedenen Unterrichtsstunden miteinander kommunizieren.

Störungen haben Vorrang, aber nicht jede Nebenbemerkung ist eine Störung. Andererseits gibt es in einer Gruppe immer wieder Seitengespräche. Woran erkennen Sie eine „echte" Störung? Wie kann man Seitengespräche zu Hauptgesprächen machen?

Tauschen Sie sich über diese Fragen miteinander aus.

2 Entwickeln Sie gemeinsam Fragen und Ideen, in denen Grundmerkmale der TZI zum Ausdruck kommen. Formulieren Sie ganz konkret im Hinblick auf die Planung oder Reflexion eines pädagogischen Angebotes, für die Analyse eines Gespräches mit einem Kind, für den Arbeitsprozess in Ihrer Klasse usw.

Verschaffen Sie sich einen weiteren Einblick in das TZI-Modell.

Tipps zum Weiterlesen

Krenz, Armin, *Projekte als Ausdrucks- und Verarbeitungshilfen für Erlebnisse, Erfahrungen und Geschehnisse im Leben der Kinder*, in: ders./Raue, Roswitha, Bewegung im „Situationsorientierten Ansatz". Neue Impulse für Theorie und Praxis, Herder, Freiburg 1997

Laewen, Hans-Joachim/Andres, Beate, *Erziehung als gestaltete Interaktion: I Den Kindern Themen zumuten – II Die Themen der Kinder beantworten*; in: ders./dies. (Hrsg.), Forscher – Künstler – Konstrukteure. Werkstattbuch zum Bildungsauftrag von Kindertageseinrichtungen, Beltz, Weinheim 2002

Langmaak, Barbara, *Einführung in die Themenzentrierte Interaktion. Leben rund ums Dreieck*, Beltz, Weinheim 2004

5 Das pädagogische Freispiel in Tageseinrichtungen für Kinder

Die Studierenden erhalten im Unterricht den Auftrag für das kommende Praktikum, das Freispiel in ihren Einrichtungen zu beobachten und zu gestalten. Aber wieso gestalten?

Susanne weiß nicht genau, was mit dem Begriff Freispiel gemeint ist. Freispiel heißt doch, dass die Kinder freie Zeit zum Spielen haben und die pädagogischen Fachkräfte etwas anderes machen. Oliver ist anderer Meinung und sagt, auch eine Freispielzeit müsse durch den Erzieher gestaltet werden.

In der Klasse entbrennt eine heiße Diskussion über den Begriff Freispiel. Gibt es in jeder Einrichtung Freispiel und wann findet es statt? Renate behauptet sogar, auch im Hort haben die Kinder eine Freispielzeit. Und die Babys und Kleinkinder in altersgemischten Gruppen? Olga ist verunsichert, ob diese schon frei entscheiden können, was und mit wem sie spielen wollen.

Fragen

- *Was bedeutet der Begriff Freispiel?*
- *Welche Bedeutung hat das Freispiel im pädagogischen Alltag?*
- *Gibt es charakteristische Merkmale für das Freispiel?*
- *Wie frei sind Kinder wirklich in ihrem Spiel?*
- *Welche Aufgaben übernehmen die pädagogischen Fachkräfte?*
- *Welche Faktoren müssen bei der Planung des Freispiels beachtet werden?*
- *Wie kann die Freispiel-Umgebung gestaltet und vorbereitet werden?*

Info 1 „Die fünf Freiheiten des Menschen"

„Sehen und hören, was wirklich ist,
nicht:
was sein sollte.
Sagen, was ich denke,
nicht:
was ich denken sollte.
Fühlen, was ich wirklich fühle,
nicht:
was ich fühlen sollte.
Fordern, was ich möchte,
nicht:
immer erst auf Erlaubtes warten.
Risiko eingehen,
ohne sich immer erst abzusichern."

Virgina Satir, In die Welt des Kindes, Heft 3/89

In Bezug auf das Freispiel macht die Aussage von Virginia Satir deutlich, dass dies eine Zeit im Alltag von Kindern ist, die in einem hohen Maße selbstbestimmt ist und in der es Kindern erlaubt ist, sich zwischen unterschiedlichen Wahlmöglichkeiten zu entscheiden. *„Sie sollen ihre Fähigkeiten und ihre eigenen Interessen entfalten können und lernen, die für sie richtige Wahl zu treffen."* (Gerlinde Lill (Hrsg.), Von Abenteuer bis Zukunftsvision. Qualitätslexikon für Kindergartenprofis, Beltz Verlag, Weinheim 2001, 1. Aufl., S. 312)

Die Bedeutung des pädagogischen Freispiels

Info 2

Im Alltag des Kindergartens, der altersgemischten Gruppe, des Hortes und auch der Grundschule lässt sich eine Zeit finden, die als Freispiel oder Freispielzeit bezeichnet wird. Während des Freispiels beschäftigen sich die Kinder weitgehend selbstbestimmt. Die Kinder entscheiden ihrem Entwicklungsstand entsprechend, welche Spiele sie auswählen oder in welchen Räumen sie spielen wollen. Sie entscheiden über ihre Spielpartner, über die Dauer eines Spieles und den Spielverlauf. Häufig spielen die Kinder in Kleingruppen miteinander, jedoch lässt sich auch das Einzelspiel erkennen. Nur sehr selten kommt es in Freispielphasen zu dem Spiel mit der gesamten Gruppe. Die Erwachsenen unterstützen das Kind während des Freispiels, sie lenken sein Spiel jedoch nicht. Mehr zu den Aufgaben der Erzieherin unter Info 4.

Das Spiel ist die spontane Lebens- und Verstehensform des Kindes sich mit seiner Umwelt und sich selber auseinander zu setzen. Kinder machen bei dieser Auseinandersetzung Erfahrungen, die sie, im Gegensatz zu Erwachsenen, nicht nach „sinnvoll, nützlich“ oder „sinnlos, unnütz“ unterscheiden. Sie leben prozess- und nicht produktorientiert. Sie lernen nach ihrem Tempo und Wissensstand.

Kinder sind kompetente Menschen, die selbsttätig lernen.

Das Kind kann während des Freispiels eigene Erfahrungen sammeln, d. h. den Kindergarten, den Hort usw. eigenständig *„erobern“*. Es kann sein Spiel und seine Tätigkeiten so oft wiederholen und üben, wie es will. In gezielten pädagogischen Angeboten der pädagogischen Fachkräfte ist dies häufig nicht möglich. Im Freispiel hat das Kind die Möglichkeit, seinen Bedürfnissen, Fähigkeiten, Stärken und Interessen neugierig nachzugehen.

Dieser Eigenaktivität will das Freispiel in Tageseinrichtungen für Kinder *„Raum geben“*. Sich für Tätigkeiten zu entscheiden und sich selber zu beschäftigen führt zu einer immer größeren Selbstständigkeit.

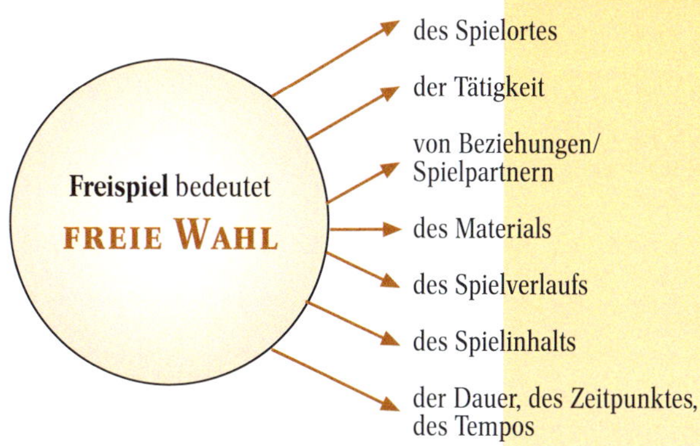

nach: Lorenz, Gerda, Freispiel im Kindergarten. Chancen seines bewussten Einsatzes, Herder Verlag, Freiburg im Breisgau 1995, 8. Aufl. (Praxisbuch Kindergarten)

Info 2
(Fortsetzung)

Beispiel: Max (vier Jahre) sucht sich seit vier Tagen immer wieder das gleiche Puzzle aus und spielt es häufig vier- bis fünfmal hintereinander. Dabei sitzt er alleine am Tisch und wirkt in sich gekehrt. Er bekommt die Spiele der anderen Kinder nicht mit. Mit jedem Mal wird sein Puzzeln geschickter. Am Ende der Woche zeigt er seiner Mutter das Puzzle, als sie ihn in den Kindergarten bringt. Er ist stolz auf seine erreichte Leistung. In der nächsten Woche sieht man ihn häufig mit Florian (viereinhalb Jahre) spielen, das Puzzle jedoch steht unberührt im Regal.

Kinder brauchen andere Kinder für ihr Lernen.

Die Kinder nehmen Lernmöglichkeiten an, die dem Stand ihrer Persönlichkeitsentwicklung entsprechen und versuchen diese zu befriedigen. Sich an Neues heranzuwagen, entspricht dabei der kindlichen Neugierde. Damit eventuell verbundene Misserfolge auszuhalten, neu zu beginnen und Tätigkeiten zu üben, gehören ebenfalls zum Aufbau eines positiven Selbstkonzeptes dazu.

Unterschiedliche Funktionsecken bzw. -nischen (z.B. Bauteppich, Tische oder Teppichflächen zum Spielen und Puzzeln, Flächen zum Malen und Gestalten, Computertisch) stehen den Kindern dafür zur Verfügung. Die pädagogischen Fachkräfte dürfen sich in dieser Phase als Entwicklungsbegleiter verstehen. Durch Beobachtungen stellen sie fest, welche Entwicklungsschritte das Kind macht. Darauf baut jede weitere pädagogische Planung der Arbeit in Tageseinrichtungen für Kinder auf.

Im Freispiel lernt das Kind, auf andere Kinder zuzugehen und Kontakt zu ihnen aufzunehmen. Es kann andere Kinder in ihrem Tun beobachten, ähnliche Interessen entdecken, anderen helfen und Kinder zum gemeinsamen Spiel anregen. Kinder, die gerade noch alleine an einem Tisch saßen, sind in der nächsten Minute auf dem Bauteppich und bauen mit anderen den höchsten Turm, den es jemals in der Kindertagesstätte gab.

Das Kind lernt im Freispiel, dass es nicht alleine ist. Das Leben in der Gruppe erfordert von jedem Kind, sich mit den anderen Gruppenmitgliedern auseinander zu setzen. Es muss Gruppen- und Spielregeln beachten, die im Zusammenleben wichtig sind, Rücksicht nehmen, Toleranz üben, teilen und sich durchsetzen. Außerdem erfährt es, dass Kinder und Erwachsene andere Bedürfnisse, Meinungen, Wünsche, Fähigkeiten usw. haben können. Zum Beispiel könnte ein Kind den Wunsch nach einem gemeinsamen Spiel verneinen.

Das freie Spiel schafft Möglichkeiten für den Aufbau sozialer Beziehungen und fördert die Kommunikation der Kinder. Phasenweise werden kleine „Lernteams" gebildet. Darunter sollen kleine Kindergruppen verstanden werden, die eine Zeit lang gleiche Interessen verfolgen. Diese Lernteams wechseln ständig. Sie erfahren durch das Lernen in Gruppen auch, dass sie gemeinsam stärker sind.

Alltägliche Eindrücke, positiver wie negativer Art, können im Freispiel verarbeitet werden. Die unterschiedlichen Bereiche des Freispiels bieten Möglichkeiten, Eindrücke nachzuerleben und nachzuvollziehen. Das häufig beobachtete Vater-Mutter-Kind-Spiel in der Puppenecke ist nur eine Form der Bearbeitung von erlebten Situationen. *„So tun als ob"* oder *„Was wäre, wenn …"* zählen zu den Spielvariationen der Kinder, um Situationen durchzuspielen, in andere Rollen zu schlüpfen und eventuell nach neuen Lösungen zu forschen.

Das pädagogische Personal der Tageseinrichtung muss dafür Sorge tragen, dass die Bedürfnisse der Kinder während des Freispiel gleichermaßen befriedigt werden. (Vgl. Lebensraum Kindergarten, S. 21.)

Kinder haben das Bedürfnis,

- Kontakt zu anderen Kindern aufzunehmen
- alleine zu spielen
- aktiv zu sein, sich bewegen zu können
- unbeobachtet, ungestört zu spielen (ohne den Blick der Erwachsenen)
- sich auszuruhen, nichts zu tun (man muss nicht immer sichtbar aktiv sein)
- eigene Ideen umzusetzen
- Ideen anderer Kinder und auch Erwachsener aufzugreifen
- lange im Spiel zu verweilen
- ein Spiel abzubrechen
- sich alleine in der Tageseinrichtung bewegen zu können
- Nähe und Zuwendung des Erwachsenen erleben zu können.

Grenzen, Regeln, Strukturen des Freispiels

Info 3

In vielen Tageseinrichtungen wird die Freispielzeit immer weiter ausgedehnt, sodass die dargestellten Bedürfnisse der Kinder große Beachtung finden können. Trotzdem gibt es für die Kinder während der Freispielzeit auch natürliche Grenzen oder Einschränkungen der Freiwilligkeit. (Vgl. Lorenz, a. a. O., S. 36 ff.)

Die Wahlmöglichkeit des Spielortes beschränkt sich z.B. auf die Anlage des Kindergartens. Welche Räume und Außenflächen die Kinder allerdings nutzen dürfen, ist von Einrichtung zu Einrichtung verschieden. Die offene Arbeit bietet Kindern z.B. die Möglichkeit, alle Räume der Einrichtung nach freier Wahl nutzen zu können (vgl. Lf 3 Kapitel 2.1). Viele Einrichtungen verwenden für die Orientierung der Kinder und die eigene Aufsichtspflicht so genannte Aufenthalts-Pinnwände. Die Kinder zeigen mithilfe einer Wäscheklammer mit ihrem Namen oder anderen Symbolen ihren momentanen Aufenthaltsort an, indem sie die Klammer an das Foto des jeweiligen Raumes an der Pinnwand befestigen.

Info 3
(Fortsetzung)

Dadurch erweitert sich natürlich auch die Gruppe der möglichen Spielpartner und das zur Verfügung stehende Material. Die pädagogischen Fachkräfte können dadurch auch mit Kindern anderer Gruppen in Kontakt treten und fühlen sich für alle Kinder der Tageseinrichtung verantwortlich. In anderen Tageseinrichtungen für Kinder stehen den Kindern in der Regel nur der Gruppenraum und Nebenraum zur Verfügung. Je nach Alter und Entwicklungsstand des Kindes bieten diese überschaubaren Räumlichkeiten den Kindern aber auch Sicherheit, Vertrautheit, Ruhe und eine Orientierungshilfe. Dies wird besonders in Gruppen, in denen auch Kinder unter drei Jahren betreut werden, deutlich. Trotzdem sollte auch in altersgemischten Gruppen die gruppenübergreifende Zusammenarbeit im Vordergrund stehen, denn sonst besteht die Gefahr, dass die „Großen" immer nur Rücksicht nehmen müssen und die „Kleinen" nicht stören dürfen.

Das spielende Kind lenkt seine Aufmerksamkeit uneingeschränkt und aus eigenem Antrieb auf seine Tätigkeit.

Die Verweildauer einer Tätigkeit wird durch die Strukturierung des Tagesablaufes eingeschränkt, denn jede Freispielphase endet irgendwann. Es ist wichtig, dass Kinder rechtzeitig über das bevorstehende Ende informiert werden. Sie sollten die Möglichkeit erhalten ihr Spiel bzw. die Tätigkeit beenden zu können. Kinder brauchen genügend Zeit und z. T. auch Hilfestellung während der Aufräumphase.

Häufige Unterbrechungen oder frühzeitiges Abbrechen des Spiels sollten verhindert werden und das Kind mit seiner Gabe, „sich auf eine Sache konzentrieren zu können", gestärkt werden.

Im Hort und in der Ganztagsschule ist die Freispielphase sehr häufig durch den großen Bereich der Hausaufgabenbetreuung oder angebotener AGs (Musik-AG, Töpfer-AG, Theater-AG usw.) zeitlich stark eingeschränkt. In den Ferien ist zu beobachten, dass trotz besonderer Ferienangebote die Kinder die tägliche längere Freispielphase sehr genießen. Schulkinder suchen nach Freizeitmöglichkeiten mit Gleichaltrigen.

Das Bedürfnis, alleine spielen zu wollen oder – alleine sein zu wollen – wird in einer großen Kindergruppe ebenfalls eingeschränkt. Selbst die Anwesenheit anderer Menschen in einem Raum beeinflusst das Spiel des jeweiligen Kindes (Gespräche, Lärm usw.). Sich den Einflüssen der Gruppe zu entziehen, ist unrealistisch. Dieser Aspekt verdeutlicht, wie wichtig auch die räumliche Gestaltung für das Freispiel ist. Ecken und Nischen, Räume, deren Türen geschlossen werden dürfen, bieten Kindern Rückzugsmöglichkeiten aus der Gesamtgruppe.

Jedes Freispiel beinhaltet auch Regeln. Diese sollten der Einrichtung angepasst sein und können mit den Kindern gemeinsam erarbeitet werden. Hier sollten Erzieherinnen Vertrauen in die Fähigkeiten von Kindern besitzen. Nicht immer muss *„Gebautes"* sofort weggeräumt werden, der Stolz des Erbauers kann durch das Stehenlassen bis zum nächsten Tag gewürdigt werden. In vielen Einrichtungen können Kinder ihre Namensschilder oder -bilder auf das Bauwerk legen und machen so deutlich, dass das Gebaute bis zum nächsten Tag stehen bleiben darf.

„Bei uns dürfen nur drei Kinder in die Puppenecke." Eine Regel, die es noch in vielen Einrichtungen gibt. Auch hier lohnt es sich, mit Kindern ins Gespräch zu gehen und gemeinsam zu überlegen, ob sie selber die Anzahl der Kinder bestimmen wollen, die mitspielen dürfen.

Die Rolle der pädagogischen Fachkräfte im Freispiel

Info 4

Für manche Beobachter mag es so aussehen, als würden sich pädagogische Fachkräfte während des Freispiels sehr passiv verhalten bzw. Kinder in ihrem Tun nur beaufsichtigen oder nur ein wenig mit den Kindern spielen. Bei gezielten Aktivitäten treten sie dagegen sichtbar in Aktion. Vorurteile wie z. B.: *„Im Kindergarten wir ja nur gespielt - so einen Job hätte ich gerne einmal"*, haben in diesen Beobachtungen ihren Ursprung.

Die Merkmale des freien Spiels weisen allerdings nicht darauf hin, dass Unterstützung und Hilfestellung durch die pädagogischen Fachkräfte unnötig werden. Die benötigten Kompetenzen und Fertigkeiten, eine Freispielphase für Kinder zu gestalten, *„sieht man erst auf den zweiten Blick."*

Wesentliche Aspekte in der Planung und Gestaltung des Freispiels sind zum einen das eigene Selbstverständnis der Fachkräfte (siehe Lernfeld 1, Kapitel 2 und Lernfeld 2, Kapitel 4), das jeweilige Menschenbild und die Rahmenbedingungen der Einrichtung. Diese Aspekte nehmen Einfluss auf die Freiheit, die Fachkräfte den Kindern gewähren:

- Wie selbstsicher ist die Fachkraft?
- Welchen pädagogischen Wert hat das Freispiel für sie?
- Welchen Vertrauensvorschub erhalten die Kinder von ihr?
- Welcher Leitungstyp ist die Fachkraft? Führt sie gerne?
- Welche Regeln stellt die Einrichtung auf?
- Welche Räumlichkeiten können genutzt werden?

Allgemein gültige Aussagen über die Rolle pädagogischer Fachkräfte im Hinblick auf das Freispiel zu treffen ist daher schwierig, da das Freispiel von den oben beschriebenen Faktoren abhängig ist. Es gibt keine „Rezepte" für die richtige Vorgehensweise.

> „Um ihre emotionalen Fähigkeiten im Spiel entwickeln zu können, brauchen Kinder Erzieherinnen, die ihr Unabhängigkeitsstreben unterstützen. Dies geschieht am besten, indem sie ihnen zuhören, ihre Gefühle, von denen sie in Spielen erzählen, ernst nehmen (selbst wenn sie diese nicht nachvollziehen können), sie bei ihren Spielaktivitäten ermutigen und sie behutsam durch eigene Ideen herausfordern."
>
> Bildungsvereinbarung NRW 2003

Info 4
(Fortsetzung)

Es ist für ein Team wichtig, über die Notwendigkeit von Regeln und Grenzen nachzudenken, sie individuell zu verändern und sich im Team und mit Kindern darüber auszutauschen.

Absprachen im Team über konkrete Aufgaben während einer Freispielphase im Tagesablauf einer Einrichtung sind ebenfalls sehr sinnvoll. Wer kann sich Zeit nehmen für geplante Beobachtungen? Wer ist für die Aufsicht im Flurbereich zuständig? Wer kümmert sich um den Frühstücksbereich? Wer bietet spezielle pädagogische Angebote während der Freispielphase an?

Interessierter Begleiter

Dabei sein bedeutet aber nicht nur im Gruppenraum zu sitzen, sondern verlangt von den Mitarbeitern eine wirkliche Präsenz. Der Platz im Raum muss dabei gut gewählt werden, um alle Kinder im Blick zu haben.

Kinder gewähren lassen, ohne sich direkt einzumischen

Wenn Kinder signalisieren, dass sie Hilfe benötigen, sollen Impulse zur Problem- bzw. Konfliktbewältigung gegeben werden. Häufig benötigen Kinder nur Anstöße, Vorschläge, Alternativen. Maria Montessoris pädagogischer Grundsatz für Erzieher, Hilfe zur Selbsthilfe zu geben, ist bei der Begleitung des Freispiels von großer Bedeutung. Mehr zur Person Maria Montessori in Lernfeld 3, Kapitel 3.2.

„Hilf mir, es selbst zu tun!"
Maria Montessori

Spielimpulse geben oder das aktive Mitspielen verlangen ein hohes Maß an Sensibilität und Flexibilität. Es kann sich dabei z. B. um die Ermutigung handeln, sich mit einem neuen Material auseinander zu setzen, das Angebot, sich in einen anderen Raum zu begeben (z. B. Turnraum) oder dem Wunsch eines Kindes *„Spielst du mit mir?"* nachzugehen. Das Mitspielen ist nur dann möglich, wenn die kindliche Eigeninitiative durch den Erwachsenen nicht gehemmt wird, d. h., wenn es sich um gleichberechtigte und gleichwertige Spielpartner handelt.

Mitspielen „öffnet Türen", schafft Beziehungen.

Pädagogische Fachkräfte spielen z. B. mit, um neue Spiele einzuführen oder um kontaktschwachen Kindern in einer Spielgruppe zu helfen. Durch die teilnehmende Beobachtung (siehe Lernfeld 2, Kapitel 3.3) erfährt der Erwachsene, wann es angezeigt ist, sich zurückzuziehen oder andere Kinder zu integrieren. Viele Kinder erleben Erwachsene leider immer seltener als gleichberechtigten Spielpartner. Wer hätte nicht Spaß daran, mit seiner Erzieherin im selbst gebauten Pappkarton-Feuerwehrauto durch den Gruppenraum zu düsen oder mit ihr in der Tobe-Ecke eine Kissenschlacht zu machen. „Für Kinder bedeutet es sehr viel, wenn wir mit ihnen spielen, uns genauso ernsthaft aufs Spiel einlassen wie sie selbst und damit die ihnen gemäße Form der Auseinandersetzung mit der Welt und sie als Person ernst nehmen, in ihre Fantasie eintauchen, ihre Rollenwahl akzeptieren und die überlegene Erwachsenrolle ablegen." (Lill (Hrsg.), a. a. O., S. 131)

9610240

Bei Schulkindern ist zu beobachten, dass sie sich im Spiel immer mehr vom Erwachsenen lösen und sich Gleichaltrigen als Spielpartner zuwenden. Allerdings wird die Bezugsperson im Hort, der Ganztagsschule oder auch im Jugendfreizeitbereich gerne als Gesprächspartner aufgesucht.

Erzieherinnen begleiten das Tun und Spiel der Kinder auch durch verbale Äußerungen. Leider sind diese häufig „negativ“ formuliert.

„Pass auf, dass du nicht hinunterfällst!“
„Ihr wisst, dass ihr im Waschraum nicht mit Wasser matschen sollt.“
„Drück nicht so fest auf den Buntstift, sonst bricht die Spitze ab!“
„Nimm nicht so viel Essen auf deinen Teller!“
„Ihr sollt nicht im Flur rennen!“
„Fahr nicht so schnell mit dem Roller!“

Erwachsene sagen, was Kinder nicht tun sollen. Kinder sollen aber das tun, was ihnen nicht mitgeteilt wurde. „Wirf deine Hausschuhe nicht durch den Flur!“ statt „Stell deine Hausschuhe in dein Schuhfach.“ Diese und andere Formulierungen sind während des Alltags im Kindergarten und innerhalb der Familie immer wieder zu hören.

„Die Verarbeitung ‚nein‘ oder ‚nicht‘ ist für das menschliche Gehirn wesentlich aufwändiger als die Umsetzung positiver Aussagen.“ (Neumeyer, Annalisa, Fall nicht. Warum Kinder vom Klettergerüst fallen, obwohl wir ihnen immer wieder sagen, dass sie nicht herunterfallen sollen, in: Kindergarten heute 11–12/1995) Ein Kind vergegenwärtigt sich zuerst das Hinunterfallen vom Klettergerüst. Dieser Gedanke muss dann verdrängt werden. Nun muss es sich überlegen, was stattdessen zu tun ist (sich gut mit beiden Händen festhalten und einen sicheren Stand suchen).

So genannte „Nicht-Sätze“ verunsichern insbesondere die Kinder, denen eh viele Dinge nicht direkt gelingen. Aus Angst vor Misserfolgen können sie sich zurückziehen. Erwachsene begleiten das Tun der Kinder dann auch noch durch negative Aussagen, was alles *„schief gehen kann“*. In vielen Fällen *„geht dann auch alles schief“*. Diese Form der Kommunikation kann wichtige Entwicklungsschritte hemmen und das Selbstwertgefühl eines Kindes beeinträchtigen.

Warum verwenden Erwachsene *„Nicht-Sätze“* und negative Äußerungen? Diese Formulierungen fallen uns zuerst ein, weil wir in der Regel über die negativen Folgen bestimmter kindlicher Handlungsweisen nachdenken. Wir wollen Kinder zum einen vor Gefahren schützen, zum anderen bestimmtes Verhalten *„im Keim ersticken“*.

An anderer Stelle wird außerdem noch deutlich, wie wichtig es ist, eigenes Sprachverhalten zu reflektieren. Je jünger Kinder z. B. sind, desto präziser muss die Anweisung sein, die wir ihnen geben. „Alle räumen auf“ kann bei Kindern zu Handlungsunfähigkeit führen, wo hingegen die Anweisung „Bitte bring die Bausteine in die blaue Kiste“ direkt ausgeführt wird. (Vgl. Neumeyer, a. a. O., S. 40 ff.)

Kinder brauchen positive, klar verständliche und konkrete Handlungsweisen.

Die konkreten Handlungsweisen pädagogischer Fachkräfte während der Freispielphase sind breit gefächert. Hier noch einmal im Schaubild zusammengefasst.

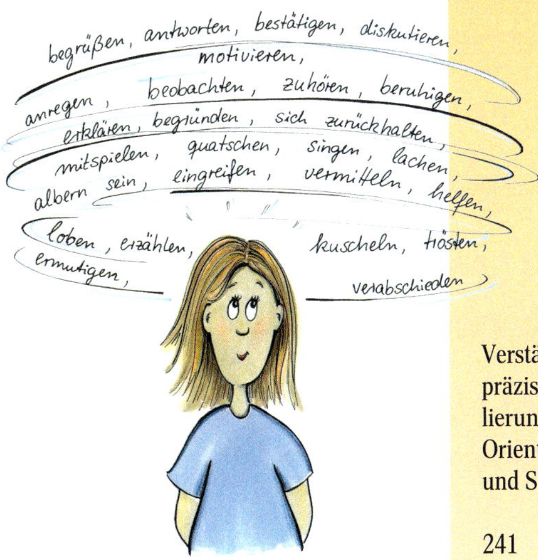

Verständliche, präzise Formulierungen geben Orientierung und Sicherheit

Info 4 (Fortsetzung)

Die pädagogische Fachkraft

- plant die notwendige und ausreichende Zeit für das Freispiel ein
- bietet geeignete und ausreichende Spielflächen im Raum und im Freien an (Rückzugs-, Bewegungs- und Aktionsmöglichkeiten)
- stellt ausgewählte anregende (Spiel-)Materialien bereit
- bezieht Kinderwünsche in die Raumgestaltung und Materialauswahl mit ein
- bezieht Impulse, Materialien usw. aus gezielten Aktivitäten in das Freispiel mit ein
- erarbeitet Gruppen- und Spielregeln mit den Kindern und sorgt gemeinsam für die Einhaltung
- greift bei Gefahren im Rahmen der Aufsichtspflicht ein
- beobachtet Kinder in ihrem freien Spiel
- ist beim Spiel der Kinder dabei, gibt Spielimpulse, regt Kinder an zum Mitspielen
- steht als Gesprächspartner bereit.

Info 5

Eine anregende Spielumgebung schaffen

Räume prägen Menschen – Menschen prägen Räume

Aus der Psychologie weiß man, dass Räume den Menschen in seinem Verhalten und seinen Gefühlen beeinflussen können. Räume können Zufluchtsort, Lernort und die Basis für das „Sich-Hinauswagen" sein. Genauso können Räume auch gemieden werden.

Kinder erleben und erfahren Räume, wenn sie in ihnen lebendig sein dürfen. In vielen unterschiedlichen pädagogischen Handlungskonzepten wird der Gestaltung der Spielumgebung große Bedeutung beigemessen (siehe Lf 3, Kapitel 3.4). In der Reggio-Pädagogik spricht man z. B. von „dem Prinzip des ‚Raumes als dritter Erzieher', was meint, dass anregende Materialien und transparente räumliche Strukturen den Kindern freie Erkundungen und autonome Lernschritte ermöglichen." (Dreier, Annette, Was tut der Wind, wenn er nicht weht? Begegnung mit der Kleinkindpädagogik in Reggio Emilia, FIPP-Verlag, Berlin 1993, S. 36)

Die Montessori-Pädagogik legt großen Wert auf die pädagogisch gestaltete vorbereitete Umgebung und sieht darin eine Hauptaufgabe des Erwachsenen. Sie spricht davon, dass das Material ästhetisch und auffordernd und hinreichend stabil sein muss. Das Material ist für Maria Montessori der *„Schlüssel zur Welt"*. Die Materialpflege und Ordnung sind von großer Bedeutung. *„Nur in freier Wahl kann nach Montessori das Kind sein Wesen und seine Interessen, seine Begabungen und Kreativität offenbaren, sich selbst erkennen und entwickeln."* (Vgl. Schmutzler, Hans-Joachim, Fröbel und Montessori. Zwei geniale Erzieher. Was sie unterscheidet, was sie verbindet. Praxishilfen Kindergarten, Hort, Schule, Herder Verlag, Freiburg 1991, S. 122 ff., 3. Aufl.)

Die Nutzung, Gestaltung und Ausstattung der Räumlichkeiten und des Außen-geländes einer Tageseinrichtung für Kinder sollte sich an den Interessen und Aktivitäten der Kinder orientieren. Es geht in erster Linie nicht darum, dem Geschmack der pädagogischen Fachkräfte zu entsprechen. Dekorative Elemente der Raumgestaltung stehen für Kinder eher im Hintergrund. Ein Team muss sich Gedanken über die jeweiligen Kindergruppen der Einrichtung machen:

- Welche Altersgruppen besuchen unsere Einrichtung?
- Welche Interessen haben sie? Was tun sie gerne?

- Welche Aktionsmöglichkeiten bieten wir zurzeit an?
- Wo finden Kinder bei uns Rückzugsmöglichkeiten?
- Brauchen einzelne Kindergruppen einen Raum für sich? Etwas „Eigenes"?

Die Kindergruppen müssen aktiv in den Prozess einbezogen werden. Ihre Vorstellungen und Wünsche sollten berücksichtigt werden (vgl. Lill, a. a. O., S. 79 f.). Dies geschieht durch Beobachtungen der pädagogischen Fachkräfte und durch konkrete Gespräche mit Kindern (z. B. in Form eines wöchentlich stattfindenden Kinderforums). Es geht darum, Atmosphäre zu schaffen. Räume prägen unser Verhalten, aktiveren oder beruhigen uns, fördern Kommunikation (z. B. ein Frühstückscafé als Gemeinschaftsraum für die gesamte Einrichtung) und schaffen oder vermeiden Konflikte. Kinder wollen „Spuren hinterlassen", Räume mitprägen. Kurzfristig können sie das z. B. durch eigene Arbeiten (Bilder, Werke), die ausgestellt werden. Langfristiger werden sie durch die Fachkräfte an der Raumgestaltung beteiligt.

In Info 4 wurde bereits erwähnt, dass es zu den Aufgaben der pädagogischen Fachkräfte zählt:

1. **Rückzugsmöglichkeiten,**
2. **Bewegungsmöglichkeiten und**
3. **Aktionsmöglichkeiten**

für die Kinder im Freispiel anzubieten.

Die meisten Tageseinrichtungen für Kinder haben ihre Räumlichkeiten mit Funktionsecken – Raumteilverfahren – (Konstruktionsteppich, Rollenspielecke, Leseecke) oder aber sogar mit Funktionsräumen (Malatelier, Entspannungsraum, Kuschelraum, Toberaum, Bewegungsbaustelle, Experimentierlabor) ausgestattet. Auch Flure und Waschräume können zum Bewegen, Spielen und Entdecken einladen. Ein langer Flur motiviert Kinder, zu rennen und zu tanzen. Warum nicht? Ein Tesakreppstreifen auf dem Boden könnte z. B. an Regentagen als Balancierbalken dienen. Der Flur kann zum Begegnungsraum der Einrichtung werden.

Das Außengelände sollte Kindern im Freispiel ebenfalls als Lebensraum die oben genannten drei Möglichkeiten bieten. Durch Hügel, Sträucher, Weidentunnel, Höhlen, Wasserquellen, Beete, Bäume, Matsch, Rasen, Sand usw. kann ein naturnahes Außengelände gestaltet werden. Hier können Kinder rennen, sich verstecken, Pflanzen und Tiere beobachten,

Info 5
(Fortsetzung)

matschen, balancieren, hüpfen usw. Die Jahreszeiten und das damit verbundene Wetter beeinflussen das Freispiel im Freien natürlich im großen Maße. Angemessene Kleidung ermöglicht auch ein Freispiel im Regen. In vielen Einrichtungen dürfen Kinder mittlerweile auch in kleinen Gruppen während der Freispielzeit auf das Außengelände.

Die Aufgabe der pädagogischen Fachkräfte während des Freispiels auf dem Außengelände unterscheidet sich nicht von den Aufgaben innerhalb der Einrichtung. Es handelt sich bei der Freispielzeit im Freien um keine Pausenzeit der Fachkräfte, in der private Gespräche und die allgemeine Aufsichtspflicht im Vordergrund stehen.

Bei der Planung und Gestaltung der Räumlichkeiten sollten folgende Aspekte berücksichtigt werden:

- Inventar sollte variabel nutzbar sein und möglichst wenig fest installiert sein (Multifunktionalität).
- Inventar muss nicht „designerfrisch aus dem Katalog entspringen“ – schlichter und billiger kann auch fantasievoller sein.
- Material, Spiele und Ausstattung auswählen und der jeweiligen Funktionsecke/dem jeweiligen Funktionsraum zuordnen und den Kindern freien Zugang ermöglichen.
- „Weniger ist mehr“ (siehe Lernfeld 3, Kapitel 3.1, Info 3: Spielzeugfreier Kindergarten).
- Raumteiler, Regale, Podeste, zweite Ebenen schaffen Ecken und Nischen.
- Licht (helle Leseecke, dunkle Nischen) und Bodenverhältnisse beachten.
- Ruhige Funktionsecken und Rückzugsmöglichkeiten nicht neben sehr aktiven Bereichen anordnen („laute und leise Bereiche“).

9610244

Info 5

- Tische und Stühle reduzieren, kleine Spielteppiche einsetzen.
- Räumlichkeiten und Material mit den Kindern zusammen pflegen und instand halten.

Spielmaterial sollte einen hohen Aufforderungscharakter haben, viele unterschiedliche Erfahrungen ermöglichen, Bedürfnissen unterschiedlicher Entwicklungsstufen entsprechen.

Fazit

Das Spiel ist die kindliche Form der Auseinandersetzung mit der Umwelt. Mit allen Sinnen entdeckt das Kind in einem geschützten und vorbereiteten Rahmen zusammen mit anderen Interaktionspartnern neugierig Materialien, Tätigkeiten, Spielinhalte und -verläufe. Die kindliche Eigenaktivität, Entscheidungen treffen für oder gegen etwas und das Aushandeln von „Spielregeln“ mit Anderen, fördern dabei insbesondere die Selbständigkeit, das Selbstbewusstsein und die sozialen Kompetenzen des Kindes. Pädagogische Fachkräfte begleiten diese Prozesse feinfühlig und flexibel.

Aufgaben und Anregungen

1 Was verstehen Sie unter dem Begriff Freispiel? Schreiben Sie alle Vermutungen dazu auf und tauschen Sie sich in der Klasse aus.

2 „Morgens passiert ja nicht so viel im Kindergarten, da spielen die Kinder ja nur!“ Dies ist ein Satz, den Freunde oder Eltern häufig zu Erzieherinnen und Erziehern sagen. Beziehen Sie Stellung zu diesem Satz.

3 Welche Aufgaben hat die Erzieherin/der Erzieher während des Freispiels? Notieren Sie Ihre Ideen. Überprüfen Sie Ihre Notizen, indem Sie im Praktikum pädagogische Fachkräfte während des Freispiels beobachten und zu dem Thema interviewen.

4 Erstellen Sie einen Katalog von Freiheiten, die ein Kind während der Freispielzeit erleben kann.

5 Welche Grenzen bzw. Einschränkungen beobachten Sie während des Praktikums in Ihrer Einrichtung? Erleben Sie ein gruppenübergreifendes Freispielangebot? Welche Räume können von den Kindern genutzt werden?

6 Bedenken Sie bei der Nutzung vieler Räumlichkeiten für das Freispiel auch den Aspekt der Aufsichtspflicht. Worauf müssen Sie achten?

7 Schreiben Sie die Freispielregeln auf, die in Ihrer Einrichtung gelten. Fragen Sie nach Begründungen und beobachten Sie im Freispiel, wie und ob diese Regeln ein-

Aufgaben
(Fortsetzung)

gehalten werden. Was geschieht in der Gruppe, wenn Regeln nicht eingehalten werden? Wie reagieren die Kinder untereinander, wie das Personal?

Beispiele:
a) Alle Kinder ziehen Hausschuhe an.
b) Kinder und Erwachsene begrüßen sich gegenseitig am Morgen.
c) Das Frühstücksgeschirr wird gespült und wieder auf den Tisch gestellt.

8 Im Folgenden sind zwei Freispielszenen dargestellt, in denen Kinder mit einer Frage auf Sie zukommen. Formulieren Sie angemessene Antworten (wörtliche Rede).

a) Sebastian und Benjamin haben Schiffe gefaltet und fragen Sie, ob sie diese im Waschraum schwimmen lassen können. Der Waschraum ist ca. zehn Meter von der Gruppe entfernt. Sie geben beiden eine positive Antwort und stellen bestimmte Regeln auf.
b) Julian und Lisa wollen mit Musikinstrumenten in der Gruppe spielen. Der Nebenraum ist momentan besetzt. Sie unterhalten sich gerade mit einer Mutter. Sie verneinen die Bitte der Kinder und begründen diese Aussage.

Vergleichen Sie in Kleingruppen Ihre möglichen Aussagen miteinander.

9 Erläutern Sie die folgende Aussage im Hinblick auf das Freispiel:

„Mir nach – ich folge euch!“

10 Beobachten Sie ein Kind während der Freispielphase und schreiben Sie alle Aktivitäten des Kindes auf. Erstellen Sie ein „Freispiel-Porträt“ des Kindes. Schreiben Sie kleine Begebenheiten über das Verhalten des Kindes im Freispiel auf und stellen Sie das Kind im Unterricht vor.

11 Entwerfen Sie in Kleingruppen einen Gruppenraum einer altersgemischten Gruppe, in der sich auch Kinder unter drei Jahren befinden. Zeichnen Sie den Grundriss auf einem DIN-A3-Blatt auf. Berücksichtigen Sie bei der Aufteilung und Gestaltung mögliche Raumteilverfahren, Funktionsecken.

12 Versuchen Sie die folgenden negativen Interventionen (Neumeyer, a. a. O., S. 42 f.) in positive, klar verständliche Handlungsanweisungen umzuformulieren.

Beispiel: *Schmatz nicht beim Essen! – Lass den Mund beim Essen zu!*

Fass nicht alle Brote an! – …
Werft die Malkittel nicht auf den Boden! – …
Nicht die Treppe runterschubsen! – …
Rennt nicht auf die Straße! – …
Werft nicht mit Sand! – …
Spring nicht vom Turm! – …

Tipps zum Weiterlesen

Mehr zum Thema Spielen in „Kein Kinderkram!", Band 2, Lernfeld 4

Internet
www.kindergarten-workshop.de
www.erzieherin.de
www.kindergartenpaedagogik.de
www.erzieher-online.de

Freispiel:

Caiati, Maria/Delac, Svjetlana/Müller, Angelica, *Freispiel – freies Spiel? Erfahrungen und Impulse*, Don Bosco-Verlag, München 2002

Lorentz, Gerda, *Freispiel im Kindergarten*, Herder Verlag, Freiburg 2002

Pausewang, Freya, *Dem Spielen Raum geben. Grundlagen und Orientierungshilfen zur Spiel- und Freizeitgestaltung in sozialpädagogischen Einrichtungen*, Cornelsen Verlag, Berlin 1997

Freispiel in altersgemischten Gruppen:

Schäfer, Matthias, *Groß und Klein unter einem Dach. Altersgemischte Gruppen in Kindertagesstätten* (= Praxishilfen Kindergarten, Hort, Schule), Herder Verlag, Freiburg 1997

Raumgestaltung:

Greine, Rita, *Wohlfühloasen in Kindertagesstätten. Ein Werkstattbuch*, Beltz-Verlag, Weinheim 2003

Herrmann, Gisela/Wunschel, Gerda, *Erfahrungsraum Kita. Anregende Orte für Kinder, Eltern und Erzieherinnen*, Beltz-Verlag, Weinheim 2002

Mahlke, Wolfgang/Schwarte, Norbert, *Raum für Kinder. Ein Arbeitsbuch zur Raumgestaltung in Kindergärten*, Beltz-Verlag, Weinheim 1997

Seeger, Christina, Roland, *Naturnahe Spiel- und Begegnungsräume. Handbuch für Planung und Gestaltung*, Ökotopia Verlag, Münster 2001

von der Beek, Angelika/Buck, Matthias/Rufenach, Annelie, *Kinderräume bilden. Ein Ideenbuch für Raumgestaltung in Kita*, Beltz-Verlag, Weinheim 2006

Spielzeugfreier Kindergarten:

Schubert, Elke/Strick, Rainer, Spielzeugfreier Kindergarten. *Ein Projekt zur Suchtprävention für Kinder und mit Kindern, Aktion Jugendschutz, München 1999*

Platen, Hildegard, *Wenn das Spielzeug in den Keller wandert. Erfahrungen mit Projekten zum spielzeugreduzierten Kindergarten*, in: kindergarten heute 7–8/96

6 Lebenswelten von Kindern und Jugendlichen

6.1 Familie heute – manchmal eine besondere Lebenssituation …

Nadine macht seit einer Woche das Blockpraktikum in der Kindertagesstätte. Sie hat sich bereits gut eingelebt und kennt alle Kinder mit Namen. Gestern hat sie die Abholsituation der Kindergartenkinder begleitet und konnte schon viele Kinder den unterschiedlichen Müttern zuordnen. Die Mütter begrüßten Nadine freundlich und fragten nach dem Verlauf des Praktikums. Nadine freute sich, bereits nach so kurzer Zeit mit den Eltern ins Gespräch zu kommen.

Bei den Tageskindern hat Nadine mehr Schwierigkeiten, Kontakt mit den Eltern aufzubauen. Nicht immer war sie da, wenn die Eltern die Kinder abgeholt haben. Manchmal nahmen auch befreundete Mütter ein Kind mit oder Nadine hatte schon Feierabend, wenn die letzten Kinder abgeholt wurden.

Den ganzen Tag über hat Nadine mit Rebecca (dreieinhalb Jahre) gespielt und einen sehr guten Kontakt zu ihr hergestellt. Rebecca ist ein Kind, das morgens sehr früh gebracht wird und fast immer als Letzte abgeholt wird. Nadine nimmt sich vor, nachmittags ein paar Worte mit der Mutter zu wechseln und ihr vom gemeinsamen Spielen zu berichten. Nadine hat gestern gesehen, dass Rebecca von ihrer Mutter abgeholt wurde.

Es ist mittlerweile 16:20 Uhr und Nadine räumt das Teegeschirr in die Küche. Als sie wieder in den Flur geht, sieht sie, wie Rebecca abgeholt wird. Der ältere Mann, Nadine schätzt ihn auf Anfang sechzig, zieht Rebecca gerade die Straßenschuhe an. „Hallo, Rebecca, das ist ja toll! Heute holt dich ja mal der Opa ab!", sagt Nadine. „Das ist nicht mein Opa – das ist mein Papa!", ruft Rebecca laut. Nadine wird ganz rot vor Scham, entschuldigt sich leise und geht schnell in den Gruppenraum. Am nächsten Tag erzählt Nadine die Situation ihrer Anleiterin. Diese erklärt ihr, dass Rebeccas Eltern ein großer Altersunterschied trennt und der Vater von Rebecca auch schon ein dreijähriges Enkelkind von seinem Sohn aus erster Ehe hat.

Na so was, denkt sich Nadine. Wie sind denn die verwandtschaftlichen Verhältnisse? Rebecca ist doch die Tante von dem Enkelkind, oder?

Fragen

- *Welche Familienformen gibt es?*
- *Welche Folgen haben die hohen Scheidungszahlen und die Ein-Eltern-Familien für die Elementarpädagogik?*
- *Was wird unter Familienpolitik verstanden?*
- *Welche unterschiedlichen Auffassungen von Familienpolitik werden von den Parteien vertreten?*
- *Welche Angebote und Hilfen gibt es für Familien?*
- *Wie werden Eltern in Deutschland finanziell unterstützt?*
- *Wie unterscheidet sich eine deutsche Familie von einer Familie aus anderen Ländern?*
- *Wie wird die Zukunft der Lebensform Familie aussehen?*

Geschichte einer Patchworkfamilie oder 2 + 2 = 1

Info 1

„1998 lernten wir beide uns auf einer Fortbildung kennen. Adrian war 35 Jahre alt und gefiel mir auf den ersten Blick. Ich traute mich relativ schnell, ihn in der Pause anzusprechen, und wir verbrachten viel Zeit in der Fortbildung miteinander. Wir verabredeten uns für ein Treffen in der Woche nach der Fortbildung – aus gutem Grund zunächst in einem Café.

Mein guter Grund hieß Emma und war knapp vier Jahre alt. Meine Tochter aus erster Ehe, die bei mir wohnte und ihren Vater am Wochenende besuchte. In meiner Wohnung wäre sofort aufgefallen, dass ich ein Kind habe, und ich war mir unsicher, wie Adrian darauf reagieren würde. Im Nachhinein frage ich mich immer noch, warum ich mir solche Gedanken gemacht habe. Zwei Stunden und zwei Milchkaffee später zeigte mir Adrian das Foto von Marius (7 Jahre) bei seiner Einschulung. Auch Adrian hatte ein Kind aus erster Ehe und kümmerte sich jedes Wochenende um ihn.

Mittlerweile wohnen wir zusammen, Adrian, Emma und ich. Jedes Wochenende kommt Marius zu uns. Wir haben ihm ein eigenes Zimmer eingerichtet. Er soll sich bei uns wohl fühlen. Marius und Emma verstehen sich heute gut. Es ist mehr ein freundschaftliches als ein geschwisterliches Verhältnis. Aber bald wird sich etwas ändern in unserer Patchworkfamilie ... Adrian und ich heiraten nächsten Monat, noch rechtzeitig vor der Geburt unseres gemeinsamen Kindes.

Es ist nicht einfach mit einer Familie, die eigentlich aus drei Familien besteht. Die Erziehung von Marius wird von Adrian und seiner geschiedenen Frau bestimmt. Am Wochenende bin ich auch Ansprechpartnerin bzw. Stiefmutter für Marius. Emma erziehen mein ehemaliger Mann, Adrian und ich gemeinsam.
Manchmal weiß ich schon nicht mehr, wem ich Bescheid sagen muss, wenn ein Fest im Kindergarten stattfindet. Es gibt ja nicht nur mehrere Väter und Mütter für die Kinder, sondern auch viele Großeltern!“

Info 2 Veränderung der Familienformen

Die Unterrichtsaufgabe, ein Referat über die „normale Familie“ zu halten, ist heute keine leichte Aufgabe mehr. Was ist heute darunter zu verstehen?

Im letzten Jahrhundert wäre die Antwort einfach gewesen. Noch zur Zeit der Industrialisierung galt die bäuerliche Großfamilie als normal.

Der bäuerliche Betrieb konnte im 19. und 20. Jahrhundert nur überleben, wenn er mit ausreichend Arbeitskräften ausgestattet war. Deshalb galt die Ehe für die landwirtschaftliche Bevölkerung auch als eine Arbeits- und Lebensgemeinschaft. Der Bauer heiratete eine Frau zur eigenen Hilfe im Haushalt und bei der Landwirtschaft sowie als Gewährung der Altersvorsorge und als Mutter bäuerlicher Kinder, die wiederum für die Versorgung der Eltern im Alter aufkommen mussten. Die Ehe stellte folglich immer die Grundlage der Familie dar. (vgl. Volk, Bianca, 1995, S. 39)

Bäuerliche Familie

Vater — Mutter — Kinder — Großeltern

Bewusste Entscheidung heutiger Frauen und Männer für oder gegen Kinder

Kinderarbeit war zu dieser Zeit ebenso selbstverständlich wie ein achtzehnstündiger Arbeitstag. Ein Familienleben, wie es heute vorherrscht, hat es im 19. Jahrhundert nicht gegeben. Freizeit und Spaß waren Fremdworte. Familie hieß, sich beim Kampf ums Überleben zu stützen.

Mit der Industrialisierung und dem Aufkommen der Städte unterlag die Familie einem Wandel. Die Familien wurden unabhängiger vom Besitz landwirtschaftlicher Güter oder eines Handwerksbetriebes. Das Entstehen von Fabriken ermöglichte den Menschen eine neue Einkommensquelle. Jeder gesunde Mensch ging in die Fabrik und arbeitete. Das Einkommen war gering. Die Kinderarbeit wurde gesetzlich verboten. Somit waren eine Vielzahl an Kindern nur unnötige Esser und keine hilfreiche Geldeinnahme.

Anfang des 20. Jahrhunderts wurde ein gesetzliches Rentensystem eingeführt und die Sozialgesetzgebung immer mehr ausgebaut. Die Kinderzahl reduzierte sich in dieser Zeit deutlich. Die Familie bestand fast immer noch aus Vater, Mutter und Kindern. Die Zahl der Kinder wurde geringer und auch die Notwendigkeit, die eigenen Eltern zu versorgen, nahm ab. (vgl. Volk, Bianca, 1995, S. 42)

In den Siebzigerjahren des letzten Jahrhunderts wurden sichere Verhütungsmaßnahmen entdeckt – die Pille war geboren! Familien wurde es möglich, die Kinderzahl auf das gewünschte Maß zu reduzieren.

Eine „normale“ Familienkonstellation gibt es nicht mehr. Die klassische Familie des 19. Jahrhunderts ist die Ausnahme geworden. Vater, Mutter und mehrere Kinder finden sich immer seltener. Eheliche Gemeinschaften, Scheidungsfamilien und auch nichteheliche Lebensgemeinschaften stehen heute nebeneinander. Allein erziehende Eltern, die Stieffamilie und auch die Pflegefamilie lassen sich in unserer Gesellschaft finden.

Info 3 Die Stieffamilie

Die Zahlen der letzten Jahrzehnte belegen es deutlich: fast jede dritte Ehe wird geschieden. Das heißt nicht, dass jeder Geschiedene nicht wieder heiraten wird. Zweit- und Drittehen sind heute nicht mehr selten. Mit der Wiederheirat eines oder beider geschiedenen Partner entsteht die so genannte Stieffamilie.

Beide Lebenspartner können Kinder aus einer Vorehe mit in die Lebensgemeinschaft einbringen.

Der Begriff der Stiefmutter ist bekannter als der der Stieffamilie. Im 19. und noch zu Beginn des 20. Jahrhunderts war die Müttersterblichkeit im Kindbett hoch und aus ökonomischen Gründen heiratete der Vater häufig eine neue Frau, die so genannte Stiefmutter.

Scheidungen wurden im Laufe des 20. Jahrhunderts einfacher und gesellschaftlich akzeptierter. Die Zahl der geschiedenen Ehen nahm stark zu. Geschiedene heirateten häufig in zweiter oder auch dritter Ehe. Im Laufe der Zeit entstand daraus eine neue Familienform: die Stieffamilie.

Formen der Stieffamilie

- Die Frau bringt leibliche Kinder mit in die Ehe.
- Der Mann bringt leibliche Kinder mit.
- Beide Partner bringen leibliche Kinder mit und bekommen ein gemeinsames Kind.
- Ein Partner hat ein Adoptiv- oder Pflegekind.
- Die Kinder eines Partner leben nicht in der neuen Gemeinschaft und kommen nur zu Besuch.
- Einer der leiblichen Elternteile ist verstorben.

Dies sind nur einige Beispiele für die möglichen Strukturen einer Stieffamilie. Aufgrund der Vielfalt dieser Familienstruktur wird die Stieffamilie auch als „Patchworkfamilie“ bezeichnet.

Das Zusammenleben in einer Stieffamilie ist mit vielen Möglichkeiten, aber auch mit Problemen verbunden. Durch die Wiederheirat ist in der Regel eine bessere finanzielle Absicherung der Familie verbunden, neue soziale Beziehungen werden möglich, Geschwisterkinder und auch eine neue Verwandtschaft kommen für die Familie hinzu. Neue Möglichkeiten der Alltags- und Freizeitgestaltungen werden für viele Familien eröffnet.

Doch es entstehen auch negative Seiten bei der Gründung einer Stieffamilie. Der Vater oder die Mutter müssen mit neuen Geschwistern „geteilt“ werden. Eifersucht und Fremdheit der neuen Lebensform müssen erst überwunden werden. „Von dir lasse ich mir nichts sagen“ – auch die Kompetenzen und die Erziehungsmöglichkeiten des Stiefelternteiles müssen erst besprochen und akzeptiert werden. Wer darf wen erziehen? Gerade ältere Kinder verweigern sich zunächst dem neuen Partner. Auch rechtlich bestehen heute noch viele Probleme für die Stieffamilie. Bereiche des Namensrechts, des Sorgerechts, des Umgangsrechts und des Erbrechts werfen immer wieder Fragen auf.

Das am 1. Juli 1998 in Kraft getretene Kindschaftsrecht hat wichtige Veränderungen für die Stieffamilie gebracht. Beispielsweise ist es möglich geworden, dass Kinder in der Stieffamilie den Ehenamen der neuen Familie annehmen können, die so genannte Einbenennung nach § 1618 Abs. 1 Satz 1 BGB. Mit jeder Wiederheirat ist eine neue Einbenennung möglich (vgl. Nolte-Schefold, Rechtsratgeber für Stieffamilien, Rowohlt TB, Reinbek 2003).

Früher Stieffamilie – heute Patchworkfamilie

Die Stieffamilie ist eine der modernen Familienformen. Sie wird in ihrer Zahl weiter wachsen und gesellschaftlich wie rechtlich an Akzeptanz gewinnen.

Immer mehr Ehen werden geschieden

Info 4

Jede dritte Ehe wird geschieden.

Familie heute ist nicht mehr gleich Vater, Mutter und Kinder. Immer mehr Ehen stehen vor dem Aus. Die jährlich erscheinende Scheidungsstatistik belegt immer wieder und in zunehmendem Maße, dass mittlerweile mehr als jede dritte Ehe geschieden wird.

Info 4
(Fortsetzung)

Neue Scheidungsstatistik – Der Bund fürs Leben mutiert zum Bündnis auf Zeit

Mehr als jeder dritte Bund fürs Leben ist nur noch ein Bündnis auf Zeit, das belegt die neueste Scheidungsstatistik. Danach nahm die Zahl der Ehescheidungen in Deutschland 2002 um 3,4 Prozent zu. 204200 Paare beendeten ihre Ehe vor dem Familienrichter. Fast jedes zweite Paar hatte minderjährige Kinder. Von der Scheidung der Eltern waren 160100 minderjährige Kinder betroffen, eine Zunahme um 4,1 Prozent.

(Quelle: BA Statistik)

Aus geschiedenen Paaren müssen nicht schlechte Eltern werden.

Hinter diesen nüchternen Zahlen stecken viele Familienschicksale. Gerade bei Familien mit minderjährigen Kindern bedeutet eine Scheidung ein unterschiedliches Maß an Schmerz und Leid. Die Folgen einer Scheidung sind häufig Familien- bzw. Kinderarmut, soziales Abseits und nicht zuletzt Krankheit. Die Kosten einer Scheidung und der Streit um Unterhaltsleistungen können zu erheblichen Belastungen und Beeinträchtigungen des alltäglichen Lebens führen.

Minderjährige Kinder sind häufig die Leid Tragenden einer Scheidung. Die Herabsetzung von Vater oder Mutter durch den jeweils anderen Elternteil ist nur eine schlechte Strategie, das Kind für sich zu gewinnen und den ehemaligen Partner zu treffen. Auch der Streit um das Sorgerecht bzw. das Aufenthaltsrecht des Kindes wird oft mit und über das Kind ausgetragen.

Dennoch ist eine Scheidung auch für das Kind oft die bessere Lösung, wenn Streit und Auseinandersetzung in der Familie überhand nehmen. Das klare Ende einer Ehe kann auch ein neuer Anfang für die Erziehungspartnerschaft der Eltern sein.

Info 5

Kinder und Väter sind die Verlierer – von den Müttern ganz zu schweigen!

Bedenkliche Entwicklung

Nach einer Scheidung verliert jeder vierte Vater den Kontakt zu seinen Kindern. Das hat eine Studie des Instituts für Geschlechter- und Generationenforschung der Universität Bremen ergeben, für die seit dem Jahr 2001 rund 3600 Scheidungsväter befragt wurden.

Es gebe zwar auch Fälle, in denen Väter die Beziehung von sich aus abbrechen, so Professor Gerhard Amendt, Leiter der Studie. „Die Regel ist aber, dass die Männer versuchen, ihre ‚Väterlichkeit' aufrechtzuerhalten." Diese Bemühungen würden aber teilweise von der Exfrau zunichte gemacht, die sich nicht an vereinbarte Besuchsrechte halte. Oft wollen die Frauen ihre Exmänner bestrafen, indem sie ihnen den Kontakt zu den Kindern verweigern. In anderen Fällen bräuchten Gerichte sehr lange, bis sie ihre Verfügungen treffen. Bis dahin ließen sie rechtswidrig vorgehende Exfrauen folgenlos handeln.

Etliche Väter wollen nach der Scheidung nicht nur den Kontakt zu den Kindern wahren, sondern auch an ihrem Alltag teilhaben, lautet ein weiteres Ergebnis der Studie. „Viele Väter wollen kein Schönwetter- oder Legovater mehr sein", sagt Amendt. Vor allem jüngere Männer hätten sich entsprechend geäußert.

Auch wenn bei drei Viertel aller befragten „Scheidungsväter" der Kontakt zu den Kindern weiterbesteht, hält Amendt die Entwicklung für bedenklich: „Kinder, die ohne Vater aufwachsen, stellen gesellschaftlich ein Problem dar."

Diese Kinder hätten größere Schwierigkeiten, mit Aggressionen und Enttäuschungen umzugehen. Auch falle es ihnen oft schwer, sich in andere Menschen hineinzuversetzen, wie andere Studien gezeigt hätten.

„Das ist ein massives Problem, das sich unter anderem in Kindergärten und Schulen zeigt." Insofern sollten sich die Mütter schon im Interesse ihrer Kinder bemühen, den Kontakt zu den gemeinsamen Kindern zu fördern.

(Rheinische Post, Familienrecht extra vom 13. Mai 2004)

Das Recht eines Scheidungskindes

Info 6

Familiengericht von Milwaukee (Wisconsin, USA)

1. Das Recht, als eine interessierte und betroffene Person behandelt zu werden und nicht als Spielball, Besitz oder bewegliches Habe des einen oder beider Elternteile.
2. Das Recht, in dem Heim aufzuwachsen, das dem Kind am ehesten die Möglichkeit bietet, ein reifer und verantwortlicher Bürger zu werden.
3. Das Recht auf tägliche Liebe, Pflege, Erziehung und Schutz durch den sorgeberechtigten Elternteil.
4. Das Recht, den nicht sorgeberechtigten Elternteil zu kennen und durch regelmäßige Besuche dessen Liebe und Anleitung zu genießen.
5. Das Recht auf eine positive und konstruktive Beziehung zu beiden Elternteilen, die einander nicht vor dem Kind herabsetzen oder verächtlich machen dürfen.
6. Das Recht auf moralische und ethische Werte, die durch Vorbild und Erziehungspraktiken gefördert werden sollen, und auf das Setzen von Grenzen, sodass das Kind schon früh im Leben Selbstdisziplin und Selbstkontrolle entwickeln kann.
7. Das Recht auf die bestmöglichen ökonomischen Lebensbedingungen, die durch die intensiven Bemühungen beider Elternteile geschaffen werden können.
8. Das Recht auf dieselben Bildungschancen, die das Kind haben würde, wenn seine Familie nicht zerbrochen wäre.
9. Das Recht auf periodische Überprüfung der Sorgerechts- und Unterhaltsregelungen, wenn dieses die Lebensumstände der Eltern und das Wohl des Kindes als notwendig erscheinen lassen.
10. Das Recht auf Anerkennung, dass von einer Scheidung betroffene Kinder immer benachteiligte Parteien sind und dass das Gesetz ihr Wohl bejahende Schritte unternehmen muss, die unter Umständen eine Untersuchung zur Bestimmung ihrer Interessen und die Benennung eines Beistands zu deren Schutz umfassen müssen.

Textor, Martin, Scheidungszyklus und Scheidungsberatung, Vandenhoeck & Ruprecht, Göttingen, S. 169 f.

Info 6
(Fortsetzung)

Angesichts dieser Forderungen stellt sich die Frage: Welche Bedeutung können diese Thesen für Scheidungskinder in Deutschland haben?

In Deutschland wird in den meisten Fällen nach einer Scheidung das gemeinsame Sorgerecht durch beide Elternteile ausgeübt. Nur in strittigen Fällen wird das Sorgerecht überprüft und gegebenenfalls verändert. Doch auch das gemeinsame Sorgerecht kann nicht verhindern, dass Kinder nur von einem Elternteil betreut werden und manchmal den anderen Elternteil lange nicht sehen. Das Aufrechterhalten von bestehenden Beziehungen ist nicht immer möglich.

Eine Scheidung hat in vielen Fällen unabsehbare und zum Teil unvermeidbare Folgen für Kinder.

Info 7

Es gibt nicht zu viele Alte, es gibt zu wenig Kinder in Deutschland

Deutschland hat zu wenig Kinder. Die Geburtenrate liegt seit mehr als 30 Jahren deutlich unter zwei Kindern pro Frau. Dass diese demografische Entwicklung nicht nur gravierende soziale Folgen, sondern auch ökonomische Probleme mit sich bringt, setzt sich als Erkenntnis aber nur langsam durch.

Auf einer Veranstaltung der Evangelischen Akademie in Berlin am 4. Mai 2004 diskutierten Bundesfamilienministerin Renate Schmidt, Prof. Bert Rürup und Prof. Hans-Werner Sinn über neue Ansätze in der Familienpolitik.

Weniger Kinder bedeuteten schon heute weniger Wohlstand, weniger Dynamik, weniger Innovation und weniger Lebensqualität, machte Bundesfamilienministerin Renate Schmidt deutlich. Im Mittelpunkt müsse deshalb eine nachhaltige Familienpolitik stehen, die die Entscheidung für Kinder erleichtert und ihnen eine optimale Förderung ermöglicht.

Die Bundesrepublik hat daher eine Trendwende vollzogen: von einer rein finanziellen Förderung hin zu einer Familienpolitik, die Familien hilft ihre persönlichen Lebensvorstellungen verwirklichen zu können. Die Bundesregierung fördert daher bis zum Jahr 2007 den Ausbau von Ganztagsschulen mit 4 Mrd. Euro. Ab 2005 werden die Kommunen zusätzlich mit jährlich 1,5 Mrd. Euro unterstützt, um einen bedarfsgerechten Ausbau der Tagesbetreuung für Kinder im Alter unter drei Jahren zu garantieren.

Die Bundesregierung hat zusammen mit allen Spitzenverbänden der deutschen Wirtschaft und den Gewerkschaften eine starke Allianz für die Familie ins Leben gerufen. Die Vertreter und Vertreterinnen in den gemeinsamen Initiativen sollen vor allem flexible Arbeitszeiten einführen und sich für eine familienfreundlichere Personalentwicklung einsetzen. (vgl. www.bmfsfj.de vom 9. Mai 2004)

Info 8

Onlineuntersuchung Kinderbetreuungsangebote

„Ausbau von Kinderbetreuungsangeboten ist der Schlüssel für mehr Kinder in Deutschland."

www.bmfsfj.de vom 9. Mai 2004

Die Ergebnisse der größten Onlinebefragung in Deutschland verdeutlichen: fehlende Betreuungsangebote und erschwerte Vereinbarkeit von Beruf und Familie gelten als wichtigste Gründe für die niedrige Geburtenrate in Deutschland.

9610254

Weg von der einseitigen materiellen Förderung und höherem Kindergeld, hin zur Priorität für die Verbesserung der Infrastruktur für Familien, dies wünschen sich nach der Umfrage auch die meisten Bürgerinnen und Bürger. Nur ein Fünftel beklagt eine zu geringe finanzielle staatliche Unterstützung. Für die meisten Befragten steht daher ein besseres Umfeld für das Leben mit Kindern vor weiteren materiellen Leistungen.

Die Bundesregierung hat sich zum Ziel gesetzt, gemeinsam mit den Kommunen und Ländern die Kinderbetreuung für die unter Dreijährigen bis zum Jahr 2010 bedarfsgerecht auszubauen. Sie setzt dabei auf differenzierte Angebote für Kinder aller Altersgruppen in guter Qualität, zeitlich flexibel, bezahlbar und vielfältig. Dazu werden Länder und Kommunen durch den Bund finanziell so entlastet, dass ihnen ab 2005 die zugesagten Mittel von bis zu 1,5 Mrd. Euro jährlich für die Verbesserung der Kinderbetreuung zur Verfügung stehen.

„Der Schwerpunkt der Familienpolitik der Bundesregierung liegt in dieser Legislaturperiode auf einer deutlichen Verbesserung der Kinderbetreuung, die eine gute Betreuung, Bildung und Erziehung unserer Kinder ermöglicht. Dies kann die Entscheidung für ein Kind deutlich positiv beeinflussen, wie die Befragung belegt. Danach würden sich bei einer Verdoppelung des Kindergeldes nur marginal mehr kinderlose Frauen zwischen 20 und 39 Jahren für ein Kind entscheiden, hingegen stiege der Anteil um 24 Prozentpunkte bei der Verbesserung der öffentlichen Betreuung. Derzeit sind in Deutschland rund 40 % der Akademikerinnen in dieser Altersstufe kinderlos; die Geburtenrate liegt bei unter 1,3“, erklärte die Bundesministerin für Familie, Senioren, Frauen und Jugend, Renate Schmidt.

Die Geburtenrate in Deutschland liegt bei 1,3.

Die Onlinebefragung wurde durchgeführt von „Perspektive Deutschland“. Initiatoren von „Perspektive Deutschland“ sind die Unternehmensberatungen McKinsey & Company, das Magazin „stern“, das ZDF und das Internetunternehmen AOL. An der repräsentativen Umfrage haben sich von Oktober 2003 bis Anfang Januar 2004 mehr als 450000 Menschen beteiligt (vgl. www.bmfsfj.de vom 9. Mai 2004).

Fazit

Die Lebensentwürfe und Bedürfnisse der Menschen mit Kindern in Deutschland sind sehr unterschiedlich. Ziel der nächsten Jahre ist es, dass Deutschland noch familien- und kinderfreundlicher werden will. Das bedeutet, dass qualitätsorientierte und bedarfsgerechte Bildungs- und Betreuungsangebote zum Wohl des Kindes unterschiedliche Lebensentwürfe und Bedürfnisse berücksichtigen. Dies ist ein vordringliches und zentrales Ziel der Familienpolitik. Die intensive Zusammenarbeit zwischen Familien und Institutionen, das heißt gemeinsamer Austausch, Beteiligung der Eltern, Beratung und Zusammenarbeit, stärken die Erziehungs- und Bildungspartnerschaft.

Aufgaben und Anregungen

1 Bringen Sie Fotos von Ihrer Familie mit. Wer gehört Ihrer Meinung nach alles dazu? Wer ist Ihnen wichtig? Wie hat sich Ihr Familiensystem im Laufe der Jahre verändert?

2 Malen Sie einen Familienstammbaum und stellen Sie diesen der Klasse vor. Veranstalten Sie eine Ausstellung der Familienstammbäume in Ihrer Klasse.

3 Seit zehn Jahren sind Sie mit der Ausbildung fertig und werden zum ersten Klassentreffen Ihrer Fachschulklasse eingeladen. Wie stellen Sie sich Ihr Leben und Ihre Wunschfamilie in Zukunft vor? Veranstalten Sie ein imaginäres Klassentreffen und berichten Sie von Ihren Vorstellungen.

Halten Sie diese Vorstellungen schriftlich fest, stecken Sie diese in einen Briefumschlag und versiegeln Sie diesen. Schreiben Sie ein Datum der Zukunft darauf und öffnen Sie den Brief erst wieder an diesem Datum.

4 Besuchen Sie eine Bücherei und stellen Sie eine Literaturliste von Elternratgebern zusammen. Suchen Sie sich zwei Bücher heraus und überlegen Sie, ob und wobei diese Ratgeber für Eltern hilfreich sein können. Welchen Ratgeber finden Sie ungeeignet? Begründen Sie Ihre Einschätzungen.

5 Welche aktuellen Schlagzeilen der Zeitungen beschäftigen sich heute mit dem Thema „Familie“? Suchen Sie nach Artikeln, Bildern und Statistiken und stellen Sie eine Wandzeitung zusammen:

- Was sind wichtige, wiederkehrende Themen?
- Erstellen Sie eine eigene Statistik, indem Sie die Daten der Klasse erheben (Alter, Geschlecht, Herkunftsland, Zahl der Familienmitglieder usw.). Finden Sie noch weitere Kategorien.

6 Wo finden Sie Regelungen zum Thema Stieffamilie? Welche Gesetzestexte sind wichtig? Schreiben Sie einen Regelkatalog für eine Stieffamilie, die bald heiraten möchte und noch nicht über ihre Rechte informiert ist.

7 Die Rechte eines Scheidungskindes – welche Rechte würden Sie einfordern? Stellen Sie in der Klasse Forderungen auf. Halten Sie diese auf einer Wandzeitung fest. Überprüfen Sie, welche Forderungen bereits im Bürgerlichen Gesetzbuch existieren.

8 Was ist eine Mediation? Laden Sie einen Experten zum Thema „Mediation“ ein. Sie finden Adressen im Internet oder im Branchenbuch. Bereiten Sie Fragen zum Thema „Mediation“ vor und interviewen Sie den Experten zum Thema.

9 Besuchen Sie die Website des Bundesministeriums für Familie, Senioren, Frauen und Jugend. Was sind die aktuellen Themen der Homepage? Wie ist der Stand des Ausbaues der Kinderbetreuungsangebote?

10 Welche Aspekte haben dazu geführt, dass heute weniger Kinder als noch vor 50 Jahren geboren werden? Entwickeln Sie einen Fragebogen zum Thema „Familie, Kinder und Betreuungssituation“. Führen Sie die Fragebogenaktion durch und werten Sie die Ergebnisse aus.

11 Stellen Sie einen Katalog mit Empfehlungen für die Bundesregierung auf, was diese in der Familienpolitik bedenken sollte.

Tipps zum Weiterlesen

Deutsche Liga für das Kind (Hrsg.): *Beziehungen in der Familie.* In: frühe Kindheit die ersten sechs Jahre. Heft 3/2004

Deutsche Liga für das Kind (Hrsg.): *Stiefkinder und ihre Rechte.* In: frühe Kindheit die ersten sechs Jahre. Heft 5/2004

Maywald, Jörg, Schön, Bernhard, Gottwald, Bernd (Hrsg.): *Familien haben Zukunft.* Rowohlt, Reinbek 2000

www.bmfsfj.de (Bundesministerium für Familie)
www.liga-kind.de (Deutsche Liga für das Kind)
www.familienhandbuch.de (Onlinehandbuch für alle Fragen der Pädagogik)
www.destatis.de (Statistisches Bundesamt)
www.stieffamilien.de
www.trennungskinder.de

6.2 Kinder in den ersten Lebensjahren

Susanne hat heute ihren ersten Praxistag in einer Krippe. Sie ist sehr aufgeregt. Die Leiterin begleitet sie in den Gruppenraum. Die Gruppenleiterin bittet Susanne sich an einen Tisch zu setzen und erst einmal das Freispiel der Kinder zu beobachten.

Paul (2;1) und Simon (1;5) sitzen am Tisch, stapeln Klötze zu kleinen Türmen und stellen sie in Reihen hintereinander.

Carlo, 6 Monate alt, ist seit vier Wochen in der Kita. Wenn seine Mutter ihn morgens bringt, fängt er sofort an zu schreien. Dies bessert sich nur, wenn die Erzieherin ihn auf dem Arm herum trägt. Dann wird er ruhiger.

Lisa (0;8) ist noch beim Frühstück. Sie sitzt in ihrem Hochstuhl und stopft sich bedächtig ein vorgeschnittenes Häppchen Brot nach dem anderen in den Mund. Die Krümel sammelt sie mit „spitzen" Fingern ein, betrachtet sie, lässt sie dann zu Boden fallen und schaut ihnen hinterher.

In der anderen Ecke sitzen Anne und Christine (beide gerade 3) am Maltisch. Mit großem Eifer und Kraftaufwand malen die beiden Mädchen dicke und dünne Striche, Kreise und Linien auf ihr Blatt. Dabei reißt Annes Blatt sogar ein bisschen ein.

Jannick (0;11) ist im Gruppenraum „unterwegs". Auf allen Vieren ist er ganz schön schnell. Jetzt hat er einen Puppenwagen erreicht und versucht sich an ihm hochzuziehen. Dabei rollt der Puppenwagen weg und Jannick fällt auf seinen Po. Lautes Geschrei.

David (2;2) schleppt ein Bilderbuch heran und drängelt gegenüber der Gruppenleiterin: *„Vorlesen! Bitte vorlesen, Frau Schmidt?“* Er bleibt vor Susanne stehen. *„Vorlesen?“* Wie reagiert Susanne?

Währenddessen steht die pädagogische Fachkraft im Nebenraum am Wickeltisch und versorgt Sophie (2;0) mit einer frischen Windel. Marc (2;5) kommt auch herein gelaufen, zerrt an seinem Hosenreißverschluss und ruft : *„Pippi, ich muss mal Pippi machen!“*

Sebastian (2 Jahre) hat eben noch mit der Erzieherin auf einem Schaukelstuhl gekuschelt. Jetzt sitzt er beim Frühstück, will sein Brot plötzlich nicht mehr aufessen und packt sich den Teller voll mit geschnittenen Gurkenscheiben. Die Erzieherin bittet ihn, erst sein Brot einzupacken und sich dann erst zwei Gurkenscheiben zu nehmen. Sebastian schaut sie wütend an, schubst alles von seinem Teller und fängt an zu schreien.

Elina (18 Monate) steht im Waschraum und will Zähne putzen. Die Kinderpflegerin reicht ihr die Zahnbürste mit Zahncreme. *„Alleine machen“*, hört Susanne das Mädchen sagen.

Beim Mittagessen gibt es Schwierigkeiten. Die Erzieherin wollte das jüngste Kind der Gruppe füttern – Carlo (65 Monate). Aber Carlo macht kaum den Mund auf und dreht den Kopf weg. Zuerst redete die Erzieherin mit sehr viel Geduld auf Carlo ein und sang ein Lied beim Füttern. Doch nach einiger Zeit beobachtet Susanne, dass die Stimme lauter und bestimmter wird. Wie würde sie reagieren, wenn ein Kind nicht essen will?

Fragen

- ✔ *Wie viele Kinder unter drei Jahren werden außerfamiliär betreut? Welche Betreuungsformen gibt es?*
- ✔ *Welche Gründe gibt es für Eltern, ihre Kinder in einer Familiengruppe betreuen zu lassen?*
- ✔ *Wie sehen die Strukturen und Rahmenbedingungen in Krippen und kleinen altersgemischten Gruppen aus?*
- ✔ *Wie verläuft ein Tag in einer Gruppe mit Säuglingen und Kleinkindern? Wie gestaltet sich der pädagogische Alltag?*
- ✔ *Welche pflegerischen Aufgaben gibt es? Wie werden Säuglinge und Kleinkinder gepflegt? Welche Bedeutung hat dieser Bereich?*
- ✔ *Und welche Versorgungsaufgaben gehören zu diesem Tätigkeitsfeld?*
- ✔ *Wie entwickeln sich Säuglinge und Kleinkinder?*
- ✔ *Wie sollte die Eingewöhnungsphase für Kinder unter drei Jahren gestaltet werden?*
- ✔ *Welche Aufgaben hat eine so genannte „Bezugserzieherin“?*
- ✔ *Welche Absprachen sind zwischen Eltern und Mitarbeiterinnen für die Betreuung der Kinder wichtig (z. B. Essverhalten, Schlafverhalten)?*
- ✔ *Wie werden die Räumlichkeiten gestaltet?*
- ✔ *Welches Spielmaterial gibt es für die Kinder?*
- ✔ *Wie kann das kindliche Spiel der Kinder unterstützt und begleitet werden?*

Forderung nach Krippenplätzen für junge Familien wächst

Info 1

In vielen europäischen Nachbarländern ist die Förderung von Kindern unter drei Jahren schon lange selbstverständlich. Im Jahr 2002 haben sich die Länder der Europäischen Union in Barcelona auf eine Zielangabe für den Ausbau der Betreuungsangebote für unter Dreijährige geeinigt. Bis zum Jahr 2010 soll es in jedem Mitgliedsstaat für mindestens 33 % dieser Altersgruppe Platzangebote geben (quantitativer Platzausbau).

Der qualitative Ausbau (Qualifikationsniveau der Fachkräfte, Bildungsprogramme, Personalschlüssel, Gruppengröße, Angebotsform, Öffnungszeiten etc.) liegt in der Verantwortung der nationalen beziehungsweise föderalen Politik.

In einigen Ländern ist die Zielangabe heute bereits schon erreicht (Stand 2003). In der Regel handelt es sich bei den Angeboten um Ganztagesplätze.

Belgien	81 %
Dänemark	56 %
Frankreich	43 %
Schweden	41 %
Niederlande	35 %

Deutschland, ein Land, in dem die Geburtenzahlen zurückgehen, schnitt mit einer Platz-Kind-Relation von 9 % relativ schlecht ab. Statt 2,5 Millionen Kindern im Jahr 1998 werden im Jahr 2015 voraussichtlich nur noch 1,8 Millionen Kinder in Westdeutschland einen Kindergarten besuchen.

Die Möglichkeiten sind in Deutschland, besonders in den alten Bundesländern, noch ungenügend. Für das Jahr 2005 ist eine Platz-Kind-Relation von 11,7 % erreicht (DJI-TAG-Erhebung 2005 ohne Tagespflege, mit Tagespflege 13,7 %).

- Die Forderung nach Kindergarten- und Krippenplätzen für junge Familien in den frühen Lebensjahren ist in Deutschland in den letzten Jahren verstärkt Gegenstand der familienpolitischen Diskussion, wie auch Thema der sozialpädagogischen Forschung.
- Gesellschaftliche Ideologien zur Mutter-Kind-Bindung werden immer stärker öffentlich in den Medien diskutiert.
- Durch das ab 1.1.2007 in Kraft getretene Elterngeld in Deutschland erhalten Eltern 67 % ihres letzten Nettoeinkommens (mind. 300 Euro, max. 1800 Euro), wenn sie im Beruf ein Jahr pausieren. Es wird 14 Monate gezahlt, wenn der andere Elternteil in diesem Zeitraum für mindestens zwei Monate die Betreuung des Kindes übernimmt. Die Elternzeit beträgt weiterhin drei Jahre.
- Deutschland hat es sich zum Ziel gesetzt, kinderfreundlicher zu werden.

Experten vermuten, dass sich eine bedarfsgerechte Anzahl qualifizierter Angebote zur außerfamiliären Erziehung, Bildung, und Betreuung von Kindern unter drei Jahren positiv auf folgende Faktoren auswirken kann:

- auf die Kinder, durch frühe Förderung
- auf die Eltern, durch eine bessere Vereinbarkeit von Beruf und Familie
- auf die Wirtschaft, durch verkürzte Ausstiegszeiten qualifizierter Fachkräfte
- auf die Gesellschaft, durch die erleichterte Entscheidung für ein Leben mit Kindern

Für die Vereinbarkeit von Familie und Beruf, den Wiedereinstieg in das Berufsleben nach der Elternzeit und für eine gute und individuelle Förderung der Kinder ist es notwendig, viele und auch unterschiedliche Angebote bereitzustellen und auszubauen. Qualitätsorientierte und bedarfsgerechte Bildungs- und Betreuungsangebote sind ein vordringliches und zentrales Ziel der Familienpolitik. Es soll zum einen die Voraussetzung für einen besseren Ausbau der Infrastruktur für Familien und der damit verbundenen

Der Ausbau der Betreuungsangebote für unter Dreijährige ist ein europäisches Ziel.

Betreuungsplätze sollen sich positiv auf Kinder, Eltern, Wirtschaft, Gesellschaft auswirken.

Die Geburtenzahlen in Deutschland gehen zurück.

Info 1 (Fortsetzung)

verbesserten Möglichkeit der Erwerbstätigkeit (besonders für Frauen) geschaffen werden. Zum anderen ist es wichtig, der Chancengleichheit für Kinder gerecht zu werden.

Info 2 Bund-Länder-Gespräch zum Ausbau der Kinderbetreuung

Frühe Förderung von Kindern und Verbesserung der Vereinbarkeit von Familie und Beruf

Ursula von der Leyen: „Ein Guter Tag für junge Familien"

Bund und Länder einigen sich über Wege und Mittel der Finanzierung zum Ausbau der Kinderbetreuung für unter Dreijährige (www.bmfsfj.de, 28.8.2007)

„Heute ist ein besonderer Tag für die jungen Eltern und Familien in Deutschland", sagt Bundesfamilienministerin Ursula von der Leyen nach dem abschließenden Bund-Länder-Gespräch zum Ausbau der Kinderbetreuung heute in Berlin. „Nach nur sieben Monaten haben sich Bund und Länder über die Finanzierung der Kinderbetreuung geeinigt. Deutschland schafft damit den Anschluss an die familienpolitisch erfolgreichen Länder in Nord- und Westeuropa. Das sind historische Schritte für die frühe Förderung von Kindern und eine bessere Vereinbarkeit von Familie und Beruf.

Der Bund leistet einen starken Beitrag mit einem Drittel der Kosten, die Gelder sind fair verteilt. In der kommenden Woche wird die Bundesregierung die notwendigen gesetzlichen Schritte unternehmen, damit ab Januar 2008 die Kommunen die neuen Plätze bei Tagesmüttern und in Kindergärten schaffen können."

Der heutige Beschluss im Wortlaut: Beschluss / Vereinbarung der Bund-Länder-Arbeitsgruppe zum Betreuungsausbau 28.8.2007

„Wir wollen in Deutschland Kinder und ihre Eltern wirksam fördern. Gezielte finanzielle Hilfen, mehr Familienorientierung in der Arbeitswelt sowie eine gute Infrastruktur der Betreuung und Förderung für Kinder aller Altersgruppen bilden den Dreiklang, der Familien nachhaltig unterstützt. Wir wollen den Menschen Mut machen, ihre Kinderwünsche zu verwirklichen, wir wollen Armut von Familien vermeiden, Nachteile zwischen den verschiedenen Familientypen ausgleichen und die Vereinbarkeit von Familie und Erwerbsarbeit für Mütter und Väter gleichermaßen verbessern. Gute Kinderbetreuungsangebote haben dabei eine Schlüsselfunktion […]".

Info 3 Wie alles begann…

Ziel der ersten Erntekrippen war die Sicherung von Arbeitskräften.

Bei der Betrachtung der historischen Wurzeln der Kinderkrippen wird deutlich, dass heutige Gründe zum Ausbau von Plätzen sich auch in der Vergangenheit widerspiegeln:

- Frauen und Berufstätigkeit
- Bevölkerungszahlen
- Chancengleichheit von Kindern.

Schon bei der Gründung der ersten institutionalisierten Betreuungsangebote in Deutschland für Kinder in den ersten drei Lebensjahren Anfang/Mitte des 19. Jahrhunderts stand die Vereinbarkeit von Familie und Berufstätigkeit im Vordergrund. Es wurden so genannte Erntekrippen von Juni bis Oktober eingeführt.

Weitere Krippen folgten erst Mitte des 19. Jahrhunderts in größeren Städten wie Dresden, Berlin und Hamburg. Gesunde Kinder im Alter von sechs Wochen bis drei Jahren von armen, außerhalb ihres Haushaltes erwerbstätigen Frauen, wurden aufgenommen. Es gab damals keine pädagogischen Ziele. Das Interesse galt dem Bevölkerungswachstum (imperiale Macht) und der benötigten Arbeitskraft der Frauen. Zu dieser Zeit lag die Säuglingssterblichkeit durch ein hohes Infektionsrisiko bei 20 %. Die Kinder wurden in altershomogenen Gruppen (Säuglinge, Kriechlinge, Gehlinge) von so genannten Kindsmägden ohne fachliche Ausbildung betreut. Es wurde auf die die instinktive Mütterlichkeit der Kindsmägde vertraut. Sicherheit und Hygiene standen im Vordergrund. Die Qualität der Arbeit in diesen Krippen war schlecht. Sie fanden keine große Verbreitung. Weiterhin wurden viele Kinder zuhause eingesperrt, wenn beide Elternteile arbeiten gehen mussten. Durch Pestalozzi erst rückte die sozial/emotionale Beziehung zwischen Mutter und Kind stärker in den Vordergrund. Die frühkindliche Bindung bekam eine größere Bedeutung.

Die Entstehung des bürgerlichen Familienmodells fand ihren Ursprung:

der Mann = Produktion
die Frau = Heim und Kinder.

Nur noch unversorgte Kinder sollten in die Betreuung gebracht werden (z. B. von verwitweten Frauen).

Nach Beginn des 1.Weltkrieges begann in Deutschland der Ausbau von Krippenplätzen. Viele junge Mütter wurden als zusätzliche Arbeitskräfte benötigt. Betriebskrippen wurden gegründet. Die wirtschaftlichen Probleme der Weimarer Zeit führten allerdings dazu, dass die meisten Krippen wieder aufgelöst werden mussten. Im dritten Reich spielten Krippen ebenfalls keine große Rolle, da die Mütter zu Hause bleiben und sich der Erziehung der Kinder widmen sollten. Die wenigen Plätze des Hilfswerks „Mutter und Kind" waren für ledige Erwerbstätige oder kranke Frauen gedacht.

Nach dem zweiten Weltkrieg wurde in der DDR der Ausbau des Krippen stark vorangetrieben, um die Erwerbstätigkeit der Mütter zu ermöglichen und die Gleichberechtigung sicher zu stellen. Krippen wurden als unterste Stufe des Bildungssystems gesehen, waren aber auch dem Gesundheitswesen zugeordnet (vgl. Berger 1997).

DDR = Ausbau der Krippenplätze;
BRD = Krippenplätze nur für „Sonderfälle"

In der BRD waren Krippenplätze selten und vor allem für Kinder von allein erziehenden Erwerbstätigen vorgesehen. Tonangebend war dabei das Ideal der bürgerlichen Familie, in der unter Dreijährige in der Familie betreut werden. Kinderärzte und Fachleute mit tiefenpsychologischer Orientierung beurteilten diese außerfamiliäre Betreuungsform negativ. Es wurde dabei auf die Hospitalismus-Untersuchungen von Rene Spitz und die Bindungsforschung von John Bowlby zurückgegriffen. 1951 sah Bolwby in der Fremdbetreuung eher Nachteile (Deprivation, Verschlechterung der Mutterbindung). Die Hauptverantwortung für das Kindeswohl lag in den Händen der Mutter, auch wenn diese sich überfordert und isoliert fühlte. Chancen einer Fremdbetreuung blieben unberücksichtigt. (vgl. Berger 1998).

„Eine Mutter gehört zu ihrem Kind."

Ende der 70er und Anfang der 80er Jahre begann ein intensiverer Ausbau von Plätzen für Kinder unter drei Jahren. Die „klassische" Familie (Vater, Mutter, Kind) nahm ab, die Zahl der Trennungen und Scheidungen erhöhte sich. Die Nachfrage nach Plätzen für unter Dreijährige nahm zu.

Die verschiedenen Entwicklungen in Ost und West erklären, warum es nach der Wiedervereinigung so große Unterschiede hinsichtlich der Versorgung mit Krippenplätzen gab.

Info 4

Unterschiedliche Betreuungsformen

Heute werden Kinderkrippen im 8. Sozialgesetzbuch dem Kinder- und Jugendhilfebereich zugeordnet.

- Sie dienen der „Betreuung, Bildung und Erziehung“.
- Sie sollen sich „pädagogisch und organisatorisch an den Bedürfnissen der Kinder und ihrer Familien orientieren.“
- Sie sollen „die Entwicklung des Kindes zu einer eigenverantwortlichen und gemeinschaftsfähigen Persönlichkeit“ fördern.

Vereinbarkeit von Familie und Beruf

Pisa-Schock lenkte den Blick auf Bildungschancen der frühen Kindheit

In der frühen Kindheit sind Entwicklungs- und Bildungsprozesse eng miteinander verbunden. Seit einigen Jahren richtet sich auch die wissenschaftliche und gesellschaftliche Aufmerksamkeit verstärkt auf Bildungsprozesse von Kleinkindern. Die Ergebnisse der PISA-Studie haben dazu entscheidend beigetragen.

Chancengleichheit für alle Kinder

Angebotsformen und Betreuungszeiten sind sehr unterschiedlich.

Die Kompetenzentwicklung von Kindern und Jugendlichen soll und muss gefördert werden. Die Förderung von Kindern in der frühen Kindheit steht natürlich deshalb auch immer wieder zur Diskussion. Säuglinge und Kleinkinder scheinen erweiterte Erfahrungsräume und bereichernde Entwicklungsmöglichkeiten zu brauchen. Es geht um die öffentliche Verantwortung für einen Bildungsauftrag für Kleinstkinder.

Die Familie als primäre Lebens- und Erfahrungswelt des Kindes wird häufig schon recht früh durch weitere Bildungsorte und „Fremdbetreuung“ ergänzt, z. B.:

- Spielgruppen
- Tagespflege
- Nachbarschaft
- Verwandtschaft
- Tageseinrichtungen für Kinder (z. B. Krippe, kleine altersgemischte Gruppe)

Fehlende oder unzulängliche Betreuungsmöglichkeiten (z. B. Öffnungszeiten – etwa die Hälfte aller Erwerbstätigen arbeitet auch am Wochenende, oder im Schichtdienst) erschweren den Wiedereinstieg in den Beruf.

Dazu kommt, dass die Kinderarmut und Vernachlässigung ansteigt. Die familiensoziologischen Forschungsergebnisse verdeutlichen seit Jahren, dass die Sozialisationsbedingungen in der Familie nicht mehr ausreichen. Die ersten Lebensjahre eines Kindes sind prägend für den weiteren Lebensweg. Institutionen können hier kompensatorische Wirkung haben.

In verschiedenen Modellen öffnen sich Tageseinrichtungen für Kinder in allen Bundesländern nach unten. Immer häufiger werden schon Zweijährige in Kindergartengruppen aufgenommen. Die „kleine altersgemischte Gruppe“ ist für das Land Nordrhein-Westfalen z. B. eine verbreitete Betreuungsform für Kinder unter drei Jahren. Dagegen findet man in Bayern z. B. vorwiegend Krippen. Neue Betreuungsformen (z. B. private kommerzielle Einrichtungen 0–4 Jahre, „Betreuungsnester“ = Tagespflege in Kitas) und Betriebskindergärten entstehen. Krippengruppen in kombinierten Einrichtungen sind bundesweit die am häufigsten anzutreffende Betreuungsform für Kinder in den ersten Lebensjahren.

In einigen Bundesländern werden z.B. Zweijährige in Kindergärten oder die Tagespflege aufgenommen. Diese Angebote werden mitunter ohne vorbereitende und begleitende Qualifizierung schnell erweitert und sollten deshalb kritisch betrachtet werden.

„Es besteht eine Verlockung darin, das Betreuungsproblem für unter 3-Jährige einerseits und das Auslastungsproblem der Kindergärten andererseits damit auf einen Schlag zu lösen. Allerdings geschieht das in vielen Fällen ohne ausreichende Vorbereitung des Personals oder eine Adaption von Alltag und Pädagogik an die Bedürfnisse der Jüngeren." (Deutsches Jugendinstitut: Zahlenspiegel 2005)
Die besonderen Bedürfnisse von Kindern in den ersten Lebensjahren und von jungen Familien stellen aber eine große Herausforderung an die Einrichtungen und das Fachpersonal dar.

Qualität von Anfang an

Info 5

„Der Psychologe Fthenakis zweifelt daran, dass es heute gute Kitas gibt. Nötig sei ein Bildungskonzept für die frühe Kindheit (taz Interview Heide Oestreich, /www.taz.de 02.09.2007)

taz: Herr Fthenakis, die CDU-Politikerin Ilse Falk sagt: Mittlerweile werden Mütter, die bei Ihren Kleinkindern bleiben wollen, hierzulande als Rabenmütter hingestellt. Sind sie das?

Wassilios Fthenakis: Mit solchen Etikettierungen sollten wir aufhören. Niemand möchte irgendeine Mutter diskriminieren. Die einen sind gerne Hausfrau und Mutter, die anderen wollen das Muttersein mit einer Erwerbstätigkeit kombinieren. Wir haben keinen Grund, die einen gegen die anderen auszuspielen.

Viele Mütter können sich nicht vorstellen, ihr Kind nach einem Jahr in die Kita zu schicken, wie das neue Elterngeld es vorsieht. Die sichere Bindung des Kindes geht für sie vor.

Die sichere Bindung wird nicht behindert, wenn das Kind eine gute Einrichtung besucht. Wir wissen aber aus der Forschung, dass es eine erhebliche Anzahl an Kindern gibt, denen es nicht gelingt, eine sichere Bindung an die Eltern zu entwickeln – unabhängig davon, ob sie in die Krippe gehen oder nicht. Wenn diese Kinder die Chance bekommen, eine hochwertige Einrichtung zu besuchen, dann lernen sie dort eine sichere Bindungsqualität. Diese sichere Bindung übertragen sie dann sogar auf die Eltern. So verstanden unterstützen diese Einrichtungen die Bindung an die Eltern geradezu.

[…]

Rebellieren die Mütter nicht zu Recht, weil es diese Idealkitas mit tollen BetreuerInnen nicht gibt, sie aber jetzt schon gebraucht würden?

Die Bundesrepublik hat den Aufbau dieses Systems im Gegensatz zu allen anderen europäischen Ländern sträflich vernachlässigt. Frau von der Leyen versucht jetzt ein großes, chronisches Defizit zu beseitigen. Das unterstütze ich voll. Allerdings brauchen wir bessere Konzepte für die frühkindliche Bildung. Es gibt einzelne Orte in Deutschland, wo die Krippen gut sind, aber bisher sind das Glücksfälle.

Bessere Konzepte für frühkindliche Bildung werden benötigt.

[…]

Früher ging es um die wichtige Bindung an die Mutter. Heute wird dagegen betont, wie wichtig die Anregungen durch andere Kinder sind. Gab es da einen Umschwung in der Forschung?

Nein. Die Bindungsqualität ist heute genauso wichtig wie früher. Aber unbestritten ist auch, dass die Bindungsqualität nicht die gesamte Entwicklung steu-

Info 5
(Fortsetzung)

ert. Das Kind braucht intellektuelle und soziale Anregungen, die über die Bindungsqualität allein nicht gesteuert werden. Wer das gegeneinander ausspielt, argumentiert lediglich ideologisch.

Warum wird dann so leidenschaftlich gestritten?

Weil Kinderärzte und Sozialpädiater lange Zeit gepredigt haben, dass Fremdbetreuung schlecht ist. Das war gut gemeint, aber es basierte nicht auf fundierten Erkenntnissen. Wir haben heute die große amerikanische Längsschnittstudie, die alle diese Aspekte gründlich untersucht hat. Die NICHD-Studie ist die größte Studie weltweit über außerfamiliale Betreuung. Heraus kam: Eine gute außerfamiliale Betreuung kann die Qualität des Aufwachsens bereichern und beeinträchtigt das Eltern-Kind-Verhältnis nicht. Ich empfehle allen Ideologen: Bevor sie uns ihren ideologischen Schwanengesang aufdrängen, sollten sie sich mit dem Forschungsstand befassen."

Eine gute außerfamiliale Betreuung kann die Qualität des Aufwachsens bereichern und beeinträchtigt das Eltern-Kind-Verhältnis nicht." (Fthenakis)

Neben der quantitativen Herausforderung ist es also von besonderer Bedeutung die Qualität in der institutionellen Arbeit und Tagespflege mit Kindern in den ersten Lebensjahren zu verbessern. Erst wenn bestimmte Kriterien berücksichtigt und verbessert werden, spricht nach neusten Erkenntnissen der Säuglings- und Bindungsforschung nichts gegen eine frühe außerfamiliäre Betreuung des Kindes. Es handelt sich dabei um Aspekte der pädagogischen Orientierung und der Prozess- und Strukturqualität:

- Richtwerte der Gruppengröße
- die damit verbundene Altersmischung
- Verweildauer der Kinder in der Einrichtung
- Personalschlüssel
- räumliche Bedingungen und Material/Ausstattung der Räume
- Qualifikation der Fachkräfte
- Grundhaltung der pädagogischen Fachkräfte im Hinblick auf außerfamiliäre Betreuung
- Schlüsselkompetenzen der Fachkräfte (individuelle Beziehung und Kommunikation, Beobachtung und Dokumentation, kindgerechte Tagesgestaltung)
- Zusammenarbeit mit Eltern, Eingewöhnung

Tageseinrichtungen sind nicht per se bestmögliche Bildungsorte.

Es darf nicht der Fehler begangen werden, ungeprüft Tageseinrichtungen zum bestmöglichen Bildungsort und zum Sicherheit vermittelnden Beziehungsort zu ernennen. Die Qualitätsanforderungen an Interaktionsabläufe mit den Bezugspersonen, an Orientierung und Struktur müssen besonders hoch sein, da junge Kinder noch besonders abhängig sind von den Erwachsenen in ihrer Umwelt.

Qualifizierung des Fachpersonals ist dringend notwendig.

Es gibt bis heute noch nicht viele Bildungspläne und Curricula für den Bereich der Unter-Dreijährigen und im Rahmen der Erzieherausbildung wird noch zu wenig auf die Arbeit mit dieser Altersgruppe vorbereitet. Die Anforderungen an das Qualifikationsniveau des Fachpersonals im Sozialwesen und Bildungswesen unterscheiden sich im europäischen Vergleich sehr stark – insbesondere zum Nachteil der Arbeit mit den Unter-Dreijährigen (von der Hochschulausbildung bis zur sozialpflegerischen berufsbegleitenden Ausbildung).

Info 6 Kindgerechte individuelle Tagesgestaltung

Plädoyer für Langsamkeit und Zeit im Kindergarten

Alles braucht seine Zeit: erkennen, begreifen, verstehen.
Kinder sind neu in dieser Welt, sind neugierig.
Sie wollen verstehen: genau betrachten, immer wieder sehen, vertraut werden, zuhören, Unterschiede wahrnehmen...
Sie wollen begreifen: anfassen, fühlen, schmecken, riechen.

Wirklich verstehen können Kinder nur das, was sie auch er-leben.
Erleben ist Gegenwart, gelebte Zeit: atmen, fühlen, hören, sehen, riechen schmecken...
Erleben braucht Zeit, genügend Zeit, sonst verkümmert es.

Kinder können sich einer Sache ganz hingeben, können aus wenigen Dingen tausend Spiele erfinden, wollen die gleiche Geschichte wieder und wieder, ohne dass es ihnen langweilig wird...

...wenn wir ihnen Zeit dazu nicht durch tausend gut gemeinte „Anregungen" stehlen.
...wenn wir sie nicht mit einer ständigen „Animation" zum Konsumieren zwingen.
...wenn wir ihre Sinne nicht durch viele Reize betäuben.

Kinder können sich konzentrieren, können sich entfalten
...wenn wir ihnen die Zeit zum eigenen Erfahren lassen
...wenn wir sie nicht zu früh mit unseren Erklärungen im eigenen Erkennen stören.

Kinder lernen viel und intensiv...
...nicht durch die Fülle von Spielangeboten, sondern durch die Fülle ihrer eigenen Erfahrungen, die sie dort machen, wo sie sich einer Sache hingeben können.

(Quelle unbekannt)

Zeit lassen

Wenn Kleinstkinder die Einrichtung besuchen, orientieren sich die Fachkräfte bei der Gestaltung des Tages am individuellen Rhythmus des Kindes und an den Ritualen und Gewohnheiten in der Familie.

Flexible Alltagsabläufe ohne viele Unterbrechungen bieten jungen Kindern die Möglichkeit ihren Interessen und Bedürfnissen nachzugehen. Es kommt seltener zu Frustrationen durch Unterbrechung einer Handlung. Dabei beachten die Fachkräfte die individuell verschiedenen Formen der Kontaktaufnahme und Kommunikation der Kinder und signalisieren ihre Dialog- und Kommunikationsbereitschaft. Damit Routinehandlungen (z.B. Füttern) für jedes Kleinstkind der Gruppe zu unterschiedlichen Zeiten und unmittelbar stattfinden können, bedarf es genauer Absprachen im Team. Bei der Planung von betrieblichen Abläufen, Arbeitszeiten und Diensten der einzelnen Fachkräfte muss immer berücksichtigt werden, dass besonders Kleinstkinder häufig sehr abhängig von der jeweiligen Bezugsperson in der Gruppe sind und Zeit brauchen.

Fachkräfte strukturieren den Tagesablauf so, dass sie sich jedem Kleinstkind und jüngeren Kind intensiv zuwenden können. Einen bestimmten Tagesablauf zu erzwingen, kann heißen, dass das Kleinstkind daran gehindert wird, seinen eigenen Rhythmus zu finden. Den braucht es aber im Rahmen des Selbstregulationsprozesses.

Besonders Routinen wie Essen, Schlafen oder Wickeln ermöglichen es den Fachkräften, eine besondere und ungeteilte Form der Zuwendung zu zeigen. Aber auch geplante Aktivitäten mit einzelnen Kindern oder einer Kleingruppe können Zeiten der intensiveren Zuwendung sein. Aktivitäten sollten sich immer an der Neugierde des Kindes und seiner Entscheidung dafür oder dagegen orientieren.

Mit der Zeit erfahren jüngere Kinder, dass sich ihre eigenen Bedürfnisse und Interessen in Einklang bringen lassen mit Interessen und Bedürfnissen der gesamten Gruppe. Sobald sich jüngere Kinder am Rhythmus der Gruppe orientieren, werden sie an der Planung der Tagesgestaltung beteiligt. Fachkräfte müssen darauf achten, dass Kleinstkinder und jüngere Kinder gemeinsame Gruppenaktivitäten verkraften können, insbesondere wenn noch ältere Kinder zur Gruppe gehören (vgl. Tietze, 2003, S. 57).

Die individuellen Bedürfnisse des Kindes bestimmen die Reihenfolge und Dauer der einzelnen Tagesabschnitte.

Info 7 Individualität – „Schläfertypen"

Ruhe- und Schlafphasen sollten sich an dem Alter und Entwicklungsstand der Kinder orientieren und individuelle Schlaf- und Ruhebedürfnisse von Kindern berücksichtigen.

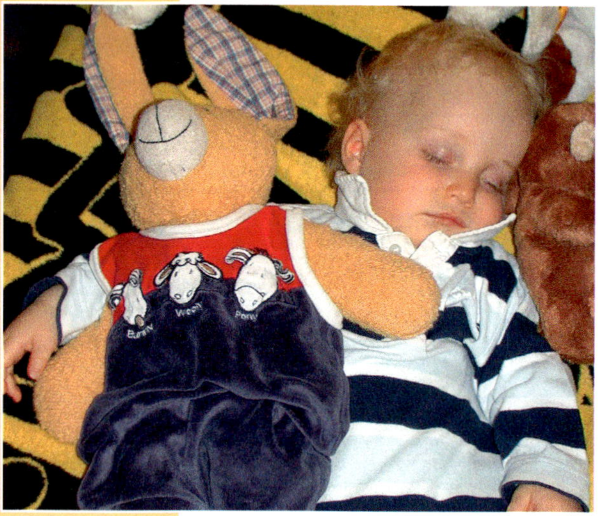

Beispielfragen für ein Erstgespräch mit Eltern eines Kleinstkindes für den Bereich Ruhen&Schlafen sammeln:

- Gibt es regelmäßige Schlafzeiten?
- Wo schläft es ein? Wie signalisiert es Müdigkeit?
- In welcher Lage schläft es ein? (Rückenlage, seitlich, rechte/linke Seite…)
- Was braucht es zum Einschlafen? (Schnuffeltuch, Stofftier, Schnuller, Streicheln, Lieder, Spieluhr…)
- Was zieht es zum Schlafen an? (Schlafanzug, Body, Schlafsack…)
- Wie wird es wach? (friedlich oder eher weinend…)
- Was braucht es beim Wachwerden? (Ansprache, etwas Ruhe, will es hochgenommen werden, Körperkontakt…)

Weder Zeitpunkt noch Dauer des Schlafbedarfs sind gleich. Jedes Kind kommt auf seine Weise an seinem Ort zur Ruhe, allerdings liegt kaum ein Kind sofort still.

Pädagogische Planung richtet sich nach den individuellen Bedürfnissen der Kinder.

Verschiedene, z. T. in einer Person kombinierte Schläfertypen
[humorvoll dargestellt] (nach Lill, Sporleder: Von Abflugrampe bis Zwischenlandung. Qualitätslexikon für Krippenprofis. S. 190).

„Der **Schlafwuseler** dreht, rollt, wühlt sich hin und her, bis er die richtige, angenehme Schlafposition gefunden hat.
Der **Wusel(nicht)schläfer** macht Kopfstand auf der Matratze, schlägt Kobolz, stört die anderen beim Einschlafen, braucht ein Einzelzimmer ohne Zuschlag, turnt mit geschlossenen Augen, schläft irgendwann bei einem Kopfstand ein.
Der **raumgreifende Schläfer** braucht drei Matratzen, schläft grundsätzlich quer.
Der **Gewohnheitsschläfer** kommt nur zur Ruhe, wenn er den immer gleichen Schlafnachbarn antrifft und Matratze oder Bett exakt an derselben Stelle stehen.
Die Angst, etwas zu verpassen, führt zu permanentem, krampfhaftem Wachhalten, dies ist der Kandidat für den **Suppenschüsselschlaf**.
Der **Herdenschläfer** schläft nur, wenn alle anderen Schäfchen schlafen – egal wie müde er ist, er treibt daher die anderen in den Schlafstall.
Der **Klammeraffe** sucht den Hautkontakt zur Bezugsperson, zwingt Erwachsene zum bezahlten Mittagsschlaf.
Der völlig verpennte **Dauerschläfer** könnte jede Stunde „abgelegt" werden, er verpasst alles, ist aber glücklich.
Der **Sitzschläfer** reißt sofort die Augen auf, wenn er hingelegt wird, will einfach eben nur sitzen (und schlafen).
Der **Motorisierte** schläft nur (ein), wenn er herumgefahren wird (ob drinnen oder draußen).

9610266

Der **Musikfreund** braucht musikalische Untermalung zum Einschlafen – dabei sind die Vorlieben im Einzelfall sehr unterschiedlich ausgeprägt. (Manche scheinen Musik aber auch als Ruhestörung zu empfinden).
Der **Schuckelschläfer** muss intensiv geschaukelt werden, während **der Seekranke** genau das nicht vertragen kann."

Kinder brauchen Rückzugsmöglichkeiten

Auch außerhalb der festgelegten Phasen muss es Rückzugs- und Erholungsmöglichkeiten geben. Auch ohne müde zu sein, brauchen insbesondere Kleinstkinder und jüngere Kinder Erholungsphasen vom aufregenden Alttagsgeschehen. Die Rückzugsbereiche und Schlafräume sind dafür angenehm gestaltet. Schlafrituale und Entspannungshilfen der Fachkräfte können die Kinder dabei unterstützen in den Schlaf zu finden und vermitteln Zuwendung und Geborgenheit. Während der Schlafphase ist eine Fachkraft anwesend oder in Hörweite. Dies ist besonders dann wichtig, wenn Kinder im Schlaf weinen oder beim Aufwachen schreien. Sie erfahren direkte Ansprache und Hilfe. Es gibt für Kinder, die nicht schlafen wollen, alternative Angebote. Die Fachkräfte beobachten die Kinder während des Tagesgeschehens und erkennen individuelle Ruhe- und Schlafbedürfnisse. Ausreichende Schlaf und Entspannungsphasen sind eine wichtige Voraussetzung für die gesunde Entwicklung und Bildungsprozesse des Kindes.

Entwicklungs- und Bildungsprozesse

Info 8

Pädagogische Fachkräfte brauchen vielfältige Fachkenntnisse über die kindliche Entwicklung der Kinder in den ersten Lebensjahren. In der Fachliteratur gibt es unterschiedliche Entwicklungstabellen. Es wird dabei zum Beispiel von so genannten „Meilensteinen der Entwicklung" oder „ Entwicklungsfenstern" gesprochen.

Die Entwicklungstabelle von Dr. E. K. Beller wird als sehr praxisorientiertes Instrumentarium in Ausschnitten vorgestellt. Sie ist für die Beobachtung und Entwicklungseinschätzung von Kindern von Null bis sechs Jahren ausgelegt. Der Einsatz der Entwicklungstabelle ist relativ zeitaufwändig. Die Ergebnisse sind dafür aber sehr aussagekräftig und eignen sich als Ausgangspunkt individueller pädagogischer Angebote. Die aktuellen Interessen und Entwicklungsthemen des Kindes werden deutlich.

Mit Hilfe der Tabelle kann das Kind in acht verschiedenen Entwicklungsbereichen eingeschätzt werden (z.B. Sprache, sozial-emotionale Entwicklung, Körperpflege, Kognition). Diese Bereiche sind in 12 Phasen eingeteilt.

In dieser Tabelle steht immer das einzelne Kind im Vordergrund ohne dass es mit anderen Kindern bzw. der Entwicklungsnorm verglichen wird.

Beispiel : Sprache (ca. 0–9 Monate)

Phase 1 – Vorsprachlich
1. Kräht ausdrucksvoll, vokalisiert und brabbelt. Bsp.: Nach dem Essen, nach dem Wechseln der Windeln, wenn Erwachsene mit ihm sprechen.
2. Vokalisiert spontan. Bsp.: Wenn es zufrieden im Bett liegt, gewindelt, gebadet oder gestreichelt wird.
3. Anhaltende Vokalisierung einer Person gegenüber, die seine Laute nachahmt.

Phase 2

1. Beobachtet aufmerksam die Lippen, wenn jemand spricht.
2. Versucht, Laute und Betonungen nachzuahmen.
   Bsp.: Während es beobachtet, versucht das Baby, die Lippen zu bewegen, begleitet von Körperbewegungen, als ob es sprechen wollte.
3. Drückt mit der Stimme unterschiedliche Gefühle aus.
   Bsp.: Schmerz, Hunger, Spannung, Lust, Ärger, Suche nach Zuwendung, Bedürfnis, hochgenommen zu werden, usw.
4. Gibt unterschiedliche Laute von sich, Silben und Silbenkombinationen.
   Bsp.: ma-ma, ada-ada-ada.

Phase 3

1. Vokalisiert vier unterschiedliche Silben.
   Bsp.: da, oh, ah, ma, buh, uh.
2. Spricht zweisilbige Wörter.
   Bsp.: Ma-ma, a-da, da-da.
3. Laute werden mit unterschiedlichen Dingen in Verbindung gebracht.
   Bsp.: Bellen mit Hund: dreht sich um, um einen Hund zu sehen, den es gehört hat; Telefon, Türglocke.
4. Wendet sich Dingen und Personen zu, deren Namen es häufig gehört hat, wenn sie benannt werden.
   Bsp.: Flasche, bekanntes Spielzeug, Verwandter, Tier.

Beispiel: Sozial-emotionale Entwicklung (ca. 12-24 Monate)

Phase 5

1. Imitiert Erwachsene.
   Bsp.: Klatscht in die Hände, stützt die Ellenbogen auf den Tisch, wischt das Gesicht mit dem Taschentuch.
2. Drückt Zuneigung, Ärger, Eifersucht klar und direkt aus.
   Bsp.: Umarmt liebevoll, lächelt, bietet Spielzeug an; drückt Ärger duch Weinen und offene Aggression aus; wird eifersüchtig, wenn Eltern oder beliebter Betreuer einem anderen Kind Aufmerksamkeit schenken.
3. Begrüßt bekannte Personen.
   Bsp.: Nähert sich ihnen mit offenen Armen, sagt „Mama“ oder den Namen der Person.
4. Drückt Mitleid und andere Gefühle für andere Kinder aus.
   Bsp.: Umarmt, schaut betroffen und besorgt, wenn ein anderes Kind weint; versucht zu helfen, bringt weinendem Kind ein Spielzeug.
5. Gehorcht schwierigen Aufforderungen.
   Bsp.: „Bring mir das“, „schmeiß das weg“, „warte“, „zeig deinen …“ (jeden Teil des Körpers).
6. Sagt, was es möchte, drückt seine Bedürfnisse sprachlich aus.
   Bsp.: „Keks“, „mehr“, „bitte“.
7. Zeigt Zeichen von Selbstbild.
   Bsp.: Reagiert auf seinen Namen, zeigt auf Teile seines Körpers und seiner Kleidung.

Phase 6
1. Spielt mit anderen Kindern für kurze Zeit. Bsp.: Wenn es Spielsachen hat und ein zweites Kind es beobachtet und sich zu ihm hinsetzt, wird das Kind vielleicht zuerst die Sachen vor sich aufhäufen, aber einen Augenblick später dem hinzugekommenen Kind ein Spielzeug von sich abgeben.
2. Teilt im Spiel Material und Spielzeug mit anderen Kindern. Bsp.: Kind dreht sich zu einem Kind um und sagt „hier", während es dem Kind ein Spielzeug hinhält, handelt spontan (wenn es nicht spontan handelt, dann auswerten: teilweise).
3. Bezieht sich spontan auf seinen eigenen Namen und Namen anderer Kinder. Bsp.: Dreht sich um, wenn es seinen Namen hört; schaut Gleichaltrige an, wenn der Erzieher den Namen des anderen Kindes nennt; kennt Namen von 3 oder 4 anderen Kindern, wendet die Namen richtig auf die Kinder an.
4. Benutzt besitzanzeigende Fürwörter für Personen und Dinge. Bsp.: „mein", „dein".

Gipfelstürmer brauchen Basislager

Info 9

Kleinstkinder und jüngere Kinder brauchen einfühlsame Begleiter. Die große Bedeutung einer empathischen Haltung dem Kind gegenüber muss an dieser Stelle besonders hervorgehoben werden. Es geht darum, körperliche und sprachliche Signale/Bedürfnisse der Kinder wahrzunehmen, richtig zu deuten und zeitnah und adäquat zum Wohl des Kindes darauf zu reagieren. Ein Säugling, sogar ein Neugeborenes, verfügt über eine ganz eigene Sprache. Er benutzt noch keine Worte, vermittelt aber durch Signale, was er empfindet und was ihm behagt oder nicht.

Dabei stehen zunächst die Bedürfnisse nach Pflege und Betreuung, verlässlicher und einfühlsamer Beziehung, Sicherheit, Autonomie und Regulation in unmittelbarem Zusammenhang zu den frühen Bildungsprozessen von Kleinstkindern. Ziel ist es, die Lebensbedingungen des Kindes so zu gestalten, dass das Kind sein ganzes Potential an Fähigkeiten entfalten kann, um forschend die Welt zu erobern (Bildungsprozesse/Selbstbildung). Kleinstkinder und jüngere Kinder brauchen einfühlsame Bezugspersonen, die ihre Neugierde und Motivation positiv zur Kenntnis nehmen und sie in ihrem Forscherdrang bestätigen.

Die Entwicklung von Kleinstkindern und jüngeren Kindern ist maßgeblich durch Beziehungserfahrungen bestimmt. Kleinstkinder und jüngere Kinder rückversichern sich z.B. durch Blickkontakt zur Bezugsperson: „Gipfelstürmer brauchen Basislager". Positive Bindungsqualität (d.h. Vertrauen, Verlässlichkeit, Ansprache, emotionale Zuwendung, Wertschätzung, Blick- und Körperkontakt = emotionales Auftanken, Präsenz, emotionale Sicherheit), genügend Zeit, Überschaubarkeit der „Welt" und angemessene Bewegungsmöglichkeiten führen zu selbständigem, ganzheitlichen „Welterforschen". Kinder erkunden mit allen Sinnen und gelangen so zu Erkenntnissen über ihre Umgebung. Dieser Forschergeist und positive Bindungsqualität wiederum fördert die Resilienz. Pflegesituationen, wie etwa das Wickeln oder Füttern auf dem Schoß der Fachkraft, bieten häufig ungestörte und intensive Interaktion zwischen Kind und dem Erwachsenem. Alltagstätigkeiten motivieren zum Mit-

Info 9
(Fortsetzung)

machen. Jüngere Kinder wollen die Welt der Älteren kennen lernen. Spielsachen im klassischen Sinne sind eher unwichtig. In den Vordergrund tritt das Interesse für Telefone, Kochtöpfe, Wäschekörbe, Blumen gießen, Spülen, Fegen etc. Schon die einfachsten Interaktionen mit Erwachsenen – Windeln wechseln, Gang zur Nachbargruppe, eine Einschlafgeschichte – hinterlassen Spuren. Kinder lernen Wörter und Gefühle, lernen den Umgang mit anderen, lernen Einzelheiten wahrzunehmen, sich an Ereignisse zu erinnern und Probleme zu lösen.

Verbalisieren des eigenen Handelns und des Handelns des Kindes

Diese individuell gestalteten Kommunikations- und Alltagssituationen im Tagesablauf gilt es zu erkennen und organisatorisch und didaktisch/methodisch auszubauen. Körperpflege, gemeinsame Mahlzeiten, Schlaf- und Ruhephasen und Freispielphasen ermöglichen neue unmittelbare Erfahrungs- und Bildungsräume. Dabei muss die Fachkraft die aktuelle Entwicklungsphase des Kindes sowie seine spezifischen Bedürfnisse beachten. Beispiele:

- Wie reagiert das Kleinstkind/jüngere Kind auf die liebevolle Zuwendung der Eltern/Bezugspersonen? (Gestik, Mimik, Laute, erste Worte)
- Wie drückt das Kleinstkind/jüngere Kind seine Gefühle aus?
- Wie sieht das Kleinstkind/jünger Kind aus, wenn es einem Gegenstand, einer Situation seine volle Aufmerksamkeit schenkt?
- Wie signalisiert das Kleinstkind/jüngere Kind, wenn es etwas haben möchte?

Innerhalb der Erfahrungsräume begleitet die Fachkraft ihr Handeln und das des Kindes sprachlich und benennt gleiche Handlungen und Objekte immer mit gleichen Begriffen bzw. Formulierungen. Aussagen der Kinder wiederholt sie mit Hilfe des korrektiven Echos.

Bewusstseinszustände des Säuglings

1. Der ruhige Tiefschlaf: Das Kind schläft tief und fest, die Augen sind dabei fest geschlossen und bewegen sich nicht. Es kann keine oder nur geringe motorische Aktivität beobachtet werden. Das Kind scheint totale Entspannung und Erholung zu erleben. Es ist ein gleichmäßiger Atemrhythmus und ruhiger Herzschlag zu erkennen.

2. Traumphasenschlaf: Die Augen sind zwar geschlossen, bewegen sich jedoch gelegentlich. Die motorische Aktivität reicht von kleinen Zuckungen bis hin zu Drehungen des Körpers und Ausstrecken der Gliedmaßen. Das Gesicht bewegt sich gelegentlich, u.a. durch Stirnrunzeln, Lächeln „Engelslächeln“, Kau- und Saugbewegungen, manchmal auch durch stimmhaftes Lachen, gelegentliches Meckern und Unruhe. Es ist ein unregelmäßiger Atem zu beobachten. Für Geräusche von außen ist es jetzt empfänglich und es könnte davon aufwachen.

3. Aufwachend/verträumt bzw. einschlafend: Die beiden Übergänge vom und zum Schlafen können sehr unterschiedlich aussehen. Beim Aufwachen werden z. B. die Augen abwechselnd geöffnet und geschlossen, mitunter sind sie auch halb geöffnet. Das Kind ist geistig abwesend und völlig ruhig. Das Einschlafen hingegen kann mit Weinen einhergehen, weil sich das Kind vielleicht vor dem Schwinden der Sinne fürchtet. Es kann aber auch sehr friedlich als ein „in den Schlaf sinken" ablaufen. Häufig sind leichte Bewegungen (Lächeln, Stirnrunzeln, Lippenspitzen) zu beobachten. Die Augen sind teilnahmslos, die Lider schwer, Augen können noch nicht gehalten werden.

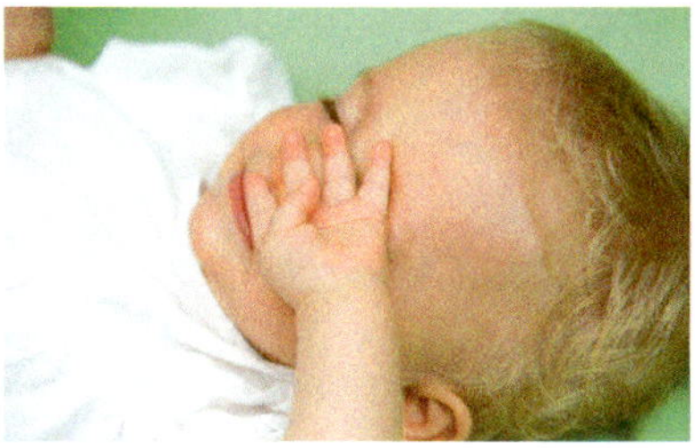

4. Ruhig/aufmerksam: Der Körper und das Gesicht zeigen wenig Aktivität, das Gesicht ist entspannt, die Augen geöffnet, der Blick klar. Das Kind beobachtet, ist interessiert, aufnahmebereit und am Geschehen beteiligt. Es konzentriert sich auf das Sehen und Hören, keine körperliche Bewegung, bis hin zu einer gewissen körperlichen Starre.

5. Wach/erzählend: Das Kind teilt sich mit, es bewegt die Arme und/oder Beine und ist vergnügt. Vielleicht brabbelt es vor sich hin oder schaut sich die Bewegung seiner Hände oder Füße an. Das Kind kann mit seiner Aufmerksamkeit nach innen oder außen gerichtet sein. Vielleicht erzählt es auch eine „Geschichte".- meist kurz vor dem Essen oder bei Aufregung (lautieren). Die Augen wandern; Fixieren fällt schwer oder findet gar nicht statt. Es sind rhythmische Bewegungsfolgen zu beobachten. Das hat eine Signalwirkung auf Eltern mit dem Ziel der Verstärkung einer wechselnden Interaktion zwischen Eltern und Kind.

6. Unruhig, ein Bedürfnis anmeldend: Das Kind ist quengelig, wimmert und teilt mit, dass es ein Bedürfnis hat. In diesem Zustand kann man viel über das Kind erfahren. Wenn die Betreuungsperson das Bedürfnis erkennt und befriedigt, wechselt das Kind wieder in einen zufriedeneren Zustand (das Kind kann den Zustand aber auch selbst regulieren).

7. Weinend/schreiend: Das Kind weint entweder weil es Schmerzen, Hunger oder ein Bedürfnis hat („ich will nicht alleine sein, ich bin müde, ich friere"). Vielleicht ist es auch überstimuliert und braucht eine Pause. Es zeigt oft zahlreiche Körperbewegungen und das Weinen hält an. Elementarcs Signal der ersten Monate ist das Schreien. Es scheint als wisse das Kind z. B., dass Schreien das beste Mittel zur Kommunikation ist. Es funktioniert über größere Entfernungen und erregt schnell die Aufmerksamkeit der Erwachsenen.

Eltern und Bezugspersonen reagieren einfühlsam auf den Säugling, wenn sie die kindlichen Signale

- **wahrnehmen,**
- **richtig interpretieren,**
- **prompt und**
- **angemessen darauf reagieren.**

Entscheidend für den Aufbau einer sicheren Bindung des Kindes und damit auch für sein Erkundungsverhalten ist ein gutes Einfühlungsvermögen der Bezugsperson in seine Bedürfnisse, ihre liebevolle Zuwendung und aufmerksame Fürsorge. Auch wenn nicht vollständig verhindert werden kann, dass ein Säugling gelegentlich weint, kann die Bezugsperson mögli-

Info 9
(Fortsetzung)

feinfühliges Verhalten = positive Bindungserfahrungen

cherweise sehr viel zu seiner Zufriedenheit beitragen, wenn sie auf seine Signale eingeht. Positive Bindungserfahrungen in frühester Kindheit sind die beste Voraussetzung dafür, dass ein Kind sich sowohl sozial-emotional als auch in seinem Bewegungs- und Forschungsdrang optimal entwickeln kann. Es braucht Bezugspersonen, die seinen Gefühlsäußerungen und Signalen von Anfang an Beachtung schenken, auf sie eingehen und emotional darauf „antworten“.

Je älter ein Kind wird, desto besser kann es sich und seine Gefühle selbst regulieren (emotionale Selbststeuerung). Die Fähigkeit, die Signale des Säuglings zu deuten, entwickelt sich mit der Zeit. Dieses Kennenlernen ist ein langsamer und stetiger wechselseitiger Prozess.

Die Eltern-Kind-Kommunikation findet hauptsächlich über mimischen und vokalen Emotionsausdruck sowie über die Körperhaltung statt. Durch die vom Säugling ausgehenden, mimischen und gestischen Signale wenden sich die Eltern spontan und intuitiv dem Säugling zu. Es werden bei den Eltern spontane Verhaltensweisen hervorgerufen. Die Verhaltenspsychobiologen Hanus und Papousek prägten dafür den Begriff der „intuitiven Kompetenzen“. Diese sind:

universell	Diese Verhaltensweisen sind kultur-, alters- und geschlechtsunabhängig bzw. haben – wenn überhaupt nur minimale Variationen.
unbewusst	Personen, die darüber befragt werden, können keine Auskunft geben.
schnell	Die Reaktionszeiten bewegen sich im Millisekundenbereich (200–600msec.)
unwillkürlich	Diese Verhaltensweisen können höchstens für kurze Zeit bewusst unterdrückt werden, geschehen aber eigentlich unwillkürlich.
nicht ermüdend	Frühkindliches Lernen ist auf Wiederholung aufgebaut. Intuitive Verhaltensweisen können beinahe endlos wiederholt werden, ohne dass sie für den Ausführenden ermüdend werden.

Ammensprache:
- höhere Stimmlage mit einem spezifischen Sprechgesang
- nicht einzelne Begriffe werden verniedlicht / Vorbild- und Nachahmungscharakter

die Grußreaktion:
- Kopfnicken
- Anheben der Augenbrauen
- übertriebenes Mienenspiel
- Lächeln
- Wiederholungen

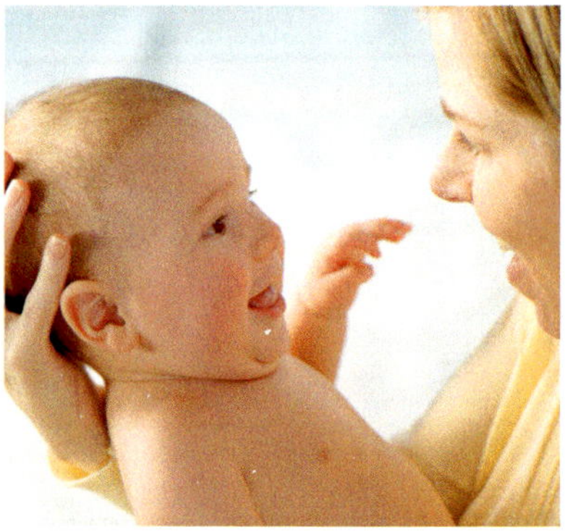

das parallele Ausrichten:
- entweder wird das Kind angehoben
- oder der Erwachsene neigt seinen Kopf in die entsprechende Position

der optimale Dialogabstand:
- 20–30cm in den ersten Lebensmonaten

der „biologische Spiegel“:
- Nachahmen der Mimik und Laute des Kindes

die Suche nach Blickkontakt:
- vor dem Ansprechen
- Abwenden des Blickes signalisiert Müdigkeit, Desinteresse oder Überreizung
- Konzentration als Basis zur Kommunikation

der Körperkontakt:
- Berühren, Streicheln, Heben etc., um die Spannungsverhältnisse im kindlichen Körper zu „Begreifen“:
- Sucht das Kind Nähe durch Anschmiegen?
- Überstreckt es sich aus Müdigkeit, Überreizung?
- Will es gehalten sein?
- Hat es Hunger?

das Beruhigen
- Reaktion auf Schreien
- hochheben
- rhythmisches Tragen oder Bewegen

das Abtasten der Befindlichkeit des Säuglings
- nonverbale Kontaktaufnahme über die Hände
- Temperatur der Hände
- Feuchtigkeit der Handinnenflächen
- geballte oder entspannte Fäuste
- ansprechender Greifreflex oder Wegziehen

das Suchen nach Rhythmus im Zusammensein
- Rhythmisierung der Nahrungsaufnahme
- Rhythmisierung der Schlaf-Wach-Zeiten

(in Anlehnung an: Sabine König, DIE WELT DES NEUGEBORENEN. IN: www.naturheilmagazin.de/baby/neugeborene.html 28.08.2007)

Beziehungsorientierte Pflege

Info 10

In der pädagogischen und beziehungsorientierten Pflege geht es nicht hauptsächlich um die Pflegehandlung und notwendigen Versorgungsleistungen, sondern vielmehr um die Gestaltung der Beziehung währenddessen. Pflege ist mehr als nur Pflege. Die durch großes Einfühlungsvermögen gestalteten individuellen pflegerischen Tätigkeiten haben einen hohen Stellenwert für die Beziehungserfahrungen des Kindes und vermitteln wohltuende positive prägende Basiserfahrungen. Das Befinden jedes einzelnen Kindes steht dabei im Vordergrund der jeweiligen Pflegehandlung und Versorgungsleistung. Je jünger die Kinder sind, desto größer ist natürlich der pflegerische Anteil der Arbeit in Krippen und kleinen altersgemischten Gruppen (Wickeln, Füttern, An- und Ausziehen, Baden, Zähne putzen, etc.).

Darüber hinaus sollten alle pflegerischen Tätigkeiten die Basis für pädagogische Bildungsprozesse sein. Gerade Alltagsroutinen bieten vielfache Möglichkeiten, Lernanlässe zu initiieren (Tisch decken, Hände waschen lernen, Fingerspiele auf dem Wickeltisch, Fußmassage, etc.) Dabei ist es für das Fachpersonal wichtig, genug Zeit und angemessene räumliche Bedingungen für beziehungsorientierte Pflegehandlungen und Versorgungsleistungen einzuplanen und zu gestalten. Fachkräfte dürfen nicht in zeitsparende Routine in den oben genannten Bereichen verfallen. So braucht beispielsweise das Füttern eines Kleinstkindes in einer angenehmen Atmosphäre je nach Kind ca. 20 Minuten. Teamabsprachen, das Einplanen von Zeitressourcen, das Ermöglichen von gruppenübergreifendem Arbeiten und Transparenz der Arbeit sind deshalb für das gesamte Team der Einrichtung von großer Bedeutung.

Beziehungsorientierte Pflege ist mehr als nur Pflege.

Das Kind darf auf gar keinen Fall bei pflegerischen Handlungen als Objekt gesehen und behandelt werden, z. B. hochnehmen oder hinlegen wie einen Gegenstand, rasche ungeduldige Bewegungen, Temperaturunterschiede nicht berücksichtigen, etwa bei einer kalten Wickelunterlage, mit der eigenen Aufmerksamkeit nicht beim Kind sein.

Kleinstkinder werden nach ihrem individuellen Tagesrhythmus regelmäßig gefüttert. Der Ernährungsplan für das erste Lebensjahr kann je nach Kind sehr unterschiedlich aussehen. Jüngere Kinder erfahren individuelle Unterstützung, bis sie zunehmend selbständig essen und trinken können. Die Selbständigkeit und Selbstwirksamkeit nimmt zu. Selbständigkeit sollte aber beim Essen nicht das

Info 10 (Fortsetzung)

einzige oder oberste Ziel sein, schon gar nicht aus Gründen möglicher Arbeitsentlastung. Wenn Kinder allein essen wollen, werden sie in diesem Wunsch unterstützt. Andere u. U. gleichaltrige Kinder fordern noch die ganz intensive Zuwendung der Bezugsperson ein.

Einige wichtige Informationen über gesundheitsbewusste Ernährungserziehung sind für den Umgang mit sehr jungen Kindern wichtig:

- Flaschennahrung und Breie werden frisch zubereitet.
- gemeinsame Mahlzeiten in angenehmer Atmosphäre verbringen; Bei Kleinstkindern bedeutet das u. U. allein mit der Bezugsperson zu sein.
- Fachkräfte haben Vorbildfunktion.
- Mitbestimmung der Kinder bei der Essensauswahl ermöglichen, allerdings nicht durch zu viel Wahlfreiheit verwirren
- Kinder in die Essenszubereitung einbeziehen
- Kindern Zeit zum Essen lassen
- das Sättigungsgefühl der Säuglinge und Kleinkinder respektieren und nicht zum Aufessen überreden
- dem Wunsch nach selbständigem Hantieren und Experimentieren mit Löffel, Gabel oder auch dem Essen nachkommen
- Essen (auch die Milchflasche) oder Süßigkeiten nicht als Trostpflaster und „Mundstopfer" einsetzen
- am Ende des ersten Lebensjahres immer mehr Nahrungsmittel anbieten, die das Kind greifen, löffeln oder mit der Gabel aufspießen kann. Kauen kräftigt Zähne und Mund- bzw. Gesichtsmuskulatur und begünstigt eine gute Sprachentwicklung. Mit stückigem Essen sollte man Kleinstkinder allerdings nie alleine lassen.
- frühes Trinken aus dem offenen Becher oder Glas fördern.

Info 11 Spielräume und -material für jüngere Kinder

Pädagogische Prozesse werden durch die Gestaltung des Raumes und die Auswahl der zur Verfügung gestellten Materialien beeinflusst (siehe Kapitel 5).

Raum und Material als „dritter Erzieher"

Angelika von der Beek unterteilt Räume für jüngere Kinder in Kategorien:
a) Platz zum Ankommen
b) Gruppenraum = Basisstation
c) Platz zur Entfaltung der Sinne
d) Platz um den Körper zu erleben
e) Platz zum Essen und Genießen
f) Platz zum Schlafen und Träumen
(vgl. Beek 2006)

Kinder in den ersten Lebensjahren benötigen einen strukturierten, überschaubaren Gruppenraum. Bereiche zum Spiel in Kleingruppen, zum kreativen Gestalten und Rückzugsmöglichkeiten müssen neben Pflege- und Schlaf- bzw. Ruhebereichen vorhanden sein. Es ist wichtig, dass die Bezugsperson ständig Kontakt zu den Kleinstkindern aufnehmen kann, um alle Signale wahrnehmen zu können.

Raum, Mobiliar und Material müssen den aktuellen Sicherheitsvorschriften entsprechen. Fußböden sollten mit Hilfe unterschiedlicher Oberflächenstrukturen gestaltet werden, z. B. mit Teppichboden oder Linoleum. In altersgemischten Gruppen scheint es außerdem sinnvoll, abgetrennte Spielbereiche für bestimmte Altersgruppen anzubieten, damit ältere und jüngere Kinder ungestört voneinander spielen können. Auch jüngere Kinder sollten freien Zugriff auf Materialien im Freispiel haben. Idealerweise werden sie sichtbar für jüngere Kinder aufbewahrt.

Materialbeispiele:
- erste Bilderbücher
- Spielzeug zum Liebhaben (Kuscheltiere, Puppen, etc.)
- Mobiles
- Materialien zur Sinneswahrnehmung
- Haushaltsgegenstände
- Alltagsmaterialien
- Bälle, Ringe
- Spiegel
- Rollenspielmaterial
- Bausteine

Die Auswahl des Materials und die Planung einzelner Aktivitäten hängen von den Beobachtungen der Fachkräfte und damit von der kindlichen Entwicklung ab.

Planungsaspekte für Aktivitäten aus der Sicht eines Kleinkindes

Info 12

- Achte auf meinen Wachheitsgrad und meine momentane Situation. Ich sollte ausgeschlafen und satt sein.
- Ich brauche eine angenehme, ruhige Atmosphäre und eine angemessene Raumtemperatur.
- Berücksichtige Trage- und Haltetechniken.
- Biete mir bitte viel Bewegungsfreiheit (z. B. eine Matte, Ausziehen der Anziehsachen bis auf den Body).
- Begib dich bitte auf meine Augenhöhe.
- Sprich beim Spiel mit mir. Orientiere Mimik, Gestik und Sprechweise an meinem Alter. Begleite dein Handeln und meines sprachlich.
- Schau mich an! Berühre mich! Sei ganz aufmerksam und schenke mir deine Zuwendung!
- Ruhephasen gehören auch zu einer gemeinsamen Spielzeit.
- Bau bitte Wiederholungen oder auch Variationen ein.
- Versuche je nach Spielanregung und Material meine beiden Körperhälften anzuregen.
- Beobachte meine Signale während der Spielphase. (z. B. Veränderung des Bewusstseinszustands, Wegdrehen des Kopfes). Ich zeige dir, ob du einfühlsam und adäquat auf meine Signale reagierst. Verändere unter Umständen dein Vorhaben.
- Schaffe einen einfühlsamen Übergang von der Spielzeit zurück in das Gruppengeschehen.

Pädagogisches Handeln orientiert sich an der momentanen Situation des Kleinkindes.

Zusammenarbeit mit Familie – Eingewöhnung

Info 13

Der Übergang von der Familie in die Tageseinrichtung für Kinder stellt an das Kind eine hohe Anpassungsleistung dar. Diese Phase versetzt das Kind in eine extreme Stresssituation. Der Übergang muss von pädagogischen Fachkräften für Eltern und Kinder sensibel begleitet werden. Das aufgebaute Vertrauen zwischen Eltern und Kind darf nicht durch falsche und zu frühe Trennungsversuche erschüttert werden. Pädagogische Fachkräfte, Eltern und Kind gestalten gemeinsam den Prozess der Eingewöhnung.

Die Eingewöhnungsphase muss zum Wohle des Kindes sensibel geplant und durchgeführt werden. Jede Einrichtung braucht ein Eingewöhnungskonzept. Das

Info 13
(Fortsetzung)

„Ohne Eltern geht es nicht."
(Leawen)

zurzeit in Deutschland am meisten verbreitete Eingewöhnungsmodell ist das von Infans entwickelte Eingewöhnungsmodell mit aufeinander aufbauenden Phasen. Es ist in der Praxis als „Berliner Eingewöhnungsmodell" bekannt. Das Modell ist sehr differenziert. Ziel ist es, das Kind eine neue tragfähige Beziehung zu einer Fachkraft aufbauen zu lassen, ohne dass sein Vertrauen in seine Bezugsperson erschüttert wird. Die Eingewöhnung gilt als erfolgreich beendet, wenn das Kind sich auch in schwierigen Situationen von der neuen Bezugsperson helfen und sich trösten lässt.

Nach Beendigung der Eingewöhnungsphase müssen die täglichen Übergänge von den Fachkräften sensibel geplant werden. Die Begrüßungsphase, d.h. der Übergang von der Familie in die Einrichtung, ist häufig eine sehr schwierige Phase für alle Beteiligten. Eltern und Kleinstkinder spüren unter Umständen Trennungsschmerz und Unsicherheiten. Häufig entwickeln sich hier besondere Rituale, die den Übergang (Transition) und den „Start in den Tag" für Eltern und/oder Kind erleichtern können (Blick- und Körperkontakt, ein bestimmtes Spiel, begrüßen des Kuscheltiers etc.).

Bei der Begrüßung können Eltern den pädagogischen Fachkräften aktuelle, wichtige Informationen über ihr Kind geben. Auch der Abschied ist eine wichtige und zu gestaltende Situation, die Zeit braucht. Ereignisse vom Tag können ausgetauscht und ein Spiel noch zu Ende gespielt werden.

Fazit

Das Kind braucht in seinen ersten Lebensjahren Bezugspersonen, die feinfühlig und angemessen auf seine Signale eingehen. Positive Bindungserfahrungen schaffen Vertrauen und verstärken das Explorationsverhalten von jungen Kindern. Erst wenn bestimmte Kriterien berücksichtigt und verbessert werden, spricht nach neuesten Erkenntnissen der Säuglings- und Bindungsforschung nichts gegen eine frühe außerfamiliäre Betreuung des Kindes. Es handelt sich dabei um Aspekte der pädagogischen Orientierung und der Prozess- und Strukturqualität.

Aufgaben und Anregungen

1 Die Lehrkraft stellt einzelne Aussagen/Fragen im Plenum vor und bittet Sie dazu Stellung zu nehmen. Sie stellen sich zu einzelnen Aussagen auf eine Seite des Raumes (stimme zu/stimme nicht zu).

Im Fall einer großen Gruppe kann die Daten- und Stimmungsabfrage auch sehr anschaulich mit Hilfe roter und grüner Moderationskarten umgesetzt werden.
Grüne Karte = Ich gehöre zu dieser Gruppe – ich habe diese Meinung – ich stimme dieser Aussage zu. Rote Karte = Ich habe nicht diese Meinung – ich stimme der Aussage nicht zu

Beispiele:
- Ich war selber früher als Kind in einer Gruppe für Kinder unter drei Jahren oder bei einer Tagesmutter.
- Ich habe schon als Babysitter gearbeitet.
- Ich habe eigene Kinder.
- Als Elternteil würde ich mein Kind in den ersten drei Lebensjahren nicht in eine Institution geben.

2 Teilen Sie die Klasse in zwei Gruppen. Eine Gruppe sammelt Argumente, die für eine frühe außerfamiliäre Betreuung in der frühen Kindheit sprechen (Literatur- und Internetrecherche). Die andere Grup-

9610276

Aufgaben
(Fortsetzung)

pe sammelt Gegenargumente. Begeben Sie sich in der Klasse in eine Pro/Contra-Diskussion. Werten Sie die inszenierte Diskussion. Welche Fragen bleiben ungeklärt? An welcher Stelle benötigen Sie noch mehr Informationen?

3 Pflegesituationen im weitesten Sinne sind auch immer Lernsituationen. Schildern Sie Ideen für mögliche ganzheitliche Lernanlässe und Bildungsprozesse in den Bereichen „Ruhen&Schlafen“ und Körperpflege.

4 Erstellen Sie in Ihrer Klasse eine Ideenbörse zum Thema „Bildungsprozesse von Kindern planen“.

Zum Beispiel:
Lieder/Fingerspiele/Reim….
Spielmaterial….
Bilderbücher in den ersten Lebensjahren….

5 Lesen Sie die nachfolgende Situationsbeschreibung durch. Beantworten Sie die zweite Frage und finden selber Beispielszenarien für Bildungsprozesse.

Lisa (0;9) ist noch beim Frühstück. Sie sitzt in ihrem Hochstuhl und stopft sich bedächtig ein vorgeschnittenes Häppchen Brot nach dem anderen in den Mund. Die Krümel sammelt sie mit „spitzen“ Fingern ein, betrachtet sie, lässt sie dann zu Boden fallen und schaut ihnen hinterher. Dabei jauchzt sie laut auf.
Lisa ist sehr neugierig. Sie ist fasziniert von der eigenen Entdeckung und wirkt sehr konzentriert und ausdauernd. Die Auge-Hand- und Auge-Gegenstand-Koordination wird geübt. Lisa verwendet den Pinzetten-Griff für ihre „Krümel-Aktion“. Sie weiß, dass sie durch das Loslassen der Krümel etwas bewirkt. Sie weiß, dass die Krümel noch existieren, auch wenn sie kurze Zeit aus ihrem Sichtfeld verschwunden sind (Objektpermanenz). Es geht in dieser Situation um selbst bestimmtes Tun, Ausprobieren, Versuch/Irrtum und Erfolg. Immer wieder landen die Brotkrümel auf dem Boden. Die physikalische Gesetzmäßigkeit der Schwerkraft wird von Lisa mit 9 Monaten erkundet. Sie erprobt die Falllinie eines Gegenstandes. Eine scheinbar banale Tätigkeit eines Kindes birgt eine Fülle von Lernerfahrungen.

5.1 Welche Bildungsprozesse finden in der Situation statt?

5.2 Was könnten aufbauend auf dieser Erfahrung die nächsten neuen Herausforderungen für Lisa sein?

6 Erstellen Sie ein Schaubild. Welche Fachkenntnisse benötigt eine Fachkraft, wenn Sie mit Kindern unter drei Jahren arbeitet?

7 Überlegen Sie in Einzelarbeit, was Ihnen in fremden/neuen Situationen hilft. Tauschen Sie sich mit einem Partner über Ihre Überlegungen aus.

Übertragen Sie Ihre Erfahrungen auf die der jungen Kinder in der Eingewöhnungsphase. Wodurch können Sie Kleinkindern in der Eingewöhnungsphase helfen?

8 Schreiben Sie aus der Sicht eines sechs Monate alten Säuglings einen Brief an seine Eltern und an die pädagogische Fachkraft im Hinblick auf die bevorstehende Eingewöhnungsphase.

Tipps zum Weiterlesen

Baum, H.: *Klein und groß, auf los geht's los. Spielideen für altersgemischte Gruppen.* Herder 1999.
Beek von der, A.: *Bildungsräume für Kinder von Null bis Drei.* Verlag das Netz. 2006.

Tipps zum Weiterlesen

Beller, Kuno: *Entwicklungstabelle.* Freie Universität Berlin 5. Aufl. 2005.

Bertelsmann Stiftung (Hrsg.): *Wach, neugierig und klug. Kinder unter 3. Ein Medienpaket für Kitas, Tagespflege und Spielgruppen.* Bertelsmann 2006.

Biermann, Ingrid: *Kleinkinder entdecken ihre Umgebung. Ideen für Krippe, Kita und Tagesmütter.* Herder 2006.

Eliot, L.: *Was geht da drinnen vor? Die Gehirnentwicklung in den ersten fünf Lebensjahren.* Berlin Verlag 2001.

Grossmann, K. & Grossmann, K. E. (1998). *Bindungstheoretische Überlegungen zur Krippenbetreuung.* In: Ahnert, L. (Hrsg.). Tagesbetreuung für Kinder unter drei Jahren. Theorien und Tatsachen. Bern: Verlag Hans Huber, S. 68–81.

Herder (Hrsg.): *SPOT.Kindergarten heute: So geht's mit Krippenkindern.* Herder 2002.

Herder (Hrsg.): *Kinder unter drei – Bildung, Erziehung und Betreuung von Kleinstkindern.* (= Kindergarten heute spezial) 2006.

INFANS (2006). *Das Berliner Eingewöhnungsmodell. In: kindergarten heute spot. So geht's mit Krippenkindern.* 4. Auflage, 2002, S. 39.

Kasten, H.: *0–3 Jahre. Entwicklungspsychologische Grundlagen.* Beltz 2005

Laewen, Hans-Joachim: Andres, Beate; Hédervári: *Ohne Eltern geht es nicht. Die Eingewöhnung von Kindern in Krippen und Tagespflege.* Beltz 2006.

Lill, Gerlinde; Sporleder, Waltraud: *Von Abflugrampe bis Zwischenlandung. Qualitätslexikon für Krippenprofis,* Luchterhand 2000.

Nitsch, C.: *Zehn kleine Fingerchen. Über 200 klassische und neue Fingerspiele und Kinderreime zum Vorlesen, Vortragen, und Mitmachen.* Mosaik 1994.

Merz, Christine; Schmidt, Hartmut W.: *Lernschritte ins Leben. Entwicklungspsychologische Stationen in Bildern.* Herder 2007.

Polinski, L.: *Kleine Kinder entdecken die Welt. Was Eltern dazu beitragen können.* (= mit Kindern leben). Rowohlt 1998.

Largo,R.H.: *Babyjahre. Die frühkindliche Entwicklung aus biologischer Sicht. Das andere Erziehungsbuch.* Piper 1997.

Papousek, Mechthild; Schieche, Michael; Wurmser, Harald (Hrsg.): *Regulationsstörungen der frühen Kindheit. Frühe Risiken und Hilfen im Entwicklungskontext der Eltern-Kind-Beziehung.* Hans Huber 2004.

Sears, W.: Das „24-Stunden-Baby". *Kinder mit starken Bedürfnissen verstehen.* La Leche Liga international 1998.

Stemme, G.; Eickstedt, D. v.: *Die frühkindliche Bewegungserziehung. Vielfalt und Besonderheiten.* Selbstbestimmtes Leben 1998.

Verbraucherzentrale (Hrsg.): *Gesunde Ernährung von Anfang an. Stillen. Säuglingsnahrung. Breie. Gläschenkost.* Hamburg 11. Aufl. 2000.

Weber, C. (Hrsg.): *Spielen und Lernen mit 0–3-jährigen. Der entwicklungszentrierte Ansatz in der Krippe.* Beltz 2004.

Filme

„Aus zwei werden drei" und „Kari", Filme der Bundeszentrale für gesundheitliche Aufklärung

„Im Frühlicht" Donata Elschenbroich

„Die ersten Tage in der Krippe" unter www.infans.de

„Nähe zulassen" unter www.naehe-zulassen.de

„Schütteln Sie nie ein Baby" unter www.kinderundgewalt.de

Tipps zum Weiterlesen

Links

www.bzga.de Hier finden Sie kostenlose Broschüren der Bundeszentrale für gesundheitliche Aufklärung: Das Baby, Gesundheitskalender. Neun Untersuchungen für die gesunde Entwicklung Ihres Kindes, Impfkalender. Körper, Liebe, Doktorspiele. Ein Ratgeber für Eltern zur kindlichen Sexualentwicklung vom 1.–3. Lebensjahr.
www.dgbm.de Deutsche Gesellschaft für Babymassage e.V.
www.dge.de Deutsche Gesellschaft für Ernährung
www.elternforum-kindersicherheit.de und www.kindersicherheit.de Elternforum der Bundesarbeitsgemeinschaft (BAG) Mehr Sicherheit für Kinder e.V.
www.lalechliga.de La Leche Liga Deutschland e.V.
www.liga-kind.de Deutsche Liga für das Kind
www.pekip.de Prager-Eltern-Kind-Programm PEKiP-Verein
www.pikler.de Emmi-Pikler-Gesellschaft

6.3 Integrative Erziehung in Tageseinrichtungen für Kinder

In den nächsten zwei Tagen sollen die Studierenden der Fachschuloberstufe in Kleingruppen in verschiedenen Tagesstätten für Kinder hospitieren. Sie lernen dadurch unterschiedliche pädagogische Ansätze und Konzepte kennen. Im Anschluss an diese Hospitationen wird das Thema in der Kleingruppe erarbeitet und dem Plenum im Unterricht präsentiert. Einige besuchen ein Montessori-Kinderhaus, andere schauen sich einen Bewegungskindergarten an. Zwei Studierende wollen mit dem Waldkindergarten durchs Dickicht wandern, andere gehen wiederum in einen Waldorf-Kindergarten.

Ercan und Renate haben sich für eine heilpädagogische integrative Einrichtung entschieden. Renate kennt die Einrichtung, da sie nur zwei Straßen weiter wohnt. Ercan möchte später gerne eine heilpädagogische Zusatzausbildung machen, um in der Türkei mit behinderten Kindern arbeiten zu können.

An der Tür werden beide Studierenden vom Leiter der Einrichtung begrüßt. Er ist vom Gruppendienst freigestellt und von Beruf Diplom-Sozialpädagoge. Der Leiter führt beide zuerst durch die Einrichtung und berichtet über das Konzept des Hauses. *„Miteinander leben – voneinander lernen"* ist der Leitsatz der Einrichtung. Die integrative Einrichtung besteht aus vier Gruppen à 15 Kindern. In jeder Gruppe befinden sich fünf Kinder mit dem Anspruch auf einen Förderplatz. In jeder Gruppe sind drei Fachkräfte tätig. Es handelt sich um Sozialpädagogen/Sozialpädagoginnen, Erzieher/Erzieherinnen, Kinderpflegerinnen, eine Heilerzieherin und eine Kinderkrankenschwester. Außerdem arbeiten noch

Therapeuten in der Einrichtung (eine Logopädin, ein Motopäde und ein Psychologe). Außer den Gruppen- und Nebenräumen gibt es unterschiedliche Therapieräume. Ein großer Bewegungsraum dient der psychomotorischen Arbeit. Hier ist u.a. der Motopäde tätig. Zuletzt betreten alle drei einen Snoezelen-Raum. Ercan und Renate staunen über Sprudelsäulen, Spiegelkugellicht, ruhige Meditationsmusik und viele Materialien zur Sinneswahrnehmung. Der Leiter erklärt ihnen, dass es sich um ein holländisches Konzept der Wahrnehmungsförderung handelt.

Nach dem Rundgang begleitet der Leiter Ercan und Renate jeweils in eine Gruppe. Dort werden sie die nächsten Tage hospitieren, um die Arbeit in einer integrativen Tageseinrichtung für Kinder besser kennen zu lernen. Im Anschluss an jeden der beiden Hospitationstage soll ein Reflexionsgespräch mit dem Leiter, den Gruppenleiterinnen und ihnen stattfinden. Renate ist sehr aufgeregt. Ob sie im Hinblick auf die behinderten Kinder richtig reagieren wird? Der Leiter gibt beiden Studierenden den Beobachtungsauftrag, herauszufinden, welches Kind der Gruppe einen Förderplatz hat, d.h., welches Kind mit einer Behinderung die Einrichtung besucht und Anspruch auf therapeutische Maßnahmen hat. Nach zwei Stunden treffen sich Ercan und Renate auf dem Außengelände und tauschen erste Beobachtungen aus.

Renates Gruppe wird von einem schwer mehrfachbehinderten Jungen besucht. Heute Vormittag ist er allerdings nicht da. Er ist häufig krank und muss dann zu Hause gepflegt werden. Ein Kind hat Renates Aufmerksamkeit sofort auf sich gezogen. Das ist Tom. Tom hat das Downsyndrom. Er ist fünf Jahre alt, sieht aber eher aus wie ein Dreijähriger. Renate spürt, dass sie bei seinem Anblick Mitleid für ihn und seine Eltern empfindet. Andererseits benimmt er sich ganz niedlich. Er setzt sich im Freispiel zu ihr und erzählt, dass er der weltbeste Torwart sei. Kinder, die vorbeikommen, bestätigten Toms Aussage. Die anderen Kinder mit einer Behinderung entdeckt Renate nicht auf den ersten Blick. Ein Junge hat das ADS-Syndrom.

Auf dem Außenspielgelände ist Tom gerade der Held. Fast alle Kinder der Gruppe beobachten ein kleines Fußballspiel, bei dem Tom der Torwart ist. Er wird angefeuert, strahlt alle an und ist begeistert von sich.

Ercan hat sich alles viel spektakulärer vorgestellt. Der Alltag in einer integrativen Gruppe wirkt sehr normal. Auch er kann nicht auf Anhieb feststellen, welche Kinder einen Förderplatz haben. Es scheint Behinderungen zu geben, die nicht „direkt ins Auge fallen". Björn ist z.B. Autist. Er spielt alleine auf dem Bauteppich. An diesem Vormittag wird Tim (ein Junge mit einer leichten Körperbehinderung) von der Motopädin zur Therapiestunde abgeholt. Lisa, mit der er gerade spielt, fängt an zu weinen. Sie will Tim begleiten. An diesem Vormittag ist das in Ordnung. Beide gehen Hand in Hand in den Psychomotorik-Raum. Anna ist schwerhörig, fast taub. Dadurch ist ihre Sprachentwicklung verzögert. Sie trägt Hörgeräte, die kaum zu sehen sind. Ercan ist fasziniert von der Gebärdensprache, in der sich Anna heute Vormittag mit einer Erzieherin unterhielt. Er erfährt von der Erzieherin, dass sie dafür einige Fortbildungen besucht hat und dies eine Form der Kommunikation zwischen ihr und Anna ist. Ein Junge ist mehrfachbehindert. Er kann nur durch lautes Rufen von Lauten auf sich aufmerksam machen. Das stört ganz schön, denkt Ercan. Aber der Junge lacht auch viel mit allen Kindern der Gruppe.

Renate und Ercan sind nach den zwei Tagen der Hospitation in der integrativen Einrichtung voll von Eindrücken, Gefühlen und Fragen. Sie überlegen, wie sie diese Erfahrungen ihren Mitstudierenden mitteilen können.

Fragen

- *Was denken und fühlen Menschen ohne Behinderung, wenn sie Menschen mit Behinderung begegnen? Angst? Unsicherheit? Mitleid? Ekel? Schuldbewusstsein? Unbehagen?*
- *Was wird unter dem Begriff Integration verstanden?*
- *Welche Formen der Behinderung gibt es?*
- *Wie reagieren Kinder auf Menschen mit Behinderungen?*
- *Welche Erfahrungen können Kinder mit und ohne Behinderung in integrativen Einrichtungen machen?*
- *Wie sieht der pädagogische Alltag in integrativen Einrichtungen aus?*
- *Was sollte eine Fachkraft in einer integrativen Einrichtung alles können?*
- *Was für ein Umfeld brauchen Kinder mit und ohne Behinderung, damit sie ihren Kindergartenalltag so selbstständig wie möglich gestalten können?*

Kilian gehört zu unserem Leben

Info 1

Brigitte Liesner aus Münster über das Leben mit ihrem schwer mehrfachbehinderten Kind:

„Kilian war erst ein paar Stunden alt, und obwohl er auf den ersten Blick gesund wirkte, wusste ich sofort, dass auch er behindert ist – seine Atmung, seine Motorik … Wir konnten es nicht fassen, dass uns dieser Schicksalsschlag zum zweiten Mal traf: Leonard, unser erster Sohn, hatte die gleiche seltene Behinderung, bei der das Kleinhirn nicht richtig angelegt ist. Er ist mit neun Monaten im Schlaf gestorben, eine schreckliche, traurige Erinnerung.

Obwohl wir wussten, dass es ein Wiederholungsrisiko von 25 Prozent für die Behinderung gab, hatten mein Mann und ich uns für eine zweite Schwangerschaft entschieden. Wir haben gedacht: Das kann uns doch nicht noch mal passieren, und ein Leben ohne Kinder konnten wir uns einfach nicht vorstellen. Sie gehören zu unserer Lebensplanung dazu.

Als Kilian am 28. November 1996 auf die Welt kam, habe ich nur verzweifelt gedacht: Das schaffe ich nicht noch einmal. Weshalb ich, weshalb nur schon wieder ich? Trotzdem liebe ich dieses Kind, das ein Wunschkind ist, und niemals stelle ich diese Liebe infrage. Aber ich gebe zu, dass ich vermutlich abgetrieben hätte, wäre es möglich gewesen, Kilians Behinderung zu einem sehr frühen Zeitpunkt feststellen zu lassen. Eine Spätabtreibung allerdings wäre für mich niemals infrage gekommen.

Kilian ist ein wunderbarer kleiner Kerl, der Emotionen zeigt, gerne schmust, der viel lacht, der an den kleinsten Dingen Spaß hat, zum Beispiel, wenn mir etwas runterfällt. Früher hätte ich nie gedacht, dass ein so schwer behinderter Mensch so viel Lebensfreude haben kann. Mein Sohn und ich sind sehr eng miteinander verbunden und ich glaube, dass ich zu ihm eine innigere Beziehung habe, als ich zu einem nicht behinderten Kind hätte. Ich könnte ihn nie missen, nie auf ihn verzichten. Selbst wenn es wieder einmal sehr anstrengend und schwierig mit ihm ist und seine Unruhe oder seine Krämpfe nicht aufhören wollen.

Über seine Entwicklung mache ich mir keinerlei Illusionen. Er wird nie sprechen oder gehen können, mit ein bisschen Glück einmal sitzen, aber ich glaube eigentlich nicht daran. Sein Leben lang wird er rund um die Uhr auf inten-

Info 1 (Fortsetzung)

sive Pflege und Betreuung angewiesen sein. Unser Alltag ist daher sehr anstrengend und belastend, aber ich denke, wir meistern ihn ganz gut. Es gibt allerdings auch Tage, da kann ich einfach nicht mehr und bin völlig überfordert.

Besonders das Füttern und die Ernährung sind ein echtes Problem. Nur knapp ist Kilian bislang um eine Magensonde herumgekommen. Er trinkt angedickte Milch aus der Flasche, püriertes Gemüse, isst allenfalls Quark vom Löffel. Das Schlucken fällt ihm so schwer. Manchmal ist es ein wahrer Kampf, Nahrung mit Medikamenten, die er unbedingt nehmen muss, in ihn hinein zu bekommen.

Ein bisschen Entlastung habe ich durch den heilpädagogischen Kindergarten, den Kilian sehr gerne besucht und wo er gut aufgehoben ist. Allerdings kann er nicht immer hingehen, da er oft krank ist, Bronchitis und Lungenentzündung. Dann muss er ständig beaufsichtigt werden, weil er viel spuckt und sich verschluckt.

Unverzichtbar ist für mich unsere Selbsthilfegruppe ‚Lebensgeister' unter dem Dach der Lebenshilfe Münster, die ich mitgegründet habe. Hier fühlen wir uns verstanden und geborgen, können uns mit anderen Eltern schwer behinderter Kinder austauschen. Es sind viele neue Freundschaften entstanden.

Dafür haben wir andere verloren. Viele unserer alten Freunde haben sich zurückgezogen. Das hat mich am Anfang sehr enttäuscht, das habe ich von einigen einfach nicht erwartet. Vermutlich haben sie Angst und sind unsicher. Aber irgendwie will ich auch gar nicht wissen, woran ihre Zurückhaltung liegt. Es hat sich wohl die so genannte Spreu vom Weizen getrennt.

Auf der anderen Seite gibt es einige wenige Menschen, die für uns sehr wichtig geworden sind, die immer da sind, wenn wir Hilfe brauchen. Ohne diese Freunde würde es mir heute sehr viel schlechter gehen. Ich weiß, dass sie Kilian so akzeptieren, wie er ist.

Das Schlimmste sind für mich mitleidige Blicke und Aussprüche wie: ‚Ach, der arme Kleine, so ein Leben muss ja schrecklich sein.' Viele können sich einfach nicht vorstellen, dass ein Leben mit einem behinderten Kind neben all den Belastungen durchaus schön und erfüllend sein kann. Wie viel einfacher wäre es, wenn uns unsere Mitmenschen mehr Akzeptanz, Verständnis, Toleranz und Offenheit entgegenbringen würden.

Aber es gibt auch einige positive Reaktionen. Ich freue mich immer über ehrliches Interesse und man kann mich auch fragen, was Kilian hat. Ich spreche gerne darüber und versuche den Menschen die Berührungsängste zu nehmen. Dann kann ich ihnen auch sagen, dass es das Schrecklichste wäre, Kilian zu verlieren und dass er einfach zu unserem Leben gehört."

von: Anja de Bruyn, Bundesvereinigung Lebenshilfe aus: Pressestelle vom 06.02.02

Info 2

Ein Kind ist ein Kind ist ein Kind ...

Plädoyer für eine Allgemeine Pädagogik ohne Ausnahmen — von Sabine Knauer

Manche von uns fahren Rollstuhl,
manche von uns gehen auf Krücken,
manche haben steife Hände,
manche einen krummen Rücken.

Manche gucken komisch
oder ducken sich komisch
oder schlucken komisch
oder zucken ganz komisch.

Manche hinken komisch
oder winken komisch
oder reden oder essen oder
trinken komisch.

Manche von uns wirken fröhlich.
Manche andere sehr ernst.
Doch du wirst nichts dabei finden,
wenn du uns erst kennen lernst.

Manchen zittern alle Glieder,
manche lachen schrecklich laut.
Doch lernst du uns erst mal kennen,
sind wir dir sehr schnell vertraut.

Wie ein Baum an Blättern reich ist
und kein Baum dem andern gleich ist,
sind wir hunderte Millionen
ganz verschiedene Menschen
wie du!

Quelle: Deutsche Liga für das Kind. Kinder mit Behinderungen und chronisch kranke Kinder. In: Frühe Kindheit die ersten sechs Jahre Heft 2/2006, S.8.

I wie Integration

Info 3

„Niemand darf wegen seiner Behinderung benachteiligt werden.“ (Artikel 3 Abs. 3 Satz 2 Grundgesetz)

In Deutschland gelten einige Millionen Menschen als behindert. Das Sozialgesetzbuch (SGB) definiert in § 2 Absatz 1 Buch 9 den Begriff der Behinderung wie folgt: „Menschen sind behindert, wenn ihre körperliche Funktion, geistige Fähigkeit oder seelische Gesundheit mit hoher Wahrscheinlichkeit länger als sechs Monate von dem für das Lebensalter typischen Zustand abweichen und daher ihre Teilhabe am Leben in der Gesellschaft beeinträchtigt ist. Sie sind von Behinderung bedroht, wenn die Beeinträchtigung zu erwarten ist.“

Es werden in der Regel folgende Behinderungs- oder Schädigungsformen unterschieden:

- Blindheit und Sehbehinderung
- Gehörlosigkeit und Schwerhörigkeit
- Geistige Behinderung
- Körperbehinderung
- Sprachbehinderung
- Lernbehinderung
- Verhaltensstörung

Es wird von Oberbegriffen gesprochen, unter denen sich zahlreiche ganz unterschiedliche Schädigungen verbergen. Zur geistigen Behinderung zählen z.B. genetische Formen oder stoffwechsel- bzw. neurologisch-funktionelle Formen.

Von Mehrfachschädigung spricht man, wenn neben einer Hirnschädigung noch weitere gravierende Schädigungen auftreten. Die Schädigungen können auf unterschiedliche Ursachen zurückgeführt werden (z.B. Geburtskomplikationen, hirnorganische Störungen, Unfälle, genetische Faktoren).

Die Bundesvereinigung Lebenshilfe informiert auf ihren Internetseiten darüber, dass ca. alle 90 Minuten in Deutschland ein Kind geboren wird, „das mit einer geistigen Behinderung leben wird: Es entwickelt sich, aber langsamer; es denkt, wenn auch einfacher; es lernt, nur nicht so leicht. Ihr Leben lang werden diese Kinder Hilfe brauchen. Aber: Sie werden sich freuen, andere Menschen lieb haben, gerne leben … Es sind Kinder wie andere auch!“ (www.lebenshilfe.de, 04.12.2007)

Info 3
(Fortsetzung)

Und doch bleibt die Frage, wie die Zukunft für Kinder mit Behinderungen in unserer Gesellschaft aussieht. Es wird seit vielen Jahren von der Integration behinderter Menschen gesprochen.

„Integration meint ein Konzept der Eingliederung ohne Selbstaufgabe und Assimilation, ohne Verlust der eigenen Identität und ohne bedingungslose Anpassung an die mehrheitliche Welt der Nichtbehinderten. (...) Gegenseitige Achtung und Anerkennung der Leistungen und Bedürfnisse behinderter wie nicht behinderter Menschen schaffen das Klima, in dem soziale Beziehungen gedeihen. Integration darf nie als Einbahnstraße begriffen werden. Sie ist weder einseitig noch kurzzeitig realisierbar. Integration kann als Zielorientierung dienen, ihre Verwirklichung jedoch stellt einen Prozess dar, dessen Mittel und Methoden immer wieder neu entwickelt und erprobt werden müssen."

Beauftragter der Bundesregierung für die Belange behinderter Menschen

Integrationspädagogik – eine Pädagogik gemeinsamen Lernens

Die Integrationspädagogik schließt alle mit ein, Gehörlose, Blinde, Körperbehinderte, Menschen mit geistiger Behinderung, Schwermehrfachbehinderte und Menschen ohne Behinderung.

Dieser Blickwinkel ist für die Integrationspädagogik von großer Bedeutung. Die Individualität jedes Menschen, die Gemeinsamkeiten und das gemeinsame Lernen stehen im Vordergrund (siehe auch LF 3, Kapitel 4.2).

„Das Ganze ist mehr als die Summe seiner Einzelteile."

„Integration heißt (...) nicht, dass sich ein Kind (ein Mensch) mit Behinderung seiner Umgebung anpasst bzw. angepasst wird, sondern dass eben diese Umgebung Bedingungen schafft, die ein Miteinander von Menschen mit und ohne Behinderung möglich macht."

Schöler, Jutta (Hrsg.)/Fritzsche, Rita/Schastok, Alrun, Ein Kindergarten für alle – Kinder mit und ohne Behinderung spielen und lernen gemeinsam (= Gemeinsames Leben und Lernen: Integration von Menschen mit Behinderungen), Luchterhand Verlag, Berlin 2002, S. 13

Leider verändern sich die Umgebung (gesellschaftliche Rahmenbedingungen, Gesetze, Normen und Werte, usw.) nur sehr langsam. Behindertengerechte Institutionen sind noch keine Selbstverständlichkeit; Vorurteile sind in den Köpfen vorhanden; viele Betreuungs- und Bildungsinstitutionen grenzen eher aus; gesellschaftlich wichtige und akzeptierte Rollen werden selten von Menschen mit Behinderung ausgefüllt. Sportler bei den Paralympischen Spielen werden interessiert im Fernsehen verfolgt, traurige Schicksale behinderter Menschen in Talkshows verfolgt – wo und wie aber leben die Menschen mit Behinderung in meinem Stadtteil?

„Ein Vorurteil ist ein unangemessenes Urteil über einen Menschen oder eine Sache, das auf unzureichende Informationen oder auf einer bestimmten Auswahl von Daten beruht."

Bernitzke, Fred/Schlegel, Peter, Das Handbuch der Elternarbeit, Bildungsverlag Eins, Troisdorf, S. 102

Behinderungen machen oft Angst, verunsichern Menschen ohne Behinderung, lassen sie handlungsunfähig werden. Gesellschaftlich gesehen gibt es eher negative Einstellungen gegenüber Menschen mit Behinderung, wobei diese Einstellungen häufig nicht gelebt werden. *„Sozial erwünschte Verhaltensweisen"* werden gezeigt. Der Behinderte soll normal behandelt werden, auch wenn er nicht für normal gehalten wird. (Vgl. Schöler, a. a. O., S. 15 ff.)

Je früher Kinder ohne Behinderung mit Kindern mit Behinderung aufwachsen, desto förderlicher ist dies für das Ziel der Integrationspädagogik. Denn „die Vermittlung von Normen und Werten, somit auch die Herausbildung von Einstellungen gegenüber Behinderungen und behinderten Menschen, findet hauptsächlich in der frühen Kindheit statt und erfolgt in umfassendster Weise über Alltagskommunikation, Märchen und Kindergeschichten" (Schöler, a. a. O., S. 15) und Medien. Es gibt die buckelige böse Hexe im Märchen, den hinkenden Hauptverdächtigen im Jugendkrimi, das einäugige Monster, die lustig lispelnde niedliche Comicfigur. In der Werbung wird in der Regel der Normal- bzw. Idealmensch präsentiert.

Kinder übernehmen Einstellungen von Erwachsenen, wobei sie, je nach Alter, noch keine festen unwiderruflichen Meinungen haben. Sie orientieren sich allerdings an ihren Eltern und erwachsenen Vorbildern. In einem integrativen Lern- und Lebensumfeld müssen sie sich zum Teil mit individuell verschiedenen Werten und Normen und widersprüchlichen Aspekten auseinander setzen. Dies ist die Voraussetzung und Chance für Kinder, andere Einstellungen behinderten Menschen gegenüber zu entwickeln. Der frühe Kontakt zu Kindern mit Behinderungen z. B. in integrativen Einrichtungen wirkt sich positiv auf das Zusammenleben aller aus (vgl. Schöler, a. a. O., S. 16 ff.). Die kindliche Neugierde, der Wunsch, Neues begreifen zu wollen, der Mut, auf Fremde zuzugehen, die Unbefangenheit, das Interesse, Fragen zu stellen, andere Menschen direkt und offen anzuschauen tragen zur Zielerreichung „Miteinander leben – voneinander lernen" bei. Da ist erst einmal kein Platz für Ablehnung.

Du und ich = wir im Kindergarten

Info 4

Es gibt viele unterschiedliche Organisations- und Angebotsformen für behinderte und von Behinderung bedrohte Kinder. Da gibt es z. B. die heilpädagogische integrative Einrichtung, in der behinderte und nichtbehinderte Kinder „unter einem Dach leben", oder den heilpädagogischen Kindergarten, in dem nur Kinder mit sonderpädagogischem Förderbedarf aufgenommen werden. Es gibt auch die integrativen Gruppen oder die Integration einzelner behinderter Kinder in Regeleinrichtungen. Die Angebotsformen und Bezeichnungen variieren je nach Bundesland und können durch die Fülle schnell verwirren.

Die einzelnen Bundesländer formulieren die integrative Erziehung als Aufgabe des Kindergartens im Rahmen ihrer Landesgesetze. Ziel ist es dabei nicht, dass behinderte Kinder lernen „nicht behindert" zu sein, es sollen vielmehr integrative Prozesse in Gang gesetzt werden.

Im Gesetz über Tageseinrichtungen für Kinder (GTK) in NRW ist der Aspekt der integrativen Erziehung z. B. in „§ 2 Aufgaben des Kindergartens" wie folgt erwähnt: „Die Integration behinderter Kinder soll besonders gefördert werden. Behinderte und Nichtbehinderte sollen positive Wirkungsmöglichkeiten und Aufgaben innerhalb des Zusammenlebens erkennen und altersgemäße demokratische Verhaltensweisen einüben können."

Das Kinderbetreuungsgesetz Berlin (KitaG) formuliert die Integrationsarbeit in § 5 Absatz 1:
„Keinem Kind darf aufgrund der Art und Schwere seiner Behinderung oder seines besonderen Förderungsbedarfs die Aufnahme in eine Kindertagesstätte verwehrt werden. Kinder mit Behinderungen werden in der Regel gemeinsam mit anderen Kindern in integrativ arbeitenden Gruppen gefördert."

Unterschiedliche, einzigartige Kinder mit unterschiedlichen Fähigkeiten, Interessen und Bedürfnissen lernen voneinander.

Info 4
(Fortsetzung)

In diesem Kapitel wird in erster Linie die Arbeit integrativer Einrichtungen thematisiert.

In diesen Einrichtungen werden Kinder mit körperlicher, geistiger oder seelischer Behinderung oder von Behinderung bedrohte Kinder mit nicht behinderten Kindern betreut. Es handelt sich in den Gruppen in der Regel um Kinder mit unterschiedlichen Behinderungsarten.

Die Förderung und Erziehung nicht behinderter und behinderter Kinder ist zwar durch den Einsatz von qualifiziertem Personal, größerem Personalschlüssel und speziellen Räumlichkeiten und Material kostenintensiver, verfolgt aber wichtige Ziele der Elementarpädagogik, die Förderung sozialer Verhaltensweisen und die Stärkung des Selbstbewusstseins.

Integrative Erziehung = ganzheitlicher positiver Ansatz

Toleranz, Akzeptanz, Konflikte aushalten und lösen, einander helfen, Hilfe annehmen, stolz auf sich und seine einzigartigen Fähigkeiten sein, Zuversicht wecken sind nur einige Teilaspekte integrativer Erziehung. Integrative Erziehung versteht sich als ganzheitlicher Ansatz, der sich an den Fähigkeiten und Stärken der Kinder orientiert und nicht die Problemgruppen- und Mitleidsperspektive vertritt („*das arme behinderte Kind – was es alles nicht kann*").

Der notwendige Förderbedarf behinderter Kinder muss natürlich trotzdem weiterhin unter Berücksichtigung der Art und Schwere der Behinderung garantiert werden. In § 39 ff. des Bundessozialhilfegesetzes (BSHG) werden die Eingliederungshilfen für behinderte Personen gewährt.

Die therapeutischen Maßnahmen sind neben der pädagogischen Arbeit Bestandteil der individuellen Förderung (Psychomotorik, Sprachtherapie, Krankengymnastik usw.). Die Förderung soll den Kindern zu einem Leben in größtmöglicher Selbstständigkeit verhelfen. Sie findet in Kleingruppen oder als Einzelförderung soweit es geht in der Einrichtung statt und sollte wenn möglich in den Alltag der Einrichtung integriert werden (Normalisierungsprinzip). Therapiestunden können u.U. auch im Gruppenraum durchgeführt werden. Kinder ohne Behinderung können dabei sein, mitspielen, mitmachen. Wenn Therapeuten selbstverständlich am Alltag der Gruppe teilnehmen, erfahren sie sehr viel über die Lernfortschritte der Kinder und ihre „ganz normalen" Aktivitäten. Daran kann die therapeutische Förderung anknüpfen. Die teilnehmende Beobachtung der Therapeuten und kollegiale Teamgespräche fördern die interdisziplinäre Zusammenarbeit und wechselseitige Beziehung pädagogischer und therapeutischer Arbeit. Leider lassen Personalstruktur, Arbeitszeiten und bestimmte Vorgaben dieses Arbeiten nicht immer zu.

Kinder mit Behinderung erleben in integrativen Einrichtungen häufig erstmals, dass sie sich in bestimmten Situationen von anderen Kindern unterscheiden. Ihr Selbstbild wird durch den Kontakt mit Kindern ohne Behinderung verändert. Ihre Schädigung wird ihnen bewusst gemacht, durch die sie in der Regel stärker von der Hilfe und dem Wollwollen der Erwachsenen abhängig sind. „Für Behinderte Kinder kann die Konfrontation mit den Folgen der Behinderung auch zu schmerzlichen Erfahrungen der eigenen Einschränkungen und Abhängigkeiten werden. Sie stoßen früher als andere Kinder an die Grenzen ihrer Möglichkeiten und müssen akzeptieren, dass sie z.B. bestimmte evtl. beliebte Spiele nicht mitspielen oder zumindest nicht aktiv mitbestimmen können." (Schöler, a. a. O., S. 29) Rückzug, Aggressionen gegen sich selber und andere oder die Wahl anderer Spiel- und Erlebnismöglichkeiten können die Folge sein.

Bei den Kindern ohne Behinderung muss ein Verständnis für Kinder mit Behinderung gefördert werden. In manchen Punkten unterscheiden sie sich, in anderen sind sie sich ähnlich. Kinder ohne Behinderung müssen von den Erwachsenen erfahren und durch sie erleben, wie sie angemessen mit Kindern mit Behinderung umgehen können. Dazu zählt auch, dass sie entsprechend ihrem Wissens- und Entwicklungsstand Kenntnisse über die jeweilige Behinderungsform der Kinder ihrer Gruppe erfahren. (Vgl. Bayerisches Staatsministerium für Arbeit und Sozialordnung, Familie und Frauen; Staatsinstitut für Frühpädagogik München, S. 123 f.)

Es kann im Rollenspiel schon einmal passieren, dass Kinder ohne Behinderung ein Kind mit Behinderung nachahmen, in seine *„Rolle schlüpfen"*. Das Rollenspiel ist eben eine kindliche Form der Auseinandersetzung mit seiner Umwelt.

Je nach Bundesland werden in integrativen Einrichtungen 15 bis 17 Kinder von ca. drei Fachkräften betreut. Von den Kindern sind es ca. drei bis acht, die einen Förderplatz belegen, d. h. bei denen eine Behinderung vorliegt oder dieses von Behinderung bedroht sind. Leider gibt es immer noch viele Einrichtungen, die aufgrund der fehlenden Räumlichkeiten und des fehlenden Fachpersonals nur Kinder mit leichten bis mittelschweren Behinderungen aufnehmen können. Die integrative Erziehung darf nicht zu einer weiteren Ausgrenzung von stärker behinderten Kindern führen.

Die Sonderstellung behinderter Menschen in Sondereinrichtungen soll, anders als in den Sechziger-/Siebzigerjahren vermieden werden. Dem Anspruch auf Bildung und Förderung von behinderten Kindern wurde damals durch die Entstehung von vielen unterschiedlichen Sondereinrichtungen (Sonderkindergärten, Sonderschulen) erstmals Rechnung getragen. Behinderte Kinder konnten dadurch viel eher in ihren Familien bleiben und tagsüber in besonderen heilpädagogischen Tageseinrichtungen außerhalb der Familie betreut werden. Heutzutage wird im Sozialgesetzbuch (SGB) die gleichberechtigte Teilhabe von Menschen mit Behinderung am gesellschaftlichen Leben und die Vermeidung von Benachteiligung betont (§ 1 SGB 9). Leistungen für behinderte oder von Behinderung bedrohte Kinder sind so zu planen und zu gestalten, dass nach Möglichkeit Kinder nicht von ihrem sozialen Umfeld getrennt und gemeinsam mit nicht behinderten Kindern betreut werden können.

Miteinander leben – voneinander lernen

Institutionelle Aussonderung begünstigt soziale Ausgrenzung.

Pädagogische Arbeit der Fachkräfte in integrativen Einrichtungen

Info 5

Die pädagogische Arbeit der Fachkräfte in integrativen Einrichtungen orientiert sich an den gesetzlichen Aufgaben und Zielen der Tageseinrichtungen für Kinder und den Bildungsaufträgen der einzelnen Bundesländer. Es ergeben sich bei der Betrachtung der Aufgaben und Ziele keine Unterschiede für Kinder mit und ohne Behinderung. Lediglich die erreichbare Zielstufe und das methodische Vorgehen unterscheiden sich.

Alle Kinder sollen an Aktivitäten und Projekten entsprechend der individuellen Voraussetzungen teilnehmen können. Die Inhalte sollen sich an der konkreten Lebenswelt der Kinder orientieren.

Info 5
(Fortsetzung)

Wer kann Integrationsprozesse in Tageseinrichtungen für Kinder begleiten?

Eine Fachkraft, die

- der Integrationsarbeit positiv gegenübersteht;
- sich auf Neues, bisher nicht Gewohntes einlässt;
- sich mit eigenen Einstellungen, Vorurteilen, Ängsten usw. auseinander setzt;
- sich ihrer Vorbildfunktion bewusst ist;
- sich der Schwierigkeit der Ambivalenz in der Beziehungsarbeit bewusst ist (loslassen können/schützen wollen, Ablehnung/Zuneigung);
- über Wissen über die behinderten Kinder und die Behinderungen (Formen, Ursachen) verfügt;
- nach gemeinsamen Lernsituationen sucht, diese initiiert und sensibel unterstützt;
- eine gute Beobachtungsgabe besitzt und gerade bei Kindern mit Behinderungen und Beeinträchtigungen auf nonverbale Zeichen in der Kommunikation achtet;
- Räume übersichtlich, reizvoll, aber nicht überfrachtet, und variabel gestaltet;
- Rituale zur Orientierung in den Tagesablauf einbaut;
- Regeln im Alltag mit den Kindern flexibel „lebt".

(in Anlehnung an Schöler, a. a. O., S. 32 ff.)

Die Auseinandersetzung mit der eigenen Sichtweise und den eigenen Einstellungen ist die Basis des pädagogischen Handelns. Im Verhalten der Erwachsenen „suchen behinderte und nicht behinderte Kinder Orientierung für ihren Umgang miteinander. (…) Weder ‚Schonung' durch Scheinakzeptanz oder übertriebene Fürsorge noch ‚schonungslose' Konfrontation mit den Folgen der Behinderung durch Ignorieren bzw. Verweigerung von Hilfe sind Wege, den Kindern eine positive Auseinandersetzung mit der eigenen Behinderung oder mit der Behinderung anderer Kinder zu ermöglichen (…)" (Schöler, a. a. O., S. 31).

Teamgespräche, Einzel- oder Teamsupervision und der Besuch von Fortbildungen sind notwendig.

Beispiele:

Spielmaterial	
Geräuschedosen	leere Filmdosen mit Steinen, Perlen usw. füllen
Tortengitter-Mobile	unterschiedliche Bänder (Glöckchen) an ein Tortengitter knoten
Geschenkband-Mobile	viele Geschenkbänder an einen Bügel knoten und kräuseln
Luftballonbett	Bettbezug randvoll mit ganz vielen Luftballons füllen
Tücher-Dusche	Tücher an eine Wäschespinne hängen
Glockensocke	Glöckchen an einen Strumpf nähen

Die Zusammenarbeit und Kooperation mit anderen Institutionen sind für pädagogische und therapeutische Fachkräfte daneben sehr wichtig. Dazu zählen: Beratungsstellen, Gesundheitsamt, Frühförderstellen, Therapeuten/Psychologen, Kinderärzte, Jugendämter usw. Informationen können nach Einwilligung der Eltern ausgetauscht werden. Mitarbeiter erhalten Informationen über die medizinische Diagnose, den Therapieverlauf. Der regelmäßige Austausch über den momentanen Entwicklungsstand des Kindes ist für die individuelle Begleitung wichtig.

In Einrichtungen werden so genannte Förderpläne oder individuelle Erziehungspläne für Kinder mit Behinderung für das pädagogische und therapeutische Arbeiten und aufgrund der Finanzierung der Förderplätze erstellt. Darin wird die Diagnose der Behinderung festgehalten und darauf aufbauend die Ziele, Fördermöglichkeiten und Konsequenzen für das pädagogische und therapeutische Arbeiten. Diese Pläne dienen als gute Grundlage für Eltern- und Fachgespräche.

Gruppenräume in integrativen Gruppen und Einrichtungen müssen nicht immer mit teuren „heilpädagogischen Integrationsspielmaterialen/Spielzeugen" der Kindergartenkataloge gefüllt werden. Es sind hilfreiche, aber nicht unbedingt immer notwendige Materialien, um sinnliche Erfahrungen machen zu können. Die Wahrnehmung kann auch mit ganz einfachen Mittel und Materialien sensibilisiert werden und bezieht Kinder ohne Behinderung mit ein.

- Welche Spielmaterialien sind schon vorhanden?
- Welche Alltagsmaterialien gibt es?
- Welche Naturmaterialien können eingesetzt werden?
- Welche Spielmaterialien können selber hergestellt werden?

Alle Kinder brauchen Zeit (wenn die Dauer auch variiert), sich mit Materialien und Spielen intensiv auseinander zu setzen. Sie wollen ihre Umwelt, ihr Umfeld mit allen ihnen zur Verfügung stehenden Sinnen erkunden. Wird ein Geruchsmemory benötigt, wenn draußen auf der Wiese der Einrichtung gerade alles blüht und duftet? „Wir können uns (...) ganz hinein ins Gras legen, die Augen schließen und die Wiese riechend, fühlend und hörend wahrnehmen." (Schöler, a. a. O., S. 77)

Gerade im Bereich der Wahrnehmungsförderung können Menschen ohne Behinderung viel von Menschen mit Behinderungen lernen.

Die besondere Situation von Eltern behinderter Kinder

Info 6

Eltern sind Kooperationspartner und müssen als Experten für ihr Kind ernst genommen werden.

Tageseinrichtungen für Kinder arbeiten familienergänzend. Eltern sollen als Kooperationspartner zum Wohle des Kindes bei der Bildung, Betreuung und Erziehung betrachtet werden.

Für alle Eltern ergibt sich durch die Zusammenarbeit und die zeitlich begrenzte Betreuung ihrer Kinder eine familiäre Entlastung. Dieser Aspekt ist für Familien mit behinderten oder von Behinderung bedrohten Kindern von großer Bedeutung (siehe Info 1). Denn das Familienleben ändert sich augenblicklich mit der Geburt eines Kindes mit Beeinträchtigungen und Auffälligkeiten. Eltern behinderter Kinder erleben bestimmte Phasen der Verarbeitung (Schockphase, Phase der Abwehr/ Ablehnung oder der übermäßigen Zuneigung bis hin zur konstruktiven und konkreten Auseinandersetzung mit der Behinderung ihres Kindes und

Info 6 (Fortsetzung)

den damit verbundenen Änderungen in ihrem Leben). Dieser Prozess des Annehmens braucht Zeit. Oft helfen Selbsthilfegruppen. Aber auch pädagogische Fachkräfte und Therapeuten müssen diesen Prozess behutsam begleiten. (vgl. Schöler, a. a. O., S. 22 ff.)

Viele Familien fühlen sich allein gelassen und isoliert. Sie ziehen sich selber zurück oder erleben Ablehnung in ihrem Umfeld. Sie lernen aber auch gut zu organisieren, denn Therapie- und Arztbesuche und Frühförderung bestimmen nun den Familienalltag. Das Familienleben und die Partnerschaft der Eltern sind einer großen Belastung ausgesetzt. „In vielen Fällen erliegen besonders die Mütter auch heute noch dem gesellschaftlichen Druck und füllen die ihnen zugeschriebene Rolle der ‚guten' Mutter, das heißt aufopfernden, sich selbst zurückstellenden Mutter aus. Sie geben ihre Berufstätigkeit auf, um sich als Managerin und Co-Therapeutin vierundzwanzig Stunden täglich in den Dienst ihres Kindes zu stellen. Dabei verbieten sie sich Gefühle wie Wut (Schmerz) und Aggression, denn eine ‚gute' Mutter liebt doch das eigene Kind." (Schöler, a. a. O., S. 47)

Eltern behinderter Kinder werden psychisch und physisch stark beansprucht.

Diese unterdrückten stark kontrollierten Gefühle führen oft zu psychosomatischen Störungen und können in Stresssituationen *„ausbrechen"*. Bei aller Belastung bleibt kaum Raum für Beziehungsarbeit. Viele Paare halten diese Belastung nicht aus und trennen sich.

Sich hineinversetzen in die Situation beider Elternteile ist für die Zusammenarbeit wichtig und beugt Vorurteilen vor, verhindert das Ziehen falscher Schlüsse. Statt dem Vater z.B. vorzuwerfen, er interessiere sich nicht für sein behindertes Kind, muss sein Verhalten hinterfragt werden.

Eltern müssen in den Integrationsprozess aktiv mit einbezogen werden.

Der Übergang des Kindes von der Familie in den Kindergarten ist häufig ein noch tieferer Einschnitt in das bisherige Leben als bei Familien mit Kindern ohne Behinderung. Der Wunsch, es überall beschützen zu wollen, erschwert das *„Loslassenkönnen"* des eigenen Kindes. Dieser Prozess muss sehr sensibel von Fachkräften begleitet werden. Eltern und Kinder müssen sich in der Einrichtung sicher fühlen und Fachkräften vertrauen. Konstante Bezugspersonen erleichtern dieses Ziel.

Eltern wünschen sich, dass ihr Kind zu einer Gruppe dazugehört und sich wohl fühlt und doch auch die bestmögliche Förderung erhält. Wenn Eltern erleben, dass der Kindergartenalltag so gestaltet wird, dass ihr Kind daran teilhaben haben kann, wenn ihre Bitten, Tipps und Hinweise ernst genommen werden, sie Unterstützung als Eltern erleben, dann kann Integrationsarbeit beginnen. Erzieherische und therapeutische Maßnahmen erfolgen in enger Absprache mit den Eltern.

Eine Mutter erinnert sich:
„Nicht unser Kind sollte so normal wie möglich werden, sondern der Umgang mit ihm wurde von allen Beteiligten so normal wie möglich und doch so speziell wie nötig gestaltet."

Integration eines körperbehinderten Kindes. Eltern und Erzieher blicken zurück, in: kinderleicht 1/96, S. 6

Die Transparenz der Arbeit fördert in jeder Einrichtungsform die Zusammenarbeit zwischen Eltern und dem Personal. Entwicklungsgespräche, „Tür- und Angelgespräche", Hospitationen, Hausbesuche, gemeinsame Feste, Elternabende, Informationsveranstaltungen usw. schaffen zum einen eine gute Basis der Kooperation. Zum anderen können Fachkräfte bei vielen Formen der Elternarbeit die Eltern an der Integrationsarbeit teilhaben lassen.

Eltern von Kindern ohne Behinderung sind zu Beginn oft sehr erstaunt, wie selbstverständlich und normal ihr Kind über Kinder mit Behinderung spricht und mit ihnen spielt, singt, lacht, ihnen hilft oder auch streitet.

Die Gruppe der Kinder mit besonderen Bedürfnissen ist noch größer

Info 7

Neben der Gruppe der Kinder mit Behinderung oder von Behinderung bedrohter Kinder gibt es noch eine zahlenmäßig wesentlich größere Gruppe von Kindern mit besonderen Bedürfnissen.

> „Hierunter fallen Kinder, (...) die mit einem deutlich erhöhten Entwicklungsrisiko aufwachsen. Die Kinder werden in Kindertageseinrichtungen oft aufgrund von Verhaltensbesonderheiten und/oder Lern- und Leistungsproblemen auffällig und sind z.T. von besonderen Belastungen im sozialen bzw. familiären Umfeld (z.B. Armut, psychische Erkrankungen eines Elternteils) betroffen; aufgrund ihres Entwicklungsrisikos sind sie in ihrer Teilhabe am Leben der Gemeinschaft gefährdet."
>
> Bayerisches Staatsministerium für Arbeit und Sozialordnung, Familie und Frauen; Staatsinstitut für Frühpädagogik München, S. 114

Diese Kinder haben im Vergleich zu Kindern mit Behinderung nach § 39 ff. BSHG keinen vergleichbaren eindeutigen Hilfeanspruch. Und doch müssen Tageseinrichtungen für Kinder diesen Kindern mit besonderen Bedürfnissen durch individuelle Hilfsangebote gerecht werden.

Die Leitprinzipien des bayerischen Bildungs- und Erziehungsplans bieten im Hinblick auf die Bildung und Erziehung und Betreuung von Kindern, deren Entwicklung (egal aus welchen Gründen) beeinträchtigt ist, eine gute Orientierung:

1. **Normalisierungsprinzip** (spezifische Hilfen dürfen Kinder nicht mehr als unbedingt notwendig in ihren normalen Lebensvollzügen einschränken)
2. **Prinzip der sozialen Inklusion** (Teilhabe betroffener Kinder an allen Aktivitäten und Angeboten für Kinder, die sich – normal – verhalten)
3. **Prinzip des Vorrangs präventiver Maßnahmen** (darauf hinwirken, dass der Eintritt von Behinderungen, chronischen Erkrankungen oder Entwicklungsrisiken vermieden wird, nicht erst dann reagieren, wenn *„das Kind in den Brunnen gefallen ist"*)

Ziel dieser Leitprinzipien ist es, Entwicklungsprobleme zu verhindern (Primärprävention) oder frühzeitig Entwicklungsrisiken zu erkennen, um effektiv reagieren zu können (Sekundärprävention). Bei (drohender) Behinderung ist es wichtig, den Aspekt der Integration gleichzustellen mit dem Aspekt der Unterstützung und Förderung (Rehabilitation/Integration). (vgl. Bayerisches Staatsministerium für Arbeit und Sozialordnung, Familie und Frauen, Staatsinstitut für Frühpädagogik München, 2003, S. 115 ff.)

„Die Kinder dort abholen, wo sie stehen"

Die präventive Arbeit schafft einen Ausgleich zu den familiären und sozialen Belastungen der Kinder (das Armutsrisiko bei Familien wird z. B. in Deutschland immer größer).

Vernetzung ist notwendig.

Die Zusammenarbeit mit Beratungsstellen, Gesundheitsämtern usw. ist zur Zielerreichung von großer Bedeutung. Projekte zur Stärkung von Lebenskompetenzen müssen zum Alltag einer jeden Einrichtung gehören. „Dies sind Fähigkeiten, die einen angemessenen Umgang mit Mitmenschen, aber auch mit Anforderungen, Problemen und Stresssituationen im Alltag ermöglichen." (Bundesministerium für Familie, Senioren, Frauen und Jugend, 2003, S. 127)

Außerdem müssen sich Fachkräfte Fachkenntnisse über bestimmte Störungsbilder und Entwicklungsprobleme aneignen und diese im Umgang mit den Kindern berücksichtigen (z. B. Hyperaktivität, Lernschwierigkeiten, Sprachprobleme).

Info 7
(Fortsetzung)

Dafür müssen spezielle Früherkennungsmaßnahmen eingesetzt werden. Die Beobachtungsergebnisse dienen als Grundlage für Gespräche mit Eltern und verdeutlichen u.U., dass Spezialisten (Arzt, Fachdienste) hinzugezogen werden müssen. Diese können Eltern und pädagogische Fachkräfte beraten und im Umgang mit dem Kind anleiten. Zusätzliche Fördermaßnahmen für „Risikokinder" können die Folge sein (z.B. Sprachtherapie). (Vgl. Bundesministerium für Familie, Senioren, Frauen und Jugend, 2003, S. 121 ff.) Eine Vernetzung mit psychosozialen Diensten ist für Tageseinrichtungen sehr wichtig (z.B. Frühförderstellen, sozialpädagogische Zentren, Gesundheitsämter).

Fazit

Die Integrationspädagogik ist eine Pädagogik gemeinsamen Lernens. Sie schließt alle mit ein: „Miteinander leben – voneinander lernen". Dazu tragen integrative Einrichtungen bei. Behinderte und Kinder ohne Behinderung wachsen gemeinsam auf, wobei der notwendige zusätzliche Förderbedarf behinderter Kinder trotzdem garantiert sein muss. Je früher Kinder positive Integrationsprozesse erleben, desto förderlicher ist dies für die Integrationspädagogik und desto weniger Bereitschaft findet sich für Ablehnung und Ausgrenzung.

Aufgaben und Anregungen

1 Sprechen Sie in der Klasse über Ihre Ängste, Unsicherheiten, Vorurteile. Benutzen Sie die folgenden Graffiti-Sätze als Einstieg. Jeder von Ihnen ergänzt die Sätze. Danach tauschen Sie sich in Kleingruppen aus.

„Ich weiß nicht, wie ich mich Menschen mit Behinderung gegenüber verhalten soll, weil …"
„Ich habe Angst, dass …"
„Ich ärgere mich darüber, dass …"
„Behinderte Menschen sollten …"
„Behinderte Menschen sollten nicht …"
„Unter Integration verstehe ich, dass …"

2 Gehen Sie durch eine Tageseinrichtung für Kinder (Regeleinrichtung) mit „offenen Augen". Was müsste verändert werden, damit diese Einrichtung auch von Kindern mit unterschiedlichen Behinderungen besucht werden könnte? Schreiben Sie diese Standards auf und gewichten Sie diese.

3 Besuchen Sie Beratungsstellen für Menschen mit Behinderung (z.B. eine Frühförderstelle). Kommen Sie mit den dortigen Kräften ins Gespräch. Erarbeiten Sie zuvor in Kleingruppen einen Interviewleitfaden.

4 Sammeln Sie Informationen über unterschiedliche Behinderungsformen.

5 Stellen Sie Spielmaterialien aus Alltags- und Naturmaterialien her. Setzen Sie es in der Praxis mit Kindern ein. Worauf müssen Sie bei Kindern mit Behinderungen achten?

6 Kinder bewegen sich, Kinder lernen durch Bewegung.

9610292

Aufgaben
(Fortsetzung)

Wie kann eine Aktivität im Bereich der Bewegungserziehung für Kinder mit und ohne Behinderung gestaltet werden. Welche Geräte setzen Sie ein? Wie gestalten Sie die einzelnen Phasen?

7 Suchen Sie Bilderbücher, Märchen, Comics, in denen Menschen mit Behinderung erwähnt bzw. gezeichnet werden. Bewerten Sie ihre Auswahl. Welche Medien können den integrativen Prozess begleiten?

8 Vorurteile, Fehleinschätzungen und begrenzte Sichtweisen prägen leider auch den pädagogischen Alltag von Fachkräften und verleiten zu voreiligen Bemerkungen. Wie können Sie folgenden Aussagen begegnen?

- „Typisch Tom, der ist immer so unkonzentriert. So war schon sein Bruder. Kein Wunder bei der Familie, so wie die leben."
- „Ninas Vater kümmert sich überhaupt nicht um sie, trotz ihrer Behinderung. Wie kann man so gefühlskalt sein. Ihre Mutter müsste endlich mal aufhören zu klammern."
- „Schlimm, dass Sebastian immer alles für sich alleine haben will. Der müsste doch wissen wie das geht mit dem Teilen. Er hat doch sechs Geschwister."
- „Ich glaube, dass Kinder mit Verhaltensauffälligkeiten und Behinderungen in einer Sondereinrichtung besser betreut und gefördert werden können. Dafür bin ich gar nicht ausgebildet."

Tipps zum Weiterlesen

Internet

www.bmgs.bund.de (Bundesministerium für Gesundheit und Soziale Sicherung)
www.behindertenbeauftragter.de
www.familienratgeber.de
www.heilpaedagogik-online.com
www.behinderte-kinder.de
www.behinderte.de
www.lebenshilfe.de
www.intakt.de (Informationen und Kontakte für Eltern von Kindern mit Behinderung)
www.kindernetzwerk.de (Kindernetzwerk für kranke und behinderte Kinder und Jugendliche in der Gesellschaft)
www.gemeinsamleben-gemeinsamlernen.de
www.integrationsaemter.de

Bücher

Schmutzler, Hans-Joachim, *Heilpädagogisches Grundwissen. Einführung in die Früherziehung behinderter und von Behinderung bedrohter Kinder*, Herder Verlag, Freiburg

Arbeitskreis integrative Kindertageseinrichtungen der LAG Gemeinsam Leben – Gemeinsam Lernen e.V. Bayern (Hrsg.): *Kindertageseinrichtungen für alle Kinder. Leitfaden und Qualitätsstandards für integrative Kindertageseinrichtungen.* 2001

Deutsche Liga für das Kind (Hrsg.): *Kinder mit Behinderungen und chronisch kranke Kinder.* In: frühe Kindheit. die ersten sechs Jahre. Heft 2, 2006

Schöler, Jutta, Fritzsche, Rita, Schastok, Alrun: *Ein Kindergarten für alle. Kinder mit und ohne Behinderungen spielen und lernen gemeinsam.* Cornelsen, Berlin 2005

Textor, Martin R., Winterhalter-Salvatore, Dagmar: *Hilfe für Kinder, Erzieher/innen und Eltern. Vernetzung von Kindertageseinrichtungen mit psychosozialen Diensten.* Staatsinstitut für Frühpädagogik München. Bayerisches Staatsministerium für Arbeit und Sozialordnung, Familie und Frauen (Hrsg.)

6.4 Interkulturelle Erziehung in Tageseinrichtungen für Kinder

Susanne absolviert ihr Praktikum in einer Einrichtung, die von vielen Migrantenkindern besucht wird (ca. 75 %). In der Kindertagesstättengruppe werden zurzeit sieben verschiedene Sprachen gesprochen (türkisch, marokkanisch, kroatisch, spanisch, polnisch, russisch, italienisch). Im Team sind eine Erzieherin türkischer Herkunft und eine Kinderpflegerin aus Russland tätig.

Während einer Freispielphase am Vormittag beobachtet Susanne Carina (4 Jahre) und Esra (5 Jahre) beim Spiel in der Puppenecke. Esra hält die Puppe im Arm und singt ein türkisches Wiegenlied. Carina deckt den Tisch. Plötzlich unterbricht Esra das Spiel. Es entwickelt sich folgender Dialog:

Esra: „Du, Carina, welche Sprache sprecht ihr eigentlich zu Hause?"

Carina: „Wir sprechen deutsch zu Hause."

Esra: „Nein, ich meine, was du mit Mama und Papa zu Hause für eine Sprache sprichst. Deutsch sprechen wir doch alle hier im Kindergarten. Ich spreche zu Hause türkisch und Domenika spricht italienisch. Wie unterhaltet ihr euch?"

Carina: „Na, wir sprechen halt nur deutsch miteinander."

Beide Kinder schauen sich irritiert an und blicken zu Susanne. Sie weiß nicht, ob und wie sie reagieren soll. Bisher hatte sie in den Beobachtungsbögen nur notiert, dass Esra noch Schwierigkeiten hat, die richtigen Artikel zu verwenden, wenn sie deutsch spricht. Der Stolz in Esras Stimme und auch der erstaunte Blick in Carinas Augen war Susanne nicht entgangen, als Esra betonte, dass sie zwei Sprachen spricht. Esra scheint relativ gut und sicher in zwei Sprachwelten zu leben – ihrem Zuhause und dem Kindergarten. Und sie selber? Susanne grübelt. Sie kann sich gut in Carina hineinversetzen. Sie hat nur Englisch in der Schule gelernt und kann ein paar Worte Spanisch aus dem letzten Mallorcaurlaub. Es muss schön sein, sich in unterschiedlichen Sprachen verständigen zu können.

Fragen

- *Wie viele Menschen anderer Herkunft und Kultur leben in Deutschland? Wer verbirgt sich hinter dem Begriff „der Ausländer"?*
- *Wie kommen Kinder ausländischer Herkunft mit kulturellen Situationen außerhalb ihrer Familien zurecht? Wie grenzen sie unterschiedliche Wertesysteme voneinander ab? Wie kommen Sie mit unterschiedlichen Sprachen zurecht?*
- *Wie können Unterschiede und Gemeinsamkeiten den Bildungs- und Lernprozess bereichern?*
- *Wie kann ein Miteinander kultureller Vielfalt in Tageseinrichtungen für Kinder und Jugendliche gefördert werden?*
- *Wie gestaltet sich die Zusammenarbeit mit Eltern nicht deutscher Herkunft?*
- *Wie sollte der pädagogische Alltag nach Aspekten der interkulturellen Erziehung in einer Gruppe gestaltet werden?*
- *Wie geht man mit der Mehrsprachigkeit der Kinder um?*
- *Was müssen pädagogische Fachkräfte beachten? Welche Persönlichkeitsmerkmale sind wichtig?*
- *Dürfen bilinguale Fachkräfte mit Migrantenkindern in ihrer Landessprache sprechen?*

Kulturelle Vielfalt – Zahlen und Fakten

Info 1

Überall auf der Welt wird von multikulturellen Gesellschaften gesprochen. Die unterschiedlichen Nationen, Sprachen und Kulturen rücken zusammen – Migrationen und internationale Mobilität überall auf der Welt. Mehr als die Hälfte der Weltbevölkerung spricht zwei oder mehr Sprachen. Es soll dreißigmal so viele Sprachen wie Länder geben. Wie sieht es in Deutschland aus?

In Deutschland leben zz. ca. 82 536 700 Menschen. Davon besitzen ca. 7 348 000 einen Pass eines anderen Landes, also ca. 6 % der Gesamtbevölkerung. 1,5 Millionen von ihnen sind allerdings in Deutschland geboren (vgl. Statistisches Bundesamt Deutschland, Stand 15.04.2004). Die nachfolgende Tabelle stellt die Bevölkerungsdichte in den einzelnen Bundesländern übersichtlich dar. Der Anteil der ausländischen Bevölkerung in den neuen Bundesländern ist im Vergleich zu den alten Bundesländern gering. In Nordrhein-Westfalen, dem Bundesland mit der höchsten Bevölkerungszahl, lebt auch der größte Teil der ausländischen Bevölkerung. Dies ist natürlich auf die Zeit der klassischen Gastarbeiter zurückzuführen, die für die Arbeit in der deutschen Industrie in den Sechzigerjahren angeworben wurden.

Anteil der ausländischen Bevölkerung in den Bundesländern an der Gesamtbevölkerung

	Bevölkerung insgesamt	Ausländer insgesamt	davon Prozentanteil
Baden-Württemberg	10 753 701	1 277 968	11,9
Bayern	12 468 726	1 179 737	9,5
Berlin	3 395 189	466 518	13,7
Brandenburg	2 559 483	67 029	2,6
Bremen	663 467	84 588	12,7
Hamburg	1 743 627	247 912	14,2
Hessen	6 092 354	697 218	11,4
Mecklenburg-Vorpommern	1 707 266	39 394	2,3
Niedersachsen	7 993 946	534 001	6,7
Nordrhein-Westfalen	18 058 105	1 927 383	10,7
Rheinland-Pfalz	4 058 843	312 926	7,7
Saarland	1 050 293	87 627	8,3
Sachsen	4 273 754	119 786	2,8
Sachsen-Anhalt	2 469 716	46 723	1,9
Schleswig-Holstein	2 832 950	152 566	5,4
Thüringen	2 334 575	47 773	2,0
Deutschland	**82 437 995**	**7 289 149**	**8,8**

Ergebnis der Bevölkerungsfortschreibung. Tabelle: Statistisches Bundesamt Deutschland, 7.9.2006

Info 1
(Fortsetzung)

Der größte Teil der Bevölkerung ausländischer Herkunft kommt aus den ehemaligen „Anwerbeländern". Die in dieser Zeit häufig vertretene Meinung, dass die Arbeitnehmer ausländischer Herkunft nur für eine begrenzte Zeit und ohne ihre Familien in der Bundesrepublik arbeiten würden, um dann in ihr Herkunftsland zurückgehen zu können, bewahrheitete sich nicht. Mit der zunehmenden Verweildauer der Arbeitnehmer begann der langsame „Familiennachzug". Viele ihrer Kinder und Nachkommen (zweite und dritte Generation) sind hier geboren und aufgewachsen.

Rund ein Drittel der hier aufwachsenden Kinder haben einen Migrationshintergrund.

> „Man hat Arbeitskräfte gerufen und es kamen Menschen." Max Frisch

Ein kleinerer Teil der Bevölkerung ausländischer Herkunft sind Asylbewerber, die aus verschiedenen Ursachen (Bürgerkriege, ökologische Katastrophen, wirtschaftliche Probleme, politische Gründe) in Deutschland um Asyl nachsuchen. Aufgrund des Bürgerkrieges im ehemaligen Jugoslawien und der Wende im Osten Europas stieg die Zahl der Zuzüge der Asylbewerber und Aussiedler aus diesen Ländern in den letzten Jahren in besonderer Weise. Es gibt auch noch eine sehr große Gruppe von Kindern, Jugendlichen und Erwachsenen, die in diesen Statistiken nicht aufgeführt werden. Sie besitzen die deutsche Staatsbürgerschaft z.B. durch Einbürgerungsverfahren. Die Gruppe der externen speziellen Fachkräfte aus anderen Ländern (z.B. Japan und Amerika) stellt eine kleine Gruppe von Menschen ausländischer Herkunft dar.

Die Ländervielfalt und die dargestellten Zahlen und Fakten verdeutlichen, dass es schwierig und zu global gefasst ist, die unterschiedlichen Menschen, die mit unterschiedlichen Motiven, aus unterschiedlichen Ländern, mit unterschiedlichen Schicksalen, zu unterschiedlichen Zeitpunkten in die BRD kamen und sich dort unterschiedlich lange mit unterschiedlichem Aufenthaltsstatus aufhalten, mit einem allgemeinen Oberbegriff wie dem der „Ausländer" zu beschreiben. Demgegenüber müsste dann auch die Bezeichnung „Inländer" stehen.

Ausländische Bevölkerung in Deutschland nach Staatsangehörigkeit
(Stand 31.12.2004)

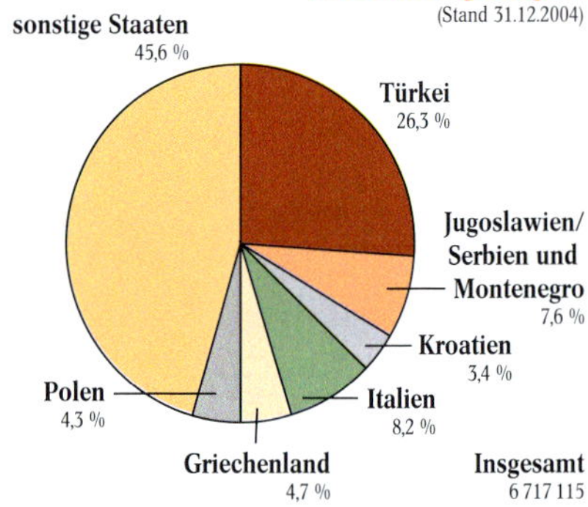

Quelle: Ausländerzentralregister, eigene Berechnungen

> „Gerade die Betroffenen fordern immer wieder dazu auf, sie nicht als eine große, nebulöse und diffuse Gruppe zu sehen (…), sondern auf die Menschen zu schauen: hinzuschauen, in welchen Lebensumständen sich der jeweilige Mensch befindet (…)."
>
> Winkler, Beate (Hrsg.), Zukunftsangst Einwanderung, Originalausgabe, Beck Verlag, München 1992 (Beck'sche Reihe 471)

Info 2

Früher – Ausländerpädagogik, heute – interkulturelle Pädagogik

Das gewünschte friedliche und produktive Zusammenleben unterschiedlicher Menschen aus unterschiedlichen Nationen und Religionen mit unterschiedlichen kulturellen und sprachlichen Traditionen scheint die größte Herausforderung unserer Welt zu sein. Ob diese Herausforderung realisierbar ist, zeigt sich immer im Kleinen: im Alltag der Familien, in der Nachbarschaft, im Stadtteil. An diesen Plätzen ist Multikultur Realität.

In den vergangenen Jahrzehnten hat sich Deutschland zu einer multinationalen Gesellschaft entwickelt. Dies spiegelt sich auch in den Einrichtungen der Kinder- und Jugendhilfe wider. Je nach Bundesland, je nach Stadt, je nach Stadtteil werden diese Einrichtungen mal mehr, mal weniger von Kindern und Jugendlichen aus Familien mit einem anderen nationalen und kulturellen Hintergrund besucht. Da gibt es die Jugendfreizeiteinrichtung mit ca. 15 verschiedenen Nationalitäten, den Kindergarten neben einem Asylbewerberheim und das japanische oder amerikanische „day-care-Center" im Nobelviertel der Stadt. Kinder unterschiedlicher Herkunft leben, spielen und lernen miteinander.

Aber wie in Info 1 schon deutlich wurde, ist für pädagogische Fachkräfte nicht nur das Herkunftsland, die Kultur, die Sprache der Kinder und Jugendlichen von Bedeutung. Ihr Aufenthaltsstatus, die Gründe für die Anwesenheit in Deutschland und die soziale Situation der Familie, ihre Migrationskultur müssen in der Arbeit berücksichtigt werden (pädagogische Fremdwahrnehmung).

> „Wir müssen unsere Arbeit an den konkreten Lebensbedingungen und Interessen derjenigen Kinder und Familien ausrichten, die in unserer Einrichtung betreut werden."
>
> Lill, Gerlinde (Hrsg.), Von Abenteuer bis Zukunftsvision. Qualitätslexikon für Kindergartenprofis, Beltz Verlag, Weinheim 2001, S. 219, 2. Aufl.

In den Siebzigerjahren entwickelte sich in Deutschland durch den Zuzug der so genannten Gastarbeiterfamilien eine bestimmte Form der Ausländerpädagogik. Für die Kinder der eingereisten Arbeiter wurde 1966 die Schulpflicht eingeführt. Ihre Probleme wurden besonders im Bildungssystem deutlich. Sprachschwierigkeiten, die Auseinandersetzung mit unterschiedlichen Rollen, kulturelle Unterschiede und Unzulänglichkeiten des deutschen Bildungssystems führen bis heute zu Unterschieden in der Bildungsbeteiligung von Kindern aus Migrantenfamilien.

Integration wurde in dieser Phase als Anpassung der Ausländer an das deutsche Gesellschaftsgefüge betrachtet. Kulturelle und sprachliche Unterschiede wurden nicht als Chance, sondern als Schwierigkeiten benannt. Es war „bequem", die Gruppe von Ausländerkindern und -jugendlichen nur aus der Problemgruppenperspektive heraus zu betrachten, d.h. Sprachdefizite als gegeben zu unterstellen und zu fordern, dass sie sich mithilfe von Fördermaßnahmen (z.B. Hausaufgabenhilfe, Schulsozialarbeit) in unsere Gesellschaft integrieren. Muttersprachlicher Unterricht wurde in erster Linie zur Erhaltung der Rückkehrfähigkeit in das jeweilige Herkunftsland angeboten. Zweisprachigkeit wurde eher als Hindernis statt als Chance für die kindliche Entwicklung betrachtet. Es wurde von deutschen und ausländischen Kindern gesprochen. Kritisch gesehen war es eine Art Sonderpädagogik für Ausländer. Selbst heute richtet sich mancher politische oder pädagogische Blick im Rahmen der interkulturellen Pädagogik leider nur auf den Aspekt „Die Ausländer müssen richtig Deutsch lernen. Sie haben Probleme und machen Probleme" – eben eine förderungsbedürftige Bevölkerungsgruppe, die an das Norm- und Wertesystem Deutschlands angepasst werden sollte.

Heute wird von Migrantenkindern (Kürzel für Kinder aus Migrantenfamilien oder Kindern mit Migrationshintergrund) statt von Ausländerkindern und von interkultureller Pädagogik statt von Ausländerpädagogik gesprochen. Die Begriffe machen zum einen deutlich, dass nicht nur von Kindern und Jugendlichen mit ausländischem Pass die Rede ist. Es handelt sich um alle Kinder mit Migrationshintergrund, so z.B. auch um Aussiedlerkinder, eingebürgerte Kinder oder Kinder aus bilingualen Ehen.

frühere Sichtweise – Problemgruppenperspektive

Doch nicht nur die Begriffe haben sich in den Jahren verändert. Die Sichtweise ist

Info 2
(Fortsetzung)

eine andere geworden. Die gemeinsame Erziehung von Kindern und Jugendlichen unterschiedlicher nationaler und kultureller Herkunft soll als Chance gesehen werden.

Respektieren schließt die aktive Auseinandersetzung mit Unterschieden nicht aus.

Der Blick soll für das geschärft werden, was verbindet, nicht nur auf das, was trennt (z.B. Rollenverständnis, Körpersprache, Zeitgefühl, Esskultur).

„Pünktlichkeit ist zum Beispiel sehr wichtig in Deutschland (...), wohingegen sie in Lateinamerika, dem mittleren Osten und Südeuropa die Ausnahme und nicht die Regel bedeutet. In Peru gilt eine einstündige Verspätung von Schülern und Lehrern als normal. Der Iran, Indien und viele asiatische Länder sind vergangenheitsorientiert. Das urbane Amerika hingegen lebt in einem Gegenwarts- und Zukunftskontinuum. In manchen Kulturen heilt Zeit alle Wunden, in anderen sind Menschen verstimmt über das, was sich vor Jahrhunderten ereignete."

Johann, Ellen/Michely, Hildegard/Springer, Monika, Interkulturelle Pädagogik, Methodenhandbuch für sozialpädagogische Beufe, Cornelsen Verlag, Berlin 1998, S. 90, 1. Aufl.)

Unterschiede gibt es aber nicht nur zwischen Menschen anderer Herkunft. Die Herkunftskultur ist häufig nicht mit der so genannten Migrantenkultur (gelebte, meist sehr traditionelle Kultur im Einwanderungsland) vergleichbar. Und in Deutschland ist das Leben in deutschen Familien auch nicht überall gleich.

heutige Sichtweise – Vielfalt als Chance sehen

Unterschiede können aber auch als Bereicherung gesehen werden. Im Mittelpunkt sollen die Ressourcen der Zugewanderten stehen und nicht ihre Defizite und Probleme. Das biografische Wissen über andere Kulturen, die Fähigkeit, in anderen Sprachen zu kommunizieren und die Auseinandersetzung mit dem Migrationshintergrund soll als Qualifikation gesehen werden.

Natürlich bringt die Beschäftigung mit anderen Kulturen auch Ängste, Unsicherheiten, Faszination und Abwehr mit sich, aber auch neue Erfahrungen und Kenntnisse.

Integration versteht sich als ein Prozess, der Veränderung beider Seiten erfordert.

„Die Zuwanderer sehen (sich aber bis heute) zudem unter einem starken Anpassungsdruck an die gesellschaftlichen Wunschvorstellungen der einheimischen Mehrheit."

Johann, a. a. O., S. 10

Es gibt Schwierigkeiten, die überwunden, und Anforderungen, die gelöst werden müssen. Zum einen wird seit vielen Jahren eine deutliche Ausländer- und Fremdenfeindlichkeit immer „spürbarer". Angst und Vorurteile (siehe Lernfeld 3, Wahrnehmung) müssen ernst genommen werden. Erst die Auseinandersetzung schafft die Möglichkeit, die Fremdheit zu überwinden, und damit die wichtige Voraussetzung, **Rassismus, Fremdenfeindlichkeit und Gewalttaten** vorzubeugen.

Zum anderen birgt das Zusammenleben von Menschen mit unterschiedlichen kulturellen Normen und Lebensgewohnheiten auch Widersprüche in sich. Diese gilt es zu thematisieren und zu nutzen. Die Kulturen beider Gesellschaften (Herkunftsland und Aufnahmegesellschaft) sollen nebeneinander bestehen können. Es ist leider zu beobachten, dass eine Trennung durch die Wohnsituation (**Ghettobildung**) kaum noch Kulturkontakte zulässt, die Minderheit dadurch häufig in eine Isolation kommt und Vorurteile auf beiden Seiten wachsen können. Dieses Phänomen bezieht sich in der Regel auf Migranten der ehemaligen Anwerbeländer Südeuropas und Aussiedlergruppen, wohingegen die Ghettobildung von japanischen Menschen z. B. in Düsseldorf keinerlei Vorurteile oder Fremdenfeindlichkeit schürt. Dort gibt es den japanischen Kindergarten und die japanische Schule mit japanischen Fachkräften, im Supermarkt sieht man spezielle Regale mit japanischen Lebensmitteln, es gibt japanische Banken und Restaurants und in der Apotheke um die Ecke arbeitet eine japanische Fachkraft.

Ein anderes Problem stellt der gesonderte **Rechtsstatus** von Migranten dar, der häufig ihre soziale Integration erschwert. Die Unsicherheit über die Dauer und den Verbleib in Deutschland bestimmt den Familienalltag, die Freundschaften, die Freizeit, die Berufswahl der Kinder und Rückkehrabsichten der Familie. Für viele gehört der regelmäßige Gang zur Ausländerbehörde zum Familienalltag.

Die veränderte Sichtweise der heutigen interkulturellen Pädagogik darf natürlich nicht dazu führen, bestehende Hilfsbedürftigkeit von Migranten und damit verbundene Fördermaßnahmen gleichsam wegzudefinieren. **Sprachschwierigkeiten in der Herkunftssprache und der deutschen Sprache** haben viele Kinder und Jugendliche der zweiten und dritten Generation. Beide Sprachen nur unzureichend zu beherrschern, kann Minderwertigkeitsgefühle hervorrufen.

Hinzu kommt die **Schwierigkeit der Identitätsbildung**.

> „Identität baut sich nicht im gesellschaftlichen Niemandsland auf. Für den Jugendlichen ausländischer Herkunft sind die sozialen Erwartungen, je nach der Gruppe, mit der er interagiert, äußerst diskrepant. Der Aufbau der Ich-Identität ist für den Jugendlichen ausländischer Herkunft mehr noch als für den einheimischen ein schwieriger Balanceakt zwischen divergierenden sozialen Erwartungen."
>
> Johann, a. a. O., S. 100

Diese Diskrepanz, in zwei unterschiedlichen Werte- und Normsystemen leben zu müssen, wird im Alltag dadurch versucht zu überwinden, dass Kinder und Jugendliche Dinge z. B. vor der jeweiligen Gruppe verheimlichen bzw. überspielen (vgl. Johann, a. a. O., S. 106).

Ging man früher davon aus, dass dieser Kulturkonflikt, zwischen dem Migranten sich hin- und hergerissen fühlen, überwunden werden muss, spricht man heute von bikultureller Identität (der Notwendigkeit und Chance, sich in zwei Systemen bewegen zu können).

Die äußeren Rahmenbedingungen wie z. B.

- Möglichkeit der doppelten Staatsbürgerschaft,
- Beibehaltung der Herkunftssprache,
- Eröffnung sozialer Chancen innerhalb der Kultur

schaffen die Basis dafür (vgl. Johann, a. a. O., S. 146).

Diese Fähigkeit, sich in unterschiedlichen Welten zurechtzufinden, Übergänge zu bewältigen und mit Widersprüchen zu leben, ist eine Schlüsselqualifikation für alle Menschen. Auch das deutsche/inländische Kind wächst heute zum Teil in unterschiedlichen Welten, d. h. sozialen Gruppen mit unterschiedlichen Erziehungsvorstellungen, Normen und Werten auf (siehe Lernfeld 3, Kapitel 4.1). Die Oma betreut es zum Beispiel nach dem Kindergarten –, die Eltern leben getrennt und jedes zweite Wochenende ist es beim Vater –, die Mutter hat wieder geheiratet und lebt mit ihrem neuen Mann und seinen beiden Töchtern aus erster Ehe zusammen.

Info 3

Interkulturelle Kompetenz als Bildungsauftrag

Interkulturelle Erziehung = didaktisches Prinzip lebenslangen Lernens - integriert in die pädagogische Arbeit.

Ein weiterer Schritt zur sozialen Integration von Kindern mit Migrationshintergrund war mit Sicherheit der vor einigen Jahren eingeführte Rechtsanspruch auf einen Kindergartenplatz. Dadurch erhielten immer mehr Migrantenkinder die Möglichkeit, einen Kindergarten zu besuchen. Die vorschulische Betreuung, Bildung und Erziehung kann eine gute Basis für die weitere Schullaufbahn sein. Diese Erwartung stellen viele Eltern von Migrantenkindern in erster Linie an die Arbeit in Tageseinrichtungen für Kinder.

In vielen Bundesländern ist die interkulturelle Dimension der Bildungs- und Erziehungsarbeit mittlerweile in Bildungsvereinbarungen für Tageseinrichtungen fest verankert. Jetzt ist es wichtig, diese in der Praxis, im Miteinander zu leben und umzusetzen, denn kulturelle Begegnung findet an diesen Orten natürlich tagtäglich statt.

Die Anerkennung der Zwei- und Mehrsprachigkeit sowie die Berücksichtigung der unterschiedlichen Migrationshintergründe der Kinder und Jugendlichen sollen sich im pädagogischen Alltag einer Einrichtung widerspiegeln. Themen aus der Lebenswelt der zugewanderten Familien und der „inländischen“ Familien bestimmen die Raumgestaltung, die Materialauswahl, die Aktivitäten und Projekte sowie die Strukturen des Tagesablaufes. Es handelt sich nicht um bestimmte zeitlich eingegrenzte, einmalige Projekte. Es ist keine Sondermaßnahme.

„Interkulturelle Kompetenz ist ein Bildungsziel, das Inländer und Migranten, Kinder und Erwachsene (...) gleichermaßen betrifft. Es handelt sich um einen komplexen Entwicklungsprozess, der verschiedene Ebenen tangiert: Einstellungen, Emotionen und Handlungen. Interkulturelle Kompetenz ist ein mehrdimensionales Konstrukt. (...)“

Bundesministerium für Familie, Senioren, Frauen und Jugend, 2003, S. 145

- „Förderung kultureller Aufgeschlossenheit und Neugierde
- Vermittlung, dass Zweisprachigkeit und Mehrsprachigkeit als Entwicklungschance und Normalfall anzusehen und wertzuschätzen ist
- Sprachlich-kulturelles Selbstbewusstsein aufbauen und Flexibilität stärken
- Fremdsprachliche Neugierde und Offenheit fördern
- „Kulturkonflikte“ als Entwicklungschance betrachten
- Fremdheitskompetenz/Ambiguitätstoleranz entwickeln
- Erkennen und aktive Bekämpfung von Diskriminierung und subtileren Formen der Kränkung oder der herabsetzenden Verallgemeinerung“

Bayerisches Staatsministenum für Arbeit und Sozialordnung, Familie und Frauen; Staatsinstitut für Frühpädagogik München, 2003, S. 99 f.

Kinder und Jugendliche sollen in ihrer Kultur und Sprache gefördert und gestärkt werden. Gleichzeitig werden sie auf die Welt vorbereitet, in der sie anderen begegnen.

Aspekte interkultureller Arbeit

Was müssen pädagogische Fachkräfte beachten?
Wie kann der Alltag gestaltet werden?

ständige Reflexion eigener Deutungs- und Handlungsmuster (Weltanschauung, Werte und Normen)	Migrationsbiografie der Familien kennen, Dokumentation über die Familiensituation führen	interkulturelle Erziehung an alle Kinder, Jugendlichen, Familien richten, interkulturelle Lernprozesse initiieren
auseinander setzen mit eigenen Vorurteilen und Ängsten – „Jeder Mensch hat Vorurteile."	gute Kommunikations- und Dialogfähigkeit entwickeln, Förderung von nonverbaler Kommunikation	Eltern als Kooperationspartner sehen, Informationsaustausch, Unterstützung bei der Förderung der Herkunftssprache
Vorbildfunktion beachten, sich selbst auf interkulturelle Lernprozesse einlassen und handeln	Öffnung zum Gemeinwesen nutzen, stadtteilorientierte Arbeit fördern	Raumausstattung und Material an der Lebenssituation der Kinder und Familien orientieren
akzeptieren anderer Lebensformen, Toleranz üben, Achtung und Anerkennung/Wertschätzung zeigen	touristische oder folkloristische Formen der Kulturvermittlung vermeiden	kulturelle Besonderheiten der Kinder und Familien berücksichtigen (z. B. Essensgewohnheiten)
Aneignung von Informationen über andere Länder, Kulturen, Religionen, „über den Tellerrand schauen"	interkulturelle Teams fördern, binationale Fachkräfte mit Migrationserfahrung einsetzen	die Alltagskultur aller Kinder bestimmt das Leben in der Gruppe (z. B. verschiedene kulturelle Feste feiern)
anknüpfen an lebensweltliche Situationen der Kinder und Familien (biografischer Ansatz)	Impulse setzen – nicht belehren, kreative Methoden nutzen (Lieder, Spiele, Tänze, Geschichten, Theater …)	Förderung der Herkunftssprache unterstützen, mehrsprachige Elternbriefe usw. formulieren
Fortbildungen besuchen, weiterqualifizieren, eine Migrantensprache lernen	Vernetzung mit anderen Institutionen fördern (z. B. Beratungsstellen)	reflektierter Umgang mit Kulturkonflikten und Präventionsarbeit

Ein Aspekt wird im Folgenden exemplarisch dargestellt. Die Raumgestaltung und Materialauswahl soll sich an der Lebenssituation der Kinder und Jugendlichen orientieren. Was bedeutet dies konkret?

Eine fiktive Entdeckungsreise

Info 4

„Ich gehe durch den Kindergarten. Es ist 18:00 Uhr, alle Kinder sind schon längst abgeholt. Ich schaue mich um und überlege, ob ein Besucher jetzt erkennen würde, dass unsere Einrichtung zz. 25 Kinder aus mindestens zehn verschiedenen Ländern betreut.

Ich schaue in die Puppenecke. Dort liegt eine Babypuppe mit heller Haut, blauen Augen und blonden Haaren im Puppenbett. Auf dem Tisch steht das Kaffeegeschirr, kein Teegeschirr, kein Samowar. Im Kaufladen liegen Apfel, Birnen, aber keine Auberginen, Oliven oder Fladenbrot. Unsere Kasperlepuppen lassen nur einen Indianerjungen mitspielen. In unserem Instrumentenkorb finde ich keine Instrumente aus anderen Ländern. Im

Info 4
(Fortsetzung)

Bücherregal steht das Märchenbuch der Brüder Grimm. Die Info-Wand für Eltern ist schön gestaltet, aber alles steht nur in Deutsch geschrieben. Und so gehe ich weiter von Raum zu Raum …"

Martina Lambertz

Ein Teil der Lebenserfahrung von Migrantenkindern bleibt in diesem fiktiven Kindergarten unberücksichtigt. Das Spielmaterial, die Ausstattung orientiert sich an der „deutschen" Lebenswelt. Natürlich kann nicht die gesamte Vielfalt an Materialien aller Länder in einer Einrichtung vorhanden sein. Vieles gibt es im Spielmaterialbereich auch nicht. Um aber keiner Stereotypenbildung und keinen Diskriminierungsprozessen Vorschub zu leisten, sollten andere Wege gefunden werden. Unspezifisches Spielmaterial schränkt nicht ein. Da kann der Muggelstein als Weintraube oder Olive verwendet werden. Der Baustein ist ein Brötchen oder ein Stück Fladenbrot.

Eine weitere Möglichkeit bieten reale Gegenstände, die Kinder aus der häuslichen Umgebung mitbringen können. (Vgl. RAA – Regionale Arbeitsstelle zur Förderung von Kindern und Jugendlichen aus Zuwandererfamilien, o. J., S. 9 ff.)

Jede Einrichtung sollte im Rahmen eines Qualitätsmanagementprozesses interkulturelle Standards setzen, dokumentieren und regelmäßig überprüfen.

Zum Beispiel bietet der nationale Kriterienkatalog für die Qualitätsentwicklung einer Einrichtung eine gute Grundlage. Dort werden in einem Kapitel die Kriterien für den Qualitätsbereich „Interkulturelles Lernen" dargestellt. In einem weiteren Arbeitsband finden pädagogische Fachkräfte eine zugehörige Checkliste. Sie dient als Instrument der Selbstevaluation. Teams schätzen mithilfe dieser Liste ihre pädagogische Arbeit ein und können pädagogische Standards damit entwickeln. (vgl. Tietze, Viernickel 2003 und Tietze, 2004)

Info 5

Interkultureller Kalender

Gute Wünsche

Jeder weiß aus eigener Erfahrung wie schön es ist, von Freunden an bestimmten Tagen beglückwünscht zu werden. Deshalb möchte ich Ihnen eine kleine Hilfestellung geben, an welchen Tagen und auf welche Weise (ganz einfache Form) man anderen zu ihrem Fest Wünsche überbringen kann.

Bei den Moslems: An zwei großen Festen, Ramadan- und Opferfest, beglückwünscht man andere während der Festtage mit „herzlichen Glückwunsch zum Ramadanfest (oder Opferfest)" (türkisch = Ramazan [Kurban] bayraminiz kutlu olsun, ausgespr. = wie geschrieben).

Bei den Christen: Zu Ostern und zu Weihnachten wünscht man sich: „Ich wünsche Ihnen (dir) ein frohes Osterfest (oder Weihnachtsfest)".

Bei den Juden: Zum Neujahrstag (Rosch Raschana) wünscht man: „Ein gutes neues Jahr" (hebräisch = Schana Towa, ausgespr. = Schana Towa). An allen anderen Feiertagen kann man Juden ganz einfach: „Frohes Fest" (hebräisch = Chag Sameach, ausgespr. = Hag Shameh) wünschen.

Bei den Buddhisten: Bei den buddhistischen Vietnamesen wünscht man: „Frohes neues Jahr" bei ihrem Neujahrfest im Februar.

Den Freunden des westlichen buddhistischen Ordens kann man bei ihrem Wesak-Fest: „Beste Wünsche zum Wesak-Fest“ überbringen.

Bei den Hindus: An zwei Feiertagen überbringt man in Indien den Bekannten Glückwünsche.
Beim Diwali-Fest sagt man entweder „Happy Diwali“ oder „Shubha Diwali“ (ausgespr. = schuba Diwali).
Beim Dussehra-Fest sagt man einfach „Shubha Dussehra“ (ausgespr. = schuba Dussera).

Bei den Baha'i: Am Naw-Ruz-Fest und Ridwan-Fest wünschen sich Baha'i: „Herzlichen Glückwünsch zum Naw-Ruz-Fest (oder Ridwan-Fest)“ oder in der persischen Variante „Edie shomah mobarak“ (ausgespr. = Eyde schoma mubarak).

Bei griechischen Orthodoxen: (ausgespr. = Kala Christujenna) = Fröhliche Weihnachten; (ausgespr. = Eftiches to neon etos) = Glückliches neues Jahr; (ausgespr. = Kali Chronia) = Gutes Jahr (Volkssprache)
Eingangs- oder Abschiedsgruß vor oder nach dem griech. Rosenmontag, der die 40-tägige Fastenzeit vor Ostern einleitet: (ausgespr.= Kali Sarakosti); (Sarakosti heißt „40 Tage“ = Gute Fastenzeit)
Begrüßung und Antwort zwischen Ostern und Himmelfahrt: (ausgespr. = Christos Anesti) = Christus ist auferstanden; (ausgespr.= Alithos o Kyrios) = Wahrhaftig, der Herr ist auferstanden.

Interkultureller Kalender. RAA – Regionale Arbeitsstelle zur Forderung von Kindern und Jugendlichen aus Zuwandererfamilien

Hauptstelle: www.raa.de, 10.05.2004

(Auf der Intemetseite gibt es für jeden Monat eine Festübersicht)

Um interkulturelle Standards zu setzen, müssen sich pädagogische Fachkräfte qualifizieren und weiterbilden. Sie benötigen neben der Auseinandersetzung mit der eigenen Person und der konkreten Lebenssituation der Migrantenfamilien Kenntnisse und Informationen über Kulturen, Religionen, Sprachen, Feste, Umgang mit dem Fremden usw. Der interkulturelle Kalender der RAA z.B. bietet zum Thema Feste und Feiern dabei eine gute Hilfe.

Sprachförderung

Info 6

„Wer fremde Sprachen nicht kennt, weiß nichts von seiner eigenen.“

Johann Wolfgang von Goethe

In Institutionen ist häufig zu beobachten, dass der Förderung der Zweitsprache bei Kindern mit Migrationshintergrund besonders kurz vor der Einschulung ein großer Raum gegeben wird. Die Erwartungen der Eltern, das deutsche Bildungssystem und der gesellschaftliche Druck richten ihren Blick in der Regel auf diesen Bereich („Beim Eintritt in die Schule muss ein Kind gut deutsch sprechen können.“).

„Migrantenkinder müssen sich (aber) zunächst in ihrer Muttersprache gut und altersgemäß ausdrücken können. Erst darauf kann die Förderung in der deutschen Sprache – als Fremdsprache – mit den Prinzipien der Kontinuität und der Einbettung in die Alltagszusammenhänge aufbauen.“

Bildungsvereinbarung NRW, 2003

Aus der Sprachförderung ist mittlerweile bekannt, dass zuerst die Erstsprache beherrscht werden muss, bevor die Zweitsprache gut gelernt werden kann. Grund-

Info 6
(Fortsetzung)

legende sprachliche, soziale, emotionale und kognitive Fähigkeiten durch den Erwerb der Erstsprache begünstigen dann den Zweitspracherwerb (vgl. Beauftragte der Bundesregierung für Ausländerfragen 2000, S. 15).

Mehrsprachigkeit und Sprachförderung und damit verbundene regelmäßige Beobachtungen (z. B. SISMIK Beobachtungsbogen aus dem Münchener Staatsinstitut für Frühpädagogik in München – siehe „Tipps zum Selbststudium") und Einschätzung des Sprachverhaltens und der Sprachentwicklung von Kindern sollte im Rahmen pädagogischen Planens und Handelns als fester Bestandteil der Arbeit gesehen werden (siehe Lernfeld 2, Kapitel 3.3).

Es gibt Spiele, Lieder, Fingerspiele, Bilderbücher, Märchen usw. aus aller Welt. Die Berücksichtigung der Alltagskultur (die Auseinandersetzung mit Begrüßungsformen, das Lernen einfacher Wörter, z. B. danke/bitte usw.) schaffen den Einstieg in diese Arbeit.

Leider gibt es immer noch Praxissituationen, in denen Kindern genau dieses Recht verboten wird in der Hoffnung, den Erwerb der Zweitsprache (in diesem Fall Deutsch) zu fördern.

„In Staaten, in denen es ethnische, religiöse oder sprachliche Minderheiten oder Ureinwohner gibt, darf einem Kind, das einer solchen Minderheit angehört oder Ureinwohner ist, nicht das Recht vorenthalten werden in Gemeinschaft mit anderen Angehörigen seiner Gruppe seine eigene Kultur zu pflegen, sich zu seiner eigenen Religion zu bekennen und sie auszuüben oder seine eigene Sprache zu verwenden."

(UN-Kinderrechtskonvention Artikel 30, in: Beauftragte der Bundesregierung für Ausländerfragen, 2000, S. 15)

Wohl klingende bekannte und vertraute Worte in der Herkunftssprache können „Türen öffnen" und Beziehungen schaffen.

Beispiel: Ein dreijähriger Junge türkischer Herkunft besucht seit ein paar Wochen den Kindergarten. Er spricht kaum deutsch. Seine Familie ebenfalls nicht. Er sitzt immer am gleichen Tisch und starrt auf die Tür. Er wartet auf seine Mutter. Die anderen Kindern verstehen ihn nicht. Er versteht sie nicht. Bald fließen die ersten Tränen. Es kann helfen, wenn die Erzieherin in dieser Situation einige Worte in Türkisch zu ihm sagen kann oder aber andere Kinder türkischer Herkunft mit ihm sprechen.

Das ist nur ein Beispiel unter vielen. Viele Kindergartenkinder ausländischer Herkunft werden im wahrsten Sinne des Wortes beim Eintritt in den Kindergarten „sprachlos". Sie werden mit fremden Lebensgewohnheiten, neuen Regeln, anderen Erziehungsvorstellungen konfrontiert. Bedürfnisse, Wünsche, Ängste können sie nicht mitteilen – ihnen fehlen die Worte. Trotz kindlicher Neugierde ziehen sie sich zurück. (vgl. Beauftragte der Bundesregierung für Ausländerfragen, 2000, S. 16)

9610304

Für die Identitätsbildung und Handlungskompetenz eines Individuums ist Sprache wichtig. Das Kind kann mittels der Herkunftssprache seinen Bedürfnissen, Wünschen, Gefühlen, Fragen Ausdruck geben. Sprache ist ein System von kulturspezifischen sozialen Normen und Werten und schafft die Aufrechterhaltung von sozialen Beziehungen.

Die Herkunftssprache ist der Schlüssel zu allen Bereichen der Herkunftskultur.

Das Beherrschen der Herkunftssprache schafft die Voraussetzung, in der Gruppe der Kulturangehörigen anerkannt zu werden. (Vgl. Johann, a. a. O., S. 147 f.) Aus diesem Grund ist es u. a. wichtig, dass in den Familien die Herkunftssprache gesprochen wird. Sprachmischung erschwert das Lernen beider Sprachen und damit die Kommunikationsmöglichkeiten.

„Für Kinder und Jugendliche bedeutet die Sicherheit und Kompetenz, in zwei Sprachen kommunizieren zu können:

- sich gleichermaßen in beiden Kulturgruppen bewegen zu können,
- die Stärkung des Selbstbewusstseins,
- die soziale Anerkennung in der jeweiligen Gruppe,
- die Fähigkeit zur Mitbestimmung und Solidarität in beiden Kulturen,
- den Abbau von Akzeptanzbarrieren in der Aufnahmekultur,
- eine Möglichkeit, eine ausbalancierte Identität zu schaffen."

Johann, a. a. O., S. 148

„Gleichzeitig müssen Migrantenkinder auch die volle sprachliche Kompetenz der Aufnahmegesellschaft erwerben, um eine Chance zu haben im Konkurrenzkampf um Ausbildungs- und Arbeitsplätze mithalten zu können." (Johann, a. a. O., S. 148) Dies geschieht z. B. im Kindergartenalter durch Spiel- und Handlungssituationen und nicht durch bloßes vor- bzw. nachsprechen.

Sie benötigen als Basis ein Gefühl des Angenommenseins und der positiven Zuwendung durch die pädagogischen Fachkräfte und andere Kinder der Gruppe. Die Bezugspersonen sind Sprachvorbild.

Anhaltspunkte für vorbildliches Sprechen (vgl. Beauftragte der Bundesregierung für Ausländerfragen, 2000, S. 49 f.)

- in vollständigen, grammatikalisch richtigen und je nach Sprachniveau des Kindes kurzen Sätzen sprechen
- einfache Worte wählen
- Wörter langsam und deutlich aussprechen
- das eigene Handeln mit sprechen begleiten und umgekehrt
- beim Sprechen immer wieder kleine Pausen lassen, damit die Kinder nachfragen können
- Kinder nicht übertönen, wenn der Geräuschpegel steigt
- Kindern aktiv und intensiv zuhören
- offene Fragen stellen
- Reflexion des eigenen Sprachverhaltens

Zweitspracherwerb durch Sprache und konkretes Tun

Info 7

Zusammenarbeit mit Eltern nicht deutscher Herkunft

Momentaufnahmen:
Wanjas Familie ist erst vor einem Jahr aus Kasachstan gekommen. Die Eltern sprachen bei der Anmeldung vor einem Jahr kaum ein Wort Deutsch. Bisher sind sie zu keinem Elternabend gekommen und holen Wanja nachmittags immer schnell ab. Die Erzieherin würde gerne mehr mit ihnen in Kontakt treten.
Aylas Eltern leben seit 25 Jahren in Deutschland. Sie sprechen gut Deutsch. Sie nehmen an Elternaktionen teil und helfen hin und wieder beim Dolmetschen.
Kims Eltern kommen aus Sri Lanka. Sie leben seit ein paar Jahren in Deutschland als Bürgerkriegsflüchtlinge. Sie wirken in Elterngesprächen oft sehr unsicher, scheinen vieles zu verstehen, aber sprechen kaum von sich aus mit den Erzieherinnen.

Berücksichtigung der Lebenssituation und ethnischen Herkunft jeder Familie

Diese Momentaufnahmen spiegeln nur zum Teil die vielfältigen Lebenssituationen von Migrantenfamilien und die damit verbundenen Hindernisse in der Zusammenarbeit wieder (siehe Info 1).

Im Kinder- und Jugendhilfegesetz (KJHG) ist die Zusammenarbeit zwischen Familien und pädagogischen Fachkräften aus Tageseinrichtungen für Kinder fest verankert.

§ 22 Grundsätze der Förderung

„[...](2) Tageseinrichtungen für Kinder und Kindertagespflege sollen
[...] 2. die Erziehung und Bildung in der Familie unterstützen und ergänzen, [...]
(3) Der Förderungsauftrag umfasst Erziehung, Bildung und Betreuung des Kindes und bezieht sich auf die soziale, emotionale, körperliche und geistige Entwicklung des Kindes. Er schließt die Vermittlung orientierender Werte und Regeln ein. Die Förderung soll sich am Alter und Entwicklungsstand, den sprachlichen und sonstigen Fähigkeiten, der Lebenssituation sowie den Interessen und Bedürfnissen des einzelnen Kindes orientieren und seine ethnische Herkunft berücksichtigen."

Elternarbeit gehört zu den wichtigen Aufgabenfeldern von Erziehern und Erzieherinnen. Ziel ist es, eine Erziehungs- und Bildungspartnerschaft zwischen Elternhaus und Tageseinrichtung zu entwickeln. Dies scheint in der Praxis nicht immer so einfach zu sein. Häufig erlebt das Fachpersonal, dass es schwierig ist, Migrantenfamilien bzw. Eltern nicht deutscher Herkunft in die bestehende Elternarbeit zu integrieren.
(vgl. im Folgenden Textor, Martin: Bildungspartnerschaft)

- Werden neue Formen der Elternarbeit benötigt?
- Können und wollen Fachkräfte neue Wege gehen?

(1) „Meine Gruppe besuchen 75% ausländische Kinder, 13 Nationen, 4 Religionen..."

Hindernis = Unkenntnisse über Kultur/ Sprache/Religion

Viele pädagogische Fachkräfte äußern, dass sie in der Regel zu wenig über die Herkunftskulturen, die Sprache und Religion der Migrantenfamilien wissen. Bei den Familien handelt es sich auch keineswegs um eine homogene Gruppe.

„ Migrantenfamilie kann vieles heißen:
- Familien der zweiten und dritten Generation der ehemaligen ‚Gastarbeiter',
- Familien aus einem EU-Staat
- deutsche (Spät-) Aussiedlerfamilien aus den Nachfolgestaaten der ehemaligen Sowjetunion, aus Polen und Rumänien,
- Flüchtlingsfamilien aus Afrika und Asien
- Bürgerkriegsflüchtlinge [...]
- Asylbewerberfamilien."
- [bilinguale, bikulturelle Familien]

(Soltendieck, Monika: Kommunikation und Zusammenarbeit mit Familien aus verschiedenen Kulturen, S. 7)

Allgemeine Informationen über Kulturen, Sitten und Gebräuche, Sprachen, Religionen können natürlich hilfreich sein, um Familien besser zu verstehen. Sie allein reichen aber für eine gute Zusammenarbeit zum Wohle der Kinder nicht aus. Es ist wichtig, jede Familie, d. h. ihre Lebens- und Sprachsituation, individuell kennen zu lernen. Sensibel und feinfühlig müssen Fachkräfte auf „Informationssuche gehen". Kinder mit Migrationshintergrund und ihre Familien sind die beste Informationsquelle.

(2) „Die wollen doch gar nichts über unsere Arbeit wissen – absolut desinteressiert" oder „Die Mutter versteht eh kein Wort Deutsch."

Die Nicht-Teilnahme an Elternangeboten der Einrichtung kann nicht als ein prinzipielles Desinteresse gedeutet werden. Verständigungsprobleme und Unsicherheiten erschweren oft den Austausch zwischen Elternhaus und Tageseinrichtung. Die Angst, sich auf einem Elternabend äußern zu müssen, kann dazu führen, ihn lieber zu meiden. Die Hilfe von Dolmetschern wird in vielen Situationen benötigt.

Pädagogische Fachkräfte müssen immer wieder auf die Familien zugehen und die eigene Arbeit transparent darstellen (z. B. durch Bildmaterial).

(3) „Arrats Vater dachte, dass die Eltern sich nicht in die Arbeit der Erzieher einmischen dürfen" und „Kemals Mutter will nur, dass er bei uns Deutsch lernt".

Unklare Vorstellungen vom Auftrag des Kindergartens erschweren unter Umständen die Zusammenarbeit. Das Erziehungs- und Bildungssystem des Herkunftslandes kann sich sehr von dem in Deutschland unterscheiden.

Hindernis = unklare und/ oder unterschiedliche Vorstellungen vom Kindergarten

Manche Eltern haben auch Angst, dass religiöse Gebote nicht eingehalten werden. Erziehungsrelevante Wertvorstellungen können divergieren. Deshalb müssen gegenseitige Erwartungen und Vorstellungen erläutert und geklärt werden.

(4) „Selinas Mutter hatte Angst den Platz zu verlieren, wenn sie uns erzählt, dass Selina nachts noch ins Bett macht".

Einige Migranteneltern sind gegenüber offiziellen Institutionen misstrauisch. Unter Umständen haben sie schon schlechte Erfahrungen bei Behörden etc. erlebt. Ihnen fehlen manchmal Erfahrungen aus ihrem Herkunftsland mit demokratischen Beteiligungsformen. Sie haben Angst vor staatlicher Einmischung.

„Doch gerade Sprachverständnis, Selbstwertgefühl, Selbstvertrauen und Erfahrungen mit demokratischen Beteiligungsformen sind Voraussetzung dafür, dass Eltern sich mehr als nur mit Kuchenspenden in die Arbeit einer Tageseinrichtung einbringen".

Hindernis = Verständigungsprobleme

(Böhm, Regine: Gemeinsam für die Kinder. Zusammenarbeit mit Eltern nicht deutscher Herkunft. S. 20)

Die Beziehungsarbeit ist von großer Bedeutung. Vom ersten Kontakt an muss die Beziehung zwischen Fachkraft und Eltern bewusst aufgebaut und Hemmungen abgebaut werden. Dabei gibt es aber nicht „den einen Weg", um Eltern zu erreichen. Viele Vorgehensweisen sind möglich und müssen sensibel ausprobiert werden.

Info 7 (Fortsetzung)

Selbstbeobachtung und Selbstreflexion

Kann ich mich in die Lebenslage und in den Erfahrungshintergrund von Familien ausländischer Herkunft hineinversetzen, auch wenn mir dies alles nicht vertraut scheint?

Wie berücksichtige ich Eltern mit Migrationshintergrund bei der Planung von Angeboten für Eltern?

Kann ich andere Werte, Normen, Geschlechtsrollenleitbilder und Erziehungsstile akzeptieren bzw. tolerieren?

Empfinde ich das Beherrschen verschiedener Sprachen als Bereicherung?

Wie sensibel gehe ich mit meiner Kultur, mit meinem Land, mit meinen Werten und meiner Familienform um?

Welche Hintergrundinformationen fehlen mir noch?

(in Anlehnung an Textor, Martin: a.a.O., S. 35)

„Sensibel sein heißt also: Ich kenne mich und meine Geschichte, ich bin mir meiner Vorurteile bewusst und bereit, an ihnen zu arbeiten, ich bin offen für die Unterschiedlichkeit der Menschen in meinem Umfeld und akzeptiere sie. Sensibel sein für die Belange der Eltern heißt allerdings nicht, jetzt kann hier jede Familie machen, was sie will, wir haben für alles Verständnis. Sensibel sein für die Belange der Eltern heißt: Ich nehme die Eltern als Personen wahr mit ihrem eigenen Hintergrund (nicht reduziert auf die Nationalität)."

(Landeszentrum für Zuwanderung Nordrhein-Westfalen (Hrsg.): Interkulturelle Zusammenarbeit mit Eltern. 2004, S. 13)

Ideenbörse zur Stärkung der Erziehungs- und Bildungspartnerschaft zwischen Familien ausländischer Herkunft und pädagogischen Fachkräften:

- Allen Eltern der Einrichtung wird Wertschätzung entgegengebracht.
- Elternveranstaltungen werden durch eine gastliche Atmosphäre geprägt.
- Fragen nach der Familie (z.B. wie geht es Ihrem Mann?) werden in anderen Kulturkreisen als höflich und als Entgegenkommen empfunden.
- sensibler Umgang mit unterschiedlichen Geschlechterverhältnissen in den verschiedenen Kulturen
- Alle in der Tageseinrichtung für Kinder vertretenen Familiensprachen hängen im Eingangsbereich aus (z.B. einfache Begrüßungsformeln).
- Religiöse Vorschriften und Verbote oder kulturelle Normen werden z.B. im Hinblick auf Mahlzeiten/Ernährung, Körperpflege, Feste/Feiern beachtet und wenn möglich umgesetzt (z.B. das Verbot Schweinefleisch zu verzehren).
- Die pädagogischen Fachkräfte bemühen sich, die Familiennamen richtig auszusprechen.
- Vor Beginn der Eingewöhnungsphase erkundigt sich die Fachkraft bei den Eltern über erste wichtige Alltagsvokabeln für den Umgang mit dem Kind.
- Informationen/Aushänge werden in die jeweiligen Sprachen übersetzt und anschaulich vermittelt, z.B. durch den Einsatz von Bildmaterial – denn nicht alle Eltern können die Schriftsprache.
- Alle Fachkräfte berücksichtigen den Einsatz nonverbaler Kommunikation.
- Dolmetscher können zu Gesprächen hinzu gezogen werden, trotzdem sollte

man zugewandt den Eltern gegenüber sein.

- Neben Informationsveranstaltungen finden auch informelle Treffen statt (z.B. Müttercafe), denn in kleinen Gruppen fällt die Kommunikation oft leichter.
- Feste und Feiern anderer Kulturen finden Berücksichtigung. Familien anderer Religionen werden über traditionelle christliche Feste informiert. Es werden Abmachungen zur gegenseitigen Rücksichtnahme getroffen.
- Die Bildungsarbeit der Einrichtung wird zu einem Großteil durch Foto und Filmmaterial anschaulich dargestellt.
- Bilingualität wird positiv gesehen und gefördert, d.h. Eltern werden ermutigt, mit den Kindern in ihrer Herkunftssprache zu sprechen, Bilderbücher vorzulesen etc.
- Eltern werden über die Wichtigkeit der Beherrschung der deutschen Sprache informiert und relevante Informationen über das deutsche Bildungswesen werden weiter gegeben.
- Eltern werden ermutigt, ihre Kinder auch zuhause mit der deutschen Sprache zu konfrontieren (z.B. deutsche Kindersendungen anschauen oder deutsche Kinderlieder hören).
- Deutschkurse für Eltern werden angeboten.

Ein Konzept zur Sprachförderung und Elternbildung im Elementarbereich bietet ein Projekt der RAA (Regionale Arbeitsstelle zur Förderung von Kindern und Jugendlichen aus Zuwandererfamilien).

Das Programm „Rucksack“ geht die Förderung von Kindern im Elementarbereich mehrdimensional und systemisch an: Es berücksichtigt die Entwicklung der Kinder in Bezug auf ihre Lebenswelt und ihre Familie. Es hat ebenso das Bildungssystem „Kindertagesstätte“ und die in ihm Agierenden im Blick. Mütter, Erzieherinnen und Erzieher werden Partner für die Sprachförderung der Kinder. Rucksack zielt auf die Förderung der Muttersprachenkompetenz, auf die Förderung des Deutschen und auf die Förderung der allgemeinen kindlichen Entwicklung ab.

Dabei werden die Mütter als Expertinnen für das Erlernen der Erstsprache angesprochen, nicht orientiert an ihren Defiziten, sondern an ihren Stärken.

Fortschritte, Interessen und Stärken sollten zwischen Erzieherin und Eltern ausgetauscht werden. Beide sind für die Entwicklung der Kinder verantwortlich. Beide können ihren Anteil für den Fortschritt der Kinder beitragen. Kinder können mehr, wenn sie in ihrer Entwicklung herausgefordert werden. Wenn sich Erzieherin und Eltern ergänzen, nutzt das den Kindern mehr, als wenn jeder für sich agiert.

Bildungsferne Eltern können im Laufe von neun Monaten lernen, wie sie ihre Erzieherkompetenzen zum Wohle ihrer Kinder verfeinern können. Die Anbindung an die Kindertagesstätte ist sehr wichtig und für die RAA eine Bedingung für die Weitergabe des Programms, denn hier soll die Förderung in der deutschen Sprache parallel zu der Arbeit mit den Müttern erfolgen. (www.raa.de, 26.08.2007) Ein ähnliches Projekt der RAA, „Griffbereit“, wird für Mütter mit Kindern in den ersten Lebensjahren angeboten.

Info 8 Internationale Teams

Die Auseinandersetzung mit der eigenen Person ist die Voraussetzung für interkulturelle Arbeit.

Um professionell multikulturell arbeiten zu können, benötigen Fachkräfte die zuvor genannten Kompetenzen und die Fähigkeit, sich in andere Menschen und deren Lebenssituation hineinversetzen zu können (Empathie). Die Auseinandersetzung der Fachkräfte mit der eigenen Person und den gemachten Kulturerfahrungen, mit den eigenen Vorurteilen/Stereotypen und den Ängsten/Unsicherheiten ist die Voraussetzung für die interkulturelle Arbeit mit Kindern und Jugendlichen. Außerdem ist es wichtig, immer mehr multikulturelle Teams zu schaffen. Es kann nicht jede Nationalität durch eine Fachkraft in der Einrichtung vertreten sein. Trotzdem verdeutlicht die Beschäftigung binationaler Fachkräfte mit eigener Migrationserfahrung die interkulturelle Haltung der jeweiligen Institution. Die Offenheit anderen Kulturen, Sprachen, Religionen gegenüber kann durch den Einsatz binationaler Teams gelebt werden. Wer sich selber einmal fremd gefühlt hat und dieses Gefühl überwunden hat, wer unterschiedliche Rollen leben muss, wer sich selber früher nicht verstanden fühlte, kann Kinder egal welcher Nationalität besser verstehen, sich in ihre Situation einfühlen und ein Team für den Umgang und die Arbeit mit den Kindern sensibilisieren.

Vermittler zwischen den Kulturen

Aufgrund der vielfältigen Herkunftsländer werden in Tageseinrichtungen für Kinder immer mehr bilinguale/bikulturelle und Fachkräfte mit zusätzlichen interkulturellen Kompetenzen gesucht.

„Die zunehmende Zahl ausländischer-inländischer Erzieherinnen und Erzieher vor allem der zweiten und in den nächsten Jahren auch der dritten Generation könnte in dieser Situation zu einem Hoffnungsträger werden. Nicht mehr identifizierbar als Ausländer oder Ausländerin könnten sie mit den in ihnen selbst verwurzelten deutschen und ausländischen Anteilen von Identität eine Art Brückenglied zwischen den Kolleginnen und den ausländischen Kindern [und Familien] darstellen."

(Büttner, Christian: Berufsrolle und -auftrag von Erzieher/innen im Wandel neuer Anforderungen? In: www.kindergartenpaedagogik.de, 26.8.2007)

Die Zusammenarbeit und Kooperation mit Eltern und die Bildung multikultureller Teams ist besonders hervorzuheben, denn die „Entwicklung eines Konzeptes interkultureller Arbeit durch Angehörige einer kulturellen Gruppe in der Gesellschaft ist ein Widerspruch in sich. Sie bedarf der aktiven Einbeziehung von Migranten." (Filzinger/Johann, Interkulturelle Pädagogik im Elementarbereich, 1993, S. 16). Denn das theoretische Fachwissen über ein Land, die Religion, die Sitten und Gebräuche hat unter Umständen kaum etwas mit der Alltagskultur einer Migrantenfamilie in Deutschland zu tun. Es ist wichtig, Informationen über ihre Migrantenkultur zu erfahren.

Sie sind nicht nur Vermittler zwischen verschiedenen Kulturen sondern auch wichtiger Ansprechpartner für Eltern ausländischer Herkunft. Sie sprechen mehrere Sprachen und haben damit eine Vorbildfunktion. Sie haben zum Teil Migrationserfahrungen erlebt und können sich in Familiensituationen einfühlen. Sie sollen in den Einrichtungen nicht nur zur speziellen Betreuung der Familien mit Migrationshintergrund eingesetzt werden, sondern weil sie Bestandteil unserer Gesellschaft sind und die Situation vieler Kinder widerspiegeln und verstehen.

„In erster Linie bin ich Erzieherin und dann Türkin" und „Die muslimischen Eltern beobachten mich genau. Sie sind viel strenger mit mir als mit meinen Kollegen".

In diesen Aussagen von Fachschülerinnen verbirgt sich die aber häufig noch vorzufindende problematische Praxissituation, die viele Erzieherinnen mit Migrationshintergrund kurz nach ihrer Ausbildung erleben. Die Tageseinrichtungen mit einem hohen Anteil türkischer Familien stellen gerne eine türkische Erzieherin ein. Schnell passiert es, dass diese Fachkräfte nur noch als „Dolmetscher" zwischen den Sprachen und Kulturen verstanden werden, oder interkulturelle Projekte durchführen sollen.

Im Zuge der Europäischen Union werden wir immer häufiger auch europäische Fachkräfte aus anderen Ländern in Tageseinrichtungen vorfinden.

„Auch Erzieherinnen und Erzieher aus Deutschland können wahrscheinlich in Zukunft einen europäischen Arbeitsplatz wählen, was sicherlich zu sehr heilsamen Erfahrungen von Integrationsmöglichkeiten führen wird. Immerhin stehen wir am Beginn einer europäischen Diskussion über das professionelle Profil von Vorschulerziehung, [. . .]" (Büttner: a.a.O. 2007)

Das Märchen vom Auszug aller „Ausländer" Info 9

Das Märchen vom Auszug aller „Ausländer"

„Es war einmal . . .", so beginnt das Märchen „Von denen, die auszogen, weil sie das Fürchten gelernt hatten".
Es war einmal, etwa drei Tage vor Weihnachten, spätabends: Über den Marktplatz der kleinen Stadt kamen ein paar Männer gezogen. Sie blieben an der Kirche stehen und sprühten auf die Mauer „Ausländer raus" und „Deutschland den Deutschen", Steine flogen in das Fenster des türkischen Ladens gegenüber der Kirche. Dann zog die Horde ab. Gespenstische Ruhe. Die Gardinen an den Bürgerhäusern waren schnell wieder zugefallen. Niemand hatte etwas gesehen.
„Los, kommt, es reicht, wir gehen."
„Wo denkst du hin! Was sollen wir denn da unten im Süden?"
„Da unten? Das ist immerhin unsere Heimat. Hier wird es immer schlimmer. Wir tun, was an der Wand steht: ‚Ausländer raus!'"
Tatsächlich, mitten in der Nacht kam Bewegung in die kleine Stadt. Die Türen der Geschäfte sprangen auf. Zuerst kamen die Kakaopäckchen, die Schokoladen und Pralinen in ihren Weihnachtsverkleidungen. Sie wollten nach Ghana und Westafrika, denn da waren sie zu Hause. Dann der Kaffee, palettenweise, der Deutschen Lieblingsgetränk; Uganda, Kenia und Lateinamerika waren seine Heimat. Ananas und Bananen räumten ihre Kisten, auch die Trauben und Erdbeeren aus Südafrika. Fast alle Weihnachtsleckereien brachen auf, Pfeffernüsse, Spekulatius und Zimtsterne, die Gewürze in ihrem Inneren zog es nach Indien. Der Dresdner Christstollen zögerte. Man sah Tränen in seinen Rosinenaugen, als er zugab: „Mischlingen wie mir gehts besonders an den Kragen." Mit ihm kamen das Lübecker Marzipan und der Nürnberger Lebkuchen. Nicht Qualität, nur Herkunft zählte jetzt. Es war schon in der Morgendämmerung, als die Schnittblumen nach Kolumbien aufbrachen und die Pelzmäntel mit Gold

Info 9
(Fortsetzung)

und Edelsteinen in teuren Chartermaschinen in alle Welt starteten. Der Verkehr brach an diesem Tag zusammen. Lange Schlangen japanischer Autos, voll gestopft mit Optik und Unterhaltungselektronik, krochen gen Osten. Am Himmel sah man die Weihnachtsgänse nach Polen fliegen, auf ihrer Bahn gefolgt von den feinen Seidenhemden und den Teppichen des fernen Asiens.
Mit Krachen lösten sich die tropischen Hölzer aus den Fensterrahmen und schwirrten ins Amazonasbecken. Man musste sich vorsehen, um nicht auszurutschen, denn von überall her quoll Öl und Benzin hervor, floss aus Rinnsalen zu Bächen in Richtung Naher Osten. Aber man hatte ja Vorsorge getroffen.
Stolz holten die großen deutschen Autofirmen ihre Krisenpläne aus den Schubladen. Der Holzvergaser war ganz neu aufgelegt. Wozu ausländisches Öl? – Aber die VWs und BMWs begannen sich aufzulösen in ihre Einzelteile, das Aluminium wanderte nach Jamaika, das Kupfer nach Somalia, ein Drittel der Eisenteile nach Brasilien, der Naturkautschuk nach Zaire. Und die Straßendecke hatte mit dem ausländischen Asphalt im Verbund auch immer ein besseres Bild abgegeben als heute.
Nach drei Tagen war der Spuk vorbei, der Auszug geschafft, gerade rechtzeitig zum Weihnachtsfest. Nichts Ausländisches war mehr im Land. Aber Tannenbäume gab es noch, auch Äpfel und Nüsse. Und *„Stille Nacht“* durfte gesungen werden – und zwar mit Extragenehmigung, das Lied kam immerhin aus Österreich.
Nur eines wollte nicht ins Bild passen. Maria, Josef und das Kind waren geblieben. Drei Juden. Ausgerechnet.
„Wir bleiben“, sagte Maria, „wenn wir aus diesem Land gehen – wer will ihnen dann noch den Weg zurück zeigen, den Weg zurück zur Vernunft und zur Menschlichkeit?“

Helmut Wöllenstein

Fazit

Tageseinrichtungen sind für Kinder und ihre Familien häufig die erste gesellschaftliche Institution, in der das Zusammenleben unterschiedlicher Lebensformen (u.a. unterschiedliche Herkunftsländer, Kulturen, Sprachen Religionen) praktiziert wird.
Interkulturelle Erziehung versteht sich nicht als Projektpädagogik. Es handelt sich um ein ganzheitliches und durchgängiges pädagogisches Grundprinzip. Es zählt zu den Aufgaben einer Einrichtung, das interkulturelle Zusammenleben als wechselseitiges Lernen aller Kulturen sensibel zu unterstützen. Ziel ist es, einen angstfreien und selbstbewussten Umgang mit einer Vielfalt von Sprachen, Kulturen und Religionen und ein gleichberechtigtes Zusammenleben zu ermöglichen.

Aufgaben und Anregungen

1 Spielen Sie in Ihrer Lerngruppe das Spiel „Ich stelle mich!"

Alle gehen durch den Raum. Auf Zuruf des Spielleiters müssen sich alle im Raum in Gruppen zusammenfinden. Äußerlichkeiten (z.B. gleiche Haarfarbe, gleiche Schuhgröße), Hobbys (z.B. gleiche Sportart, gleicher Musikgeschmack), Ansichten, Werte/Normen, Wünsche können zum Thema gemacht werden. Sie erleben Aspekte, die Sie mit Teilnehmern der Klasse verbinden. In anderen Aspekten unterscheiden Sie sich vielleicht. Es wird Minderheiten und Mehrheiten geben. Kommen Sie nach dem Spiel darüber ins Gespräch.

Dieses Spiel kann auch mithilfe bestimmter Aussagen: „Stimme zu/stimme nicht zu" gespielt werden (vgl. Ellen Johann, S. 113), z.B.:

- Mädchen sind klüger als Jungen.
- Der Islam ist eine frauenfeindliche Religion.
- Schwarze sind bessere Tänzer als Weiße.

2 Übung: „Das Familienwappen"
Kommen Sie nach einer Stillarbeitsphase, in der Sie sich Notizen zu den folgenden Stichworten machen: Herkunftsland, Sprache, Lieblingsessen, Lieblingsfest, Oberhaupt der Kernfamilie, Familienmotto, Wohnort – in einer Kleingruppe ins Gespräch. Die Stichworte sollen aus der Sicht der Herkunftsfamilie beantwortet und in das vorbereitete Schema eines Wappens eingetragen werden. (Johann, a. a. O., S. 64)

3 Die eigene Sensibilisierung – erarbeiten Sie in Einzelarbeit folgende Fragen:

- „Inwieweit bin ich schon sensibilisiert für die Lebenswelt der Kinder mit unterschiedlichen kulturellen Hintergründen?
- Nehme ich bzw. wie nehme ich kulturelle Unterschiede wahr?
- Inwieweit beeinflussen Haltung, Werte und Normen meine Material- und Medienauswahl bzw. meine Technik der Vermittlung? (ARBEITSKREIS IKEEP der RAA in NRW, Vielfalt als Chance. Bausteine RAA zur Aus- und Fortbildung von Erzieherinnen und Erziehern für eine interkulturelle Arbeit, Essen, S. 67)

Thematisieren Sie Ihre Ergebnisse in Kleingruppen und im Plenum.

4 Gehen Sie in den sozialpädagogischen Einrichtungen auf kulturelle Spurensuche. Woran ist erkennbar, welche Nationalitäten die Einrichtung besuchen? Welche Spielmaterialien anderer Länder sind vorhanden? Gibt es zweisprachige Bilderbücher? Wie sieht der Speiseplan aus? Gibt es Aushänge in anderen Sprachen? Hört man beim Spielen auch andere Sprachen außer Deutsch?

5 Vorurteile, Fehleinschätzungen und begrenzte Sichtweisen prägen leider auch den pädagogischen Alltag von Fachkräften und verleiten zu voreiligen Bemerkungen. Wie können Sie folgenden Aussagen begegnen?

- „Sandro ist nur zu faul deutsch zu sprechen. Der kann das eigentlich schon sehr gut."

Aufgaben
(Fortsetzung)

- „Wir trennen die beiden türkischen Mädchen lieber. Sie sprechen immer nur türkisch miteinander."
- „Zum Elternabend kommen diese Eltern nicht. Aber bei unseren Festen sind die ausländischen Eltern immer dabei. Die kochen dann ihre Spezialitäten. Da freuen sich immer alle."
- „Ibrahim benimmt sich wie ein kleiner Macho. Kein Wunder bei dem Papa. Die Mutter benimmt sich wie eine Dienerin. Wir zeigen ihm mal ein neues Frauenbild. Mit uns nicht!"
- Wenn die ausländischen Eltern mit ihren Kindern deutsch reden würden, dann könnten die auch bald besser Deutsch. Die müssen sich mal anpassen.

6 Beschreiben Sie die Rolle und Aufgaben von binationalen pädagogischen Fachkräften mit Migrationshintergrund.

7 Sammeln Sie Spiele, Lieder und Fingerspiele aus aller Welt. Nutzen Sie die Fachliteratur, aber auch den Austausch mit Migrantenkindern und ihren Familienmitgliedern.

8 **Porträt eines Migrantenkindes**
Beobachten Sie über einen längeren Zeitraum ein Migrantenkind im Kindergarten, das im Bereich der Zweitsprache gefördert werden sollte. Wann wird es gebracht? Von wem? Wie geht es auf die Kinder und Erwachsenen zu? Wo und was spielt es gerne? Mit wem unterhält es sich? Setzt es Gestik und Mimik ein? Spricht es im Kindergarten in der Herkunftssprache? Haben Sie Kontakt zu dem Kind?
Schreiben Sie ein anschauliches Porträt über dieses Kind. Im Freispiel suchen Sie den Kontakt zu diesem Kind in einer für Sprachförderung geeigneten Situation. Versuchen Sie Sprache bewusst und situationsorientiert zu fördern. Halten Sie diese Situation schriftlich fest. (Vgl. Beauftragte der Bundesregierung für Ausländerfragen, S. 28 ff.)

9 Erstellen Sie einen differenzierten Fragenkatalog für ein Erstgespräch mit Eltern ausländischer Herkunft oder für die folgenden Eingewöhnungswochen. Welche Informationen sind für eine gute Zusammenarbeit wichtig? Es geht nicht um das Aushorchen der Eltern, sondern um das Interesse am einzelnen Kind und seiner familiären Lebenssituation.

Bsp.:
- Wie lange wohnen Sie schon in Deutschland?
- Wie ist Ihre Religionszugehörigkeit?
- Welche Sprache(n) sprechen Sie zu Hause?

Welche dieser Informationen wollen Sie den Eltern mitteilen?

10 Recherchieren Sie im Internet nach Auslandspraktika oder anderen Austauschmöglichkeiten für sozialpädagogische Fachkräfte und Fortbildungsmöglichkeiten zum Erwerb interkultureller Kompetenzen. Stellen Sie die Ergebnisse im Unterricht vor.

Tipps zum Weiterlesen

Internet
www.bundesauslaenderbeauftragte.de (dort gibt es weitere gute Links)
www.bpb.de (Bundeszentrale für politische Bildung)
www.bmi.bund.de (Bundesministerium des Inneren)
www.destatis.de (Statistisches Bundesamt Deutschland)
www.raa.de (Regionale Arbeitsstelle zur Förderung von Kindern und Jugendlichen aus Zuwandererfamilien – RAA)
www.ane.de (Arbeitskreis neue Erziehung e.V. – Interkulturelle Elternarbeit)
www.lzz-nrw.de (Landeszentrum für Zuwanderung – NRW)
www.buendnis-toleranz.de

9610314

Tipps zum Weiterlesen

www.sprachfoerderkoffer.de (Informationen über einen Sprachförderkoffer für Kindertagesstätten)
www.fmks-online.de (Adressen von mehrsprachigen Kindertagesstätten bundesweit)
www.annefrank.de (Infos über das Materialpaket „DBI – Das bin ich – international", für die Arbeit mit 4- bis 8-jährigen geeignet – entwickelt vom Anne-Frank-Haus und der Gewerkschaft für Erziehung und Wissenschaft GEW)

Bücher

Es gibt eine Fülle an Büchern, Broschüren usw. im Bereich der interkulturellen Erziehung. Viele Bundesländer haben Materialien zu Themen wie Infos über Religionen, Alltagskultur anderer Länder, Sprachförderung, Vorurteile/Rassismus, Kinderspiele in aller Welt herausgeben.

Arbeitskreis Ikeep (Interkulturelle Erziehung im Elementar- und Primärbereich) der RAA, NRW, *Vielfalt als Chance. Bausteine RAA zur Aus- und Fortbildung von Erzieherinnen und Erziehern für eine interkulturelle Arbeit*, Essen.
In diesem Buch befindet sich eine ausführliche Literaturliste (Kinderbücher, Spiele- und Musikbücher, Kassetten, Fachbücher, Broschüren, Materialien) zum Thema.

Ulrich, Michaela/Mayr, Toni, SISMIK *(Sprachverhalten und Interesse an Sprache bei Migrantenkindern in Kindertageseinrichtungen), ein Beobachtungsbogen*, Herder Verlag, Freiburg

Ein Kinderbuch zum Thema Globalisierung: Smith, David J./Armstrong, Shelagh, *Wenn die Welt ein Dorf wäre*, Jungbrunnen Verlag, Wien

Weitere Übungen zur Auseinandersetzung mit der eigenen Person, Vorurteilen usw. sind in folgendem Buch zu finden: Johann, Ellen/Michely, Hildegard/Springer, Monika, *Interkulturelle Pädagogik. Methodenhandbuch für sozialpädagogische Berufe*, Cornelsen Verlag, Berlin

Preissing, Christa/Wagner, Petra (Hrsg.): *Kleine Kinder, keine Vorurteile? Interkulturelle und vorurteilsbewusste Arbeit in Kindertageseinrichtungen. Arbeit in Kitas*, Herder Verlag, Freiburg

Deutsche Liga für das Kind (Hrsg.): *Kinder ausländischer Herkunft.* In: frühe Kindheit. die ersten sechs Jahre. Heft 1, 2000

Kindergarten heute: *So geht's. Mieinander aufwachsen und voneinander lernen.* Herder, Freiburg 2004

Landeszentrum für Zuwanderung Nordrhein-Westfalen (Hrsg.): *Interkulturelle Zusammenarbeit mit Eltern. Eine Arbeitshilfe für die Praxis der Kindertageseinrichung.* 2004

Soltendieck, Monika: *Kommunikation und Zusammenarbeit mit Familien aus anderen Kulturen.* In: klein&groß, Heft 11, 2001

Tietze, Wolfgang, Viernickel, Susanne (Hrsg.): *Pädagogische Qualität in Tageseinrichtungen für Kinder. Ein nationaler Kriterienkatalog.* Beltz, Weinheim, 2003

Tietze, Wolfgang (Hrsg.): *Pädagogische Qualität entwickeln. Praktische Anleitung und Methodenbausteine für Bildung, Betreuung und Erziehung in Tageseinrichtungen für Kinder von 0–6 Jahren.* Beltz, Weinheim, 2003

Ulich, Michaela, Oberhuemer, Pamela, Soltendieck, Monika: *Die Welt trifft sich im Kindergarten. Interkulturelle Arbeit und Sprachförderung.* Luchterhand, 2001

Verband binationaler Familien und Partnerschaften iaf e.V. NRW (Hrsg.): *Weltkinder-Spiele. Interkulturelle Materialien und Ideen für den Alltag mit Kindern.* iaf, Bonn, 2005

DVD: *Ein Wiegelied für Hamza. Kindertagesstätte als Orte der Begegnung.* DECET

7 Kinder im Schulalter

7.1 Vorschulkinder und Schulfähigkeit

Die Klasse steckt gerade mitten im zweiten, größeren Blockpraktikum, um den Umgang mit Schulkindern einzuüben. Dabei ist Laura in einer Außenwohngruppe eingeteilt, in der auch Schulkinder leben. Hier wohnt auch Phillipp, 6 Jahre. Er soll im kommenden Sommer eingeschult werden. Zurzeit besucht er halbtags eine Kindertageseinrichtung.
Laura macht während ihres Praktikums folgende Beobachtungen:

Phillip ist ein sehr aktives Kind. Er ist immer in Bewegung. Motorisch ist er sehr geschickt. Die Erzieherin berichtet Laura, dass Phillipp als Zweijähriger Laufrad und als Dreijähriger Fahrrad ohne Stützräder fahren konnte.
Heute „rast" er mit seinem Fahrrad durch die Gegend, er probiert auch schon „schnelle Starts" und „Vollbremsungen" aus. Er klettert viel. Kein Baum, keine Mauer ist vor ihm sicher.

Auf der anderen Seite interessiert sich Phillipp aber überhaupt nicht für „ruhige" Beschäftigungen. Wenn Laura anbietet, mit ihm ein Bilderbuch zu betrachten oder ihm eine Geschichte vorzulesen, springt er schon nach kurzer Zeit auf und verkündet, keine Lust mehr zu haben. Den Inhalt des Buches oder der Geschichte kann er danach nicht oder nur sehr knapp wiedergeben.
Er malt und bastelt selten. Allein hat er dabei überhaupt keine Ausdauer. Nach Aufforderungen antwortet er häufig: „Das kann ich nicht." Nur wenn Laura neben ihm sitzen bleibt, ihm viel hilft und lobt, kann er eine Aufgabe beenden.

Der Umgang mit den anderen Kindern in der Gruppe gestaltet sich schwierig. Ein Zusammenspiel ist nur dann möglich, wenn die anderen Kinder genau das machen, was er möchte. Verweigern sich die anderen Kinder, wird er schnell wütend oder sogar handgreiflich. Zunehmend wollen ihn die anderen Kinder deshalb beim Spielen nicht dabei haben. Das aber kann Phillipp nicht vertragen. Oftmals stört er die Kinder dann oder ärgert sie sogar. Fordert eine Erzieherin ihn auf, die Kinder in Ruhe zu lassen und sich mal einen Moment allein zu beschäftigen, gelingt auch das selten. Phillip ist kaum in der Lage, einer Beschäftigung alleine nachzugehen.

Die Erzieherinnen sprechen auf einer Teamsitzung über Phillipp. Dabei werden Bedenken geäußert, ob er wirklich schulfähig ist.

Fragen

- *Wie kann man erkennen, ob ein Kind schulfähig ist?*
- *Wie kann die Erzieherin sinnvoll auf die Schule vorbereiten?*

Info 1

Schwerpunkte und Ziele in der Arbeit mit Schulkindern

Betreuung

In der Arbeit mit Schulkindern ist zunächst die Sicherung der Grundbedürfnisse Aufgabe der Erzieherin. Das Kind soll sich wohl fühlen. Daher ist eine altersgerechte Raumgestaltung notwendig, die auch Möglichkeiten der Ruhe und des Rückzugs bietet. Gleichzeitig wird täglich ein abwechslungsreiches und gesundes Mittagessen bereitgestellt, das nach Möglichkeit gemeinsam eingenommen wird und damit ein wichtiges Gemeinschaftserlebnis darstellt.

9610316

Daneben ist die Erzieherin Ansprechpartnerin für alles, was das Kind in Schule und Elternhaus bewegt. Eine durchgehende Betreuung ist oftmals auch in den Ferien und an unterrichtsfreien Tagen gewährleistet.

Das Ministerium für Schule, Jugend und Kinder des Landes NRW (MSJK) betont in dem Erlass vom 12.02.2003 zur „Offenen Grundschule im Primarbereich" als Aufgabe die besondere Förderung von Kindern aus bildungsbenachteiligten Familien einerseits und andererseits die besondere Förderung von überdurchschnittlich begabten Schülerinnen und Schülern durch spezielle Angebote.
Gleichzeitig sollen themenbezogene, klassen- und jahrgangsstufenübergreifende Aktivitäten, Arbeitsgemeinschaften und Projekte (z.B. Sport, Theater, Musik, naturwissenschaftliche Experimente) durchgeführt werden. Erwünscht sind auch Projekte mit geschlechtsspezifischem und interkulturellem Hintergrund.

Ein enger Zusammenhang ist zwischen Bildungsaufgabe und Erziehungsaufgabe zu sehen. Kinder erwarten nicht nur ein umfangreiches Programmangebot, auch verbindliche Verhaltensregeln sind von Nöten. Dazu gehört z.B. Pünktlichkeit, Zuverlässigkeit, Ordnung etc.
Die Erzieherin muss sich hier insbesondere ihrer Vorbildfunktion bewusst sein.

Der Übergang von der Kindertageseinrichtung in die Grundschule stellt für das Kind eine einschneidende Phase, den Beginn eines neuen Lebensabschnittes, dar. Von den Kindern wird zunehmende Selbstständigkeit erwartet, z.B. möglichst bald den Schulweg alleine zurückzulegen, längere Zeit stillsitzen und konzentriert mitarbeiten zu können, sich Hausaufgaben zu merken und diese selbstständig zu erledigen.
Zwar werden sicher die meisten Kinder von ihrer Familie oder der Kindertageseinrichtung vorbereitet, jedoch gibt es häufig, besonders am Anfang, Umstellungsschwierigkeiten. Hier muss die Erzieherin unterstützend tätig werden, u.a. durch Zuwendung und Zuhören.
Um verbessert Hilfestellung leisten zu können, muss sich die Erzieherin intensiv mit den entwicklungspsychologischen Grundlagen und Aufgabenstellungen des Schulkindalters auseinandersetzen.

Förderung und Bildung
Freizeit gestalten

Entwicklungspsychologische Kenntnisse sind auch bei der Planung von Projekten und Aktivitäten notwendig. Denn hier stellt sich die Frage: Wofür interessieren sich Grundschulkinder besonders? Was macht ihnen Spaß und was macht ihnen weniger Freude?
Doch die Freizeitgestaltung erschöpft sich nicht in der Durchführung von so genannten „gelenkten" Spielangeboten. Aufgabe der Erzieherin im Schulkindbereich ist ebenso wie in der Vorschulpädagogik die Begleitung des freien Spiels. Die Erzieherin sorgt für die Bereitstellung günstiger Rahmenbedingungen, z.B. sinnvolle Raumgestaltung oder altersgemäße Spielmaterialien. Sie beobachtet und hält sich bereit, um dort unterstützend einzugreifen, wo die Kinder dies wünschen oder eine mögliche Gefahrensituation dies erfordert.

Erziehung

Das Schulkind lernt durch den zunehmenden Umgang mit anderen erwachsenen Bezugspersonen wie Lehrerinnen, Erzieherinnen sowie ungefähr gleichaltrigen Kindern seine eigene Persönlichkeit kennen. Es muss seine eigenen Bedürf-

Berücksichtigung entwicklungspsychologischer Erkenntnisse

Info 1
(Fortsetzung)

nisse gegenüber denen anderer abgrenzen, ein eigenes Selbstbewusstsein entwickeln, eine eigene Meinung äußern, Einfälle und Ideen hervorbringen und durchsetzen, Konflikte lösen, Konzentration und Ausdauer beweisen, Kraft und Geschicklichkeit erproben sowie seinen eigenen Körper und seine Geschlechterrolle kennen lernen.

Selbstverwirklichung unterstützen

Sozialerziehung

Im Schulkindalter nimmt die vorrangige Orientierung an Eltern und Familie ab. Die „peer-group", also die Gruppe der Gleichaltrigen, tritt immer mehr in den Vordergrund. Dadurch ergeben sich eine Reihe neuer Spiel- und Erfahrungsmöglichkeiten, doch treffen oftmals unterschiedliche Meinungen aufeinander. Missverständnisse müssen ausgeräumt und die eigene Ansicht deutlicher artikuliert werden. Es müssen nachvollziehbare Argumente und gerechte Kompromisse gefunden werden. Auf diese Weise werden auch Kommunikationsstrukturen erlernt, Kritikfähigkeit und Toleranz entwickelt und ein Gemeinschaftsgefühl gefördert. Zum Aufbau dieser Kernkompetenzen benötigt das Kind die Unterstützung der Erzieherin.

Info 2 Schulfähigkeit – was ist das?

Kinder entwickeln sich unterschiedlich. Das eine Kind ist zum Beispiel schon sehr weit in der Fähigkeit, sich zu konzentrieren, ein anderes kann gut turnen, malen oder schneiden. Bei Schulantritt wird daher bei mehreren Gelegenheiten ermittelt, ob das Kind schulfähig wirkt, z. B. bei der Anmeldung, dem Kennenlerntag, der schulärztlichen Untersuchung etc.

Mit „Schulfähigkeit" ist daher kein genau bestimmbarer Entwicklungsstand des einzelnen Kindes gemeint. Denn das Kind muss als Gesamtpersönlichkeit betrachtet und seine individuellen Voraussetzungen und Vorerfahrungen miteinbezogen werden. Bestehen Bedenken an der Schulfähigkeit, dann ist der Gesamteindruck des Lernanfängers entscheidend, nicht aber das unzureichende Vorhandensein einzelner Fähigkeiten.

Man betrachtet zum Beispiel die *körperliche Entwicklung* des Kindes. Damit sind alle grobmotorischen und feinmotorischen Fähigkeiten sowie andere Auffälligkeiten des Körperstatus gemeint, wie eine stark vom Durchschnitt abweichende Körpergröße und -gewicht oder Beeinträchtigungen der Seh- und Hörfähigkeit.

Ein Augenmerk wird auch auf *sozialemotionale Fähigkeiten* gelegt. Dazu gehören einerseits Aspekte wie Kontaktfähigkeit, Kooperationsbereitschaft und Konfliktverhalten. Andererseits wird auch beleuchtet, ob das Kind Gefühle wie Staunen, Überraschung, Mitleid usw. zeigen kann und wie es mit der eigenen Angst umgeht. Auch das Arbeitsverhalten des Kindes ist von großer Bedeutung. Dazu gehören unter anderem Selbstständigkeit, Ausdauer, Konzentrationsfähigkeit und Lernbereitschaft.

Geprüft wird außerdem die *kognitive Entwicklung* des Kindes, wie z. B. Merkfähigkeit, Aufgabenverständnis, Lern- und Spielverhalten, Sprechfähigkeit, Zahlenverständnis und Mengenauffassung. Die genannten Aspekte werden in den Schulfähigkeitsprofilen noch genauer differenziert (siehe dazu Info 2).

Ein solches Verständnis von Schulfähigkeit hat sich erst in den vergangenen Jahren entwickelt. Noch in den 70er Jahren waren damit einseitig kognitive Fähigkeiten gemeint. Als Konsequenz wurde damals die Arbeit mit Vorschulmappen eingeführt. Es zeigte sich aber schnell, dass sich die Erwartungen, die mit kognitiven Trainings verbunden waren, nicht erfüllt haben.

Später wurde zusätzlich sozialen und motivationalen Faktoren eine große Bedeutung beigemessen, auch als „Schulbereitschaft" umschrieben. Seit den 80er Jahren ist ein sehr komplexes Verständnis von Schulfähigkeit die Regel. Dabei werden die Gesamtpersönlichkeit des Kindes und zusätzlich sein Umfeld betrachtet.

Weiß die Lehrerin oder die Erzieherin, in welchem familiären Umfeld das Kind bisher aufgewachsen ist, z. B. Wohnverhältnisse, finanzielle Situation, Erziehungsstil, Wertvorstellungen, Geschwisteranzahl usw., betrachtet sie neben dem individuellen Entwicklungsstand auch die Lebenssituation. Dadurch kann sie für jedes einzelne Kind pädagogische Maßnahmen und Hilfen entwickeln, die gerade während der Schulanfangsphase unverzichtbar sind. Außerdem kann besser beurteilt werden, ob ein Kind möglicherweise vom Schulbesuch zurückgestellt wird. In einigen Bundesländern wie NRW, wird diese Rückstellung aber nicht mehr praktiziert.

Das Schulfähigkeitsprofil

Info 3

Das Schulministerium in Nordrhein-Westfalen nennt als Kriterien für die Schulfähigkeit die folgenden Aspekte (verkürzte Darstellung):

Grobmotorik
- sich selbstständig an- und ausziehen
- Treppen sicher steigen
- Roller- und Rad fahren
- einen Ball fangen

Feinmotorik
- einen Stift halten und damit malen
- einfache Formen ausschneiden
- kleine Gegenstände sicher greifen

Wahrnehmung
- Formen und Farben unterscheiden
- Gegenstände nach Merkmalen ordnen
- Raumlagen unterscheiden (rechts, links, oben, unten, vorne, hinten)
- seine Kraft im Spiel mit anderen einschätzen

Umgang mit Aufgaben
- sich auf vorgegebene Spiele einlassen
- durch Rückschläge nicht sofort entmutigt sein

Soziale Kompetenz
- die Befindlichkeit anderer wahrnehmen und darauf reagieren
- Regeln einhalten
- Kompromisse eingehen
- Konflikte gewaltfrei lösen
- Kritik und Enttäuschung ertragen
- die Ablehnung von Wünschen ertragen
- sich eine Zeit alleine beschäftigen

Sprache
- deutliches Sprechen in ganzen Sätzen
- zuhören
- Interesse im Umgang mit Büchern
- einzelne Laute am Wortanfang heraushören
- Formen wiedergeben
- „Kritzelbriefe schreiben

Mathematik
- Zahlenmengen mit 5 erfassen
- vergleichen (größer, kleiner)
- ordnen (Farbe, Form, Größe)
- sich im Raum orientieren (rechts-links...)

Info 3 (Fortsetzung)

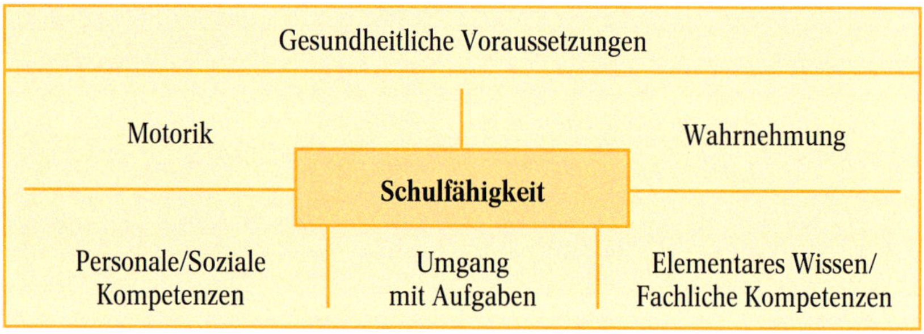

Info 4

Förderung von Schulfähigkeit

In der Literatur wird insbesondere auf die große Bedeutung der „phonologischen Bewusstheit" als wichtigste „Vorläuferfähigkeit" zum Erlernen des Lesens und Schreibens verwiesen. Darüber hinaus tragen mathematisches Vorwissen und so genannte „Übergangsbewältigungsfähigkeiten" zu einem gelingenden Übergang in die Grundschule bei.

Phonologische Bewusstheit

Unter phonologischer Bewusstheit versteht man die Befähigung, die formalen Eigenschaften der gesprochenen Sprache zu erkennen, z.B. den Klang der Wörter beim Reimen, auf Wörter als Teile von Sätzen, auf Silben als Teile von Wörtern. Sie entwickelt sich in der Regel spontan, d.h. ohne Anleitung schon im Vorschulalter.

In einem engeren Sinn versteht man unter phonologischer Bewusstheit den bewussten Umgang mit den kleinsten Einheiten der gesprochenen Sprache, den Phonemen (Lauten). Sie entwickelt sich üblicherweise erst unter Anleitung im Zusammenhang mit dem Schriftspracherwerb.

Diverse Studien haben gezeigt, dass die phonologische Bewusstheit bereits im Vorschulalter gefördert werden kann und die beteiligten Kinder bis zum Ende der Grundschulzeit im Lesen und (Recht)-Schreiben den Kindern überlegen waren, die nicht gefördert worden waren.

Auch so genannte Risikokinder, d.h. Kinder, die gefährdet sind, später Lese- und Rechtschreibprobleme zu entwickeln, konnten mit Trainingsprogrammen so weit vorangebracht werden, dass sie sich nach drei Schuljahren in ihren Fähigkeiten nicht mehr von ihren Altergenossen unterschieden.

Bekannt auf diesem Gebiet ist Prof. Wolfgang Schneider vom Psychologischen Institut der Universität Würzburg. Er entwickelte ein entsprechendes Trainingsprogramm. Dieses *„Würzburger Trainingsprogramm zur phonologischen Bewusstheit"* besteht aus insgesamt 57 Sprachspielen zu sechs inhaltlich aufeinander aufbauenden Übungseinheiten.

1. Lauschspiele
2. Reime
3. Sätze und Wörter
4. Silben
5. Anlaute
6. Phoneme (Laute)

Das Trainingsprogramm wird im letzten Kindergartenhalbjahr von Erzieherinnen durchgeführt. Es erstreckt sich über insgesamt 20 Wochen mit täglichen ca. 10-minütigen Sitzungen.

Mathematisches Vorwissen

Das Gegenstück zur phonologischen Bewusstheit ist im mathematischen Bereich das mengen- und zahlenbezogene Vorwissen. Es geht hierbei neben dem Zählen und der Zahlenkenntnis auch um das Ordnen (z. B. von dick nach dünn), Klassifizieren von Gegenständen nach bestimmten Merkmalen (z. B. was kann fliegen?) und das Vergleichen (z. B. größer-kleiner, dicker-dünner). Auch hier können vorschulische Fähigkeiten den Schulerfolg vorhersagen.

Ein Verfahren zur Erfassung des mengen- und zahlbezogenen Vorwissens ist der Osnabrücker Test zur Zahlbegriffsentwicklung (OTZ), der für Kinder von 5 bis 7 ½ Jahren entwickelt wurde. Ziel dieses Tests ist es, diejenigen Kinder herauszufinden, bei denen die Zahlbegriffsentwicklung verzögert ist, um entsprechend fördern zu können.

Übergangsbewältigungsstrategien

Zur Schulfähigkeit gehört aber auch, dass die Erzieherin den Kindern „Übergangsbewältigungsstrategien" vermittelt. Das bedeutet, dass sie das Kind so weit stärken muss, dass es selbstbewusst genug ist, auch schwierige Situationen zu meistern und sich nicht „unterkriegen" zu lassen.

Was Kinder bei Übergängen stärkt, wird unter dem Begriff Resilienz zusammengefasst (siehe dazu Kap. 2.1).

Rolle der Erzieherin

Es ist also nicht die Aufgabe der Erzieherin, den Kindern im vorschulischen Bereich lesen, schreiben und rechnen beizubringen. Das bleibt im Bereich der Schule. Vielmehr sollte die Erzieherin das Interesse am Sprechen und Singen, an Zahlen und Mengen wecken und aufrechterhalten, damit die Kinder in ihrem Alltag wertvolle Vorläuferfähigkeiten erwerben können und damit die genannten Trainingsprogramme erst gar nicht notwendig werden.

Sie sollte Fingerspiele, Singspiele und Abzählverse verstärkt einsetzen. Auch gibt es eine Reihe von Spielen, mit denen die phonologische Bewusstheit gefördert werden kann, wie z. B. Anlaut-Memory, Silbendomino und Reimlotto. Sie kann Rollenspiele anregen (z. B. Einkaufen gehen) und Kritzelbriefe schreiben lassen (z. B. Einkaufszettel). Bei diesem Rollenspiel könnte die Erzieherin gleichzeitig auch die „mathematische Brille" aufsetzen und die Kinder über den Preis von Waren nachdenken und ihn aufschreiben lassen. Mit einer Kasse im Kaufmannsladen kann der Preis von mehreren Waren ermittelt und Spielgeld entsprechend abgezählt übergeben werden.

Grundsätzlich sollte die Erzieherin den Umgang mit Zahlen und Mengen immer wieder in den Alltag einbinden, z. B. Zuordnungen beim Tischdecken, beim Aufstellen der Stühle für den Gesprächskreis usw. Gleichzeitig darf sie auch die anderen Kompetenzbereiche nicht vergessen, denn die Kinder sollen nicht nur kognitiv, sondern ganzheitlich auf die Schule vorbereitet werden. Bewegungsangebote, Wahrnehmungsspiele, auch naturwissenschaftliches Lernen gehören selbstverständlich zur Schulvorbereitung dazu.

Das bedeutet aber auch, dass eine sinnvolle Schulvorbereitung nicht erst im letzten Jahr vor der Schule beginnen darf, sondern vom ersten Tag in einer Kindertageseinrichtung an stattfinden sollte.

Fazit

- Mit der Veränderung der Altersstufe der Adressaten ergeben sich veränderte Anforderungen an die Erzieherin im Hinblick auf:
  - Betreuung
  - Förderung und Bildung
  - Erziehung
  - Entwicklungsstand
  - Freizeitgestaltung
  - zu erreichende Kompetenzen.

Fazit (Fortsetzung)

- Der Begriff „Schulfähigkeit“ ist ganzheitlich zu betrachten. Er umfasst folgende Kompetenzbereiche:
  - körperliche Entwicklung
  - Grob- und Feinmotorik
  - Wahrnehmung
  - Umgang mit Aufgaben
  - Motivation des Kindes
  - Ich-Kompetenz
  - sozialemotionale Fähigkeiten
  - kognitive Entwicklung, insbesondere sprachliche und mathematische Fähigkeiten.
- Zusätzlich sollten Vorerfahrungen und Lebenssituation des Kindes berücksichtigt werden. Bei der Schulvorbereitung muss die Erzieherin entsprechend auf eine ganzheitliche Förderung vom ersten Kindergartentag an achten. Ein besonderes Augenmerk liegt dabei auf der Vermittlung von phonologischer Bewusstheit, mathematischem Vorwissen und Übergangsbewältigungsstrategien.

Aufgaben und Anregungen

1 Beschäftigen Sie sich mit den veränderten Arbeitsbedingungen und Voraussetzungen der neuen Altersstufe. Stellen Sie Vergleiche zum bisherigen Arbeitsfeld Kindertageseinrichtung an, um die Unterschiede konkret zu verdeutlichen und die Arbeitsweisen/-bedingungen eindeutig abzugrenzen.

1.1 Bereiten Sie eine Tabelle nach folgendem Muster vor, in der Sie die Arbeit mit Vorschul- und Schulkindern vergleichen.

	Kleinkinder/ Vorschulkinder	Schulkinder
Ziele		
Entwicklung		
Freispiel/ Freizeitgestaltung Pflichten		

1.2 Losen Sie aus, wer seine Tabelle per Overheadprojektor präsentiert, die anderen Studierenden nehmen Stellung und ergänzen.

1.3 Formulieren Sie als Fazit aus der Tabelle die „neuen“ Anforderungen an die Erzieherin in Bezug auf das Schulkindalter.

2 Lesen Sie sich die Einstiegssituation erneut durch und beurteilen Sie mit Hilfe der Kriterien für die Schulfähigkeit Philips Entwicklungsstand. Suchen Sie sich bei Bedarf im Internet eine ausführlichere Kriterienliste als in Info 2 dargestellt.

2.2 Entwickeln Sie Möglichkeiten, Philipp sinnvoll zu unterstützen.

2.3 Diskutieren Sie Ihre Ideen im Klassenverband.

3 Sammeln Sie Singspiele, Fingerspiele, Regelspiele, Rollenspiele usw., die sich eignen, phonologische Bewusstheit zu fördern. Teilen Sie sich dazu in Gruppen ein. Jede Gruppe sucht für einen Bereich Spiele heraus oder entwickelt eigene Ideen.

3.2 Spielen Sie einige Spiele im Klassenverband. Teilen Sie anschließend jeweils eine Liste mit den gesammelten Vorschlägen aus.

4 Verfahren Sie in Bezug auf das mathematische Vorwissen auf ähnliche Weise wie unter Aufgabe 3.

Tipps zum Weiterlesen

www.bildungsportal.nrw.de
Allumfassende Seiten zum Thema Schulkinder, Schule, Bildung und Erziehung
www.kitaprofis-online.de/archiv/ernstdeslebens.html
www.bildungsserver.de
www.schulministerium.nrw.de
Ministerium für Schule, Jugend und Kinder des Landes Nordrhein-Westfalen: Erfolgreich starten! Schulfähigkeitsprofil als Brücke zwischen Kindergarten und Grundschule. Eine Handreichung. Düsseldorf: 1. Aufl. 2003
www.phonologische-bewusstheit.de

Küspert/Schneider: *Hören, lauschen, lernen, mit Arbeitsmaterial. Sprachspiele für Vorschulkinder.* Würzburger Trainingsprogramm zur Vorbereitung auf den Erwerb der Schriftsprache. Verlag Vandenhoeck & Ruprecht, 2001
Arbeitsheft :
Küspert/Schneider: *Hören, lauschen, lernen*: Verlag Vandenhoeck & Ruprecht, 1999
Arbeitsmaterial:
Küspert/Schneider: *Hören, lauschen, lernen. Box mit 73 Zeichenkarten zur visuellen Untermalung des Trainingsprogramms.* Verlag Vandenhoeck & Ruprecht, 1999

www.testzentrale.de
Auf dieser Seite kann der Osnabrücker Test zur Zahlbegriffsentwicklung bestellt werden.

7.2 Hausaufgabenbetreuung

Renates Praxisanleiterin Frau Budde bittet darum, dass Renate die Honorarkraft Frau Klein bei der Hausaufgabenbetreuung unterstützt.
Der Raum, in dem die Hausaufgaben angefertigt werden, ist relativ klein und wird ausschließlich von 3.- und 4.-Klässlern benutzt. Hier gibt es insgesamt 5 Tische, an denen jeweils 4 Kinder Platz nehmen können. 20 Kinder können also gleichzeitig Hausaufgaben machen, dabei sitzen sie ausgesprochen eng beieinander. An einer Wand stehen zwei Regale mit Materialien. Als wichtigste Regel gilt für die Kinder: Im Hausaufgabenraum herrscht absolute Ruhe!

Im Verlauf der Hausaufgabenzeit wird die Tür von außen immer wieder geöffnet. Kinder sehen herein, ob schon ein Platz frei geworden ist, um selbst mit den Hausaufgaben anfangen zu können. Die Honorarkraft steht dann auf, geht an die Tür und erklärt, dass im Moment noch alle Plätze besetzt seien. Diese Momente nutzen die Kinder im Raum gerne für kurze Gespräche, so dass schnell große Unruhe herrscht.
Auch stehen einzelne Kinder immer wieder auf, um Materialien aus dem Regal zu nehmen oder wieder hineinzustellen.

Frau Klein selbst läuft oft im Raum hin und her, beantwortet die Fragen der Kinder oder schaut ihnen über die Schulter. Dabei kommentiert sie gern die Aufgaben oder weist auf Fehler hin. Solche Kinder müssen die entsprechenden Aufga-

ben dann neu machen. Dabei erklärt Frau Klein nicht Verstandenes nochmals.
Im Anschluss diktiert Frau Klein einigen Kindern ein paar Sätze, weil die 4.-Klässler am nächsten Tag ein Diktat schreiben und dafür üben wollen. Auch jetzt kommt es wieder zu größerer Unruhe bei den übrigen Kindern. Die Honorarkraft muss oft an die bestehende Regel erinnern und für Ruhe sorgen.

Die Hausaufgabenzeit ist für ein Kind erst dann beendet, wenn alle Aufgaben vollständig erledigt sind. Dies kann bei Einzelnen bis zu zwei Stunden dauern. Frau Klein kontrolliert dann auf Richtigkeit und Vollständigkeit. Ein Kind, das fertig geworden ist, verlässt leise den Raum und ein neues Kind kommt herein und beginnt zu arbeiten.

Insgesamt wirkt die Situation auf Renate eher chaotisch. Viele Kinder sind unkonzentriert und manch einer wird bis zur Abholzeit gar nicht fertig.

Renate bekommt dann auch mit, wie sich eine Mutter bei Frau Budde beschwert. Die Lehrerin hat ihr die Rückmeldung gegeben, ihr Sohn Jannik erledige die Hausaufgaben oftmals nur unvollständig und sei im Lesen und Schreiben hinter den anderen zurück.

Fragen

- ✔ *Welche eigenen Empfindungen haben Sie, wenn Sie an das Thema „Hausaufgaben" denken?*
- ✔ *In welchen Praxisfeldern außer einer Ganztagsgrundschule muss eine Erzieherin Hausaufgaben betreuen?*
- ✔ *Warum empfindet Renate die Hausaufgabensituation als „chaotisch"?*

Info 1 Das „Elend" mit den Hausaufgaben

Am Thema „Hausaufgaben" entzünden sich immer wieder Konflikte. Dies liegt insbesondere daran, dass Kinder, Eltern, Lehrer und pädagogisch Tätige oft unterschiedliche Perspektiven vertreten.

Die Kinder haben in den wenigsten Fällen „Lust" auf Hausaufgaben. Diese werden als lästig und die Freizeit einschränkend empfunden. Viele Kinder sind der Meinung, die Hausaufgaben seien zu umfangreich oder zu schwierig. Sie wollen lieber spielen gehen.

Die Eltern wissen um die Bedeutung des Schulerfolges für den weiteren Lebensweg ihrer Kinder. Sie üben nicht selten „Druck" auf ihre Kinder aus, die Hausaufgaben pünktlich und gewissenhaft anzufertigen. Eltern von Grundschulkindern kontrollieren daher oftmals das Ergebnis und wünschen in der Regel die vollständige, richtige und saubere Bearbeitung der Aufgaben.

Sind die Eltern berufstätig, fordern sie von den pädagogischen Fachkräften, dass sie stellvertretend „Kontrollfunktion" übernehmen und dafür sorgen, dass die Hausaufgaben vollständig erledigt sind, bevor die Kinder nach Hause kommen.

Die Lehrer orientieren sich bei der Vergabe von Hausaufgaben an den jeweiligen Schulordnungen und Richtlinien. Sie beabsichtigen mit der Erteilung einen Lernzuwachs ihrer Schülerinnen und Schüler oder die Übung bestimmter Aufgaben. Auch die Lehrer fordern die vollständige und gewissenhafte Erledigung aller Aufgaben. Gerade Grundschullehrer wünschen aber auch eine Rückmeldung darüber, ob die Kinder die Aufgaben verstanden haben oder zu viel aufgegeben wurde. In einem solchen Fall dürfen die Hausaufgaben auch mal unvollständig bleiben.

Die Erzieherinnen, die Hausaufgabenbetreuung leisten, tragen die Verantwortung, alle Sichtweisen „unter einen Hut" zu bekommen. Oft muss den Eltern vermittelt werden, dass es sich bei der Hausaufgabenbetreuung nicht um ein Nachhilfestudio handelt. Gerade Grundschulkindern muss am Nachmittag ein Ausgleich zum Unterricht in Form von verschiedenen Freizeitangeboten oder freiem Spiel ermöglicht werden.
Eine gute Kooperation mit Elternhaus und Lehrkräften ist unumgänglich, scheitert aber oft, weil für gemeinsame Besprechungen keine Anrechnungs- bzw. Verfügungsstunden vorhanden sind.

Warum überhaupt Hausaufgaben?

Info 2

Dies ist aufgrund der genannten Schwierigkeiten eine berechtigte Frage. Sicher gibt es bereits Schulen, an denen die Hausaufgaben abgeschafft wurden.

An den meisten Schulen gehören Hausaufgaben aber weiterhin dazu, weil sie u. a.

- der Übung des Gelernten dienen. Mit ihnen soll erprobt werden, ob das Wissen sitzt, sie können als Nachbereitung betrachtet werden. Das im Unterricht Behandelte wird vertieft.
- die Möglichkeit bieten, das Gelernte anzuwenden. Es soll nun auch auf unbekannte, neue Situationen übertragen werden.
- auf die kommende Unterrichtsstunde vorbereiten, wenn zum Beispiel ein hinführender Text gelesen wird. Das ermöglicht, dass der Unterricht interessant durchgeführt werden kann, denn alle Schüler sollten sich auf einem ähnlichen Kenntnisstand befinden.
- von den Schülerinnen und Schülern selbstständiges Arbeiten sowie Disziplin und Verantwortung fordern,
- die unterschiedlichen Lernfortschritte der Kinder im Unterricht ausgleichen können. Kindern, die im Unterricht konzentriert und zügig gearbeitet haben, verbleiben weniger Aufgaben als solchen, die „getrödelt" haben. Zu beachten ist aber dabei, dass lernschwache Kinder nicht „bestraft" werden.
- die Kinder zu Fleiß, Pflichterfüllung, Ausdauer erziehen,
- den Schülerinnen und Schüler das Lernen lehren.

Es kann festgehalten werden, dass Hausaufgaben trotz der genannten Problematik eine Berechtigung haben. Sie machen aber nur Sinn, wenn die Hausaufgabenzeit für alle Beteiligten zufrieden stellend gestaltet wird.

Zum Umfang von Hausaufgaben

Info 3

„Hausaufgaben sollen so bemessen sein, dass sie, bezogen auf den einzelnen Tag, in folgenden Arbeitszeiten erledigt werden können (BASS 12-31, Nr. 1):

- für die Klassen 1 und 2 in 30 Minuten
- für die Klassen 3 und 4 in 60 Minuten
- für die Klassen 5 und 6 in 90 Minuten
- für die Klassen 7 bis 10 in 120 Minuten.

Für die gymnasiale Oberstufe ist keine zeitliche Begrenzung festgelegt, doch sollte auch hier eine zeitliche Überforderung

Info 3 (Fortsetzung)

der Schülerinnen und Schüler vermieden werden.
Sinn, Ausmaß und Verteilung von Hausaufgaben sollen mit den Schülerinnen und Schülern und in den Sitzungen der Klassen- und Jahrgangsstufenpflegschaften sowie in Einzelberatungen mit den Eltern erörtert werden. Zwischen den einzelnen Lehrkräften einer Klasse hat die Klassenleitung die Aufgabe, einen Ausgleich herbeizuführen, wenn es im Einzelfall zu einer Häufung von Hausaufgaben und damit zu einer zeitlichen Überforderung der Schülerinnen und Schüler kommt.
In Ganztagsschulen der Primarstufe und der Sekundarstufe I entscheidet das von der Schulkonferenz beschlossene Ganztagskonzept auch über die Zeiten zur Erledigung der Hausaufgaben innerhalb des Tagesablaufes. Das schließt Vorgaben zur Gestaltung und zum zeitlichen Umfang von Phasen selbstständigen Lernens in der Schule und zu Hause ein." (BASS 12-63 Nr. 2)

Info 4

Die Rolle der Erzieherin bei der Hausaufgabenbetreuung

Erzieherinnen haben zunächst einmal die Aufgabe, den Kindern die grundsätzliche Notwendigkeit von Hausaufgaben deutlich zu machen. Hier sind also gute Argumente gefragt. Ein Argument könnte sein: Hausaufgaben sind dafür da, das Lernen zu lernen.

Kinder sind motivierter, wenn sie Selbstständigkeit und Eigenverantwortung zeigen können. Hausaufgaben müssen deshalb nicht ständig kontrolliert werden und die Erzieherin muss hier Vertrauen in die Kinder zeigen. Sinnvoll ist, wenn sie sich einen festen Sitzplatz sucht und die Kinder sie bei Problemen ansprechen können.
Ganz wichtig ist dann, Hilfe zur Selbsthilfe zu geben und keine Lösungen vorzugeben, sondern zu eigenem Denken und Handeln anzuregen. So kann sie z. B. die Benutzung von Lexika oder anderen Hilfsmitteln vorschlagen oder auf das Internet verweisen. Günstig ist auch, die Kinder zur gegenseitigen Hilfestellung zu ermutigen.

Fertige Hausaufgaben sollten grundsätzlich mit Wertschätzung bedacht werden, auch wenn sie als selbstverständlich gelten. Wenn die Erzieherin feststellt, dass die Hausaufgaben von den unter Info 2 genannten Zielen abweichen, wird der Sinn und Zweck hinterfragt. Hier sollte sie sich nicht scheuen, direkt Rücksprache mit der zuständigen Lehrerin oder dem zuständigen Lehrer zu halten oder, falls das nicht möglich ist, eine Notiz zu schreiben und den Kindern die Aufgabe zu erlassen.

Wie die Hausaufgaben am besten erledigt werden, muss jedes Kind für sich selbst herausfinden. Trotzdem gibt es eine Reihenfolge, deren Befolgung sich als hilfreich erweisen kann:

Die Erzieherin empfiehlt, zunächst mit dem Lieblingsfach zu beginnen. So motivieren erste Erfolgserlebnisse für weitere Aufgaben. Anschließend kommen Aufgaben, die besondere Konzentration und Problemlösungsdenken erfordern. Der Schlussphase sollten dann Routineaufgaben vorbehalten sein, wie etwas nachlesen oder abheften, denn die Konzentrationsfähigkeit hat mit der Zeit nachgelassen.

Hausaufgaben sollten zwar zügig gemacht, aber Pausen dürfen nicht vergessen werden. Vorab könnten zum Beispiel kurze Pausenzeiten verabredet werden, z. B. 5 Minuten nach etwa 30 Minuten konzentrierter Arbeit. Dafür kann sich die Erzieherin ein kurzes Bewegungsspiel einfallen lassen. Wichtig ist aber auch, dass die Hausaufgabenzeit auf ein annehmbares Maß beschränkt wird. Dies muss die Erzieherin auch den Eltern gegenüber vertreten.

Wünschenswert ist darüber hinaus eine verbesserte Kooperation mit den Lehrern. Die Erzieherin sollte sich um Hospitationen in den Klassen der Kinder bemühen, um das Vorgehen der Lehrerinnen und Lehrer kennen zu lernen und die Kinder entsprechend unterstützen zu können. Gleichzeitig sollte sie die Lehrerinnen und Lehrer einmal zur Hausaufgabenzeit einladen, damit auch diese sich ein Bild machen können.

Fazit

Das Thema „Hausaufgaben" führt häufig zu Konflikten, z.B. zwischen Eltern und Kindern, Eltern und pädagogischen Fachkräften. Die Erzieherin hat die Aufgabe, die Hausaufgabenzeit so zu gestalten, dass die meisten Beteiligten zufrieden sind, z.B. durch Hilfe zur Selbsthilfe, Wertschätzung, Kooperation mit Lehrern, Rücksprache mit Eltern und die Einhaltung einer sinnvollen Reihenfolge. Notwendig ist auch eine durchdachte Raumgestaltung.

Aufgaben und Anregungen

1 Abstandhalten
Legen Sie ein Hausaufgabenheft oder einen anderen Gegenstand, den Sie mit dem Thema „Hausaufgaben" verbinden, in die Mitte des Raumes. Stellen Sie sich so nah an den Gegenstand, wie es Ihnen gefühlsmäßig möglich ist, d. h. wenn Sie „Hausaufgaben" positive Gefühle entgegenbringen, positionieren Sie sich nah am Gegenstand; bei negativen stellen Sie sich weiter entfernt auf. Begründen Sie reihum Ihren Standpunkt.

2 Lesen Sie sich die Einstiegssituation erneut durch.

Halten Sie schriftlich fest, was bei der geschilderten Hausaufgabenbetreuung als ungünstig zu bewerten ist.

3 Projektvorschlag

3.1 Frau Budde bittet Renate um Mithilfe bei der Verbesserung/Optimierung der Hausaufgabensituation.

Versetzen Sie sich in die Rolle von Renate und erarbeiten Sie ein sinnvolles Konzept für die Hausaufgabenzeit.

Berücksichtigen Sie dabei
- die Rahmenbedingungen (Welche Arbeitszeit/-zeitraum ist sinnvoll? Welche Person/en ist/sind für die Hausaufgaben betreuung verantwortlich? Welche Qualifikation haben die Fachkräfte? In welchen Räumen findet die Hausaufgabenbetreuung statt? Welche Regeln sollen gelten? usw.)
- Raumgestaltung
- Verhalten der Erzieherin (Wie kann die Erzieherin „Hilfe zur Selbsthilfe" geben? Wie kann die konkrete Zusammenarbeit mit Eltern und Lehrern aussehen? usw.)

Begründen Sie Ihre Ideen.

Aufgaben (Fortsetzung)

3.2 Halten Sie Ihre Vorstellungen schriftlich fest.

3.3 Fertigen Sie zur besseren Veranschaulichung eine Skizze einer „optimalen“ Raumsituation an.

3.4 Präsentieren Sie Ihr fertiges Konzept in der Klasse.

3.5 Vergleichen Sie nach der Präsentation verschiedene Konzepte miteinander. Welche Unterschiede/ Gemeinsamkeiten gibt es?

3.6 Für welches Konzept würden Sie sich entscheiden, wenn Sie Frau Budde wären? Begründen Sie Ihre Meinung.

Tipps zum Weiterlesen

Engler, Carola: *So machen Hausaufgaben Spaß. Was Kindern wirklich hilft. Für mehr Spaß am Lernen und weniger Stress in der Schule.* Südwest-Verlag 1999
Kohler, Britta: *Hausaufgaben. Helfen – aber wie?* Beltz 2005
Rammert, Monika/Wild, Elke: *Hausaufgaben ohne Stress. Informationen und Tipps für Eltern.* Freiburg, Herder 2007

7.3 Die Methode „Lesen durch Schreiben“

Renate betreut nun jeden Tag die Hausaufgaben mit. Heute übernimmt sie die 1.-Klässler, die bereits um 11.00 Uhr Unterrichtsschluss haben.

Im Hausaufgabenraum beobachtet Renate die Kinder. Diese arbeiten überwiegend selbstständig und haben ihre Matheaufgaben bald gelöst. Da keine weiteren Aufgaben anstehen, bis zum Mittagessen aber noch Zeit ist, macht Renate einen Vorschlag: *„Wir können ja noch lesen üben. Holt mal euer Lesebuch!“*

Renate kann sich noch sehr gut an ihre eigene Grundschulzeit und die Zeit des Lesenlernens erinnern. Sie hatte eine Fibel, in der nacheinander Buchstaben eingeführt wurden. Oft hat sie in der Schule oder zusammen mit der Mutter vorlesen geübt.

„Wir haben kein Lesebuch“, sagen die Kinder. *„Wir können noch nicht lesen!“*, rufen sie weiter. *„Wir können aber schreiben!“* Und schon holt ein Kind einen kurzen Brief aus der Tasche, den es an die Lehrerin geschrieben hat.

Renate ist überrascht.

Fragen

- *Wie haben Sie selbst lesen und schreiben gelernt?*
- *Was wissen Sie schon über das „Lesen durch Schreiben“?*

Info 1

Zwei Prinzipien

Die Methode „Lesen durch Schreiben“ wurde bereits in den 70er Jahren von dem schweizerischen Grundschullehrer Dr. Jürgen Reichen entwickelt, fand allerdings erst etwa 20 Jahre später den Weg in die deutschen Grundschulen. Heute wird sie in sehr vielen Schulen angewendet.

9610328

Lesen durch Schreiben funktioniert nach im Wesentlichen zwei Prinzipien.

1. Lesedidaktisches Prinzip: Lesen durch Schreiben

Es gibt keine Fibel. Die Kinder lernen zunächst auch nicht lesen, sondern nur schreiben. Das Lernziel ist, dem Kind die Lautstruktur der Sprache zu vermitteln. Das einzige Arbeitsmaterial ist eine Bilder-Buchstabentafel, bei der bestimmte Laute durch ein Symbol dargestellt sind, z. B. A wie Affe, S wie Sonne oder Sch wie Schiff usw. Das Kind bildet nun die Laute des gewünschten Wortes und malt die entsprechenden Buchstaben von der Tabelle ab.

Das hat den Vorteil, dass das Kind von Anfang an mit dem gesamten Laut- und Buchstabenbestand des Alphabetes arbeiten und damit alle gewünschten Worte schreiben kann.

Das Ergebnis ist erstaunlich. Die Kinder können bereits nach kurzer Zeit ganze Sätze und bald Briefe schreiben.

Dadurch verinnerlicht das Kind die Buchstaben-Laut-Zuordnung, so dass es die Tabelle nach kurzer Zeit nicht mehr benötigt. Das Kind wird nun immer wieder zum Schreiben angeregt, z. B. werden Briefe geschrieben und auch beantwortet. Dadurch wird die Motivation zum Lesen gesteigert. Reichen hat außerdem eine Fülle an Lernmaterialien veröffentlicht, die immer wieder Schreib-/Leseanreize bieten.

Das Kind wird aber nie zum Lesen gezwungen, denn das Lesen stellt sich als „Begleitprodukt" des Schreibens von selbst ein. Der Vorteil der Methode ist, dass dabei jedes Kind sein eigenes Tempo haben darf.

2. Lernpsychologisches Prinzip: Selbstgesteuertes Lernen

War der Fibelunterricht Frontalunterricht im Klassenverband, bei dem die Kinder gemeinsam einen Buchstaben gelernt haben und bald leichte Wörter und kurze Sätze lesen und schreiben konnten, so verläuft das „Lesen durch Schreiben" völlig individuell und überwiegend selbst gesteuert. Die Kinder können mit Hilfe des zur Verfügung gestellten Materials, z. B. Arbeitsblättern, didaktischen Spielen usw., selbst entscheiden, welche Aufgaben sie in welcher Zeit lösen. Vorerfahrungen und Begabung des einzelnen Kindes finden somit Berücksichtigung.

Diese individuelle Art zu lernen bezeichnet Reichen als „Werkstattunterricht". Er versteht seine Methode auch nicht nur als „Schreib- und Leselehrgang", sondern als allgemeine, umfassende Förderung und Erweiterung von Sprachkompetenz, Wahrnehmungsfähigkeiten, Lesefähigkeiten sowie einer aufgabenbezogenen Arbeitshaltung (Konzentrationsvermögen und Anweisungsverständnis).

Info 2 Vorteile und Nachteile der Methode

Vorteile

Die Kinder
- können von Anfang an alle gewünschten Wörter schreiben.
- können selbst bestimmen, was sie schreiben wollen.
- lernen Schreiben und Lesen durch aktive, kaum über nur aufnehmende, passive Prozesse.
- erleben zunächst keine Misserfolge beim Vorlesen. Die bei klassischen Fibellehrgängen typische Situation, dass ein schwacher Schüler in der Klasse vorgeführt wird, weil er seinen Text „vorstottert“, während der Lehrer oder die Lehrerin laut korrigiert, wird vermieden. Langweilige Lesestunden entfallen, schwache Schüler werden psychologisch entlastet.
- erleben, dass sie sich das Schreiben und Lesen selbst beigebracht haben. Dadurch wird das Selbstbewusstsein gestärkt und Erfolgserlebnisse vermittelt. Hierdurch werden legasthenische Fehlentwicklungen vermieden.

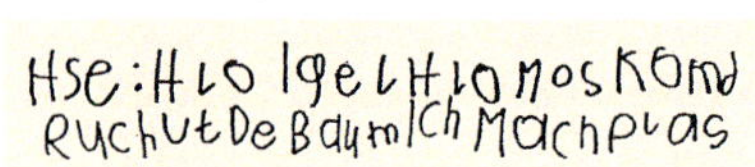

Hase: Hallo Igel, hallo Maus, kommt ruhig unter den Baum! Ich mach Platz

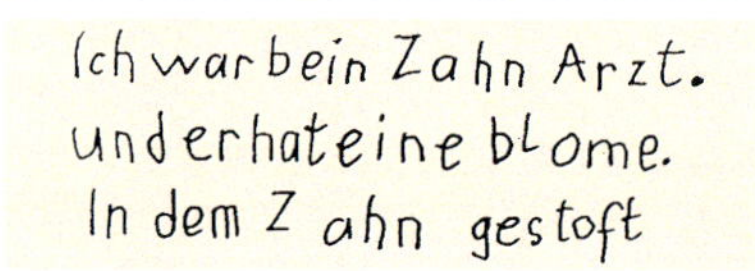

Mögliche Nachteile

Die Kinder
- lesen zunächst überhaupt nicht. Viele Kinder kennen aber bereits im Kindergartenalter Buchstaben oder können schon vor der Einschulung erste Texte lesen. Diesen Kindern wird das Lesen „vorenthalten“.
- gewöhnen sich durch das unkorrigierte Schreiben Fehler an und haben später Probleme in der Rechtschreibung.
- werden überfordert, denn insbesondere leistungsschwache Schüler brauchen mehr Halt.
- müssen durch Lehrerinnen und Lehrer unterrichtet werden, die sich fortbilden, gut zusammenarbeiten und bereit sind, den Schulalltag organisatorisch zu verändern. Wichtig ist außerdem Begleitung von außen, z. B. durch ein reichhaltiges Bibliotheksangebot.

Viele Lehrerinnen und Lehrer in Grundschulen praktizieren aufgrund dieser Kritik die Methode „Lesen durch Schreiben“ nicht in Reinform. So ist es z. B. möglich, den Kindern anhand der Anlauttabelle schreiben beizubringen, aber parallel auch immer wieder neue Buchstaben einzuführen und geübte Worte auch im Diktat abzuprüfen.

Info 3 Hinweise für die Hausaufgabenbetreuung

- Beim Vorsprechen sollen einzelne Buchstaben nicht buchstabiert, sondern lautiert werden, d. h.
  - k ist nicht <u>kaa</u>, sondern „k“,
  - f ist nicht <u>ef</u>, sondern „f“ usw.
- Die Kinder dürfen zu Beginn nicht zum Lesen oder gar zum lauten Vorlesen gedrängt werden. Jedes Kind wird in eigenem Tempo von sich aus zu lesen beginnen.
- Wörter und Sätze dürfen besonders im 1. Schuljahr nicht korrigiert werden. Korrekte Rechtschreibung wird erst später vermittelt. Zu Beginn müssen die Wörter lediglich lautrichtig sein, d. h. keine Laute fehlen, zuviel sein oder in falscher Reihenfolge auftreten.
- Die Kinder sollen nicht abschreiben, sie müssen selber schreiben.
- Wichtig ist außerdem, nur im Notfall Hilfestellung zu geben. Die Kinder arbeiten individuell und sollen ihre Entdeckerfreude und Neugierde behalten.

Fazit

- Der Methode „Lesen durch Schreiben“ liegen zwei Prinzipien zugrunde:
  - das lesedidaktische Prinzip und das
  - lernpsychologische Prinzip.
- Bei der Hausaufgabenbetreuung muss die Erzieherin bestimmte Empfehlungen beachten, um das Lernen der Kinder zu unterstützen und nicht zu hemmen.

Aufgaben und Anregungen

Vergleichen Sie die Methode Lesen durch Schreiben mit dem (herkömmlichen) Fibellehrgang und stellen Sie die Unterschiede tabellarisch gegenüber:

Lesen durch Schreiben	Fibellehrgang
Die Kinder lernen individuell und eigeninitiativ.	Zu lernende Buchstaben werden systematisch vorgegeben.
…	…

Tipps zum Weiterlesen

www.lehrer-online.de
Hier gibt es eine ausführliche Information über die Methode, inklusive Downloadbereich, Internetlinks und Literaturtipps.

www.heinevetter-verlag.de
Hier können sämtliche Unterrichtsmaterialien bestellt werden. Darüber hinaus gibt es eine Übersicht über „Reichenseminare“, auf denen Dr. Jürgen Reichen und seine Mitarbeiter Lehrer/innen und anderen Interessierten seine Methode erläutert.

Reichen, Jürgen: *Hannah hat Kino im Kopf“: Die Reichen Methode Lesen durch Schreiben und ihre Hintergründe für Lehrerinnen und Lehrer, Studierende und Eltern.* Heinevetter-Verlag, Hamburg 2003

7.4 Freizeit mit Schulkindern gestalten

Ercan absolviert sein Praktikum in einem Kinder- und Jugendzentrum. In der „OT Bonnstr.“, so der offizielle Name, werden nachmittags Schulkinder zwischen 6 und 14 Jahren betreut, ab 18:00 Uhr steht die Einrichtung dann Jugendlichen offen.

Die Schulkinder kommen meistens direkt nach der Schule in die OT. Sie leben überwiegend in der Hochhaussiedlung in unmittelbarer Nähe. Die Wohnverhältnisse sind meist beengt und draußen gibt es nur einen Spielplatz. Einige Spielgeräte wurden aber mutwillig von älteren Jugendlichen zerstört. Kinder, die keine offene Ganztagsgrundschule besuchen, z. B. weil sie schon auf die nahe gelegene Realschule gehen, haben die Möglichkeit, ein warmes Mittagessen und Hausaufgabenbetreuung zu erhalten. Der Schwerpunkt der Arbeit mit den Schulkindern liegt in der Zeit zwischen 15:00 und 18:00 Uhr. Dann ist „Freizeit"!

In dem Jugendzentrum gibt es viele Möglichkeiten, seine Freizeit zu verbringen. Es gibt einen Kicker- und einen Billardtisch sowie eine Tischtennisplatte. In einem anderen Raum steht ein Regal, auf dem alle möglichen Gesellschaftsspiele Platz gefunden haben. Darüber hinaus gibt es einen großen Werkraum und einen Computerraum.

Nachmittags finden außerdem verschiedene regelmäßige Angebote statt, z. B. Gestalten, Kochen und Sportangebote wie Selbstverteidigung und Fußball. Dann und wann werden auch Ausflüge und Projekte durchgeführt.

Viele Schulkinder ziehen sich auch gerne in die gemütliche Sofaecke zurück, ruhen sich aus und unterhalten sich.

Oft gesellt sich Ercan zu ihnen. An einem Tag äußert ein Mädchen, dass es gerne mal wieder „etwas richtig Tolles" machen möchte. „Au, ja", ruft ein Junge, „können wir nicht alle zusammen was machen?" Ercan überlegt. Er könnte mit den Kindern ein Projekt durchführen. Allerdings hat er mit dieser Altersstufe noch keine Erfahrung.

Fragen

- *Wie möchten Schulkinder ihre Freizeit gestalten?*
- *Welche Interessen und Bedürfnisse haben sie?*
- *Welche Projekte eignen sich für das Schulkindalter?*

Info 1

Definition des Begriffes „Freizeit" und ihre Bedeutung für Schulkinder

Der Begriff der „Freizeit" wird meist als Gegensatz zur Arbeit aufgefasst und bezeichnet die Zeit, die dem Berufstätigen außerhalb seiner Arbeit zur Verfügung steht. Diese Zeitspanne lässt sich aber nochmals unterteilen in die Zeit, die mit existenzerhaltenden Maßnahmen wie Essen, Schlafen, Körperpflege usw. ausgefüllt ist und auf der anderen Seite in die wirklich private Zeit, die frei eingeteilt und gestaltet werden kann.

Eine solche Definition von Freizeit der Erwachsenen lässt sich auch auf Schulkinder und Jugendliche übertragen, setzt man die Schule mit dem Beruf gleich. Nach Schule, Mittagessen und Hausaufgaben bleiben den Schulkindern nur etwa 3–5 Stunden Freizeit pro Tag, die meist nach 15:00 Uhr stattfindet. Das Leben der Kinder ist also bereits überwiegend verplant. Eine im Schulkindbereich tätige Erzieherin sollte daher den Kindern immer auch die Möglichkeit geben, „nichts" zu tun und sich auszuruhen.

Generelles Ziel ist, die Kinder nicht fremd zu bestimmen, sondern ihnen verschiedene Möglichkeiten der Freizeitgestaltung anzubieten, aus denen sie auswählen können:

1. geplante Freizeitangebote und -projekte: z.B. einen Ausflug ins Museum machen, ein Projekt mit dem Thema: „Wir schreiben und gestalten ein eigenes (Bilder-)Buch."
2. vorhandene Spielangebote nutzen: z.B. Kicker, Billard, Tischtennis, Gesellschaftsspiele, Computer.
3. Freispiel: tatsächlich freie Zeit, z.B. Bauecke, Kuschelecke, Musik hören usw.

Bei Ausflügen und Projekten ist es grundsätzlich wichtig, die Kinder in die Planung aktiv mit einzubeziehen, z.B. Zielort bestimmen, Eintrittskarten besorgen, Öffnungszeiten erfragen.

Mit den vorhandenen Spielangeboten haben die Kinder die Möglichkeit, sich selbst – mit oder ohne Aufforderung, zu beschäftigen. Diese Angebote dienen der motorischen Entwicklung und der Förderung des Sozialverhaltens; die Kinder werden sich aber auch über eigene Interessen und Bedürfnisse bewusst.

Dies bedeutet, dass den Schulkindern in den sie betreuenden Einrichtungen die verschiedensten Materialien und viele verschiedene Spielpartner zur Verfügung stehen und ihnen damit eine große Bandbreite an sinnvollen und attraktiven Freizeitgestaltungen angeboten wird.

Die Entwicklung von Schulkindern nach Erik H. Erikson und Konsequenzen für die Freizeitgestaltung

Info 2

In Lernfeld 2 Kap. 4 ist die Entwicklung von Schulkindern bereits kurz besprochen worden. Die nochmalige Betrachtung, insbesondere der psychoanalytischen Entwicklung nach Erik H. Erikson, gibt wichtige Hinweise in Bezug auf die entwicklungsgerechte und an den Bedürfnissen orientierte Planung von Freizeitprojekten.

Im Folgenden soll daher die Entwicklungsphase „Werksinn (Leistung) gegenüber Minderwertigkeitsgefühl" erneut aufgegriffen und Konsequenzen für die Planung von Projekten abgeleitet werden:

Das vierte Entwicklungsstadium bezeichnet Erikson als "Werksinn gegen Minderwertigkeitsgefühl" mit dem Selbstgefühl „Ich bin, was ich lerne" (6. bis 13. Lebensjahr). Es ist gekennzeichnet durch den Tatendrang der Kinder.

Mit „Werksinn" ist dabei das Gefühl gemeint „auch nützlich zu sein, etwas machen zu können und es sogar gut und vollkommen zu machen." (Erikson, Identität und Lebenszyklus). Die Kinder möchten Dinge produzieren und entwickeln dabei Ehrgeiz und Fleiß. Damit beweisen sie ihrer Umwelt, dass sie schon fast erwachsen sind und verschaffen sich so Anerkennung.

Gleichzeitig streben die Kinder auch danach, ihr Werk zu vollenden. Erikson nennt daher als ersten Teil der psychosozialen Modalität (Modalität = Art und Weise des Seins, Denkens) dieser Phase „etwas Richtiges", von Erwachsenen Anerkanntes zu tun.

Kinder in dieser Entwicklungsstufe zeigen großes Interesse an Gegenständen aus der "realen" Welt, suchen sich nützliche Beschäftigungen und wollen nicht mehr „nur spielen". Schulkinder fügen sich gerne einer „milden, aber festen Disziplin" und erlernen gerne Dinge, auf die sie von allein nicht gekommen wären. Dies vermittelt ihnen das Gefühl, an der realen Welt der Erwachsenen teilzunehmen und sich aktiv in sie einzufügen.

Die Lehrerin bzw. Erzieherin hat daher die Aufgabe, Spiel und Arbeit sinnvoll abzuwechseln. Schulkinder möchten außerdem nicht allein, sondern „mit anderen zusammen tätig sein". Dies nennt Erikson den zweiten Teil der psychosozialen Modalität dieser Entwicklungsphase.

Info 2
(Fortsetzung)

Bekommen die Kinder nicht die Gelegenheit, sich nützlich zu machen oder produktiv tätig zu sein bzw. erfahren sie keine Anerkennung, werden ihre Leistungen nicht zur Kenntnis genommen, nur getadelt statt gelobt oder als unbedeutend abgetan, werden sie sich unbefriedigt und minderwertig fühlen.

Das Gefühl von Minderwertigkeit und Schwäche bildet sich aber auch aus, wenn der Werksinn überbeansprucht wird. Stellen die Eltern oder die Erzieherin zu hohe Ansprüche an die Kinder und überfordern sie somit, so scheitern sie in dieser Phase.

Erik Erikson misst dem naturwissenschaftlichen Unterricht eine große Bedeutung bei. Dieser kommt dem Erkundungsdrang der Kinder sehr entgegen und trägt zur aktiven Erschließung der Lebenswirklichkeit bei. Er ermöglicht die Betrachtung sowie eine experimentelle Erprobung von Alltagsphänomenen und gibt den Kindern damit das Gefühl, an der realen Erwachsenenwelt teilzunehmen.

Nach Eriksons Erkenntnissen sind Kinder vor allem in der Kindergarten- und Grundschulzeit besonders sensibel und aufgeschlossen für naturwissenschaftlichen Unterricht. Dieser wird allerdings, basierend auf der Kognitionsforschung Piagets (vgl. LF 2), frühestens ab Klasse 5 in den Schulen als eigenständiges Fach unterrichtet, z.B. Physik, Chemie usw. Nach Erikson bietet dieser späte Zeitpunkt einen entscheidenden Nachteil: Weil bei vielen Kindern schon ab zwölf Jahren die Pubertät einsetzt, gilt das Interesse der Jugendlichen in dieser Phase mehr der Identitätsfindung beziehungsweise der Festigung der Ich-Identität und weniger den schulischen Aktivitäten (Beginn der Entwicklungsphase: Identität gegenüber Identitätsdiffusion). Deshalb gestaltet es sich für Lehrer schwieriger, bei Jugendlichen in dieser Phase ein Interesse an den Naturwissenschaften wecken zu können.

Idealerweise könnte hier eine mit Schulkindern tätige Erzieherin ansetzen.

Dies bedeutet zusammengefasst, dass Schulkinder:
- neue Technologien kennen lernen und erweitern wollen,
- Lust an Vollendung der Dinge haben,
- Anerkennung von Gleichaltrigen wünschen,
- Feed-back von Erwachsenen erstreben,
- sich an der Realität orientieren möchten,
- eine sinnvolle Abwechslung von Spiel und Arbeit wünschen,
- gemeinsam mit Anderen tätig werden wollen,
- Erfolg haben möchten,
- Ernst genommen werden und Wertschätzung erfahren wollen,
- gerne naturwissenschaftliche Erfahrungen machen.

Info 3

Zwei Beispiele für Freizeitprojekte mit Schulkindern

Homepage eines Jugendzentrums mitgestalten

Ziel dieses Projektes ist es, den beteiligten Kindern Fachkenntnisse im Umgang mit dem Computer zu vermitteln, sich über Inhalte der neuen Homepage auszutauschen und zu verständigen sowie Beiträge zu schreiben bzw. auszuarbeiten.

Beteiligt werden 6 Mädchen und Jungen im Alter von 10–13 Jahren.

Zunächst findet ein Brainstorming statt, bei dem die Kinder Vorschläge zur Gestaltung der Homepage sammeln. Eine Idee dabei ist, Besucher und Mitarbeiter der OT zu interviewen und diese Interviews als Audiobeitrag auf der Homepage zu installieren. Die Kinder entwickeln Fragen, wie z.B.: „Was gefällt dir besonders gut in unserer OT?“, „Was magst du gar nicht?“ Die Interviews werden aufgezeichnet und

9610334

im Anschluss vorgespielt und bewertet. Darüber hinaus gibt es viele andere Ideen, wie z. B. ein Chatroom oder ein Bereich, in dem durchgeführten Projekte präsentiert werden usw.
Am Ende des gesamten Projektes steht eine neu gestaltete Homepage, die große Anerkennung bei den nicht beteiligten Kindern und Jugendlichen sowie den Mitarbeitern findet.

Tanzvorführung einer Mädchengruppe
Bei diesem Projekt sollen die beteiligten Mädchen, die zwischen 8 und 12 Jahren alt sind, befähigt werden, selbstständig zu arbeiten, indem z. B. Schrittfolgen entwickelt und Übungszeiten abgesprochen werden. Außerdem soll durch einen erfolgreichen Auftritt zur Weihnachtsfeier das Selbstbewusstsein der Mädchen gestärkt werden.
Die Mädchen orientieren sich an dem, was sie im Fernsehen sehen. Außer einer sinnvollen Choreographie überlegen sie sich noch einen Text für eine Rap-Einlage sowie Kleidung und Make-up für den Auftritt. Bei der Aufführung ist ihnen ein großer Applaus gewiss und sie fühlen sich schon wie richtige Superstars …

Fazit

- Mit „Freizeit“ in einer sozialpädagogischen Einrichtung oder einer Ganztagsgrundschule ist die Zeit gemeint, die nach den Hausaufgaben zur freien Verfügung steht. Die Schulkinder haben meist folgende Möglichkeiten der Freizeitgestaltung:
  1. Teilnahme an geplanten Aktivitäten wie Projekten oder Ausflügen
  2. Nutzung der vorhandenen Spielmaterialien
  3. Freispiel
- Bei der Planung von Freizeitangeboten muss die Erzieherin neben der Lebenssituation insbesondere Interessen und Bedürfnisse berücksichtigen. Dazu sind Kenntnisse über den Entwicklungsstand dringend notwendig.

Aufgaben und Anregungen

1. Lesen Sie erneut in LF 3 Kap. 4 und informieren sich über die situationsorientierte Planung von Projekten. Lesen Sie außerdem im LF 2 Kap. 4.2 über die kognitive Entwicklung von Schulkindern.

2. Sammeln Sie eigene Projektideen, die dem Entwicklungsstand der Kinder gerecht werden. Formulieren Sie zu jedem Projektvorschlag auch die möglichen Teilthemen.

2.1 Präsentieren Sie Ihre Vorschläge in der Klasse.

Tipps zum Weiterlesen

Erikson, Erik H.: *Identität und Lebenszyklus.* Suhrkamp 1973

Martina Lambertz, Erzieherin und Diplom-Sozialpädagogin, ist seit vielen Jahren an der Elly-Heuss-Knapp Schule/ Berufskolleg der Stadt **Düsseldorf** als Dozentin und Mentorin in den Bildungsgängen Erzieher/in, Kinderpflege und den verschiedenen sozialpädagogischen Aufbaubildungsgängen tätig. Daneben bietet sie Forbildungen für sozialpädagogisches Fachpersonal an und arbeitet als freie Mitarbeiterin im Rahmen der Qualitätsentwicklung in Tageseinrichtungen für Kinder für ein Institut der freien Universität Berlin (pädQUIS). Zu den Schwerpunkten ihrer Arbeit zählen: Qualitätsentwicklung, Familienberatung und Kinder in den ersten drei Lebensjahren.

Dietmar Böhm, Dozent, Projektleiter „Weiterbildung Medienpädagogik" und Fachbereichsleiter Verwaltung und Organisation an der evangelischen Fachschule für Sozialpädagogik, **Stuttgart.** Nach der Ausbildung zum Erzieher mehrjährige Berufstätigkeit als Erzieher im Bereich der Heimerziehung. Studium der Politologie, Erziehungswissenschaft, Germanistik in Berlin und Frankfurt. Abschluss: Politologe M. A. Publizierte u. a. mit Regine Böhm und Birgit Deiss-Niethammer das „Handbuch interkulturelles Lernen" (Herder 1999) sowie zahlreiche Fachartikel.

Lutz-W. Müller-Till ist Schulleiter und Religionslehrer an der Evangelischen Fachschule für Sozialpädagogik in **Freiburg.** Nach seiner Ausbildung zum Gymnasiallehrer folgte ein Journalistikstudium und eine freie Mitarbeit bei einer Tageszeitung. Es schloss sich eine Lehrtätigkeit an einer Fachschule für Sozialpädagogik im Taunus an.

Stefanie Dreißen ist Studienrätin am Berufskolleg Michaelshoven in **Köln** und unterrichtet an der Erzieherinnen- und Kinderpflegeausbildung „Sozialpädagogische Theorie und Praxis", „Sprache und Medien" sowie Deutsch/ Kommunikation. Sie betreut als Schwerpunkt die Studierenden in der Praxis und bei der Projektarbeit. Sie ist Mutter von zwei Söhnen.

Kurt-Helmuth Eimuth, Dipl.-Päd., Projekt- und PR-Manager, leitete die Evangelische Ausbildungsstätte für sozialpädagogische Berufe im **Frankfurter** Diakonissenhaus. Nach dem Studium der Theologie und der Erziehungswissenschaften Redakteur bei der Kirche, Weltanschauungsbeauftragter des Evangelischen Regionalverbands Frankfurt, anschließend Leiter der Öffentlichkeitsarbeit und Pressesprecher. Publizierte u. a. „Die Sekten-Kinder" und „Sekten-Ratgeber", beides Herder, Freiburg, Hrsg. der Reihe „Forum – Streifzüge durch die Welt der Religionen", Gemeinschaftswerk der Evangelischen Publizistik.

Anja Berkemeier arbeitet als Studienrätin in der Erzieher- Kinderpflege- und Motopädieausbildung am Berufskolleg Michaelshoven in **Köln**. Sie unterrichtet „Sozialpädagogische Theorie und Praxis", „Sprache und Medien" sowie Deutsch/ Kommunikation. Einen Schwerpunkt ihrer Arbeit stellt die Betreuung der Studierenden in der Praxis dar. Zudem bietet sie seit mehreren Jahren im Teamteaching mit Kolleginnen die Sonderausbildung „Bewegungserziehung im Kleinkind- und Vorschulalter" an. Sie hat selber einen Sohn.

Ingrid Rauner, Diplompädagogin, Studienrätin i. R., Mediatorin BM und Supervisorin. Sie ist Ausbildungstrainerin für Mediatoren in Erziehung und Bildung und hat 30 Jahre Erfahrung als Lehrerin an einer Fachschule für Sozialpädagogik in **Niedersachsen**.

Bianca Ribic ist seit 1997 an der Elly-Heuss-Knapp-Schule, Berufskolleg der Stadt **Düsseldorf**, als Oberstudienrätin tätig. Sie leitet und unterrichtet die Bildungsgänge Kinderpflege, Heilerziehung und die Aufbaubildungsgänge der Fachschule für Sozialpädagogik. Als Moderatorin ist sie in der Lehrerfortbildung mit dem Schwerpunkt Unterrichtsentwicklung und individuelle Förderung für die Bezirksregierung Düsseldorf tätig. Ein weiterer Schwerpunkt ihrer Arbeit sind Fortbildungen zu unterschiedlichen Themen. Maßgeblich war sie mit Frau Lambertz an der Konzeption und der Errichtung des Aufbaubildungsgangs „Bildung, Erziehung und Betreuung von Kindern unter drei Jahren" beteiligt. Sie ist Mutter eines Sohnes.

Andres, Beate, Forscher, Künstler, Konstrukteure, Beltz Verlag 2002
ARBEITSKREIS IKEEP (Interkulturelle Erziehung im Elementar- und Primärbereich) der RAA in NRW, Vielfalt als Chance. Bausteine RAA zur Aus- und Fortbildung von Erzieherinnen und Erziehern für eine interkulturelle Arbeit, Essen
BASS NRW 2007/2008. Frechen: Ritterbach Verlag
Baumgart, E./Büchele, H., Lexikon, Wissenswertes zur Erwachsenenbildung, Luchterhand Verlag, München 1998
Bayerisches Staatsministerium für Arbeit und Sozialordnung, Familie und Frauen; Staatsinstitut für Frühpädagogik München, Der Bayerische Bildungs- und Erziehungsplan für Kinder in Tageseinrichtungen bis zur Einschulung, Beltz Verlag, Weinheim 2003, 1. Aufl.
Beauftragte der Bundesregierung für Ausländerfragen, Hallo, Hola, Ola. Sprachförderung im Kindergarten, Berlin 2000
Beauftragter der Bundesregierung für die Belange behinderter Menschen www.behindertenbeauftragter.de/az/integration vom 16.05.04.
Becker-Textor, Ingeborg, Kindergarten 2010,Verlag Herder, Freiburg 1994
Becker-Textor, Ingeborg, Was brauchen unsere Kinder?, in: kindergarten heute 4/1993, S. 30 ff.
Beek von der, Angelika: Bildungsräume für Kinder von Null bis Drei. Verlag das Netz. 2006
Beller, Kuno: Entwicklungstabelle. Freie Universität Berlin 5. Aufl. 2005.
Berger, Manfred, Sexualerziehung im Kindergarten, Brandes & Apsel Verlag, Frankfurt 1988
Berger, M.: Zur Geschichte der Kinderkrippe in Deutschland, Teil 1. Wehrfritz Wissenschaftlicher Dienst 1997, Heft 66
Berger, M.: Zur Geschichte der Kinderkrippe in Deutschland, Teil 2. Wehrfritz Wissenschaftlicher Dienst 1998, Heft 67/68
Bundesfamilienministerium: Bund-Länder-Gespräch zum Ausbau der Kinderbetreuung (28.8.2007).
Bundesverband Mediation e. V., www.bmev.de, 04.12.2007
Berliner Bildungsprogramm, Senatsverwaltung für Bildung, Jugend und Sport 2003
Berne, Eric, Spiele der Erwachsenen, Rowohlt Taschenbuch Verlag, Reinbek bei Hamburg 1970
Bernitzke, Fred/Schlegel, Peter, Das Handbuch der Elternarbeit, Bildungsverlag EINS, Troisdorf 2004
Bernstein, S. und Lowy, L., Untersuchungen zur sozialen Gruppenarbeit, Freiburg 1975
Bildungsteam Berlin-Brandenburg e.V. Alltagskonflikte durchspielen, Verlag an der Ruhr, 2001
Blank-Mathieu u.a., Erziehungswissenschaften, Band 2, Kieser Verlag, Neusäß 2002
Blank-Mathieu, Margarethe, Kleiner Unterschied – große Folgen, Herder Verlag, Freiburg 1997
Blochmann, Elisabeth, Fröbels Theorie des Spiels 1, Der Ball als erstes Spielzeug des Kindes, Julius Beltz, Stuttgart 1965, 4. Aufl.
Böhm, Dietmar, Entdecken, experimentieren & jonglieren, Wie Kinder lernen, in: mobile, Heft 7-8, Herder, Freiburg 2004, S. 6–8
Böhm, Dietmar/Böhm Regine, Der Situationsansatz, Eine Antwort der Elementarpädagogik auf die Wissensgesellschaft, in: Kindergarten heute spezial, Herder, Freiburg 2002, S. 46–56
Böhm, Dietmar/Böhm, Regine/Deiss-Niethammer, Birgit, Handbuch Interkulturelles Lernen, Herder, Freiburg 2003
Bowlby, John, Bindung, Eine Analyse der Mutter-Kind-Beziehung, München 1982
Braun, Dietzel-Isenberg, Püttmann, Schmiegel, Würbel, Kinder lösen Konflikte selbst, Thomas-Morus-Akademie 2002
Braun, Püttmann, Kinder bauen Brücken zueinander, Thomas Morus-Akademie 2005
Brigitte, Gruner & Jahr, Hamburg, 2003.
Brisch Karl Heinz, Grossmann Klaus E., Grossmann Karin, Köhler Lotte (Hrsg.), Bindung und seelische Entwicklungswege, Klett-Cotta, Stuttgart 2002.
Brockschnieder, Franz-Josef/Ullrich, Wolfgang, Reggio-Pädagogik, Vielseitiger und lebendiger Dialog zwischen Erwachsenen und Kindern, in: Kindergarten heute spezial, Herder, Freiburg 2002, S. 36–45
Brüning, Ludger; Saum, Tobias: Erfolgreich unterrichten durch Kooperatives Lernen. Strategien zur Schüleraktivierung. Neue Deutsche Verlagsgesellschaft mbH, Essen, 2. Auflage 2006
Büchner, Georg, Werke und Briefe. Mit einem Nachwort von Fritz Bergmann, München 1968, S. 188
Bundesagentur für Arbeit: Blätter zur Berufskunde. Erzieher/Erzieherin
Bundesministerium für Familie, Senioren, Frauen und Jugend (Hrsg.). Auf den Anfang kommt es an. Perspektiven zur Weiterentwicklung des Systems der Tageseinrichtungen für Kinder in Deutschland, Beltz Verlag, Weinheim 2003

Bundesministerium für Familie, Senioren, Frauen und Jugend, Elfter Kinder- und Jugendbericht, Berlin, o. Jahrgang
Bundesministerium für Familie, Senioren, Frauen und Jugend (Hrsg.), UN-Kinderrechtskonvention im Wortlaut mit Material, Bonn 2003
Bundesministerium für Familie, Jugend und Frauen, Kinder- und Jugendhilfegesetz 1995
Bundessozialhilfegesetz i.d.F. des zweiten Gesetzes für moderne Dienstleistungen am Arbeitsmarkt vom 23.12.2002
Bundesvereinigung Lebenshilfe, Kindheit und Jugend, www.lebenshilfe.de/content/sections/index.cfm/secid.4 vom 16.05.04
Büttner, Christian: Berufsrolle und -auftrag von Erzieher/innen im Wandel neuer Anforderungen? In: www.kindergartenpaedagogik.de 26.8.2007
Cohn, Ruth C., Von der Psychoanalyse zur themenzentrierten Interaktion. Von der Behandlung einzelner zu einer Pädagogik für alle, Klett-Cotta (J. G. Cotta'sche Buchhdlg. Nachf.), Stuttgart 1997 (13., erw. Auflage)
Colberg-Schrader, Hedi/Krug, Marianne/Pelzer, Susanne, Soziales Lernen im Kindergarten. Ein Praxisbuch des DJI, Kösel Verlag, München 1991, S. 75 ff. und 110 ff.
Das Berliner Bildungsprogramm 2003, Senatsverwaltung für Bildung, Jugend und Sport
Das Berliner Eingewöhnungsmodell In: Herder (Hrsg.): Kinder unter drei – Bildung, Erziehung und Betreuung von Kleinstkindern. (=Kindergarten heute spezial) 2006
Der Brockhaus, Multimedial 2004
Deutsches Jugendinstitut (Hrsg.), Was für Kinder, Kösel Verlag, München 1993
Deutsches Jugendinstitut, Universität Dortmund (Hrsg.): Zahlenspiegel 2005
Deutsches Kinderhilfswerk (Hrsg.), Kinderreport Deutschland, München 2002
Dörnig, Ulrike, Wenn das Alltägliche erklärungsbedürftig wird, in: TPS, Immer diese Eltern, 5/99, Kallmeyer'sche Verlagsbuchhandlung GmbH, 1999
Dreier, Annette, Was tut der Wind, wenn er nicht weht? Begegnung mit der Kleinkindpädagogik in Reggio Emilia, FIPP-Verlag, Berlin 1993
Doubek, Katja, Was uns nicht umbringt, macht uns stark. Rowohlt, Reinbek, 2003
Eliot, Lise: Was geht da drinnen vor? Die Gehirnentwicklung in den ersten fünf Lebensjahren. Berlin Verlag 2001
Entwicklungstabelle von Herschkowitz/Chapman 2004, Largo 2005 und Weber 2004 In: Herder (Hrsg.): Kinder unter drei – Bildung, Erziehung und Betreuung von Kleinstkindern. (=Kindergarten heute spezial) 2006
Erikson, Erik H., Identität und Lebenszyklus, Suhrkamp Taschenbuchverlag Wissenschaft, Frankfurt 1973
Erikson, Erik H.: Identität und Lebenszyklus. Suhrkamp 1973, Nachdr. 2001, S. 98-105
Everhardt, Christina, Montessori-Erziehung in Familie und Kinderhaus, in: Ludwig, Harald (Hrsg), Erziehen mit Maria Montessori, Ein reformpädagogisches Projekt in der Praxis, Herder, Freiburg 1997, S. 51–73
Familienrecht extra, in: Rheinische Post, Zeitung für Düsseldorf vom 13. Mai 2004
Farkas, Wolfgang, Ich heirate eine Familie, Die Illusion einer heilen Welt: Psychologin Eva Jaeggi über den rätselhaften Erfolg der „Kelly Familiy", in: Süddeutsche Zeitung Nr. 4/5.–7. Januar 1996
Filzinger, Otto/Johann, Ellen, Interkulturelle Pädagogik im Elementarbereich, Ein Projektbericht, Verlag Helmut M. Schäfer, Koblenz 1993, 2., überarb. Aufl.
Fischer, Heribert, Arbeitshefte für Erziehungswissenschaft, Gestörte Entwicklung und Sozialisation, Cornelsen Verlag, Bielefeld 1985
Frey, Karl u. a., Die Projektmethode. Der Weg zum bildenden Tun, 8., überarbeitete Auflage. Beltz Verlag, Weinheim 1998
Frisch, Max, Forderungen des Tages, Portraits, Skizzen, Reden 1943–1982, Hrsg. von Schmitz, W., Suhrkamp, Frankfurt 1983
Fröbel, Hermann/Pfaehler, Dietrich, Kommt, lasst uns unsern Kindern leben, Friedrich Fröbels Mutter- und Koselieder, Mitteldeutsche Verlagsanstalt, Bad Neustadt a.d. Saale 1982
Fthenakis Wassilios, E.: Wie Eltern Kinder stärken können: Förderung von Selbsteinschätzung und Widerstandsfähigkeit, In: Kluge Gefühle, Barmer Wuppertal 2005, S. 26
Gardner, Howard, Abschied vom IQ, Klett-Cotta, Stuttgart, 1985
Gehres, W, Das zweite Zuhause, Leske & Budrich, Opladen 1997
Gesetz über Tageseinrichtungen für Kinder NRW vom 29.10.1991, zuletzt geändert durch Haushaltsbegleitgesetz 2004/2005 v. 27.01.2004
Gesetz zur Förderung und Betreuung von Kindern in Tageseinrichtungen und Tagespflege i.d.F. vom 04.09.2002

Gewerkschaft Erziehung und Wissenschaft (Hrsg.), Rahmenplan frühkindlicher Bildung. Ein Diskussionsentwurf der GEW, neue deutsche schule verlagsanstalt, Essen 2003
Giesecke, Hermann, Die pädagogische Beziehung, Pädagogische Professionalität und die Emanzipation des Kindes, Juventa Verlag Weinheim, 2. Aufl. 1999, 280 Seiten
Gisbert, Kristin, So lernen Kinder, in: Kindergarten heute 2/2004, Herder Verlag, Freiburg
Glasl, Friedrich, Selbsthilfe in Konflikten, Verlag Freies Geistesleben, Stuttgart 1998
Glöckel, Hans, Vom Unterricht, Klinkhardt, Bad Heilbrunn 1996 (3. Aufl.), S. 138
Gloge-Tippelt, 1999, www.dasOnline-Familienhandbuch.de
Goleman, Daniel, Emotionale Intelligenz, Carl Hanser Verlag München, 1996
Grimm Gunhild/Bodenburg Inga, So werden Kinder sauber, Rowohlt Taschenbuch Verlag, Reinbek bei Hamburg 1985
Grundgesetz für die Bundesrepublik Deutschland v. 23.05.1949, zuletzt geändert durch das Gesetz zur Änderung des Grundgesetzes am 16.07.1998
Grüneberg, Lutz/Hauser, Paul, Erziehen als Beruf. Eine Praxis- und Methodenlehre, Stam, Köln 1994 (2. Auflage)
Gudjons, Herbert u. a., Auf meinen Spuren. Das Entdecken der eigenen Lebensgeschichte, Bergmann + Helbig Verlag, Hamburg 1996
Gündel, Jürgen, Transaktionsanalyse, PAL Verlag, Mannheim 1990
Günder, Richard, Praxis und Methoden der Heimerziehung, Lambertus Verlag Freiburg im Breisgau 2000
Hagedorn, Ortrud, Mediation – durch Konflikte lotsen mit CD-ROM, Ernst Klett Schulbuchverlage Stuttgart 2005
Hahn/Janssen, Erziehungswissenschaft, Band 1, Stam Verlag, Köln 1995
Hahn/Janssen, Erziehungswissenschaft, Band 2, Stam Verlag, Köln 1995
Hanschmann, Alexander Bruno, Friedrich Fröbel, Die Entwicklung seiner Erziehungsidee in seinem Leben, Verlag von F. Bacmeister, Eisenach 1874
Harris, Ich bin o. K. Du bist o. K., Reinbek 1975
Hauke-Thorn, Streitschlichtung in Schule und Jugendarbeit, Matthias-Grünewald-Verlag, Mainz 2002
Hebenstreit, Sigurd, Kindzentrierte Kindergartenarbeit. Grundlagen und Perspektiven in Konzeption und Planung, Herder, Freiburg 1994
Heller/Preising, Der Situationsansatz, in: klein & groß 6/2000, S. 22–26)
Hilgers, Micha, Bindung und Desorientierung, in: Frankfurter Rundschau Nr. 95/24. April 2001 (Rezension von: Manfred Enders/Susanne Hauser [Hrsg.], Bindungstheorie in der Psychotherapie, München 2000)
Hobmair, Hermann (Hrsg.) Psychologie, Stam Verlag, Köln 1997
Hobmair (Hrsg.), Pädagogik, Bildungsverlag EINS 2002
Hobmair, Hermann (Hrsg.), Pädagogik/Psychologie, Stam Verlag, Köln 1999
Hoffmann, Erika, Friedrich Fröbel, in: Franz, Günther Franz (Hrsg.), Thüringer Erzieher, Böhlau Verlag, Köln 1966, S. 153
Hoffmann, Erika, Ausgewählte Schriften Bd. 1, Kleine Schriften und Briefe von 1809–1851, Klett-Cotta, Stuttgart 1984, 4. Aufl.
Hoffmann/Roggenwallner, Das EQ-Programm für Kinder, Rowohlt Verlag 2001
Hollmann, Elisabeth/Benstetter, Sybille, In sieben Schritten zur Konzeption, Ein Arbeitsbuch, Kallmeyer, Seelze-Velber, 2000
Hollmann, Elisabeth / Benstetter, Sybille: In sieben Schritten zur Konzeption. Ein Arbeitsbuch. Seelze-Velber, 2000
Honig, Michael-Sebastian, in: Was für Kinder, Kösel Verlag, München 1993
Huppertz, Norbert, Erleben und Bilden im Kindergarten, Der lebensbezogene Ansatz …, Herder, Freiburg-Basel-Wien 1992, S. 137
Hurrelmann, Klaus, Kindheit in der Leistungsgesellschaft, in: Deutsches Kinderhilfswerk (Hrsg.), Kinderreport Deutschland, München 2002, S. 43–62
Integration eines körperbehinderten Kindes. Eltern und Erzieher blicken zurück, in: kinderleicht 1/96
Interkulturelle Erziehung und Mehrsprachigkeit, in: Frühe Kindheit. Die ersten sechs Jahre, Ausgabe 06/03, Deutsche Liga für das Kind Berlin (Hrsg.)
James, Muriel/Jongeward, Dorothy, Spontan leben, Rowohlt Verlag Hamburg 1970
Jank, Werner/Meyer, Hilbert, Didaktische Modelle, Cornelsen Scriptor, Berlin 1991 und 2002 (5., völlig überarb. Aufl.)

Johann, Ellen/Michely, Hildegard/Springer, Monika, Interkulturelle Pädagogik, Methodenhandbuch für sozialpädagogische Berufe, Cornelsen Verlag, Berlin 1998, 1. Aufl.
Kammermeyer, Gisela: Schulfähigkeit als Brücke zwischen Kindertagesstätte und Grundschule. Universität Koblenz-Landau
Kaplan, Karlheinz / Säbel, Jens-Peter: Schwerpunkte der Arbeit mit Grundschulkindern. In: Kaplan / Becker-Gebhard (Hrsg.): Handbuch der Hortpädagogik. 2. Aufl. Freiburg i. Br.: Lambertus 1999, S. 74-88
Katz, Lilian G./Chard, Sylvia C., Der Projekt-Ansatz; in: Fthenakis, Wassilios E./Textor, Martin R. (Hrsg.), Pädagogische Ansätze im Kindergarten, Beltz, Weinheim 2000, S. 209–223
Kazemi-Veisari, Erika, Offene Planung im Kindergarten. Ideen und Hilfen, Herder, Freiburg – Basel – Wien 1996
Kazemi-Veisari, Erika, Kinder verstehen lernen: Wie Beobachtung zu Achtung führt. Kallmayr 2004
Kebbe, Anne, Möglichkeiten dialogischer Qualitätsentwicklung in der Kindertagesbetreuung, in: TPS Profil: Qualität für Kinder, Kallmeyer, Seelze-Velber, 1999, S. 201–212
Kesselring, Thomas, Jean Piaget, C. H. Beck'sche Verlagsbuchhandlung,
Kindergarten heute 10/2000, Regine Böhm, Viele sind noch lange keine Gruppe, Herder Verlag, Freiburg
Kindergarten heute – spezial, Wahrnehmungsstörungen bei Kindern – Hinweise und Beobachtungshilfen, Herder Verlag, Freiburg 2000
Kindergarten heute, Nr. 11–12/2001, Herder Verlag, Freiburg
Kindergartenpädagogik – Online-Handbuch – Herausgeber Martin R. Textor, www.kindergartenpaedagogik.de
Kliebisch, Udo/Weyer, Dirk, Selbstwahrnehmung und Körpererfahrung, Verlag an der Ruhr, Mühlheim 2001
Klosinski, Gunther, Psychokulte, Was Sekten für Jugendliche so attraktiv macht, C. H. Beck, München 1996, S. 29 f.
Klosinski, Gunther, Wenn Kinder Hand an sich legen, C. H. Beck, München 1999
König, Sabine, Die Welt des Neugeborenen. In: www.naturheilmagazin.de/baby/ 2.9.2007)
Korczak, Janusz, Verteidigt die Kinder! GTB Siebenstern 1981, S. 17
Krech, David/Crutchfield, Richard Stanley u. a., Grundlagen der Psychologie, Verlagsunion Weinheim 1992
Krenz, Armin/Raue, Roswitha, Bewegung im „Situationsorientierten Ansatz". Neue Impulse für Theorie und Praxis, Herder, Freiburg 1996 (2. Aufl. 1997)
Krenz, Armin, Der „Sitationsorientierte Ansatz" im Kindergarten. Grundlagen und Praxis, Herder, Freiburg 1991
Krenz, Armin: Kompetenz und Karriere. Für ein neues Selbstverständnis der Erzieherin. Herder Verlag, Freiburg im Breisgau, 1994, S. 10 ff.
Krenz, Armin, Kompetenz und Karriere, Herder Verlag, Freiburg im Breisgau 1997
Krieg, Elisabeth/Krieg, Helmuth, STEP-Projekt, Comenius-Institut, Münster 2002
Krüger, Angelika, Zimmer, Jürgen, Die Ausbildung der Erzieherinnen neu erfinden. Luchterhand Verlag, Neuwied, Berlin, 2001
Laewen, Hans-Joachim/Andres, Beate (Hrsg.), Bildung und Erziehung in der frühen Kindheit, Beltz Verlag, Weinheim 2002
Laewen, Hans-Joachim/Andres, Beate (Hrsg.), Forscher – Künstler – Konstrukteure. Werkstattbuch zum Bildungsauftrag von Kindertageseinrichtungen, Beltz, Weinheim – Berlin – Basel 2002
Landesinstitut für Schule und Weiterbildung (Hrsg.), Fächer- und lernbereichsübergreifender Unterricht in den Bildungsgängen der Kollegschule, Soest, 1. Aufl. 1990
Langmaack, Barbara, Themenzentrierte Interaktion. Einführende Texte rund ums Dreieck, Beltz, Weinheim 1996 (3., korr. Auflage)
Langmaack, Barbara/Braune-Krickau, Michael, Wie die Gruppe laufen lernt. Anregungen zum Planen und Leiten von Gruppen. Ein praktisches Lehrbuch, Beltz, Weinheim 1995 (5. Aufl.), S. 8
L. De Mause, Hört ihr die Kinder weinen, Frankfurt a.M. 1977
Lebensraum Kindergarten. Pädagogische Anregungen für Ausbildung und Praxis, (Hrsg. v.) Ministerium für Kultur und Sport Baden-Württemberg, Herder, Freiburg, Ernst Kaufmann, Lahr 1992, 6. Aufl.
Liedloff, Jean, Auf der Suche nach dem verlorenen Glück, C. H. Beck, München 1982
Lill, Gerlinde (Hrsg.), Von Abenteuer bis Zukunftsvision. Qualitätslexikon für Kindergartenprofis, Beltz Verlag, Weinheim 2001, 2. Aufl.
Lill, Gerlinde; W. Sporleder: Von Abflugrampe bis Zwischenlandung. Qualitätslexikon für Krippenprofis. Luchterhand 2000
Lions Clubs International, Erwachsen werden – Persönlichkeitsentfaltung von Jugendlichen; Schürmann + Klagges, Bochum 1997

Lippert, Susanne, Steiner und die Walddorfpädagogik, Mythos und Wirklichkeit, Beltz, Weinheim 2001
Löhmer, Cornelia/Standhardt, Rüdiger, Themenzentrierte Interaktion. Die Kunst, sich selbst und eine Gruppe zu leiten, pal, Mannheim 1992
Lorenz, Gerda, Freispiel im Kindergarten. Chancen seines bewussten Einsatzes. Herder Verlag, Freiburg im Breisgau 1995, 8. Aufl.
Luckow, Hiltrud, in: Kindergarten heute 11–12/2001
Ludwig, Harald, Maria Montessori – Leben, Werk, Grundgedanken, in: Drs.: Erziehen mit Maria Montessori, Herder, Freiburg 1997, S. 10–32
Maiwald, Peter, Na so was!, Pattloch Verlag, Augsburg
Malaguzzi, Loris, Eröffnungsbeitrag zur Fachtagung „Hundert Sprachen hat das Kind“, in: Senatsverwaltung für Jugend und Familie (Hrsg.), Berlin 1992
Mariss, Jochen, Grafik Werkstatt Bielefeld, Wittekindstraße 53, D-33615 Bielefeld
Maslow, Abraham H., Motivation und Persönlichkeit, Rowohlt, Reinbek 1986 (amerikan. Original 1954)
Materialien für die Berufsbildenden Schulen, Niedersächsisches Kultusministerium 1993
Maywald, Jörg/Schön, Bernhard/Gottwald, Bernd, Familien haben Zukunft, Rowohlt TB, Reinbek 2000.
Meltzoff Andrew , Gopnik, Alison, Kuhl Patricia,: Forschergeist in Windeln, Piper Verlag, 2003
Metz-Becker, Marita (Hrsg.), Schaukelpferd und Schnürkorsett – Kindheit um 1800, Marburg 2002
Meyer Ernst, Burnout und Stress, Praxismodell zur Bewältigung, Schneider Verlag Hohengehren 1994, S. 137
Middendorff, Wilhelm, Die Kindergärten, Bedürfnis der Zeit, Grundlage einigender Volkserziehung, Der deutschen Nationalversammlung zur Würdigung vorgelegt, Verlagsbuchhandlung der Kindheit- und Jugendbeschäftigungsanstalt, Blankenburg 1848
Mietzel, Gerd, Wege in die Psychologie, Klett-Cotta, Stuttgart 2002
Ministerium für Schule, Jugend und Kinder des Landes NRW, Bildungsvereinbarung NRW, Düsseldorf 2003
Ministerium für Schule, Jugend und Kinder des Landes Nordrhein-Westfalen: Erfolgreich starten! Schulfähigkeitsprofil als Brücke zwischen Kindergarten und Grundschule. Eine Handreichung. Düsseldorf: 1. Aufl. 2003
Möller-Stürmer, S., „… und jetzt auch noch Supervision?“ in: Kindergarten heute, Verlag Herder, Freiburg, 6/1993
Mörsberger, Heribert/Moskal, Erna/Pflug, Elsegret u. Mitarbeiter (Hrg.), Didaktik des Kindergartens. Ziele – Inhalte – Methoden – Materialien, Herder, Freiburg 1991, S. 187 ff.
Montessori, Maria, Kinder lernen schöpferisch, Herder, Freiburg 1995
Montessori, Maria, Erziehung für eine neue Welt, Herder, Freiburg 1998
Muysers, Brigitte: Freizeitangebote im Hort – „Was machen wir heute?“ In: Kaplan, Karlheinz (Hrsg.): Handbuch der Hortpädagogik. 2. Aufl. Freiburg i.Br.: Lambertus 1999, S. 257-267
Naudascher, Brigitte, Spieglein, Spieglein an der Wand, Kösel Verlag, München 1983
Neumeyer, Annalisa, Fall nicht. Warum Kinder vom Klettergerüst fallen, obwohl wir ihnen immer wieder sagen, dass sie nicht herunterfallen sollen, in: Kindergarten Heute 11–12/1995
Nolte-Schefold, Sigrid, Rechtsratgeber für Stieffamilien, Rowohlt TB, Reinbek 2000
Nottrott/Nottrott, Die Angst vor neuen Bindungen. Der Psychologe Franz-Werner Müller sieht sie als Folge von häufigen Umzügen, in: Frankfurter Rundschau Nr. 199/28, August 1999
Novak, Felix/Finster, Helmuth/Schneider, Karl-Heinz, Psychologie 1, Hueber-Holzmann Verlag, München 1976
Nuber, Ursula, Die Wiederentdeckung der Geborgenheit, in: Psychologie heute, Beltz, Weinheim, 12/1995, S. 20 ff.
Oerter, Rolf/Montada, Leo: Entwicklungspsychologie. Ein Lehrbuch. Beltz: 5. Aufl. 2002
Onken, Annette, Die Erziehung des Kindes im frühen Kindesalter, in: Ludwig, Harald (Hrsg), Erziehen mit Maria Montessori, Ein reformpädagogisches Projekt in der Praxis, Herder, Freiburg 1997; S. 33–50
Pauen, Sabina: Was Babys denken. Eine Geschichte des ersten Lebensjahres, C. Beck Verlag München, August 2006
Pausewang, Freya, Ziele suchen – Wege finden. Arbeits- und Lehrbuch für die didaktisch- methodische Auseinandersetzung in sozialpädagogischen Berufen, Cornelsen, Berlin 1994, S. 181 ff.
Pechstein, Johannes, Prof., in: FAZ, Nr. 112 vom 15.03.2003
Petermann, Franz (Hrsg.), Pädagogische Supervision, Otto Müller, Salzburg 1995
Petermann, F. & Wiederbusch, S., Entwicklung der emotionalen Kompetenz in den ersten sechs Lebensjahren. Kindheit und Entwicklung, Hogrefe Verlag, Göttingen 2001
Petermann/Wiedebusch, Emotionale Kompetenz bei Kindern, Hogrefe-Verlag, Göttingen 2003
Piaget, Jean, Probleme der Entwicklungspsychologie, Syndikat Autoren- und Verlagsgesellschaft, Frankfurt am Main

Piaget, Jean, Das Weltbild des Kindes, Klett-Cotta im Ullstein Taschenbuch Verlag, Frankfurt am Main
Postman, Neil, Das Verschwinden der Kindheit, Frankfurt am Main 1982
Psychologie heute, Beltz Verlag, Weinheim 12/1995
RAA Düsseldorf (Hrsg.), Spielzeug im Kindergarten. Eine monokulturelle Botschaft an multikulturelle Gruppen, o. J.
Reichen, Jürgen: „Lesen durch Schreiben" – mit emanzipatorischem Anspruch. In: PÄDEXTRA, Heft 6/1992, S. 6-9
Rekow, Astrid et.al.: Hausaufgabenbetreuung. In: Kaplan / Becker-Gebhard (Hrsg.): Handbuch der Hortpädagogik. 2. Aufl. Freiburg i. Br.: Lambertus 1999, S. 269-277
Rheinland-Pfalz, Bildungs- und Erziehungsempfehlungen 2003, Diskussionsentwurf, Ministerium für Bildung, Frauen und Jugend
Rogers, Karl R., Entwicklung der Persönlichkeit, Klett-Cotta, Stuttgart 1992
Rogge, Jan-Uwe, Onanie gehört zur körperlichen Selbstfindung, in: TPS, Kallmeyer bei Friedrich in Verlber, 7/2002
Saint-Exupéry, Antoine de, Der kleine Prinz, Karl Rauch Verlag, Düsseldorf 1956
Sander, Uwe, Kinder und Medien, S. 159, in: Deutsches Kinderhilfswerk (Hrsg.), Kinderreport Deutschland, München 2002, S. 157–164
Saßmannshausen, Wolfgang, Waldorfpädagogik, in: Kindergarten heute spezial, Herder, Freiburg 2002, S. 20 –25
Satir, Virginia, In die Welt des Kindes, Heft 3/89
Satir, Virginia, Mein Weg zu dir, Kösel Verlag, München 1989
Schäfer, Gerd E., Leiter der „Arbeitsgruppe Bildungsvereinbarung" NRW in: klein&groß 04/04, Beltz Verlag, Weinheim
Schede, Hans-Georg, Der Waldkindergarten auf einen Blick, Herder, Freiburg 2000
Schilling, Johannes, Didaktik/Methodik der Sozialpädagogik, Reinhardt Vlg., München 1995 (2., übarb. Aufl.), S. 222 ff.
Schlicht, Hermann-Josef: Das Praktikum in der Ausbildung. Tipps und Hilfen für angehende Erzieherinnen. In: Jansen, Frank, Kindertageseinrichtungen Konkret. Strategien für Ihren Erfolg, Don Bosco, 2001
Schmutzler, Hans-Joachim, Fröbel und Montessori. Zwei geniale Erzieher. Was sie unterscheidet, was sie verbindet. Herder Verlag, Freiburg 1991, 3. Aufl.
Schöler, Jutta (Hrsg.)/Fritzsche, Rita/Schastok, Alrun, Ein Kindergarten für alle – Kinder mit und ohne Behinderung spielen und lernen gemeinsam, Luchterhand Verlag, Berlin 2002
Seele, Ida, Meine Erinnerungen an Friedrich Fröbel, in: Fröbel, Hermann/Pfaehler, Dietrich, Kommt, laßt uns unsern Kindern leben, Friedrich Fröbels Mutter- und Koselieder, Mitteldeutsche Verlagsanstalt, Bad Neustadt a.d. Saale 1982
Soltendieck, Monika, Kommunikation und Zusammenarbeit mit Familien anderer Kulturen. In: klein&groß, Heft 11, 2001
Sozialgesetzbuch, Neuntes Buch (IX). Rehabilitation und Teilhabe behinderter Menschen. Zuletzt geändert durch Art. 8 G v. 27.12.2003
Speichert, Horst, Kindermund, Rowohlt Taschenbuch Verlag, Reinbek bei Hamburg 1991
Spiegel Spezial 4/2003
Staatsinstitut für Frühpädagogik München, Der Bayerische Bildungs- und Erziehungsplan für Kinder in Tageseinrichtungen bis zur Einschulung, Beltz Verlag, Weinheim 2003, 1. Aufl.
Stamer-Brand, Petra, Mit Kindern in Projekten arbeiten. Planung – Durchführung – Nachbereitung, Herder, Freiburg 2001
Stern, Elisabet: Lernen – der wichtigste Hebel der geistigen Entwicklung, Vortrag am Hanse-Wissenschaftskolleg vom 13. Januar 2005 In: Kluge Gefühle, Barmer Wuppertal 2005
Stewart, Ian/Joines, Vann, Die Transaktionsanalyse, Herder Verlag, Freiburg 1990
Stoll, Siegfried, Der Situationsansatz im Kindergarten. Möglichkeiten seiner Verwirklichung, FIPP-Verlag, Berlin 1995
Streudel, Antje, „Jan spielt", in: Weltbild des Kindes, Heft 1/ 2004
Strohdiek, Frank, Mouna, in: Deutsches Kinderhilfswerk (Hrsg.), Kinderreport Deutschland, München 2002, S. 34 ff.
Stübe-Kirchhof, Sabine, Kinderalltag 1800 bis 1850, in Metz-Becker, S. 15–23
Süddeutsche Zeitung vom 24.09.2002
Tausch, Reinhard/Tausch, Anne-Marie, Erziehungspsychologie, Hogrefe Verlag, Göttingen/Toronto/Zürich 1991
Thiersch, Renate, Kindergarten im Wandel, Kindergarten heute 11–12/2000

Textor, Martin R., Kind – Familie – Kindergarten, München 1992, S. 11 ff.
Textor, Martin R., Projektarbeit im Kindergarten. Planung, Durchführung, Nachbereitung, Herder, Freiburg 1998 (4. Aufl.)
Textor, Martin R., Projektarbeit im Kindergarten, in: Kinderzeit 3/1999, S. 13 ff. und 4/1999, S. 16 f.
Textor, Martin R., Projektarbeit in Kindertageseinrichtungen: theoretische und praktische Grundlagen; in: Hildegard Rieder-Aigner (Hrsg.), Handbuch Kindertageseinrichtungen. Organisation und Management für LeiterInnen, Fachkräfte, Träger und Initiatoren, Berlin – Bonn – Regensburg – Walhalla Verlag, 1999, 16. Aktualisierung
Textor, Martin R., Scheidungszyklus und Scheidungsberatung. Ein Handbuch, Vandenhoeck & Ruprecht, Göttingen 1991
Textor, Martin: Bildungspartnerschaft. Sprachkompetenzen gemeinsam mit Migranteneltern fördern. In: klein&groß Heft 7/8 2007.
Tietze, Wolfgang, Wie kann pädagogische Qualität in Kindertagesstätten gesichert und entwickelt werden?, in: TPS Profil: Qualität für Kinder, Kallmeyer, Seelze-Velber 1999, S. 153–167
Tietze, Wolfgang; Viernickel, Susanne (Hrsg.): Pädagogische Qualität in Tageseinrichtungen für Kinder. Ein nationaler Kriterienkatalog, 2. unveränderte Aufl., Beltz: Weinheim, Basel 2003
TPS 5/99, „Immer diese Eltern“, Kallmeyer'sche Verlagsbuchhandlung GmbH, Seelze-Velber
TPS 3/01, Zusammen leben. Kulturen in der Kita, Kallmeyer'sche Verlagsbuchhandlung GmbH, Seelze-Velber 1999
TPS, 1/2002, Kallmeyer'sche Verlagsbuchhandlung GmbH, Seelze-Velber
Ullrich Wolfgang/Brockschnieder, Franz-Josef, Reggio-Pädagogik im Kindergarten, Herder, Freiburg, 2001
Vanistendael, S. (2003). Wachsen im Auf und Ab des Lebens. In D. Sturzbecher& B. Schrul (Hrsg.), Kinder stark machen ... Konzepte der Gewalt-und Kriminalitätsprävention sowie der Verkehrssicherheitsarbeit. Potsdam: Arbeitsstelle für Bildungs-und Sozialisationsforschung der Universität Potsdam
Völkel, Petra, „Wie geht Ko-Konstruktion unter Gleichen?“, in: TPS 1/2002, Kallmeyer'sche Verlagsbuchhandlung, Seelze-Velber
Volk, Bianca, Dorfkirchliche Sozialarbeit der Caritas um 1900, Selbstverlag 1995.
Watzlawick, Paul, Anleitung zum Unglücklich sein, Piper Verlag, München, 1983
wdk@caritas.de
Weigert, Hildegund/ Weigert, Edgar: Schuleingangsphase. Hilfen für eine kindgerechte Einschulung. Weinheim: Beltz Verlag, 5. Aufl. 1997
Werden wir den Bedürfnissen von Schulkindern gerecht? Eine Checkliste, in: Kindergarten heute 3/2000, Seite 15 (in Anlehnung an: Verband Kath. Tageseinrichtungen für Kinder [Hrsg.]: Interessant für Groß und Klein. Zur Aufnahme von Schulkindern in Kindergartengruppen. Eine Handreichung, Herder, Freiburg 1999)
Wildt, Gretel, Qualitätskriterien aus der Sicht evangelischer Träger, in: TPS Profil: Qualität für Kinder, Kallmeyer, Seelze-Velber 1999, S. 77–89
Wildt, Gretel: Qualitätskriterien aus der Sicht evangelischer Träger. In: TPS Profil: Qualität für Kinder. Seelze-Velber, 1999, S. 77 – 89
Winkler, Beate, (Hrsg.), Zukunftsangst Einwanderung, Originalausg. Beck Verlag (Beck'sche Reihe 471), München 1992
Winkler, Karin, So entwickelt sich mein Kind richtig, Rowohlt Verlag, Reinbeck bei Hamburg 2001
Wustmann Corina: Von den Stärken der Kinder ausgehen – das Konzept der Resilienz und seine Bedeutung für das pädagogische Handeln, In: Unsere Jugend, München, Reinhard, 56 (2004), Nr. 10, S. 402–412
In: Unsere Jugend, Zeitschrift für Studium und Praxis der Sozialpädagogik
www.akademie.de
www.bmfsfj.de vom 9. Mai 2004, Bundesministerium für Familie, Senioren, Frauen und Jugend
www.fachgebärdenlexikon.de
www.familienhandbuch.de/cmain/f_Fachbeitrag/a_Kindheitsforschung/s_280.html
www.kindergartenberater.de/bildung/schulfaehig/html/relativitat_von_schulfahigkeit.html
www.kindergartenpädagogik.de
www.phonologische-bewusstheit.de
www.soziologicus.de/Lexikon/
Zimbardo, Philipp G., Psychologie, Springer Verlag, Berlin 1974
Zimmer, Jürgen, Das kleines Handbuch zum Situationsansatz, Beltz, Weinheim – Basel 2000
Zimmer, Jürgen u.a., Kindergärten auf dem Prüfstand, Dem Situationsansatz auf der Spur, Kallmeyer, Seelze-Velber 1998

A

ADS
Aufmerksamkeits-Defizit-Syndrom. Es ist die Bezeichnung für eine Reihe von Symptomen, deren Ursache man nicht genau kennt. Es scheint mit der organischen Besonderheit der Menschen zusammenzuhängen. Ihr Gehirn produziert zu wenig von einem bestimmten Enzym. Dem Großteil der Bevölkerung ist die Krankheit nur als Hyperaktivität bei Kindern bekannt. Die Kernsymptomatik umfasst drei wesentliche Aspekte: Impulsivität, Aufmerksamkeits- und Konzentrationsunfähigkeit, Hyperaktivität.

Affekt
Der Affekt entsteht rasch, verläuft heftig und klingt schnell wieder ab. Auslöser sind meist Ereignisse, die eine Person in ihren persönlichen Bedürfnissen berühren. Beispiele für Affekte: Wut, Schreck, Entsetzen.

Ambiguitätstoleranz
Fähigkeit des Individuums, Mehrdeutigkeiten des normativen Systems und der Verhaltens- und Rollenerwartungen auszuhalten und zu bewältigen, ohne komplexe Wahrnehmungen und Erfahrungen, die im Widerspruch zur eigenen Bedürfnisstruktur stehen, zu ignorieren. Die A. ist eine wesentliche Voraussetzung zur Entwicklung von Identität.

Ambivalenz
Doppelwertigkeit

Animation
Anregung, Motivation

Antiautoritäre Erziehung
Mit antiautoritär wollte man eigentlich die Ablehnung der Unterdrückung, des blinden Gehorsams, der Willkür und persönlichen Machtausübung zum Ausdruck bringen, doch schon bald wurde mit diesem Begriff die Ablehnung jeglicher Autorität und Disziplin sowie die Befürwortung grenzenloser Freiheit des Kindes verbunden.

Anwerbeländer
Aufgrund des wachsenden Arbeitskräftebedarfs wurden in den Jahren 1955–1968 mit acht verschiedenen Staaten (Italien, Spanien, Griechenland, Türkei, Portugal, Marokko, Tunesien und dem ehemaligen Jugoslawien) Anwerbevereinbarungen getroffen.

Assimilation
Angleichung

Aufenthaltsstatus: Ausländergesetz i.d.F.v. 24.12.2003
Jede Person benötigt für die Einreise und den Aufenthalt im Bundesgebiet eine Aufenthaltsgenehmigung:

a) Die Aufenthaltsberechtigung ist zeitlich und räumlich unbeschränkt. Es ist der sicherste Aufenthaltstitel. Er ist mit einer Reihe von Bedingungen und Voraussetzungen, welche die Migranten erfüllen müssen, verbunden.
b) Die Aufenthaltserlaubnis wird ohne Bindung an einen bestimmten Aufenthaltszweck befristet oder unbefristet erteilt. Sie eröffnet die Möglichkeit eines späteren Daueraufenthaltes.
c) Die Aufenthaltsbewilligung wird erteilt, wenn der Aufenthalt in Deutschland, z.B. zu Ausbildungszwecken oder einer befristeten Arbeitstätigkeit, für einen bestimmten Zweck befristet erlaubt werden soll. Sie kann nach Erreichen des Zwecks in der Regel nicht verlängert werden.
d) Die Aufenthaltsbefugnis wird in Fällen, in denen völkerrechtliche oder dringende humanitäre Gründe vorliegen, befristet erteilt

Ausländer
Ausländer ist jeder, der nicht Deutscher im Sinne des Art. 116 Abs. 1 des Grundgesetzes ist, d. h. nicht die deutsche Staatsangehörigkeit besitzt. Ausländer genießen grundsätzlich Meinungs-, Versammlungs- und Vereinigungsfreiheit. Sie können in politischen Parteien und kommunalen Ausschüssen (soweit das Landesrecht dies vorsieht) mitwirken. Das Grundgesetz lässt jedoch mit Ausnahme des Kommunalwahlrechts für Unionsbürger kein Wahlrecht für Ausländer bei Bundestags-, Landtags- und Kommunalwahlen zu.

Autoritativer Erziehungsstil
Dieser Erziehungsstil entspringt einer hohen Fachkompetenz und professionellen Identität der Erziehungs- bzw. Lehrperson.
Die Lehrperson nimmt eine dominierende Funktion im Bildungs- und Erziehungsprozess ein.

B

Behaviorismus
Eine Richtung der Psychologie, die von dem Amerikaner J. B. Watson begründet wurde und sich intensiv mit lernpsychologischen Fragen beschäftigt hat. Versuche wurden überwiegend an Tieren vorgenommen.

Beobachtung
Die wissenschaftliche Beobachtung ist die aufmerksame, planmäßige und zielgerichtete Wahrnehmung von Vorgängen an Gegenständen, Ereignissen, Verhaltensweisen von Menschen und Tieren in Abhängigkeit von bestimmten Situationen. Ziel der Beobachtung ist es, den Gegenstand des jeweiligen Interesses möglichst genau zu erfassen.

Bei Beobachtungen muss stets mit Beobachtungsfehlern gerechnet werden, z. B. beim Ablesen eines Messgeräts oder bei der Definition, ab wann das Verhalten eines Kindes als aggressiv gilt, usw.

Biografie
Fülle an Erfahrungen, die ein Mensch im Laufe seines Lebens bewusst oder unbewusst erwirbt. Die Erfahrungen sind gesellschaftlich, kulturell und familiär beeinflusst. Die eigene Biografie hat großen Einfluss auf das eigene Handeln in pädagogischen Berufen.

D

Demografie
Beschreibung der wirtschafts- und sozialpolitischen Bevölkerungsbewegung

divergieren
auseinander gehen, unterscheiden

Downsyndrom
Beim Downsyndrom handelt es sich um eine Erbkrankheit, die durch einen Fehler bei der Zellteilung verursacht wird, sodass das 21. Chromosom dreifach (trisomer) vorhanden ist. Die früher gebräuchliche deutsche (meist diskriminierende) Bezeichnung war Mongolismus.

Dyskalkulie (Rechenschwäche)
Schwierigkeit, Mengen einzuschätzen, zu vergleichen oder zu sortieren. Die Fähigkeiten zu zählen (aufwärts-, abwärts-, weiterzuzählen), Gegenstände abzuzählen oder Mengenbilder zu gesprochenen Zahlwörtern zuzuordnen, sind eingeschränkt. Erstes anschauliches Rechnen mit Gegenständen fällt schwer.
Später werden im Hunderter- und Tausender-Zahlenraum die Stellenwerte vertauscht oder verdreht. Das Rechnen mit Maßeinheiten (Geld, Uhrzeit, Gewichte, Längenmaße) bereitet große Schwierigkeiten.
Grundsätzlich gilt für alle Kinder mit Rechenstörungen: Sie machen die gleichen Fehler wie ihre Klassenkameraden, nur viel häufiger und länger. In den ersten Jahrgangsstufen fallen Dyskalkuliker selten durch große Rechenschwierigkeiten auf. Sie kommen lange nicht ohne Zählhilfen aus.
Besondere Schwierigkeiten bereiten Zehner-Übergänge sowie der Wechsel zwischen den Rechenarten. Die Zerlegung von Zahlen, Platzhalter-Aufgaben oder Umkehr-Operationen werden nicht verstanden und willkürlich gelöst. Schwierig erscheint auch das Verstehen und die Umsetzung der Rechenoperationen oder deren zeichnerische Umsetzung.

E

Emotionalität
inneres, gefühlsmäßiges Beteiligtsein an etwas

Empathie
Empathie (griech. = Mitfühlen) Fähigkeit eines Menschen, sich in andere hineinzuversetzen und sich über ihr Handeln, Verstehen und Fühlen klar zu werden.
Wesentlich dabei ist, dass der eigene Affektzustand dem Gefühlszustand der anderen Person entspricht. Dies wird dadurch ausgelöst, dass man die Perspektive der anderen Person einnimmt und ihre Gefühle versteht.

Evaluation
Bewertung, Beurteilung; hier besonders: die Überprüfung im Hinblick auf die geleistete pädagogische Arbeit oder die Umsetzung eines pädagogischen Konzeptes

F

Flexibilisierung
Beweglichkeit

Formelle Gruppe
Zu einem bestimmten Zweck organisiert, gegründet, oft fest begrenzt, verpflichtend, vorgegebene Normen und Ziele.

G

Geburtenrate
Anzahl der geborenen Kinder pro Jahr

Gestaltpsychologie
Die Gestaltpsychologie ist eine Richtung der Psychologie, deren Anfänge bis vor den Ersten Weltkrieg zurückreichen. Zu den Hauptvertretern im deutschsprachigen Raum gehören Max Wertheimer, Wolfgang Köhler und Kurt Koffka. Sie betonten, dass ein Ganzes mehr sei als die Summe seiner Teile und versuchten zu erklären, wie die elementaren optischen Reize in unserem Gehirn zu dem Bild eines Objektes zusammengesetzt werden, welches wir dann bewusst wahrnehmen.

Gruppendynamik
Forschungsrichtung, die die Entstehung sozialer Werthaltungen sowie die Entwicklung der Struktur und Arbeitsfähigkeit einer Gruppe zum Inhalt hat.

H

Heimerziehung
Heimerziehung ist eine im Rahmen der Jugendhilfe durchgeführte Form der öffentlichen Erziehung, bei der Kinder und Jugendliche vorübergehend oder dauernd in Heimen untergebracht, dort betreut und pädagogisch-therapeutisch gefördert werden.

Hierarchie
Rangfolge, Rangordnung (griech.). In einer hierarchisch geordneten Aufzählung werden die genannten Punkte einander über- oder untergeordnet.

Hospitalismus
bezeichnet leib-seelische Störungs- und Verkümmerungserscheinungen im Säuglings- und Kleinkindalter, die auf mangelnde emotionale Zuwendung und Reizvermittlung zurückzuführen sind.

hospitieren
als Gast zuhören, Besuch mit z. T. aktiver Teilnahme

I

Individualisierung
Vereinzelung, auf jede Persönlichkeit einzeln zugeschnitten. Der Mensch hat heute die Wahlfreiheit unter verschiedenen Lebensstilen. Er ist nicht mehr in ein Milieu eingebunden und von diesem kontrolliert. Er bekommt weniger Vorschriften gemacht.

Informelle Gruppe
Spontan entstanden, ohne Rücksicht auf formelle Grenzen nach Interessen, Neigungen und Wünschen, formlos, bewegliche Normen und Ziele.

Interaktion
Soziale Interaktion gilt als Bezeichnung für das wechselseitig aufeinander bezogene Verhalten zwischen Menschen, für das Geschehen zwischen Personen, die wechselseitig aufeinander reagieren, sich gegenseitig beeinflussen und steuern.

interdiszipilnär
mehrere Fachbereiche umfassend

Invarianz
Aufrechterhaltung einer Wahrnehmungs- oder Denkstruktur trotz äußerer Veränderungen bestimmter Aspekte.

J

Joint Venture
gemeinsames Unternehmen, bei dem ein Partner Kapital und Wissen einbringt, der andere Arbeitsräume, -kräfte stellt

K

KICK
Das vom Bundestag und mit Zustimmung des Bundesrates beschlossene Kinder- und Jugendhilfeweiterentwicklungsgesetz (KICK) trat zum 01.10.2005 in Kraft. Als Verbesserungen werden genannt:
Schutz von Kindern und Jugendlichen bei Gefahren für ihr Wohl, die fachliche und wirtschaftliche Steuerungskompetenz des Jugendamtes, die Wirtschaftlichkeit von Leistungen der Kinder- und Jugendhilfe sowie die Datenlage in der Kinder- und Jugendhilfe. Außerdem ist eine Unterstützung der durch das Tagesbetreuungsausbaugesetz (TAG) initiierten Verbesserung der Kinderbetreuung vorgesehen.

Kinder- und Jugendhilfegesetz (KJHG)
Im KJHG werden fast alle wesentlichen Regelungen zum Jugendhilferecht zusammengefasst. Wesentliche Regelungsbereiche sind die Jugendarbeit, Kinder- und Jugendschutz, Beratung in Trennungs- und Scheidungsangelegenheiten, Kindertageseinrichtungen und Hilfen zur Erziehung. Stark sozialpädagogisch orientierte Hilfsangebote stehen neben ordnungsrechtlichen Aufgaben.

Kindergartengesetz
Jedes Bundesland hat eigene gesetzliche Regelungen. In NRW gibt es z.B. das GTK (Gesetz über Tageseinrichtungen für Kinder) bzw. ab 2008 das Kibiz (Kinderbildungsgesetz), in Bayern das BayKiBiG (Bayerisches Kinderbildungs- und Betreuungsgesetz). In diesen Gesetzen sind u.a. Aufgaben, Ziele, Eltern- und Kindermitwirkung, Öffnungszeiten, Finanzierung geregelt.

KJHG
Kinder- und Jugendhilfegesetz

Kognitive Entwicklung
Unter kognitiver Entwicklung versteht man die Entwicklung all jener Funktionen, die für eine erfolgreiche Auseinandersetzung mit der Umwelt von Bedeutung sind. Sie umfasst die Wahrnehmung, Sprache, Denken, Gedächtnis, Urteilen und Erkennen.

Kompetenz
Fähigkeit

Konzeption
In einer Konzeption werden die pädagogischen Grundvorstellungen und Leitideen dargestellt, auf denen die konkrete Arbeit einer Tageseinrichtung beruht.

Kooperatives Lernen
Strukturierte Arbeitsform in drei Schritten: erst Nachdenken in Einzelarbeit, dann Austausch in Kleingruppen und schließlich die Vorstellung im Plenum. Ziel ist die Aktivierung aller Studierenden, effektiveres Lernen sowie die Förderung sozialer, methodischer und fachlicher Kompetenzen.

L

Längsschnittuntersuchung
Im Rahmen einer L. wird eine Stichprobe von Individuen zu verschiedenen Zeitpunkten mit demselben oder einem vergleichbaren Mess-instrument mehrmals untersucht; Schülerduden Pädagogik, Dudenverlag, Mannheim 1989.

Legasthenie (Lese-/ Rechtschreibschwäche)
Eingeschränkte Lesefähigkeit mit folgenden Symptomen: niedrige Lesegeschwindigkeit, häufiges Stocken, Verlieren der Zeile im Text, aber auch das Auslassen, Vertauschen oder Hinzufügen von Wörtern, Silben oder einzelnen Buchstaben. Das Gelesene kann zum Teil nur unzureichend wiedergegeben bzw. interpretiert werden.
Gleichzeitig werden bei ungeübten Diktaten oder im Aufsatz sehr viele Rechtschreibfehler gemacht. Wörter werden teilweise fragmenthaft, im selben Text häufig auch mehrfach unterschiedlich falsch geschrieben. Hinzu kommen auffallend viele Grammatik- und Interpunktionsfehler und oft eine unleserliche Handschrift.

Logopädie
Sprachheilkunde

M

Metakommunikation
meint hier: das Nachdenken über die Art und Weise, wie man sich miteinander verständigt und einigt

Migration
bedeutet Wanderung oder Umzug. (von lat. migratio: Wanderung, Auszug)
Man bezeichnet im engeren Sinn den Wechsel der Heimat mit Überschreitung einer Ländergrenze als Migration. Dies erfolgt in der Regel in der Hoffnung auf eine Verbesserung der Lebenssituation.
Migration findet in Form von Völkerwanderungen seit Jahrtausenden statt. Sie war zumeist mit Kriegen zur Eroberung des neuen Heimatlandes verbunden.
Das Einwandern in die neue Heimat wird als Immigration bezeichnet. Das Auswandern aus der alten Heimat als Emigration.

Motopädie
Motopädie begleitet und unterstützt die Entwicklung des behinderten Menschen. Sie hat die Aufgabe, sensomotorisch entwicklungsgestörte, in ihrer psychomotorischen Entfaltung behinderte Kinder über das Mittel der Bewegung in ihrer Gesamtentwicklung zu fördern.

Multifunktionalität
vielen Funktionen gerecht werden

N

Normen
Bezeichnung für Verhaltensregeln, die sich aus Gewohnheit, Sitte, Mode u.a. ergeben, die aber nicht in Gesetzen oder anderen rechtlichen Vorschriften verfestigt sind. Normen können bezeichnen, was als „normal" empfunden wird, sie können auch bezeichnen, was oder wie etwas sein sollte.

O

Objektivität
Allgemeine Bezeichnung für die Tendenz, die Wirklichkeit sachlich zu beurteilen und sich an vorhandenen Daten oder Fakten zu orientieren.
In der Testpsychologie versteht man unter Objektivität das Ausmaß, in dem ein Testergebnis in Durchführung, Auswertung und Interpretation vom Testleiter nicht beeinflusst werden kann bzw. wenn mehrere Testauswerter zu übereinstimmenden Ergebnissen kommen. Objektivität ist eines der drei Gütekriterien für psychologische Tests.

Ödipuskomplex
In Anlehnung an die griechische Sage von König Ödipus, der unwissend seine Mutter heiratete und seinen Vater erschlug, führte S. Freud diese Bezeichnung in die Psychoanalyse ein. Der Begriff kennzeichnet bestimmte frühkindliche Beziehungen zu den Eltern.

Operationalisierung (von Lernzielen)
meint hier: alle pädagogischen Formulierungen, die sich auf die Möglichkeit der Umsetzung von (theoretischen) Lernzielen in aktives (praktisches) Handeln beziehen

P

Pädagogik
Der Begriff Pädagoge stammt aus dem Griechischen und bedeutet ursprünglich Knabenführer (pais = Knabe, agein = führen; agogos = Führer, Geleiter). Der Pädagoge war zu dieser Zeit Sklave, der die Söhne seines Herrn aus dem elterlichen Haus zum Privatlehrer oder ins Gymnasium begleitete und ihnen die Sachen trug. In der Bedeutung als Erziehungskunst wird das Wort ab dem 18. Jahrhundert gebräuchlich.

Pädagogische Maßnahmen/ Erziehungsmittel
Darunter versteht man alle Maßnahmen, die ein Erziehender ergreift, um beim zu Erziehenden (Kind oder Jugendlicher) erwünschte Wirkungen hervorzurufen. In allen erzieherischen Fragen muss beachtet werden, dass der zu Erziehende eine eigenständige Person ist. Erziehungsmaßnahmen sind so zu wählen, dass die Person des anderen respektiert wird und ihm ein Freiraum möglicher, selbstständig auszuwählender Reaktionen bleibt.

Partizipation
meint die Beteiligung der am Erziehungsprozess Beteiligten (Kinder, Eltern, Erzieherinnen und Träger).

Pluralisierung
Es gibt eine breite Palette von allgemein akzeptierten Verhaltensweisen und Verhaltensmustern, vor allem in der Freizeit. Ob jemand die Wochenenden bei der Formel 1, beim Angeln, in der Kirche oder bei Schalke 04 verbringt, ist für seine gesellschaftliche Anerkennung weitgehend gleich. Die Lebensstile haben sich vervielfältigt, sind plural geworden.

Professionalität
beschreibt die Fachlichkeit der Mitarbeiterinnen

Projektion
Bezeichnung für das Abbilden bzw. Verlagern von Empfindungen, Gefühlen, Wünschen, Interessen (inneren Vorgängen) in die Außenwelt. So verlagern nach dieser Auffassung z. B. Kinder, die unentwegt „petzen", in Wirklichkeit ihren eigenen Wunsch, Verbotenes zu tun, auf andere Kinder. In der Psychoanalyse versteht man unter Projektion einen Abwehrmechanismus, bei dem eigene, unerträgliche Gefühle und Wünsche einem anderen Menschen (oder Gegenstand) zugeschrieben werden.

Q

Qualität
beschreibt die Güte eines Produktes, in diesem Fall also die Güte der Arbeit in Tageseinrichtungen für Kinder.

R

Reggio-Pädagogik
Konzeption und Praxis der kommunalen Kindertagesstätten in Reggio Emilia (Italien). Grundlage ist die Kommunikation aller am Erziehungsprozess beteiligten Personen.

Reizüberflutung
Überfülle an Einflüssen einer hoch industrialisierten Gesellschaft auf den Einzelnen durch Radio, Fernsehen, Film, Zeitung und tägliche Erlebnisse. Die Überflutung setzt uns außerstande Reize (das heißt Anstöße, die etwas in uns auslösen) richtig wahrzunehmen und bewusst darauf zu antworten. Besonders für die Kindererziehung gilt die Reizüberflutung als schädlich, da sie die Aufnahme- und Wiedergabefähigkeit schwächt.

Resilienz
Der Begriff leitet sich von dem englischen Wort „resilince" („Spannkraft, Elastizität, Strapazierfähigkeit"; lat. „resilere"=abprallen) ab. Resilienzforscher verstehen darunter die Fähigkeit von Systemen, z.B. Familien, erfolgreich mit belastenden Situationen umzugehen, wie z.B. Arbeitlosigkeit, Armut etc.

Ressource
Rohstoff-, Hilfsquellen

S

Scheidungsstatistik
Zahl der geschiedenen Ehen in einem Jahr

Snoezelen-Raum
Das Wort Snoezelen wurde aus dem Niederländischen übernommen, da dort 1978 das erste „Aktivitätenzelt" eingerichtet wurde. Snoezelen ist ein Raum, der durch aufeinander abgestimmte Reize eine Atmosphäre zum Wohlfühlen auslöst. Diese Räume bieten die Möglichkeit für vielfältige Wahrnehmungsangebote. Er wird genutzt, um die Entspannungsfähigkeit, Konzentration und Motivation zu verbessern.

social entrepreneurship
Arbeitsplätze unter sozialer Zielsetzung selbst schaffen, Einnahmen für finanziell unterversorgte Einrichtungen selbst erwirtschaften

Soziale Integration
a) Eingliederung eines Individuums in eine soziale Gruppe bei gleichzeitiger Anerkennung als Mitglied.
b) Ein funktionsfähiges gegliedertes Ganzes (z. B. Gruppe, Gesellschaft, Staat) bei aller Verschiedenartigkeit der Teile.

Sozialisation
Mit Sozialisation wird der Prozess bezeichnet, in welchem der Mensch in der Gesellschaft handlungsfähig wird.

Sozialisationsinstanzen
sind alle gesellschaftlichen Einrichtungen, die die Lernprozesse von Kindern und Erwachsenen steuern und die in der Gesellschaft geltenden Werte, Normen, Ziele und Wissensbestände vermitteln (Familie, Kindergarten, Schule, Beruf, Freundesgruppe, Massenmedien usw.) Auch Kirchen, Parteien und Verbände sind mit ihren unterschiedlichen Ansprüchen im Sozialisationsprozess wirksam.

Sozialmanagement
Die Fähigkeit soziale Aspekte (eigene und fremde) zu erkennen, darauf einzuwirken und ggf. unterstützend zu fördern.

Sputnikschock
Am Vorabend der Bildungsreform Mitte der Sechzigerjahre befand sich Deutschland in einer Phase des Wirtschaftswachstums. Die expandierende Wirtschaft benötigte dringend Fachkräfte. Gleichzeitig erschütterte der so genannte Sputnikschock Ende der Fünfzigerjahre die westlichen Industrienationen. Man suchte händeringend nach Strategien, um international wettbewerbsfähig zu bleiben. In diesem Zusammenhang wurde der Bildungsnotstand bzw. die Bildungskatastrophe ausgerufen (Picht, 1964). Die Reform der Bildung wurde als Ausweg aus der Krise gefordert.

Stereotyp
Feststehender Ausdruck, eingebürgertes Vorurteil innerhalb einer Gruppe.

Subjektivität
Bezeichnung für das Vorhandensein bzw. die Gültigkeit eines Inhalts in einem individuellen (persönlichen) Bewusstsein. Alle Erlebnisinhalte eines Menschen (z. B. Wahrnehmung, Gedanken, Gefühle usw.) sind insofern subjektiv, als dass sie nur dieser Person direkt zugänglich sind und nicht von außen (z. B. durch andere Personen) beobachtet werden können. Die Subjektivität ist ein wichtiges Kennzeichen psychologischer Vorgänge in einem Menschen.

Supervision
kommt vom lateinischen supervidere (super = über, videre = sehen) und bedeutet ursprünglich etwas von oben überblicken. Allgemein handelt es sich bei der Supervision um ein spezifisches Beratungsverständnis. Es zielt auf die Reflexion der beruflichen Interaktionen.

Symbiotische Mutter-Kind-Beziehung
In der Psychoanalyse bezeichnet man als Symbiose einen Zustand der normalen Entwicklungsphase des Kindes, in der dieses von der Mutter körperlich und seelisch abhängig ist. Diese psychische Entwicklung findet in der oralen Phase statt, in der das Kind die Mutter noch als Teil seiner Person erlebt.

Synergie
durch gemeinsames Zusammenwirken Kraft oder Vorteile schöpfen

Synopse (gr.-lat.)
„Zusammenschau“, Zusammenfassung

T

TAG
Das Tagesbetreuungsausbaugesetz (TAG) wurde vom Bundestag am 28. Oktober 2004 beschlossen und trat zum 01.01.2005 in Kraft. Damit gibt es nun eine gesetzliche Verbindlichkeit, bis zum Jahr 2010 deutlich mehr Kita-Plätze für unter Dreijährige zu schaffen.

Transaktionsanalyse
Bezeichnung für ein aus der Psychoanalyse abgeleitetes psychotherapeutisches Verfahren. Das Erleben und Verhalten des Menschen wird als Ausdruck wechselnder Ich-Zustände aufgefasst und führt die Beziehungen zwischen verschiedenen Personen auf Transaktionen zwischen diesen Ich-Zuständen zurück.

Transparenz
Durchsichtigkeit, Durchschaubarkeit

U

Über-Ich
Begriff aus der Psychoanalyse, der neben dem Ich und dem Es als dritte Persönlichkeitsinstanz des psychischen Apparates des Menschen angenommen wird. Das Über-Ich vertritt die moralischen Maßstäbe, Werte und Einstellungen in der Persönlichkeit, die aus der Familie und Gesellschaft übernommen wurden. Gegenüber dem Ich hat das Über-Ich die Rolle des Richters, gegenüber dem Es wehrt es wie ein Zensor alle Triebregungen ab. Aus Konflikten zwischen dem Über-Ich, Ich und Es entstehen Verdrängungen, Depressionen, Phobien, Neurosen usw.

Übertragung
von Freud geprägte Bezeichnung für ein von ihm entdecktes Phänomen während der Psychoanalyse, das sich in einer affektiven (s. Affekt) Bindung des Patienten an den Analytiker äußert. Der Patient überträgt alle seine neurotischen Gefühle und Reaktionen von den veranlassenden und gegen diese gerichteten Personen auf den Psychotherapeuten.

W

Wahrnehmung
Verhalten, mit dem wir Eindrücke von unserer Umwelt und von uns selbst aufnehmen und als „wahr“, als wirklich erleben.

Wahrnehmungsvorgang
Ein physikalischer Reiz wird von einem Sinnesorgan aufgenommen. Das Aufgenommene wird jeweils nach Erfahrung, Übung, Einstellung, Vorwissen usw. von Person zu Person unterschiedlich interpretiert.

Werte
In der Erziehungswissenschaft allgemeiner Begriff für etwas Gewünschtes, als gut und richtig Empfundenes. Werte sind der Maßstab, an dem sich das Handeln am Einzelnen bewusst oder unbewusst orientiert. Sie ermöglichen es ihm, sein Handeln und das anderer Menschen zu bewerten, gedanklich zu ordnen und danach Entscheidungen zu treffen.

Z

Zivilcourage
Mut, die eigene Überzeugung zu vertreten

Sachwortverzeichnis